本书是中国社会科学院重大课题的研究成果
是中国历史研究院重大学术项目研究成果

耿云志 主编

中国近代思想通史

第四卷

邹小站 王 波 著

SSAP 社会科学文献出版社
SOCIAL SCIENCES ACADEMIC PRESS (CHINA)

目　录

第一章

预备立宪之宣布与思想界围绕预备立宪的争论

自甲午战败，革新政治以救危亡渐成思潮。庚子之后，革新政治成为时代思潮，当时的三大政治势力——清政府、立宪派与革命派都提出了各自的革新目标与方法。清末十年的历史主轴就是三种政治革新方案的竞争。革命思潮大体形成于 1903 年，立宪思潮大体形成于 1904 年。起初，一些人还不怎么区分革命思潮与立宪思潮，将这两种思潮混称为政治革命思潮。1906 年 9 月 1 日，在内忧外患的逼迫下，在立宪思潮、革命思潮的催激下，清政府发布预备立宪上谕，历史也就进入预备立宪时代。

本章主要讨论清政府宣布预备立宪的由来，以及思想界围绕预备立宪的争论，侧重于考察宣布预备立宪前后朝野立宪论者对为何要立宪、立宪为何、如何立宪的认识。当清廷宣布预备立宪前后，在政治改革问题上，立宪派是清廷的同盟军。那时的立宪派鼓吹立宪，希望朝廷立宪，也大体赞同朝廷开明专制的立宪模式，在立宪政体的制度安排上，立宪派与清廷虽有分歧，但裂痕尚不明显。因此，对相关问题，本章常将清政府内主张立宪的官僚与立宪派统一加以考察。

一 立宪思潮的发展与预备立宪之宣布

“中国立宪之说，萌芽于戊戌，渐盛于庚子，顾其时倡之者一

二中流学界中人耳，全部之多数政治家与全国之官民，初未尝公认也。日俄战后，外界之刺激骤增，于是爱国之士大夫，群动色奔走，相告语曰，立宪，立宪。”① 1906 年 5 月《时报》上的这段话，简要概括了立宪论在清末的兴起，几个时间节点说得都比较准确。

宪法与国会是立宪政治最具标志性的制度特征。对于此二者，中国人最先关注的是议会，林则徐、魏源等就了解到欧美国家有议会（但当时并未用“议会”之名）。此后，国人有关西方议会的认识逐步丰富，早期维新派还主张设议院以去上下之隔，通君民之情。② 他们设想的议会虽只是官府的参谋咨询机构，不是近代意义上的议会，但那是他们从中国实际以及他们的认识出发提出的主张，遵循他们的意见，因陋就简，先设立具备参谋咨询功能的“议院”，确可开通风气，通上下之情，未尝不可作为政治民主化之权舆。相较于对议会的关注，国人对宪法的关注要少得多。1838 年，美国传教士裨治文在《美理哥合省国志略》中将美国的宪法称为“国例”，将各州宪法称为“省例”。此后，中文中用来表述“constitution”的词有例制（林则徐主持翻译的《各国律例》）、国法（《万国公法》）、章程（林乐知《译民主国与各国章程及公议堂解》）、国律（马建忠《法律探原》）、立国律（陈季同《拿破仑律例》）等。近代中国人最早在立宪的含义上使用“宪法”一词的是王韬，后来郑观应也在《盛世危言》中多次使用宪法的概念。但“他们对于‘宪法’一词仅仅一提而过，对其概念并未深究”，也没有提出“立宪”的主张。③ 甲午以后，国人“始有见于强国之道，不在坚甲利兵，而实以修政立教为本原”，④ 维新思潮以起。

---

① 《出使大臣奏请宣布立宪折书后》，《时报》1906 年 5 月 9 日。

② 张朋园：《议会思想之进入中国》，《思想家与近代中国思想》，社会科学文献出版社 2005 年版，第 159—196 页。

③ 饶传平：《从设议院到立宪法——晚清“constitution”汉译与立宪思潮形成考论》，《现代法学》2011 年第 5 期。

④ 《中国立宪之起原》，《东方杂志》1906 年第 13 期。

郑观应首先将定宪法与开国会联系起来。1895 年，他在给陈炽的信中提出，朝廷应派重臣出洋考察，并聘外国政治大家为顾问，讲究“开国会、立宪法”等“政治之本原”问题。[①]。1898 年 3 月他在上孙家鼐书中又提出，“亟宜开国会，定宪法，固结民心，同御外侮”。[②] 但他没有说明宪法的含义，也没有论述开国会、立宪法之间的关系，以及具体的操作步骤。戊戌时期的维新派鼓吹兴民权，鼓吹变法维新，但对于宪法的了解仍十分有限。康有为的《日本书目志》提到不少宪法以及宪法学著作，但他“并不能将‘宪法’从其他普通的法中区分开来”。梁启超对于“宪法”也只是略有认知，没有深入的阐述，也没有立宪法的主张。[③]

戊戌政变后，梁启超流亡日本，通过日本这个媒介，大量接触近代西方社会政治思想与学说，以及世界历史知识，逐渐成为一个现代政论家。他对于政治体制的分类、近代政治与传统专制的区别、世界政治发展大势以及中国未来的走向等问题的认识与思考日渐清晰，并发表系列文章抨击专制政体，鼓吹政治变革。1901 年，梁启超发表《立宪法议》，抛弃了自洋务时期以来国人以君主、君民共主、民主区分政治体制的提法，而将政体分为君主专制政体、君主立宪政体、民主立宪政体三种，并比较清晰地论述了宪法以及立宪政体的含义。他说，宪法乃“一国之人，无论为君主、为官吏、为人民，皆共守之”的“万世不易之宪典”，“为国家一切法度之根原，此后无论出何令，更何法，百变而不许离其宗者也”。立宪政体是“有限权之政体”。“有限权云者，君有君之权，权有限；官有官之权，权有限；民有民之权，权有限。”君主立宪政体能以宪法与民

---

① 郑观应：《与陈次亮部郎书》，《郑观应集·盛世危言后编》，中华书局 2013 年版，第 441 页。

② 郑观应：《上孙燮臣师相书条陈时事书》，《郑观应集·盛世危言后编》，第 356 页。

③ 饶传平：《从设议院到立宪法——晚清“constitution”汉译与立宪思潮形成考论》，《现代法学》2011 年第 5 期。

权限制君权，监督政府，使国家“一治而不能复乱”，能真正实现“国家亿万年有道之长”。也正因此，各国都在追求立宪，“必一切同归于立宪而后已”，今日之时代“实专制、立宪两政体新陈嬗代之时也”。立宪是不可阻挡的时代潮流，主动顺应之，“则其君安荣，其国宁息”；违逆之，必政局不宁，甚至亡国灭种。若人民知识已开，而君主拒不立宪，民将“迫而自立”，推翻君主政治，建立民主立宪之制；若“民思立宪，君主不许，而民间又无力革命，乃日以谋刺君相为事”；若“君民皆不知立宪之美，举国昏蒙，百政废弛，遂为他族夷而灭之”。他断言，欲求国家富强安稳，必以立宪法“为第一义”。他参考日本的宪政改革模式，提出中国“立宪法”之步骤。第一步，降明诏，定中国为君主立宪之帝国。第二步，派重臣三人，并携通晓各国文字而有相关学识之随员，赴欧美、日本，考察其宪法异同得失，并考察民法、商法、刑法、行政法等各种法律。一年差满归国。第三步，所派之员归国后，于宫中开一立法局，草定宪法，随时进呈御览。第四步，将各国宪法原文及解释宪法之名著，由立法局译出，颁布天下，使国民知其由来，增长见识，并对中国宪法有所建议。第五步，草稿成后，颁布于官报局，令国人研讨，如是者五年或十年，然后斟酌损益，确定宪法。定本公布后，即为宪法，非经全国人投票，不得擅改。第六步，自下诏定政体之日始，以二十年为期达成立宪法之目标。① 这一方案的重点在“立宪法”，即由政府主导，在比较各国宪法、法律异同得失的基础上，起草并制定宪法。他在文中提到中国国民程度还不足以立宪，但没有论述如何提高国民程度。他似乎认为，将各国宪法以及解释宪法之名著译出并颁布天下，令国民讨论宪法问题，就是提高国民程度的方法。对于立宪所需的社会条件，如政党与社团的发达等，也没有提及。他所设想的宪法大概还是钦定宪法，但他提出宪法修改需经国民投

① 梁启超：《立宪法议》（1901 年 6 月 7 日），汤志钧、汤仁泽编《梁启超全集》第二集，中国人民大学出版社 2018 年版，第 278—283 页。

票。此时梁启超“立宪法”的方案还比较粗浅，只限于“立宪法”，还够不上立宪政，对于改专制为立宪的种种困难、策略等，都还缺乏细致的思考。但他此文的贡献在于率先提出了“立宪法”——改专制为立宪——这一重大的时代课题。自此以后，立宪问题就逐渐成为思想议题，并逐渐发酵，成为立宪运动与预备立宪之先声。

在梁启超提出“立宪法”之后，朝廷内部也出现类似的声音。庚子后，清廷令六部九卿、出使大臣、各地督抚等奏议新政。在这个过程中，驻日公使李盛铎提出，世界各国都趋于立宪，朝廷应洞察世界潮流，“近鉴日本之勃兴，远惩俄国之扰乱”，毅然决然“首先颁布立宪之意”，并派员出洋考察宪法，“撷诸国之精华，体中国之情形，参酌变通”，编定宪法。他明确要求以“改定政体”为新政纲领，强调“变法之道，首在得其纲领。纲领不得，枝枝节节，不独图新诸政窒碍难行，且恐依违迁就，未睹变法之利，先受变法之害”。[①] 当“廷议尚无敢以宪法为言”之时，李盛铎首提“改定政体”，需要巨大的勇气。1902 年夏，翰林院侍讲学士朱福诜也向朝廷提出，“处今日而欲挽回世运，收拾人心，固非立宪不可。夫事事综核，非不足以为治。然中国因循粉饰，视为故常，非大有作为，不足铲除积习。惟有改定宪法，以移易天下之耳目，震慑薄海之心思，使凡平权自由流血革命之徒，一皆回视返听，而乐为我用。”他建议朝廷遣大臣游历欧美，“采辑各国政治，参用本国制度，定为改宪章程，归国后奏而行之”。[②] 此外，1902 年，盛宣怀在《南洋公学推广翻辑政书折》中也提出，“较量国体，惟日、德与我相同，亦惟日、德之法于我适宜而可用”，[③] 比较含蓄

---

① 《追录李木斋星使条陈变法折》，《时报》1905 年 11 月 28 日。（此折上呈时间为辛丑五月——笔者注）

② 《摘录海盐朱学使福诜壬寅夏进呈札记》（为条陈立宪事），《时报》1906 年 2 月 26 日。

③ 盛宣怀：《南洋公学推广翻辑政书折》（光绪二十七年十二月），《愚斋存稿》，上海人民出版社 2018 年版，第 186—188 页。

地提出改专制为立宪的要求。

此时，风气未开，立宪问题刚被提出，社会上对立宪及其利弊所知甚少，向以保守著称的朝廷内部，风气更为蔽塞，人们还普遍排斥宪法，“每语以宪法，或且斥为乱政之言，诧为不经之说，甚且与高谈革命者一例以大逆不道视之”。① 在这种氛围之下，没有勇气是绝不敢谈立宪的，陈黻宸在给瞿鸿禨的信中就说，“自庚子乱定以后，谈时务者，往往有一立宪政体存于胸中，相畏忌不敢昌言”。② 然而，时势逼人，面对庚子以后几乎令人绝望的时局，眼见清廷之新政改革，枝枝节节，无致富强而救危亡的希望，受帝国主义论影响的人们，还是忍不住要谈立宪。在时代潮流的驱使下，首先是在海外的保皇派与留学生中，立宪之谈渐渐多起来。

梁启超围绕“立宪法”的议题继续阐释其立宪主张。他指出，专制政体是“数千年来破家亡国之总根原”，要救危亡，必改专制为立宪。③ 立宪政治以国家为一国人民公产为基本理念，故立法权必属于大多数国民，法律当体现国民意志；④ 立宪必限制君主权力，故必设责任内阁以代君主负责任，君主颁布政令，不经内阁副署，不生效力。⑤ 康有为则要求“立公民”，主张给予身家清白、年纳税十元以上者公民身份，赋予公民以选举权，以激励人们向上，又主张设各省府州县乡村议会，令公民“选举议员而公议之”。⑥ 他拟折批评政府的改革“无其根本而从事于枝叶，无其精

---

① 《论中国立宪之要义》，《大公报》1904 年 6 月 20 日。

② 《陈黻宸上瞿夫子条陈数事》（光绪卅一年三月十六日），“瞿鸿禨朋僚书牍”（中国社会科学院近代史研究所藏）。

③ 中国之新民：《论专制政体有百害于君主而无一利》，《新民丛报》第 21 期，1902 年 11 月 30 日。

④ 梁启超：《论立法权》（1902 年 2 月 22 日），《梁启超全集》第二集，第 674—675 页。

⑤ 中国之新民：《政治学理摭言》，《新民丛报》第 15 期，1902 年 9 月 2 日。

⑥ 康有为：《官制议・公民自治》（1903 年），《康有为全集》第七集，中国人民大学出版社 2007 年版，第 267—269 页。

神而从事于其形式”，请“归政皇上，立定宪法，大予民权”，效法欧美，“政制皆由民公议，议员由民选举，地方由民自治”。①

一些留学生办的报刊，包括一些革命派办的报刊，也鼓吹立宪。励志学会以“研究实学，以为立宪预备；养成公德，以为国民之表率；重视责任，以为办事之基础”为宗旨。②《译书汇编》主张“取法欧美日本之制度”，实行立宪，使中国成为“完全无缺之国家”。③ 后来，《译书汇编》改名《政法学报》，继续输入西方政治法律学说，鼓吹立宪。该刊指出，立宪主义起源于 16 世纪，自 17 世纪初起渐为学者接受，并引发 18 世纪以来欧美各国的民权自由风潮，造成欧美各国政治的大变动。时至今日，世界已无专制政体存立之余地。立宪主义有深刻的学理与丰富的政治实践作支撑，已成世界潮流，非少数留学生凭空捏造的奇谈怪论。中国当顺应此潮流，行立宪主义，将立法权授予人民，行政官有所兴作，当经立法部通过，司法权归于裁判所，君主依照宪法总揽统治权，并订立“皇室典范”，区分皇室与国家，以保皇室之尊严，预防君民之冲突。④《湖北学生界》称，中国最适宜之政体，“惟宪政而已”。⑤《江苏》一篇题为《政体进化论》的文章虽主张“民族革命”，但也提出，政体“必适合国民之程度，而又能谋将来之发达，使民日进于文明”，而立宪政体就能谋未来之发达，并提升人民之智识道德及活力。民主、君民共主都是“多数政体”，都立足于人民之幸福“必不容他人代谋之”而应当自谋的理念，其人民

① 《请归政皇上立定宪法以救危亡折》，《康有为与保皇会》，上海人民出版社 1982 年版，第 8—24 页。

② 《励志学会章程》，《译书汇编》第 2 年第 12 期，光绪壬寅十二月。

③ 攻法子：《论研究政法为今日之急务》，《译书汇编》第 2 年第 10 期，光绪壬寅十月。

④ 耐轩：《立宪论》，《政法学报》第 1、2 期，1903 年 8 月 13 日、9 月 13 日；研究政法生：《立宪政治主义之由来》，《政法学报》第 3 期，1903 年 9 月13 日。

⑤ 《宪政平议》，《湖北学生界》第 2 期，1903 年 2 月 27 日。

皆有参政权。[①] 1903 年发生的革命与保皇之争，核心问题是革命共和还是保皇立宪，两派都主张立宪。论战使“立宪”成为时代思想论题，引发思想界对“立宪”的关注。

立宪也逐渐引起国内思想界的关注。1901 年，张謇在《变法平议》中提出设立“议政院”的主张，要求“凡改定新法，改正旧章，上有所建，交议院行；下有所陈，交议院达”；此议政院由四五大臣领之，赋予他们“自辟议员之权”。议政院“采辑古今中外政治法之切于济变者，厘定章程，分别付行法、司法之官次第举行”。[②] 1902 年 6 月，《中外日报》发文，主张中国应“立宪法”，“使上自皇室下至庶民皆范围于宪法之中”。[③] 1904 年 1 月，预感日俄将发生战争的夏曾佑发文称，中国必革政始能维新；2 月，日俄战争爆发后，他更明确说中国必须改专制为立宪。[④] 1902 年 6 月，英敛之创办《大公报》，“以开风气、牖民智为主义”，[⑤] 鼓吹开议院。1903 年 8 月 18 日，逢光绪帝寿辰，该报发表祝词，称赞光绪帝是“中国之明治”“东方之大彼得”，又说“我中国之政体不改良则已，欲改良惟有立宪”，光绪帝“将来必可以立宪法振国权，以救我国民四百兆生灵之众，以奠我国家亿万年有道之长”。[⑥]

到 1903 年，“立宪”一词已不那么敏感了。1903 年 9 月，《浙江潮》将“保皇派”与“立宪派”并用，用以指反对排满主义，主张“法制国”，而反对“民族国”的政治派别。[⑦]

---

① 竞盦：《政体进化论》，《江苏》第 1 期，1903 年 4 月。

② 张謇：《变法平议》，《张謇全集》第 1 卷，江苏古籍出版社 1994 年版，第 48 页。

③ 《论时局之可危》，《中外日报》1902 年 6 月 16 日。

④ 《论中国必革政始能维新》《论中国宜改革政体》，《中外日报》1904 年 1 月 31 日、2 月 1 日、2 月 24 日。

⑤ 《本报特白》，《大公报》1902 年 6 月 17 日。

⑥ 《本日庆贺　万寿之感情》，《大公报》1903 年 8 月 18 日。

⑦ 愿云：《四客政论》，《浙江潮》第 7 期，1903 年 10 月 11 日。

1904年2月，日俄战争爆发。这场两个帝国主义强盗之间的战争，战场却在中国东北，而清政府却只能宣布中立。日俄战争推动了立宪思潮，立宪派围绕战争发表了大量的报道与分析，并成功地制造了日本对俄国的胜利是立宪国对专制国的胜利的舆论。①《时报》称，日俄战争的结局表明，“世界进化之运及于二十世纪，举全地球中万无可以复容专制政体存立之余地，立宪自由主义，所向无敌，遇者死，当者坏，苟顽然不知变计者，有归于劣败淘汰之数而已”。②《中外日报》称，“我国十余年来，每言及专制、立宪之问题，辄曰：‘专制既不足以立国，何以俄人富强如此？’自有此战，而此疑释矣”。③ 当日俄战争进行之时，《大公报》发布了“千号征文”的系列获奖论文，结果“凡作振兴中国何者为当务之急这个题的，都说是中国当以立宪为急务”。④ 可以说，经过日俄战争，以及思想界对日俄战争的叙事，日本“以小克大，以亚挫欧，赫然违历史之公例，非以立宪不立宪之义解释之，殆为无因之果”“专制之政不足复存于天下”成了“公论”，⑤ 中国非改专制为立宪，不足以救亡，也就成为一时舆论。

当《大公报》还在为如何将民间要求立宪的呼声上达朝廷发愁时，⑥ 以张謇为首的江浙立宪派已经行动起来，试图策动朝廷立宪。张謇刊刻“日本宪法”“日本宪法义解”等分送大吏，并造访端方、魏光焘等地方大员，密谈立宪问题，又为张之洞、魏光焘等起草请立宪法的奏稿。张美翊、汤寿潜致函军机大臣兼外务部尚书瞿鸿禨，运动瞿氏支持立宪，并请他建议朝廷，以考察宪法之名派

---

① 赖骏楠：《清末立宪派的近代国家想象》，《中外法学》2018年第4期。

② 《论俄罗斯致败之由——敬告中国当道》，《时报》1904年6月19日。

③ 《论日胜为宪政之兆》（录乙巳四月十八日《中外日报》），《东方杂志》第2年第6期，1905年7月。

④ 蓟州卢素存：《读竹园论立宪白话书后》，《大公报》1905年7月4日。

⑤ 别士：《刊印〈宪政初纲〉缘起》，《东方杂志》第3年临时增刊，1907年2月。

⑥ 竹园：《中国何者为当务之急论书后》，《大公报》1905年4月27日。

遣大员出洋进行外交活动，谋求加入战后的日俄议和谈判。时任户部主事的陈黻宸则上条陈于瞿鸿禨，称“必立宪而后君尊，必立宪而后民安，必立宪而后大清可万年而无患；故以今日而言外交，言内治，惟立宪二字，强于百万之师”，“言立宪者，中国之志士，大清之忠臣孝子”，并就实行立宪改革提出了具体建议，认为从中国的实际情况出发，立宪当“以振民德、裕民财而纾民苦为第一义”。① 1905 年，张謇又致函袁世凯，以个人安危荣辱为辞，请其赞助立宪，并策动袁与两江总督周馥、湖广总督张之洞联名上书，请以十二年为期，实行立宪政体。②

立宪“舆论既盛，朝议亦不能不与为转移”。③ 思想界对日俄战争的叙事以及立宪的呼声、立宪派对政府要员的策动，产生了积极影响。当舆论界密切关注日俄战争时，清政府也紧张地关注战争形势。日俄战争在中国的土地上进行，东三省一片焦土，清政府却只能“保持中立”，战后东三省究竟如何处理，能否收回，都是未知之数，清政府万分焦虑，不知如何收场。在实际情形的逼迫与民间舆论的影响下，一些官员在就如何应对日俄战争，如何应对战后东三省的处置问题发表意见时，乘机提出立宪改革的建议。日俄战争爆发前，1904 年 1 月 18 日，云贵总督丁振铎、云南巡抚林绍年联衔电奏，指出不论日俄战争情形如何，中国都改变不了任人宰割的处境。要改变这种处境，应“一切即尽行改革，期于悉符各国最善之政策而后已”。④ 1904 年 3 月 9 日，商约大臣工部尚书吕海寰、署理两广总督岑春煊、南洋大臣两江总督魏光焘、署理湖广总

① 《陈黻宸上瞿夫子条陈数事》（光绪卅一年三月十六日），“瞿鸿禨朋僚书牍”（中国社会科学院近代史研究所藏）。

② 见侯宜杰《二十世纪初中国政治改革风潮——清末立宪运动史》，辽宁人民出版社 2020 年版，第 38—40 页；潘崇《清末五大臣出洋考察研究》，中国社会科学出版社 2014 年版，第 31—36 页。

③ 别士：《刊印〈宪政初纲〉缘起》，《东方杂志》第 3 年临时增刊，1907 年 2 月。

④ 《滇督抚丁振铎林绍年致枢垣日俄将战中国必受其殃请速变法以挽危局电》，《清季外交史料》（7），湖南师范大学出版社 2015 年版，第 3320—3321 页。

督湖北巡抚端方、商约大臣前工部左侍郎盛宣怀联名电奏，提出当“特简亲重大臣，以考求新政为名，历聘欧美有约诸邦，面递国书”，提前为日俄战后的东三省处理问题开展外交活动。① 联奏者希望一方面联络外交，一方面考察新政，其所谓新政实质上是宪政。4 月，驻法公使孙宝琦上书政务处，认为各国以立宪而富强，中国民间之政治改革论已然兴起，应效法英、德、日本之制，主动顺应世界潮流与民意，“定立宪国体”，宣布中外，并编纂宪法，仿设议会，改政务处为上议院，改都察院为下议院。② 政务处并没有转递孙宝琦的上书，但此件被《东方杂志》《时报》等媒体公布后，引起轰动。《时报》称孙宝琦的上书为中国“易亡为存之一大纪念”，若朝廷纳其言，实行立宪，将“举一切蒙蔽壅塞之稗政，一扫而空之……然后二十世纪之中国，匪惟不即于覆亡也，且也粲文明之花，揭独立之旗。又匪特可媲美于日本也，而且将与东西各大国，携手并立于竞争之新世界。”③ 光绪三十年（1904）六月，清廷令各地督抚议奏东三省善后事宜。彼时，多位督抚都存立宪之思，但鉴于此前丁振铎、林绍年奏请政治改革，“颇干天怒”，又悉知枢府对“会奏请立宪法”“不甚云然”，④ 多不愿出头提倡立宪，故诸多议论停留在练兵、筹饷、垦殖东北以及离间日俄、派大臣出洋联络有约各国，不敢涉及政治改革问题。唯有云南巡抚林绍年提出，“欲收回东三省，尤必先定变法之计，方足以对日而拒俄”。变法之计中，最重要的是“改专制为立宪法”。⑤ 大概也是在议奏东三省善后事宜的过程中，张謇、汤寿潜、赵凤昌曾为张之洞、魏光焘起草过一个请立宪的奏稿。该稿提出，“今环球各国，

---

① 《光绪朝朱批奏折》第 120 辑，中华书局 1996 年版，第 6—8 页。

② 《出使法国大臣孙上政务处书》，《东方杂志》第 1 年第 7 期，1904 年 9 月。

③ 《论朝廷欲图存必先定国是》，《时报》1904 年 8 月 8 日。

④ 李细珠：《地方督抚与清末新政》，社会科学文献出版社 2012 年版，第 142 页。

⑤ 《云南巡抚林绍年奏》（光绪三十年八月十九日），《光绪朝朱批奏折》第 120 辑，第 40—42 页。

政体虽有君主民主之不同，其主义均归于宪法。各国宪法不同，其宗旨均归于利国便民”，又称“宪法于安上全下，靖内攘外，有百利而无一弊”。他们主张仿照日本变法，宣布天下，“定为大清立宪国”，并派大臣出洋考察宪法。[①] 张謇等再三嘱咐张之洞等先与直隶总督袁世凯商量。袁表示时机尚不成熟，结果此稿未上。[②] 不过，此时风气已经松动，即便在京城也有人提出要仿行议院。有官员主张“改政务处、军机处为上议院”，有某尚书主张各部建立“议政公所”。类似的声音还不少。研究者就指出，到 1904 年夏秋间，“立宪呼声虽未立即被朝廷采纳，但广开言路、集思广益，甚至仿行议院，已渐为朝野瞩目”。[③] 1904 年 12 月 12 日，户部右侍郎戴鸿慈奏请扩大政务处会议制，要求凡遇内政外交有建革之大、疑难之端，可由衙门请旨饬下政务处，摘录事由，标明由内阁各部九卿翰林科道定期会议，速则三五日，迟则十日，繁重者十五日，各抒所见，另纸录陈，并令传知属官，咸得论列，编检部员以下，呈掌院堂官代递。[④] 此折披露后，舆论颇为关注，希望就此建立具有上议院性质的机构。此后，政务处议覆此折，并拟定政务处“会议章程”七条。章程未符合立宪派的预期，但也为舆论所称道，以为“立宪之先声”。[⑤] 1905 年 2 月，驻日公使杨枢奏请仿照日本，实行立宪。6 月 27 日，周馥奏请实行三权分立与地方自治。其后，瞿鸿禨、袁世凯都奏请派大员出洋考察政治，瞿鸿禨甚至自请出洋考察。

民间立宪思潮的发展，日俄战争的刺激，朝廷大员的反复奏

---

① 《张謇、汤寿潜、赵凤昌改定立宪奏稿》，章开沅主编《辛亥革命史资料新编》第 2 册，湖北人民出版社 2006 年版，第 41 页。

② 《张謇全集》第 6 卷，第 865 页。

③ 赵虎：《立宪先声：〈会议政务章程〉的出台与反响》，《广东社会科学》2017 年第 1 期。

④ 《政界纪闻》，《时报》1905 年 1 月 11 日；《政务处奏遵旨妥议会议章程折》，《时报》1905 年 2 月 15 日。

⑤ 赵虎：《立宪先声：〈会议政务章程〉的出台与反响》，《广东社会科学》2017 年第 1 期。

请，以及革命势力的发展①，使一度被看作大逆不道之论的立宪之说渐为朝廷接受。1905 年 7 月 16 日，清廷颁布遣使出洋考察政治的上谕。上谕称，“方今时局维艰，百端待理，朝廷屡下明诏，力图变法，锐意振兴，数年以来，规模虽具，而实效未彰，总由承办人员向无讲求，未能洞达原委，似此因循敷衍，何由起衰弱而救颠危。兹特简载泽、戴鸿慈、徐世昌、端方等，随带人员，分赴东西洋各国考求一切政治，以期择善而从。嗣后再行选派分班前往其各随事诹询，悉心体察，以备甄采，毋负委任”。②

清廷宣布派员出洋考察政治，鼓舞了立宪派。他们将考察政治看作考察宪政，认为朝廷将在考察政治大臣归国后进行立宪改革。这给了立宪派很大的希望，推动了立宪思潮的进一步发展。

在经历吴樾行刺考察大臣案后，清廷以李盛铎、尚其亨替代绍英、徐世昌为考察政治大臣。1905 年 12 月，考察政治大臣分两路取道上海出洋考察。其中，载泽、李盛铎、尚其亨为一路，考察日本、英国、法国、比利时，以前三国为重点；端方、戴鸿慈为一路，考察美国、德国、俄国、奥地利、意大利，以前三国为重点。两路考察团均于 1906 年 7 月回国。考察团历时半年，道经 14 国，对日、美、英、法、德、俄等当时世界上最主要的资本主义国家的经济、政治、社会情形进行了考察。考察团人员众多，时间有限，又有诸多的礼节性的外交活动，故考察难免有走马观花之嫌。考察团虽吸纳了一些有出洋、留学经历或接受过新式教育的人员作为随从，但缺乏有政治经验又对西方政治史、政治学说有研究的人员，因此考察团对西方宪政的考察只能见其制度形式，得一些表面认识，甚至一些考察报告还需要请梁启超、杨度代为起草。考察团的考察重心在各国宪政的现状与效果，以及各国宪政的异同，以为中

① 革命思潮与革命势力的发展，是清廷决定政治改革的重要推力。本节主要论述立宪思潮及其对朝议的影响，有关革命思潮对清廷宣布立宪的影响，后文再述。

② 《派载泽等分赴东西洋考察政治谕》（光绪三十一年六月十四日），《清末筹备立宪档案史料》上册，中华书局 1979 年版，第 1 页。

国取法之参考，而对各国如何逐步从专制过渡到宪政，则缺乏应有的关注①。虽有这些毛病，但经过半年的考察，考察团还是得出了一些基本结论。其一，立宪可致富强，中国必须立宪。其二，各国立宪模式中，美国、法国为民主立宪，不适合中国国体；英国的虚君立宪体制，君主权力过小，不适合中国；俄国立宪是被动的立宪，引发了内乱，当引为鉴戒；德国、日本主动变法成功，其体制又能保持君主权力，可为中国取法。

考察政治大臣归国后，慈禧太后与光绪帝召见载泽两次，召见端方三次，召见戴鸿慈、尚其亨各一次。召对中，考察政治大臣“皆痛陈中国不立宪之害，及立宪后之利”。两宫颇为所动，“谕以只要办妥，深宫初无成见”。② 考察大臣先后连上数折，力陈立宪之必要，痛驳阻挠立宪的种种论调，并就立宪方法提出意见。1906 年 8 月 25 日，谕令醇亲王载沣及军机大臣、政务处大臣、大学士以及北洋大臣袁世凯等阅看考察政治大臣回京条陈折件。8 月 27 日、28 日，上述人员开会讨论立宪问题，经过内部讨论，大家基本同意启动立宪改革，但需多留预备时间。9 月 1 日，朝廷即下预备仿行立宪上谕。

预备立宪上谕的发布，让久盼立宪的立宪派及其拥护者欢欣鼓舞，他们认为，中国历史将进入一个新时代。梁启超致函蒋观云称，“立宪明诏已颁，从此政治革命问题可告一段落。此后所当研究者，即在此过渡时代之条理何如”。③ 上海《南方报》称，“自其过去者言，则十三日之上谕所以结十三日以前数千年专制之局，自其未来者言，则十三日之上谕所以开十三日以后数百年或数千年立宪之幕”。④《时报》称，七月十三日上谕，“变本朝三百年专制

---

① 《都察院奏代递主事胡柏年条陈宪政利弊呈稿》，《申报》1909 年 11 月 18 日。

② 《考政大臣之陈奏及廷臣会议立宪情形》，《东方杂志》第 3 年临时增刊，1907 年 2 月。

③ 丁文江、赵丰田：《梁启超年谱长编》，上海人民出版社 2009 年版，第 240 页。

④ 《舆论一斑：七月十五日上海南方报敬注十三日立宪上谕》，《东方杂志》第 3 年临时增刊，1907 年 2 月。

之政，创中国数千年未有之举”。① 在旧时代即将结束、新时代即将来临的欢喜中，上海、北京等地的立宪派组织了系列庆祝活动。

二　立宪之必要及利益——立宪论者的言说

自立宪问题提出，围绕是否有改行立宪的必要，立宪改革能否致富强、保君国安宁，以及立宪能否消弭革命等问题，朝野立宪论者②与反对立宪的人士发生了激烈的思想交锋。本节先说立宪论者对于这些问题的看法。

关于为何要立宪，朝野立宪论者的见解基本一致。他们之主张立宪，无非有内外两方面的原因，用达寿的话说就是，外应世运，内顺舆情。所谓外应世运，就是面对世界进入帝国主义时代的大势，面对西方列强挑战，中国必须立宪以整合国家，发达国民能力，实现富强，以御侮图强。所谓内顺舆情，就是顺应政治革命思潮，以立宪慰民望，解决统治危机，图君安国宁，以靖内忧，避免暴力革命。

先说外应世运。

鸦片战争以后，列强的侵略一直是中国人面临的重大现实问题。应对西方的挑战，必须寻求富强，这是近代中国思想界最强大的主调。立宪问题是在庚子后民族危机日趋严重的背景下提出的。庚子以后，西方流行的帝国主义概念输入，人们开始用帝国主义的概念观察中国所处的时代与世界，发现世界已进入帝国主义时代。

---

① 《宣布立宪谕旨恭录》，《时报》1906 年 9 月 3 日（光绪丙午七月十五日）。

② 之所以用“朝野立宪论者”的提法，是因为一般意义上使用的“立宪派”专指民间立宪派，而官僚中主张立宪的人士则被称为官僚立宪派。其实，两派的思想区分不那么明显，无论是关于立宪的必要性，立宪的方法，还是立宪的政体模式等，在立宪派以及官僚立宪派内部都有分歧。官僚立宪派内有速行立宪与缓行立宪之分，有主张虚君立宪制与主张二元君主制之分。立宪派内部，也存在种种分歧，只是到国会请愿运动兴起后，立宪派一般都主张虚君立宪制而已。在官制改革方案宣布之前，朝野立宪派的区分不甚明显。

梁启超指出，“今日之欧美，则民族主义与民族帝国主义相嬗之时代也。今日之亚洲，则帝国主义与民族主义相嬗之时代也”。① 端方认为，当今世界列强皆奉行帝国主义策略，中国地广人众、资源富饶，为“世界各国竞争之中心”，久为各国所垂涎，面临着比一般贫弱之国更严重的危机。数十年来，国人以练兵、筑路、兴航运、务工商为富强之策，然因未得欧美富强之本，故“求强反以益弱，求富反以益贫”，必须另寻能够应对帝国主义挑战的富强之策。② 杨度则称，中国所处之世界是“野蛮之世界”，面临的对手是兼具经济国与军事国两种性质的“经济战争国”。处此世界，遇此对手，中国必须以“世界的国家主义（经济的军国主义）”立国，即对内“工商立国”，发达近代产业，对外“军事立国”，建立强大的近代军事力量，作为经济竞争的后盾，才能在竞争中由劣败转为优胜。③ 达寿指出，今日之时代为帝国主义时代，今日之天下为“一国际竞争之天下也”。今日的国际竞争，“非甲国之君与乙国之君竞争，实甲国之民与乙国之民竞争也”。欲在此种竞争中求得优胜，就不能“以一君一相最少数之人，而与五洲万国无量沙数之人对抗”，而必须发达国民之竞争力，即国民的战斗之竞争力、财富之竞争力、文化之竞争力。④ 总之，他们认为，帝国主义时代的世界竞争是包含经济、军事、文化诸方面的全方位的竞争。面对这种竞争，枝枝节节的改革已不敷时用，必须进行根本改革，寻找整合国家、发达国民能力、改变中国在竞争中的劣败地位的方案。这个方案就是改专制为立宪。

---

① 梁启超：《国家思想变迁异同论》（1902 年 10 月），《梁启超全集》第二集，第 324 页。

② 端方：《请定国是以安大计折》，《端忠敏公奏稿》卷六，近代中国史料丛刊第一编第 14 辑，文海出版社 1973 年版，第 692 页。

③ 杨度：《金铁主义说》，《杨度集》（一），湖南人民出版社 2009 年版，第 213—235 页。

④ 达寿：《考察宪政大臣达寿奏考察日本宪政情形折》（光绪三十四年七月十一日），《清末筹备立宪档案史料》上册，第 29—30 页。

为鼓吹立宪，朝野立宪派建立了“立宪—富强”的话语。立宪派鼓吹立宪是帝国主义时代求富强之必由之路。他们的理由包括四层。

第一，世界上的强国都是立宪国家，这就表明立宪能致富强。1902年，李盛铎就奏称：“横览世界，殆无无宪之国可以建不拔之基业而幸致富强者矣。”他并指出，俄国并非因专制而强盛，而是因为没有立宪，以致“国本不固，工商不兴，外强中干”。①《中外日报》说：“横览全球，凡称为富强之国，非立宪，即共和，无专制者。”这在当时的立宪言论中有相当的代表性。中国的守旧派向以俄国行专制而国势号称强盛作为反对政治革命、拒绝民权的理由，动辄称“专制既不足以立国，何以俄人富强如此”②。俄国在日俄战争中的失败，以及战败后迫于内部压力不得不宣布立宪改革，并召集国会，使保守派顿失坚守专制的重要理据。立宪派也利用日本战胜俄国的战争结局，宣称日俄战争的结局是立宪战胜专制，并构建了“立宪—富强”的话语谱系。一时间，“欲富强，必立宪”，成为不言自明的公理。③

第二，立宪政体之下，国民有参政权，能参与国政，这一方面可破除壅蔽，宣上德，达下情，实现“君民合德”“上下一体”，有效整合国家，另一方面可收集思广益之效。立宪思潮兴起之前，维新派就认为，设议院可建立举国统一的意志，有效整合国家。郑观应称，设议院，则“君相、臣民之气通，上下堂廉之隔去，举国之心志如一”，使举国“如身使臂，如臂使指，合四万万之众如一人”。④庚子以后的立宪论者沿袭此种论述，强调

---

① 《追录李木斋星使条陈变法折》，《时报》1905年11月28日。

② 《论日胜为宪政之兆》（录乙巳四月十八日《中外日报》），《东方杂志》第2年第6期，1905年7月。

③ 赖骏楠：《清末立宪派的近代国家想象》，《中外法学》2018年第4期。

④ 郑观应：《盛世危言·议院上》，载郑观应著，夏东元编《郑观应集》（上册），上海人民出版社1982年版，第311—315页。

专制政治之下，名义上君主神圣，“皇帝一言，当代遵为科律。皇帝一行，全国奉为模楷”，但实际上皇帝不可能全知全能，政务必由官僚系统执行，由于人民没有参政权，没有制度化的民意机构，必出现蒙蔽、泄沓因循等种种弊端。① 戴鸿慈说，君主“事皆亲裁”，“君指挥于上，官吏趋承于下”，然“万机亲密，必不暇给”，不能不演变为官僚政治、胥吏政治，结果必定误国病民。而立宪，则以官僚辅助，而以人民协赞，使官僚所献替，国会所议决，一致而同归，故能事无弗行，行无弗效。② 孙宝琦说，立宪则“合通国之民共治一国，何弱不可强？何乱不可戢？不立政体，则民气涣散，国势日微，弱者被兼，乱者被取。何也？君臣孤立，民不相亲也。盖国势纵极艰危，苟能固结民心，励精图治，外侮自不足虑。譬之人身，中气既足，疾病自无由侵犯”。③ 他们又称，立宪可以“合众策，聚群谋”，故“谋无不当，计无不得”，国势自然强盛。④ 清廷宣布官制改革的上谕，很好地体现了立宪论者的这种看法。上谕说，载泽等回奏，“皆以国势不振，实由于上下相睽，内外隔阂，官不知所以保民，民不知所以卫国。而各国之所以富强者，实由于实行宪法，取决公论，君民一体，呼吸相通，博采众长，明定权限，以及筹备财用，经画政务，无不公之于黎庶。又兼各国相师，变通尽利，政通民和，有由来矣”⑤。

第三，立宪政体可发达国民能力，提升国民品格。戴鸿慈说，当列国竞争时代，国家竞争力最终取决于国民自身之能力，唯有国

---

① 《论蒙蔽》（录五月初五日《中外日报》），《东方杂志》第1年第6期，1904年7月；《恭读五月初八日上谕谨注》，《大公报》1904年6月24日；史彬：《振兴中国何者为当务之急》，《大公报》1905年4月13日。

② 戴鸿慈：《欧美政治要义》，广西师范大学出版社2016年版，第24页。

③ 《出使法国大臣孙上政务处书》，《东方杂志》第1年第7期，1904年9月。

④ 《立宪法议》（录十月初六日《时敏报》），《东方杂志》第1年第12期，1905年1月。

⑤ 《宣示预备立宪先行厘定官制谕》（光绪三十二年七月十三日），《清末筹备立宪档案史料》上册，第43～44页。

民能自谋其生活，然后国力可增进，因此“助长臣民生活之发达”就成为“各国国家最大之急务”。而“立宪政体唯一之目的，在以国家之力助臣民生活之发达，而因其协赞以增进国力”，是发达国民能力，进而发达国家竞争力的最好制度。① 达寿说，帝国主义时代，国际竞争的主体是国民，而唯有立宪，才能发达国民能力，使国家在竞争中居于优胜地位。这是因为立宪政治之下，有宪法保障国民之权利，可“厚国民之竞争力”，发达其军事、经济与文化能力。非立宪国家，“其国家之机关不完，其在上也，不能谋国民之发达，而下之国民，亦因被上之拘束，不能自谋其发达。夫国民之不能发达，则其竞争力不厚，竞争力不厚，则不足以立于国际竞争之场”。② 应该说，戴鸿慈、达寿的言说触及了立宪政治的根本问题，即保障人民权利，从而发达人民能力，提升国家能力。但对于这一重大问题，他们一方面缺乏透彻的认识，故所论不甚清晰，另一方面作为考察政治大臣而谈自由、谈权利颇犯官场忌讳，故“空论中已不免有所顾忌”。③ 人只有享有自由权利，才能有自主意志，才可能对自己的行为负责，才可能成为独立、自治、负责任的个人。立宪政治保障人民自由权利，为提升人民品格提供了制度保障。对于这一点，当清廷宣布预备立宪之前，立宪论者曾从一个比较另类的角度立论。康有为主张开国会之前，先“立公民”，给予“年二十以上，家世清白，身无犯罪，能施贫民，能纳十元之公民税者”以“公民”身份。“凡为公民者，一切得署衔曰公民，一切得与齐民异，如秦、汉之爵级然矣”，只有具备“公民”身份者才有选举权、服官权，否则不得有选举权、服官权。“如此则荣辱殊绝矣，民将皆发愤为公民，民将皆自爱而重犯法而期为公民，民将皆务施舍而为公民，民将皆以清白贻子孙而为公民”，可开民智、

---

① 戴鸿慈：《欧美政治要义》，第22—30、147—150页。

② 达寿：《考察宪政大臣达寿奏考察日本宪政情形折》（光绪三十四年七月十一日），《清末筹备立宪档案史料》上册，第29—31页。

③ 孟森：《宪政篇》，《东方杂志》第5年第8期，1908年9月20日。

励民气、进民德。① 林绍年说“立宪有益于民风”，中国民德劣，民智卑，民气茶，改行立宪，“则各有被选之资格，各有选人之权利，必争自濯磨，以期得列于国民，是不烦彰瘅而风俗自纯，程度自高。况人人有政治之责任，砥行则名实俱归，荡检则权利尽失，孰不争相修饬以自外，生成无形之鼓动，实为转移之大关键。”② 康、林二人主张悬公民权以赋予够格之人，以激励国人积极向上，自相磨砺。这虽与现代政治普及公民权的趋势不甚合拍，也非从自由权利对于人民品格的意义去论立宪的价值，但依照他们的思路，却可提升公民权的意义，使人们珍惜公民权。尚其亨也说：“宪法者，实能造国民品格进于文明，居于不可侮辱之境。”③ 不过，他没有说明理由。

第四，专制政府不负责任，而立宪政府是责任政府，唯有责任政府才能谋求国家富强。这一点，杨度的论述最为清晰。他说，求富就必须工商立国，谋国民经济之发达，而“欲国民经济之发达，不可不使其生命财产之安全。使其生命财产日有危险之虞而无安全之乐，则万无经济发达之可望”。这必须赋予人民以政治自由，“以人民之自由意志组织政府，编纂法律，以保护各个人之生命财产”，使政府由放任、侵夺，对内偷钱、对外送礼的政府，变为“对于人民而负不得不治之责任，负不得不保护之责任”；使举国人“事事在于法律之下，不能为任意之行动，即行之亦必在法律许与之范围，而不能出于其外”。只有这样，才能发达经济。专制政府则是放任、不作为的政府，“决未有保护人民生命财产之意”，只会想方设法侵夺人民财产，蹂躏人民权利。如此之政府下，怀挟资本之士“谁更敢出一钱以经营事业者？然则望专〈制〉政府之

① 康有为：《官制议·公民自治篇》，《康有为全集》第七集，第267—270页。

② 林绍年：《请速定政体以救颠危折》（光绪三十一年八月），《林文直公奏稿》卷四，近代中国史料丛刊第一编第31辑，文海出版社1973年版，第475页。

③ 《福建布政使尚其亨奏宪法立则公法行公法行则外侮靖折》（光绪三十三年八月十二日），《清末筹备立宪档案史料》上册，第260—261页。

能发达人民经济者，犹如望母牛之生子马也”。军事立国，必须以经济发达与人民之爱国心为前提。只有发达民权，实行立宪，改善政治，才能发展经济，建立人民之国家认同，才能“全国皆兵，并力于外”，成为军事上的强国。①

再说内顺舆情，图君安国宁。

甲午战败，维新变法思潮以兴。戊戌政变，国内维新思潮暂息，但流亡海外的维新志士继续以《知新报》《清议报》等媒体为主要阵地，继续鼓吹变法，猛烈抨击以慈禧太后为首的统治集团。孙中山自中法战争后，即萌生革命思想，自甲午上书李鸿章谋求和平改革无果后，即组织兴中会，积极运动革命。庚子事变以及此后与各国签定的《辛丑条约》，使清廷之愚昧、自私、无能充分暴露，清廷威信扫地，人心离散之象显露无遗，清廷统治面临前所未有的合法性危机。所谓统治的合法性，是指被统治者认可并服从法律以及政府的统治。这是统治威权的基础性条件。合法性流失，政府将不能保有其民，被统治者不愿意接受统治，或逃离，或反抗；政府将失去对官僚系统的控制，官僚玩视法律与政令，贪渎成风。一旦如此，统治就难以为继。清廷以少数民族入主中原，曾遭强烈反抗。后来，永不加赋的承诺以及康乾盛世的绩效，使其获得了相当的合法性。但鸦片战争后，外交接连失败，民族危机日趋严重，官僚系统日趋腐败，民生日益凋敝，而维新变法失败、西学输入等，则造成清廷威信迅速堕落，统治的合法性逐渐流失。庚子事变发生后的几件大事，表明清廷统治已现分崩离析之象。李鸿章、刘坤一、张之洞、袁世凯等重要督抚不承认朝廷的宣战诏书，宣布保境安民，拒不派兵勤王，而事后朝廷却不能对他们加以任何处理，反不得不更倚仗他们。保皇派以“勤王”为名在长江中下游策动自立军起义，并在上海召开“中国国会”，矛头直指以慈禧太后为首的统治集团。革命党发动惠州起义，起义虽失败，但革命党从中看到了人心的变

① 杨度：《金铁主义说》，《杨度集》（一），第213—235页。

化。孙中山回忆，1895 年广州起义失败时，“举国舆论莫不目予辈为乱臣贼子、大逆不道”，而惠州起义失败，“则鲜闻一般人之恶声相加，而有识之士且多为吾人扼腕叹惜，恨其事之不成矣”。①

统治集团内的明白人大多看到了危机。张之洞、刘坤一在“江楚会奏三折”中称，“近日民情已非三十年前之旧，羡外国之富而鄙中土之贫，见外兵之强而疾官军之懦，乐海关之平允而怨厘局之刁难，夸租界之整肃而苦吏胥之骚扰。于是民从洋教，商挂洋旗，士入洋籍，始由否隔，寝成涣散，乱民渐起，邪说乘之，邦基所关，不胜忧惧”。② 反对立宪的保守派同样看到“官骄吏窳，兵疲民困”的问题，认为朝廷已失去对官僚系统与民间社会的控制。③ 立宪派则指出，“迩年以来，以编发之民而入西籍，设肆之贾而悬洋旗，如此之流，试一游江海之间而检税关之册，其事殆不可以偻指穷。而内地土著之民，其夙称愿悫者，亦竞以乞灵神父、显抗长官为能事。涓涓不塞，将成江河，不及十年恐有沦胥之叹”。人们之所以逃离，之所以反抗，是因为政治不平，“而政治之所以不平者，固由于政体之专制而非立宪”。④ 可见，清廷面临严重的统治危机已是当时稍有见识者的共识。

为缓解统治危机，清廷推行了改科举、兴学堂、派留学、奖商、护商、练新军、办警察等系列新政，但并未缓解统治危机。一方面，朝廷威信大堕，官僚观念陈旧，衰朽不堪，难以担负新政重任，新政扰民成为通病；另一方面，“蚩蚩之氓对于朝廷已大消其畏威之念，不复如曩时之屏息慑伏”，民间对新政的怀疑、抵触情绪不断发酵，社会动荡不安，民变四起，斩木揭竿有不可终日之势。⑤ 新

---

① 孙中山：《孙中山全集》第 6 卷，中华书局 2011 年版，第 229—230 页。

② “江楚会奏三折”，《光绪朝东华录》，中华书局 1984 年版，总第 4753 页。

③ 《御史刘汝骥奏请张君权折》（光绪三十一年十二月二十日），《清末筹备立宪档案史料》上册，第 107—110 页。

④ 《论立宪为万事根本》，《东方杂志》第 2 年第 10 期，1905 年 11 月。

⑤ 蘧照（汪允宗）：《立宪私议》，《东方杂志》第 2 年第 11 期，1905 年 12 月。

政推动了资本主义的发展以及新式知识群体的形成，为立宪思潮、革命思潮的发展提供了群众队伍。如亨廷顿所指出的，现代化中的国家，学生是天然的反对派，他们“对现代世界和西方先进国家推崇备至，在他们的心目中存在着两个极大的差距，一是现代性原则——平等、公正、共同体、经济福利——和这些原则在他们生活中的实现程度之间的差距，二是世界先进国家中实际状况和他们自己国内的具体状况之间的差距。……学生对自己的国家感到羞辱并与之相疏离，他们热切希望重建自己的祖国，将其推向‘世界的前列’。在与自己的家庭以及传统的规范和行为准则相疏离的情况下，学生们更加彻底地与抽象的现代性原则相认同。这些抽象的准则成了他们评价自己国家的绝对标准。非把社会教育彻底重建不足以满足他们的愿望”。① 在民族危机的刺激下，在帝国主义论的影响下，思想活跃而阅历欠缺的学生迅速接受保皇派、革命派的政治革命论，成为政府的反对派。林獬说，庚子后，朝廷改革，废科举、兴学堂，“日本留学生渐多，以向失教育，乏科学根柢，故咸趋于法政一途。既习法政，则政治思想骤涌而不可止。又以年少气盛，于法国派学说，最易醉心。重以频年国难，丧师失地，赔款损权，层见不一，外国报纸复时时讥嘲之，回念六士三忠及汉变诸子，皆以政治之故横遭杀戮，从而推原其故，因聚怨于朝廷，乃创为革命之论，刊为丛报，流布内地。青年学生，不知审择，群起附和，如中醇醪，不自觉其狂易。于是国中嚣然，随处皆革命党矣”。② 情形也确实如此。留学生出洋后，“首触其心目者，中外政教之大异，故一若中国所不振如今日者，皆其专制之政体为之，毁三纲，进民权，用平等，尚自由，夫而后乃有豸。倡者其言如纶，

① 〔美〕塞缪尔·亨廷顿：《变化社会中的政治秩序》，王冠华、刘为等译，上海人民出版社2019年版，第308页。

② 宣樊（林白水）：《政治之因果关系论》，《东方杂志》第7年第12期，1911年1月。“六士”指戊戌六君子，“三忠”指庚子事变中被杀害的许景澄等三人，“汉变”指自立军起义。——引注

和者其言如綍”。[①] 国内学堂学生，“日染于译书”，又见“外交之疲茶，社会之腐败，已有朝不保暮之势”，亡国灭种的紧迫感、个人前途无望的失落感，压迫着他们，自然“愤叱狂呓，血涌技痒”，思想日趋激进。[②] 学务“愈办愈难”成为学堂监督们的共同感受。[③] 清廷本希望作育人才以谋富强，巩固统治，然而“使其民知尊君死长为唯一无二之义务”的专制主义教育目的，与新式教育给予学生的新知识、新思想之间的矛盾不可调和。[④] 新式学堂培养的，不是专制统治的维护者，而是专制统治的掘墓人。梁启超说，若清政府不启动政治改革，那就很可能，“学校中多一少年，即国民中多一立宪党”。[⑤] 于是，刚毅有“天下学堂栽培汉奸”之说，慈禧太后有“即使学堂有效，恐亦多出几个叛逆而已”之叹。[⑥]

革命思潮与立宪思潮迅速发展，新式精英渴望根本改革政治，给予清廷极大压力。统治集团的开明派意识到，面对政治革命思潮的发展，现有的新政改革不足以挽回世运而收拾人心，必须顺应思潮变化，进行政治革新，方可操改革之主动权，谋一线生机。若固守专制统治，拒不改革，则等来的只能是被改革。还在 1902 年夏，翰林院侍讲学士朱福诜就向朝廷提出，新政改革若能切实推行，“非不足以图治”，但若想收拾人心，“使凡平权自由、流血革命之徒，一皆回视返听，而乐为我用”，则非有大作为不可。所谓“大作为”，就是“改定宪法”。[⑦] 1904 年出使法国大臣孙宝琦上书政

---

① 《论惟立宪而后有教育》，《大公报》1904 年 10 月 8 日。

② 蔡元培：《浔溪公学第二次冲突之原因》，转引自桑兵《晚清学堂学生与社会变迁》，广西师范大学出版社 2007 年版，第 103—104 页。

③ 《张美翊致张绍熙朱桂辛函》（光绪三十年四月廿二日），“瞿鸿禨朋僚书牍”（中国社会科学院近代史研究所藏）。

④ 《论惟立宪而后有教育》（续昨稿），《大公报》1904 年 10 月 9 日。

⑤ 梁启超：《立宪法议》（1901 年 6 月 7 日），《梁启超全集》第二集，第 281 页。

⑥ 《论惟立宪而后有教育》，《大公报》1904 年 10 月 8 日。

⑦ 《摘录海盐朱学使福诜壬寅夏进呈札记》（为条陈立宪事），《时报》1906 年 2 月 26 日。

务处，也指出，“近年中国民志大开，凡有血气者无不痛国势之衰微，愤外侮之凭陵，昌言改革，莫之能遏。宝琦窃维（惟）倡论自下，恐为酿祸之阶，决议于上，乃为致治之大本”，希望朝廷启动立宪改革。① 唐文治也看到思潮的变化，他说，近代好辩之士鼓吹政治改革，“风气所趋，莫能阻遏”，“此事发之于上，实为万年巩固之基，发之于下，恐为喧嚣酿祸之渐，发之于内，足为维新郅治之本，发之于外，适启喧宾夺主之机。故今日若能决定立宪，则国家之权令一新而薄海之人心自定”。② 端方在考察政治途中，与海外华商和留学生有不少接触，他对华商与立宪派“懔其亡之戒”而要求立宪的迫切之情颇有感触，③ 也感受到海外革命思潮迅猛发展带来的巨大压力，认为必须尽快宣布以立宪为改革之方向，以顺舆情而安人心，否则，没有方向的改革，头绪纷乱，“不惟无益，而且有损”，人民对改革失望之余，“怨望日生，横议浮动，日以益甚”，将“不惜孤注一掷”。④ 庆亲王奕劻在高层会议立宪问题时说，比者中外舆论、民情，皆望立宪，“若舍此他图，即拂民意，是舍安而趋危，避福而就祸也”。⑤ 1907 年赴日考察宪政的达寿也指出，“数年以来，朝野上下，鉴于时局之阽危，谓救亡之方只在立宪”，面对此种思潮，必须启动立宪改革，否则，“内与民意相违，终成暴动”。⑥

政治革命论中，最为清政府心腹之患的是种族革命论。朝野立

---

① 《出使法国大臣孙上政务处书》，《东方杂志》第 1 年第 7 期，1904 年 9 月。

② 唐文治：《请立宪折》（乙巳八月），《茹经堂奏疏》卷三，近代中国史料丛刊第一编第 56 辑，文海出版社 1973 年版，第 233 页。

③ 《端戴二大臣致各省督抚商议立宪电》，《时报》1906 年 8 月 13 日。

④ 端方：《请定国是以安大计折》（光绪三十二年七月初八日），《端忠敏公奏稿》卷六，近代中国史料丛刊第一编第 14 辑，第 716 页。

⑤ 《考政大臣之陈奏及廷臣会议立宪情形》，《东方杂志》第 3 年临时增刊，1907 年 2 月。

⑥ 达寿：《考察宪政大臣达寿奏考察日本宪政情形折》（光绪三十四年七月十一日），《清末筹备立宪档案史料》上册，第 25 页。

宪派在消弭种族革命论一层上看法一致。立宪派认为，种族革命论之起，是因为民族危机日趋严峻，而朝廷应对无能。革命党并非传统意义上的叛乱分子，而是有主义的爱国者。革命党之根本目的是改革专制政治以救危亡，种族问题只是其鼓动革命的借口，因此改专制为立宪，就能有效压缩种族革命论的发展空间。《大公报》称，革命党主张革命，主要是“愤朝政之腐败”与满汉不平等，若实行立宪改革，则朝政日臻上理，满汉平等，革命党就失去革命动因，也就失去其正当性与支持者。① 朝廷内的立宪派也认为，革命党有主义，有追求，非简单的镇压措施可以消弭，只有通过立宪改善政治，挽救民族危机，才能真正有效地消除革命党。工部主事陈士芑说，“革命自由之说日益腾播，举国若狂，几于禁无可禁，诛不胜诛。然今之谈革命者，非敢昌言谋叛也，大都借口于爱国爱民而归咎于专制政府之压迫，意若曰，民困已甚，政府不能为谋，不如吾民起而自谋之，国弱已极，政府坐视不救，不如吾民起而自救之。其托词虽巧，而陈义甚高，一二人倡之，千百人和之”，此种心理蕴之既久，不加疏导，必有大乱。而立宪则可定国本，一新宇内观听，振奋朝野精神，使“邪说不攻自破”。② 载泽说，革命党“所以煽惑人心者，则曰政体专务压制，官皆民贼，吏尽贪人，民为鱼肉，无以聊生，故从之者众”。若改行宪政，则“彼虽欲造言，而无词可藉，欲倡乱，而人不肯从，无事缉捕搜拿，自然冰消瓦解”。③

立宪论者提出，朝廷欲保有其民，图君安国宁，必须改专制为立宪。这是因为，相对于专制政治，立宪政治在国家治理与保障皇室安全方面有不可比拟的优越性。立宪政治之下，人民之权利义务皆明定法律，政府与人民同受治于法律之下，故人民之生命财产得

① 《惟立宪而后可以救中国》，《大公报》1904 年 10 月 14 日。

② 《刑部代奏陈士芑敬陈救时八策》，《时报》1906 年 5 月 31 日。

③ 《出使各国考察政治大臣载泽等奏请宣布立宪密折》（光绪三十二年七月初八日），《清末筹备立宪档案史料》上册，第 175 页。

保护，租税平均，讼狱得控诉，下情得上达，“无患于苛政”，故“义务自尽而不待于强迫”。由此，“臣民乃安，上下乃和，而国基乃能巩固”。① 端方说，专制政治任人不任法，君主独裁国事，对举国人民负其责任。君主不能独治天下，必任官吏以为辅佐，而“官吏奉一人之命以治民事”，遂使君主常因官吏不贤而为人民所怨，处危险之地。“君主既危，则国事愈以难治，官吏愈无忠实之心，人民愈有离散之势，一切政事愈以丛脞，而国家之危亡随之。”立宪政治则任法而不任人，举国皆受治于宪法之下，设议院以觇民意从违，“则政府之行动，人民可以知之；人民之意志，政府亦可以知之。上下之情相通，合谋以求一国之利益。故国事因此而得理，国家亦因此而得安矣”。内阁代君主负责，若内阁失政，“无丝毫之责任可以及于君主之身，故君主常安而不危”；又立法、行政、司法、地方自治等各类机关之权责皆明载宪法，“彼此之间，各有其权能，各有其职守，各有其职任”，不能越宪法半步，同时在宪法赋予的职权范围内，又能自由行动，无复有掣肘之人，“故百废可以俱兴，国事可以大整”，于是政府之信用乃著，人民信任政府、依赖政府，愿意承担义务，愿意服从统治，如此则国安。② 达寿指出，专制政治之下，君主亲裁万机，当政治之冲，往往“施发号令一拂民情，便危皇位”。立宪君主实行“间接政治”，能区分皇室与国家，使君主、皇室不受政潮影响。这就好比一个商人，若家政与商业相混，则商业之赢绌往往影响其家室，若设立公司，区分公司事务与家事，“公司之中，有理事，有株主，商人出居公司，则居于理事长之地位，入居家室，则居于家督之地位。公司有公司之章程，家室有家室之规矩，家政商业，两不相关。如

---

① 《论立宪为万事根本》，《东方杂志》第2年第10期，1905年11月；《出使各国大臣奏请宣布立宪折》，《东方杂志》第3年临时增刊，1907年2月；《立宪纲要·述臣民之权利义务第七》，《东方杂志》第3年临时增刊，1907年2月。

② 端方：《请定国是以安大计折》，《端忠敏公奏稿》卷六，近代中国史料丛刊第一编第14辑，第692—703页。

是，则公司虽有亏折之虞，而理事、株主人人有责，彼商人之家室固毫无影响也”。立宪政治亦然，“皇室者家室也，国家者公司也。君主对于皇室所处之事务，亦犹商人对于家室所处之事务。君主对于国家所处之事务，亦犹商人对于公司所处之事务。商人经营公司，可以居理事长之地位。君主创业垂统，自当握总揽之大权，皇室则愈见安全，权力固未尝减少”。[①] 总之，他们宣称，实行立宪，则社会可以安定，法令政策之实行无待于勉强，又能区分君主与国家，有君位尊严无对、君统万世不易之效用。

可见，清末立宪论的兴起，主要并非经济社会发展，人民权利意识觉醒，起而反抗专制统治所致，而是内忧外患交迫的结果。立宪论者之鼓吹立宪，主要是希望通过立宪图强御侮，安定人心，解决统治危机，而个人自由权利之保障则居于次要地位。清廷宣布预备立宪的上谕也明确指出，仿行宪政之目的，是希望摆脱“日处阽危，忧患迫切”的现实处境，谋求富强，确立“国家万年有道之基”。[②] 对于立宪论兴起的动机，时人看得很清楚。《东方杂志》说，各国立宪，不出于二途，“一则以国民政治能力已富，而为正当之要求以致之者。一则以君主横暴，民不堪命，经君民冲突而后得者”。中国人素乏国家观念，多数国民无政治思想与政治能力，久受专制统治而无反抗意识，立宪论之兴，“固因外界之戟刺，而非由民力之膨胀也。是固震惊宪政之虚名，而非洞彻宪政之精髓也”；[③] 又指出，“朝廷所以主张立宪者，意在救亡，实灼然于制治之旧不足以肆应于世界大势之新，且深知今日之受祸者由于不立宪以致不振，而诸国之富强乃由于能立宪也”。[④] 反对立宪的内阁候

---

① 达寿：《考察宪政大臣达寿奏考察日本宪政情形折》（光绪三十四年七月十一日），《清末筹备立宪档案史料》上册，第31—32页。

② 《宣示预备仿行立宪先行厘定官制谕》，《清末筹备立宪档案史料》上册，第43—44页。

③ 舜修：《论立宪当有预备》，《东方杂志》第3年第3期，1906年4月。

④ 蘧照：《人民程度之解释》，《东方杂志》第3年临时增刊，1907年2月。

补中书黄运藩也指出，“主张立宪之诸大臣，特拟以师其富强耳，故谕旨亦以驯致富强为训”。① 诸如此类的评论甚多，不一一引述。外媒也有类似的观察，日本《外交时报》分析清廷立宪之动因，称“彼盖见夫东西立宪之国，多致富强，则中国亦当得因立宪而图隆治，此吾辈推测之一也。又见夫日本之骤臻富强，确信为立宪之效，谓中国一旦立宪，且可凌驾日本而上之，此推测之二也。又虑乎民心乖离，政府任怨，辄欲以立宪为饵，收揽人心，此推测之三也。内有满汉两族之党争，外有异邦之诛求，乃欲使民众协力，一心一意，以解此忧患，此推测之四也。官吏横暴，鱼肉其下，乃欲收民间众意，以隐制官吏之跋扈，得使其民出水火而登衽席，此推测之五也。内防己国之叛裂，外御他国之分割，此推测之六也”。②

布赖斯说，欧洲民治政体发展的主要驱动力是人民要铲除具体的痛苦，增进具体的利益，而非民治思想。③ 其实，任何社会政治变革都起于解决实际问题的需要，思想学说只是为解决问题提供了方法、理论的解说。立宪政治在欧洲的发展，固与欧洲国家之间的军事竞争密切相关——战争需要资金与人力资源动员，君主在集权的同时不得不与臣民协商，以获得战争所需的财政支持与兵力支持——但资本主义的发展、资产阶级的成长为其立宪改革提供了社会基础，因资产阶级要求限制王权而起的“君民相争”的政治斗争，则是其立宪政治发展的根本动力所在。所以，欧洲立宪过程始终有比较明显的限制王权、保障人民权利的色彩。而近代中国迫切需要解决的问题是民族危机，改革内政的目标也主要是解决民族危机。中国封建制度早经崩解，社会内部财产、权势有相当的流动

① 《候补内阁中书黄运藩陈请即罢议立宪呈》（光绪三十三年七月十八日），《清末筹备立宪档案史料》上册，233—235 页。

② 《论中国立宪前途》，《外交报》第 169 期（译日本明治三十九年十二月《外交时报》），丁未二月初五日。

③ 〔英〕詹姆斯·布赖斯：《现代民治政体》，张慰慈等译，吉林人民出版社 2001 年版，第 41—42 页。

性，专制统治之下，人们之私权受到一定的保护，人们久受儒家学说熏染，对自由、权利、平等的追求不甚迫切。清末立宪之启动也并不是在社会发展、国民要求立宪的政治运动背景下发生的，而是在少数新式政治精英稍加鼓吹，多数国民还不知宪法为何物，更没有国民的政治运动的情形下，由政府主动宣布的，实乃“奇异之改革”。[①] 因此，清末立宪论者的立宪论述中关于自由权利的论述比较薄弱，就不难理解了。

在鼓吹立宪的过程中，立宪论者也会谈到立宪政治的本质含义是限制政府权力，保障人民之权利。比如，还在1901年，梁启超就说：“立宪政体，亦名为有限权之政体……有限权云者，君有君之权，权有限；官有官之权，权有限；民有民之权，权有限。”其中，民权是立宪政治最核心的内容，“民权者，所以拥护宪法而不使败坏者也。……故苟无民权，则虽有至良极美之宪法，亦不过一纸空文，毫无补济，其事至易明也”。[②] 1904年，《时报》的一篇社论也说，欲图存，必先定国，“订立宪法，布告天下，咸使闻知，以制限主治者之威权，以保护被治者之权利，国家保其安全，人民增进幸福”。[③] 袁世凯主持编写的《立宪纲要》也称，“立宪之精神，全在保护人民之权利”。[④] 1906年，《东方杂志》上也有文章称：“君主之宪法含有保护限制二义。以言保护之义，则君民上下悉在保护之中，以言限制之义，则君民上下均在限制之列。悉在保护之中，则君民不至于偏枯，所谓曲成不遗也。均在限制之列，则上下各有其权限，所谓范围不过也。”[⑤] 这接近于梁启超所

① 《论中国立宪根底之薄弱》，《立宪初纲》（录日本《东京每日新闻》），《东方杂志》第3年第13期，1907年2月。

② 梁启超：《立宪法议》（1901年6月7日），《梁启超全集》第二集，第278—279页。

③ 《论朝廷欲图存必先定国是》，《时报》1904年8月8日。

④ 《立宪纲要·述立宪预备第八》，《东方杂志》第3年临时增刊，1907年2月。

⑤ 《论君主立宪政体之性质》，《东方杂志》第3年第4期，1906年5月。

说立宪则君、官、民各有权，权各有限，颇得立宪精要。在论及宪法问题时，立宪论者也常罗列立宪政体之下人们应享有的种种自由权利。他们也以国人“素受压制，丧失自由，驯至放弃义务，弁髦权利，不识国家为何物，不知自治为何事”，看作实行立宪改革的巨大障碍，[①] 认为欲立宪，必须以法律遍教国民，唤醒其权利意识，否则以没有权利意识之人出为议员，只能是强有力者之附庸，而不可能向政府争权利。[②] 他们也为国人因政府侵夺权利而与政府诉讼欢呼，认为这是国人权利意识觉醒的标志。[③] 当立宪派要求组织政党、开展“国民的政治运动”，而受到政府压制时，他们更反复强调，言论、集会、结社自由是立宪的前提与核心内容，非此不足以称为立宪（关于这一点，后文再详述）。甚至还有人鼓吹个人主义，称“个人主义，质言之，即竞争个人权利也”，强调个人主义并非造成国家颠危的原因，恰恰相反，“个人主义乃最高尚而非卑污者，乃最急激而非萎缩者，乃促民权之进行而非阻国家之发达者”。[④] 然而，在人民的种种权利中，他们最看重的是参政权，认为“立宪之问题范围广博，体大思精，非单简之词所能尽其奥窔，综其概要而论，不外与民共治之主义而已”。[⑤] 这是清末立宪言论中常见的表述。有人比较专制与立宪，认为二者之区别在于是否有宪法保障人民之权利，又说专制国人民与立宪国人民同有请求权与自由权，为立宪国人民独有而专制国人民所没有的是参政权。[⑥] 固然，这种表述不算错误，专制政治之下，人民之生命、财产以及请求司法救济的权利并非不存在。不过，从这种表述中，也可以看出

---

① 觉民：《论立宪与教育之关系》，《东方杂志》第 2 年第 12 期，1906 年 1 月。

② 闵闇：《中国未立宪以前当以法律遍教国民论》，《东方杂志》第 2 年第 11 期，1905 年 12 月。

③ 《国家与国民交涉之开始》，《大公报》1908 年 1 月 24 日。

④ 莎泉生：《个人主义之研究》，《牖报》第 8 期，1908 年。

⑤ 《恭读改定官制谕旨谨注》，《大公报》1906 年 11 月 11 日。

⑥ 雪鸿：《立宪与人民》，《时报》1908 年 5 月 11 日。

当时人极看重参政权。国会请愿运动中，参政权常被立宪派描述为立宪政治最核心的内容。立宪论者强调国民的参政权，与他们希望参政，并通过国民参政，建立国民的国家认同，建立责任的政府，以实现国家富强有关。曼公在《时报》刊文批评“国权主义”，反对当局实行压制政策、呼吁保障人民之自由权利，但他同时又说，“国民之活动有其目的，此目的即是国家之存亡，国民所以求自由、求参政权，其目的亦在此”。[①] 在这种表述中，国民的自由与参政权都是救亡图强的手段。可以说，严重的民族危机、图强御侮的迫切需要，为清末的立宪思想涂上了鲜明的民族主义、工具主义的色彩。

当时的不少立宪者是“立宪迷”，他们将立宪看作解决中国一切问题的不二法门，以为“一用立宪之法，立成富强之国”。[②] 这种倾向是不无问题的。针对“立宪迷”将立宪政体理想化的倾向，吴兴让曾指出，立宪并非绝对的良制，与专制政治相比，它只是“比较有限制而已，比较有保障而已”。专制政治以尊卑定从违，人民无参政权，其生命财产托庇于君主与官吏，而无制度化的监督渠道，故权利无保障，社会乱多而治少。立宪政治有宪法保障人民之权利，人民有参政权，有监督政府的制度化渠道，故权利有一定的保障；又取决多数，政出众意，故大谬可免，推行的阻力较小。这是人民舍专制而图立宪的道理所在。但立宪政治对于人民权利的保障，要由法律上的保障落实为事实上的保障，需要足够的民德民智水平，需要人民有政治上的实力。国家有宪法，人民有参政权，只是保障人民权利、实现社会治理的条件，并非其必然如此的保证。他又说，“专制政体有尊卑而无是非”，“立宪政体有多寡而无是非”。专制政体取一人独断主义，以尊卑定政事之从违，是民智

① 曼公：《敬告政府诸公》，《时报》1908 年 5 月 16 日、5 月 17 日。

② 《国会预备议》（录丁未十二月二十日《津报》），《东方杂志》第 5 年第 2 期，1908 年 3 月。此文又载于《北洋法政学报》第 57 期，署名吴兴让，《东方杂志》转录此文时未署名。

未开、人民以力相争相夺的时代迫不得已的一种方法。立宪政治取多数公决主义，以多寡定从违，是民智已开、人民自治意识日趋强烈的时代迫不得已的一种方法。独断主义与公决主义，都只是决定政事的方法，都只能定从违，而不能定是非。① 这种论述，平实而公允，既指出了立宪政治的优点，也反对将立宪政治理想化，道出了清末立宪论者思想中的重大缺陷。

三　反对立宪论者的认识及其与立宪论者的争论

对清廷立宪改革持反对态度的，主要有两种人：一种是革命党人，一种是朝廷内部的保守势力。

革命党人并非反对立宪政治，他们也认为君主立宪与共和政治并无实质区别。比如汪精卫就说，君主立宪之下，人民“自由平等之程度亦近乎共和，而远乎专制”。② 田桐说：“宪法哉，诚利益人民之生佛哉。使中国而果能立宪也，吾当顶而礼之，膜以拜之，馨香以祝祷之。”③ 他们之反对清廷立宪，主要有两方面的原因。

其一是狭隘的教条式的民族主义观念在作怪。革命党人认为，立宪只能发生于单一民族国家，而不能发生于多民族国家。汪东说：“置二物而冶于一炉，其能镕合无间者几希矣。今乃必欲以种类不同，血系不属，文化殊绝之二族，而强混淆之，使之为一同等之事业，其声气之隔膜，已不待言，而况乎此种类不同，血系不属，文化殊绝之二族者，其阶级悬殊，又复若云泥之迥判，相猜相忌，已非一日于兹，于此而欲求一推诚布公之改革，岂可得乎？”④

---

① 《国会预备议》，《东方杂志》第5年第2期，1908年3月。

② 精卫（汪精卫）：《再驳新民丛报之政治革命论》，《民报》第7号，1907年9月。

③ 恨海（田桐）：《满政府之立宪问题》，《复报》第1期，1906年5月。

④ 寄生（汪东）：《论支那立宪必先以革命》，《辛亥革命前十年间时论选集》第二卷上册，生活·读书·新知三联书店1977年版，第128页。

朱执信认为，一个国家只要存在两个以上的民族，民族关系就只能是统治与被统治的关系，不可能有民族平等。实行立宪就要求去除统治民族的特权，这是统治民族所不能答应的，因此统治民族不可能放弃其统治特权，主动立宪。若被迫立宪，也一定是维持其种种统治特权的伪立宪。从这种僵化的认识出发，他认为，中国必先解决民族问题，才能立宪。若不解决民族问题，而由清廷立宪，则立宪只会巩固满人对汉人的统治，不可能实现满汉平等；若真行立宪，实现民族平等，那么因长期的特权庇护而政治能力与经济能力严重萎缩的满人将无法与汉人竞争，"必无从得政权"，"必无从得营业"，"必怨恨汉人而求自离"，民族问题将以满人的分离主义运动的形式出现。[①] 立宪派拥护满人的立宪，就是认贼作父，甘当亡国奴，迹近于汉奸。柳亚子说，中国已经亡国，人民已为"无国之民"，"国既亡矣，何有于宪?""今日其勿言改革，唯言光复"；"其勿言温和，唯言破坏"。[②]

其二是毕其功于一役的思想在作怪。革命党人认为，共和政治是人类政治发展的极致，人类政治终归要发展到共和政治，选择政治模式就要选择最先进、最完备的制度。孙中山就曾以铁路机车作比喻，说有铁路之初，机车难免粗恶，现在已有最新式的机车，就应选择最新式的机车而不能再选择原始的机车。对政治制度的选择也一样，共和制度较君主立宪制度先进，就应选择共和制度，而不应选择君主立宪制。汪东沿袭孙中山的看法，说百年千载之后，各国政治将"不尽易立宪为共和不止"，中国今日当重新构造之际，与其选择君主立宪，将来犹不免于共和革命，不如现在就一步到位，以建立共和政治为目标。[③] 此外，章太炎则从民粹主义的立场

① 蛰伸（朱执信）：《论满洲虽欲立宪而不能》，《辛亥革命前十年间时论选集》第二卷上册，第114—119页。

② 亚庐（柳亚子）：《中国立宪问题》，《江苏》第6期，1903年9月。

③ 寄生（汪东）：《论支那立宪必先以革命》，《辛亥革命前十年间时论选集》第二卷上册，第131页。

反对君主立宪。他称，代议制不过封建之变相，只会造成豪强把持政权的局面，是比专制还恶劣的制度。①

革命党认为，立宪之说流传，将“迷乱后生”，② 使一般社会人士对清廷立宪产生不切实际的幻想，妨碍排满革命思潮的扩展，妨碍他们对理想的共和政治的追求。因此，他们抓住一切机会攻击清政府的立宪改革，甚至出现吴樾在正阳门车站刺杀考察政治大臣的极端事件。预备立宪过程中，清政府为推动改革实行的种种集权措施，以及因不能妥善处理改革过程中放开社会管制与维持秩序之间的关系而采取查禁立宪团体与书刊、禁止学生干政、打压国会请愿等种种措施，更遭到革命党的强烈批判。清政府坚持“大权统诸朝廷”的大权政治模式，以及清政府因为革命势力的发展、而不信任汉人官员，将军事、财政等要害部门牢牢控制在满人手中等现象，被革命党解读为满人实行排汉主义、欲借立宪巩固对汉人统治的证据。革命势力的发展、革命党人对预备立宪的激烈批评，一方面刺激了清廷，使其下决心进行立宪改革，不断加快改革步伐，并刺激了立宪派，使其抛弃开明专制论，转而发起“国民的政治运动”，要求早开国会；另一方面则加重了清廷对汉人的防范之心，束缚了其改革手脚。而清政府改革所带来的社会管制的放松、社会思想的活跃，以及清政府改革的犹疑与迟滞，也为革命思潮的发展提供了一定空间。需要看到的是，革命党对预备立宪的态度并非铁板一块，不少在国内活动的革命党人能够比较理性地看待问题，认识到和平改革具有削弱和瓦解专制统治的作用，积极参与地方自治与请开国会等活动。

朝廷内反对立宪的多为言官。他们长期闭目塞听，不晓世界大势与列强实情，又以清流自居，以直言敢谏自诩，以纲常伦理与皇

---

① 章太炎：《代议然否论》，《辛亥革命前十年间时论选集》第三卷，第89—99页。

② 《烈士吴樾君意见书》，《民报》第3号，1906年4月5日。

权专制制度的卫道士自任，坚持认为国之本在君，治之要在君主总揽大权，乾纲独断，整肃纲纪，不能容忍任何减损君权的思想与行为，认为侵害君权将动摇国本，造成动乱。他们反对改革也与其个人利益密切相关。御史吴钫就指出，一些官僚反对改革，是因为“利害之系于身者切也”；“今日之纡青佩紫，皆积半生之殚精竭虑而始得之。一旦改弦更张，必至顿失故步”，“士大夫以官为生者，十之七八，势至无以为生，必出全力以相抵制”。①反对意见集中发表于三个时期：一是官制改革上谕发布后，朝廷从御史王步瀛之请，令大小臣工就官制改革各抒己见时，反对派乘机密集指陈官制改革的种种弊端，要求朝廷慎重改革；二是光绪三十三年五月，朝廷令各级官员就立宪改革的筹备之方、实行之序陈言，并准许士民就此上书之后，反对派乘机要求暂缓改革；三是第三次国会请愿运动后，在清廷将亡之象日趋明朗之时，反对派指称朝廷面临的种种危机都是立宪改革造成的，要求罢去一切宪政改革。他们对立宪多有误解，其反对意见也不符合朝廷改革以救危亡的大方针，没有在根本上动摇朝廷的改革决心，不过他们的反对意见也确实指出了立宪论者言论中的诸多漏洞，对朝廷的具体改革决策也产生了影响。

他们反对立宪改革的意见大体有以下三点。

其一，他们否认“立宪—富强”论。

反对立宪者承认，处当今之世，有寻求富强的必要，但他们从传统王权主义的思维定式出发，认为富强之根本在巩固和加强君权，以强势的君权整肃纲纪，而效法西方的立宪只会造成“大权旁落”，何能致富强？御史刘汝骥称，国之治乱强弱与专制、立宪无关，有因专制而强者，如俾斯麦之治德国，有立宪而贫弱如故者，如埃及、波兰、西班牙。欧洲实行立宪，是因为百余年前君主“暴戾恣睢，残民以逞”，“其病盖中于专制”。而中国之病在“官

---

① 《御史吴钫奏改官制宜筹安置汰员以消立宪阻力折》（光绪三十二年八月初三日），《清末筹备立宪档案史料》上册，第404—405页。

骄吏窳，兵疲民困”，“君权不振”。病因不同，药方遂异。欧洲需要以立宪限制君主之残暴，而中国图富强则需要伸张君权，而非效法欧美进行立宪。[①] 内阁中书王宝田认为，立宪论者对列强富强之因的论述与实际情形不符。他称，日本维新而致富强，原因是政治上尊主权，将幕府权力收归天皇，天皇躬亲庶政，一切设施皆以独断行之；学术上以阳明学为本，砥砺士民品性；经济上则输入欧洲之科学。德国富强之因并非宪政，而是其雄才大略的君主敢于突破宪政的束缚，“去国民把持国计之权”，“解散议会，以张君威，而破积习”，“志切复仇，简任贤才，整齐法度”，“劝农惠商，爱育民萌”。俄罗斯因君主“暗懦无断，大权旁落，戚畹宗藩，干预朝政”而弱，到彼得改革，“定独立之制，大权自持”，故“主权益尊，国势更振”。他称，中国自有适应国情的法纪，舍己从人，学习欧洲的宪政，只会造成强族持权、庶民觖望、乱民暴动的局面。此大乱之道，非富强之道。[②] 内阁中书黄运藩称，“中国自有可富可强之道，而亦为本富本强之国”，这富强之道就是三纲五常。“中国盛时，礼教修明”，社会有序，“内无吠犬之警，外无谋夏之寇”，人心静谧，人有廉耻，一派太平盛世景象，依靠的就是三纲五常。道咸以来，中国号称贫弱，问题在用人不当，而不在三纲五常。新政实行以来，纲纪陵夷，故富强之效，茫茫若捕风。为今之计，“但取祖宗成宪，切实行之，而又戒官司以节用，勿假新政而为敛财之谋，抑强暴而安民，勿苟且目前而致本根之拔，补阙修废，惩前毖后”，就可致富强，不必学什么欧美的立宪。[③] 对于立宪论者所称，改专制为立宪，国民就会因有参政权而乐捐

---

① 《御史刘汝骥奏请张君权折》（光绪三十一年十二月初二日），《清末筹备立宪档案史料》上册，第107—110页。

② 《内阁中书王宝田等条陈立宪更改官制之弊呈》（光绪三十二年八月二十八日），《清末筹备立宪档案史料》上册，第151—164页。

③ 《候补内阁中书黄运藩陈请即罢议立宪呈》（光绪三十三年七月十八日），《清末筹备立宪档案史料》上册，第233—235页。

输、乐服兵役，就能解决财政困难，并为经济发展、军事现代化提供资金与人力支撑，从而实现富强的说法，举人褚子临认为，此皆似是而非之论。征取无艺，则群情怨毒，民变必起，此无关于立宪或专制。“小人性欲勇而啬于衅，不善用之而因以反中其身者亦有矣”，历史上，雅典、马其顿，皆国以兵强，亦以兵亡。①

立宪论者对“立宪—富强”论的论证本身并不严密。立宪确可通过保障人民权利，激发人民的创造力，也可以创造比较有利于经济发展的和谐社会环境，但立宪并不必然带来富强。所谓富，与科技发展水平、市场规模、资源状况、经济政策、国际经济竞争环境，以及资本家的企业心、劳动力队伍状况等复杂因素相关，立宪本身未必带来经济的飞跃式发展。在世界现代化进程中，有威权统治带来经济飞跃式发展的情形，也有立宪国家由于种种原因，存在经济停滞的情形。至于强，指国家之军事能力，这也与立宪无直接关系。在军事问题上，过分强调立宪可激发人民之爱国心与军队的忠勇之气，忽视军事装备、训练、技术、能力等的意义，忽视经济能力对于现代战争的支撑的意义，是片面的。在立宪论者狂热鼓吹“立宪—富强”论之时，康有为著《物质救国论》，突出强调科技、经济发展与军事现代化对于富强的意义。在某种程度上，他看到“立宪—富强”论存在的问题。康有为十分看重《物质救国论》，然而其弟子经办的广智书局却迟迟不为刊刻。愤怒之余，他责问何擎一：“《物质救国论》何尚不刻？（吾最注意此事，余皆妄耳。乃竟搁置二年，可恨！）吾欲刻一书尚不能，何须广智乎？”② 广智书局迟迟不刊刻此书，是因为主事者担心此书可能为专制统治者利用。《时报》上的一篇评论就揭破了这一点。评论称：“朱子曰，著书立说，如扶醉人，扶得东来，又向西倒。……吾惧夫著书者愤世闵人之苦衷，而转为张汤赵

① 《拣选知县举人褚子临等条陈宪政八大错十大可虑呈》（光绪三十三年七月十八日），《清末筹备立宪档案史料》上册，第227—228页。

② 丁文江、赵丰田：《梁启超年谱长编》（“1906年”条下），上海人民出版社2009年版，第236页。

周之流假之以利用也。”[①] 他们的担心也可以理解。

立宪论者列举若干富强的立宪国家以为立宪可致富强的证据，而反对立宪者则列举立宪而贫弱的国家作为立宪并不必然致富强的证据。他们都拣选出有利于自己的事实来论证自己的主张。反对立宪者，不明世界大势，观念陈腐，他们所认定的富强之道，也许可适用于闭关自守的年代，但在列国竞争、帝国主义盛行的时代，已根本没有谋求富强的可能。而立宪论者以立宪为尽快实现富强的手段，以为朝开国会夕致富强，也是“大谬”。[②] 立宪论者将立宪作为求富强的工具，其存在的问题有二。首先，为着富强的目标，他们愿意赋予政府强大的权能，而对现代国家形成过程中的政府扩权现象丧失警惕，失去对限制政府权力、保障人民自由权利的立宪本意的坚持，容易接受威权主义。其次，当立宪未能实现富强目标时，他们就会抛弃立宪政治。对于后一种可能，吴兴让曾指出，立宪能否致富强，根本在人们是否具备运用立宪政体的资格、能力与智慧，能否善用立宪政体。庖丁解牛，能解牛的是人，刀只是器具。若不明这一层，以为立宪即可强国，“而贸贸焉试之，一试不效，而以为立宪非图强之良法，且将咎立宪之议为妄。是犹不善解牛而咎刀，不善成器而咎斧也。是则立宪说之大不幸也”。[③] 这种忧虑为后来的事实所证明。

其二，他们认为立宪未必能固皇权、安皇室。

君权是清末立宪中十分敏感的问题。在中国传统思想中，王权主义地位突出，君主势位独尊、天下独占、权力独操、权力无限的观念根深蒂固，[④] 缺乏君主权力应有边界的观念，更缺乏分权制衡

---

① 惜诵：《物质救国论书后》，《时报》1908 年 3 月 27 日。

② 《论中国立宪前途》，《外交报》第 169 期（译日本明治三十九年十二月《外交时报》），丁未二月。

③ 《国会预备议》（录丁未十二月二十日《津报》），《东方杂志》第 5 年第 2 期，1908 年 3 月。

④ 刘泽华：《为什么说王权主义是中国传统思想文化的主干?》，《政治思想史》2013 年第 3 期。

的观念。所谓“防弊”，即保证君主权力不被侵损，防范曹操、王莽之类的奸臣篡权，一直是专制统治者设制时的首要考虑。历代统治者都通过官员之间的相互钳制来保障大权不致旁落。作为当政者，清廷最高统治者慈禧太后对于立宪并无深刻的成见，她也希望富强，若立宪可致富强，她也不反对，但她希望在君权不受侵损的情形下实行立宪，确保“君权不可侵损”“服制不可更改”“辮发不准薙”“典礼不可废”。[①] 然既立宪，则君权必受限制，必与统治者“君权不可侵损”的希望尖锐冲突，这给立宪改革带来了不小的阻力。《东方杂志》就指出，朝廷“一面欲保持无限之君权，而沮于天下之清议，弗敢径情以自恣，一面欲效法强国之宪政，而又虑损固有之君权，以此两念交战于衷，而顽固者流，乃得持宫廷之短长，而为改革前途之大梗”。[②] 反对立宪者清楚统治者在君权问题上的根本态度，乃不断陈言，以立宪必损君权为由，要求停罢立宪。

民间立宪派可直截了当地说立宪政体就是“有限权之政体”，[③] 就是“于政治上灭杀君权之一部分而以公诸民”。[④] 而朝廷内的立宪论者就不能说得这么明白，因为这会增加立宪的阻力。所以，他们对立宪中的君权问题往往避重就轻，含糊其词。孙宝琦称，立宪“实所以尊君权而固民志”[⑤]。汪大燮等说，立宪各国君主地位尊严、君统不易，君权神圣不可侵犯，安享安乐尊荣。[⑥] 奕劻称，“夫宪法者，国家之根本法也，为君民所共守，自天子以至于庶人皆当率循，不容逾越”，君主立宪宪法，“其最精之大义，不外数

① 《余肇康致止公相国书》（光绪三十二年八月初五日），“瞿鸿禨朋僚书牍”（中国社会科学院近代史研究所藏）。

② 蛤笑：《本治篇》，《东方杂志》第4年第9期，1907年10月。

③ 梁启超：《立宪法议》（1901年6月7日），《梁启超全集》第二集，第278页。

④ 梁启超：《政闻社宣言书》（1907年10月7日），《梁启超全集》第六集，第239页。

⑤ 《出使法国大臣孙上政务处书》，《东方杂志》第1年第7期，1904年9月。

⑥ 汪大燮等：《出使各国大臣会衔奏请宣布立宪以定国是折》，《时报》1906年5月1日。

端：一曰君主神圣不可侵犯；二曰君主总揽统治权，按照宪法行之；三曰臣民按照法律，有应得应尽之权利义务而已。……故一言以蔽之，宪法者，所以巩固君权，兼以保护臣民者也”。[①] 他们避开立宪是否侵损君权的关键问题，而试图用立宪则君权神圣不可侵犯、皇位永固、君主地位尊严等说法鼓动朝廷立宪。其实，所谓君主不负责任，所谓君民皆活动于宪法之下，君主权力受宪法保护，本质上就是以宪法限制君权，规范君权。载泽说，君主立宪于君权“并无损之可言”，又列举日本宪法所列君上种种大权，说日本立宪而“凡国之内政外交，军备财政，赏罚黜陟，生杀予夺，以及操纵议会，君主皆有权以统治之。论其君权之完全严密，而无有丝毫下移，盖有过于中国者矣”。[②] 其实，宪法列举君权，就是限定君权范围。达寿称，只要宪法由钦定，立宪就不会侵损君权。日本的钦定宪法就没有损害君权：其裁判官直辖于天皇，以天皇之名义执行天皇所定之法律，且天皇有特赦之权，故司法独立“未尝减少君权”。其议会不过有协赞立法之权，裁决与否属于天皇大权，政府又可操纵议会令其通过法律，或行使解散、停会之权，防止议会通过某些法律，故其立法独立也“未尝减少君权”。其内阁更为“完全属于天皇施政之机关”，内阁大臣之进退操之君主，大臣奏事，则天皇自由准驳之，“而关于皇室国家之事务，其应如何区分，一任天皇自由之判别，天皇对于皇室之事，固可自由处置，而对于国家之事，苟其不背宪法之条规，皆得以命令其内阁”，故其内阁也“未尝减少君权”。中国若仿照日本模式立宪，就可立宪而不损及君权，且可收回散落于督抚之军权，“复列圣之成规，收此统帅之大权，载诸钦定宪法”。[③]

---

① 《宪政编查馆资政院会奏宪法大纲暨议院法选举法要领及逐年筹备事宜折》（光绪三十四年八月初一日），《清末筹备立宪档案史料》上册，第56页。

② 载泽：《出使各国考察政治大臣载泽奏请宣布立宪密折》（光绪三十二年），《清末筹备立宪档案史料》上册，第173—175页。

③ 达寿：《考察宪政大臣达寿奏考察日本宪政情形折》（光绪三十四年七月十一日），《清末筹备立宪档案史料》上册，第35—40页。

然而，反对立宪者不接受立宪不损害君权的说法。他们认定，行责任内阁制，君主将丧失实质性权力，成为傀儡，“政由宁氏，祭则寡人。此君主不负责任之说也。倒持太阿，而授人以柄。此内阁负责任之说也”；[①] 开设议院，则“不谙政治之小臣亦得妄干国家之大计，必至横生阻力，太阿倒持”，严重干扰君主权力的行使。[②] 总之，立宪必然“削夺君主之权”，立宪于君权无损且能巩固君权的说法完全是欺骗朝廷。反对立宪者之所以反对削弱君权，是因为他们信奉惟辟作威、惟辟作福的观念，认为必君上大权独操，方可稳定政局，否则必易启权臣觊觎之心，出现篡夺之局，引发政治动荡，甚至天下大乱。这是中国君主专制政治史告诉他们的重大教训。柯劭忞就强调，立宪易造成大臣专权：“作福作威，操之君上，臣作福威，凶家害国，经有明训，千古常经。虽君主立宪有命令之权，然政柄既已下移，并将其命令之权而亦移之，阳为奉君主之命令，阴实权臣之主使，莽、卓、操、懿，皆其前鉴。今使内阁大臣代负朝廷责任，万一主权稍替，有鹰扬跋扈之臣专吾政柄，密布心腹于各部大臣，广树党援于上下议院，履霜之渐，不审朝廷何以制之。”[③] 从这种观念出发，他们认定，西方立宪是“上下相互劫制之道”，[④] 实为危道，不足为法；中国行立宪将侵夺君权，是大乱之道，不可接受。

朝廷内的反对立宪者认定立宪必削夺君权，其实点中了立宪的要害，也强化了朝廷对立宪的疑虑。然而面对内忧外患交迫的时局，面对民间蓬勃发展的政治革命思潮，他们否定立宪改革的

---

① 《御史胡思敬奏立宪之弊折》（宣统二年九月二十五日），《清末筹备立宪档案史料》上册，第346页。

② 《内阁学士麒德奏请徐图立宪不可轻改官制折》（光绪三十二年九月初三日），《清末筹备立宪档案史料》上册，第453页。

③ 《学部丞参上行走柯劭忞奏筹备立宪宜防大臣跋扈民众暴动组织政党等弊折》（宣统三年正月初七日），《清末筹备立宪档案史料》上册，第348页。

④ 《御史胡思敬奏立宪之弊折》（宣统二年九月二十五日），《清末筹备立宪档案史料》上册，第345～346页。

方向，试图在传统的皇权专制中寻求振兴之方，不但不能令政治革命论者信服，也无法说服朝廷放弃立宪，而走他们指出的复古之路。

立宪政治之下，君主有一定的权力，并非全然为虚位元首。至于此种权力是名义上的权力，还是实质性权力，则视社会发展程度以及人民的政治实力而定。立宪之初，宪法规定的君权往往是实质性权力，随着政治发展与人民政治实力的提升，这些权力会渐化为名义上的权力。激进立宪派没有认识到在立宪改革过程中君权可以发挥积极作用，也没有认识到在立宪政治发展过程中需要逐步限制君权，而意图一开始就尽量限制君权，甚至主张一步到位，建立英国式虚君立宪制，显然急于求成。而反对立宪者，试图坚守君权无限、君主独操权柄的老思路，则违背历史潮流，必被淘汰。朝廷内的立宪派，一面希望立宪，一面以采大权政治的模式，确立君权主导下的立宪政治，并以立宪无碍于君权歆动朝廷改革，其实是可行的方案；然立宪必然削弱君权的事实，却使他们的种种解说难以真正消除朝廷的疑虑。

其三，他们否认立宪可避免革命。

亨廷顿说："现代性孕育着稳定，而现代化过程却滋生着动乱。"① 确实，立宪政体有议院作为宣达测视舆情之机关，可表露扶持或倾覆政府之力量的变化，也提供了和平更换政权的机制，不易出现暴力革命，政权更换也不易从根本上动摇现行制度。而专制政治缺乏宣达测视舆情之机关，遂使扶持、倾覆政府之力"散漫隐伏"，无由表露，使在上之人对于扶倾力量的变化，"末由测验，懵然不知"，最终引发暴力革命。② 立宪政体具有相当的灵活性，能及时将各种社会运动制度化，并使诉求不一的社会运动互相牵

---

① 〔美〕塞缪尔·亨廷顿：《变化社会中的政治秩序》，王冠华、刘为等译，第31页。

② 严复：《政治讲义》（第八会），《严复全集》卷六，福建教育出版社2014年版，第73—74页。

制，并通过不时出现的小的社会动荡避免社会的大动荡，避免出现制度性危机。从这个角度说，立宪论者宣称实行立宪政体可致国家安宁，并非虚言欺世。但是，立宪的过程却充满危机。改专制为立宪是一场长时间段的冒险。欧美各国的立宪往往伴随着革命与剧烈的社会冲突，经过数十年甚至百余年，才最终确立立宪政体。对于缺乏立宪传统与社会基础、受民族危机驱动而试图移植立宪政体的民族来说，改专制为立宪更是困难重重、处处陷阱。布赖斯说："引导落后民族趋向民治政治的路上有成群猛兽。"① 这是至理名言。立宪需要人们有自治意识与自治能力，而落后民族的人们尚缺乏自治意识与自治能力，很少有人懂得民治政治的原理，"连懂得这些原理的少数人，也缺乏运用它的技术"。在此情形下，立宪改革即便能顺利进行，"权力也愈容易堕入少数人手里"。② 改革需要稳固的中央权力，需要改革者具合法性，需要有执行力的官僚系统，而清末立宪启动时，中央权力已严重削弱，合法性已严重流失，官僚系统已严重衰朽。改革需要防范野心邻国的侵略所带来的危机，需要维持社会秩序，而清末立宪改革启动时，正是民族危机极其严重、政府威望大堕、维持秩序的能力严重衰退之时。立宪改革需要相当的时间，甚至需要几代热心改革的君主接续努力，才可能实现，因此"千万要谨慎和忍耐"，抛弃"一举而肇建全盛的民主政治"的"愚蠢"想法③，而亡国无日的危机感却容易催生"爱国求速化之心"，④ 使人们失去对改革的耐心。改革需要上下对改革有高度的共识，同心支持改革，但改革本身却为各种利益、意见的释放提供了渠道，利益、意见的冲突会日趋蔓延，激进者希望尽快改革、彻底改革，嫌政府的改革力度太小、速度过慢，而保守

---

① 〔英〕詹姆斯·布赖斯：《现代民治政体》，第 1009 页。

② 〔英〕詹姆斯·布赖斯：《现代民治政体》，第 994—999 页。

③ 〔英〕詹姆斯·布赖斯：《现代民治政体》，第 1000—1010 页。

④ 《箴时篇》（录丙午第三期《环球中国学生报》），《东方杂志》第 4 年第 1 期，1907 年 3 月。

派则反对一切改革，遂成“新旧水火之局”。新旧两派的激烈斗争，不但造成君臣上下离心离德，使社会无法达成改革共识，而且容易使改革或全面激进，或全盘倒退，在上者获胜，则“鉴于民碞可畏而专制益深”；在下者胜利，“将益其放纵恣肆，而建设无自”，动乱且相更迭。① 更为致命的是，立宪改革启动时，满汉矛盾已相当尖锐，部分满族亲贵严重怀疑立宪利于汉而不利于满，而民族主义分子则怀疑清廷立宪不过假借名义集权中央，巩固满人的统治地位。这给形成改革共识带来了难以逾越的障碍。

立宪论者对改革风险有所认识，主张缓行立宪者对此有诸多论述。孙家鼐认为，改专制为立宪是个“大变动”，“此等大变动，在国力强盛之时行之，尚不免有骚动之忧，今国势衰弱，以予视之，变之太大太骤，恐有骚然不靖之象”。他希望先稳定秩序，逐步谋求改革。② 达寿考察欧洲立宪史，指出改专制为立宪的过程，就是君民相争、自由与专制相斗的过程，充满风险。“观其数十之条文，实捐万民之身命，缅怀列国，真可寒心。”日本的立宪也经历了惊涛巨浪，“当预备立宪之日，正民权最盛之时。守旧者方执口实以耸朝廷，维新者欲凭威权而谋镇压，鹿儿犯命，藩士伏尸，江户陈书，党人下狱，斯时日本之国势，盖岌岌乎危哉”。③ 于式枚也指出，立宪“其名至为公平，其势至为危险。行之而善，则为日本之维新，行之不善，则为法国之革命”。立宪改革往往是情势所逼，不得不改时发生，一旦不慎，就“乱民四起，异党朋兴”，甚至发生滔天之祸。④ 主张速行立宪的戴鸿慈也说，各国立宪政体之成立，“或由人民上

---

① 《箴时篇》（录丙午第三期《环球中国学生报》），《东方杂志》第4年第1期，1907年3月。

② 《立宪初纲·立宪纪闻》，《东方杂志》第3年第13期，1907年2月。

③ 达寿：《考察宪政大臣达寿奏考察日本宪政情形折》（光绪三十四年七月十一日），《清末筹备立宪档案史料》上册，第29页。

④ 《考察宪政大臣于式枚奏立宪必先正名不须求之外国折》（光绪三十四年三月十七日），《清末筹备立宪档案史料》上册，第336—338页。

抗王家而迫行改革，或由殖民地携贰本国而自成独立。宪政之兴，往往有大创巨痛。”① 不过，他们并不因改革风险而畏葸不前，立宪之后的美好前景激励着他们，使他们勇敢地选择了立宪。

反对立宪者认为各国的立宪改革“未有不酿成大祸者”，坚称立宪只会是革命的加速器，根本不能消弭革命。他们说，庚子以后，民气不靖，内忧外患逼人，朝廷不是镇之使静，而是“以立宪之说歆动之”，欲以立宪改革慰安革命者之心，使之放弃革命，结果不但没有平息革命，反而使民气愈发嚣张：“乡里少年，凶暴之徒，动以宪法劫之令长，一不如意，则相挺而起，小则为亡徒苏令之叛，大则为秦季胜、广，隋季王、翟之乱。”在他们看来，以立宪平息革命，根本就是“赞慝庇奸之说”；立宪改革就是政府承认革命党自由、平等之说比三纲五常之说更好，是在价值观念向革命党投降，只会助长革命者的气焰，“使轻险之徒益无所忌，而声生势长，且将鼓其邪说，以煽惑愚蒙”，进而借助民间的变革声浪，“摇动官府”，使“官长不得不听其指挥”，以至于“朝廷亦不得不伺其动息”，最终酿成大祸。② 他们认为，消弭革命应主要从三方面着手。第一，一国是，尊主权，也就是明确国家的道路、方向，巩固君主的绝对权威。举人褚子临称，消弭革命，“上之则在定国是。示以典章，使之凛然知其不可违，则众议息而人心自靖也。次之则在尊主权。威福之重，操之于上，使之肃然知其不可干，则逆萌戢而纲纪自正”。③ 内阁中书王宝田也说，消弭革命，需先尊主权，一国是。主权尊，则奸雄不敢妄窥；国是一，则“众说不致荧惑”。④ 第二，

① 戴鸿慈：《欧美政治要义》卷首“设立君主立宪政体之总图”，第23页。

② 《内阁中书王宝田等条陈立宪更改官制之弊呈》（光绪三十二年年八月二十八日），《清末筹备立宪档案史料》上册，第159～160页。

③ 《拣选知县举人褚子临等条陈宪政八错十大可虑呈》（光绪三十三年七月十八日），《清末筹备立宪档案史料》上册，第232页。

④ 《内阁中书王宝田等条陈立宪更改官制之弊呈》（光绪三十二年年八月二十八日），《清末筹备立宪档案史料》上册，第160页。

端正学术与士习，严厉打击异言异服，禁断一切“邪说激论”，严禁士民仿效欧洲衣冠，禁绝会党，严禁出洋子弟加入革命党。① 第三，停罢新政，整饬吏治，以宽民力，消除民间抑郁之气。他们认为，丙午以来的种种新政，既非民之所需，也非民之所愿，不过“好大喜功之督抚，遇事揽权之劣绅，欲借此以徼名利耳”。② 这些新政，败坏了纲常与风气，扰乱了思想，变乱了官制，败坏了官场风气，又复重征苛敛，与民争利，制造了种种矛盾，实为致乱之源。他们声称，要图国家安宁、避免革命，就须停止改革，整饬吏治，恢复旧章，核减所有杂税，稍宽民力，待社会安定，吏治清明，民力稍纾之后，再徐议练兵、制造、学堂以及各种运用西法之事。③

亨廷顿说，改革到底是革命的催化剂，还是革命的替代物，从来都有两种说法。成功的改革可以避免革命，但也有相反的情况，“改革完全可能成为革命的催化剂，而不是其替代物”。“历史上的大革命常常是跟随在改革之后，而不是停滞与镇压之后。一个政权实行改革并做出让步，这本身会怂恿进一步改革的要求，从而很容易像滚雪球似的形成一种革命运动。”并且他认为，在改革与革命的竞争中，改革是否引发革命，要看改革的性质、革命者的成分和改革的时机。④ 对于改革与革命的复杂关系，保守派与正统革命派的观点其实比较接近，即都认为改革是革命的催化剂。保守派看到了改革可能催化革命的一面，又固守传统政治理念，不相信立宪可

① 《内阁中书王宝田等条陈立宪更改官制之弊呈》，《拣选知县举人褚子临等条陈宪政八错十大可虑呈》，均见《清末筹备立宪档案史料》上册。

② 《外务部员外郎辜汤生陈言内政宜申陈宪外事宜定规制并请降谕不准轻改旧章创行新政呈》（光绪三十三年十月），《清末筹备立宪档案史料》上册，第309页。

③ 《内阁中书王宝田等条陈立宪更改官制之弊呈》，《外务部员外郎辜汤生陈言内政宜申陈宪外事宜定规制并请降谕不准轻改旧章创行新政呈》，《御史胡思敬奏立宪之弊折》，《拣选知县举人褚子临等条陈宪政八错十大可虑呈》，均见《清末筹备立宪档案史料》上册。

④ 〔美〕塞缪尔·亨廷顿：《变化社会中的政治秩序》，第301—305页。

以致富强、固皇权、安社稷，故坚决反对改革。保守派昧于世界大势与时代大潮，他们提出的消弭革命之法，或许能有效于一时，但最终却无法避免革命，而他们自身也终将为革命所埋葬。而立宪论者希望通过改革消弭革命，虽未必能如愿，但若有雄才大略的政治家的领导，有恰当的改革策略，有步骤、分批次地改革，并及时吸纳改革运动中的思想与人才，确有成功的可能。

四　关于如何立宪的讨论

在决定改专制为立宪后，如何立宪就成为关键。如果说决定启动立宪改革需要勇气，那如何立宪就需要经验、智慧与能力。立宪改革启动之时，久经专制政治统治的中国，人民缺乏权利意识与参政观念，缺乏自治习惯与自由传统，经济还基本处于前资本主义状态，资产阶级还很幼稚，社会组织水平低下，又面临着严重的民族危机，立宪改革受到救亡图存压力的催逼，而主导改革的清政府，威权堕落，官僚体系衰朽，缺乏伟大改革所需要的具备雄才大略、了解世界大势与立宪精义的大政治家，欲改数千年专制为立宪，任务之艰、风险之巨，超过中国历史上的任何改革。然而，既受内忧外患催逼，不能不立宪，就不能不在条件不具备时开展这场极具风险的改革。

在改革过程中，改革者内部对于改革的策略、方法与步骤有不同意见，是常态。从出现立宪思潮到清政府宣布并启动预备立宪，时间只有数年，无论是思想界的人士，还是朝廷内主张立宪的官僚，他们对于近代宪政的知识与学理的了解都还很不够，虽然立宪派翻译了一些有关宪政的书籍，后来考察政治大臣也带回了一些西方政法书籍，并组织翻译，但总体上看，清末的立宪改革缺乏足够的知识与理论准备。宣布预备立宪之后，就如何开展立宪改革，朝野立宪论者也有过一些讨论，从这些讨论中可见当时人们对于立宪以及中国当如何立宪的认识。

（一）关于应否宣布立宪宗旨的分歧

对于立宪，立宪论者有速行与缓行之分。民间的立宪派多主张速行立宪，而在朝廷内的立宪论者中，李盛铎、孙宝琦、载泽、端方、戴鸿慈、岑春煊、程德全、唐文治、袁世凯、张百熙、奕劻等也倾向于速行立宪，而孙家鼐、铁良、赵炳麟、陈夔龙、于式枚等则主张缓行立宪。因为这种分歧，朝廷内部在应否宣布立宪宗旨的问题上发生了争论。

速行派认为，改革首务是宣布立宪国是，给向往立宪、渴望富强的人们以希望，安定人心，鼓舞士气。梁启超、李盛铎、孙宝琦、端方、载泽、唐文治以及汪大燮、梁诚等，他们在鼓吹或奏请立宪时，都将宣布立宪国是作为立宪改革之首务。对于立宪国是的内容以及宣布立宪国是的意义，端方的论述最为清晰。他说，立宪之前，须颁布定国是之诏，宣示天下，以为改革纲领。此国是诏应包括以下六个方面的内容。“一曰举国臣民立于同等法制之下，以破除一切畛域。”即国内人民在一切法律（如刑法、民法、商法），一切制度（如官制、兵制）面前一律平等，破除畛域之见，求人民之同心同德。“二曰国事采决于公论。”立宪各国均有中央议会与地方议会，以通民意，以定从违。预备立宪需预备议会，目前虽不能遽设中央议会，但“不可无他种之议政机关，以谋合议政事”，以为将来中央议会之基础，基层的地方议会亦当设立，使人民练习议会之事，为将来各省议会、中央议会之预备。“三曰集中外之所长，以谋国家与人民之安全发达。”即“不存中外之见”，以开放的眼光，对待中外之学术、教育、法律、制度，“惟以是非为准”，“采中外之所长”。在国家与人民之间，当求国家与人民双方之安全发达，既不偏重国家，以致减少人民幸福；又不偏重人民，以致动摇国家根本。“四曰明宫府之体制。”即照各立宪君主国之例，分划皇室与政府体制，分划皇室经费与国用，以保障皇室安全与君主的神圣地位。“五曰定中央与地方之权限。”即参酌各

国官制，明定中央政府与地方政府之权限；确立地方自治制度，并演习之。“六曰公布国用及诸政务。”即财务、政务公开，以“求财政之发舒，增政府之信用”。“凡此六者，皆为中国现在最重之国是，而不可不急定其方针者。”端方认为，及时宣布国是，可确定立宪改革的方向，为一切改革之准绳，可安定人心，为改革创造比较好的舆论环境与政治环境。若不及时宣布国是，则“宪法未布以前，举国上下茫茫，如在大海之中，不知东西之所向。为官吏者，逐风气谈维新，枝枝节节而为之，漫无方针，漫无把握，徒使名目繁多，头绪纷乱，名为涂饰新政，实为扰乱旧章，不惟无益，而且有损。为人民者，日睹外人之迫压，慨国势之凌夷，人民之生命、财产日邻于危险之域，所依赖以保其身家性命者，政府耳，官吏耳。而政府、官吏之无方针又如彼，则希望既绝，怨望日生，横议浮动，日以益甚。知国之不可复存，乃不惜孤注一掷，以释憾于政府。乱端迭起，外人从而干涉之，则国事之沦胥，将不忍言矣”。他强调，预备期限之内，此国是诏书效力等同宪法，一切国事不得出此谕旨范围之外。①

当人心不安、群言淆乱之时，启动改革，先宣布改革宗旨，令天下人知所从违，可有震慑天下人心之效，并为此后的改革定下准绳，具有非凡的意义。不过，一开始就将改革的想法和盘托出，也有风险。亨廷顿说，改革者必须善于操纵各种力量，区分敌友，尽量争取支持改革的力量。人们的利益诉求复杂，在一些改革中得利的势力，在另外一些改革中可能利益受损，全面改革容易四面树敌，“一个企图一下子得到一切的改革者到头来总是少有甚至毫无建树的”，因为他树敌太多。“闪电战或者说全面出击，只不过起了唤醒和激发潜在的反对派力量的作用”。因此，改革者必须根据实际情况，决定改革的轻重缓急，避免闪电战式的全面、根本的

① 端方：《请定国是以安大计折》（光绪三十二年七月初八日），《端忠敏公奏稿》卷六，近代中国史料丛刊第一编第14辑，第708—716页。

改革，将改革拆分开来，在每一个改革中都争取到自己的盟友。闪电式的全面的、根本的改革，只有在当事各方的利益格局高度稳定的情况下才能有效。而处于现代化过程中的国家，利益格局复杂多变，改革任务繁重复杂，一般不适宜于一下子将改革计划全盘托出。① 速行派主张改革之初，就宣布改革国是，显然是受明治维新以宣布五条“御誓文”的影响。康有为在戊戌变法中就曾提出，变法当效法明治大誓群臣以定国是。其实，明治维新的五条“御誓文”的产生过程相当复杂，最后形成的誓文有意在幕府、藩侯、武士以及庶民之间保持复杂而暧昧的平衡，充满政治智慧。②

而缓行派则认为，改革面临诸多困难与风险，需经圣君贤相一二十年的开明专制，以改官制、开民智、振民德，才能“徐议宪政”，因此对于立宪的意图，只“明于心而不可宣诸口”。清廷发布遣使考察政治上谕后不久，陆宗舆就指出，“言乎中国立宪之要件，则固有特须注意者，第一满汉问题，第二领土问题，第三外藩问题，第四边疆治法问题，第五皇位问题。此皆中国国家形体上特重之条件也。至于君权民权之关系，议院之宜否，行政之统一，司法之独立等，则又立宪内容之绝大关键。顾以现今之中国国势民情论之，庸使得一二圣君贤相，专制一二十年后，徐议宪政以为幸，以与立宪之程度远也。惟此言可明于心而不可宣诸口，何者？文化滞塞之国，先觉者亦只能阔步高蹈，以导民于进，无逡巡待命之理。时事不可畏难而易作辍，又不可激进而招失败”。③ 在 1906 年 8 月 27 日、28 日讨论是否宣布立宪的高层会议上，围绕载泽、端方等人的奏折，尤其围绕是否宣布立宪国是问题，速行、缓行两派

---

① 〔美〕塞缪尔·亨廷顿：《变化社会中的政治秩序》，第 288—290 页。

② 叶千荣：《明治维新诏书起草过程中的政治智慧》，《南方周末》2018 年 11 月 1 日。

③ 陆宗舆：《立宪私议》（录乙巳七月十六日《晋报》），《东方杂志》第 2 年第 10 期，1905 年 11 月。

有过激烈的思想交锋。主张缓行立宪的孙家鼐、荣庆等表示，立宪政体甚美，但中国现在国势衰弱，纲纪松弛，宜先“整饬纲纪，综核名实，立居中驭外之规，上下相维之制，行之数年，使官吏尽知奉法，然后徐议立宪”，反对即时宣布立宪国是。①最后形成的预备仿行立宪的上谕折中了两派的意见。相对端方所建议的六条国是，上谕的表述要含混得多，这也是朝廷综合权衡后的结果。但是，预备仿行立宪上谕的含混表述，又引起了速行立宪派的不满。

（二）“急开议会”与“首重宪纲”的分歧

关于如何立宪，朝野立宪论者大体有两种思路：一种思路重视议会，主张“急开议会”，赋予议会一定的权能，以通上下之情，宪法不妨在充分研究、从容制定之后，再择机颁布；另一种思路则“首重宪纲”，将重点放在立宪法上，主张先研究、编纂宪法，同时改革官制，编定法律，普及教育，推行地方自治，开展宪政启蒙，到准备工作做好之后，再开议会。两种思路的区分也没有那么明显，持前一种思路的人主张“急开”的议会只是过渡性议会，持后一种思路的人，也有不少主张在预备期内仿行议会。但二者之间，还是有以议会为中心还是以宪法为中心的区别。

前一种思路是早期维新派设议院主张的升华，以孙宝琦为代表。其上政务处书提出，宣布立宪宗旨之后，即可着手研究、编纂宪法，但宪法事关重大，须从容考订，不必草率从事，颁布宪法前，则需“急开议会”，“以鼓舞群材，庶一切应行改革之事，皆赖众论决议施行，无复盈廷唯诺、筑室道谋之患”。②也就是说，他主张通过开设议会，为改革提供合法性，并保障变法举措的合理性。他清楚中国还不具备建立完备国会的条件，但他认为可根据需

---

① 《考政大臣之陈奏及廷臣会议立宪情形》，《东方杂志》第3年临时增刊，1907年2月。

② 《出使法国大臣孙上政务处书》，《东方杂志》第1年第7期，1904年9月。

要，将现有机构变通为议会。具体地说，将会议政务处改为上议院，特派资深望重之大员为议长，王公世爵及年老之四品以上官员，经军机大臣及京外大臣之保荐，可充任上议院议员。改都察院为下议院，特简通达时务、饶有才智者为院长，其议员则由钦派大员会同院长在翰林院及科道人员中择才学兼优、品望相孚者组成，另由各省督抚各推荐地方绅士一人，咨送京师。议院之职掌分议决与监督两部分："凡所兴革之事……下议院议妥，送上议院复议，议定奏明，请旨颁行；各部院及各省督抚所行之事，非经议院核准，不得擅改条例；议院应随时考查各部院各督抚，如有办事贻误，及有擅专情事，即可胪列事迹，请旨惩办。"此外，各省城及各府县城则选举绅士组织"公议堂"，令其与地方官共商地方政务与各种捐项。经十年左右的训练，可将各省聪颖有志留心政事之人，逐步训练为合格的议员，然后再更改选举章程，建立正式的议会。[①] 孙氏设计的过渡性议会虽未脱官僚会议的性质，但有一定的立法权与监督权，可为议会之权舆。欧洲的议会由等级会议发展而来，在政治实践中逐渐扩大并规范其权力。后起追求现代化的国家，不必一开始就追求完备的国会，而是可以因陋就简，先立形式上的议会，然后随着社会发展与社会结构的变化，逐渐吸纳新的社会势力，扩大议会权力，形成议会与政府间权力运作的习惯性规范。《大公报》赞同孙宝琦的主张，认为中国改革，"议院宜先立"。这一方面可调和民间与政府的矛盾，建立民间对政府的信任，以利于政令之推行，另一方面可以防朝廷倒行逆施，并可由议院参与宪法制定，防止宪法编纂掌控于少数人之手。[②] 1907 年 7 月，清廷令各级官员并士民条议预备之方、施行之序，有官员就提出，预备立宪应"即施行，即预备"，[③] 其主张接近于孙宝琦。

---

① 《出使法国大臣孙上政务处书》，《东方杂志》第 1 年第 7 期，1904 年 9 月。

② 《论中国立宪之要义》，《大公报》1904 年 6 月 20 日，6 月 21 日。

③ 《御史黄瑞麒奏筹备立宪应统筹全局分年确定办法折》（光绪三十三年十二月十五日），《清末筹备立宪档案史料》上册，第 315—320 页。

后一种思路是对日本明治维新的模仿，由梁启超在其《立宪法议》中开先河。1906 年，梁氏又在《开明专制论》中进一步阐述了他的看法。他认为，立宪改革必先建立中央集权的强有力政府，一面“厚集国力以对外”，保护国家主权与利益，一面网罗一国人才，急起直追，为立宪准备条件。[①] 他的《开明专制论》本计划写十章，却只写了前七章，“论开明专制者所当有事”“论开明专制之人物”“论开明专制之精神”三章没有下文，所以由何种人物、运用何种精神、推行哪些措施，以实现由专制向立宪的过渡，他虽在其他文章有零星的论述，却没有系统清晰的论述，也许是他自己还没有考虑成熟吧。而《大陆》上的《中国与立宪政治》一文则对“开明专制者所当有事”有较为清晰的论述。该文称，欲由专制进于立宪，“其要在先为发达专制国。发达专制国家之要，先坚固中央集权之制”。为此，须破除现有的“半封建的地方行政制度”，缩小地方权限，裁撤督抚衙署，用纯粹之郡县制，将兵马财政外交等权一律收回中央，令地方严格按照中央的法律命令办理地方政务，“此中国变法之第一前提”。然后以中央集权的政府去完备法律制度、推行地方自治、普及教育、鼓励学术、发达经济、整顿财政、引进无野心之外资，以发达国民、创造立宪的有形条件。[②] 但此文对“开明专制之精神”为何以及怎样持续保持开明专制之精神也缺乏论述。

开明专制论大体上是对德国、日本现代化模式的总结。作为后

---

① 梁启超：《开明专制论》（1906 年 1 月 25 日—3 月 25 日），《梁启超全集》第五集，第 356 页。梁启超写此文时，正是载泽率领的考察政治团在日本考察之时，考察团内随员与梁启超有接触。后来，梁启超也受托为端方率领的考察团起草过考察报告。据潘崇的研究，除考察报告外，梁启超极有可能参与了《欧美政治要义》的起草（见氏著《清末五大臣出洋考察研究》，中国社会科学出版社 2014 年版，第 294—305 页）。不妨做一个大胆的假设，梁启超的开明专制论有为清廷立宪提供理论指导的意味。

② 《中国与立宪政治》，《大陆》第 3 年第 19 号，1905 年。《中国与立宪政治》一文在《大陆》第 9、17、18、19、20、21、22、23 号连载。——引注

起的追求现代化的国家，德国和日本，尤其是日本，由政府主导的现代化模式，对清末中国人有相当影响。其时持开明专制论者，不止梁启超一人。康有为在戊戌变法时奉行的就是开明专制的理念，黄遵宪“欲奉主权以开民智，分官权以保民生”，也是主张开明专制，只是未用开明专制的概念而已。① 1905 年 4 月，《东方杂志》就有文称，中国国势羸弱，人民无识，非可从容立宪，必“中国兴而后可立宪”。“兴之奈何？则莫如即专制之政教，而因以为功。其最初之术，则以专制之力行强迫教育之制。其次若工业，若路矿，若官制，若服色，其不适于生存者，一以专制之力铲绝之，其有合于强国者，一以专制之力提倡之。至若民风习俗，万不能以专制政令易之者，则以专制之教间接而行之。方针划然，操之自我，自上而下雷厉风行，不出十年，中国其庶乎可立宪矣。”② 1905 年 8 月，陆宗舆也发文称，中国立宪面临诸多困难，“庸使得圣君贤相，专制一二十年后，徐议立宪以为幸，以与立宪之程度远也”。③其所持亦皆为开明专制论。革命党人中的陈天华、胡汉民、张钟瑞等都有类似的看法，孙中山的革命程序论也可以说是一种变相的开明专制论。

两种改革思路中，清政府选择以宪法为中心的开明专制模式。开明专制，需先集权中央，建立强有力政府。正是从建立强有力政府的主观愿望出发，戴鸿慈、端方提出，改革的入手之方是效法日本，从官制改革入手，建立起事权统一的政府。他们提出的官制改革方案，无论是中央官制，还是地方官制，都以事权归一为原则。中央官制方面，他们主张“略仿责任内阁之制，以求中央行政之统一”，归并军机处于内阁，以总理大臣一人为首长，左右副大臣

① 黄遵宪：《致梁启超函》（1902 年 5 月），《梁启超年谱长编》，上海人民出版社 2009 年版，第 191 页。

② 《利用中国之政教论》，《东方杂志》第 2 年第 4 期，1905 年 5 月。

③ 陆宗舆：《立宪私议》（录乙巳七月十六日《晋报》），《东方杂志》第 2 年第 10 期，1905 年 11 月。

各一人为其辅佐，各部尚书为阁臣；内阁实行会议制，施行政策之政令则由总理大臣、左右大臣及该部尚书副署。“内外各重要衙门，皆设辅佐官，而中央各部主任官之事权尤当归一”，改变各部六七堂官、尚侍职处平等的局面，明确各部设尚书一人，为主官，侍郎为辅助官，受其指挥。各省则明确督抚为主官，督抚衙门则设参事以代幕僚，设秘书以代文案；现有各局，除应裁撤归并外，其存留者悉为专官，“并隶督抚”，“其余各官，亦各量分为辅佐”，以改变督抚之下无一完全之辅助官的局面。同时，酌量增置、裁撤、归并中央各部，以应改革需要：分设内务部、外务部等十二部，同时设会计检查院负责监督财政，设行政裁判院负责审理行政诉讼，改都察院为集议院，“以通舆情，而觇众见”，作为国会之练习场所。又变动地方行政制度，裁撤守道及知府直隶州两级，实行省、州县、乡市三级行政制，州县长官同受监督于督抚；并在国会成立之前先立省议会、州县参事会以及乡会市会，以为地方人民练习宪政之用。又编定法律，规范官员之任用、升转、惩戒、俸给、恩赏及官吏体制，用现代的话来说，就是要编定公务员法。①清政府接受戴鸿慈、端方的建议，以官制改革为预备立宪的入手之方，因为牵涉复杂的朝廷内部权力争斗与人事安排，也由于官制改革方案欲仿效责任内阁制，却对限制内阁的立法机构没有提出设立的时间，所以引起了激烈的反对。中央官制改革虎头蛇尾，没有“略仿责任内阁之制”，军机处依然保留，而地方官制改革也仅在东三省试办，没有全面铺开，故官制改革被看作改革派的失败，引发立宪派对朝廷改革诚意的怀疑。不过，中央官制改革还是有成果的：改革明确了主官负责制，有利于明定责成；裁撤归并了一些无用衙门；军机大臣数目大为减少，各部尚书均充内阁大臣，“有向责任内阁过渡的意思”；设立主管司法行政的法部，规定大理院专

① 《出使各国考察政治大臣戴鸿慈等奏请改定全国官制以为立宪预备折》（光绪三十二年七月六日），《清末筹备立宪档案史料》上册，第367—383页。

管审判，预定设立资政院，使行政与立法、司法分离，“有向三权分立的意思”。① 在当时舆论对中央官制改革一片质疑声中，《大公报》刊发了一篇评论官制改革的征文，文章指出，因官制改革未设总理大臣一职，就全盘否定官制改革，未免过于看重总理大臣一职对改革的意义，从思想根源上看，是将改革的希望完全寄托于政府，“一若政府有造化无穷之能力”，几纸诏书就可定改革之成败，完全忽视了国民在立宪改革中应当承担的责任。②《大公报》称赞此文“朴实说去，而宪法之原理昭然若揭”，“不愧平议两字”。③

清政府选择需要强固政府的开明专制的变法模式，但在整个预备立宪时期，清廷却一直未能组织起强有力的中央政府。其组织强有力政府的计划，受多方制约。其一，自咸同以来，经历镇压太平天国与捻军，洋务运动，以及庚子事变、东南互保等一系列事件，朝廷威权受损，地方督抚权力上升，集权中央的计划遭遇地方督抚的强烈抵制。其二，因为没有明确组织强有力政府须与组织议会并进的原则，在复杂权力角逐中，袁世凯等人先组织强有力内阁的主张，遭到其政敌的强烈反对，他们提出的理由是：未开议会而组织内阁，不但有违不设丞相的祖制，且易造成“大臣专制政体”，必有“陵君”“虐民”之弊。其中“陵君”一项最能打动朝廷：行内阁制而无议会，则“一切大权皆授诸二三大臣之手。内而各部，外而诸省，皆二三大臣之党羽布置要区……行之日久，内外皆知有二三大臣，不知有天子。虽曰二三大臣之进退操于君主，而党羽既成，根柢深固，天子号令不出一城，虽欲进退之，乌从下手？是流弊必至陵君”。④ 1907 年，袁世凯等重提建立“强健政府”的要求，未果。其三，受制于满汉矛盾。在满汉

① 迟云飞：《清末预备立宪研究》，中国社会科学出版社 2013 年版，第 102—103 页。

② 隐公：《内官改制之利弊平议》，《大公报》1907 年 2 月 2 日、2 月 3 日。

③ 隐公：《内官改制之利弊平议》，《大公报》1907 年 2 月 3 日。

④ 《御史赵炳麟奏立宪有大臣陵君郡县专横之弊并拟预备立宪六事折》（光绪三十二年八月二十一日），《清末筹备立宪档案史料》上册，第 124—125 页。

矛盾突出之时，朝廷集权中央往往被解读为防范汉人的民族主义政策，清廷集权时不能不有所顾虑。强有力政府既不能建立，种种依托于强有力政府实施的预备立宪举措，推行起来也就困难重重，难以顺利展开。

（三）立宪派与朝廷关于立宪国民程度的分歧

立宪派本是清廷立宪的同盟军，两者在改专制为立宪、消弭革命的问题上，根本取向一致。在宣布预备立宪前后，多数立宪派也认可朝廷以开明专制进行立宪改革的方案。二者在立宪政体的有关制度安排上的分歧，还没有凸显出来。即便如此，在国会请愿运动兴起之前，与朝廷还处于蜜月期的立宪派，在立宪所需的国民程度问题上，仍然与朝廷存在明显分歧。

其一，立宪需要何种国民程度。

关于这一问题，朝野分歧明显。虽然一些主张立宪的官僚也注意到，权利义务观念、自治能力是立宪国民资格最具意义的内容，但在朝廷层面，清廷主要将忠君爱国、克尽义务、尊崇秩序、保守和平作为国民资格的核心要素。预备立宪上谕在谈到培养立宪资格时就称，“着各省将军、督抚晓谕士庶人等发愤为学，各明忠君爱国之义，合群进化之理，勿以私见害公益，勿以小忿败大谋，尊崇秩序，保守和平，以预储立宪国民之资格”。[①] 清廷将“发愤为学”作为培养立宪国民资格的主要途径，却未明确“发愤为学”的路径；同时“发愤为学”的内容中，没有权利观念，只有服从、爱国忠君、合群进化的观念。其颁布咨议局章程的上谕也说：“凡我士庶，均当共体时艰，同摅忠爱，于本省地方应兴应革之利弊，切实指陈，于国民应尽之义务，应循之秩序，竭诚践守，勿挟私心以妨公益，勿逞意气以紊成规，勿见事太易而议论稍涉嚣张，勿权限

---

① 《宣示预备立宪先行厘定官制谕》（光绪三十二年七月十三日），《清末筹备立宪档案史料》上册，第44页。

不明而定法致滋侵越，总期民情不虞壅蔽，国宪咸知遵循。”① 清廷要求于国民的是尽义务，言论不要嚣张，不要干预政务。清廷宣布预备立宪时，朝廷权威已严重下坠，民间社会骚然，不服从政府、不信任政府成为普遍的社会心态。而宪政改革却需要上下对改革有基本的共识，需要民间愿意承担义务，基于对基本改革共识与民间愿意承担义务的期待，基于对民气浮动、社会骚然恐将不利于改革的忧虑，清廷强调服从、秩序、义务的观念，可以理解。不过，它片面地强调义务观念、服从观念，而不提权利观念，则表明朝廷对于立宪的本质意义还缺乏透彻的认识，其专制统治的思维还没有多少改动。

立宪派则认为，立宪国民资格主要包括权利意识、自治能力、经济自立能力以及独立思考等几个方面。立宪派认为，立宪不过“限制政府之权力而伸张国民之权利”而已，所谓立宪国民程度，并非什么高深的学问，“不过明于宪法之权利与其所任之义务而已”；国人缺乏立宪国民资格，并不是他们缺乏服从的观念、义务的观念，恰恰是他们只知服从，而“不知宪法之权利与其所以自任之义务而已”。② 人民缺乏权利义务观念，则政府侵其权而不觉苦，面对政府专横而不敢奋起保护自身权利，不敢起而与政府竞争治权，而是习惯“以治权诿于政府数人，而举国听命于下，不敢为何等之主张”。国民如此，宪政自然难产，即便政府立宪，宪政也难副其实。③ 他们强调，人民缺乏权利观念，缺乏谋生能力，才是立宪改革的障碍，培养国民的立宪国民资格，不过唤起其权利意识，培养其政治能力，培养其自谋生活的能力，使其能经济上自立而已。只要“人民皆知有应得之权利，皆知有应尽之义务，皆知

---

① 《宪政编查馆通咨各省设咨议局筹办处文》，《东方杂志》第 5 年第 8 期，1908 年 9 月。

② 《论今日宜亟设宪法研究会》，《时报》1906 年 1 月 14 日；《专制国人民之程度》，《大公报》1908 年 6 月 29 日、30 日。

③ 《论今日宜亟设宪法研究会》，《时报》1906 年 1 月 14 日。

其身为国家一分子，不侵犯他人之自由，人民皆守法律，不相侵犯”，则为官吏者即不敢违法，不敢侵夺民财，不敢接受贿赂，不敢滥权谋私；只要人人有谋生能力，“皆自谋其生活，而无人不趋于学，无人不学，即无人不欲成就，则断非官吏一途所能容……人民思想不以官吏为奇货，而以实业为争趋，而学术宗旨不期变而自变”，然后生活、事业各方面能够发达，立宪政治也就能真正确立。① 他们批评朝廷号称预备立宪，却但责国民尽立宪国民之义务，而不启发其权利观念，“是何异欲巩固其专制之政体，而反对立宪之表示”。②《时报》也指出，只有具备“自觉心”，能明己之本分，知人我之界限，经济上能自立，思想能不受制于他人，“为人则尽人之资格，为国民则尽国民之资格”的独立自主的人，才能守定业尽职分，才能合群，才知爱国，才能遵守秩序。而丧失“自觉心”，不知有我，只知服从的人，不可能明合群爱国之理。③孟昭常也说：“人必有普通之智识，而后可为人。必人人有智识，能自谋生活，而后可为国。人之智识足以行使其公私权利，乃为有人格。必人人有智识，能负国家之义务，乃可为国民。夫如是斯可以言立宪。”④

应该说，立宪派将权利观念、自治能力、经济自立能力以及独立思考能力作为立宪国民资格的基本内容，其对立宪与立宪国民程度的把握是准确的。沿着他们的思路，唤起国民的权利意识，培养其政治能力与谋生能力，培养具备“自觉心”的国民，是可以确立真正的立宪政治的。

---

① 《论今日宜亟设宪法研究会》，《时报》1906 年 1 月 14 日；《论学堂现象及学生将来之位置》，《时报》1906 年 3 月 31 日。

② 《专制国人民之程度》，《大公报》1908 年 6 月 29 日、30 日。

③ 《论国人失其自觉心之危》（录丙午十月二十八日《时报》），《东方杂志》，第 3 年临时增刊，1907 年 2 月。

④ 《孟昭常致江苏教育总会论教育普及与预备立宪之关系并极陈时弊书》，《大公报》1907 年 8 月 27 日。

其二，如何造就立宪国民资格。

清廷要求国民“发愤为学”，以养成立宪国民资格，却没有指明发愤为学的渠道。地方自治是国民政治能力的养成所，是最基本的“国民学校”。奏请立宪时，主张立宪的官员如汪大燮、载泽、端方、唐文治等，都明确指出，开设地方议会，实行地方自治，为立宪之要务，亟宜举办。然而，因为长期的做民父母的统治心态，清廷不相信自己的人民有地方自治的能力，认为以目前人民之程度，地方自治还不能遽然施行。朝廷既对地方自治态度如此，担心自身权力因地方自治受损的督抚态度就更消极：“府州县各设议事会董事会，此为地方自治之基础，即为预备立宪之先声，而各省督抚一则曰民智未开，二则曰地方程度未足，三则曰恐有流弊，四则曰宜视地方繁简，五则曰一时不能办，六则曰绅衿纯驳不一”。① 结果，地方官制改革方案不但避谈地方自治，且称“各省应就情形分期设立府州县议事会董事会”，给予地方督抚酌情处理的权限。② 同时，鉴于督抚的反对，地方官制改革也没有全面推行，只是在东三省以及天津、江苏的一些地方试办。这让对地方自治满怀期待的立宪派大为失望。教育与立宪密切相关，中国教育普及率甚低，也是立宪改革的重大困难所在。要立宪，自须在教育方面下一番功夫。不过，对于教育，清廷却将提高识字率、普及“强迫教育”作为主要的追求目标，既未区分未受教育者与已受教育者，也未区分官绅与一般民众，而是笼统地要求普及教育。清廷不相信国民而暂时将地方自治排除在提升国民程度的方法之外，又以国民的普遍参政作为立宪实行的条件，从而陷入追求识字率、追求教育普及的陷阱之中。这样，所谓养成立宪国民资格，或无从下手，或遥不可及。这自然令立宪派大为失望。

---

① 《论泽公请改外官制毋为异论混淆》，《时报》1907 年 3 月 23 日。

② 《总司核定官制大臣奕劻等奏续订各直省官制情形折》（光绪三十三年五月二十七日），《清末筹备立宪档案史料》上册，第 503—510 页。

立宪派十分看重地方自治的意义。他们认为，地方自治是立宪的基础所在，“地方议会乃人民自治之础”，“为人民得享权利之权舆”，“为人民能否安享权利之试验”，为人民“明悉国政”之基本渠道。[①] 他们指出，朝廷所谓国民程度不足，不能遽行地方自治的说法，“无异言今日民智不足以选举以自治，质而言之，即谓下之自谋不若上为之谋也”。这种认识源于两个误解。一是误解地方自治。政府以人民受治于政府为当然，又将地方自治与官治对立起来，以为一旦行地方自治，则人民不复受治于政府，因而恐惧地方自治。其实，“自治云者，乃此地方对于彼地方而言，非对于政府而言……乃各地方于国宪所许之范围内，得为自治之事若干种也”，与官治并不冲突。二是误以为地方自治需要高深的国民程度。其实，地方自治早在两千多前就在希腊、罗马实行过，并不需要什么高深的知识与能力。所谓地方自治，只是地方人民从地方人士中选举出若干贤能之士，代办地方事务而已。地方都有能办理地方事务的贤能之士，而地方人民既熟悉地方事务，也熟悉地方人物，足够胜任选举权，不必有任何程度不足的顾虑。[②]

教育良好的国民对于立宪具有积极意义。识字率过低，到处是文盲，是大规模政治体实行立宪政治的重大障碍。但教育与立宪的关系比较复杂。首先，如布赖斯所说，不识字，不能读书读报，确实很难配得上选举权。学校教育以及宣讲等形式的社会教育，可以开通人民知识，是民主政治必不可少的基础性条件。但教育只是铸造良善国民的方法之一，“学校和书本能够给予我们的实不及我们所愿想象的那么多”。[③] 学校教育之外，团体自治、地方自治乃至日常辩论，都可以很好地发育国民的判断力、公益心、自治能力，

---

① 《论立宪当以地方自治为基础》，《东方杂志》第 2 年第 12 期，1906 年 1 月；舜修：《论立宪当有预备》，《东方杂志》第 3 年第 3 期，1906 年 4 月；《七月十六日上海〈时报〉恭读十三日上谕》，《东方杂志》第 3 年临时增刊，1907 年 2 月。

② 《驳地方自治今日不能行之说》，《东方杂志》第 3 年临时增刊，1907 年 2 月。

③ 〔英〕詹姆斯·布赖斯：《现代民治政体》，第 73—77、80 页。

培育其立宪国民资格。过于看重教育对立宪的意义，甚至以教育普及为立宪之前提，失之片面。其次，立宪政治一开始都是精英政治，都是在社会发展过程中逐步扩大政治参与的，没有一开始就完备的、普遍参政的立宪政治。当立宪改革启动时，要求人人具备立宪国民资格，并追求教育普及，这不切实际，易使人灰心懈怠，易被用作迟滞立宪的借口。最后，立宪需要一定的国民教育，但并非教育越普及，立宪改革就越顺利。布赖斯说，教育普及虽是件好事，但未必是实行民治的保证，“并且还能予初期的民治以障碍，也未可知”。① 亨廷顿说，社会动员与政治动荡有直接的关系。城市化、识字率、教育以及接触传播媒介的水平的提高，会提高人们的期待，造成政治参与的激增。若缺乏强有力和灵活的政治制度及时吸纳这种参与需求，就会造成政治动荡，给政治改革造成障碍；又说，在政治转型过程中，“识字和半识字的人会变成诱发动乱的极端主义运动的俘虏……文盲参政比识字者参政给民主政治制度造成的危险很可能要小”。② 亨廷顿的这段话颇能代表他保守主义的立场，未可全信，但对于鼓吹必须普及教育才能立宪的人士来说，亨氏此话也不妨一听。改革起步时，国民尚没有普遍觉醒，政治思想尚未普及，一般人对改革期望不高之时，改革者就可以更多地掌握改革的主动权。从这个角度来说，他的话有一定的道理。对于这一层，清末的一些立宪论者似乎也有类似的认识。1906 年 8 月，赵尔巽在与考察政治大臣端方、戴鸿慈电商立宪问题时曾表示，不必待人民程度皆及格后再立宪，“若必待资格完全以后，窃恐知识日进，觖望日多，反生他虑”。③ 他没有展开说，但意思很清楚。这种判断是有道理的。1907 年 12 月，杨度主稿的《湖南全体人民民选议院请愿书》，在肯定上谕所称“当视国民程度之高下以为实

① 〔英〕詹姆斯·布赖斯：《现代民治政体》，第 80 页。
② 〔美〕塞缪尔·亨廷顿：《变化社会中的政治秩序》，第 36—38 页。
③ 《赵次师覆端戴两大臣商议立宪电》，《时报》1906 年 8 月 11 日“要闻”。

行之迟速”为“不易之论”的同时，指出人民程度问题不是开国会的障碍，相反需“趁人民程度尚未发达之际，开设民选议院，俾国家之改革，其原动力纯出于朝廷，而人民皆处于受动之地位，则操持既易，而行动悉可自由，且可以发达人民之国家思想，训练其政治能力”。① 这与前述端方、戴鸿慈的意思相近。立宪改革的恰当策略是，当人民有参政要求时，及时吸纳之，并使利益、意见不同的选民集团互相牵制。当人民有强烈的参政要求时，拒不开放参政通道，或者强迫无参政之要求与习惯的人们参政，皆非明智之选。

起初，大部分立宪派人士皆存一个“深入人心”的“教育普及之意象”，以为要立宪，必普及教育，使人人都具备政治思想、法律意识。② 一些人追求美备的立宪政治，认为立宪应当是“举国人民，悉有参政之权”，“若一国之民，蒙昧未开，不知政治为何事，不解人权为何物，惟一部分之人享有教育，政治上之能力亦富，则其被选于国会者，必为此少数人，而国民之智识能力，又不足以监督之，则国会之行动，必不免逸出所应有之范围以外，是君主专制将一变而为国会专制矣。同一专制，改革奚为？故欲造成一完全无缺之立宪政体，必先养成多数完全无缺之立宪国民，使全体人民智识之程度相若，自制之能力相若，其足以参与国政之资格亦莫不相若，夫而后议员无滥竽之虑，国会无专横之忧，则立宪政体自见其利而不见其害矣”。③ 因为这种认识，不少立宪论者将教育普及作为重点，并提出种种普及教育的方法。有人提出，应令各地举办简易教育，“所有子弟凡十龄以上者，迫使入学”，使入学者略能识数，“能写白话家信，能略记耳目所见闻事”，又了解一点“天地大势，与夫生人所不可不由之公理”，如此，有三五年时间，

---

① 《湖南全体人民民选议院请愿书》（1907 年 12 月 24 日稍后），《杨度集》（一），第 491 页。

② 蘧照：《人民程度之解释》，《东方杂志》第 3 年临时增刊，1907 年 2 月。

③ 舜修：《论立宪当有预备》，《东方杂志》第 3 年第 3 期，1906 年 4 月。

就可以完成普及教育的工作。① 其实，识字教育的普及，与立宪政治并无实质联系。然而，当时不少立宪派接受开明专制论，认为政治机关不良与人民程度未及格是立宪的最主要的障碍，将“改良政治机关”“力求普化愚民”作为预备立宪的最主要的工作。② 时人描述这种思想倾向，称当时人普遍认为，“预备之最急者，曰改革官制也，曰强迫教育也”。③

然而，立宪派很快就发现，“程度不及之言，善用之固足以鞭辟孟晋，不善用之实足以阻塞万事，而为偷怠便己者潜身之渊”。以教育普及作为立宪的先决条件，正好为保守派提供了阻挠立宪的有力借口，将使立宪遥遥无期，根本不符合以立宪来御侮图强的迫切需要。④ 正是基于这些考虑，敏锐的立宪派人士迅速调整有关人民程度问题、教育与立宪关系问题的论述。他们的新论述，要点有四。

第一，所谓国民程度不足，关键不是一般国民的程度不足，而是官绅程度不足。《羊城日报》说：“今日之中国，不惟民智未开，即官智亦未开。故国民宜输入法律之常识，即内外大小官吏亦宜先国民而输入法律之常识。”⑤ 就预备立宪而言，教育的首要任务不是普及教育，也不是灌输一般自然、人文、社会知识的普通教育，而是对已经接受过教育的官绅及其子弟进行宪政教育。“欲养成国民智识之程度，尤当先养成官吏智识之程度。”因为他们居于社会上层，为社会之表率。官绅承担着实施宪政改革的责任，官绅及其子弟也是最初能够享有选举权、与宪政直接相关的人群，应是造就立宪国民资格的重点对象。尤其是负责实行立宪新政的内阁及各省督抚，负责经济与交通发展的资本家，以及负责教育发展的各处学

---

① 《教育与国家之关系》，《东方杂志》第3年第3期，1906年4月。

② 倚剑生：《论中国政教宜求进化》，《东方杂志》第3年第5期，1906年6月。

③ 蛤笑：《论立宪预备之最要》，《东方杂志》第3年第9期，1906年10月。

④ 蘧照：《人民程度之解释》，《东方杂志》第3卷临时增刊，1907年2月。

⑤ 《八月十一日广州〈羊城日报〉论今日国民智识之程度》，《东方杂志》第3年临时增刊，1907年2月。

务管理人员等，更是造就国民资格的第一批对象。①

第二，宪政教育的主要内容应是法律教育。立宪派认为，权利意识是国民资格的关键，而形成国民权利意识所需的，不是识字教育或知识教育，而是法律教育。他们强调，“立宪政体，其道齐而奠定之也以法律。故法律者，宪政之精神，而立宪国民养成人格之元素也”。② 不过，立宪派所说的法律，并非中国的旧法律，而是立宪国之法律。《羊城日报》说：“中国旧日之法律，非法律也，命令而已。以命令为法律，则施此法律者有无限之威权，奉此法律者有无限之兢惕，而受此法律者即有无限之苦痛。今一旦曰立宪，则所定者必为真法律，而非前者以命令为法律之可比。”③ 该报又强调，法律教育的对象，不能只是普通国民，更包括官员，甚至君主。《南洋日日官报》说：“宪政之范围，一法律普及之范围也，君主不奉法，则失其行政之资格，官吏不奉法，则失其司法之资格，人民不奉法，又何解于立法之资格乎？”④

第三，提高国民程度的切实方法，是实际的立宪政治的练习。汪充宗（蘧照）说：“立宪者，绝非能读傍行之书册，解异国之条文，识政家之学说，即能引用于吾而顺适无违，所施皆当也。虽其事必芘赖于教育，而今日现行之教育固不能引为唯一之问题，恃为唯一之解决。”书本知识，宪政教育，都只是教育，而不是训练，要提高人民的能力，还需要实际的练习。初步练习，有种种不尽如人意处，也不能就此否定练习的意义。他说：“人之材能，必以事磨礲而后出，监观于败，尤前途成功之母。此如大匠运斤，巧至之

---

① 《论今日宜亟设宪法研究会》，《时报》1906 年 1 月 14 日；《八月十一日广州〈羊城日报〉论今日国民智识之程度》，《东方杂志》第 3 年临时增刊，1907 年2 月。

② 《七月二十一日江宁〈南洋日日官报〉普告我豫备立宪之国民》，《东方杂志》第 3 年临时增刊，1907 年 2 月。

③ 《八月十一日广州〈羊城日报〉论今日国民智识之程度》，《东方杂志》第 3 年临时增刊，1907 年 2 月。

④ 《七月二十一日江宁〈南洋日日官报〉普告我豫备立宪之国民》，《东方杂志》第 3 年临时增刊，1907 年 2 月。

日可以不失绳墨，然方其练习之初，亦必无巧可见，不能殊于常人也。”①

第四，士绅当组织团体，研究宪政问题，开展自我教育。团体自治是地方自治之外另一个重要的培育公民公共意识、共同生活习惯、规则意识的途径。立宪派对此有所认识。清廷宣布立宪后，立宪派即组织立宪团体，一以研究宪政问题，二以团结同志，推动立宪。为此，他们鼓动同志者积极组织团体。《时报》就指出，预备立宪，必须突破结社禁网，允许各处士绅组织宪法研究会、宪政研究会、地方自治研究所之类的团体，创办有关宪政报刊，编译各国宪法以及相关宪政著述，研究各国立宪历史，熟察国情，探讨中国立宪改革的预备方法与实行步骤，培养其政治思想，历练其政治阅历，养成其立宪国民资格。这既可养成支持立宪改革的中坚力量，制约保守派，防止政治倒退，也通过发育立宪团体，为发起要求宪政的“国民的政治运动”准备条件。② 也正是基于此种认识，当预备立宪上谕发布后，立宪派就开始积极组织立宪团体。

可以说，国会请愿运动兴起之前，敏锐的立宪派人士对于国民程度问题的认识，已经比较清晰、比较得当了。

五　“筹备之方、施行之序”的讨论与九年筹备事宜清单

中国立宪问题的提出，主要不是经济社会发展所引发的社会变动，而首先是外患刺激引发的思想变动。对于这一点，立宪论者看得很清楚：“中国采用立宪政治说之起因，非因国民政治的能力发

---

① 蘧照：《人民程度之解释》，《东方杂志》第3年临时增刊，1907年2月。

② 《论今日宜亟设宪法研究会》，《劝同志君子办宪法学报》，《时报》1906年1月14日，1906年10月5日。

达，生自然之要求而至此，又非因制度文物之进步有以招致，其时机特鉴于日俄大战之结果，闻世界喋喋评论日本优胜原因于其政体之美，而自生模仿之念者。换言之，即中国立宪说之动机，不过存于日俄成败之迹是也。”① 正是在内外危机的刺激与立宪思潮的催动下，歆于富强的清廷才下定立宪的决心。立宪论者也清楚地认识到，中国还缺乏立宪的有形要素与无形要素，尚不能即行立宪。即行立宪，不但不能致富强，而且将造成社会动乱。

关于如何立宪，首先，立宪论者排除自下而上的革命，力主政府见机先行，主导改革。《立宪纲要》称，统观各国立宪历史，“其自下而上者，经事难而收效迟，自上而下者，经事易而收效速。法国之立宪也，经大乱者数次，易君位者数人，历数十寒暑之恐怖时代，始得收今日之结果。盖在下者已有立宪国民之程度，而在上者尚无立宪之举动，则势必至群起而争，不达其要求之目的不止，非两败俱伤，终无平和之结议。故法国之立宪，其为祸最烈。日本有鉴于此，知世运所趋，非立宪不足以君民相安，非立宪不足以竞存世界，与其倡论自下，酿为祸厉之阶，何如决议于上，自操运用之本”。② 立宪论者认为，外患深沉，由下而上的变革将导致社会动乱与国家灭亡，非立宪路径的优选。就朝廷内的立宪论者来说，政府主导变革，可以较多地保留君主权力以及官僚集团的利益。挪威等国，“庶民之敬爱君主历有年所”，“一旦改为立宪政体，昭旷人心，而国是大和”，③ 以及日本变法的成功经验，也给了他们信心。他们认为，只要操作得当，中国也可以和平地实现政治转型，建立立宪政体。

其次，立宪论者认为，中国尚不具备立宪的条件，须经过若干年的准备。梁启超称，立宪需一般选民能略知选举权的意义，不弁

---

① 《中国与立宪政治》，《大陆》第3年第17号，1905年。

② 《立宪纲要·述宪法种类第二》，《东方杂志》第3年临时增刊，1907年2月。

③ 戴鸿慈：《欧美政治要义》卷首“设立君主立宪政体之总图”，第23页。

髦选举权，能尊重他人的投票权，能粗知代议士为国民全体之代表的性质，不因代议士不从个人之要求而怨恨代议士；也需要议员有“鉴别政治得失之识力”，能把握国内外政治大势，能判断政策是否符合国情、民心，了解如何监督政府。否则，议会即开，也不过或为专制统治者的花瓶，不能举监督政府之实；或因不知如何监督，而常与政府激烈对抗，而使政局动荡；或因没有监督政府的实力，而常被解散。这都会造成国民与政府藐视、厌恶议会之心，障碍宪政进行。立宪需要组织选举，以开国会，需依法施政，以保护人民之权利，需人民参与政治，这就需完成户口统计、厘定税法、普及教育、推广地方自治、建立司法独立制度与警察制度、编定刑法民法与诉讼法。否则，选举无法进行，选举诉讼无由处理，行政之范围与规则无由确定，司法无由规范，人民之权利无从保障。中国“人民程度未及格”，“施政机关未整备”，需围绕这两方面去准备立宪条件。[①]《大陆》杂志也指出，中国缺乏立宪的有形之要素，如法律制度之完备、教育之普及、学术之进步、国家经济之发达、国民对于代议制之娴熟等；也缺乏立宪的无形之要素，即君民皆缺乏自治意识与尊重法律的精神，人民“温顺而爱平和，富于服从心”，素无干预政治、限制君权之思想，也无自治经验，君主则“素以无上专制统驭人民，素不受人民之拘束”。以如此之民与君，而行分权立宪政治，“纵令得最良之结果，亦不过现出欧洲中古时代之国会政治。否则，久伏国民脑里之无形的要素，激昂浮动，或启国家扰乱之渐，不但国民之不幸，且恐危及王统，为外敌所乘也”。[②] 端方也称，“中国数千年来，一切制度、文物虽有深固之基础，然求其与各立宪国相合之制度，可以即取而用之者，实不甚多”，须经十五年到二十年的“预备时期”，完成诸如改官制、定法律、设立独立裁判所、地方自治、调查户口、整理财政、改革币

---

① 梁启超：《开明专制论》，《梁启超全集》第五集，第352—357页。

② 《中国与立宪政治》，《大陆》第3年第21、22、23号，1905年。

制、分划选举区与征兵区域等准备工作。若不加预备，贸然立宪，“则上无此制度，下无此习惯，仍不知宪法为何物，而举国上下无奉行此宪法之能力。一旦得此，则将举国上下扰乱无章，如群儿之戏舞，国事紊乱不治，且有甚于今日”。①

立宪论者对于立宪预备的必要性以及如何预备有一些论述，然这些论述要变成朝廷的预备立宪方案，还有相当的距离。宣布预备立宪时，清廷对于如何预备立宪，还没有成形的方案。其预备立宪上谕在表示“目前规制未备，民智未开”，不能操切从事的同时，对于如何预备立宪，只是说要从官制改革入手，以明定责成，“并将各项法律详慎厘订，而又广兴教育，清理财务，整饬武备，普设巡警，使绅民明悉国政，以预备立宪之基础。着内外臣工，切实振兴，力求成效，俟数年后规模初具，查看情形，参用各国成法，妥议立宪实行期限，再行宣布天下，视进步之迟速，定期限之远近”。② 上谕除明确以官制改革为预备立宪的入手之方并厘订法律外，只是罗列广兴教育、清理财政、整饬武备、普设巡警等任务，既没有明确各任务的次序与重点，也未明确臣民“明悉国政”的途径，甚至避谈地方自治。

官制改革令人失望，立宪派开始鼓吹国会。为平息立宪派的情绪，应对立宪派请开国会的要求，清廷乃于光绪三十三年五月二十八日发布上谕，令各级官员并士民就立宪的“筹备之方、施行之序”建言献策，希望能够集思广益，形成比较成形的改革方案。上谕下达后，各级官员、驻外使节以及举贡生监等纷纷陈言，其中虽有不少条陈或文不对题、言不及义，或借机反对立宪，或主张暂缓立宪，但也收到不少确有见地的条陈。大体上，其中的建设性意见可归为以下几类。

---

① 端方：《请定国是以安大计折》，《端忠敏公奏稿》卷六，近代中国史料丛刊第一编第14辑，第705—707页。

② 《宣示预备立宪先行厘定官制谕》（光绪三十二年七月十三日），《清末筹备立宪档案史料》上册，第44页。

其一，因为朝廷宣布预备立宪后没有展现足够的立宪诚意，引发民间怀疑，建言者乃请朝廷“昭大信”，向天下重申立宪改革的决心，消除民间疑虑，并警示反对立宪的官员。袁世凯要求朝廷“昭大信。请亲诣太庙，昭告立宪”。[①] 学部主事刘宝和提出，预备立宪应“昭大信”“重实行”，加强对各衙门改革作为的考核，并禁止大小臣工发表与预备立宪上谕相悖的言论，以树立人们对改革的信心。[②] 署理广西提学使李翰芬要求朝廷“昭告天地、祖宗，誓行宪政”。[③] 预备立宪上谕无视立宪论者要求明确立宪期限的呼声，对立宪期限含糊其词，引发民间疑虑，保守派得以故为疑词以反对立宪。于此，不少条陈要求明确立宪期限，以定人心而促筹备之进行。比如，李翰芬要求以五年为期，[④] 候选内阁中书徐敬熙要求“明定立宪年限，期以十年或十五年，先以宪法要义条示大纲，公布海内，使臣民咸晓然于宫廷意旨之所在，以坚其信用，无敢以似是而非之莠言进者”。[⑤]

其二，强调不能将预备与实行完全分割，以为要等一切筹备妥当后再颁宪法、开国会、行立宪，而应“即施行，即预备”，在预备立宪中即开地方议会、行地方自治，甚至也可以开设国会、组织责任内阁。李翰芬反对以立宪先进国家现在的国民程度作为中国立宪的标准，反对必先达此标准方可立宪的主张，认为这种“先预备后施行”的思路，必有“苟且因循之患”，根本不适应救亡图存的急迫需要。他说，“程度以造就而益高，资格以历练而渐进”，实际的立宪政治是提高国民程度的最好办法。因此，合理的预备立宪思路是“即施行，即预备，急所当急”，其中最急的是速定立宪

① 《大清德宗景皇帝实录》卷575，页26。

② 《清末筹备立宪档案史料》上册，第330—332页。

③ 《清末筹备立宪档案史料》上册，第304页。

④ 《清末筹备立宪档案史料》上册，第300页。

⑤ 《两江总督端方代奏徐敬熙呈整饬行政立法司法机关折》（光绪三十三年八月十八日），《清末筹备立宪档案史料》上册，第263页。

期限，从速成立内阁。[①] 徐敬熙强调，可从现有国民程度出发，即行立宪，若“虑其程度未至，宽假时日，则一日未立宪，即一日在筹备之中”。他认为，三权分立是立宪的关键，当以此为中心整理行政机构，组织立法机构尤其是地方议会，推行司法独立，如此方可逐步提高人民程度，最终实现立宪。[②] 署理黑龙江巡抚程德全强调，切实的预备是从速组织责任内阁、国会、地方议会，其中国会又是关键所在。他说：“论者多谓骤设国会势有难几，不知若无国会以通舆论而参政权，则宪政之精髓不存，新机之萌芽安望。”[③] 此外，御史徐定超也“请迅设上下议院”。[④]

其三，健全宪政研究与编查机构。1907 年 8 月，清廷改考察政治馆为宪政编查馆，负责翻译宪法著述，并研究、调查宪政问题，规划中国的宪政改革，起草有关法律与条例。在此次条议中，建言者进一步提出，应健全宪政研究调查机构。程德全提出，各省应设立调查局，以调查各省政治上风俗上之习惯，以为制定宪法、实行宪政提供参考；京师及各省皆设宪政研究所，选员入所研究宪法，“俾人人知其利于家国，则阻力或可渐轻”。[⑤] 内阁候补中书朱兴汾建议，建立各级宪政编查研究机构，将宪政编查馆改为中央编查馆，各省则设立调查局，各府州县则于自治团体中附设宪法研究会，以研究宪法问题，调查各地实际情形。各省调查局人员，官绅各半。[⑥]

其四，就提高国民程度与开展宪政教育提出建设性意见。预备

---

① 《清末筹备立宪档案史料》上册，第 299—305 页。

② 《清末筹备立宪档案史料》上册，第 262—264 页。

③ 《暂署黑龙江巡抚程德全奏陈预备立宪之方及实行宪政之序办法八条折》（光绪三十三年八月十一日），《清末筹备立宪档案史料》上册，第 254—259 页。

④ 《御史徐定超请速设议院保护华侨以维人心弭民变折》（光绪三十三年七月初四日），《清末筹备立宪档案史料》下册，第 604 页。

⑤ 《清末筹备立宪档案史料》上册，第 255—257 页。

⑥ 《内阁候补中书朱兴汾请设立各级宪政编查馆汇集中外法律以厘定宪法草案呈》（光绪三十三年九月二十日），《清末筹备立宪档案史料》上册，第 290—291 页。

立宪上谕发布前后，朝野立宪论者都认为国民程度不足是立宪的主要障碍，也大多将普及教育与实行地方自治作为提高国民程度的两个主要途径。但在这两个提高国民程度的主要路径上，朝廷与立宪派分歧明显。此次条议中，袁世凯、程德全等反复申论地方自治的意义及其可行性，力主从速设立咨议局以及各地地方议会。清廷很快接受了他们的建议，决定依次成立咨议局以及府厅州县地方议会。

关于教育问题，此次条议中，一些建言者提出了接近于立宪派的看法。分省补用道程淯提出，“欲开民智，宜先开官智”，官吏承担着推行预备立宪的职责，若不首先教育官吏，使其具备一定的法律意识与宪政常识，则“以旧习惯之官吏，强其执行新政，学非素具，非阻碍即敷衍”，预备立宪难有实效。他主张“强迫教育宜先施官场及其子弟”，并提出各省课吏馆与法政专门学堂宜相辅而行，分别针对官员与民间士绅进行形势教育与宪政教育，又改各省会馆为学堂，招官场子弟，开展义务教育，以为民间之表率。① 李翰芬主张“推行宪政教育”，以造就议员资格，并建议各级学堂之法律课以及原学堂章程未开设法律课之学堂，一律加课宪法，使学生有宪政思想。② 学部主事刘宝和说，教育普及对于宪政自然意义重大，“顾教育普及之说言之甚易，而行之实难”，比较妥当的方法是，“先造就官绅之贤者与士民之秀者，以为经营宪政之基础”。他建议内而在京各部院衙门，外而各省督抚衙门，皆于公署内特设宪政研究所，间日一次，召集所属人员分班研究相关政务。至于各省绅衿士民，则应由官家提倡，令其各就本地情形，“广设自治学会或法政讲习所”，研习朝章国故、律例章程及一切约章、税则诸书，并结合地方情形讨陈利弊，“以期学识并进，养成议员

---

① 《分省补用道程淯条陈开民智兴实业裕财政等项呈》（光绪三十三年九月二十二日），《清末筹备立宪档案史料》上册，第278—279页。

② 《清末筹备立宪档案史料》上册，第302页。

资格”。① 此外，他们还主张通过社会教育向一般社会大众灌输宪政知识，建议政务处制定宣讲宪政章程，汇编有关宪政的谕旨、文牍等材料，令各级官府选派通晓时务之官绅，分赴各村镇集市，广为宣传。又扩展各省劝学所的功能，突破学部关于劝学所以劝学为本、不准涉及政治的规定，令其承担宣讲社会常识与宪政常识的功能，“就本国之政法、礼俗及社会习惯，与夫民生利弊，剀切申明，反复详说，使人人有政治法律之思想，以造成立宪国民”，又令其“大开学术演说会，凡绩学之士及东西各国教习、游历员，均请其到会演说”。由各级宪政讲习所、劝学所之类的机构“编纂宪政白话说贴”，“开办白话演说报”，“凡忠君爱国，自立自强，兴学理财，改良风俗等事，于报章切实发挥”，由各有关衙门督饬士绅赴各处城镇乡社宣讲，“持报演说”，以开通一般社会大众的知识。官方提倡或者许可各地士民广设宪法研究会、法学会、自治研究所之类的组织，研讨宪政，以开通风气，增进士民智识。② 此外，为宣讲宪政知识、普及教育，一些人还建议推广官话，创立简易文字，编纂简易课本，创立简易学堂，以提高识字率，教育一般下层民众。这些建议已将教育的重点由普及教育转向教育官绅及其子弟，教育内容也由一般的知识传授，转向宪政常识与形势教育，并提出要准许民间设立各种宪政研究机构，充分发挥民间社会的作用。这都是切合实际的可行之策，切合当时的实际需要，也符合宪政发展的一般规律。

其五，就政治转型过程中的社会管控问题提出建议。传统帝制

---

① 《学部主事刘宝和条陈立宪预备施行大纲以通上下之情明天下之权呈》（光绪三十三年十二月十八日），《清末筹备立宪档案史料》上册，第 328—329 页。

② 《分省补用道程淯条陈开民智兴实业裕财政等项呈》（光绪三十三年九月二十二日），《署理广西提学使李翰芬条陈五年预备立宪及速立内阁等事宜折》（光绪三十三年十月初五日），《学部主事刘宝和条陈立宪预备施行大纲以通上下之情明天下之权呈》（光绪三十三年十二月十八日），《暂署黑龙江巡抚程德全奏陈预备立宪之方及实行宪政之序办法八条折》（光绪三十三年八月十一日），《清末筹备立宪档案史料》上册，第 273—279、299—305、327—336、254—259 页。

下的中国统治者崇尚“天下有道，庶民不议”“以静谧为治”，以民众不议不论，社会安静乃至鸦雀无声，作为天下太平的象征，又把专制统治下被统治者的政治冷漠以及因为恐惧而不敢论议当作“天下有道”的证据，自我陶醉。历代统治者都以打压异端言论，严禁结社，作为维护专制统治的要务。改专制为立宪，势必放开对言论、集会、结社的限制，向来喜欢“安静”的统治者势必面对种种抨击政府的言论以及种种体制外的社会团体、政治团体与社会运动，势必面对日渐“嚣张”的民气。庚子以后，清廷威信大坠，对民间言论与结社的控制已渐松动，社会已经很不“安静”了。预备立宪的宣布，更大大鼓舞了立宪派，立宪刊物与组织迅速发展。革命党之抨击政府、欲推倒政府，自不待言，即便是立宪派，其言论也日趋大胆，怀疑政府、批评政府成了立宪派争取舆论的重要手段。1907 年 4 月间，杨度就曾劝梁启超放弃“专驳革命党，批评国民”的言论策略，转而多批评政府，以唤起读者之同情。他说，“国会未成立之前，国民实无服从此等政府之义务，虽一切反对之，不足为激。且我辈既为民党，则但有号召国民从我以反对政府，不能立于裁判政府与国民之地位，为公平之议论”。[①] 此后，为鼓吹国会，立宪派对清廷预备立宪态度犹疑、举措失当提出了诸多批评，言论越来越激烈。到立宪派发起国会请愿，“国民的政治运动”兴起，清政府愈发感到民气浮嚣，社会骚动，难以控制。一方面，多元言论的交锋，可使人们通过比较不同的言说而逐步接近事实，逐步提高判断力，社会团体的发展也可提高社会的组织化程度，并通过团体生活养成参与者的公共心、规则意识以及共同生活的习惯。这都是培养立宪国民程度的重要途径。同时，言论与社会组织的多元化，也可改变社会意识结构与社会力量结构，以有组织的社会力量制约专制权力。这是由专制向立宪过渡的重要社会条件。另一方面，对于志在改专制为立宪的改革

① 杨度：《复梁启超函》（1907 年 4 月），《杨度集》（一），第 408—409 页。

者来说，如何一面有序地推动宪政改革，一面大体上控制民间言论与社会运动，防止民间言论与社会运动的失控，又是必须面对的重大课题。过分压制，自然不利于社会的多元化，也不利于向立宪过渡；而管制过分宽松，则易造成舆论失控与社会运动的激进化，而这又将引发政府内保守势力的强烈反弹，使改革者在激进的社会运动与要求镇压社会运动的保守派之间进退失据。

还在1904年1月，《大公报》就指出，改专制为立宪，就是要改变长期以来“务以束缚驰骤抑勒黔首为要诀”的“压制主义”统治策略，转而实行“释放主义”，授民以举官权、议事权、决政权。但经过长期的压制主义，国人“性情心志久经禁锢”，“民气萎靡，无国民之资格”，骤行“释放主义”，风险巨大，不但不能化解新旧门户之争，达到改良政体之目的，而且易造成“朝野水火，新旧交哄”之局。因此，需“徐徐调理”，逐渐开通国民之知识，提高其能力，造就其“能底于释放之资格”，然后授民以权。[①]当奏请立宪时，朝廷内的多数立宪论者未曾注意这一点，只有驻外使臣汪大燮、梁诚等人提出，立宪需“定集会言论出版之律”。他们说，“各国人民有集会言论出版自由，然集会受警察之稽查，实有种种防维之法，非若我国空悬禁令，转得法外之自由。与其漫无限制，益生厉阶，何如勒以章程，咸纳轨物。宜采英德日诸君主国之现行条例，编订集会律、言论律、出版律，迅即颁行，以一趋向而定民志”。[②] 此后，清廷颁布《大清印刷物专律》（1906年7月）、《报章应守规则》9条（1906年10月），作为管控言论的规范。自1907年初起，立宪派因不满预备立宪迟滞，开始鼓吹国会，批评政府之声渐高。1907年10月，苏浙铁路风潮兴起，南方报纸责难政府不遗余力。统治集团内的保守派对民间言论、团体的发展

---

① 吴熿：《压制释放利弊论》，《大公报》1904年1月9日、14日。

② 汪大燮等：《出使各国大臣会衔奏请宣布立宪以定国是折》，《时报》1906年5月2日。

态势感到恐惧，纷纷要求严厉管控。还在1906年10月，江苏巡抚陈夔龙就奏请严格管理报刊、电报、演说、结社，甚至要求外务部与各国交涉，要求租界内的华字报刊遵守大清律例。[①] 此后，广州汉军副都统李国杰要求订立警察章程，使“民间一言一动，莫不在警察法力之中”，制定“至严极苛”之报律，约束报馆；制定严格的学校管理办法，使所有学生之“行为言论，无一不在约束之中”。[②] 于式枚也主张严厉管控言论与结社，称朝廷预备立宪，设计周详，而立宪派却急躁冒进，“以限年为迂谈，遽以宣布为实行之证”，肆意抨击政府的立宪规划，言论渐趋嚣张，“横议者自谓国民，聚众者辄云团体，数年之中，内治、外交、用人、行政皆有干预之象，动以立宪为词，纷驰电函，历抵枢部，屡动诏书，来日方长，坚冰可惧”，要求严厉对待立宪派的激进言论与国会请愿活动。[③] 他甚至称立宪派“敢言监督政府，或一又云推倒政府。读诏书，则妄加笺注。见律令，则至肆意讥弹。□动浮言，几同乱党”，要求当局力加劝导弹压。[④] 为管控社会舆论与民间结社，清政府一面严令禁止学生联盟纠众，立会演说，干预政事，一面令法部、民政部、宪政编查馆等编定报律与政事结社律，态度强硬。其令宪政编查馆、民政部编定政事结社条规的上谕即称，议政乃议会之权，“固非人人皆得言事，亦非事事皆可参与”，而民间不晓事体者，议论浮嚣，动越权限，“遇有内外政事，辄借口立宪，相率干预，一唱百和，肆意鼓簧，以讹传讹”，若不加管制，必阻碍宪政初基，扰攘治安大局，故需订立条规以“从严禁办”“纠集煽

---

① 《江苏巡抚陈夔龙奏报纸电讯集会演说宜范围于法律之内折》（光绪三十二年八月二十八日），《清末筹备立宪档案史料》上册，第149—151页。

② 《广州汉军副都统李国杰奏请订立警章报律学堂管理法折》（光绪三十三年七月十一日），《清末筹备立宪档案史料》上册，第208—211页。

③ 《出使德国考察宪政大臣于式枚奏立宪不可躁进不必预定年限折》（光绪三十三年十月二十四日），《清末筹备立宪档案史料》上册，第305—307页。

④ 《考察宪政大臣于式枚奏立宪必先正名不须求之外国折》（光绪三十四年三月十七日），《清末筹备立宪档案史料》上册，第336—338页。

惑”的“好事之徒”。①

面对朝廷内甚嚣尘上的严控言论与集会结社的声浪，一些建言者提出，对言论、结社、集会等，管理不宜过严。御史黄瑞麒指出，预备立宪，民间政治思想与参政意识必渐次发达，批评政府之声，干预政务之举，将成常态。此类现象，“就其不善者观之，似民气日趋于嚣陵，不可不绳以禁令”，然从另一方面看，“十年以前甲午之役，台湾已去，士大夫犹有不及知者，庚子之变，畿辅震动，东南搢绅犹有歌舞醉饱者”，而预备立宪以来，人民渐“知国家之要政皆为一己身家切近之图，故于地方利害所关之事，常欲竭其心力，以匡官吏之不逮”，这正是人民智慧渐开、渐有政治思想的表征，善加利用，“迎其势而扶植匡正之，可以养成尊君亲上、尚公敢任之民俗”。他主张，“一切言论、集会之事，但须明定法律，使之不悖于尊卑之大防，而民间之请愿要求，亦宜曲为转圜，不可过事禁抑，以阻其欣欣自向之意。否则情志不达，至于相激，奸人得乘间以鼓其簧鼓煽惑之术，甚至横溢冲决，不可收拾”。②御史赵炳麟也提出，“开会、结社，未可一概禁止”，而应区别对待：“方今时局艰难，正赖京外士民同德同心，讲求政学，若不分别办理，一概禁止，实非治平之道。”他要求“妥议章程，凡研究政治、法律、农商、教育等会，必报部立案，一经核定，国家力任保护。其妨碍治安、不守法律所规定者，即行查禁。似此分别办理，庶合朝廷预备立宪之至意”。③出使美国二等参赞吴寿全提出，预备立宪以来，朝廷要求上下一心，内外一气，去私秉公，而人民则“皆以发言为己责”，却因知识程度不够，但知有发言之权，不知有权限之分，“几有处处皆议院，人人尽议员之势”，以致言论

① 《令宪政编查馆会同民政部妥拟政事结社条规奏请颁行谕》（光绪三十四年十一月二十日），《清末筹备立宪档案史料》上册，第53—54页。

② 《御史黄瑞麒奏筹备立宪应统筹全局分年确定办法折》（光绪三十三年十二月十五日），《清末筹备立宪档案史料》上册，第315—320页。

③ 朱寿朋编：《光绪朝东华录》，中华书局1958年版，总第5810页。

庞杂，民气趋于嚣张。当议会尚不能设立之时，宜“先将宪法规则迅速宣示，使天下人咸知法律范围、自由权限”，以规范人民的言论，缓解预备立宪过程中官民意见纷争可能带来的风险。① 这些温和的意见对于后来清廷制定报律与结社律产生了正面影响，使这两部法律不那么严苛。这些法律在限制言论与结社的同时，也赋予人民一定的言论、集会、结社自由，为报刊、社会团体尤其是立宪派组织的发展提供了一定的空间。

其他方面，还有一些颇值得注意的意见。针对宣布预备立宪之后，朝廷一直没有系统的立宪方案，御史黄瑞麒提出，当通筹全局，制定系统的预备立宪方案，将预备立宪期内应兴应革事项，分年预计，列入各级政府的工作计划，如此则可去除空言粉饰东涂西抹之弊，而使筹备有章程，考核有依据，得切实进行。② 端方重提他在1906年提出的问题，即立宪必须区分君主、皇室与国家，并主张皇室典范应与帝国宪法同时制定。③ 此后，达寿也提出，皇室之事应与宪法同时制定，以为根本大法。④

总体上看，这次条议提出了不少有价值的意见。一些问题，比如开设地方议会与资政院，明确立宪期限，清廷原本比较犹豫，经过此次条议，清廷接受了有关官员的建议。其他如制定系统的预备方案，从速宣布宪法纲要，各地方设立宪政研究所、地方自治讲习所、制定皇室典范等，也都为清廷所采纳。也正是通过这次有相当

---

① 《宪政编查馆大臣奕劻等代递吴寿全呈请宣示宪法规则以杜民气嚣张折》（光绪三十三年十二月十一日），《清末筹备立宪档案史料》上册，第313—315页。

② 《清末筹备立宪档案史料》上册，第319页。

③ 《两江总督奏请迅将帝国宪法及皇室典范编定颁布以息排满之说折》（光绪三十三年七月初七日），《清末筹备立宪档案史料》上册，第46—47页。1906年10月，戴鸿慈在其进呈的《欧美政治要义》第一章中详细阐述了制定皇室典范的重大意义，强调区分皇室与政府，“昭明皇室之典章，以保持君主之权力及尊严”，为立宪政体第一义。见戴鸿慈《欧美政治要义》，第32页。

④ 达寿：《考察宪政大臣达寿奏考察日本宪政情形折》（光绪三十四年七月十一日），《清末筹备立宪档案史料》上册，第40页。

规模的内部讨论，清廷的预备立宪方案才逐渐明确起来。光绪三十四年八月一日（1908 年 8 月 27 日），清廷颁布宪法大纲、议院法选举法要领并预备立宪逐年筹备事宜清单，表示自光绪三十四年起，用九年时间完成筹备立宪的诸事项，包括：设立咨议局、资政院，推行城镇乡及府厅州县自治；修改新刑律，编定民律、商律、刑事民事诉讼律等法律；厘定京师及直省官制，制定颁布施行文官考试章程、任用章程、官俸章程；编定法院编制法，建立省府厅州县以至于乡镇的各级审判厅，设立行政审判院；建立各级巡警；制定国税章程与地方税章程，厘定国税与地方税，清查各级财政的出入总数，试办省级以及全国的预决算，颁布施行会计法，设立审计院；制定颁布户籍法，清查户口；编定颁布简易识字课本、国民必读课本，推广简易识字学塾，并在光绪四十年到光绪四十二年的三年时间中，将识字率从百分之一提高到百分之五；变通旗制，筹办八旗生计，化除满汉畛域；颁布议院法、议员选举法，举行上下议院议员选举；设立弼德院；颁布宪法与皇室大典；等等。清廷并表示，这些筹备工作完成后，朝廷“届时即行颁布钦定宪法，并颁布［召］集议员之诏”。① 清廷对九年筹备事宜清单相当重视，要求各衙门将颁布清单之上谕连同清单悬挂大堂，依照清单逐次开展工作，并建立严格的考核制度。

这个清单所涉事项 27 件，又将这些事项分划到各年，总计有 90 多条，分由军机处、会议政务处、宪政编查馆、法律馆、民政部、法部、学部、度支部、宗人府、变通旗制处以及各省督抚衙门负责办理。表面看起来，清单罗列事项甚细，且皆与宪政有关，又分年办理，各有责成，考核也十分严格，似乎有系统、有条理，依此办理，宪政可期。然仔细推敲，就发现这个清单很不严谨。梁启超即称此清单“卤莽灭裂，不成片段”，存在主次轻重不分、次序

---

① 《九年预备立宪逐年推行筹备事宜谕》（光绪三十四年八月初一日），《清末筹备立宪档案史料》上册，第 68 页。

紊乱、有重大遗漏、缺乏负总责的政治机构等问题。① 概括地说，该清单主要问题有二。其一，所有筹备工作均由政府全面包揽，完全忽视调动社会力量的意义，即便资政院、咨议局等准民意机构也都被排除在筹备工作之外，更不用说立宪派、商会等社会力量了。甚至宪法也是秘密制定，何年开始起草都不明示，只是到筹备的最后一年，才由政府公布钦定宪法，生怕立宪派与咨议局、资政院参与宪法，有违“钦定宪法”的原则。这是政府“办宪政”，而非国家“立宪政”。可是，大包大揽的政府却没有负总责的政治机构去统筹整个筹备工作，只是由各行政机构去分头推进各项工作。于是，在时间紧、任务重、考核严、财政困窘的情形下，“同时进行，各不相谋”② 的各部，于己部所属筹备事项则极力扩张，“内以筹款之事委诸计臣，外以奏限所关，严责疆臣”，而各省督抚及各州县，则不得不加大搜刮力度，虚报考核材料。筹备立宪的过程，变成了央地矛盾日趋激化的过程，③ 变成了民怨日渐积累的过程，“督责愈严，搜刮愈工，民生愈蹙，盗贼愈多”④。其二，筹备清单存在严重的轻重主次不分的问题。还在 1905 年，陆宗舆就提出，中国的立宪改革应遵循“守要不惑，行之以序”的原则。所谓“守要不惑”，就是改革应围绕三权分立这个关键问题进行，不为保守或激进的言论所蛊惑，而停止或全面铺开改革。所谓“行之以序”，就是先推动行政司法分权，实现司法独立与法官的职业化、专业化，以平民怨，使人民得申诉之渠道，缓解社会矛盾；建立内阁制以统一行政，并有序推动改革；推行地方自治，为开议会

---

① 梁启超：《立宪九年筹备案恭跋》（1910 年 2 月 20 日），《梁启超全集》第七集，第 23—31 页。

② “鲁抚孙电”，《各省督抚筹商要政电》，《国风报》第 1 年第 26 号，宣统二年九月二十一日。

③ 《滇督李经羲请设责任内阁折》，《国风报》第 1 年第 15 号，宣统二年六月初一日。

④ 《御史胡思敬奏新政扰乱天下请速密筹善策折》，《大公报》1911 年 3 月 11 日。

做好准备。① 这是很有见地的认识。九年筹备事宜清单显然违背“守要”的原则，眉毛胡子一把抓，其所罗列的诸多事项中，除文官法、司法独立以及议会选举、制定宪法与皇室典章等之外，其余如识字教育、巡警、编定民商刑等法律等，皆系与宪政并无直接联系的日常行政事务，可视实际情形决定其完成的时间，不必非在国会召开之前完成。甚至被清政府看作选举前提的户口清查、地方自治等，也与立宪无直接关系。这一点，速开国会论者曾有论述（见下一章）。由于将大量的与立宪无直接联系的事项列入清单，整个清单显得凌乱、散碎，脱离了立宪的中心任务。在财政困难的情况下，要求在短时间内完成这么庞大的工作，自必造成诸多问题。赵炳麟就批评九年筹备清单，“未审民情，未度财力，所订多不能行，部院督抚各以表册空文报政府，而天下自此扰扰”。②

九年筹备事宜清单，之所以存在这些问题，并非清政府为延迟立宪而故意制造障碍，而主要是它不明筹备宪政之要在围绕三权分立问题——司法独立、召开国会、建立责任内阁制——展开。清政府又坚持先将诸事筹备妥当后，再颁布宪法、召集国会的立宪思路，而不是将立宪改革看作即施行即筹备的过程，故当早开国会的民意日渐汹涌时，九年筹备事宜清单反而成了早开国会的障碍。

---

① 陆宗舆：《立宪私议》（录乙巳七月十六日《晋报》），《东方杂志》第2年第10期，1905年11月。

② 赵炳麟：《光绪大事汇鉴》，《赵柏岩集》，近代中国史料丛刊第一编第303辑，第628页。

第二章

革命、立宪两派的思想论战

革命、立宪两派的论战是清末思想中的大事。1903 年，两派间就发生过革命与保皇的论战。那次论战的主要问题是革命还是保皇，有关共和与君宪的内容并非重点。1905 年 11 月，《民报》创刊。其时，清廷已发布派人考察政治的上谕，立宪思潮高涨，人们对君主立宪颇有期待，革命论面临考验。为宣传革命，消解君主立宪思潮的冲击，《民报》创刊后，即与梁启超主笔的《新民丛报》就革命共和与君主立宪问题展开激烈的论战。论战过程中，杨度主持的《中国新报》、恒钧主持的《大同报》也加入《新民丛报》阵营。1907 年春，杨度提出“开国会”的问题后，立宪派将重心放在国会问题上，欲以鼓吹国会以及请开国会的实际行动，推动清政府的立宪改革，并以“开国会”与“革命排满”相对峙。1907 年 7 月，《新民丛报》停刊，梁启超将精力更多地放在鼓吹政党、鼓吹国会上，并接受杨度的建议，调整言论策略，较少直接攻击革命党人，而较多地批评清政府，两派的论战暂时停息。其后，两派的论战转到南洋，革命派以《中兴日报》为阵地，立宪派以《南洋总汇新报》为阵地，继续论战，论战的重点是民族革命问题以及国会问题。

关于清末革命、立宪两派的这场论战，学界的研究已经相当丰富。本章主要就论战涉及的三个主要问题，即民族主义与国家主义的论战（民族革命问题）、革命程序论与开明专制论的论战（民权主义）以及关于民生主义的论战，进行讨论。

一 民族主义与国家主义之争

19 世纪 70 年代以后，世界资本主义逐渐进入帝国主义阶段。帝国主义列强瓜分世界、争夺世界市场的争斗日趋激烈，国家政权在帝国主义国际竞争中的作用日益凸显，列强间的争斗越来越具有国家间争斗的性质。近代的帝国主义在经济上以资本主义为基础，在政治上则以民族主义为基础。就经济而言，帝国主义列强在生产过剩压力的驱使下，加速向外扩张，侵略手段则逐步从军事侵略、殖民扩张转向经济侵略与文化侵略，通过掌握落后国家、地区的经济命脉，同化其文化，使之在经济上依附资本主义列强，在文化上丧失自主性。就政治而言，民族主义在西方大体经过两个阶段：第一个阶段是打破罗马教廷对世俗权力的控制，建立独立的民族国家；第二个阶段是规范国家权力，保障资本主义发展和个人自由权利。在第二个阶段中，专制政体逐渐为立宪政体所取代。民族主义通过民族共同体意识的建构，使一定区域内的人民对于自己的历史、文化等有认同感，使国家权力脱离强力统治的外表而获得国民认同；又通过国民主权说、分权制衡、国民的政治参与等途径，为国家权力提供合法性依据，一定程度上限制国家权力的滥用，使国家表现为民族共同体的政治形态——国民国家。面对以资本主义经济发展与国民国家意志支撑的帝国主义列强的扩张，还没有实现资本主义工业化与近代国家建构的落后民族在竞争上完全处于劣势。

随着资本帝国主义的兴起，帝国主义论在西方兴起。帝国主义论以社会达尔文主义为基础，鼓吹强权政治论，将资本帝国主义的对外扩张解释为文明世界对于落后世界的文明改造，是使落后地区由野蛮进入文明的捷径。庚子以后，帝国主义论经由日本输入中国，成为时人观察国际秩序的思想工具。敏锐的人们发现，中国所处的时代为帝国主义时代，所面临的世界是奉行“强力即道理”

信念的野蛮之世界，所面对的竞争对手是工商业发达，“政治上之组织”“教育上之周详”“实业上之发达”均高于中国的“文明国”。要应对这样的对手，中国需从两方面着手。第一，必须大力发展资本主义。梁启超说：“今日竞争，不在腕力而在脑力，不在沙场，而在市场。”欲抵抗帝国主义的经济侵略，必须大力发展资本主义。否则，“十八省千百州县之地，势必全为欧美资本家之领域，则夫此间之数万万人，所恃以赡饔飧而资事畜者，唯有鬻身入笠，充某厂之工匠，某洋行之肩挑，某铁路公司之驿卒，某矿务公司之矿丁，某轮船公司之水手，其最上者则为通事焉，为工头焉，为买办焉，至尊矣，至荣焉，蔑以加矣”。[①] 杨度也说，今日中国所面对的列强，“无一非经济国，无一非军事国，即经济战争国”，面对这样的竞争对手，中国必须实行金铁主义，以工商立国，以军事立国，一面发展资本主义，一面建立强大的军事力量。否则，“外国客人皆将为资本家，中国土人皆将为劳动者，社会上但有此最显著之二阶级。中国人对待外国人唯一之方法惟有同盟罢工，舍此以外别无可施之武力”。[②] 第二，必须建立近代的民主政治。在帝国主义论的视野下，民主政治有两方面的功用。其一，为资本主义发展创造政治条件。发展资本主义的任务提出后，人们发现，中国的专制制度严重妨碍资本主义发展。还在1902年，梁启超即提出，“故未有政治界不能自立之民族而于平准界能称雄者”，中国经济不能发展，乃因腐败的政府不能保护国民经济的发展。他说：“今日救中国无他术焉，亦先建设一民族主义之国家而已。”[③] 到1907年，杨度也明确说，中国缺乏竞争力，根本在于没有国会的监督，政府成为对内侵夺私人资本的偷钱之政府，对外为出卖利权的送礼之政府。要发达资本主义，必须建立责任政府，保护私人资本的产

---

① 梁启超：《论民族竞争之大势》，《饮冰室合集·文集之十》，中华书局1989年版，第35页。

② 杨度：《金铁主义说》，《杨度集》（一），第218—227页。

③ 梁启超：《论民族竞争之大势》，《饮冰室合集·文集之十》，第35页。

权，发达国民之能力，保护利权，为资本主义的发展创立良好的政治环境。① 其二，实现国家整合，即通过政治改革建立国民的国家认同，将整个国家结合为一团，以应对帝国主义时代的国际竞争。

无论发展资本主义，还是实现国家整合，必须改变中国的专制制度，建立近代的立宪政治。在寻求政治改革的过程中，出现了民族主义思潮。首先起而大力鼓吹民族主义的是梁启超。受庚子事变以及两宫回銮后政治无所改善的刺激，保皇派内部一些青年人思想日趋激进，革命之言、自立之论日相激荡。欧榘甲发表《新广东》，鼓吹广东脱离清政府的统治而自立。梁启超则日言破坏，日鼓吹民族主义。他认为，同族相吸、异族相斥的种族感情是推动近代欧洲民族国家建立的原动力，也是欧洲近代民主政治建立的原动力；又称，中国欲抵挡列强之民族帝国主义，“惟有我行我民族主义之一策”。② 梁启超最初鼓吹民族主义，是希望以民族主义抵抗欧美的民族帝国主义，其思想有两个基本内涵：一是民族建国思想，也就是单一民族建国思想；二是民权思想，希望铸造有权利思想、有自由思想、有独立品格的近代国民，以对抗列强的侵略。1902—1903 年鼓吹民族主义的人大多持民族建国主义，认为所谓民族主义，就是“合同种，异异种，以建一民族的国家”。③ 他们将欧洲的近代历史看作单一民族建国并以此为基础对外扩张的历史。蒋方震称，列强立国之本是民族主义，以民族主义建己国，以民族主义亡人之国，“今日者，民族势力膨胀之时代也”。而多民族的国家，内部不团结，自相离乱，内力不充，处民族主义膨胀时代，处物竞天择、适者生存的时代，其命运必为灭亡。④ 鼓吹民族

① 杨度：《金铁主义说》，《杨度集》（一），第 235 页。

② 梁启超：《新民说》，《辛亥革命前十年间时论选集》第一卷上册，第 120—121 页。

③ 余一：《民族主义论》，《辛亥革命前十年间时论选集》第一卷下册，第 486—487 页。

④ 余一：《民族主义论》；汉驹：《新政府之建设》。均见《辛亥革命前十年间时论选集》第一卷下册，第 485—492、579—593 页。

主义者认为，民族是历史上自然形成的占据共同地域，有共同血缘、风俗、语言、历史、文化的人类共同体。同民族的人们之间有自然的亲和力，国家若建筑于这些共同点之上，其对内能有自由平等，其结合最为强固，其对外的竞争力也最强。若多民族而为一国家，各民族间难免猜忌、矛盾，为维持国家统一，必用强权统治，其政治就难以转型为近代民主政治。为维持统治，政治上占优势地位的民族必竭力维持其政治特权，国内政治必不平等，民族间必钩心斗角，或弱势民族被压制，国内不平之气弥漫，社会难有祥和之气，或有能力的民族分离而去，国家难以稳固，甚至不免于分裂。① 总之，他们认为要求存于民族帝国主义时代，必先图内部之团结与巩固，为此必先解决民族问题，实行民族建国主义。在强调民族建国的同时，民族主义者也注意到民族主义的另一面即国民主义，也就是必使国人转变为近代的国民，使之有国家思想，有权利义务观念。

民族主义输入后，很快成为排满革命论的新式武器。1903 年梁启超就曾指出，“两年以来，民族主义稍输入于我祖国，于是排满之念，勃郁将复活”。② 对于梁启超的鼓吹破坏，鼓吹民族主义，康有为大不以为然，致函训诫。在康有为的一再敲打下，尤其是经历 1903 年的北美之行后，梁启超迅速抛弃民族主义而趋向国家主义，并以国家主义来反对革命党的排满革命论。1903 年 10 月，他发表《政治学大家伯伦知理之学说》，放弃必经民族主义方能进入国家主义的说法，径直以国家主义为取向。③ 他引述伯伦知理的说法，区分民族与国民，认为民族是自然形成的生活于同一地理区

① 余一：《民族主义论》，《辛亥革命前十年间时论选集》第一卷下册；汉驹：《新政府之建设》，《辛亥革命前十年间时论选集》第一卷下册，第 588 页；雨尘子：《近世欧人之三大主义》，《辛亥革命前十年间时论选集》第一卷上册，第 347 页；湖南之湖南人：《新湖南》，《辛亥革命前十年间时论选集》第一卷上册。

② 梁启超：《政治学大家伯伦知理之学说》，《梁启超全集》第四集，第 213 页。

③ 郑匡民：《梁启超启蒙思想的东学背景》，上海书店出版社 2003 年版，第 259—260 页。

域，有同一之血统，有相同之语言、文字、宗教、风俗、生计（生产）的共同体，而国民则是政治、法律的概念，指生活于组织为国家、为其所组织之国家的主人且能自主制定法律并服从法律的人们。民族与国民的关系相当复杂：（1）一民族而欲建立国家，必有建立国家之志气与势力，并非所有民族都能建国；（2）一民族也并非只能建一国家，有的民族过于庞大，可能建立数个国家，并因此而形成数个民族；（3）存在不少多民族国家。多民族国家又有几种情形：或以国家之力合多民族为一新民族；或因诸民族不能融合而最终分裂；或如瑞士各民族之语言风俗各仍其旧而只是在政治上谋统合之策；或政府挑动民族矛盾，造成国家分裂。他指出，革命党的单一民族建国论不顾国家的历史与现实情形，以理想的国家形态为标杆强行剪裁现实，不具现实可行性。面对列强的压力与多民族国家的现实，中国必须抛弃单一民族建国论，而取“大民族主义”，即“合汉、合满、合蒙、合回、合苗、合藏，组成一大民族”而共建一国。为此，不必先排斥满族而再吸集之，而只要置换满汉同病之恶政府即有成功的希望。①

梁启超对排满革命论的批评，有相当学理依据，也符合中国实情。在其“大民族主义”理论及政治革命即可构建新国家的说法之下，排满革命论，显得激情有余而理据不足。对于梁启超以国家主义反对排满民族主义的论述，革命党一段时间里无法提出有力的辩驳。到1905年11月，《民报》创刊，汪精卫在创刊号上发表《民族的国民》一文，方对梁启超的国家主义论做出正面回应。

汪精卫承认国民与民族确系两个不同概念。他同意伯伦知理的说法，认为民族为“人种学上之用语”，是同血系、同语言文字、同自然地域、同习惯、同宗教、同精神体质的“继续的人类团体”。而国民则为“法学上之用语”，从事实上论，就是一定国家的构成分子，从法理上论，则是立宪国家内享有权利承担义务的人

① 梁启超：《政治学大家伯伦知理之学说》，《梁启超全集》第四集，第215页。

们。他也承认“民族与国民之关系甚复杂”，有一民族分立或分属数国者，有一国而有多民族者，也有一国家只有一民族者。但他强调，单一民族国家才是理想的国家。这种国家，其人民“被同一之感，蒙具同一之知觉”，彼此有认同感、亲近感，能“相亲比以谋生活”，由此，其政治易趋于自由平等。民族不同而同为国民，情形就比较复杂。经过烦琐的分析与论证之后，他指出，中国合满、汉等多民族为一国家，二百多年来，满人为征服者而汉人为被征服者的基本格局没有改变，满族为异族政府的性质没有改变。因此，对于中国来说，革命有两重性质，一是驱除满人、恢复汉人政权的民族革命，二是改专制为共和的政治革命。前者为民族主义，后者为国民主义。① 汪精卫此文的目的在于批驳梁启超之中国只需要政治革命、不需要民族革命的言论，强调中国需一面进行民族革命，一面进行政治革命，且政治革命之达成必以民族革命为前提，单单进行政治革命，不可能达成政治革命之目的。

《民报》创刊后，革命、立宪两派就革命与君宪展开了激烈的论战。论战中，民族主义问题是双方论战的焦点。围绕民族问题的论战涉及的关键问题如下。

其一，关于满汉问题的历史与实况。

革命党认为满汉为两个不同民族。满人入主中原，非中国历史上一般的王朝更迭，而是满族对汉族的征服，是中国的“亡国”。入关以后，满族一方面严密防范满族同化于汉族，一方面亟亟运用其政治军事之特权同化汉族，只是同化措施未奏效。咸同以来，满族之语言文字渐次失传，八旗兵衰弱不堪用，各省练兵也不堪为用，几有被汉族同化之势。于此，清廷乃提出“立宪”，欲借此巩固其政治上之特权。总之，在革命党人看来，满人入关二百多年，满汉两族界限依然存在。②

---

① 精卫：《民族的国民》，《民报》第1号，1905年11月。

② 精卫：《民族的国民》，《民报》第1号，1905年11月。

立宪派认为，国家有三要素，国民、领土、统一之主权；而民族并非国家之要素。一国有诸多种族，就如一种族有诸多部落、家族一样，十分正常。明代，满族所居建州卫之地即为明朝之土地①，其民为中国之民，“不过与汉族为同国异种之民耳”。清之灭明，与历史上英雄起事相同，不过国内人民之造反，不过朱氏朝廷被爱新觉罗氏朝廷所代替，不过安徽人之天下为建州卫人之天下所代替，并非一国灭另一国的种族之祸。② 乌泽声指出，讨论民族问题，必须区分种族、民族与国民。种族是血统上的概念，民族是文化上的概念，“民族者，历史的产物也，随时而变迁，因世而进化，天演之进化一日不停，民族之变迁亦无一日之或罢，而其所以进化者，则以文明上之结合，或因言语之混同，地域之团结，宗教之混一，血胤之搀合……民族以文明同一而团结，而种族则以统一之血系为根据”。而国民是政治概念，凡居住国内之人民皆为国民。就民族概念而言，满汉居于同一地域，宗教、习俗、教育、人种、语言都已混同，又受治理于同一之统治权，同为中国之国民，“早为一民族”。以国民之概念而言，则满汉为“同民族异种族之国民”。他更指出，汉族是在历史发展中形成的融合多种族、多文明而形成的复合体，无法从血统、种族上区分谁为汉族，谁为非汉族。他说，“汉族自秦汉以来，民族之变迁者数十次，外族之侵入者已数十次，而为文明上之结合，相进化者亦数十次，是以民族之进化无单独而不可搀合之理”。③ 他强调，今日中国需从政治着眼解决问题，而非从民族着眼解决问题。

---

① 梁启超认为建州卫为明之羁縻州，而杨度则认为，建州卫在奉天，而明代之统治权及于黑龙江、吉林、奉天，只有吉林省城东北地以及黑龙江之齐齐哈尔一方尚未入版图，吉林诸卫所已改土归流，“至于建州卫，则更为内地矣”。参见杨度《金铁主义说》，《杨度集》一，第265页。

② 饮冰：《杂答某报》，《新民丛报》第84号，1906年8月；杨度：《金铁主义说》，《杨度集》（一），第264—265页。

③ 乌泽声：《满汉问题》，《大同报》第1号，1907年6月。

其二，满汉矛盾是否中国改专制为立宪的根本障碍。

革命党人从单一民族建国论出发，强调一国若有两个或两个以上民族，则民族矛盾必严重制约政治发展。朱执信说，“满洲虽欲立宪而不能”。其理由是，必一国之民能协同自治，然后宪法始生，而满汉两族历史嫌隙重，难以协同自治，不能立宪。他说，满人长期享受政治经济特权，立宪将去除其特权，故他们必反对立宪。而汉人则因历史冤仇，不愿与满人共营立宪事业，其首要目标是复仇，而非革除暴政。故清廷立宪会遭到满汉两族的一致反对，不可能成功。① 他的观察有问题。实际情况是，无论满人还是汉人，都既有支持立宪者，也有反对立宪者。其支持立宪者，大多以满汉嫌隙为过往历史，列强侵略已危及包括满族、汉族以及中国境内回、蒙、藏等各族之生存与发展，各族人民当协力合作，共御外侮。他们希望以和平改革来谋求富强，实现民族融合。反对立宪者，在汉人中主要为顽固守旧派以及革命党人，在满人中主要是排汉主义者。此外，满汉两族中也有不少因为缺乏政治思想而对立宪漠然处之者。朱执信统满、汉各色人等而言之，认定民族矛盾将使清廷虽欲立宪而不能，过于武断。卢信也强调，“满洲政府”与政治改良不相容。他说，满人以五百万之少数民族占据中国领土，统治四万万之中国人，“其所以得安然无事者，恃政治腐败民气萎靡，四百兆汉人无由起而与之争也”。假若立宪，则政治昌明，民力充足，五百万满人将无法与四百兆汉人相抗衡，失去对汉人的统治地位，甚而危及其身家性命。也正是从这个角度，反对立宪的满人才会说，“变法者，汉人之利，而满人之害也”。他坚称，“非我族类，其心必异”，中国本非满人之故土，而为其抢掠所得，满人绝不会为保全中国领土而冒危及其特权与身家的危险去立宪。② 这种说法，忽视满

① 蛰伸：《论满洲虽欲立宪而不能》，《民报》第1号，1905年11月。

② 卢信：《革命真理——敬告中国人》，章开沅主编《辛亥革命史资料新编》第1册，第9—10页。

汉已然为命运共同体的事实，失之偏颇。

相对而言，立宪派的看法要冷静得多。他们的看法可归结为三点。（1）所谓两个或两个以上民族组成的国家，难以进行政治改革的说法，是针对那些存在两个或数个势力大体相当的民族的国家而言。在这样的国家，各有实力的民族都唯恐别的民族掌握政权于己不利，都想掌握政权，主导国家政策，民族争斗由此而起。民族间长期的对立与争斗，确会严重制约政治改革。中国的民族构成虽复杂，但有汉族这样一个主体民族。两种情形差别明显。[①]（2）满汉两族既有共同利益，也有利益冲突，只强调其中一方面，容易偏颇。满汉利益相同处是，面对列强的侵略，满汉为命运共同体，一旦国家灭亡，满汉同为亡国之民；其利益冲突处是，满人享有特权，部分满人试图维持其特权，反对立宪，甚至鼓吹排汉政策，引发满汉矛盾。面对列强的侵略，满汉的共同利益是主要的，而矛盾冲突是次要的。他们又指出，满人汉人都有赞成立宪者，也都有反对立宪者，这与他们个人所处的地位以及个人见识有关，而与其人为满人或为汉人无关。[②]（3）中国不能立宪的原因不是种族问题，而是人民缺乏政治思想与政治能力，未曾起而要求立宪。梁启超指出，“立宪之几，恒不在君主而在人民。但使其人民有立宪之智识，有立宪之能力，而发表其立宪之志愿，则无论为如何之君主，而遂必归于立宪”。若人民有政治思想与政治能力，能组织起来要求立宪，即便是印度、越南这样的殖民地，统治者也不得不立宪。若人民无实力，无改革要求与意识，即便本族之君主也不会自行立宪。因此，推动立宪改革的根本要着，不是鼓动种族主义以求革命，而“在使一国中大多数人知立宪，希望立宪，且相率以要求立宪”。根据这种思路，他指出，求立宪的方法，不是煽动种族主义，而是灌输政治思想于国民，培植其政治能力，鼓动国民起而要

---

① 饮冰：《杂答某报》，《新民丛报》第85号，1906年8月。

② 饮冰：《杂答某报》，《新民丛报》第85号，1906年8月。

求立宪。[①] 也有立宪派人士承认，满汉猜忌确实制约着立宪改革，“吾国宪政之不克成立，其原因至为复杂，而满汉之争不相下，实为其莫大之总因。此其故，人人能知之，而无一人焉敢昌言之”。满汉之间的猜忌，主要因满人享有政治、军事上的特权，以及清军入关时，“兵火屠戮之惨，与夫剃发易服之孥戮户诛，有以贻之”。[②] 不过立宪派认为，立宪可去除满人的特权，消解满汉矛盾；又指出满人享有特权只会妨碍满人自身能力的发展，最终危及满人的利益，因此，立宪不但有利于汉人，也有利于满人，明白事理的满人都会支持立宪，革命党指称满人都反对立宪，有悖于事实。[③]

其三，是以民族主义（种族主义）还是以国家主义为原则来处理满汉关系。

革命党人主要从民族独立以及立宪改革需要先解决民族问题两个方面主张排满。他们坚持认为，清廷入主中原，是汉民族被满族征服，是汉民族的“亡国”。因此，汉人的首要任务是光复汉人的国家，建立汉人的政权。同盟会以“驱除鞑虏……覆彼政府，还我主权”，建立汉人的政府相号召。[④] 革命党人甚至强调，对于汉民族来说，脱离满族之羁绊，寻求“独立”，其意义与抗击列强的侵略、寻求中国的独立相同。[⑤] 章太炎称，欲激发汉族的独立意识，使国人慷慨而起救国、完成民族独立大业，必从排满做起：“满洲弗逐，而欲士之争自濯磨，民之敌忾效死，以期至乎独立不羁之域，此必不可得之数也。浸微浸衰，亦终为欧、美之奴隶而已矣。”[⑥]

---

① 饮冰：《申论政治革命与种族革命之得失》，《梁启超全集》第四集，第420—422页。

② 蛤笑：《论消融满汉之政策》，《东方杂志》第4年第7期，1907年9月。

③ 《论立宪党之方针宜专注于政府》，《大同报》第2号，1907年10月。

④ 孙中山：《中国同盟会革命方略》，《孙中山全集》第1卷，中华书局2011年版，第296页。

⑤ 精卫：《民族的国民》，《民报》第1号，1905年10月。

⑥ 章太炎：《驳康有为论革命书》，汤志钧编《章太炎政论选集》，中华书局1977年版，第207页。

汪精卫批评立宪派脱离民族主义而言国家主义，“为满人征服，则借口于国家主义以作满奴，他日为万国征服，亦可借口于国家主义以作洋奴”。① 革命党的这些主张，都建立在满、汉为两个民族，明、清为两个国家之说的基础上。他们将国内民族矛盾混同于对外的民族矛盾，是不恰当的。

除运用伯伦知理的理论区分民族与国民，批评单一民族建国论之外，立宪派还运用甄克思的社会理论来批评革命的民族革命论。他们依照甄克思的说法，强调民族主义是宗法社会的特征，而西方列强已进化到军国社会，中国欲求自立，必脱宗法社会，改善治体，不排外，不严种界，逐步完成从宗法社会到军国社会的过渡。② 1907 年起，不少立宪派人士都运用甄克思的理论批评排满革命论。概括起来，他们的见解如下。

其一，他们依据甄克思的理论，认为人类历史可分为蛮夷社会（图腾社会）、宗法社会、国家社会（军国社会）三个依次进化的阶段。蛮夷社会以图腾区分人群。宗法社会以血统、种族区分人群，严禁血统混杂，故其种渐弱。国家社会则系民以地，而种族为轻，凡受治于同一治权之人民，不论其种族、宗教，皆为一国之民，享有同等的权利；故其国为一国国民之国，而非一种族之国，其君为一国之君，而非一族之君。国家社会的这种包容性，是国家社会先进于宗法社会之所在，也是其竞争力之所在。③

其二，世界各国进化的趋势是由民族主义转向国家主义，是以国家主义统合境内各族，而非以民族主义分裂国家。徐佛苏说：“上古时，人民之领土观念，极为薄弱，只知集合部落，拥戴酋长，以保障本族生活上之私权。及后世国家学、政治学分科研究以后，民族之规模仆，国家之法制生，由民族主义进而为国家主义，

---

① 精卫：《斥为满洲辩护者之无耻》，《民报》第 12 号，1907 年 3 月。

② 《读新译甄克思〈社会通诠〉有感》，《辛亥革命前十年间时论选集》第一卷下册，第 783—784 页。

③ 杨度：《金铁主义说》，《杨度集》（一），第 252—255 页。

再进而为世界的国家主义。于是对于国内之统治，与国际上之交涉，以君主之名义，不以酋长之名义，以国家之名义，不以种族之名义。盖国家组织既完成以后，领土确定，属地主义，继属人主义而发生，非复水草游牧之旧生活，倘非以国权统治内部，则国内各种族，必依然各竞争私利，其国家必分离萎弱，不能为国际社会之主体。故近数百年来，人合国，物合国，复集国，合众国，国家联合，联合国家，种种奇异之政体，种种驳杂之国法，纷纭淆乱于学者之脑中，而其势力不可杀，或以数民族而成一国家，或以一民族而分为数国家。"① 至于今日，世界潮流已由民族主义转向国家主义，"民族主义在列强已皆成历史，而国家主义将日进不已，而为列强突飞进步之本原"。②

其三，革命党的民族主义是宗法社会的"血胤的民族主义"(种族主义)，而非国家社会的"政治的民族主义"。乌泽声说，民族主义有"血胤的民族主义"与"政治的民族主义"两种。前者是宗法社会的观念，后者是国家社会的观念。在德文中，"民族"一词本指人民政治上之结合即国民，民族主义的本义实为国民主义，是欧洲列国抵抗拿破仑对外扩张的旗帜，"所谓民族的国家，即国民的国家，以数民族混成一国民，以一国民组织一国家，即不可以瓜分豆剖为数国民，(数国民) 亦不可吞并混合成一国民。合者不可分，分者不可合"。德意志与意大利的统一就是以国民主义抵抗拿破仑对外征服的产物。德国国民由条顿族、斯拉夫族、犹太族、法兰西族组成，其统一建国时，非对国内讲"民族主义"，非排斥他种族而分立建国，乃对外讲国民主义。意大利之建国，其情形亦复如是。在中文里，民族本非一确定之名词，现在使用的"民族"一词译自日本，已失去其在西文中原本的含义，致使"民

---

① 佛公（徐佛苏）：《答精卫书》，《新民丛报》第 4 年第 13 号（总第 85 号），1906 年 8 月。

② 隆福：《现政府与革命党之比较》（续第 3 号），《大同报》第 5 号，1907 年 12 月。

族”的概念变成了种族的概念，“民族主义”变成了“血胤的民族主义”（种族主义的概念）。这实是对“民族主义”的误解。①

其四，身处帝国主义时代，面对“有强权无公理之野蛮世界”，② 中国应实行国家主义，而不应当实行革命党所称的民族主义（种族主义）。他们强调，面对帝国主义的侵略，中国“全体国民有利害共同之关系，亡则同亡，存则俱存”，③ 国人应明白“人民利害，关系于国家者多，关系于民族者少”的道理，④ 抛弃民族隔阂，“合全国之人，齐心一致”，以应对列强的侵略，谋求国家之生存与发展，⑤ 并通过宪政改革，使国内各民族人民成为享有平等自由权利的国民，将国内各民族化合为“混合万种之中华民族”。⑥ 他们认为，一定国家内的所谓民族（种族）问题，本质上不是民族问题，而是人民间权利不平等的问题，只要实现国民权利平等，则“种族问题可以消化于政治问题之中”。⑦ 中国境内各民族，“准之历史之实例，则为同一之民族，准之列强之大势，则受同一之迫害”，只要实现宪政，达成国民权利平等，就可将国内各民族统合为一大民族。穆都哩说：“盖民族之成，国民之合，其绝大之原因，全由于外部之压迫，及利害之均等，而他种之原因，则一缘于居住于同一之土地，一缘于相安于同一政治之下，至于语言风俗习惯，虽为成立民族及国民之要素，然有时不以此而亦能判断其为某国之国民，若专以风俗语言等而定民族之异同，则英人与美人之问题，必难解决矣。虽然中国之人民皆同民族而异种族之国民也，言语风俗间有不同之点，有时而同化也，故同化者亦造就新民

---

① 乌泽声：《满汉问题》，《大同报》第 1 号，1907 年 6 月。

② 乌泽声：《满汉问题》，《大同报》第 1 号，1907 年 6 月。

③ 隆福：《现政府与革命党之比较》（续第 3 号），《大同报》第 5 号，1907 年 12 月。

④ 蒋智由：《变法后中国立国之大政策论》，《政论》第 1 号，1907 年 10 月。

⑤ 乌泽声：《满汉问题》，《大同报》第 1 号，1907 年 6 月。

⑥ 杨度：《金铁主义说》，《杨度集》（一），第 369 页。

⑦ 佛公：《答精卫书》，《新民丛报》第 4 年第 13 号，1906 年 8 月。

族之要素。以满汉两方而言，则已混同而不可复分，推之及于蒙回藏，则其大多数虽未收同化之效，而其近于内地人民，则其言语风俗已无异于内地之人民，虽欲使其不同，已不可得矣。再加之以经营，施之以教育，则数年以后，可用者将不遑计。”① 也就是说，他认为，中国各民族因历史上的政治统合，彼此间的文化融合，已成为“同民族而异种族之国民”，而列强压迫更激发了国人的民族共同体意识，只要实现宪政，开展教育，完全可以解决国内民族问题，不需要用排满革命、单一民族建国的方法，去解决民族问题。

立宪派强调，帝国主义竞争的时代，唯有大国能存立于世。中国本为大国，应整合国内各民族，保持其大国竞争优势，绝不能自我分裂，自废武功。排满革命论实质上是宗法社会的种族主义，与帝国主义时代的国家主义潮流背道而驰。杨度指出，“以今日之中国国家论之，其土地乃合二十一行省、蒙古、回部、西藏而为其土地，其人民乃合汉、满、蒙、回、藏五族而为其人民，不仅于国内之事实为然也，即国际之事实亦然”。“若汉人忽持民族主义，则以民族主义之眼光视之，必仅以二十一行省为中国之土地，而蒙、回、藏地皆非；仅以汉人全部为中国之人民，而蒙、回、藏人皆非；排满之后，若不更进而排蒙、排回、排藏，则不能达其以一民族成一国家之目的，而全其民族主义。使其如此，则蒙、回、藏固亦主张民族主义之人也，不仅我排彼，彼且排我。于是全体瓦解，外人乘之”，国家必被列强瓜分。② 有署名“佩声”者指出，历史上的中国因不排斥异族，故能融合境内各民族为一大中国，今鼓吹排满排汉，将造成各族分立为国，是“外人不瓜分而我乃自为瓜分”，其结果不过满汉同归于亡。③ 乌泽声也指出，“满汉言分立，则各省皆可倡分立。是捉刀自剖，有是理乎？倘外国瓜分我国土，

---

① 穆都哩：《蒙回藏与国会》，《大同报》第 5 号，1907 年 12 月。

② 杨度：《金铁主义说》，《杨度集》（一），第 279—280 页。

③ 佩声：《中国之排外与排内》，《大同报》第 2 号，1907 年 10 月。

剖散我国民，则非持国民主义统合我国民谋统一不可也。倘外国人侵入，与我国民联邦共主，则亦应持国民主义分立我国民谋独立也，断无自国国民自相持国民主义倡统合谋分立之理论者”。①

对于立宪派的这些意见，革命党的回应如下。

其一，革命党排满，是排满人的特权，推倒满族的政府，建立汉人的政府，而非排斥满族。孙中山说：“惟是兄弟曾听见人说，民族革命是要尽灭满洲民族，这话大错。民族革命的原故，是不甘心满洲人灭我们的国，主我们的政，定要扑灭他的政府，光复我们民族的国家。这样看来，我们并不是恨满洲人，是恨害汉人的满洲人。假如我们实行革命的时候，那满洲人不来阻害我们，决无寻仇之理。”② 卢信发挥孙中山的意思，说革命党之所以要排满，“只以满人以少数之种族，而握我中国之主权，宰制我四百兆人之生命，故排满人之种族者，正所以恢复我汉人之自由也”。“吾人所主张之民族主义，亦至于恢复自由而止。若夫满洲政府既倒之后，凡汉、满、蒙、苗诸族，同受治于共和政治之下，同享有平等之权利，满、蒙诸族其有抱负不凡者，起而为中华民国之总统可也。且夫中国今日之隐忧者，岂在汉、满两族之争持而已哉？蒙、回、苗、藏诸族皆有蠢蠢欲动之势，非颠覆满洲政府，建立共和政治，则汉、满、蒙、回、苗、藏诸族，岂能融和其界限耶？”③ 这是说，革命党因反对满人的特权而主张革命，认为只有革命共和，才能融合种界，实现国内各民族的团结。《民报》第 19 号也发表《仇一姓不仇一族论》，说明革命党针对的是爱新觉罗家族，而非整个满族。④ 不过，辛亥革命之前，不少革命党人深受单一民族建国论的

---

① 乌泽声：《满汉问题》，《大同报》第 1 号，1907 年 6 月。

② 孙中山：《在东京〈民报〉创刊周年庆祝大会的演说》，《孙中山全集》第 1 卷，第 324—325 页。

③ 卢信：《革命真理——敬告中国人》，章开沅主编《辛亥革命史资料新编》第 1 册，第 25 页。

④ 阙名：《仇一姓不仇一族论》，《民报》第 19 号，1908 年 2 月。

影响，将“驱除鞑虏，恢复中华”，理解为“要在十八行省范围恢复建立汉族国家，而视满、蒙、回、藏等族聚居区域为可有可无之地”。只有到民国建立后，他们才急切地认识到五族共和为立国之本，维护民族团结和领土统一为当务之急。① 所以，至少在辛亥革命之前，立宪派指责革命党主张排满将分裂国家，是有几分依据的。

其二，他们承认面对列强的侵略，中国需首先巩固内部；但他们认为巩固内部需以自由平等与人民的认同感为基础。缺乏自由平等与人民认同感的国家，内部不可能巩固，不可能具备对外的竞争力。针对严复对民族主义的批评，胡汉民说，国家不同于有机体，有机体服从于物质法则，有机体越是高级，越是发达，其内部各部分之独立性就越小，越服从于有机体；而国家则服从于心理法则，其存立与发达有赖于人民心理上之服从与拥护，而这又必须以人民享有自由权利、有自由意志为前提。没有“小己之自由发达”，国家就不能巩固，就不可能具有竞争力。片面强调国家利益，强调国家巩固统一，而忽视小己之自由发达，就必走向国籍万能、政府万能，酿成专制之毒。革命党之排满，是要排除满人朝廷之压制，恢复汉人之自由，是一面以民族主义排满，一面以军国主义而期自立，并非种族主义，而是另一种形态的军国主义。他说，“中国内不能脱于异种之轭，即外不能与异国之人捷足争”，排满之目的是要建立真正巩固的国家，以与列强竞争。②

朱执信则以“心理的国家主义”反驳梁启超、杨度等人的国家主义说。他说，国家有法理上的国家与心理上之国家两种。前者由法律所定，未必是人民的自由选择。对于这样的国家，人民可爱之，可不爱之，可反抗之，也可因思念故国，求复故国，求民族独

---

① 张永：《从“十八星旗”到“五色旗”——辛亥革命时期从汉族国家到五族共和国家的建国模式转变》，《北京大学学报》（哲学社会科学版）2002 年第 2 期。

② 汉民：《述侯官严氏最近政见》，《辛亥革命前十年间时论选集》第二卷上册，生活·读书·新知三联书店 1978 年版。

立。不问国家之构成是否出于人们之自愿，不问国家是否由武力征服形成，不问国家政治制度之为专制为立宪，不问国家能否保障人们的权益，纯粹以客观存在的事实为依据，要求人民服从国家，为国家牺牲奉献，此不过“国籍万能主义”，不过唯强力是从的服从主义、奴隶主义。杨度、梁启超等人的国家主义，要求革命党放弃民族革命，不过满人以君臣大义压制种族思想的变相而已。而心理的国家主义，则“根于历史的民族的思想以定其所归”，主张国家之维系应依靠人民心理上之认同。本来，宪政可以构建人民的国家认同，然而突出民族主义的朱执信将国家主义与民族主义捆绑在一起，认为只有在民族主义的基础上才能建立“心理的国家主义”，革命党的排满民族主义追求的是“心理的国家主义”，并非排斥国家主义。①

可见，革命、立宪两派都认为需要建立人们的国家认同，只是立宪派认为国家认同与民族问题无关，通过宪政改革就可以建立；而革命派认为，民族认同感是建立国家认同的自然的基础，只有单一民族国家才能建立稳固的国家认同。应该说，两派各有道理，也各有偏颇。事实是，在民族矛盾突出，各民族势均力敌而互相敌视的国度，宪政未必能建立真正的国家认同；而在等级森严、阶级矛盾尖锐、人们权利不能得到保障的单一民族国家，民族主义也未必能建立人们的国家认同。革命党受单一民族建国论的影响，希望在排满之后，通过共和政治建立人们的国家认同，在根本上忽视了中国为多民族国家的现实。立宪派顾及中国为多民族国家的客观现实，希望以和平的改革建立宪政，以构建人们的国家认同，避免实行单一民族建国造成中国的分裂，但他们对现实中的国家认同有深刻的担忧，生怕革命会造成国家的分裂。

其三，否定国家的价值，进而否定国家主义。章太炎是这种意见的代表。他从两个方面批驳立宪派的国家主义。首先，他否认革

---

① 县解：《心理的国家主义》，《民报》第21号，1908年6月。

命党的民族主义是宗法社会的种族主义。他说，民族主义并非如立宪派所称只是宗法社会的产物，是历史的过去式，不适应今日。相反，民族主义并非宗法社会所特有，而是贯穿图腾、宗法、军国社会各个阶段的。革命党的民族主义，并非立宪派所称的“血胤的民族主义”，只是要恢复汉民族对于中国的主权。革命党之民族主义，“其所挟以相争者，惟日讨国人，使人人自竞，为国御侮之术，此则以军国社会为利器”，并非不适用于国家社会。总之，民族主义既非宗法社会之独有物，革命党的民族主义也不是宗法社会的民族主义，而是近代的民族建国主义。近代的民族主义还是瓦解宗法社会、使国家进于近代的利器。他说，民族主义是十九世纪以来的世界潮流，其大旨不过是，“数国同民族者则求合，一国异民族者则求分”。面对严重的民族危机，鼓吹民族主义，可以唤起国人的民族意识，使人人自危，摆脱宗族血缘的束缚，共同努力于救国事业。他说，“人贵自立，国贵自主”，民族主义是国家独立的原动力，对于异族而不驱除，以所谓国家主义消灭人们的民族意识，由此，就无所谓救亡，无所谓救国，无所谓独立。[①] 章太炎大体持一种民族高于国家的观念，与立宪派的国家高于民族观念截然对立。

其次，对于立宪派鼓吹国家主义，以为国家是人们总体利益的代表，以为国家高于一切的倾向，章太炎从根本上否定国家的价值。他说：“国家之自性，是假有者，非实有者。”“个体为真，团体为幻，一切皆然。”“国家之作用，是势不得已而设之者，非理所当然而设之者。”“国家之事业，是最卑贱者，非最神圣者。”有国家为主体而人民为客体说者，此谬论也。国家既非真有，“则凡言爱国者，悉是迷妄”。国家既非理所当然而设，则“凡言建国者，悉是悖乱”。国家既非神圣，则“言救国者，悉成猥贱”。[②] 章

① 太炎：《社会通诠商兑》，《辛亥革命前十年间时论选集》第二卷下册，第648—661页。

② 太炎：《国家论》，《辛亥革命前十年间时论选集》第二卷下册，第778—785页。

太炎以物质论的原子主义与唯识论的自性真有的观念，否定国家的价值。可是，既然如此，民族又有何意义？民族主义又有何价值？

清末革命、立宪两派关于国家主义与民族主义的争论，本质上是对于应否、能否以暴力革命的方式实现政治的近代转型，完成近代国家建构的争论。在建立近代民主政治的问题上，两者的目标很接近，分歧是选择的道路不同。革命派不相信清政府有改革的诚意与能力，又受单一民族建国论的影响，认为非推翻清政府，不能改专制为立宪。于是，由政治改革问题牵扯出满汉问题。他们不赞同立宪派关于立宪可以解决民族问题的论述，而是认为非解决民族问题，即不能立宪；不解决民族问题而立宪，则立宪之后，民族问题也会以满族的分离主义运动的形式出现。而立宪派恐惧于革命将造成内乱，引发列强干涉，忧虑革命将造成国家的分裂，希望通过和平改革的方式，建立宪政，以政治手段解决民族问题，将国内各民族统合为一大中华民族。革命派不排斥国家主义，强调排满革命的民族主义并非种族主义，而属于国家主义。立宪派主张以政治革命解决民族问题，革命党则认为中国的政治革命，必须以完成民族革命为前提。两派在建立现代国家，以国家主义为方向上，并无分歧。

二　革命程序论与开明专制论的论战

庚子以后，政治改造成为时代思潮的主流。这种时代思潮，并非由资本主义与社会发展所促成，而是在民族危机的刺激下，基于对外在模式的艳羡与效仿而发生的。二十世纪初，当中国人急于改造政治时，人们大多对改专制为立宪所隐藏的风险，以及这一过程的艰巨性、长期性，缺乏足够的认识。面对危急的时局与势在必行的改革，先觉之士认识到，中国的政治转型的现实条件并不成熟，需要更多的主观努力，找到一条可以在比较短的时间内完成政治转型的路径。这其中，两个大思想家——孙中山和梁启超，分别提出

了革命程序论与开明专制论。这两个理论是在互相交锋中逐步完善的。这两种思路，也影响了此后数十年中国政治的发展。

（一）孙中山的革命程序论

1894 年，孙中山创立兴中会，提出“创立合众政府”的主张。1897 年，在与宫崎滔天谈话中，孙中山对合众政府有进一步的阐述。他表达了三层意思。第一，他主张以共和政治为革命之目标。因为“人群自治为政治之极则”，且“又有革命上利便者也”，可避免历史上之革命因“举事者无共和之思想”，而造成各路起义豪强争夺帝位的长期战争。第二，他设想用联邦建国的方式，避免革命发动后出现群雄割据的局面。第三，关于共和政治的可行性，他提出两个理由。其一，中国有一些共和政治的历史基础，比如三代之治就有“共和之神髓”，偏僻的乡村还存留乡村自治之制，等等。其二，“方今公理大明”，实行共和主义，一定能避免群雄割据、战乱绵延的局面。他认为，建立共和政治的主要障碍是，人民知识不高，缺乏反抗能力，推翻清朝统治有相当的困难。① 孙中山认为可以选择最先进、最完备的政治制度，认为“公理大明”，就可以实行共和主义，颇有理性建构主义的色彩。他试图寻找共和政治的历史基础，但对后来思想争论中反复提及的如何培养国人共和国民资格，尚未深入思考。

自提出建立共和政治的设想后，孙中山一直在探索如何在中国建立共和政治。1902 年，在与章太炎、秦力山等人的谈话中，他指出，革命的困难并不是推翻清政府，也不是解决外人干涉革命，而是如何造成一种革命后不能不共和的局势，使革命者中即便有帝王思想者，也不能为拿破仑，而只能为华盛顿。他提出的办法就是，在“军法”与“地方自治法”之间，“绾以约法”：“军法者，军政府之法也。军事初起，所过境界人民，必以军法部署，积弱易

① 孙中山：《与宫崎寅藏平山周的谈话》，《孙中山全集》第 1 卷，第 172—173 页。

振也。地方既下，且远战地，则以军政府约地方自治。地方有人任之，则受军政府节制，无则由军政府简人任之。约以五年，还地方完全自治，废军政府干涉。约如地方应设学校警察道路诸政如何，每县出兵前敌若干，饷项若干。五年程度不及者，军政府再干涉之，如约则解。此军政府约地方自治者也。地方出兵若干，饷若干，每县连环会议，约于军政府，有战事则各出兵饷赴前敌，战毕除留屯外，退兵各地方；军帅有异志，则撤其兵饷。地方有不出兵饷者，军政府可会和各地方以惩之。此地方自治约军政府者也。军政府所过，地方自治即成。而以约法为过渡绾合之用，虽有抱帝王政策者，谅亦无所施其计矣。"[①] 在这里，他提出了军法、约法、地方自治法的概念，表明其革命程序的方案已初步成形。他试图寻求约束革命将帅的方法，防止他们背离共和政治的革命目标，而不是简单地相信联邦制可以满足起义豪强的政治雄心。不过，此时他的"约法"设计，主要目的在约束军政府，还没有突出地方自治对于培养国民共和资格的意义。

1905 年，他在与汪精卫的谈话中，比较清晰地阐述了其革命程序论。这段文字相当重要，不妨引其全文：

> 先生之言曰：革命以民权为目的，而其结果不逮所蕲者，非必本愿，势使然也。革命之志，在获民权，而革命之际，必重兵权，二者常相抵触者也。使其抑兵权欤？则脆弱而不足以集事；使其抑民权欤？则正军政府所优为者，宰制一切，无所掣肘，于军事甚便，而民权为所掩抑，不可复伸，天下大定，欲军政府解兵权以让民权，不可能之事也。……察君权民权之转捩，其枢机所在，为革命之际，先定兵权与民权之关系。盖其时用兵贵有专权，而民权诸事草创，资格未粹，使不相侵，

① 《孙文之言》（1904 年 10 月 28 日），《大陆报》第 2 年第 9 号。见陈锡祺主编《孙中山年谱长编》上册，中华书局 1991 年版，第 278 页。

而务相维，兵权涨一度，则民权亦涨一度。逮乎事定，解兵权以授民权，天下晏如矣。定此关系，厥为约法。革命之始，必立军政府，此军政府既有兵事专权，复秉政权。譬如既定一县，则军政府与人民相约，凡军政府对于人民之权利义务，人民对于军政府之权利义务，其荦荦大者悉规定之。军政府发命令，组织地方行政官厅，遣吏治之，而人民组织地方议会，其议会非遽若今共和国之议会也，第监视军政府之果循约法与否，是其重职。他日既定乙县，则甲县与之相联，而共守约法。复定丙县，则甲乙县又与丙县相联，而共守约法。推之各省各府亦如是。使国民而背约法，则军政府可以强制，使军政府而背约法，则所得之地咸相联合，不负当履行之义务，而不认军政府所有之权利。如是则革命之始，根本未定，寇氛至强，虽至愚者必不自戕也。洎乎成功，则十八省之议会，盾乎其后，军政府即欲专擅，其道无繇。而发难以来，国民瘁力于地方自治，其缮性操心之日已久，有以陶冶其成共和国民之资格，一旦根本约法，以为宪法，民权立宪政体，有磐石之安，无漂摇之虑矣。①

这次谈话表明，孙中山的革命程序论已经成熟。他清楚地认识到，以革命求共和，面临两个重大问题。第一，如何保障革命之后军政府能够还政于民。革命战争需要军政府“宰制一切，无所掣肘”，但这会严重抑制民权，若不先为“防制”，很难保证革命党、军政府会主动结束军政统治，解除约法，实行共和。第二，人民缺乏共和的知识与能力，不加训练，不培养人民的能力，就不能令军政府还政于民，即便军政府还政于民，共和的实行也存在诸多不确定性。他的革命程序论，不再只是约束军政府，而且是要处理好革命之际兵权与民权之关系，使“兵权涨一度，则民权亦涨一度”，一

① 精卫：《民族的国民》（二），《民报》第2期，1906年。

面为革命战争提供有力保障，一面以民权约束军政府，以便将来建立“民权立宪政体”。其中以地方自治陶冶共和国民资格的思想，明显是对梁启超等有关中国人缺乏共和资格、革命本身亦不能养成共和国民资格说法的回应。

此后，1906年秋冬间，孙中山又将革命程序论写入《中国同盟会革命方略》。该方略对革命程序论的阐述，大体与1905年孙中山的谈话相同。这个文件，首次明确提出革命分军法之治、约法之治、宪法之治三期。第一期为军法之治，当革命战争进行之际，“军队与人民同受治于军法之下”，由军政府总摄革命区域的地方行政，开展革命战争，“军队为人民勠力破敌，人民供军队之需要及不妨其安宁”；地方政务，则一面扫除积弊，移风易俗，一面开展地方建设，如“施教育，修道路，设警察、卫生之制，兴起农工商实业之利源”。军法之治，为时三年，每县单独计算时间。未满三年而有成效之县，可提前解除军法，布约法。第二期为约法之治。“每一县既解军法之后，军政府以地方自治权归之其地之人民，地方议会议员及地方行政官皆由人民选举。凡军政府对于人民之权利义务，及人民对于军政府之权利义务，悉规定于约法，军政府与地方议会及人民各循守之，有违法者，负其责任。”以天下平定后六年为限，始解约法，布宪法。第三期为宪法之治。“全国行约法六年后，制定宪法，军政府解兵权、行政权，国民公举大总统及公举议员以组织国会。一国之政事，依于宪法以行之。”该方略强调，革命当循序而进，“养成自由平等之资格”，以建立稳固的民主政治。① 该方略值得注意之处是：第一，明确提出革命三期说；第二，各期的时间比较明确；第三，军法之治时期，就当开展地方建设，而不是只有单纯的革命任务；第四，约法之治时期，地方行政官与地方议会皆由地方人民选举，而非此前所说可由军政府派遣地方行政官员；第五，革命方略再次强调约法之治对于培养共

① 孙中山：《中国同盟会革命方略》，《孙中山全集》第1卷，第296—298页。

和国民资格的意义，不过所用概念是“养成自由平等之资格”。

孙中山是一个真诚的民主主义者。他主张以革命求共和政治，又忧虑革命者的帝王之心可能引发战乱与列强的干涉，担心军政府权力集中、人民缺乏共和国民资格与政治实力而导致军政府不愿解除约法，故希望为以革命求共和提出一套可行的操作办法。他认识到共和国民资格的意义，主张以地方自治训练国民，培育其共和国民资格。若革命党组织健全，思想统一，革命程序论能得到绝大多数革命党人的认同，且能为社会大众所了解，并获其大多数之认可，操作得法，确有可能在革命党的领导下，通过实施革命程序论，逐步建立中国的共和政治。

孙中山的革命程序论，是在与立宪派的论战中发展的，是他艰苦思想探索的结果。立宪派尤其是梁启超对于革命程序论的质疑，促使以孙中山为首的革命党人不断深化、细化革命程序论。

（二）梁启超的开明专制论

清末的和平改革理论以梁启超的开明专制论最有影响。开明专制的理论阐发在 1906 年，但在此之前就有人提出过类似的看法，只是没有系统的理论阐发。戊戌维新就是行开明专制的尝试，康有为希望光绪帝效法彼得大帝和明治天皇，乾纲独断，厉行改革，就颇有开明专制论的意味。1901 年 1 月，清廷发布新政上谕；4 月，又下令组织督办政务处，规划新政。这让庚子事变后急迫期待改革的人们很兴奋。这年 6 月，梁启超先后发表《立宪法议》和《过渡时代论》。前者为清廷的新政提出了“立宪法”的时代任务。《过渡时代论》可看作《立宪法议》的姊妹篇。梁启超在文中指出，中国正处在过渡时代，政治上要去除独夫民贼愚民专制之政而组织新政体，学问上要弃考据词章庸恶陋劣之学而开启新学界，理想风俗上要革三纲压抑、虚文缛节之俗而代之以新道德。这是一个充满希望的时代，也是新旧势力激烈斗争、充满风险与挑战的时代。生于这个时代的人们，必须勇敢地迎接挑战，直面风险，努力

完成过渡。他呼唤“过渡时代之英雄”，并称此种英雄应具备冒险性、忍耐性、别择性三种德性。所谓冒险性，就是能明了改革的必要性、紧迫性，敢冒风险，毅然启动改革。所谓忍耐性，就是能明了改革的艰巨性、复杂性、长期性，能忍耐改革中遇到的种种阻力、困难与非议，而始终坚守改革的方向，长期奋斗。所谓别择性，就是要有为改革“择一最良合宜之归宿”的识断与魄力。在呼唤“轰轰独秀之英雄”的同时，他又呼唤“芸芸平等之英雄”，希望多数国民能对中国面临的时代任务有所认知，能积极行动起来，推动改革。① 可以说，这两篇文章所表述的思想，已具开明专制论的雏形。若将两篇文字与《开明专制论》一文结合起来，可以说，梁启超所说的过渡时代，就是通过开明专制以预备立宪的时代，这个时代所需要的“过渡时代之英雄”，也就是“开明专制之人物”。然而，清廷回銮后，改革迟滞，热血青年思想渐趋激进，梁启超也一度倡言“破坏主义”，排满革命之论“时时出没于胸中”。1902 年，当梁启超思想日趋激烈时，黄遵宪曾有长函劝其放弃破坏主义，强调中国必须改为立宪政体，但改革的路径不能是暴力革命，而只能是和平改革。他说，他理想中的改革是“尊君权以分民以权”，即先开民智、昌民气、壮民力，然后以圣君贤相主持，因势利导，分民以权，授民以事，“以养成地方自治之精神”。② 黄遵宪的这一主张，也有开明专制论的味道。

1903 年，梁启超游历北美大陆，思想发生重大转折。此后，他完全放弃“破坏主义”和“革命排满”，力倡和平改革。其思想转折，除师友如康有为、黄遵宪等人劝阻，伯伦知理等德国国家主义思想家影响的原因外，还有一个重要原因，就是通过观察海外华人会馆，他发现华人缺乏自治传统与代议政治能力。他说，以他的

---

① 梁启超：《过渡时代论》（1901 年 6 月 26 日），《梁启超全集》第二集，第 292 ~ 296 页。

② 丁文江、赵丰田编：《梁启超年谱长编》，第 198—201 页。

观察，海外华人会馆，其现象不外乎两种："其一，则一二上流社会之有力者，言莫予违，众人唯诺而已，名为会议，实则布告也，命令也。若是者，名之为寡人专制政体。其二，则所谓上流社会之人无一有力者，遇事曾不敢有所决断，各无赖少年环立于其旁，一议出则群起而噪之，而事终不得决。若是者，名之为暴民专制政体。若其因议事几相攘臂相操戈者，又数不鲜见矣。"这些情形不但存在于海外华人会馆，也普遍存在于内地之公局、公所，乃至新派人士组织的团体。[①] 由此，他认为，中国国民还根本不具备实行代议政治的能力，欲改革政治，必先开启民智，训练国民的自治能力。而只有和平改革，才能为开启民智、提高国民能力提供可能，革命只会造成动荡与"暴民专制"，进而造成"民主专制"。

1905 年，《大陆》杂志发文称，立宪需要法律制度完备、教育普及、学术进步、中央集权，而中国尚不具备立宪的基本条件，不具备立宪的资格。"欲制造立宪之基础，在先造成一发达之专制国。"即首先要巩固中央集权，使立法、行政、司法之大权皆握于中央政府。在此基础上，再进行法律改革，完备法律制度，并推行地方自治，历练国民政治能力，发达国民经济，为立宪准备条件。这个准备时间，至少需要十年到二十年。[②] 同年，陆宗舆也称，从中国的国势民情看，立宪是中国转弱为强的必由之路，但立宪不能一蹴而就，而需先求专制，"使圣君贤相专制一二十年后，徐议立宪"。这一二十年的专制时期，主要的工作有三：一是推动司法行政分离，实现司法独立；二是建立责任内阁，集中行政权力；三是推行地方自治，训练国民的政治能力。[③] 1906 年，严复也说，"民权机关，非经久之过渡时代，民智稍高，或因一时事势会合，未由成立。而当其未立，地广民稠，欲免于强豪之暴横，势欲求治，不

---

① 梁启超：《新大陆游记》，《梁启超全集》第十七集，第 213 页。

② 《中国与立宪政治》，《大陆》第 3 年第 23 号，1905 年。

③ 陆宗舆：《立宪私议》，《东方杂志》第 2 年第 10 期，1905 年 11 月。

得不集最大之威权，以付诸一人之手，使镇抚之。此其为危制，而非长治久安之局固也，然在当时，则亦不得已而思其次者矣。”①1907 年，《东方杂志》也称，就中国而言，无论是君主立宪，还是共和立宪，“非以专制之威力行立宪之精神，殆靡可为计矣”。② 这些意见，比较一致地认为，在地广民众、民智未开的国家建立民主政治，需要集中权力，行开明专制。不过，这些意见都缺乏系统的理论阐释，也没有使用“开明专制”一词。

1906 年 1 月 25 日到 3 月 25 日，梁启超在《新民丛报》发表《开明专制论》一文，系统阐发了“近年来所怀抱之意见”。梁启超借陈天华蹈海自尽（1905 年 12 月 8 日）这一舆论热点，展开讨论。陈天华在《中国宜开创民主政体》中提出，“欲救中国，惟有兴民权改民主，而入手之方，则先之以开明专制，以为兴民权改民主之预备，最初之手段则革命也”。这是“开明专制”一词首次以正面的含义出现。陈天华的开明专制思想，直接来自日本学者筧克彦。在梁启超的开明专制论中，举凡国家分类，制无优劣而唯有适合不适合，开明专制的定义，开明专制适用之时代与国家，以及立宪需要人民程度及格、施政机关整备的基本条件，不具备这些条件国家，必经过开明专制而后能立宪等思想，都直接来自筧克彦。③

《开明专制论》一文中所表述的主要思想有三点。其一，不能简单地以立宪与专制来区分国家。正确的区分是，国家有非专制与专制之别。非专制国家，是指“一国中人人皆为制者，同时人人皆为被制者”的国家。非专制国家又分为三种：君主、贵族、人民合体的非专制国家，君主、人民合体的非专制国家，人民的非专制国家。专制国家，是指“一国中有制者，而制者全立于被制者之外为相对的地位”的国家。专制国家又分为三种：君主的专制

---

① 严复：《政治讲义》（第八会），《严复全集》卷六，第 67 页。

② 蛤笑：《本治篇》，《东方杂志》第 4 年第 9 期，1907 年 10 月。

③ 陈键：《留学教育与二十世纪初中国知识分子的宪政体制构想》第三章，南开大学博士学位论文，2013 年。

国家，贵族的专制国家，民主的专制国家。① 其二，专制与非专制之优劣，非可一言而决。制度选择非可凭主观原则进行，而必须从客观条件出发。政制选择遵循的原则并非优胜劣汰、越先进越好，而是适者生存、越合适越好。对于一定国家、一定时代来说，开明专制就是最好的选择。一般由专制进于立宪，必以开明专制为过渡（世界各国中，唯有美国是例外）。② 其三，中国万不能行民主立宪，也没有君主立宪的条件，必须经由开明专制，才能立宪。

关于中国万不能行民主立宪，梁启超提出两个理由。第一，实行民主立宪，需要国民有足够的自治心与公益心，否则就会引发严重内乱与长期动荡。他以波伦哈克的学说为据，认为国家的主要职能是以平衡正义调和社会上之利害冲突。在君主国，君主可超然于各种利害关系之外，承担此种职能。在共和国家，此种职能需由主权所在的人民自身承担，但人民本身又是利害冲突的当事人。这就如同“两造之斗讼者而自理曲直”，缺乏自治心、公益心的国民断难承担此种职能。中国久经专制统治，人民既乏自治习惯，又不识团体公益，唯知各营其私，行共和政治存在巨大的危险。第二，求民主立宪，必先革命，而革命则只能得民主专制，而不能得民主立宪，这是由革命后的情势造成的。革命必经破坏，造成原有法律与社会规范失效，同时革命之后，新旧势力党争剧烈，中上等社会与下等社会之间利益冲突日趋激烈。而革命后掌握政权的革命团体，其成员“大率属于无资产之下等社会”，为迎合下等社会，革命政权往往容易施行种种不利于上等社会的举措，从而形成“暴民专制”。“暴民专制”又必引发“富豪阶级”的强烈反抗，彼等为求生命财产之保障，不惜出无量之代价以购求平和。当社会纷乱疲敝之极，一般社会厌恶自由、渴望和平安定之时，掌握军事实权的政治强人就会应时而起，获得社会大众的拥戴，并获得选举的胜利；而人民为求

① 梁启超：《开明专制论》，《梁启超全集》第五集，第301—304页。
② 梁启超：《开明专制论》，《梁启超全集》第五集，第316—323页。

安宁，“不得不举其政治上之自由，更委诸一人之手，而自贴耳复为其奴隶”，以图性命财产之安全，这就产生了“民主专制”政体。民主专制之下，军政强人以军事实力掌握政权，议会受其操控，宪法任其修改，权利任其伸缩，其议院，“伴食之议院也。其议院之自由，猫口之鼠之自由也”。[①] 总之，“凡因习惯而得共和政体者常安，因革命而得共和政体者常危”，以革命求共和，所得往往是共和其表、专制其里的“民主专制”，而非民主立宪。[②]

关于中国今日尚未能行君主立宪，梁启超的学理依据主要来自笕克彦。笕克彦认为，“夫所谓立宪国者，非宪法发布后即为立宪国也，必先有立宪之组织。其组织最要者，使人民发达，有为国家之心，有为国家之能力”。[③] 也就是说，宪法只是立宪政治的外在形式，而人民之程度才是支撑立宪政治的关键所在。梁启超依此观察中国，断言中国“人民程度未及格”，“施政机关未整备”，还不能行君主立宪制。关于人民程度，梁启超说，行君主立宪，议员需有相当的见识与能力，才能承担监督政府、协赞法律与预算、实行议院院内自治的责任。若议员无此等能力，则或质问不能洞中症结，或滥用弹劾权，不能有效监督政府；对于政府之法律提案，则或盲从，或漫为反对，甚至“自提出或偏畸，或危险，或无谓，或不可行之法案，而自决议之”，不能履行好协赞法律的责任；或因欠缺政治知识，不能全面客观地了解经济社会形势与国内政局大势，滥用否决预算之权，迫使政府滥行预算外之岁出入。议员不能实行院内自治，议场秩序混乱，议院丧失其院内自治特权，使政府得入议院逮捕议员。这些都会“使政府与国民有蔑议会、厌议会之习惯”，危及宪政。至于一般选民，也需对选举以及选举权的意义有一些了解，否则就易弁髦选举权，或“受贿赂，被胁迫，不

① 梁启超：《开明专制论》，《梁启超全集》第五集，第329—331页。

② 梁启超：《开明专制论》，《梁启超全集》第五集，第330页。

③ 笕克彦：《国法学》，陈时夏笔述，商务印书馆光绪三十三年版，第133—134页。

得为本意之投票”，或以武力破坏选举秩序，或不明代议士代表国民全体之理，而“以其私人之利害或地方小局部之利害，而责望所选举之代议士为之建议，不得，则或相怨而相仇也”。总之，苟非议员与选民有相当之素养，开议院“恒利不足以偿其害”。关于“施政机关未整备”，他说，开议院、行君宪，须先做好一些基础性工作，比如：编定国籍法，普及教育，完备税法，确定选举区，统计人口，以确定选举资格与选举人，以便开展选举。实行地方自治，普及警察，制定诉讼法，以保障选举正常进行，并为解决选举纠纷提供法律支撑；发达交通，为议员往返选举区与议会提供便利。编定民法、刑法，完成司法独立，以保障人民权利。这些工作，“虽在承平之时，有一强有力之中央政府，网罗一国上才以集其间，急起直追，殚精竭虑，汲汲准备”，也至少要十年到十五年才能基本完成，若是在革命动荡时代，则更遥遥无期。①

《开明专制论》原计划写十章，即：释制，释专制，释开明专制，述开明专制之学说，述开明专制之前例，论适用开明专制之国与开明专制之时，论开明专制适用今日之中国，论开明专制者所当有事，论开明专制之人物，论开明专制之精神。但是梁启超只写了前七章，其中第七章“论变相之开明专制”是在原第六章之后另外加入的。原第七章（发表时为第八章），拟写三个问题（中国今日万不能行共和立宪制之理由、中国今日尚不能行君主立宪制之理由、中国今日当以开明专制为立宪制之预备），实际也只写了前两个问题。原定的第八、九、十章没有写，有关开明专制时代所应从事之事，开明专制之人物应有之见识、品格、谋略，开明专制时代所应具之精神等关键问题，没有细致阐发。不过，梁启超曾代考察政治大臣戴鸿慈、端方拟过《请定国是以安大计折》《请改定官制以为立宪预备折》等奏稿。② 此外，

---

① 梁启超：《开明专制论》，《梁启超全集》第五集，第352—357页。

② 夏晓虹：《从新发现手稿看梁启超为出洋五大臣做枪手真相》，《燕园学文录》，复旦大学出版社2011年版。

1906年7月他又发表过《预备立宪时代之人民》。从这些文字中，人们可以看到梁启超对开明专制举措的一些设想。而他所期待的开明专制之人物，也可以从其《过渡时代论》《王荆公》《管子传》等论著中体现一二。

《请定国是以安大计折》（1906年8月26日）可以体现梁启超关于开明专制的一些想法。该折主张效法日本明治维新，先下定国是诏，确定六事。（1）“举国臣民立于同等法制之下，以破除一切畛域。”（2）“国事采决于公论”。（3）学术、教育、法律、制度等皆“采中外之所长”，以国力发达民德民智，又以民力发达国家。（4）“明宫府之体制”，即区分皇室机构与政府机构之权限与经费。（5）改革地方官制，分划中央地方权限，实行地方自治。（6）“公布国用及诸政务”。奏折提出，用十五年至二十年的时间筹备一切立宪事项，“如改官制、定法律、设独立裁判所，与地方自治、调查户口、整理财政、改革币制、分划选举区域及征兵区域等”。又要求筹备立宪时期，政府一切施政“不得出此谕旨范围之外”，严格保持改革的立宪方向。①《请改定官制以为立宪预备折》则主张以日本为榜样，从改革官制入手准备立宪：略仿责任内阁制，统一中央政权；划分中央地方权限，使国家机关灵通；中央、地方衙门皆设辅佐官，事权归一；调整、增减中央官署、官员；变通地方行政制度；审判、税收设专职官员；以书记员代替胥吏；重新审定官僚体制，制定官员赏罚办法。

梁启超在与革命党正面论战时也曾谈到，要实行开明专制，需要国民积极行动起来，但对国民应如何行动，缺乏清晰的阐述。而其《日本预备立宪时代之人民》一文，则详细介绍了在预备立宪时代，日本人民以“公议舆论”四字为护符，积极要求开民选议院、组织政党、组织国会期成联盟会的历史，希望国人效法日本人民，排除难关，以成有力之政党。他强调，预备立宪，“政府与人民两方

① 端方：《请定国是以安大计折》，《端忠敏公奏稿》卷六。

面，宜分途进行”，而人民之进行尤要，只有人民积极进行，才能推动政府真正实行开明专制，筹备立宪。[①] 其已将重点放在国民身上，而非政府身上。

梁启超的开明专制论来源于笕克彦。最初，他关注的重点是清政府，对国民在推动开明专制与预备立宪进程中的作用缺乏足够关注，给舆论界一种他将立宪的全部希望寄托于清政府的印象。这不但遭到革命派的嘲讽，也遭到以杨度为代表的一些立宪派人士的批评。丙午官制改革后，舆论界的焦点由“立宪法”转向“开国会”，更多地将立宪的希望寄托于国民，希望通过请开国会的国民运动，一面推动清廷的预备立宪，一面组织国民、训练国民，最终实现立宪。1907 年春夏以后，梁启超也不怎么提开明专制，而更多地谈政党组织、请开国会等问题。

（三）革命程序论与开明专制论的论战

革命程序论成形于 1902 年，成熟于 1905 年。开明专制论的系统阐发在 1906 年，而此前梁启超已经怀抱开明专制之梦。两种主张的正式交锋，是在 1906 年梁启超发表《开明专制论》一文之后。此前，双方围绕着是以革命求共和还是以和平改革求君宪，发生过激烈的争论。不过，此前的论战，主要是排满革命与保皇立宪的争论，对如何实现中国的政治转型的问题其实缺乏真正的讨论。《民报》创刊后，革命、君宪两派以《民报》与《新民丛报》为主要阵地继续论战，其中讨论最多的问题，仍然是革命排满问题，[②] 但如何建立民主政治的争论，即革命程序论与开明专制论的论战，也是论战中值得关注的内容。

双方主要争论的问题如下。

---

① 梁启超：《日本预备立宪时代之人民》，《梁启超全集》第六集，第48—67页。

② 耿云志：《从革命派与立宪派的论战看双方民主思想的准备》，《近代史研究》2001 年第 6 期。

第一，中国行立宪的障碍是什么？

梁启超认为中国行立宪的主要障碍是国民程度不足，故准备立宪的首要任务是提高国民程度，而革命党人认为，中国行立宪的主要障碍是清政府，故准备立宪的首要任务是以革命推翻清政府。

这种分歧，源于双方对国内民族矛盾，以及清政府是否有改革的能力和诚心，认识不同。首先，革命派从其民族主义（种族主义）的立场出发，认为一个国家存在两个以上的民族，民族之间的冲突将使立宪改革变得不可能。他们不相信清政府有立宪改革的诚意，认为立宪只是其欺骗汉人、巩固“贵族统治”的幌子。其次，他们从清政府政治腐败、改革迟滞的事实出发，认为清政府没有改革的能力。汪精卫强调，国家政治之根本在国民，未有国民不良而政府能良者；政府成员都出自国民，并非神灵首出宰制庶物者，国民程度有限而政府有能力行开明专制的说法，根本不能成立。梁启超不相信国民，而相信政府有能力立宪，全因恐惧革命的心态在作怪。① 基于这种认识，革命党人强调，政治改革的希望，只能寄托于国民，而不能寄托于政府。

梁启超则强调，中国不能行立宪之原因，并非满汉利益不能调和，而是国民程度不足。他强调满汉已经是一个命运共同体，“中国亡而无汉无满而皆无所附丽。而满汉相阋，其结果必至于亡”。作为当政者，清廷要维持其统治地位，必须改革政治以挽救国家命运，其改革诚意毋庸置疑。从预备立宪的进程看，推动立宪、支持立宪，或阻挠立宪、反对立宪，并非以满汉而分，两个民族以上的国家不能立宪的说法不成立。② 他强调，立宪的关键在于国民能力，“但使其人民有立宪之智识，有立宪之能力，而发表其立宪之志愿，则无论为如何之君主，而遂归宿于立宪”。因此，推动立宪

① 精卫：《再驳〈新民丛报〉之政治革命论》，《辛亥革命前十年间时论选集》第二卷上册，第472—474页。

② 饮冰：《杂答某报》，《新民丛报》第85号，1906年8月。

改革的根本要着，“在使一国中大多数人知立宪，希望立宪，且相率以要求立宪”。若人民要求立宪，而政府不答应，则人民可以不纳租税为武器。若政府强力镇压人民的请愿活动，则人民也可以暴动或者暗杀的手腕对付政府。①

从民族问题看，立宪派的大民族主义比革命派的排满民族主义更符合中国的历史与国情。梁启超称，立宪的关键在国民能力，也是不刊之论。盖人民无立宪的能力，无主动要求立宪的意愿与行动，不但清政府不能立宪，即便革命后的革命政府也不能立宪。然而，清政府政治腐败，改革迟滞，外力压迫日趋强烈，满汉矛盾的历史情结就不能不持续发酵，使人们不能不怀疑清政府的立宪诚意与能力。在现实情形的对照下，立宪派关于立宪的障碍不在民族问题，而在国民能力的论辩，就显得十分虚弱。从政治转型的角度看，革命党人所说国民程度不足，就不可能产生开明专制的政府，又直击开明专制论的要害；其所称国民既有能力立宪，也就不必依赖政府立宪，而可以直接推翻政府，实行立宪的说法，也很能打动心怀民族主义的汉人。

第二，政体选择的依据是什么？

革命派认为，共和政治是最先进、最完备的制度，中国既进行政治革命，就应选择最先进、最完备的制度。1897 年，孙中山就说：“余以人群自治为政治之极则，故于政治之精神，执共和主义。”② 1905 年，孙中山又提出，无论在科技上，还是制度上，都应持“取法乎上”的态度。这种观念，在革命党人中有相当影响。

梁启超则指出，一定国家政制选择应遵循适者生存的原则而非优胜劣败的原则。决定一个政体良恶的不是抽象的原则，而是它是否适合一个国家的国势民情，“离夫‘人’与‘地’与‘时’三者，而漫然曰，孰为良孰为恶，此梦呓之言也”。他持国家有机体

---

① 饮冰：《申论政治革命与种族革命之得失》，《辛亥革命前十年间时论选集》第二卷上册，第 231—233 页。

② 孙中山：《与宫崎寅藏平山周的谈话》，《孙中山全集》第 1 卷，第 172—173 页。

论，认为国家是一个自然生长、自然发达的有生命的机体，人力在国家成长、发展过程的作用十分有限，先知先觉者可引导国民心理与国民思想，从而引导国家发展，但这必须以国家内在的生命与发展程度为基础。人们可选择最新式、最优良的“汽车”，但国家非机械，国家政制不能凭主观喜好选择。① 他肯定自然法学派在消灭专制中发挥的作用，但强调自法国大革命后，偏于理性建构，以为“真理存于吾心”“吾但凭意力之自由，可以发现所谓‘自然法’”“而应用之以改良社会国家”的自然法学派，已渐被强调历史传统在国家社会进化中的作用，认为“真理存于事物本身”“事物成长发达之理由，一皆备于其内部，自然而然，非可强制”的历史法学派所取代。根据历史法学派的理论，梁启超强调，改造国家社会必须基于一定国家的历史与传统，强以人的主观愿望去改造国家社会，非断鹤续凫，即揠苗助长。②

汪精卫意识到孙中山“取法乎上”的政体选择主张，在道理上说不通。他承认，君权立宪与民权立宪都是近代政体，没有先进落后之分；不过，他强调，政体选择主要由时势决定，既不由人的主观意志决定，也不完全受制于历史。当民权发达、人民要求权利时，君主能审时度势，适当让步，政体就选择君权立宪。若人民求和平立宪而不得，则革命发生，政体选择就是民权立宪。中国之所以选择民权立宪，根本原因不在于人民程度问题，而是中国必先行种族革命，才能完成政治革命。③ 在需先进行民族革命的前提下，孙中山关于共和政体“有革命上利便”，④ 是“革命的时候所万不可少的”之理由，⑤ 也

① 梁启超：《开明专制论》，《梁启超全集》第五集，第338—339页。

② 梁启超：《开明专制论》，《梁启超全集》第五集，第318页。

③ 精卫：《驳〈新民丛报〉最近之非革命论》，《辛亥革命前十年间时论选集》第二卷上册，第537页。

④ 孙中山：《与宫崎寅藏平山周的谈话》，《孙中山全集》第1卷，第172—173页。

⑤ 孙中山：《在东京〈民报〉创刊周年庆祝大会的演说》，《孙中山全集》第1卷，第326页。

就能够成立。

这样一来，政体选择的关键，就不再是人民程度是否足够，而变成是否必须革命了。既然要以革命求共和，那么共和是否可以成立的问题就凸显出来。

第三，共和政治需要什么样的国民资格？

论战双方对于共和政治之真精神为何，有重大分歧。梁启超认为，“共和之真精神在自治而富于公益心”，而革命党人则以自由平等之精神为共和政治之真精神。

梁启超认为，共和政治就是“议院政治”，即政治全权在议院的政治。① 共和国民资格，是指国民应有运用“议院政治”之能力。这主要包括两个方面。第一，“议院大多数人有批评政治得失之常识”，否则，立法行政冲突不断，宪政危机不断。第二，“有发达完备之政党”。具体包括：政治之原动力只存在于政党，内阁进退完全取决于政党在议会内的多少数，而非院外势力；国内只存在两大有历史、有基础的政党，政治人才悉网罗于此两大政党；两大政党都比较成熟，皆有训练，富于责任感，意见稳和，略有共通之基础，内阁更迭必因政党关于重大问题的分歧而起。若政党不发达，则必政局不稳，执政党无从行其所怀抱，在野党也不能有效地监督政府。②

梁启超进而指出，政党的发达成熟，以及共和政治的开展，有赖于国民的自治心与公益心。1903 年，他就指出，国民具备公益

---

① 穗积八束认为，立宪政治可分为大权政治（立法权行政权均归于元首），议院内阁政治（行政权在政府大臣，大臣对于议院而负连带责任），以及议院政治（政治全权在议院）。梁启超接受了此种说法（《开明专制论》，《梁启超全集》第五集，第324—328、342 页）。共和政治可以是行政主导，也可以是议会主导，还可以是议会行政互相监制。梁启超认为共和政治必须采取议院政治的形式，显然是错误的看法。而他关于议院政治之制，议院处于主动指挥地位，所需国民程度要高于君主立宪制所需要的国民程度，以及他对美国、法国、瑞士政制的分析，也都有问题。他之所以犯下这种错误，与他反对革命有关。

② 梁启超：《开明专制论》，《梁启超全集》第五集，第 339—345 页。

心，“不惜牺牲其力其财，以应国家之用”，是共和国民必要之品德。法国人“爱平等，尊自由，彻始彻终醉心共和主义”，然而18世纪的法国人却缺乏自治这一“共和政治最切要之条件”，致使其共和政治颇多波折。① 此后，他又强调，国民不能自治，必事事仰赖政府，难以承担调和国内各种利益冲突的职责；国民缺乏公益心，不能服从公认的权力，不能裁抑党见，就不会遵守选举、议院活动的基本游戏规则。而他对华人会馆议事活动、日本留学生反对取缔规则运动、上海商人罢市风潮等的观察，更使他深信，国民缺乏自治心与公益心，必难以形成真实而成熟的团体意见，团体内部必冲突不断，走向瓦解。以此辈国民而行共和政治，必酿成流血杀人之惨祸。他承认自由平等是共和精神的一部分，但他强调自由平等精神必须与自治心、公益心相结合，才能成为“完全之共和心理”。若离自治心、公益心而谈自由平等，则“言自由者抛弃责任，言平等者昧于服从，规力荡然，而人道几息”。他指出，革命党人鼓吹自由平等，而不强调秩序与公益，以此种认识追求共和，将重蹈法国革命之覆辙。②

革命党人认为，共和国民资格中最重要的是国民应具自由平等博爱之精神。汪精卫称，民权立宪制度本乎自由平等博爱之精神而生，而“自由、平等、博爱三者，人类之普通性也，特其翕受之量，有多寡之殊而已”。中国人自古就有自由平等博爱之精神，贵族政治至战国而荡尽，就是明证。他由此得出“此（民权立宪）制度之精神必适合于我国民，而决无虞其格格不入也”的结论。③ 他又称，立宪各国都有共通之精神，比如“国家对于人民有权利、有义务，

① 梁启超：《政治学大家伯伦知理之学说》，《梁启超全集》第四集，第215—222页。

② 梁启超：《答某报第四号对于〈新民丛报〉之驳论》，《梁启超全集》第五集，第539—541页。

③ 精卫：《驳〈新民丛报〉最近之非革命论》，《辛亥革命前十年间时论选集》第二卷上册，第412—414页。

人民对于国家亦有权利、有义务，其国权之发动，非专注于唯一之机关，而人民有公法上之人格，有私法上之人格”。而证诸历史，我国民固亦有此种精神。① 在《革命横议》的第一部分“发难篇”中，汪精卫还曾称，“凡为人类，莫不有人权思想，微独民权国之国民为然，即君权国之国民亦莫不然。所不同者，特程度之优劣耳。中国号称专制之国，然此就其国家经制而言耳，若谓我民族无人权思想，则大不然。盖疾专制、乐自由为人类之天性，而无待乎外铄。……谓我民族无民权的组织则可，谓为不疾君权不乐自由，则大不可。又况君权之可疾，而自由之可乐，不待学说之修明，而后家喻户晓也。身受者自能知之，自能言之”。②《中国同盟会革命方略》称，革命当循革命程序论进行，以“养成自由平等之资格”，也是将共和国民资格化约为“自由平等之资格”。可见，革命党人认为，国民只要具备自由平等博爱的精神与人权思想，就具有国民资格。而这些又是人类的天性，为中国人所固有。那么转下来的结论就是，只要顺从国民好自由平等博爱的天性，扩充其自由平等博爱之精神，就能培植国民的共和国民资格。对梁启超区分自治心、公益心与自由平等博爱精神，汪精卫称，自治秩序、公益心与自由、平等、博爱乃同一物，而非异物。近代一切的政治法律，都从自由平等博爱的精神渊源而来，“博爱者，公益心之源泉也；不自由，被治而已，安能自治；不平等，阶级而已，安能秩序”。③

布赖斯说，民治政体在“文明民族”那里，“只是一种自然生长的东西”，而落后民族之建立民治政体，往往是“建筑在外面输入的思想之上”的“一种人为的东西”。落后民族可以通过教育、宣传、鼓吹，获得有关民治政体的知识与思想，但知识只是铸造善

---

① 精卫：《驳〈新民丛报〉最近之非革命论》，《辛亥革命前十年间时论选集》第二卷上册，第 413 页。

② 扑满（汪精卫）：《革命横议》，《民报》第 3 号，1906 年 4 月。

③ 精卫：《再驳〈新民丛报〉之政治革命论》，《辛亥革命前十年间时论选集》第二卷上册，第 480—481 页。

良国民的方法之一，却不是最重要的方法，“公共心和诚实比较知识还要紧一些”；思想观念的变化一开始只停留在知识层面，而难以化为人们的行为习惯。对于民主政治来说，“讨论和了解事实的能力”比从读书获取知识更为重要，养成公共心与诚实的品德比思想观念的变化更加重要。而这些需要通过长期的共同生活才可能获得。他强调，民治政体需要的不仅是知识、思想，更需要自治能力与公共心。只有经过训练，人们才能获得自治能力，才能够学会选举与监督领袖，学会意见表达与服从公认的权力，养成共同行动的习惯与互相合作的精神，养成为人服务的感觉。“而为人服务的感觉，就是公民生活的基本条件。”如果缺乏自治心与自治能力，人们就会将民治政体看作强加于他们身上的东西，愿意拥戴贤良的统治者，而不是积极主动地参与政治。如此，民治政体就会缺乏社会的基础，政治权力极其容易落入少数有企图心的政治领袖手中，政治极易走向腐败，甚至回复专制。缺乏服从公认权力的习惯，缺乏为人服务的感觉，民治政体的基本游戏规则就容易受到破坏，权力的归宿将不决定于选票，而决定于武力，民治政体的理想就会落空。①

梁启超以自治心、公益心为共和国民资格的核心，与布赖斯的论述一致，是极其难得的识断。这表明，相对于革命派只关注到共和政治的精神层面，梁启超更关注共和政治实践所需要的品德与能力。

所谓共和国民资格，其实也就是立宪国民资格。不过，一段时间里，梁启超曾经认为，共和政治是“议院政治”，需议院处于主动指挥地位，而君主立宪政治则只需要议院处于监督政府之地位，又称共和政治必须实行普选制，而君主立宪政治则可以实行限制选举制，故立宪政治所需要的国民资格比共和政治要低一些，所涉及的国民范围要小一些，其养成也就容易一些。这显然是错误的。汪精卫就指出，共和国民资格与立宪国民资格，其程度与广度均不必

① 〔英〕詹姆斯·布赖斯：《现代民治政体》，第993—999页。

不同。[1] 杨度也致函梁启超，指出梁氏关于共和国民资格与立宪国民资格有高下之分，其养成有难易之别的说法，逻辑上不能自圆其说，建议他不要从国民程度，而应从中国所处的国际竞争局势，以及革命可能造成国家分裂，丧失其作为大国的竞争优势，去论革命与共和之不可行。[2]

第四，立宪/共和国民资格如何养成？能否迅速形成？

因为在共和国民资格（立宪国民资格）问题上的分歧，论战双方对国民资格如何养成，以及是否可以迅速养成的问题，产生了重大分歧。

立宪派更多地将立宪国民资格看作一种需要在实际的自治生活与政治生活中才能养成的能力，而非通过思想宣传可以普及的思想观念。1904 年，《时报》就称，“普通之思想，由言论听受可以得之，实际之思想，由学问讲求可以得之”，前者数月，后者数年，可以有功。而国民的实际政治能力，则需要实际的自治生活与参政的训练，方可养成，所需时日非短。[3] 因此，立宪派强调和平、秩序的意义，认为实际的自治生活与参与政治的经验，只有在和平的环境中才有可能获得。梁启超提出，养成立宪国民资格的办法有二：一是鼓吹人民之政治革命思想，二是利用开明专制。前者可以养成国民的立宪思想，后者可以养成国民的自治能力。他否认革命与革命党设计的约法之治可以养成共和国民资格。其理由有三。（1）共和国民资格的养成需要教育，这种教育除知识教育之外，尤其需要培养国民之“辨理心”。“国民辨理心既发达，则无论治学治事，皆从实际上著想，条理自趋致密，而能为国中养成多数实行之才。”而革命派为政府所绝对排斥，很难掌握国家之教育机构，不能开展培育国民“辨理心”的教育，只能以革命书报来挑

① 精卫：《再驳〈新民丛报〉之政治革命论》，《辛亥革命前十年间时论选集》第二卷上册，第 477—479 页

② 杨度：《复梁启超函》（1907 年 4 月），《杨度集》（一），第 408—409 页。

③ 《论中国当养成政治能力》，《时报》1904 年 6 月 14 日、15 日。

拨国民对于政府之感情。“国民奔于极端之感情，则本心固有之灵明，往往为所蒙蔽，求学或厌伏案而日言运动，治事则不审条理而辄盲进，小有成就，而愈甚其嚣张，小有挫折，而遂至于嗒丧，其究极也，只为国中养成多数空谈之辈。”① 革命宣传，无助于养成共和国民资格。（2）革命骚乱时期，人民比户凋残，相濡以沫之不给，无心也无力关心权利义务、秩序规律、地方公益、国家大计，即便军政府劝导地方人民成立地方议会，这些地方议会“终不过与前此之乡局公所等，必无补于民权思想之涨进，而能力无论也”。②（3）国民资格的养成，需要人民享有一定的自由权利，而在革命时代的约法之治下，“人民所有区区之权利，出自军政府之殊恩”，不过“猫口之鼠”之权利而已，军政府随时可以夺回之，这不利于人民养成自治能力。③

立宪派预估，若开明专制进展顺利，需二十年时间养成国民资格。而革命派则认为，通过革命与教育，可以在比较短的时间内造就国民资格。他们称，中国国民原本就有国民思想、民族思想与自治能力，只是被专制统治、君臣大义所摧残、压制而已，通过教育浚发其思想，通过革命去除压制，人民可很快恢复其能力。陈天华以中国人曾创造灿烂的古代文明，三代贵族政治时代，社会有自立自尊之风，人民享有言论、著述、结社自由，享有参政权，来证明中国人有不逊色于世界各民族的天赋才能，有很好的政治能力与自治能力。这种能力，虽经长期的专制统治，但并未完全消失，延边地区韩姓马贼团伙据地自雄，面对日、俄、清政府的压力而能自存，就证明中国下层民众在野蛮政府之下，依然能够创造性建立“自治团体”，具备自治的“天然之美质”。他认为中国人有天赋之聪明，虽久经专制压制而依然保存着相当能力，只需要去除专制之

① 梁启超：《杂答某报第四号对于〈新民丛报〉之驳论》，《梁启超全集》第五集，第550页。

② 梁启超：《开明专制论》，《梁启超全集》第五集，第337页。

③ 梁启超：《开明专制论》，《梁启超全集》第五集，第333页。

压制，就可以通过速成教育，迅速“回复”国民能力。① 汪精卫则从三个方面论革命教育与革命行动可迅速养成“民权立宪能力”。其一，中国人自古就有自由平等博爱之精神，以及人权思想、公法观念、国民思想，有接受共和思想的内在基础。只要“声讨君主专制政体之穷凶极恶”，就能破除君臣之义对于国民思想、民族思想的遏制，使人民“霍然惊觉”，迅速普及国民思想、民族思想。②其二，他强调人类学习模仿能力在社会发展中的作用。他说，人类之灵于动物，在其有模仿与学习的能力。当锁国时代，国人不了解外部世界，安于所习，故思想与社会停滞不前。当国门打开，国人渐接触外部世界，在中西贫弱富强、野蛮文明对比强烈的刺激下，就能迅速激发发愤学习外部世界先进思想、制度的意愿与能力，迅速养成共和国民资格。③ 其三，革命行动本身是卓有成效的教育活动。“革命实行时代，去专制之苦，尝自由之乐，夷阶级之制，立平等之域，国民主义、民族主义昔存于理想，今现于实际，心理之感孚，速于置邮而传命也”。④

---

① 思黄：《论中国宜改创民主政体》《中国革命史论》，《民报》第 1 号，1905 年 11 月。

② 汪精卫关于中国人固有自由平等博爱之精神，有人权思想的表述，前文已提过。关于中国人固有国民思想，他说，立宪各国有其共通之精神，比如“国家对于人民有权利有义务，人民对于国家亦有权利有义务，其国权之发动非专注于唯一之机关，而人民有公法上之人格，有私法上之人格”。而证诸历史，中国人固亦有此种精神，他提出的证据有二：从私法上看，中国的民法、商法虽不如欧洲精密，但也有丰富的习惯法与错综的单行法，人民“有私法上之人格”。从公法上看，中国古有民为国本的观念，三代之书都要求君主敬天安民，否则天将降之大罚，这种思想从其尊君的方面看，是专制国民之心理，从其保民的方面看，则是公法之精神。中国历史上，朝代反复更迭，人们认君主为国家之观念淡薄；战国以后，贵族制度尽废，“人们皆得发舒其能力，为国家而活动”，也都表明中国人不缺少公法的基础观念，只是没有欧美那么精密而已（精卫：《驳〈新民丛报〉最近之非革命论》，《辛亥革命前十年间时论选集》第二卷上册，第 413—414 页）。

③ 精卫：《驳〈新民丛报〉最近之非革命论》，《辛亥革命前十年间时论选集》第二卷上册，第 412—413 页。

④ 精卫：《驳〈新民丛报〉最近之非革命论》，《辛亥革命前十年间时论选集》第二卷上册，第 404—405 页。

陈天华、汪精卫等人关于中国人固有自由平等博爱思想、国民思想，固有自治能力的论述，大有讨论的余地。即便历史上曾经有过这些思想与能力，也正如他们自己所说，已久为专制统治、君臣之义所摧抑、刬灭，那今日要培植国民资格，就不是“回复”，而确是梁启超所指称的“发生”。事实上，革命教育可造就革命舆论，在一定范围激荡国民思想与民族思想，革命组织、革命活动的发展也能在一定程度上组织国民、训练国民，但国民自治心、公共心、自治能力的发育，容纳异见、尊重敌党习惯的养成，更多地需要在和平、秩序的环境下逐步进行。汪精卫是论战中为革命程序论辩护的主将，而他对于约法之治下，如何培养国民的自治能力与公益心，如何造成发达的政党，始终未能给出令人信服的解释，实际上回避了梁启超的问题。

第五，革命能否得共和？

在革命与君宪的论战中，梁启超对革命有诸多非议，说革命会召内乱，召瓜分，以流血恐怖之状为反对革命的理由。对这些问题，革命党人回答起来并不难。比如，他们说，不革命，内乱依然日生，人民受专制统治者之屠戮的流血事件随处可见，瓜分的危险也时刻存在；又说，革命有良结果，也有恶结果，不必因革命有恶结果，而不敢革命，只需在革命过程中努力避免革命的弊端，以求得良果；又说，革命党以共和政治为目标，符合人道正义，能得到多数国民的支持，造就纪律严明的统一的革命队伍，避免长期的内乱。诸如此类的辩解不少，其中的一些解释是可以成立的。这些解释，能在一定程度上缓解人们对革命的忧惧。双方围绕革命问题的争论，真正值得关注的是关于革命能否得共和的争论。

梁启超在《开明专制论》中曾引波伦哈克的学说，断言革命不能得共和，而只能得专制。波伦哈克关于君主超脱于国民利益冲突之外的见解，并不能成立。但他关于人民程度不足之国，以革命求共和，往往会出现暴民政治并引发民主专制的见解，却为不少国

家的共和革命史所证实。这也是革命党人必须正面回应的重大问题。汪精卫对此有系统的回应。他指出，波伦哈克极穷革命之流弊，立论严重偏颇。其实，革命是和平改革无望时不得已的选择。因向往革命而“撷其良果以鼓吹革命”，无视革命可能发生的流弊，固然不当，因恐惧革命，而“撷其恶果以非议革命”，也失之偏颇。① 他又指出，波伦哈克以君主为国家统治权之主体，而以领土及臣民为统治权之客体，混君主与国家为一体的国家客体说，早为学界抛弃。到此，他的讨论都还是学理层面的讨论。在讨论国家客体说、国家人格说之优劣后，他声称，君主也好，国会也好，都是国家之总揽机关，都可超然于社会利害冲突之外而能承担调和社会冲突的职能。他说，共和国家的国民，不是作为单个人，而是通过国会来调和国民之间的利益冲突；而国会作为国民的代表机构，必不会偏徇一部分国民之利益，而是会从国民整体利益的角度考虑问题，调和国民之间的利益冲突。② 这等于说，不论国民程度如何，人们都可以胜任调和自身利益冲突的职能。这种说法，与波伦哈克的君主可超然于利害冲突之外的说法，一样不能成立，是用抹杀问题的方法回避了问题。

对革命后实行共和易发生“暴民政治”，孙中山最初并无深入思考。他最担心的是，革命可能引发群雄割据以及长期的战乱。他的革命程序论最初也主要是解决革命过程中兵权与民权的矛盾，防止军政府不还政于民，似并无预防雅各宾式“暴民政治”的意图。在与立宪派的论战中，汪精卫赋予了“约法之治”预防“暴民政治”的功能。他说：“约法者，革命时代革命团体与人民相约者也。此时，革命团体尚未尝具国家之资格，其与民定约法也，亦犹国民与国民之关系而已。盖革命团体与国民之关系，至为密切，其

① 精卫：《驳〈新民丛报〉最近之非革命论》，《辛亥革命前十年间时论选集》第二卷上册，第397页。

② 精卫：《驳〈新民丛报〉最近之非革命论》，《辛亥革命前十年间时论选集》第二卷上册，第399—401页。

地位同也，其主义同也，其目的同也。于是，二者之间，以云缓急，不可不相依也。以云信任，不可不长保也。以云目的，不可不共达也。由是关系，乃生约法。约法者，规律革命团体与国民之关系，使最终之结果不悖于最初之目的者也。由是，故与历史上之自然的暴动异，彼之暴动，持其事者以宰制万类为目的，而此则国民相约，向于政治革命之目的而进行，故无相轧轹之患。且尤与法兰西大革命时异，彼之革命，民党之间，初无规律其关系之准则，故终相戕杀以成恐怖时代，而此则互相信任，各有职司，有法定之关系，为共同之活动，故无恐怖时代之惨状。"① 可见，汪精卫已经注意到梁启超提及的"暴民政治"问题，并有所回应。不过，汪精卫似乎只是将法国"恐怖时代"的发生归因于"民党"之间缺乏统一的组织，缺乏互信，对"暴民政治"及其发生机制的理解并不准确。

对"约法之治"能否预防暴民政治与"民主专制"，能否保证军政府还政于民，梁启超曾有以下四点尖锐的质疑。（1）革命之首难者未必有通过约法之治以实现民主宪政的诚心。（2）革命阵营构成复杂，各派力量未必能在革命之主义尤其是约法之治的问题上达成共识，甚至会因此发生严重冲突。革命党人所称以共和为目标的革命，可避免长期内乱，事实上难以做到。（3）革命军起之后，人民义务观念尚未发达，于革命军之主义少有认知，又担负沉重的革命战争供应任务，未必愿意接受军政府统治。这将引发军政府与人民之间的严重对立，而军政府为推动革命，将实行专断统治。（4）革命程序论的设计，以地方自治制约军政府，防止其违背约法，但事实上当军政府违背约法时，人民能反制军政府的武器无非不纳租税，"而军政府屯一小队以督收，其何术以不应？"② 梁启超又指出，即使军政府愿意还政于民，受制于革命之后的形势，

① 精卫：《再驳〈新民丛报〉之政治革命论》，《民报》第6号，1906年7月。

② 梁启超：《开明专制论》，《梁启超全集》第五集，第333—336页。

革命党还政于民也缺乏现实可行性。当革命初成，旧势力尚未根本扫除，革命党若急流勇退，旧势力将重新控制政权，反攻倒算，革命党人将被迫亡命，革命事业将前功尽弃。有鉴于此，新政府初建，革命党人不能不出死力以自壅其权力。革命往往由少数人发起，革命党之主义未必为社会主流所接受，革命党的施政可能遭到多数国民之反对，其民生主义、土地国有政策将遭到有产阶级的殊死抵抗，引发严重的流血冲突与社会动乱。为维持秩序、推行主义，革命党将不得不以强力限制人民的自由权利，形成革命党一党专政的局面。而一党专政向宪政过渡，存在相当的不确定性。① 不过，他并没有就“暴民专制”问题深入发问。

作为回应，汪精卫称，只要经过充分的革命鼓吹，使国民主义与民族主义“大昌明”，形成民族革命、政治革命的共同意识，则“约法”必应运而生，军政府、地方自治议会，以及地方人民都乐于实行约法之治，无人敢违逆这个强大的思想潮流。这就可以避免帝制与暴民政治。② 显然，汪精卫认为，深刻的思想革命以及“约法”之治的制度设计，可避免“暴民政治”，保证军政府还政于民，而达“国民主义”之目的。他对思想革命的功效估计过高，对革命队伍以及一般社会公众的复杂性，对秩序失控而社会矛盾剧烈的革命时代，人们因观念、利益分歧而尖锐对立，在信息不畅、谣言蔓延的情形下，易趋于盲从与群体行动，易在自以为是的正义感、革命理想、复仇心理的驱使下趋向暴力行动，并走入暴力辗转反复的陷阱，也缺乏认识。在革命时代，如何一面动员群众，积极推动革命与社会改革，一面合理调和社会各阶层的利益冲突，约束革命政权与革命群众；在制度设计中，如何一面确保共和政治的精神能够落实，一面又在社会精英与社会底层大众的权力、利益之间，存留平衡、调和的空间，也都还缺乏深入思考。总之，他对革

---

① 梁启超：《开明专制论》，《梁启超全集》第五集，第352—357页。

② 精卫：《再驳〈新民丛报〉之政治革命论》，《民报》第6号，1906年7月。

命程序论比较乐观，认为它可以解决革命向共和过渡的问题，可以防范暴民政治。至于其他革命党人，则多未考虑到暴民政治发生的可能以及预防之道。

革命阵营对梁启超关于如何保证军政府还政于民的质疑，始终没能给出令人信服的答复。孙中山以及他的同志们，对于在革命党一党独大的格局之下，军政府与人民之间发生冲突的可能性，以及革命党内部意见分歧的可能性，也少有论述，似乎革命党就是一个整体，军政府与人民是一家人。他们对于在军政府主导的约法之治下，是否允许其他政党产生，若其他政党与革命党的主张严重对立，军政府当如何处之，也不曾讨论。对于革命党还政于民后，是革命党一党领导的立宪政治，还是多党政治，也未有清晰阐述。而立宪派却相信立宪政治一定是多党政治，立宪政治必须在政党发育的基础上才能发生，他们不能不对革命党还政于民后的政治模式心存疑虑。

梁启超对革命程序论的质疑，主要立足于对革命后可能情势的假设。这些假设，不少都在情理之中，需引起革命党人的高度重视。而汪精卫在回应时，却称梁启超的质疑大多立足于假设，没有讨论的必要。他用笕克彦关于法的本质为“合成意力”的说法去解释革命程序的可行性，绕开了梁启超的种种假设，也就绕开了梁启超的质疑。

汪精卫引笕克彦的说法，称法的本质是“合成意力”，即由个人心理合成的社会心理。人们愿意服从法，是因为法体现了国民总意，体现了个人意志。只要经过广泛的革命宣传，民族主义、国民主义就会为广大革命者与社会大众所接受，反对革命者就只有“满洲人及其死党”，“不足以当一碎”，革命就可“一方扶义，九州响应，分谋合举，指顾而定”，不会出现长期的战乱；革命领袖也不敢存帝王之思，也就不会出现革命军之间的内斗；而约法就会应运而生。①

① 精卫：《驳〈新民丛报〉最近之非革命论》，《辛亥革命前十年间时论选集》第二卷上册，第404—406页。

梁启超曾指出，汪精卫以“合成意力”定义“约法”，其隐含的意义是：约法由国民心理而出，即为国民所愿意服从，革命党与国民都不会背叛约法，故约法可行。[①]

由此，约法是否可行，是否可以通过约法之治造就民权立宪的问题，就变成民族主义、国民主义是否与国民心理相安，以及如何将民族主义、国民主义普及于国民心理。而在汪精卫看来，民族主义、国民主义为中国国民所固有，符合国民的天性，又可以通过教育与革命迅速普及。这就将政治革命完全归结为思想革命，以为只要革命思想、共和思想普及，政治革命就自然会成功。这完全忽略了共和政治成功的其他诸多要素，比如资本主义的发展、社会组织的发育、国民政治能力的发达、公共空间的形成、政党的发达、政党政治文化的形成等，也忽略了建立共和政治过程中制度选择的意义。

汪精卫以法的本质为“合成意力”论约法可行，让梁启超颇觉难以应付。梁氏曾致函徐佛苏，请他帮忙思考应对之法。[②] 随后，梁启超从笕克彦的论述中找到了破解之道。他指出，法之本质是“合成意力”的说法来自笕克彦，但笕克彦在指出法的实质是“合成意力”的同时，又指出法发生作用有赖于外部组织的强制力。笕克彦的法之本质为“合成意力”之说，取自卢梭的国民总意说，法的作用需要外部组织强制力之说取自霍布斯的权力说。汪精卫取其半而遗其另一半，遂使他的约法之说存在严重问题。法律与缺乏外部组织强制力的个人之间的要约或者国际法、国际条约不同，它是一种超越个人意力之上的属于国家的独立意力，是否为个人心理所表现，个人是否愿意服从，都不影响其为法。而孙中山所谓的“约法”，并非法，并非“合成意力”，只是军政府与国民之

① 梁启超：《答某报第四号对于〈新民丛报〉之驳论》，《梁启超全集》第五集，第53页。

② 丁文江、赵丰田：《梁启超年谱长编》，第238页。

间的要约。当军政府或国民一方违背约法时，并无外在组织强制执行之，“惟以膂力为最后之裁判耳”。[①]

梁启超与汪精卫关于革命程序是否可行的争论，还涉及所谓“历史”与“爱情”的关系问题。这一对概念也来自笕克彦。笕克彦在论及国体种类时，曾说这取决于“第一事实”（即历史）与“爱情”（大体上指人们的理想、追求以及思想道德文化传统等所赋予的价值取向）。[②] 这两大因素中，“第一事实”最重要，但“爱情”也可以发挥重要的作用。这一对概念所涉及的问题是，在历史发展过程中，历史与人们的思想传统、价值追求之间具有何种关系。

汪精卫在论及可以通过革命与教育造就共和政治的心理基础，从而造就国民的“民权立宪能力”时说，“国民所恃以为国者有二，一曰历史，二曰爱情。因历史而生爱情，复以爱情而造历史”。所谓“以爱情而造历史”，直白地说，就是可以利用人们的价值取向、理想、追求去改造社会，创造历史。所谓浚发爱情，就是利用、激发思想道德文化传统中的积极因素，改变人们的心理与思想，以为改造社会、创造历史服务。汪精卫认为，人类有易于因循的遗传性，但若遭遇巨大的历史变局，因外缘之感触，人们就会“因比较心而生取舍心，因取舍心而生模仿心”，人心就会“开前古未有之变局”，从而引发急剧的社会变革。日本的变革就是“浚发国民之爱情，以新国民之历史”的最好例证。中国也可以通过浚发国民之“爱情”，迅速改造国民心理与思想，造就民权立宪的国民资格。其浚发国民之爱情的方法，则是教育与革命。[③] 表述甚为烦琐，但意思很清楚，普及革命思想，灌输政治思想，发挥人们的主观能动作用，就可以在条件不具备时建立共和政治。这种主张

---

① 梁启超：《杂答某报对〈新民丛报〉之驳论》，《梁启超全集》第五集，第534—535页。

② 笕克彦：《国法学》，第74—75页。

③ 精卫：《民族的国民》，《民报》第2号，1905年11月。

忽视了客观条件的决定性作用，注定会在实践中碰壁。

对汪精卫援引笕克彦之说，指称人类可“以爱情而造历史”，梁启超指出，这种论断完全忽视了笕克彦对“第一事实”的强调，属于断章取义。他说，国民心理变迁在国家社会发展中可以发挥相当的作用，先知先觉者可引导国民心理，使之变迁而进化，以造成改革所需的社会心理。但他强调，第一，由心理变迁而造成社会本体的变迁，需要漫长的时间。法国的共和革命，俄国的君主立宪，其先知先觉者造国民心理之变迁皆经百年之久，都没有造就合格的共和国民与立宪国民。以中国国民程度之幼稚，欲以造成思想变迁的方式，在一二十年内造就其共和国民资格，很不现实。第二，在“第一事实”（历史）与心理之间，当首重“第一事实”。浚发国民心理，当基于本国历史与本国国民心理，不能因迷信外国的理论，而漠视本国的事实。他批评革命党秉持共和革命的理想，而“于事实之不与吾空想相应者，奋然抹煞之”，不过是掩耳盗铃，自欺欺人而已。①

革命程序论与开明专制论，都认识到立宪政治需要一定的社会条件，尤其是国民程度，而中国尚不具备这些条件与国民程度，都希望借由一定的机制引导、训练国民，准备宪政条件，都有目的论色彩。两者都希望以威权统治为立宪准备条件，都有明显的人治色彩。它们的方案有赖于当政者的立宪诚心与不懈努力，也都存在国民权利缺乏法律保障，而使国民程度之提高难得确实保障的风险。梁启超怀疑革命党之首领及其辅佐者是否有谋求共和之诚心；汪精卫则质疑开明专制的可靠性、可行性，称开明专制需待其人，“然欲得其人，非能自然必至，乃偶然之遭值而已”，且清政府“盈廷老耄，弥缝苟且，求保一日之富贵，而种族之间，轧轹愈甚”，实非行开明专制之人。② 梁启超称，军政府若不遵守约法，国民与地

---

① 梁启超：《杂答某报第四号对于〈新民丛报〉之驳论》，《梁启超全集》第五集，第537—539页。

② 精卫：《驳〈新民丛报〉最近之非革命论》，《辛亥革命前十年间时论选集》第二卷上册，第409—411页。

方议会无可如之何；汪精卫则称，开明专制论要求专制者以专制之客体（即国家与人民）之利益为标准，“然使专制者不以客体的利益为意，且从而蹂躏之，而惟以自己之利益为标准，则将奈何？”[①]梁启超称，只有在和平的环境下，在实际的政治活动中，才有提高国民程度的可能，而在革命骚乱时代，国民无从参政，军政府主导的约法之治，实质上只能是最束缚人民自由、最不能培养共和国民资格的“戒严令政治”；[②] 汪精卫则称，专制之下，人民有服从之习惯，凡百放任，“干涉愈甚，能力愈缩，徒驱之使归于劣败之林而已”，欲通过开明专制培养立宪国民资格，绝无可能。[③] 看上去，梁启超、汪精卫在向对手提问，实质上他们是在向自己提问。之所以出现这种情况，是因为开明专制论与革命程序论中的约法之治，实质上都是开明专制，只是前者由清政府主持，后者由革命军政府主持。

梁启超坚称，“开明专制者，决非新经破坏后所能行也。惟中央政府以固有之权力，循序渐进以实行之，其庶可致”；而革命之后，一则动乱的局面需要以强力维持秩序，二则百废待兴而施政机关不整备，一定时期内难以实行约法之治。[④] 他怀疑革命后实行开明专制的可能，有一定的道理，但他对清政府主导开明专制的困难与风险，却缺乏认识。革命派对政府当局主持改革没信心，却又对革命政府主导的改革过于乐观。

布赖斯说，落后国家移植民治政体，有改革与革命两种方式。若改革由旧政府主持，则需要主持改革者有相应的政治权威，然改革启动之时，往往是旧政府权威严重下降，并遭遇严重的外部挑战

---

① 精卫：《驳〈新民丛报〉最近之非革命论》，《辛亥革命前十年间时论选集》第二卷上册，第411页。

② 梁启超：《开明专制论》，《梁启超全集》第五集，第349—350页。

③ 精卫：《驳〈新民丛报〉最近之非革命论》，《辛亥革命前十年间时论选集》第二卷上册，第411页。

④ 梁启超：《开明专制论》，《梁启超全集》第五集，第350页。

之时，也往往是在社会矛盾尖锐、新旧势力严重对立之时。随着改革的进行，言论与结社的限制逐渐放开，意见多元的局面渐成，但久受专制统治的人们还缺乏理性讨论、审慎分辨的能力，缺乏包容异见、服从公论的习惯，保守派、温和派、激进派之间的分歧将日趋严重而难以调和，而主持改革的政治当局又缺乏应对意见多元局面的经验与能力，进退失据，难以在坚定推进改革与维持秩序之间保持平衡。宪政改革需要民间社会的支持，但改革之初，人们对“宪政计划有赖于同心拥护”的重要性缺乏应有的认知，温和改革派与激进改革派往往不能一致支持改革。若改革由革命后的新政府主持，则新政府建立未久，还不是令人畏威怀德的政府，往往需要强大的军事力量维持秩序，“但是军队对于那个统率军队的行政首长，却是一种诱惑”，宪政的落实需要等到宪政观念扎根于人们心中之时，而这需要经历相当长的时间。①

革命党人过于相信思想革命的效力，以为人们心理、思想的变迁可以造就共和政治。孙中山相信“公理大明”，实行共和政治就没有阻力。汪精卫视天下如一人，认为民族主义、国民主义大昌明，革命就可以成功，共和就可以实现。这种想法，过于天真，忽视了社会的复杂性。他们这种思想取向，本质上是因为他们找不到实行共和政治的依靠力量，找不到切实可行的路径，故寄希望于思想革命。事实是，孙中山的革命程序论在革命党内部就没有得到普遍认同。《中国同盟会革命方略》出台时，不少革命党人就怀疑其可行性。民国建立时，孙中山极力主张革命程序论，而革命党人“多期期以为不可”，孙中山“晓喻再三，辩论再四，卒无成效”，莫不以为孙氏“理想太高”。② 革命党人尚且多不赞同革命程序论，其他人士就更不必说了。梁启超以革命后所可能发生的情形质疑革

① 〔英〕詹姆斯·布赖斯：《现代民治政体》第七十一章“民治政治与落后民族”，第849～865页。

② 孙中山：《知难行易》（《建国方略·心理建设》）第六章，黄彦编《孙文选集》上，广东人民出版社2006年版，第57页。

命程序论的可行性，后来的历史进程证明，他的质疑不谬。

双方都注意到立宪政治需要相应的国民资格，都承认要立宪就要训练国民。这自然有道理。然而，所谓国民程度本系相对而言，人为设定一个国民程度的标准，声称一定要达到那个标准才能立宪，违背了民主政治发展的基本规律。人民的政治能力只有在实际的政治生活、社会生活中才能得到提升，若人民程度不足，可以先从比较小的范围，比较低的层级开始。事实上，当立宪派发现当局筹备立宪令人失望，欲发动国会请愿，而清政府反复以国民程度不足为由敷衍时，立宪派就开始重新讨论人民程度问题，认为人民程度问题与开国会无关。乌泽声说，“欲改中国专制政体为立宪政体也，其惟一之方法，即在排除人民程度不足之说，主张速开国会”。① 这代表了请开国会的立宪派的共同心声。在国会请愿运动中，立宪派就力图破除国民程度之说，以扫除开国会之思想障碍。梁启超后来在《论政府阻挠国会之非》中，也明确反对将开国会与人民程度联系起来。在提高国民程度的方法上，两派都过于注重政治生活的意义，其实国民公共生活的习惯与能力，也不是只有通过地方自治或者议会活动才能养成，举凡各种社会团体，各种辩论、演讲，都可以是民主生活的训练。此外，双方都过于重视国民程度，而相对忽视社会经济生活，尤其是资本主义发展对于民主的意义。革命派对资本主义与民主的问题，未曾着墨；立宪派虽主张发展资本主义，但都是从国际经济竞争与国家富强的角度谈问题，几乎没有人讨论经济发展与民主的关联。

两派的论战，其实无所谓输赢。梁启超自 1907 年春夏后，就很少谈开明专制。1907 年 4 月，杨度致函梁启超，称他虽有意为与革命论战的梁启超站台助威，但于“开明专制”一词，始终不敢着一字。在国会请愿运动中，梁启超也公开否定开明专制论，其《论政府阻挠国会之非》，就几乎全盘否定了自己的开明专制论。

① 乌泽声：《大同报序》，《大同报》第 1 号，1907 年 6 月。

立宪派发动国会请愿，就表明他们对清政府的开明专制不抱希望，而希望以国民的积极行动来推动宪政改革。不过，辛亥革命后，原立宪派人物如梁启超、吴贯因等重提开明专制论，将开明专制的希望寄托于袁世凯身上。孙中山始终坚持革命程序论，但辛亥革命后，他的理论却被不少同志抛弃。二次革命后，孙中山鉴于辛亥革命失败的教训，乃重提革命程序论。

两派的思想交锋，有助于他们完善各自的理论。孙中山一派加强了革命程序论中培养国民资格的论述，梁启超则强化了立宪的最终动力在国民、不能完全依靠政府的论述。

三　有关民生主义的论战

（一）孙中山提出民生主义

民生主义是孙中山思想中十分有特色，也最让学界争议的内容。

平均地权（the equal enjoyment of land for all people）① 是孙中山民生主义的初义。1903 年 1 月，孙中山组建兴中会越南分会，首次将“平均地权”纳入誓词。1903 年 12 月 17 日，孙中山在《警钟日报》上发表《复友人函》，文中说：“所询社会主义，乃弟所极思不能须臾忘者。弟所主张在于平均地权，此为吾国今日可以切实施行之事。”② 这是孙中山首次提到“社会主义”，并将“平

① Principle Objects，《民报》第 3 号。《民报》第 3 号刊载《民报之六大主义》，同时该期又用英文列出《民报》的四大目标，即 1. the destruction of present autocratic dynasty; 2. the establishment of republic government; 3. the equal enjoyment of land for all people; 4. universal peace by brotherhood of humankind。这四大目标，没有提及“民报之六大主义”中的“主张中日两国之国民的连合”“要求世界列强赞成中国之革新事业”两条。

② 孙中山：《复友人函》，《孙中山全集》第 1 卷，第 228 页。

均地权”与社会主义联系起来。后来，一些革命党人将平均地权与社会主义互用。据刘成禺回忆，孙中山首次将社会主义解释为民生主义，是1904年夏天在旧金山与他的谈话中。1905年10月，在《民报》发刊词中，孙中山首次明确提出民族、民权、民生三大主义，并以之为同盟会的革命纲领。

孙中山出身农家，家境并不宽裕。他对农村贫民因缺乏土地而受地主盘剥的苦楚，深有体会。这是他关注民生、关注贫民生活境遇、追求人人共享文明成果的生活基础。他曾回忆道：“吾受幼时境遇之刺激，颇感到实际上及学理上有讲求此问题（民生问题）之必要。吾若非生而为贫困之农家子，则或忽视此重大问题亦未可知。”[①] 在出洋留学、游历考察的过程中，深受传统仁爱思想影响，心怀人道之念的孙中山，一方面惊叹于欧美物质文明的进步，看到“世界开化，人智益蒸，物质发舒，百年锐于千载”的迅猛势头，认识到文明进步不可避免，中国必须采用机器生产，实现工业化；[②] 另一方面看到欧美资本主义工业化所造成的问题，“富者富可敌国，贫者贫无立锥之地”，“并且富者极少，贫者极多”，“平等二字已成口头空话”，国家富强、民权发达，然“犹未能登斯民于极乐之乡”。他接触欧美朝野贤豪，目睹风起云涌的社会主义运动，了解各家社会主义学说，认识到“二十世纪不得不为民生主义之擅扬时代”，敏锐地察觉到社会主义将是二十世纪世界思想的主流。[③] 他希望中国能够一方面吸收欧美文明之善果，通过工业化，实现国家富强，另一方面避免欧美文明之恶果。中国革命

① 孙中山：《与宫崎寅藏的谈话》（1911年以前），张磊主编《孙中山文粹》上，广东人民出版社2009年版，第175页。

② 孙中山：《〈民报〉发刊词》，《孙中山全集》第1卷，第288页；《访问国际社会党执行局的谈话报道》，《孙中山全集》第1卷，第273页。

③ 孙中山：《复友人函》，《〈民报〉发刊词》，《在东京〈民报〉创刊周年庆祝大会的演说》，《孙中山全集》第1卷，第228页，第288页，第326—329页；《访问国际社会党执行局的谈话报道》，《孙中山全集》第1卷，第273页；《孙文学说》，《孙中山全集》第6卷，第232页。

“不但要做国民的国家，而且要做社会的国家”，“直接过渡到社会主义的生产阶段，而工人不必经受被资本家剥削的痛苦”，“俾家给人足，四海之内无一夫不获其所”。①

近代欧美的社会主义思潮与运动是在资本主义有了一定发展，资本主义社会矛盾渐次显露的过程中出现、发展的。当孙中山向西方寻求救国救民之道时，中国的资本主义还很孱弱，并不具备开展社会主义运动的物质条件与阶级基础。不过，当中国的新思想界还在艳羡欧美的富强，亦步亦趋企求富强中国之时，孙中山就清楚地看到欧美资本主义发展模式的弊端及其隐藏的巨大风险。他心怀为最大多数人免除痛苦的崇高革命理想，认为“吾辈为人民之痛苦而有革命，设革命成功，而犹袭欧美日本之故辙，最大多数人仍受痛苦，非吾人革命之目的也”。② 他相信“天下万事万物无不为平均而设”，认为欧美之社会平均问题相当严重，“他时必有大冲突，以趋剂于平均，可断言也”。③ 他希望防止这种“大冲突”，认为中国的革命者若只看到欧美的文明、进步，只注意到中国燃眉之急的民族、民权问题，而看不到欧美的隐患，看不到潜伏的社会革命问题，那就是短视，就是没有尽到革命者的责任。他说，“革命的事情是万不得已才用，不可频频伤国民的元气”，革命党人在实行民族革命、政治革命的时候，就“须同时想法子改良社会经济组织，防止后来的社会革命，这真是最大的责任”。④ 免除最大多数人的痛苦，避免社会革命之祸，是孙中山民生主义的两个最基本考虑。他不认为中国资本主义不发达是实行民生主义的障碍，相反，他认

---

① 《访问国际社会党执行局的谈话报道》，《孙中山全集》第1卷，第273页；孙中山：《中国同盟会革命方略》，《在东京〈民报〉创刊周年庆祝大会的演说》，《孙中山全集》第1卷，第297、326—328页。

② 转自《胡汉民自传》，丘权政、杜春和选编《辛亥革命史料选辑》上册，湖南人民出版社1981年版，第170—171页。

③ 孙中山：《复友人函》（1903年12月17日），《孙中山全集》第1卷，第228页。

④ 孙中山：《在东京〈民报〉创刊周年庆祝大会的演说》，《孙中山全集》第1卷，第326—327页。

为，中国资本主义不发达，社会问题还处于幼稚时代，还没有像欧美那样积重难返，实行民生主义“总较欧美容易得许多”。① 他又认为，中国有均平的思想与传统，实行民生主义，符合人们的心理，所遭遇的阻力也比较小。

孙中山预筹的避免社会革命之法是“平均地权”。其思想来源，有传统思想与西方思想两部分。前者主要是中国传统的土地国有思想与均平思想。冯自由曾说：“己亥庚子间，（孙中山）与章太炎、梁启超及留东学界之余等聚谈时，恒以我国古今社会问题及土地问题为资料，如三代之井田，王莽之王田与禁奴，王安石之青苗，洪秀全之公仓均在讨论之列。”② 民生主义的西方思想渊源，主要是约翰·穆勒的地税论与亨利·乔治的土地单一税论。1848 年，穆勒就在其《经济学原理》中提出地租归公的思想，主张对全国土地进行估价，土地的现有价值归地主享有，而估价后因社会进步而增值的部分，以地税的形式交给国家。亨利·乔治是 19 世纪末美国著名思想家和社会活动家，他对物质进步而地价、地租腾贵，大量社会财富以地租的形式进入地主囊中，而工人日趋贫困的现象十分不满，主张对土地征收等于其地租额的土地税，并免除社会中一切其他的税收，实行土地单一税。穆勒、亨利·乔治的思想在戊戌时期经由在华传教士输入中国。孙中山通过阅读《中西教会报》《万国公报》等教会出版物，接触到穆勒、亨利·乔治的思想。1896—1897 年，滞留英国期间，他阅读了不少西方的社会、政治等领域书籍，并与各国的社会主义者有所接触。1898 年，他结识宫崎寅藏兄弟，而宫崎兄弟正是亨利·乔治土地思想的崇拜者。还在 1895 年，宫崎兄弟就组织了“土地问题研究会”。与宫崎兄弟的交往，坚定了孙中山对亨利·乔治学说的信任。此外，孙中山也关注到德国在青岛实行的

① 孙中山：《在东京〈民报〉创刊周年庆祝大会的演说》，《孙中山全集》第 1 卷，第 326—327 页。

② 冯自由：《革命逸史》中，新星出版社 2016 年版，第 526 页。

土地政策。[①] 德国占领青岛后，很快就于 1897 年 11 月制定了优先购地法，将土地分成三等，划定地价，规定德国胶澳总督府有优先购地权。1898 年 2 月，颁布《胶州土地法规》，并于 1903 年做了两次修改。该法除规定德国胶澳总督府对土地有优先购买权外，为抑制土地投机，增加税收，还规定了三方面的内容。（1）所有土地征收 6% 的土地税，以防止地主争购土地、放荒待价而沽。（2）所有从德国胶澳总督府购买土地的投标人必须出具土地使用计划，以防购地者囤积土地，转手获得暴利。若承购人不按计划使用土地，税率将由 6% 增加到 9%，且每三年增加 3%，直到每年税率 24% 为止。（3）若出卖购买的公地，扣除投资利息、年息之后，征收土地售价和购价差额的三分之一作为土地增值税；若地主使用土地 25 年未曾转让，则一次性征收土地增值额的三分之一。这种土地政策保障了德占当局的公共用地，大大增加了其财政收入，并有效地抑制了土地投机。此法引起了孙中山的兴趣。[②] 革命党在民生主义论战中关于土地国有方案的若干设想即来自德占青岛的土地政策。

孙中山早期的平均地权思想，与耕者有其田的理想紧密相关。1899 年，在与梁启超的谈话中，孙中山说："今之耕者，率贡其所获之半于租主而未有已，农之所以困也。土地国有后，必能耕者而后授以田，直纳若干之租于国，而无复有一层地主从中朘削之，则农民可以大苏。"[③] 同年，在与梁启超的另一次谈话中，孙中山还提出，革命之后，正是实行土地国有的好时机："大乱之后，人民离散，田荒不治，举而夺之。"[④] 孙中山所谓"必能耕者而后授以

---

① 夏良才：《亨利·乔治的单税论在中国》，《近代史研究》1980 年第 1 期；王宏斌：《西方土地国有思想的早期输入》，《近代史研究》2000 年第 6 期。

② 陈雳、张松：《单威廉的土地政策述评》，《德国研究》2009 年第 3 期。

③ 梁启超：《杂答某报·社会革命果为今日中国所必要乎？》，《梁启超全集》第六集，第 96 页。

④ 梁启超：《杂答某报·社会革命果为今日中国所必要乎？》，《梁启超全集》第六集，第 98 页。

田”，是说非耕者不得有其田，并不保证凡耕者皆能有其田。胡汉民对此曾有解释：土地国有是指“小民有田可耕，及非能耕者不得赁田，直接纳租，不受地主私人之朘削而已。非谓苟能耕者即必授以田，又非谓凡人皆必授以田而使之耕也。……故谓此法颇合于古者井田之意可也，谓即古者井田之法则谬也”。[①] 至于能耕者中哪些人可以有田，通过何种方法获得耕地，孙中山并无明确说法。孙中山所说“大乱之后，人民离散，田荒不治，举而夺之”，本指革命后人民离散，田荒不治，国家可将那些无人耕种的土地划归国有，但梁启超为论战需要，将此曲解为孙中山的革命是要杀天下人之半，以为实行土地国有创造条件。

1902 年，在与章太炎、秦力山等人的谈话中，孙中山再度阐发其土地思想。章太炎记载称：孙中山认为，财富分配应遵循“以力成者其所有，以天作者其所无”的原则。“工商废居有巧拙”，收入差异由人力造成，故“工商贫富之不可均，材也”。也就是承认资本主义工商业的获利合理性。但土地系自然生成，非人力所为，应人人共享土地之利，故应行均田之法，令“不稼者不得有尺寸耕土”。孙中山认为，此法一行，不必没收地主的土地，而田自均。[②] 秦力山的记载则称：孙中山认为，他日革命之后，可能出现人口大量死伤、地主或逃或死、土地大量荒落的情形，可乘机将这些土地夺为国有并进行分配，“不问男女，年过有公民权以上者，皆可得一有制限之地，以为耕牧或营制造业。国家虽取十之三四，不为过多，农民即得十之六七，亦可加富。此外可开之垦，可伐之森林，以及其他种种可开之利源，尚不知几何。今日岁入八千万，他日则虽无量恒河沙数之八千万，不过反手耳。苟辨乎此，则智（识）与贫富二者，何愁而不平等”。[③] 这段关于革命之后人

---

① 胡汉民：《告非难民生主义者》，中国近代思想家文库《胡汉民卷》，陈红民、方勇编，中国人民大学出版社 2014 年版，第 57 页。

② 孙中山：《与章太炎的谈话》（1902 年春），《孙中山全集》第 1 卷，第 213 页。

③ 陈锡祺：《孙中山年谱长编》上，第 277 页。

口死伤、土地荒落的表述，与前文所述梁启超的记载，可互相印证。而其土地分配方案，又似为均分土地，且其用途并不限于耕作，亦可用于工商业；同时，国家取代地主，向获得土地者征收十之三四的地租。到此时，孙中山对土地问题的思考，还主要是农地问题，对于都市土地问题还没有提出具体的方案。

1903 年秋，孙中山在东京组织军事训练班，明确将“平均地权”列入训练班誓词，誓词曰：“驱除鞑虏，恢复中华，创立民国，平均地权”。此后，到 1910 年间，与孙中山有直接关系的革命团体，皆以此十六字为誓词，唯随团体不同，此四语的前后、文句略有不同。1903 年 12 月，孙中山在向留日学生解释“平均地权”时，已将“平均地权”的重点由解决农民的土地问题转向消除贫富悬隔，预防社会革命。①

1906 年的《中国同盟会革命方略》阐述了平均地权的方法：“当改良社会经济组织，核定天下地价。其现有之地价，仍属原主所有；其革命后社会改良进步之增价，则归于国家，为国民所共享。”② 随后，孙中山在《民报》创刊周年庆祝大会的演说中，进一步阐述“平均地权”的意义及方法。他说：“欧美为甚不能解决社会问题？因为没有解决土地问题。”文明进步，地价日涨，财富却归于不劳而获的地主，贫富分化日趋严重，导致社会不宁，社会革命之祸随时可能发生。中国将来发展近代工业，地价也将日日高涨，若不加预防，也将出现严重的贫富分化与破坏性极大的社会革命。当乘资本主义尚不发达、贫富分化尚不严重、平均社会财富阻力较小时，想法预防社会革命。预防之法，他“所最信的是定地价的法。比方地主有地价值一千元，可定价为一千，或多至二千；就算那地将来因交通发达价涨至一万，地主应得二千，已属有益无

---

① 张玉法：《西方社会主义与民生主义的形成》，载《辛亥革命与清末民初思想》，社会科学文献出版社 2012 年版。

② 《孙中山全集》第 1 卷，第 297 页。

损；赢利八千，当归国家。这于国计民生，皆有大益。少数富人保持垄断的弊窦自然永绝，这是最简便易行之法”。他相信，行此法，则文明越进步，地价越涨，国家收入越多，一切财政问题都可解决，“私人永远不用纳税，但收地租一项，已成地球上最富的国”。① 可见，孙中山提出的“平均地权”的方法，实际上来自穆勒的地税论，而他的单一税论，则是亨利·乔治的主张。对于实行单一税的时间，孙中山说，要等社会革命之后，文明发达，地价上涨到一定程度，国家依靠地税可以解决一切财政问题的时候，并非社会革命开始时就实行。可见，他此时已将平均地权的意义主要放在城市土地问题上，而不是耕者有其田的问题上。当然，这并非说此时的孙中山已经放弃对耕者有其田的追求。

孙中山只是提出平均地权的大方向，还没有形成细致具体的方案，且其土地单一税的设想以及论战中革命党提出的国家收买土地的方案并不可行，遂令不少革命党人怀疑孙中山的“平均地权”。冯自由说：“当日（同盟会成立时——引注）之革命青年，眼光殊不远大，虽经总理剀切讲解一致赞成之后，对于未来之社会经济问题，殊不重视，且有訾为不急之务者。本部干事某等，以有志入会者问题纷起，解释困难，遂有另立他种团体名称，及删改平均地权一项，以应付时宜者。”② 情况也确实如此。当时的革命党人中，一些人只对民族主义有兴趣，对民权主义不甚了了，对民生主义更是莫名其妙。一些人对社会主义有一些了解，但认为民生主义非当务之急。一些人则因在实际革命活动中，难以向一般群众解释民生主义，担心将民生主义列入纲领会阻碍革命组织的扩展，乃直接舍弃“平均地权”的提法。一些人比如宋教仁，对各家社会主义学说颇有些研究，怀疑平均地权的主张不适合中国的实际情形。还有些革命党人如章太炎等，主张将土地直接收归公有，交给农民耕种，

① 《孙中山全集》第1卷，第328—329页。

② 冯自由：《革命逸史》中，第526页。

而对城市土地问题不甚关心。可以说，民生主义在辛亥革命时期对于动员革命作用甚小，一些革命党人为了推进实际的革命运动，有时不得不放弃这个口号。但孙中山及其最亲密的战友始终从追求文明成果共享的高尚情怀以及预防社会革命的现实考虑出发，坚持民生主义的理想。① 革命党尚且有不少人不赞成民生主义，反对革命的人士就更对民生主义心怀恐惧了，梁启超就是其中的代表。

（二）民生主义论战

民生主义论战是梁启超对《民报》的论战。1906 年 3 月，梁启超就批评民生主义是“摭拾布鲁东、仙士门、麦喀士等架空理想之唾余，欲夺富人所有以均诸贫民”，只是为煽动下层社会起来革命，实际上并不能实行。以此种社会革命与政治革命并行，只会造成贫民专政，造成富人对政治革命的反抗，妨碍政治革命之进行。② 孙中山在《民报》创刊周年庆祝大会的演说发表之后，梁启超又先后发表《杂答某报・社会革命果为今日中国所必要乎?》（《新民丛报》第 86 号），《再驳某报之土地国有论》（《新民丛报》第 90、91、92 号）两文，③ 抨击民生主义。梁启超关于民生主义

---

① 耿云志：《论辛亥革命时期孙中山的民生主义》，《广东社会科学》1996 年第 5 期。

② 梁启超：《开明专制论》，《梁启超全集》第五集，第 335—337 页。

③ 《杂答某报・社会革命果为今日中国所必要乎?》，载《新民丛报》第 86 号，刊物标注时间为 1906 年 9 月 3 日。但该文所附“驳孙文演说中关于社会革命论者”，乃针对 1906 年 12 月 2 日孙中山在《民报》创刊周年庆祝大会的演说［载《民报》第 10 号（1906 年 12 月 23 日），题为“纪十二月二日本报纪元节庆祝大会事及演说辞”］，《杂答某报・社会革命果为今日中国所必要乎?》所引孙中山的演说也出自《民报》第 10 号。可见，《新民丛报》第 86 号的出刊时间应在 1906 年 12 月 23 日以后。梁启超此文发表后，胡汉民在《民报》第 12 号发表《告非难民生主义者——驳〈新民丛报〉第十三号社会主义论》的长文［按：梁启超的文章刊在《新民丛报》第 4 年第 14 号，而不是 13 号］，《民报》第 12 号的出刊时间标注为“明治四十年三月六日”，即 1907 年 3 月 6 日。梁启超批驳胡汉民的文章，题为《再驳某报之土地国有论》，刊于《新民丛报》第 90、91、92 号上，而该刊自标注此三期出刊时间分别为 1906 年 11 月 1 日、16 日、30 日。显然，《新民丛报》将出刊时间倒填了数月。《新民丛报》第 90 号的出刊时间，至少应在 1907 年 3 月 6 日以后，而不可能在 1906 年 11 月 1 日。

的主要论战文字，就是这两篇。其他立宪派人士有关民生主义的文字并不多。杨度在《金铁主义说》中认为，各国因“国中生产事业发达，贫富悬绝，分配不均，而后以分配问题为急，以生产问题为缓，而社会主义生矣”。中国面临列强的竞争压力，面临国家经济破产的危险，“未有贫富阶级之远隔，所急方在生产之不发达，而不在分配之不平均，故社会主义尚未发生，同盟罢工尚未一见”。他主张工商立国，先谋生产事业之发达，以对外经济竞争为先，而以国内社会问题为后。① 不过，他只是正面阐述其金铁主义的主张，颇注意避免与革命党正面交锋。《时报》也发表了《论中国今日不能提倡共产主义》，认为社会主义为至仁之术，却将产生“至不仁之效果”，因为“以智役愚，以贤役不肖者，此今日天演之现象，虽圣哲所不能违也”，贫富之别是因人有智愚贤不肖之别而自然发生的现象，而土地归公、资本归公之说，却欲人为地均贫富，将助长贫民的惰性，减弱人们的竞争之心，窒碍社会进步。②但在立宪派的报刊中，此类文字比较少，对梁启超的论战并无多少帮助。

革命党则以《民报》为主要论战阵地，其他的革命党刊物也较少参与民生主义的论战。《民报》方面的论战主将是胡汉民与朱执信。胡汉民发表的主要文章有《民报之六大主义》（第3号）、《斥新民丛报之谬妄》（第5号）、《告非难民生主义者》（第12号），朱执信发表的主要文章有《从社会主义论铁道国有及中国铁道之官办私办》（第4号）、《论社会革命当与政治革命并行》（第5号）、《土地国有与财政》（第15号）。其他重要的论战文章还有冯自由的《民生主义与中国政治革命之前途》（第4号）、太邱的《斥〈新民丛报〉驳土地国有之谬论》（第17号）。此外的文章多为介绍社会主义学说以及社会主义运动，其中一些是翻译文章。比

① 杨度：《金铁主义说》，《杨度集》（一），第227—229页。

② 惜诵：《论中国今日不能提倡共产主义》，《时报》1908年9月13日。

如朱执信的《德意志社会革命家小传》（第 2 号）就简单介绍了马克思、恩格斯、拉萨尔的生平和思想，介绍了《共产党宣言》与《资本论》的主要内容，并翻译了其中的片段。通过比较各家社会主义学说，朱执信明确推崇马克思的社会主义。渊实的《社会主义史大纲》《无政府与社会主义》则节译自 W. D. P. Bliss 所著的 *A Handbook of Socialism*。

在《民报》介绍或讨论社会主义的人，并不都赞成孙中山的“平均地权”，甚至不赞成社会主义。比如刘师培发表《悲佃篇》（第 15 号），但他是无政府主义者。章太炎发表过一篇演说，不过他的演说所论甚广，只是简略提到社会主义，并鼓吹均田制。宋教仁发表《万国社会党大会略史》（第 5 号），该文译自日本《社会主义研究》杂志，介绍了社会主义、第一国际、第二国际、各国社会党及社会主义运动史，是当时中国介绍社会主义各流派最清晰的文字。不过在译后语中，宋教仁并未对社会主义、社会党表示赞否。① 从宋教仁 1911 年 8 月 13 日、14 日在《民立报》上发表的《社会主义商榷》看，宋教仁并不赞成民生主义。在文中，他一方面肯定中国鼓吹社会主义的人士，欲“进世界以太平，登群生于安乐”，用心甚善，另一方面又指出，在中国鼓吹、实行社会主义，必先分清社会主义的流派，熟察中国国情、民情，然后定从违。他说，欧美工业发达，物质进步，贫富悬隔日趋严重，阶级对立日趋尖锐，故自由平等思想“益激急增盛，乃唱为改革现社会一切组织之说，而欲造成其所谓理想社会”，社会主义乃逐渐形成思潮。但是社会主义思潮内部派别众多，就大略而言，可分四派。（1）无政府主义（他称之为“无治主义”），主张完全废除国家。（2）共产主义，主张资本及财产全部公有，“各国之共产党及科学的社会主义家皆属此派”。（3）社会民主主义，主张“一切之生产手段”由私有归公有，由社会或国家经营，“各国之社会民主党、劳动党、社会民

① 勥斋：《万国社会党大会略史》，《民报》第 5 号，1906 年 6 月。

主主义修正派皆属此派”。（4）国家社会主义（亦名讲坛社会主义），主张由国家实行社会改良主义，“以救济社会之不平均，改良社会之恶点”，“各国之政府及政治家之主张社会政策者皆属此派”。他认为，在四派中，只有第一、第二两派是真正的社会主义，第三、第四两派算不上真正的社会主义。宋教仁对社会主义思潮产生的社会背景与思想源流的理解，对社会主义各派的分类及其核心主张的把握，都比较到位，表明他对各家社会主义学说确有比较深入的研究。这十分难得。宋教仁承认社会主义的理想甚高，但强调问题的关键在于理想与现实是否能切合，“凡一主义之推行，每视其客体事物之现状如何以为结果，其客体事物之现状与其主义相适者，则其结果良，其客体事物之现状与其主义不相适者，则其结果恶”。① 可以说，宋教仁对于社会主义的看法，与梁启超比较接近。

民生主义论战主要围绕三大问题进行，即社会革命在今日中国是否必要，是否可行，以及以“平均地权”为核心的民生主义是否能行。

1. 社会革命是否必要？

梁启超认为，今日欧美社会，“富族专制之祸”“烈于洪水猛兽”，以抑制资本家之专横、谋劳动者之利益的社会革命论乃不得不发生。他说，今日欧洲之社会问题源于其经济组织之不良，而这又源于中世纪欧洲的世袭贵族制与长子继承制所造成的大土地所有制。由于存在大土地所有制，欧洲社会贫富本就悬殊。在工业革命过程中，大地主转化为大资本，而其政府当局又错误地绝对承认私有制、放任竞争，造成日趋严重的贫富分化与社会矛盾。中国的情形不同。中国的首要任务是工业化，否则将在经济上亡国。他也认识到，工业化将造成经济社会组织的巨大变动，小农、手工业者必为大资本吞噬，贫富分化将趋于严重。不过，他认为，不必过虑。

---

① 宋教仁：《社会主义商榷》，《宋教仁集》（一），湖南人民出版社 2008 年版，第 342—347 页。

一则中国久无世袭贵族，又行多子继承制，且政治观念崇尚轻徭薄赋，人民勤俭，故社会财富流转频繁，少世代皆富之家族，而多中产之家，“本无极贫极富两阶级之存”，社会经济组织本较工业革命前的欧洲完善。二则可以在工业化过程中充分利用本国多中产的条件，集合中产者之资本，以投资于近代工商业，善为经营，善为保护，就可以使“受佣钱之人，半皆兼有资本家之资格”，较好地防止资本过度集中，避免社会革命。他以粤汉铁路股份构成为例，说明其方案的可行性：粤汉铁路招股两千万元，最大股东不过占二十万元乃至三十万元，且这种大股东只有数人，绝大多数股东是占十股（每股五元）以下的小股东，公司全股四百万份，而股东有百余万人。① 三则可以在工业化过程中实行“社会改良主义”，预防过度的贫富分化。在土地问题上，将森林、自由地等划归国有，又订立法律，防止资本家大规模圈占土地。在产业国有上，将具有独占性质的产业如铁道、市政公共事业等国有化，防止资本家利用独占优势获取超额利润，加剧贫富分化。制定工场条例，保护劳动者，尤其是妇女、儿童，防止资本家虐待工人；强制推行失业保险、养老保险、疾病保险等，使民之失业者及老病者皆有以为养；特置种种贮蓄机关，予人民以贮蓄之方便，保护小资本，推动小业主、劳动者之间的产业合作；以累进率行所得税及遗产税，将极富裕者的部分财富转化为社会财富。这就可以在发展资本主义的同时，使“大资本家之资本，与小资本家之资本，其量同时并进”，适当限制贫富分化、保障劳动者基本生活与基本权益，虽不能实现“彼圆满社会主义家所希望之黄金世界”，但至少可免除今日欧美社会阴风惨雨之气象。② 大体上，梁启超所主张的是宋教仁所称的“讲坛社会主义”。

---

① 梁启超：《杂答某报・社会革命果为今日中国所必要乎?》，《梁启超全集》第六集，第84—88页。

② 梁启超：《杂答某报・社会革命果为今日中国所必要乎?》，《梁启超全集》第六集，第104—105页。

梁启超急切地希望发展资本主义，希望奖励资本，而不是限制资本，不愿意人们因资本主义发展存在种种弊端而畏葸不前，他对资本的扩张逻辑认识不足。

胡汉民、朱执信等承认中国的分配问题尚不严重，但他们强调，若任由资本主义发展而不加限制，就必然会发生严重的贫富分化，造成严重的社会问题，引发革命，必须加以防范，这就是民生主义的来由。关于这一点，他们的主要看法如下。

其一，社会革命的对象是造成贫富分化的社会经济制度，而非贫富分化现象本身，决定应否社会革命的，乃是否存在造成贫富悬隔的社会经济制度，而非是否存在贫富悬隔。[①] 以中国现存的社会经济组织，即便工业化过程中实行“社会改良主义”，也不能避免贫富悬隔以及由此引发的社会革命之祸。胡汉民指出，梁启超对中西社会经济组织的比较，完全忽视了美国的情况。工业革命前的美国，无贵族制度，无长子继承制，无贵族教会之重重压制盘剥，又有广阔的自由地供劳动者迁徙，使其可能免除竞争之苦，其经济社会组织较中国要好得多。但工业化过程中的美国，听任大资本占有具有独占性质的土地，奖励资本家占据自由地，将铁路旁边数十英里土地划归铁路公司，造成美国式的大土地所有制，并由此造成资本集中、贫富悬隔的“恶象”。[②] 他认为，欧洲、美国的贫富悬隔皆导源于土地集中，要“解决社会问题，必先解决土地问题”。中国存在土地私有制，也就存在由大地主转变为大资本，并最终造成贫富悬隔的必然性。不解决土地问题，而欲通过实行“社会改良主义”，避免贫富悬隔与社会革命，“皆逐末而无足以救患”。[③] 不过，他并

① 朱执信：《论社会革命当与政治革命并行》，《朱执信集》上集，中华书局1979年版，第56—59页。

② 胡汉民：《告非难民主主义者》，中国近代思想家文库《胡汉民卷》，第23—27页。

③ 胡汉民：《告非难民主主义者》，中国近代思想家文库《胡汉民卷》，第23—27、29—30页。

没有细致分析中国的土地占有状况，没有正面回应梁启超关于中国大土地少，而小土地多的论述，其论断就难以服人。梁启超以粤汉铁路的股权构成来论证全民资本主义的可能性，胡汉民则指出，粤汉铁路集资之动因，是全省士民激于一时义愤，集合资金以抵制当局借款筑路，并非中产之家举储所余牟利而来。随着时间的推移，公司股份将逐渐转移到少数大股东手中。铁路获利愈丰，大股东之购求愈急，四百万份之股终必落入少数人之手。“受佣钱之人，半皆兼有资本家之资格”，不过一厢情愿而已。[①] 这一分析可以成立。

其二，中国资本主义尚不发达，贫富分化尚不过分悬殊，开展社会革命的阻力较小，正可乘机开展社会革命，毕政治革命与社会革命之功于一役。进行政治革命时，若不以欧美为殷鉴，不同时开展社会革命，而等资本主义发达，贫富分化严重、社会问题积重难返之时，再进行社会革命，就将再次造成社会的大冲突、大破坏，是今人对后世子孙的不负责任。

2. 社会革命是否可行？

(1) 梁启超论社会革命不可行

梁启超之论今日中国不可行社会革命，主要有两层理由。

第一，中国今日面临严重的国际经济竞争，需要优先考虑经济发展，分配问题只能退居其次。

作为资产阶级的代言人，立宪派对于民族资本遭遇的国际资本的竞争压力感同身受，他们对外资在华扩张心怀恐惧，急切地寻求应对之方。他们之主张立宪，就是希望扫清资本主义发展的制度障碍。他们反对革命，重要原因之一是担忧革命造成长期动荡，凋敝民生，阻碍国民经济能力之扩张，使中国“不能不依赖外资支撑经济界”。他们认为若革命成功而建共和，而“国土早已为外国经济势力瓜分，人民早已为外国经济势力支配”，共和政治也

---

① 胡汉民：《告非难民主主义者》，中国近代思想家文库《胡汉民卷》，第23—27、27—28页。

毫无意义。[①] 梁启超强调，面对帝国主义时代的竞争，中国若不大力奖励资本，则“十八省千百州县之地，势必全为欧美资本家之领域”，整个国民经济将依附于人，全体国民将成为外资的劳动力。[②]

梁启超深切忧虑外资输入将控制中国经济。胡汉民嘲笑他“畏外资为虎”，“其以外资为恐也，词繁不杀，而其情状一若其颤声长号与共和哭别之日”。[③] 话虽刻薄，也是实情。太邱说，梁启超“欲助资本家以压劳动者，悍然畔于人道而罔或顾，而其病则坐于惧外资”，[④] 判断精准。由此种焦虑，梁启超将发展民族产业、抵御列强经济侵略，作为其经济政策的出发点，强调“策中国今日经济界之前途，当以奖厉资本家为第一义，而以保护劳动者为第二义”。他说，中国之资本微微不振，星星不团，难与外资竞争，其唯一竞争优势是地租、人工低廉。若罔顾急需发展资本主义的现实要求，追逐欧美社会主义潮流，限制资本，以同盟罢工为手段要求增加工资、缩短劳动时间，将使中国无法形成大资本，无法与外资竞争，“我四万万同胞将牛马终古”。他毫不讳言地宣称，为着发展资本主义，中国工人应忍受低工资。这对工人或许不公，但急则治标，当国际经济竞争关系国家存亡，而分配问题尚未严重到根本冲击社会秩序时，内部分配问题当服从对外经济竞争。他指责革命党人鼓吹民生主义，完全是无病呻吟，不过利用民生主义，“以博一般下等社会之同情，冀赌徒、光棍、大盗、小偷、乞丐、流氓、狱囚之悉为我用”，以煽动民族革命而已。[⑤]

第二，利己心与私有财产权是现今文明之基础，以现有的社会

---

① 乌泽声：《满汉问题》，《大同报》第1号，1907年6月。

② 梁启超：《论民族竞争之大势》，《饮冰室合集·文集之十》，第35页。

③ 胡汉民：《告非难民主主义者》，中国近代思想家文库《胡汉民卷》，第23—27、33、31页。

④ 太邱：《斥〈新民丛报〉驳土地国有之谬》，《民报》第17号，1907年10月。

⑤ 梁启超：《杂答某报·社会革命果为今日中国所必要乎?》，《梁启超全集》第六集，第89—91、105页。

程度，还不能破除私有财产权，故社会革命不可行。

梁启超接受亚当·斯密的理论，将人类之利己心看作“经济之最大动机”，将私有财产制度看作“现社会一切文明之源泉”。他说，“今日一切经济行为，殆无不以所有权为基础”，人类的一切经济活动都是为着获得对物质财富的支配权，以获得安全感。人类在利己心驱动下，遵循经济法则，各谋获得、扩张所有权的经济活动，不但能满足经济人的私欲，也能实现财富的增长，利己与利人在以私有权为基础的市场经济活动中可以获得统一。他承认圆满之社会主义理想高尚，也不否认随着经济社会发展，人类或许能摆脱为私有财产权从事经济活动，而为正义与人自身的发展从事经济活动，但他强调在目前条件下，人们的道德程度还未及于此，“导经济动机，使纯出于道德，尽人皆以公益为务”，还只能是理想，当前还必须利用人类之利己心以为发达经济之媒。若不顾现实情形，违逆今日人情，侈谈理想，否定人类之利己心，去除所有权观念，要求人们为正义而劳动，则“个人勤勉殖富之动机，将减去泰半”，现有之经济社会秩序将从根本上被破坏，实不可取。他反对以自然法来否定土地私有制，认为那种以土地为造化主所产，非由人力而成，故当人人共享的理论，为“蔑视历史之妄言”。他强调，自然法不过历史之产物，不存在超越人类历史经验的万古不易的自然法，所谓规律，所谓公正，都是社会变迁的结果，欲蔑视人类历史变迁前迹，依虚构的自然法裁制现实，绝不可行。土地由共有转向私有，是历史变迁的结果，不容轻易否定。他承认“土地为造化主之生产物，其价格腾贵，食社会之赐，非个人所宜独占”的说法，在一定程度上可以成立，但又指出，若将此说法推而广之，则“社会之富，何一非造化主之生产物，何一非食社会之赐者?”循此理，则人类一切生产所得之物都应公有，那就应彻底否定私有制，而不能只是否定土地私有制。[①] 梁启超此说，击中了亨

① 梁启超：《再驳某报之土地国有论》，《梁启超全集》第六集，第161—163页。

利·乔治等主张土地国有的资产阶级学者的软肋，因为他们将贫富差距单单归咎于土地私有，将人们对贫富分化的愤恨引向土地贵族，掩盖了生产资料资本主义私有制这一最重要的原因。他们主张土地公有，却反对一切财产的公有，理论上不彻底，也就为彻底的社会主义者以及坚持土地私有制的人们提供了反击的空隙。梁启超又强调，为维护人类现今经济社会活动的基础，保障经济活动的开展，人们实不必斤斤于所有权的起源是否有原罪。即便私有财产的起源不免于原罪，但世代已久，不能以最初的原罪否定今日的私有财产。在他看来，今日之私有财产大多是遵循现实的经济活动规则而获得的合法财产，以最初的原罪否定今日的私有制，既不公平，又有害。①

基于对私有制以及利己心在人类经济活动中作用的肯定，梁启超认为，为发达产业，以与外资竞争，恰当的策略是奖励私人资本，而非大力发展国有资本。其理由是，私有经济远较国有经济有活力：从经济上看，企业是最圆满而能持续的现代经济机关，企业经营需要有创新精神、冒险精神、逐利冲动的企业家，他们是“国民经济之中坚”。而国有企业往往由官吏主持，他们往往不求有功，但求无过，循规蹈矩，少有创新、进取、冒险之冲动，难以经营好企业。他也同意，一些具有独占性质的领域如铁道、森林以及电车、电灯、自来水等城市公用事业，需由国家经营，但强调国有经济的范围不宜过大，否则将严重压缩私人资本的活动空间，窒碍国民经济的发展。他不太相信国有资本的国际竞争力，而希望奖励私人资本，以养成能与外资竞争的大资本。从政治上看，国有经济过度膨胀，会“助长公吏之专横”与“政界之腐败”。在国民程度不足、新政府草创之际，法律尚不完备之时，“一旦举全国重要之生产事业，悉委诸官吏之手，则官吏之权力必更畸重，人民无施监督之途，而所谓民主专制之恶现象，遂终

① 梁启超：《再驳某报之土地国有论》，《梁启超全集》第六集，第162—163页。

不可得避”。[①]

（2）民生主义者之论社会革命可行

和梁启超几乎恐惧外资在华扩张不同，民生主义者更多地强调外资的积极作用。胡汉民认为，国际经济关系并非梁启超所认为的你死我活的竞争，而主要是互利互惠的经济交往，而且经济越发展，与国际经济的联系就越紧密，外资也将越来越多，这是必然趋势。他否认中国经济困境是因为列强经济侵略，认为外资输入有助于解决中国工业化初期的资金匮乏，外资在华合法经营，无论其是否获利，中国国家获得地租，工人获得工资，有助于中国经济发展。解决中国经济困境的方法不是抵制外资，而是开通民智、去除使用机器之禁，大力发展交通，统一货币，除去苛捐杂税，保障交易的安全迅捷，创造产业发展的环境。胡汉民批评梁启超恐惧外资，与收回利权运动中那种“宁使中国之路不成，矿不开，不令外国输财于吾国而得利”的极端态度，没有本质差别。他同意，面对外资输入，个别关系国家经济命脉的行业需要实行贸易保护，但他强调，对外经济关系应以自由贸易为原则，而以保护贸易为例外，只能保护特别行业，而不能保护一切行业，只能保护产业，而不必保护资本家。若说要发达产业，以抵御外资扩张，恰当的策略也是发达国家资本，而非奖励私人资本。只要实行土地国有化，并由国家掌握土地与一切有关国计民生之重要资源，利用地租投资于产业，就可形成庞大的国家资本，制约外资，使“外资输入有利无损”。中国的私人资本“微微不振，星星不团，不能从事于大事业”，用以与外资竞争，根本没有胜算。为着这种没有胜算的竞争而奖励私人资本，“牺牲无量数之资本，牺牲无量数人之劳力”，造成一富豪阶级，造成贫富悬隔的社会问题，实在得不偿失。[②] 可

① 梁启超：《再驳某报之土地国有论》，《梁启超全集》第六集，第151—152、186—189页。

② 胡汉民：《告非难民生主义者》，中国近代思想家文库《胡汉民卷》，第23—27、31—40页。

见，在对待外资的态度上，民生主义者与梁启超态度截然两歧。外资输入有双重作用，一方面它能刺激本国经济，为经济发展提供一定的资金，带来一些先进的技术与管理制度、经验，为经济发展注入活力，另一方面若国家主权不完整，本国经济组织、技术、人才、资金等完全缺乏竞争力，那大量输入外资，确实存在巨大的风险。民生主义者与梁启超各看到问题之一面，所以一方过于乐观，一方过于悲观。同时，他们又都对如何废除不平等条约，解除国际资本对中国资本的特权，避而不谈。

梁启超主张效率为先，相信人类经济活动的动力来自利己心，而私人资本主义有利于发挥人的利己心、竞争心，有利于发展经济，故他主张奖励私人资本。于此，冯自由辩称，不解决社会问题，则经济虽发展，而“大多数人民而蜷伏于少数资本家羁制之下”，这种经济发展毫无意义；又表示，社会越文明，人类之公德心、名誉心越发达，而民生主义又是社会文明的推进器，实行民生主义可以迅速提升人类之公德心、名誉心，不会导致经济发展停滞。[①] 这种论述，忽视实行民生主义的物质基础，不具说服力。诚然，当社会物质财富极大丰富时，人们将为自身发展与社会公益而劳动，而不是为个人财富的增长而劳动，因为财富已失去了意义。可是，当物质的丰富还未达此程度时，追求个人财富以及财富增长带来的安全感、支配感、成就感、荣誉感，仍将是社会经济发展最原始的动力。脱离物质条件，而谈人类之公德心、名誉心，只是画饼充饥，无助于实际。由于相信国家理性，相信民生主义可发达人类之公德心、名誉心，民生主义者对民主立宪条件下国有资本经营与社会分配中可能存在的官员腐化专横、效率低下、分配不公，以及国家垄断重要产业对于国民经济发展的制约与对于人民的经济控制所可能发生的流弊，缺乏警惕。

与梁启超追求效率，忧虑国有资本过于扩张，将造成国家对国

① 自由：《民生主义与中国政治革命之前途》，《民报》第4号，1906年4月。

民的奴役不同，民生主义者以公平为优先，忧虑资本对人的奴役，认为私人资本的过度发展将造成富者垄断财富，社会日益分化为富豪与贫者两大截然对立的阶级，种下社会革命之因，也将使行政立法诸机关为大资本所操控，形成比君主专制更严重、更无处可逃的“富豪专制”，大多数人民“将生生世世厕于奴隶阶级之境遇”。即便国家推动慈善事业，救济贫民，也只会助长贫民之懒惰心，无助于贫民自身的发展。[①] 他们相信国家理性，认为只要完成政治革命，建立实行民权主义的“国民的国家”，这个国家就能忠实地履行其积极发展经济、合理分配的职责，成为民生主义的“社会的国家”。胡汉民就说，民权立宪之国，“其统治权在国家”，“国家总揽机关为人民代表之议会，则社会心理反映于上，而国家以之为国民谋其幸福，无乎不公，无乎不平，非稍有政治阶级者所能比也”。[②] 他相信，以这样的国家，而实行土地国有，垄断重要利源，以庞大的地租收入作为资本投入产业，则生产可以发达，分配可以均衡。

（3）社会革命是否导致“贫民专政”“民主专制”，是否阻碍政治革命

梁启超指责革命党人鼓吹民生主义，不过是利用它煽动民族革命。民生主义者坚决否认这一点，强调革命党人鼓吹民生主义，乃“先觉之士见乎经济阶级之为梗于社会，而讲救济之之方法，欲实现其平等博爱之思想者也”，并非借此煽动下流社会以行排满革命。恰恰相反，排满革命是为了建立“社会的国家”，谋求最大多数人的幸福。[③] 他们反复指出，民生主义不是夺富人之财以分配给贫民，更不是梁启超诬称的杀天下人之半而均天下之富，只是“以至秩序至合理之方法”变更社会经济组织，“使富之集积休止，

① 自由：《民生主义与中国政治革命之前途》，《民报》第4号，1906年4月。

② 胡汉民：《民报之六大主义》，中国近代思想家文库《胡汉民卷》，第23—27、8—9页。

③ 辨奸：《斥新民丛报之谬妄》，《民报》第5号，1906年6月。

集积既休止矣，则其既已集积者不能一聚不散”，防范富豪垄断财富，而非损害“豪右”现有之财富。所以要在政治革命时进行社会革命，并非乘机掠夺富人的财产，而只是因为当革命进行之时，“豪右”最关心身家性命能否保全，财产所有权观念相对薄弱，开展社会革命的阻力比较小而已。① 这种解释，显然是不希望一般富人因为民生主义而反对政治革命。

梁启超忧虑政治革命、社会革命并行，将出现“贫民专政”。于此，朱执信指出，贫民参政必秩序大乱的观念，根本是以财取人，而不是以才取人，是以卖官鬻爵为正当。他强调，“社会的国家”，人们当有平等参政权。他相信贫民与富人“同是横目两足，同是耳聪目明”，没有贫民必愚、富人必智的道理。欧美各国工人参政已成潮流，贫民参政则秩序大乱的谎言已被戳破。他进一步指出，若担心贫民多目不识丁，难当参政之责，那可以限制被选举者之教育资格。若担心贫民占据多数议席，将有偏利贫民之政，那不许贫民参政，由富人垄断权力，其政必偏利富人。他说，无论占据多数议席是贫民，还是富人，都有“背公而为不正之议决”的风险，相对而言，贫民占据社会的多数，占据多数议席，“则其议决势不得私”。② 这种解说，完全否定民主政治下发生贫民专政的可能，自不能解梁启超之忧。当社会上存在贫富分化时，如何平衡贫富两大社会阶层的权益，是现代政治面临的重大挑战，非一句多数人之代表不会做出违背公义的决议，就可以轻轻带过。梁启超推崇尚贤政治，将政治革命的希望寄托于中等社会以及少数优秀名贵之辈，对贫民参政抱有天然的恐惧，对贫民在精英统治下遭遇的不公缺乏体会。朱执信等革命党人主张平民革命，主张包括贫民在内的国民有平等的参政权。《中国同盟会革命方略》就宣布，“今者由

① 朱执信：《论社会革命当与政治革命并行》，《朱执信集》上集，第63—67页。
② 朱执信：《论社会革命当与政治革命并行》，《朱执信集》上集，第64—69页。

平民革命以建国民政府，凡为国民皆平等以有参政权”。① 这种主张符合大众登上政治舞台的世界潮流，但革命党人完全否定贫民专政的可能性，也是一个缺陷。

朱执信又批驳革命后将出现民主专制的说法，认为梁氏此说的全部学理依据是波伦哈克的学说，而波氏之说则全由总结法国革命史而来，不具普适性。他说，法国革命是单纯的政治革命，故革命后贫富分化日趋严重，而中国革命将是政治革命与社会革命并行，革命之后不会出现严重的贫富冲突，也就不存在波伦哈克所说的政权在贫民与富人之间反复转移的问题，也就不会出现“民主专制”。② 这种说法，将社会革命后的社会均富状态，作为反驳社会革命过程中将出现“民主专制”的理由，存在时空错位的毛病。

关于社会革命是否可行，还涉及社会革命与政治革命并行，是否障碍政治革命的问题。这又涉及政治革命究竟是“中等社会”的革命，还是“平民革命”。梁启超认为，中国的政治革命，其主要动力是中等社会，担忧政治革命的同时实行社会革命、土地国有，将严重损害中等社会的利益，使他们成为政治革命的反对者，不利于政治革命的进行。不少革命党人也认为政治革命需以中等社会为主力，故对社会革命持保留态度。而鼓吹民生主义的革命党人则强调，中国的政治革命不同于 18 世纪到 19 世纪上半叶欧洲的政治革命。朱执信认为，欧洲的政治革命以豪右为主体，而以劳动者为辅佐，故不能政治革命与社会革命并行，因为社会革命的对象即是领导政治革命的豪右。而中国的“富族”只会盘算自己的发财计划，对于政治革命首鼠两端，不可能成为政治革命的领导者，故中国的政治革命只能以“细民”（即力役自养之人）为主体，“绝不以豪右为中心点”。要动员“细民”参加政治革命，就需要在政

① 《中国同盟会革命方略》，《孙中山全集》第 1 卷，第 297 页。

② 朱执信：《论社会革命当与政治革命并行》，《朱执信集》上集，第 68—69 页。

治革命的同时开展社会革命。这既可通过政治革命保证“细民”掌握政治权力，落实社会革命的种种举措，也可通过社会革命，消除过度的贫富差距，防止政治革命的成果为严重的社会阶级分化所破坏，避免出现专制政治与阶级政治。①

3. 以“平均地权”为核心的民生主义是否能行？

所谓民生主义是否能行，是指民生主义能否帮助劳动者摆脱被资本奴役的地位，能否避免贫富分化，能否避免社会革命。这一争论围绕土地国有问题展开，是论战双方着墨最多、争论最激烈的问题。争论要点如下。

第一，贫富分化的主要根源是土地私有还是资本私有。

梁启超认为，贫富分化的根本原因在资本私有，土地只是次要因素。他说，是资本扩张造成都会发达与土地增值；只要存在资本，就必定造成大资本吞并小资本，造成农民失地、手工业者失业。欲解决社会问题，“当以解决资本问题为第一义，以解决土地问题为第二义”。②

胡汉民则坚称，贫富分化的根本原因不是资本私有，而是土地私有。他说，都会之兴，因农业生产发达，贸易兴起，人们乃就交通便利之处为市。“农地王盛，而都会亦以繁荣；农地萧条，都会亦受影响”。纵当工商业极盛之时代，也是土地本身的区位优劣决定都会是否繁荣以及地价之涨落。至于农地价格，更直接取决于土地之肥沃硗确、地理位置以及人地关系，而与资本膨胀关系不大。“资本实始终缘附于土地，其势力不得对抗。……地主有左右资本家运命之势力，而资本家不能不仰地主之颐指。文明之时代，地之为需要愈甚，则地主之势力愈横，而资本家亦愈非其敌。”欧美的经验已然证明了这一点。因此，欲解决贫富分化问题，必先解决土

---

① 朱执信：《论社会革命当与政治革命并行》，《朱执信集》上集，第63—67页。

② 梁启超：《社会革命果为今日中国之必要乎?》，《梁启超全集》第六集，第91—92页。

地问题。①

显然，梁启超、胡汉民各自强调问题的一方面，而有意忽视另一方面。当农业经济时代，贫富分化的关键是土地，决定土地价格的主要因素是土地本身的区位与自然性质。资本主义时代，资本日趋重要，主要是资本膨胀、产业发展状况决定土地价格。原始资本来自人工与土地的结合，大地主最容易成为最初的大资本家，但资本一旦脱离其原始形态，进入近代工商业领域，情形就发生变化。一方面，城市工商业的发展始终离不开土地，城市工商业者不满于城市土地私有制对资本主义发展的制约，这才产生了土地国有论；另一方面，随着资本主义的发展，城市资本主义对农业经济的支配日趋明显，掌握大量“野地”而不掌握城市土地的贵族地主不得不屈从于城市资本。资本主义时代，土地与资本的关系，并非简单的土地支配资本或者资本支配土地的关系。要解决资本主义所导致的贫富悬隔，须从资本与土地两方面着手，消除生产资料的资本主义私有制，而不能仅仅依靠土地国有。

第二，土地国有能否消除贫富悬隔。

从资本支配土地的认识出发，梁启超认为，解决贫富悬隔当以解决资本问题为下手之方，而民生主义侧重于土地问题，完全搞错了社会革命的方向。他认为，民生主义仍允许私人资本存在，这就必然出现大资本吞并小资本，必然出现严重的贫富分化，也就无法避免社会革命。要彻底消除贫富分化，避免社会革命，必须实行“体段圆满”之社会革命，“举一切之生产机关而悉为国有”，国家自为地主自为资本家，独占一切生产事业，而国民全体为国家之劳动者。而这需要一个垄断全部生产事业，“取全国人之衣食住，乃至所执职业，一切干涉之而负其责任”的全能政府。以现有的技术条件与国民程度，不可能有这样的政府。即便组织起这样的政

① 胡汉民：《告非难民生主义者》，中国近代思想家文库《胡汉民卷》，第42—45页。

府，也“有自由竞争绝而进化将滞之问题，有因技能而异报酬或平均报酬孰为适当之问题，有报酬平等将遏绝劳动动机之问题，有分配职业应由强制抑由自择之问题”，也容易出现官员腐败、政府失能的问题。①

胡汉民从土地支配资本的认识出发，强调不解决土地问题，则虽文明日进，亦将“使全国困穷而资本富厚悉归于地主”，“驱社会之人而悉为之仆”，种下社会革命之因。而土地国有化，则可消除地主的经济强权，令其不得坐享文明成果；可消减资本家之势力，防止资本家以资本、土地两大利器制劳动者之命；可抑制土地投机，使资本从土地投机转向实业，增加资本供给，推动产业发展；可为发达国家资本提供资金来源，预防大资本家的出现；可为能耕者提供土地，为劳动者提供罢工归农的选择，使资本家不能制劳动之死命。②

胡汉民相当务实地指出，今日尚不能实行“体段圆满”之社会主义。他说，民生主义并不追求国家垄断全部生产事业，只是主张土地国有与大资本国有，由国家独占土地，“举一切自然独占之事业而经营之”，此外则仍允许私人资本存在，容许私人资本的竞争。民生主义也并不排斥一切竞争，而只是要求废除土地私有制，防止地主利用其占有土地的优势，对无土地者构成天然的竞争优势，“使社会无不平之竞争”，使竞争发生于国家独占经营的事业之外。民生主义者也不追求财富分配的“数理的之平等”，只是主张“心理的之平等”，使“人各起于平等之地位，而其所付与，则各视其材力聪明者也。……其所得各视其材力聪明，虽有差异，不为不均”。民生主义者，也不追求全盘干涉生产与分配的全能政府，而只是主张通过土地国有、大资本国有，使经济上无不平之阶级，防止“富者益富，贫者益贫”。也就是说，实行民生主义，仍然

① 梁启超：《杂答某报·社会革命果为今日中国之必要乎?》，《梁启超全集》第六集，第91—92页。

② 胡汉民：《民报之六大主义》《告非难民生主义者》，中国近代思想家文库《胡汉民卷》，第8、46—47页。

有私人资本与竞争，仍然有因才智勤惰而生的收入差异，但因为土地国有与国家掌握大资本，既不会发生“自由竞争绝而进化将滞之问题，报酬平等将遏绝劳动动机之问题”，也不会因私人资本膨胀以及过度竞争而发生贫富悬隔、绝大多数人为资本之奴隶的情形。①

第三，关于土地国有化本身及土地单一税。

梁启超反对全面土地国有，强调讨论土地问题，“当明邑地与野地之区别”，“又当明自由地与有主地之区别”。邑地之区位“天然无容竞争之余地”，有独占性质，能大大降低生产成本并易获超额利润，邑地私有易造成不平等的竞争与过度的贫富分化，不利于工商业发展，故应国有化。而野地则多不具备独占性质，既不妨碍城市资本主义工商业的发展，也不存在过度集中的问题，没有国有化的必要。且一般地主之获得土地，并非依靠世袭或强力掠夺，而多系通过勤俭贮蓄获得。此辈为“国之石民”，是建立健全政治需要保护的对象，以国家权力强行将他们的土地国有化，使其丧失经济独立，不但于地主不公，且将危害政治。② 梁启超看到保证农民经济独立地位对于建立健全政治的意义，这颇为难得。有一种颇为流行的看法，认为小农缺乏政治思想，是依附于传统专制政权的力量，非建立近代民主政治可以依靠的力量。一定的意义上，这种看法不能算错，但问题的另一方面是，若农民丧失土地所有权，不得不依附于国家权力，也肯定不利于建立健全的政治。再者，美国建国之初，小土地所有者被看作共和政治的基石。

梁启超又从土地国有的技术困难及其流弊强烈质疑土地国有论的可行性。他称，土地国有存在土地估价工程浩大，且不免官吏舞弊而人民不接受官方估价，从而引发官民冲突的问题。土地国有

---

① 胡汉民：《告非难民生主义者》，中国近代思想家文库《胡汉民卷》，第46—47页。

② 梁启超：《再驳某报之土地国有论》，《梁启超全集》第六集，第64—69页。所谓邑地，包括城市土地以及性质与其类似的铁路线旁之土地。所谓自由地，即未经法定手续确认的无主土地，包括森林地、未经垦殖之荒地、滩涂以及“人民瞒税不纳之地”。

后，土地经营也有困难：国家直接经营，则效益低下；分配土地给农民耕种，则分配公平不易实现；竞拍招租，则“必有资本者乃能向国家租地，其无资本者无立锥之地如故也；又必有大资本者，乃能租得广大之面积与良好之地段，而小资本者，则为跼蹐于硗确之隅也”。土地国有，无助于改善农民的处境，只是收地租者由地主变成国家而已，只是原本不缴地租的小地主需要向国家缴纳地租而已。土地国有无助于减轻资本主义企业的负担，只是有用地需求的资本家面对的谈判对手由囤积居奇的地主变成了全面控制城市土地的国家而已。土地国有，无助于缓解资本主义竞争，“一切工商业，除铁路外，皆可租地以从事，而其竞争之剧，兼并之烈，与在土地私有制之下，毫无所异”。土地国有也无助于改变工人的处境，以为土地国有，能耕者有其田，劳动者可以“罢工归农”为手段与资本家博弈，于是“企业家不惟不能胁制劳动者，而劳动者反能胁制企业家”，只是美好的想象。实际情形是，随着社会发展，“土地常感不足”，人地矛盾突出，农业生产边际效益递减，大量富余劳动力将被迫离开农业，不得不受制于资本。①

对于国有化的“自由地”，梁启超只主张森林由国家直接掌握、经营，其他则不应由国家最终持有、经营。东北、新疆、西藏等地的“自由地”国有化后，可采用东普鲁士的地代农场制度，将其设为农场，招募贫民垦殖。垦殖的贫民可从垦殖银行贷款购地，或在承租若干年并缴纳相应地租后获得土地所有权。“本部新垦及淤增之自由地”国有化后，除留出小部分为模范农场外，其余当相机售于民，以其收入充国家临时经费或偿还国债。他认为，此种政策，可调动农民的生产积极性，纾解东部地区的人地矛盾，有效开发西部。②

---

① 胡汉民：《告非难民生主义者》，中国近代思想家文库《胡汉民卷》，第23—27、46页。

② 梁启超：《再驳某报之土地国有论》，《梁启超全集》第六集，第169—171页。

总之，土地有限，仅仅依靠土地国有，不能增加土地供给，不能解决人地矛盾，不能改善农民、工人的处境，无助于缓解贫富矛盾。要解决就业，改善劳动者的处境，希望不在土地国有，而在奖励私人资本，发展近代工商业，同时实行社会改良政策。

孙中山主张土地国有，但并没有提出具体的实行方案，对一些问题的论述也不十分明确。胡汉民、朱执信等在论战中对孙中山的土地国有思想有所发挥。有一些发挥将孙中山的思想细化，使其具有可操作性，也有力地回应了梁启超的质疑。比如胡汉民就说，土地国有后，对于多数土地不采取国家直接经营的模式，而采取出租的方式；土地使用权的出让采取竞拍招租的方式，对于个人或企业可承租土地之面积分行业设标准，不做统一的限制，只要求“凡农地之租者不得废耕，业场之租者不得废业”，以防承租者囤地居奇。① 有一些发挥则不能自圆其说，令他们在论战中疲于应付，“照价收买”土地之说即是如此。

孙中山提出以地价税的形式实现土地国有，并没有说照价收买。这是土地国有的本意。照此，地价税应大体与地租相等。在国家划定地价并征收地价税的前提下，对于大多数土地，国家可不必直接介入其经营，而可仍由现掌握土地使用权的地主负责日常经营管理；只有当国有企业、国家公共事业有用地需求之时，才由国家按划定的地价买收私人土地的使用权。若个人或私人企业需要用地，则买卖双方按市价交易，溢价部分则由国家征收。此种土地交易，实为土地使用权之交易。② 梁启超在《杂答某报·社会革命果

① 胡汉民：《告非难民生主义者》，中国近代思想家文库《胡汉民卷》，第57页。

② 对于此种土地使用权交易中，交易价格低于国家划定价格的情形，孙中山并没有提出向地主补偿的意见。在他看来，随着文明进步，地价只有上涨，不可能下跌。后来，朱执信在《土地国有与财政》一文中回应梁启超的相关质疑时曾提到，土地买卖必须以政府为中介，买方将地价款交给政府，由政府转付给卖方。交易只以政府划定的价格交易，当交易价格高于划定价格时，政府只需将划定的地价交付买方，其余部分由政府截留；当交易价格低于划定价格时，政府为买方补足差价，并转付给卖方。不过，他相信，随着经济的发展，地租有涨无降，此种情形不会发生。（《朱执信集》上集，第103、109页。）

为今日中国所必要乎?》中给革命党人挖了个坑。他在论及地价时说，“不知政府于定地价时随即买收之乎？抑定地价后迟之又久然后买收之乎?”[①] 胡汉民、朱执信随后就掉到这个坑里。胡汉民在《告非难民生主义者》中就说，“吾人社会革命之政策为土地国有，土地国有之办法为定价收买”。[②] 此后，梁启超就顺着国家依定价收买土地的圈套，论土地国有之不可行。他说，国家不可能有收买私有土地所需的庞大资金，只有发行公债一法。但滥发公债以收买土地，无异于抢劫；公债过巨，将使财政不堪重负，枯竭产业发展资金，带来利率上涨、生产成本增加、社会消费能力下降、经济衰退的后果。[③] 显然，若将土地国有化看作国家划定地价并照价收买，则梁启超的这些质疑都可以成立。其后，朱执信在《土地国有与财政》中说，“他种财产之为国有，固常以买收之方法。而如土地之价值总额过大者，决不能以单纯一时买收之方法为满足”。他提出的买收方法是，“先给国债券，而后偿还，一也；划定价值后，有增价悉以归官，然后随时依价收买，二也。此两法可并行不悖，而第二法尤便利”。[④] 他认为，不必担心收买土地的资金来源，因为一则“若划定地价，则交易必更频繁”，而只要发生交易，政府就可征收溢价部分，这可提供部分资金；二则可发行低息长期公债，以地租以及国有企业的收入偿还土地公债之利息与本金，不致给财政造成过大负担。土地国有化是一长期过程，国家可“随时依价收买”，不必一开始就全部收买，也就不会因此背负巨大的公债。此说可部分消除人们的疑虑，但不完全令人信服。他一方面说，国家划定地价后，随着产业发展，“土地之将来增价可至数倍”，且地主既不能从土地交易中获利，也就不会惜售土地，故土地交易会相当频繁，而国家则可从中征收溢价部分，获得巨大利益；另一方面又说，

---

① 《梁启超全集》第六集，第 95 页。

② 中国近代思想家文库《胡汉民卷》，第 57—58 页

③ 梁启超：《再驳某报之土地国有论》，《梁启超全集》第六集，第 152—160 页。

④ 《朱执信集》上集，第 102 页。

划定地价后，土地只能按定价交易。[①] 其实，在国家划定地价、征收地税、增值归公的情形下，不可能有频繁的土地交易，“谁还愿意花重价——哪怕是花低于原定价的钱去买一个空头地主的名义呢?”[②]

孙中山提出的土地单一税论，本不可行。梁启超就此穷追猛打，令胡汉民、朱执信等相当狼狈。梁启超指出，土地单一税有诸多弊端：（1）税收结构单一，不能为财政提供稳固的税源。且随着国家事务的扩张，财政支出日益庞大，土地单一税无法满足财政需求。（2）土地单一税既与国民经济近代化所造成的产业结构变化（直接利用土地的产业占比日减，而间接利用土地的产业占比日重）不相适应，也有违税负公平而普及的原则。只有地税，而营业税、所得税、继承税、消费税等等皆豁免，那么，“以无营业税故，无论为若何之大买卖大制造者，可不纳一文于政府；以无所得税故，岁入数万乃至数十万者，可以不纳一文于政府；以无相续税故，安坐而受人千百万之遗赠者，可以不纳一文者；以无消费税故，彼富豪之车服狗马穷奢极欲者，可以不纳一文于政府。而惟彼锄禾当午汗滴田土之农夫，常须纳其所入五分之一。……是则土地国有政策，果不能得损富益贫之结果，而惟反得损贫益富之结果”。（3）税收主要由直接使用土地的农民承担，必导致农业破产。农民欲提高农产品价格以转嫁税负，则国际农产品滔滔而入，无转嫁可能；若贬价出售农产品，将致破产，“惟有废田不耕，相率向政府解除租地契约”。（4）国家无法运用税收以调整、限制、保护产业。（5）实行土地单税，则一般人民不感租税负担之痛苦，而纳税之人则以为自己所交为地租，于是“公法上权利义务之观念，全霾没而无由发生”，这“足以令政治趋于腐败”。租税是树立国民政治思想、责任观念、权利观念的基本途径，“英国宪法史上之大部

① 《朱执信集》上集，第102—109页。

② 耿云志：《论辛亥革命时期孙中山的民生主义》，《广东社会科学》1996年第5期。

分，殆皆反抗恶税之陈迹也。美国之独立，亦为租税问题也。法国之革命，亦因财政紊乱也。彼文明国所以有今日，大率以此为之媒”。① 这数条，条条在理。朱执信发表《土地国有与财政》，太邱发表《斥〈新民丛报〉驳土地国有之谬论》，以回应梁启超对单一税的批评，但所论皆不足以动摇梁氏之论。

从论战情形看，鼓吹民生主义的革命党人对土地国有问题缺乏深入细致的思考，还没有成形的方案，梁启超的批评又相当犀利。纵观土地国有问题论战，梁启超“略占上风”。②

有关民生主义的论战，事关中国经济现代化的模式。然而，由于政治革命在当时居于压倒性地位，人们的关注焦点在政治议题，有关民生主义的讨论并不充分。尤其是随着国会请愿的兴起，梁启超的兴趣转移到组织政党、推动国会请愿上去了，而革命党也忙于实际的革命斗争，忙于阐述其政治革命、民族革命的主张，且革命党内部对民生主义分歧严重，论战持续的时间只有数月。不过，这场论战却比较充分地展现了中国资本主义发展的困境，也表明中国很难走自由主义的发展道路。

资本有内在的扩张冲动，西方资本主义的发展及其对外扩张，深刻地改变了世界经济格局与发展模式。在西方资本主义向外扩张，并按照自己的模样改变世界的同时，资本主义的弊端已逐渐凸显。其中，社会越来越分裂为两大对立的阶级，劳资矛盾突出，社会不宁，是最为突出的问题。中国在被迫资本主义化时，面临两大问题。一是资本主义的不发展。由于资金缺乏、技术落后、人才不足、产业制度不健全、思想观念陈旧、产业基础薄弱，加以受到不平等条约的束缚，又面临国际资本的强大竞争压力，中国民族资本主义的发展举步维艰。仁人志士苦心焦虑的是，如何摆脱不平等条约的束缚，如何建立健全的产业制度，如何改革政治

① 梁启超：《再驳某报之土地国有论》，《梁启超全集》第六集，第144—160页。

② 张朋园：《梁启超与清季革命》，上海三联书店2013年版，第167页。

以推动产业发展，如何结合资本、发展教育、培育人才、转变观念，全力发展本国的近代产业，以实现国家富强。二是当西方资本主义已然出现严重问题，社会主义运动如火如荼开展之时，如何避免西方资本主义的弊病，不能不成为落后国家追求现代化的人们的重大关切。事实上，中国也不可能走西方自由资本主义的发展道路。中国产业基础薄弱，星散的私人资本很难与强大的国际资本竞争，欲通过奖励私人资本来抵制外资扩张，道途漫漫而希望渺茫，确有必要借助国家之力，发达国家资本，去应对外资的扩张。然而，国家资本主义也存在诸如缺乏发展动力、经营不免于腐败、易压制私人资本发展的问题。即便建立立宪政府，这些弊端也难以免除。外资固然严重地压制着中国的产业发展，但只要实现主权独立，建立民主的政府，健全相关法规，政策运用得当，外资输入也确实利大于弊，不必过于恐惧。但是在半殖民地半封建的中国，外资输入有造成国民经济依附于国际资本的重大风险，人们为之焦虑，在情理之中。

当分配问题在西方已然成为社会的第一问题，社会主义成为西方最重要的思想潮流与社会运动之时，以中国的经济组织较为完善为由自我安慰，以为只要在资本主义化的过程中，实行社会改良主义，就可以避免严重的贫富分化，显然低估了资本扩张的巨大能量。至于奖励私人资本，要求工人为资本主义的发展做出牺牲，在社会主义思想势将流行的形势下，遭遇严重剥削的工人不会答应，同盟罢工风潮势必兴起，社会必将不宁，也就必定影响资本主义的发展环境。并且，过度的分配不公，也将严重枯竭社会购买力，最终制约资本主义的发展。然而，当资本主义还在襁褓之中，发展资本主义还是重大的时代任务之时，在国民经济极端落后且面临着全体国民都将成为依附于外资的雇佣劳动者的风险时，鼓吹社会主义，鼓动同盟罢工，也确实将使中国丧失地租、人工低廉的竞争优势，给经济发展造成严重的困难。

冯自由说，“地主之流弊，不特使贫民陷于地棘天荆之苦况，

抑亦为商工界之一大障碍物”①。这是对实际情形的揭露，并非危言耸听。土地私有制催生土地投机，妨碍有限的资本流向实业，妨碍工商业的发展。同时，近代资本主义的发展，需要也必将破坏自然经济，必将冲击自然经济的基础——地主土地所有制。因此，土地至少是城市土地国有化，是中国发展资本主义时必须考虑的重大问题。但是，土地国有的对象、范围、步骤与方法，国有土地的经营、出租等，却需要深入细致的讨论，需要防范土地国有化之后政治权力支配土地所带来的种种流弊。以为一旦土地国有，则经济可以发展，分配可以公平，社会可以和谐，可以实行土地单一税，未免过于天真。

论战也涉及经济与政治关系问题。私人资本有效率，但公平难以保障；私人资本膨胀，人们将受资本奴役。国有资本相对能顾及公共利益，但缺乏效率；国有资本过度发展，人们将受国家奴役。在发展私人资本与发展国有资本之间，两派各有考虑，都有道理，但又都有偏颇。

抛开论战中的攻讦之词，从论战双方貌似截然对立的意见中，其实可以看出，两派在不少问题上，还比较接近。双方都主张国有资本、外资、私人资本并存，都主张城市土地国有化，都主张最重要产业如铁路以及城市公共事业国有，也都同意国有土地可以采取竞拍招租的方式出让使用权，也都主张保护劳工、缓解劳资矛盾，都不追求极端的社会主义，都主张适当限制竞争。区别是，民生主义者主张全面的土地国有化，主张大力扩展国家资本主义，而梁启超则反对“野地”的国有化，反对过度扩展国家资本，主张奖励私人资本，充分结合社会上的中产资本以投资于近代产业，使一般中产都有产业股份，有资本收入。可见，双方都反对自由资本主义的发展道路。这些思索，都值得肯定。

① 自由：《民生主义与中国政治革命之前途》，《民报》第4号，1906年4月。

第三章

宪政模板的分歧以及立宪派的国会鼓吹、国会请愿

清廷是在内外危机与政治革命思潮的催逼下，为图君安国宁，谋国家富强，而宣布启动立宪改革的。在宪政模板的选择上，清廷认为，日本的大权政治最符合其一面欲保守君主权力，一面又通过有限度地开放政权以慰民望、消弭革命的现实需要，故以日本宪政为效法对象。在改革路径上，清廷选择开明专制，欲在朝廷的主导下，经过一定时期的努力，从官制改革、法律改革、教育发展、地方自治等方面准备开国会、行立宪的条件。清廷也认识到，改革需要社会上有基本的改革共识，所以其宣布预备立宪的上谕特别提到希望朝野一心、官民交勉，共同推进改革事业。开明专制的改革路径能否走得通，朝野一心、官民交勉的局面能否形成，关键在主持改革的当局能否展现出改革的诚意与能力，是否具备强大的论述改革路径、目标的能力。清廷对改革的风险本有所认识，而保守派关于立宪之弊以及立宪改革中存在的巨大风险的种种说法，则进一步加剧了其对改革的犹疑，故在宣布预备立宪之后近一年的时间中，清廷没有及时展现出改革的诚意。伟大的改革需要伟大的政治家、改革家的领导，需要有权威的政府、有执行力的团队的支持，但清廷的立宪改革恰恰缺少这些东西，因而也就缺乏改革的能力。改革需要强有力的论述能力，向社会公众阐述改革的必然性、美好前景以及可行的路径，赢得一般社会对于改革的理解与支持；但清政府

自朝廷以至其整个官僚系统，长期自行其是，缺乏向公众解释、宣传政策的习惯与能力。在清末的改革中，清政府的一些机构也主办了一些官报，刊载相关谕旨、奏折，报道各地改革的开展情形，这值得肯定。不过，这些官报在宣传上却只会作官样文章，而缺乏真实有效的论述能力，对于革命派的革命论述主要以攻击、污蔑对付之，对于立宪派要求速开国会、即开国会的主张，及其关于立宪模板、宪法内容、君主与国民之法律地位、权利的种种论述，也缺乏令人信服的辨析。现实中的改革迟滞、吏治腐败、外交危机等，更使清政府本就缺乏说服力的有限的改革论述，得不到多少人的信从。这就使清政府在清末的舆论场处处被动，难以凝聚人心。

立宪派是推动清政府启动立宪改革的重要力量，是改革的支持者。清廷宣布预备立宪之初，立宪派欢欣鼓舞，认同开明专制的改革路径，甚至有一些立宪派人士提醒其同志要对立宪改革保持耐心。他们虽期望在现实条件可行的情况下，尽量扩大参政渠道，尽量保护人民权利、扩大国会权力，尽量限制政府权力，一些立宪派人士还向往英国式的立宪政治，但对清政府之效法日本的大权政治，他们并非从根本上排斥。只要清廷真能表现出立宪的诚意与能力，立宪派的主流会成为政府立宪改革的支持者。但清政府改革迟疑，官僚系统衰朽，未能展现出改革的诚意与能力，同时，预备立宪宣布之后，革命势力的发展并未受实质影响，革命思想的影响仍在继续扩展，立宪甚至成了恶名，这令立宪派的失望、焦虑之感日益加深。于是，立宪派一面与革命党开展激烈的论战，一面在对清廷改革失望之余，寻求推动改革之方。他们将眼光转向民间，希望将立宪派组织起来，组建、发展立宪团体，希望向国民灌输政治常识，唤起其政治思想与政治热情，成为“责任的国民”，以民间的力量推动立宪改革。为有效推动改革，争取权利，立宪派抛弃了开明专制论，淡化了“要求立宪”的旗号，而以“开国会”作为其行动旗帜，希望通过开国会来推动改革、训练国民、保障权利。在组织立宪政团、灌输国民常识、请开国会的过程中，立宪派逐渐调

整其关于立宪的论述，其与清廷在立宪问题的分歧日渐显露。

本章主要讨论立宪派与清廷在宪政模板上分歧的由来以及此种分歧日趋明显的过程，讨论立宪派对于国会、政党等问题的论述。

一　立宪派与清廷在宪政模板上的分歧

清廷立宪的重要目的是安皇室、固君权。如何能够立宪而不损害皇权，是清廷预备立宪中需要处理的核心问题。1906 年 1 月，考察政治大臣载泽在日本考察时曾请伊藤博文讲解日本宪法。伊藤博文建议清廷立宪采用日本政体，说“贵国数千年来为君主之国，主权在君而不在于民，实与日本相同，似宜采用日本政体”；又说立宪无碍于君主政体，但中国为君主国，“主权必集于君主，不可旁落于臣民。日本宪法第三、四条，天皇神圣不可侵犯，天皇为国之元首，总揽统治权云云，即此意也”。他并对君主的各项大权，如发布紧急敕令权、任命文武官吏之权、统率海陆军之权、宣战讲和缔约之权、宣布戒严之权、授予荣典之权等予以解说，强调日本“宪法中载君主之大权凡十七条。贵国如行立宪制度，大权必归君主”。关于议会，伊藤博文说，立宪与专制最大的不同是，专制国之法律则以君主一人之意见而定，而立宪国之法律必经议会协赞，法律公布后，全国人民包括君主，无一不受治于法律之下。议会之开会、闭会、停会及下议院之解散，必候君主之敕令而行。关于臣民权利义务，伊藤博文说：“自由乃法律所定，出自政府之界与，非人民所可随意自由也。”关于立宪后君主是否负责任，伊藤博文说：“君主虽有以上种种之大权，而行政机关皆在政府。即有舆论不服之事，亦惟诘责政府，或总理大臣退位，不得归责于君主。”①

① 载泽：《考察政治日记》（钟叔河主编“走向世界丛书”本第 1 辑第 9 册），岳麓书社 1986 年版，第 579—581 页。

此次谈话对载泽影响颇深。归国后，他上《奏请立宪密折》，在列举日本宪法规定的十七条君主大权之后称："凡国之内政外交，军备财政，赏罚黜陟，生杀予夺，以及操纵议会，君主皆有权以统治之。论其君权之完全严密，而无有丝毫下移，盖有过于中国者矣。"劝朝廷不必顾虑立宪会造成大权旁落，速下立宪决心。① 其后，清廷颁布预备立宪上谕，确定了"大权统诸朝廷，庶政公诸舆论"的立宪原则，希望一方面保持君主大权，另一方面开启国民参与政治、影响国家大政的渠道。1908 年 8 月，清廷宣布的《钦定宪法大纲》及《议院法要领》贯彻了这一原则。概略地说，这两个文件有三个方面的内容。

其一，坚持钦定宪法。宪法有成文法与不成文法，成文法有民定、君民协定、钦定三种。共和宪法一般是民定，君主立宪的宪法一般为君民协定，钦定宪法一般产生于封建残余浓厚的国家。清廷预备立宪时，世界上行钦定宪法的只有日本。日本宪法以君权为核心构建国家权力体系，宪法不经议会协赞而由君主颁布，议会也不能提出宪法修正案。清廷以日本为立宪模板，目的在必须实行立宪的情形下，最大限度地保留君权。因此，在宪法与国会的先后问题上，清廷坚持"必先制定国家统治之大权，而后锡予人民闻政之利益。……统治根本，在于朝廷，宜使议院由宪法而生，不宜使宪法由议院而出。……必宪法之告成先行颁布，然后乃可召集议院"。② 清廷在"急开议会"与"首重宪纲"两种立宪路径中选择后者，目的就是先发制人，防止议会介入宪法制定，影响"大权统诸朝廷"的大权政治原则之贯彻。国会请愿运动兴起后，清廷不愿速开国会的重要原因之一就是它坚持先编定宪法，再开国会。1910 年 11 月 4 日，迫于国会请愿的压力，清廷宣布缩短国会期

---

① 《出使各国考察政治大臣载泽等奏请宣布立宪密折》（光绪三十二年），《清末筹备立宪档案史料》上册，第 173—175 页。

② 《宪政编查馆资政院会奏宪法大纲暨议院法选举法要领及逐年筹备事宜折》（光绪三十四年八月初一日），《清末筹备立宪档案史料》上册，第 55 页。

限，并决定修订筹备事宜清单，从速编定宪法。次日，清廷命资政院总裁溥伦、度支部尚书载泽为纂拟宪法大臣。1911 年 3 月，载泽命度支部右侍郎陈邦瑞、学部右侍郎李家驹、民政部左参议汪荣宝协同纂拟宪法，组织起一个起草宪法的五人小组，秘密开展宪法起草工作。直到武昌起义，该宪法草案还在修订之中。[①] 清廷坚持秘密制宪，是不想令国民参与宪法。考察宪政大臣达寿就建议"编制宪法时，宜饬廷臣力守秘密"，"苟非秘密从事，则报章流布，妄肆讥评，鼓吹人心，煽动全国，士夫奔走，伏阙上书，即使祸乱不萌，亦难免一时之纷扰，此又不可不预防者也"。[②] 武昌起义后，清廷才放弃钦定宪法的立场，匆匆宣布《宪法十九信条》，并宣布将宪法起草权交给资政院。然而，烽火已起，这种让步完全无助于挽救其灭亡的命运。

其二，确保君上大权。"宪法大纲"首列"君上大权"十四条，附以"臣民权利义务"九条。其"君上大权"十四条规定："大清皇帝统治大清帝国，万世一系，永永尊戴"，"君上神圣尊严，不可侵犯"，君主有"钦定颁行法律及发交议案之权"，"召集、开闭、停展及解散议院之权"，"设官制禄及黜陟百司之权"，"统率陆海军及编定军制之权"，"宣战、讲和、订立条约及派遣使臣与认受使臣之权"，"宣告戒严之权"，"爵赏及恩赦之权"，"总揽司法权"，"发命令及使发命令之权"，"在议院闭会时，遇有紧急之事，得发代法律之诏令，并得以诏令筹措必需之财用"，并规定"皇室经费，应由君上制定常额，自国库提支，议院不得置议"，"皇室大典，应由君上督率皇族及特派大臣议定，议院不得干预"。对于君权的维护不可谓不周密，君主之权力较日本帝国宪法之规定要大[③]。

---

① 迟云飞：《清末预备立宪研究》，第 302 页。

② 《达寿奏国会年限无妨预定折》（续），《申报》1908 年 8 月 30 日。

③ 耿云志等：《西方民主在近代中国》，中国青年出版社 2003 年版，第 105—108 页。

其三，实行有限度的立宪，以与“庶政公诸舆论”的承诺相适应。在限制君主权力、保障臣民权利方面，两个文件的主要规定如下。

首先，君主不得逾越宪法。“宪法大纲”的前言明确，“上自朝廷，下至臣庶，均守钦定宪法，以期永远率循，罔有逾越”，否定专制政治君权无限的想象，肯定君主必须遵守宪法与法律的法治原则。

其次，在确定君主总揽统治大权的同时，提出“以议院协赞立法，以政府辅弼行政，以法院遵律司法”，即君主权力一定程度上受议院、政府、法院的限制。“宪法大纲”规定，“凡法律虽经议院议决，而未奉诏命批准颁布者，不能见诸施行”，又称“已定之法律，非交议院协赞奏经钦定时，不以命令更改废止”。这就明确，法律需先经议院议决，君主不能以命令更改废止法律。“宪法大纲”又规定，司法权由君主“委任审判衙门，遵钦定法律行之，不以诏令随时更改”。关于行政权，宪政编查馆、资政院的奏折中提到，“必以政府受议院之责难”，“宪法大纲”的前言也称“以政府辅弼行政”，但无论是宪政编查馆、资政院上呈“宪法大纲”的奏折，还是“宪法大纲”的前言以及“宪法大纲”正文，都没有明确“政府”为何，如何组织，更没有提及责任内阁的问题。① 相反，“宪法大纲”明确规定，用人权、统率军队之权以及宣战媾和缔约权为君主特权，议院不得干预。又，“议院法要领”称，“对行政大臣之违法情事，议院只可指实弹劾，但用舍之权，为君上大权，议院不得干预朝廷黜陟之权”。可见，“宪法大纲”所主张的“政府”是对君主负责的帝国内阁，而非对议会负责的责任内阁；君主大权之行使虽受议会、政府、法院之限制，但在清廷之意，君

① 迟云飞教授推测，丙午官制改革中慈禧否定了内阁制的方案，奕劻等“吸取了上次的教训，避免慈禧太后对有人企图分割她的权力的猜忌，而不再提出或回避了这一敏感问题”（《清末预备立宪研究》，第299页）。这是一个合理的解释。

主裁可法律、任命文武官吏、统率海陆军、宣战媾和缔约等权力都是实际权力，并非名义上的权力。关于议会的财政权，“宪法大纲”的规定相当保守，“议院法要领”虽规定“预算应由议院之协赞”，但又规定“君上大权所定，及法律上必需之一切岁出，非与政府协议，议院不得删削”，同时“宪法大纲”也有“皇室经费，应由君上制定常额，自国库提支，议院不得置议”的规定，也就是说皇室经费，非议会所能参议；而所谓“法律上必需之一切岁入”范围也相当宽泛。这些规定大大削减了议会的财政权。

最后，以明文给臣民权利以一定的保障。“宪法大纲”称，“臣民中有合于法律命令所定资格者，得为文武官吏及议员”；“臣民于法律范围以内，所有言论、著作、出版及集会、结社等事，均准其自由”；“臣民非按照法律所定，不加以逮捕、监禁、处罚”；“臣民可以请法官审判其呈诉之案件”；“臣民应专受法律所定审判衙门之审判”；“臣民之财产及居住，无故不加侵扰”；并规定臣民“按照法律所定，有纳税、当兵之义务”；“现完之赋税，非经新定法律更改，悉仍照旧输纳”；“臣民有遵守国家法律之义务”。规定虽苟简，但也明确了保护臣民权利的宪政原则，这在中国历史上是破天荒第一次。

清廷以日本的大权政治为宪政模板。所谓大权政治，照穗积東八的说法，“不仅以元首之大权为行政之首脑，亦立法之中枢也，而国会之权限，于此为立法豫算之咨询府而止。凡百庶政，有欲偏重于元首独裁之权，虽厌专制之名，而其实甚相近……大权政治之本领者，先限定议院之权力，以宪法之明文即为议院权力之界限，议院本来之权限，不认其本体有扩张之自由……议会者，实由于大权之恩惠，仅有立法与豫算之顾问光荣而已，既无对抗大权独立之实力，二者交争，常为大权战胜，议院之名实，不几悉隶属于大权欤？”① 起初，不少

① 穗积東八：《论立宪制下之三大政治》，《法政杂志》（东京）第1卷第2期，1906年4月。

立宪派人士只求政府能立宪，于宪政模板并无特别要求。随着立宪运动的开展，立宪派明确反对以大权政治为宪政模板。他们对宪政的基本主张如下。

其一，希望国会能参与宪法制定。他们强调，宪法制定与国会召开无直接关系，不必在国会召开之前就完成宪法制定。黄可权说，国会为宪法之源，正式国会成立之前，可组织一过渡性的国会，此一国会虽无宪法为之保障，权力有限，但负有重大的任务，即制定宪法，以保障国民权利。① 立宪派认为，宪法规范君民权利义务，牵涉君民两方，不能由其中一方单独制定，“必须君民协约”，否则，难免偏颇，而宪法施行，亦必君民冲突迭起，宪政危机时现，不利于政治的平稳开展。他们说，钦定宪法为日本之创例，并非君主立宪之通例。彼日本种族单一，有万世一系之天皇，政治原未脱家族政治之本色，且废藩之后，人民骤脱幕府之压制，对天皇感恩戴德，对宪法要求不高，而新政府组织未久，无历史上之疵隙，政府于内政外交谋忠实之改革，国民对政府感情甚好，故能行钦定宪法。而中国自三代以后，已脱离家族政治，政治思想上向“以君主为国家之公人，而非以国家为君主之私产”，已有国民政治的味道，且中国民族构成复杂，国人不相信政府，故宪法不宜钦定。②

宪法是钦定，还是君民协定？立宪派并不认为宪法非君民协定不可，在有利于尽早立宪的条件下，他们也可以接受钦定宪法。《钦定宪法大纲》与九年筹备事宜清单公布时，有人怀疑这两个文件出自杨度之手，对杨氏颇有指责。杨度曾出面解释，称他对这两个文件“未尝参与一字”，又说：“以君主大权制定钦定宪法，实

---

① 黄可权：《国会论》“国会与宪法”，《政论》第1号，1907年10月。

② 帝民：《论预备立宪时代之人民》，《时报》1908年5月7日；《论制定宪法不宜师法日本》，《申报》1910年11月28日；柳隅（吴贯因）：《宪法之根本问题》，《国风报》第1年第35号，宣统二年十二月二十一日。

于今日中国国势办理最宜。”[①] 即他认为宪法可以钦定。梁启超最初提出“立宪法”的时代任务时，也主张钦定宪法。预备立宪时期，他几次论及国会职权，也未明确将参与宪法制定作为国会职权。1907 年 12 月，他上书资政院总裁溥伦，希望将资政院改造为具有民选议会性质的机构，其中论到资政院的权限，说资政院应有“完全立法权”“承认预算权”“参与条约权”“上奏弹劾权”。关于立法权，他只说资政院对于法律案有提议权与议决权，而裁可权则归君主，并未谈及宪法问题。[②] 后来，在《中国国会制度私议》中，他论及国会的立法权，也只是说国会之立法权有两方面：一是修改宪法之权力，二是普通立法权。他不能接受日本宪法关于国会无修宪提案权的规定，主张中国国会应有修宪提案权，并对修宪案的成立办法提出了建议，但也接受钦定宪法的主张，并没有提出宪法之成立须经国会协赞的要求。[③] 吴贯因虽不赞成钦定宪法，不过他也表示，宪法究竟是钦定，还是君民协定，最后还需由政治格局的实情决定。

其二，反对以日本宪法为中国宪法模板。清廷宣布预备立宪时，立宪派多数尚接受钦定宪法，对宪法的要求还比较低。1906 年 12 月，雷奋就称，中国言立宪者有几类，第一类人日言立宪而不知宪法为何物，第二类人胸中但有日本宪法，第三类人以为欧美宪法不宜于中国，以比较的观念而主张日本宪法。其中，第三类人在政治社会“最占优势，而附和之者且过甚此词，一若数十条之日本宪法无一条不可移之于中国者，又若数十条之日本宪法施之中国即为尽立宪之能事者也”。[④] 于此，雷奋指出，宪法有国约宪法

---

① 《布告宪政公会文》（1908 年 9 月），《杨度集》（二），第 510—513 页。

② 《政闻社总务员马良等上资政院总裁论资政院组织权限说帖》，《政论》第 3 号，1908 年 3 月。

③ 梁启超：《中国国会制度私议》，《梁启超全集》第七集，第 304—306 页。

④ 雷奋：《宪政界说》，《时报》1906 年 12 月 16 日、17 日（录《宪政杂志》第 1 期）。

与钦定宪法两种。前者以国民公意为基础，而经议会之认可，目的在保障国民权利；后者以政府之便利为原则，而不经议会之认可，目的在巩固政府之统治权。前者合大众而定，经公认而行之，主权在国民。后者不过在上者怵于在下者不可以终蔽，迫于势之逼不得已，乃分其权于公众。他认为，在各国宪法中，日本宪法的价值很成问题，“今于预备立宪之时，不知培养国民高尚之思想，而先悬一日本宪法之资格以相求，是适足以阻我国民之进步耳”。① 此后，认为日本宪法所定君主权力过大，议会权力过小，过于保守，还是比较低级的宪法，不应为中国效法的观念渐为立宪派所接受。李庆芳说，世界政治的潮流是由少数政治趋向多数政治，宪法当出于国民多数之意思。宪法而不出于国民公定，程度必低。日本宪法出于独裁，故“不脱专制的臭味”，而英国宪法出于国民公定，故其程度最优，德国宪法出于民定者多，出于独裁者少，故其程度为优。中国宪法，应取法国、英国或德国。②《时报》也称，日本宪法制定于民权思想初萌时，不少内容有“专制时代之遗孽”，与宪政原则相悖。彼中学者曲为解说，亦皆勉强而不可通。中国而取法日本宪法，“实取法乎下”，以中国国民运动尚未发展的情形看，取法日本宪法，必成一非驴非马之宪法，徒为世界增一滑稽材料而已。③

其三，关于主权所在以及君主地位。关于主权所在，当时学界有四种说法，即议会主权说（英国）、国民主权说（法国）、共有主权说（主权为联邦与各州共有，美国）以及国家主权说（德国）。④ 这些说法，大多根据各国国情提出，各有其理。立宪派既

① 雷奋：《宪政界说》，《时报》1906 年 12 月 16 日、17 日（录《宪政杂志》第 1 期）。

② 李庆芳：《中国国会议》（1908 年 1 月），《辛亥革命前十年间时论选集》第三卷，第 116—118 页。

③ 帝民：《论预备立宪时代之人民》，《时报》1908 年 5 月 27 日。

④ 王世杰、钱端升：《比较宪法》，中国政法大学出版社 1997 年版，第 38—46 页。

反对革命派的主权在民说，也反对清廷的主权在君论。周维翰认为，主权在国说，不偏重君主，也不偏重人民，“立论最为精当”。① 黄可权认为，一国权力集中于君主为君主专制，集中于国民则流为极端之共和，近代立宪制度则调和二者，权力不集中于君主，不集中于国民，而集中于国家；又称，主权在国说已成学界潮流，而君主主权说、人民主权说则日渐衰微，故中国立宪当取主权在国说。② 吴贯因也说，采“君主主权说，其流极将复返于专制”，中国又非民主国，不应采主权在民说，而应取主权在国说。③

从主权在国说出发，立宪派否定君主为统治权之总揽机关，认为君主非国家之主体，而只是国家之一机关。梁启超说，“国家者，一人格而为统治权之主体者也”，在法理上为一法人，为统治权之主体，国会、君主、各级行政官员、司法官都是发表国家意思之机关，而国会与君主则皆为国家之直接机关。他认为日本学者以君主为统治权之主体，是将国家视为君主之私产的“邪说”，主张效法日本大权政治者鼓吹此种邪说，以此为理据而主张大臣对君主负责任之论，是“陋儒之邪说”，将“取立宪政体之原则翻根柢以破坏之，而复返于专制”。④ 吴贯因说：“中国宪法之精神，当以国家为主体，凡君主与国会，皆使之仅为国家之一机关，其所赋予之之权限，各有一定，而论其地位，则君主为国家直接之机关，国会亦为国家直接之机关，两相对立。”⑤ 邵羲也认为，专制国以君主为国家之主体，一国政治全凭君主一人意思之独裁，无他种机关参与，无大臣责任，政治上之得失，君主一人负责任。立宪国则君主

---

① 周维翰：《国权论》，《政论》第 5 号，1908 年 1 月。

② 黄可权：《国会论》（续第 1 号），《政论》第 2 号，1907 年 11 月。

③ 柳隅：《宪法之根本问题》，《国风报》第 1 年第 35 号，宣统二年十二月二十一日。

④ 梁启超：《中国国会制度私议》，《梁启超全集》第七集，第 220—226 页；《责任内阁释义》，《饮冰室合集 · 文集之二十七》，第 14 页。

⑤ 柳隅：《中国宪法上君主之地位》，《国风报》第 2 年第 16 号，宣统三年六月十一日。

与议会同为组织国家之直接机关，非以君主为国家之主体，而以国家自身为统治权之主体，其意思通过君主与议会两个直接机构发表之。①《时报》也说，专制政治视国家为君主之私有物，人民为其附属品，而立宪政治则认为，君主不过一国家机关，“就其权力言之，则为最高机关，就其性质言之，则又为统一机关”。②《申报》则称，从法理上说，君主只是国家机构，如同民主国之大统领或者国民总会一般，并非国家本身。“无论何国宪法，必明定君主及臣民之权利义务，君主臣民对待而言，同受宪法之支配，则其不得为宪法之主体尤明显。”③ 诸如此类的表述不少，不一一引述。

其四，关于国会地位与权力。立宪派明确反对采用日本的大权政治，而主张比较规整的议会内阁制。他们认为，立宪国家以人民为本位，国会为代表人民意思之机关，“国会之意思，即为国民之意思；国会之行为，即为国民之行为”。④ 国会一面为立法机关，集合国民意思以定法律，应享有完全之立法权；一面为监督机关、制限机关，应享有监督财政权、弹劾权。内阁对议会负责任，其成立应经议会同意，失去议会信任，就应当辞职。杨度说，改造中国之唯一方法是开国会，建责任内阁：内阁履行辅弼君主之责任，“使违法之制令终不得行”，否则就得辞职；内阁之施政纲领若不得君主之信用，则当辞职，若君主采用其施政纲领，则“实行此方针之法律敕令之裁可，一切由其所奏请”。若内阁使君主误用其政策，而有害于国利民福，导致国会之弹劾（当时不少人区分弹劾与不信任投票——引注）或舆论攻击，当自认其过以辞职。国会之职权则包括修宪权、上奏权、会计监督权、立法权、质问权、建议权、受理请愿权、国会内部自治权等，“而其中最足以监制政

① 邵羲：《制定宪法刍议》，《预备立宪公会报》第9期，1908年。

② 达观：《论国法上君主之地位》，《时报》1907年5月6、7日。

③ 沅陵张树声来稿《论立宪当知宪法之主体》，《申报》1909年1月13日。

④ 李庆芳：《中国国会议》，《辛亥革命前十年间时论选集》第三卷，第121页。

府者，莫若监督会计之权”。[①] 梁启超对于政制的设想，集中体现于其《政党与政治上之信条》一文。他说，凡政治之运作必有无形之信条以为支撑。立宪政治的基本信条有十。

(1) 凡加束缚于人民公私权者，或新课人民以负担者，皆须以法律定之。

(2) 凡法律必须提出于议会，经多数可决而始成立，否则不能施行。

(3) 凡命令不能侵法律范围，不能以命令变更法律。

(4) 凡豫算非经议会可决，不能施行；豫算外不能擅行支销，豫算各项，不得挪用。

(5) 凡议会必须每年召集。

(6) 凡议会闭会中，政府虽得发紧急敕令以代法律，虽得为豫算外之紧急支出，然必须于次会期提出于议会，求事后承诺，不承诺则须将前案撤销。

(7) 凡议会议决之法案，君主照例裁可公布之。

(8) 凡君主对于政治上之行为或不行为，[行为如发敕谕之类，不行为如不裁可法律之类。] 一切皆由国务大臣负其责任。

(9) 凡政府与议会冲突，则或政府辞职，或解散议会，二者必居其一。

(10) 凡国务大臣，必须常赴议会，演说政见，答辨（辩）质问。

这十条，概括起来就是，“凡立宪国内阁，必须设法求得多助于议会是也。若并此信条而不肯公认，则更不能名之曰立宪政体”。他建议资政院以此原则操作阁会关系，养成立宪政治的基本

① 杨度：《金铁主义说》，《杨度集》（一），第309—312、320—328页。

信条。① 与“宪法大纲”的政制设计相比，前者是帝国内阁，而梁启超则主张政党内阁。

立宪派激烈批评“宪法大纲”。《时报》刊文称，国会之可贵，在代表国民之意思监督政府，“故凡百庶政，必先经国会之认可，而后见诸施行，对于内则表人民之同意，以示官吏行政之方针，对于外，则藉人民爱国之心，以抵制强邻之侵略”。而“宪法大纲”违背君主不负责任的立宪原则，将用人、宣战议和、调遣全国军队这三项最重要的权力都归为议会不得干预的君上大权，这将使责任内阁无从产生，使国会无法防止政府之穷兵黩武，无法监督与人民利益直接相关的外交事务。这样的国会，“名为议院，而实御史之不如”。②

其五，关于人民之法律地位与人民权利。“宪法大纲”虽附有“臣民权利义务”九条，但清廷并没有真正重视人民权利。达寿说，日本宪法专设一章规定臣民之种种权利，如身体自由、居住移转自由、信书秘密自由、信教请愿自由、言论结社自由、住所不可侵、所有权不可侵等莫不备载，似乎民权伸张，已达极点。实际上，其揭载臣民之自由权利，“莫不限之以法律”，以法律命令限制了宪法赋予臣民之权利自由，使之成为“徒饰宪法上之外观，聊备体裁，以慰民望已耳”的表面文章。③ 达寿或许是以此劝说朝廷自上而下赋予臣民权利，不必过虑，但“宪法大纲”有关臣民权利义务的规定却真的是将人民权利义务视为表面文章，令人“伏读终篇，第见其所谓义务者矣，不知其权利之究何在也”。④ 这令立宪派相当不满。如果说，策动清廷立宪时，立宪派还比较多地

---

① 梁启超：《政党与政治上之信条》（1911），《梁启超全集》第八集，第320—322页。

② 惜诵：《宪政编查馆奏宪法大纲折书后》，《时报》1908年9月3日、4日、5日。

③ 达寿：《考察宪政大臣达寿奏考察日本宪政情形折》（光绪三十四年七月十一日），《清末筹备立宪档案史料》上册，第35—36页。

④ 惜诵：《续〈宪法大纲〉书后》，《时报》1908年9月4日。

从国家富强的角度论立宪政体的意义，对立宪政体下人民权利的论述相对薄弱的话，那随着立宪运动的开展，尤其是随着国会请愿运动的兴起，立宪派对人民自由权利尤其是财产权、言论自由以及集会结社自由的意义感觉日趋亲切。1907 年 7 月 3 日、4 日，《时报》曾刊文指出，法治国家，国民为有权利义务之“公民”，一面服从国家统治权，一面为组织国家之一分子，有参与国家统治权行使之权，而非绝对服从国家之“臣民”。公民“对于国家立于对等之地位”，人民服从国家本质上是服从自己制定之法律，“国家欲于法规所制定以外侵夺人民之权利而不可得也”。而中国人民则不明自身对于国家之权利何在，国家之活动范围了无限制，人民之生命财产任国家蹂躏而无可告诉，实处于奴隶之地位。既然立宪，就应遵循法治国之原则，将人民之参政权以及居住迁移自由、身体自由、书信秘密自由、集会结社出版之自由、所有权不可侵犯、住所不可侵犯等，皆详细规定，视为金科玉律，以促进个人之发达，而维持国家之生存发达。[①] 将个人立于与国家对等的地位，而不是将个人作为国家的附属物，这与清廷将臣民权利视同表面文章，存在绝大的分歧。

对于立宪派与清廷在宪政模板上的分歧，革命派看得很清楚。汪精卫说，清政府主张宪法由政府而生，则其宪法必以巩固君权为目的。清政府主张国会由政府而生，则其国会“发生于君主之孕育，其权力出于政府之赋与”，不可能成为立宪派所希望的“人民之代表”，而只能是“生息于专制威权之下”的“君主之鹰犬”。此种国会，不可能发挥其保护民权、发达国权之作用，对内不过为君主供给财赋的聚敛机关，为君主施政画诺的傀儡，对外亦不能决定外交方针，不可能发挥维护国权的作用。这样的立宪，不可能避免革命。立宪派要求立宪的出发点是保护民权、发达民权，其要求的国会是真正有权力、有品格的国会；其要求的是限制君主权力的

① 达观：《论国民法律上之地位》，《时报》1907 年 7 月 3 日、4 日。

宪法，而不是巩固君主专制权力的宪法。两者所期望的立宪差异巨大。“爱和平而惮破坏”的立宪派希望和平变革，也因一己利禄之图而积极参与国会请愿，但他们追求立宪以救国保民的愿望却是真诚的。一开始，清政府为维持其立宪的假面目，对立宪派之种种抗争不得不隐忍，而立宪派亦因希望实现政治的和平转型，不愿与清政府决裂，两者尚能和平共处。但两者在立宪模板上的分歧，最终导致了他们的决裂。立宪派要求真立宪的意愿，“与一般人民呼吸相通”，将得到一般人民的拥护，其势力将日渐扩张。随着力量壮大，组织发达，立宪派就要求真立宪，“欲于国法上以民权为基础”，“至是而政府无可容忍，不得不揭其面具，而悍然以强权相胁矣。然而强权之所及，不能使人民抑而为之下，反使人民愤疾之气、抵抗之力骤高其度，如爆药郁积，猝受压力，訇然一发，所向崩坼，而大革命于是乎起”。[①] 这个判断是准确的，为后来的事实所证明。

二　请开国会的提出

国会是近代民主政治最具标志意义的制度特征，近代中国人接触近代西方政治，首先注意的也是国会。早期维新派曾提出过设议院的主张，立宪的概念直到庚子后才出现。自梁启超提出“立宪法”的要求后，“立宪法”一度取代“设议院”成为政治革新的核心词。不过，从 1907 年初起，“国会”“开国会”再度成为时代思潮的关键词。

预备立宪宣布之前，立宪派活动的重心在鼓动朝廷立宪。彼时，他们也认为中国还缺乏立即实行立宪的条件，需要一定的时间去准备立宪条件。清廷宣布预备立宪的上谕虽“忧危迫切之意溢

---

① 精卫：《论革命之趋势》，《民报》第 26 期，1910 年。

于词表”，但仔细审视，则“多为游移之词”，“虚涵浑穆之情，亦示人以莫测”，“一则曰‘规制未备，民智未开’，再则曰‘俟数年后规模粗具，查看情形’，迟徊审顾，一若不得已而先慰民望，不许人以满足之观念者”。立宪派从中察觉朝廷立宪有勉强之心，改革将遭保守派阻挠，立宪前途还在危险中。[①] 但他们对立宪改革还是充满期待，并自承国民程度尚不及格，需要经历若干年的准备，又呼吁国民积极行动起来，迅速提高自身程度与能力，以尽早实现立宪，态度还较和缓。预备立宪公会的态度即如此。该会成立时，其内部虽有主急主缓之分，但主流是主缓。主急者以郑孝胥为代表，他说，预备立宪要首先革除人民“苟安偷活”、愿忍受专制统治而不敢批评、反抗之积习，预备立宪公会应以“责难”国政为趋向，“凡内政外交之得失，我等细加研究，发为议论，以备朝廷之采择”，“凡工商实业之利病，我等力为调查，尽心提倡，以求民生之发达”；又主张敞开大门，吸纳“不忍苟安于腐败之时局者”“不愿偷活于危险之生业者”“对于国家怀有责难之忠悬者”“对于身家怀有图存之志愿者”。[②] 这表现出干预国政，吸纳激进改革派的倾向。主缓的代表人物是张謇，他认为，“立宪之大本在政府，人民则宜各任实业教育，为自治基础；与其多言，不如人人实行，得尺则尺，得寸则寸”。[③] 他认为立宪预备应由政府主导，民间则就实业、教育等各任其事，不必急于干预国政、批评政府。预备立宪公会成立之初，张謇的这种意见为多数会员所接受。比如伍昭扆说，预备立宪之事有极难极烦者，需群策群力以赴之，不应违背“发愤为学，合群进化”的立会宗旨，“部署不妨宽缓，而目的总期必达”。[④] 雷奋说，预备立宪公会“办事当含有教育家性质”，

---

① 《恭读十三日上谕赘言》，《时报》1906 年 9 月 4 日“本馆论说”。
② 《预备立宪公会演说稿》，《申报》1906 年 12 月 19 日。
③ 张謇：《啬翁自订年谱》，《张謇全集》第 6 卷，第 868 页。
④ 《预备立宪公会演说稿》，《申报》1906 年 12 月 19 日。

否定郑孝胥要求干政的说法。[1] 大体上，预备立宪公会成立之初，遵循着朝廷要求“绅民悉明国政，以预备立宪之基础”的旨意，以“发愤为学，合群进化”为目的，克制着批评政府、干预国政的企图。[2] 甚至，对预备立宪上谕没有明确立宪期限，一些立宪派人士也表示赞同，认为改革需要一定的准备期，立宪期限过远，则萎人民向治之心，期限过近，则民智民力有所不逮，将来立宪恐蒙羊质以虎皮，转败坏宪政之前途。[3] 还有人提出，要警惕激进改革思想对改革的干扰。预备立宪上谕发布不久，《环球中国学生报》即刊文提醒人们，“进化常轨，有渐无顿”，立宪改革非一朝一夕之功，应有足够的耐心，万不可急于求成。文章指出，当社会蜕变时，一方面传统观念根深蒂固，保守力量十分强大，还不具备急速变革的条件，另一方面在危机的催逼下，又极易产生“爱国求进化之心”，趋新之士往往“听一言也，闻一事也，苟与其感情相符，即鼓其千臂，必朝夕以见诸行事”，而“于实行以后利害何如，因果蕃变何如，社会阶程与政制违合何如，则固未遑计也”。而“假借舆论以济其功名”之徒又迎合人们的“爱国求进化之心”，鼓吹激进改革，其发言“务为其高远，不计其难行”，其处事则“但有其开端，不思其结局”。当民情浮动，人心希望速变之时，激进言论往往能赢得支持，造成普遍的“喜速化不为忍久之心”。在此心态驱使下，一切旧的政制习俗就被视为进化之梗，激烈而彻底地破坏传统就会成为思潮，而新旧水火之局以成；政府的变革举措往往不能满足速变论者的期待，推倒政府的主张将逐渐赢得支持，而革命遂乃爆发。这些都会给和平改革造成莫大的困扰。文章告诫人们警惕激进思潮，并劝“急功近名”之徒抛弃英雄造时势的心态，充分认识社会与改革的复杂性，并设身处地为主持改

---

① 《预备立宪公会开会纪事》，《申报》1906 年 12 月 19 日。

② 《预备立宪公会简章》，《申报》1906 年 12 月 15 日。

③ 《七月十六日上海〈南方报〉“论预备立宪不定期限之善”》，《东方杂志》第 3 年临时增刊，1907 年 2 月。

革的政府着想。文章说：

> 夫既合一群之人，约束部勒而命之为国家矣，斯其大者将必有政治宗教之留遗，而其微者亦必有礼俗人心之桎梏。吾辈以渺渺之身，入此室处，此何异太仓稊米，大泽垒空，无形有形之间，盖在在受其范围陶铸，虽曰英雄造时世，而时世正有不能急切造成者。诸君迫不及待，责望政府，此意亦未可厚非，无如改弦更张之际，政府诸公将愈见其为难。盖立万众具瞻之地，综理枢机，于新者当为其调停整顿，于旧者亦当为其慰勉噢咻，而木强不偏倚之人，则此时将为新旧之所交恶。此不必远征博引，诸君现身说法，于学会、于地方团体一试验之，即可知矣。呜呼！晦盲屯否之秋，人材难得，而此难得之人材，又多误用，戕身伤生，群己交丧，岂不重可戚欤！①

文章反复呼吁人们去除成见，不为感情所蔽，冷静、理性地看待改革，保持和平、镇静的态度，不必急切地批评政府，要包容改革中的不同主张。预备立宪上谕刚发布，作者就发表这样一篇文章，可谓用心良苦。

中央官制改革方案公布后，立宪派对此颇多批评。于此，《大公报》发文指出，立宪改革非可仓促而成，“欲速不达，求治反乱”，希望国人以法国人急求自由平等而导致革命为殷鉴，汲取“贾生遭逢汉文，操切求治，转致废弃”的教训，对政府之改革保持耐心，多支持，多鼓励，不要期待政府一纸诏书就有造化无穷之能力，不要对政府的改革“急切讥刺，激生他变，致阻异日真实颁行之机”；又强调，国民当与政府共负改革责任，国民当积极从事地方自治，以储备立宪国民资格。② 这接近于张謇的态度。

---

① 愚谷：《箴时篇》，《环球中国学生报》第1年第3期，光绪丙午九月。

② 隐公：《内官改制之利弊平议》，《大公报》1907年2月2日、3日。

可见，立宪派对改革可能遭遇阻挠有所预计，也明白需对改革保持耐心，克制急切求速变之心。但主持改革的清廷一方面对改革可能出现大权旁落、民气嚣张等流弊忧虑重重，对立宪论者所宣称的种种改革效果将信将疑，缺乏坚定的改革意志；另一方面对如何改革尚缺乏通盘计划，故立宪诏书发布后的一段时间里，只是提出要进行官制改革，并无振奋人心的改革举措出台。中央官制改革方案，没有采用立宪派期望的内阁制，地方官制改革方案又对地方自治讳莫如深。朝廷既缺乏坚定的改革意志，于是，“上下默喻，皆不在朝廷之明诏，而在政府之旨意”，上至部院、下到地方督抚以及府厅州县官长，皆望风承旨，消极应付，预备立宪几乎陷于停顿。一度对预备立宪满怀期待，以为朝廷宣布预备立宪，中国“自此可一蹴而跻于列强”的立宪派开始失望，“昔之蹈德咏仁、歌颂圣功者，一变而为民劳板荡之音矣”。[①]《时报》批评清政府的预备立宪不过“假立宪名义，阴行专制之伎俩”。[②] 徐佛苏致函梁启超说：“政界事反动复反动，竭数月之改革，迄今仍是本来面目。政界之难望，今可决断。公一腔热血，空洒云天，诚伤心事也。”[③] 这就酝酿着思想的变动。

立宪派鼓动朝廷立宪的重要目的是消弭革命，预备立宪上谕的发布也一度使他们以为，政治改革已然启动，排满革命论将如阳沃雪，迅速失去市场。然而，现实的情形却是，革命势力的发展并未受到太大的冲击。1905 年 8 月，也就是在清廷遣使考察政治的上谕发布之后一个月，革命派整合兴中会、华兴会、光复会等组织，建立中国同盟会。随后，革命党人在各地陆续组织同盟会分支机构，发行革命书刊，发展革命力量。据张玉法的研究，1905—1907

---

① 《改革官制愤言》，《立宪近论》，《时报》1907 年 1 月 26 日，2 月 21 日；蛤笑：《论中国立宪之难》，《东方杂志》第 4 年第 5 期，1907 年 6 月。

② 《改革官制愤言》，《立宪近论》，《时报》1907 年 1 月 26 日，2 月 21 日。

③ 丁文江、赵丰田：《梁启超年谱长编》，第 242 页。

年，革命势力的发展并未受到清廷宣布立宪的严重影响。[①] 革命与君宪两派的论战，坚定了革命党人的革命信念，在宣传革命思想、争取社会支持、扩展革命党势力方面，发挥了积极作用。而清廷立宪改革迟滞，又似乎印证了革命党“满洲虽欲立宪而不能”的断言，有效地消减了预备立宪对革命势力发展的冲击，抑制了君宪论在留学生中的影响。1906 年 12 月 2 日，也就是在官制改革上谕发布不久，《民报》创刊周年纪念大会在东京召开，参加者近万人，“会场中人人感慨淋漓，无倦意，其精神洵非寻常集会所有”。[②] 这让革命党人备受鼓舞，认为此前所未有之盛会，是人心趋向革命的明证。[③] 这使立宪派倍感压力。徐佛苏致函梁启超说：“他党近来势颇发达，久恐有异动，排斥立宪之声，如蛙鸣之噪耳，弟近日最受唾骂。”[④] 梁启超向康有为报告：“革党现在东京占极大势力，万余学生从之者过半。前此预备立宪诏下，其机稍息。及改革官制有名无实，其势益张，近且举国若狂矣。东京各省人皆有，彼播种于此间，而蔓延于内地，真心腹之大患，万不能轻视者也。”[⑤] 1907 年 5 月，黄可权也称：“数年以来，革命论盛行于国中，今则得法理论、政治论以为之羽翼，其旗帜益鲜明，其壁垒益森严，其势力益磅礴而郁积，下至贩夫走卒，莫不口谈革命，而身行破坏。”朝廷宣布预备立宪并没有减缓革命势力的发展，相反“革命党之势力”，“如决江河，沛然而莫之能御”，而君主立宪政体则“似为一极秽恶之名词。数年以前，民间无敢昌言之者，近则政府宣布预备立宪，民间公然鼓吹立宪。然革命党指政府为集权，詈立宪为卖

---

① 张玉法：《清季的革命团体》，北京大学出版社 2009 年版，第 307 页。

② 民意：《纪十二月二日本报纪元节庆祝大会及演说辞》，《民报》第 10 号，1906 年 12 月。

③ 宋教仁：《我之历史》，《宋教仁集》（二），湖南人民出版社 2008 年版，第 896—898 页。

④ 丁文江、赵丰田：《梁启超年谱长编》，第 242 页。

⑤ 丁文江、赵丰田：《梁启超年谱长编》，第 245 页。

国，而人士之怀疑不决者，不敢党于立宪。遂致革命党者，公然为事实上之进行，立宪党者不过为名义上之鼓吹。气为所慑，而口为所钳，即明知今日中国之时势，宜于立宪，而不宜于革命，亦姑模棱于两可之间，而不欲以锋芒自见”。[①]

1906年秋冬，孙中山、黄兴等制定《中国同盟会革命方略》，对革命的基本精神、性质、目标、次序、方法，革命军之编制、战士赏恤、略地规划、因粮规划等，以及革命过程中需要处理的诸多关系如军政府与各地国民军之关系、对外关系、革命军与各地民众之关系，等等，都有详细规定，为革命势力的发展提供了纲领性文件。1906年12月，萍浏醴起义爆发，起义军队伍达数万之众，“起义声势之盛、规模之大，是以往资产阶级革命派所发动的历次起义所不曾达到过的”，“湘、鄂、赣三省为之震动”。[②] 可以说，清政府的“改革”并未有效消减革命思想的影响，没有抑制革命势力的发展。

政府改革迟滞，革命势力发展迅速，令立宪派深为忧虑，他们开始寻求推动清政府进行真正改革、抵制革命势力发展的有效办法。以梁启超为代表的一派人将重心放在组织政党上。梁启超认为，官制改革不餍人望，是因为改革发动于当局，“不过一二人偶以其游历所耳食者，归而姑尝试之耳，若国民则全未有厝意于此”。要推动改革，必须发育国民之政治思想，培养其政治能力，为此，就需要组织政党以策进行。[③] 他又向康有为提出，要与革命党争夺思想市场，必须打破保皇会干将局限于万木草堂旧有人才的格局，广开山门，“多蓄战将，广收人才”。[④] 自中央官制改革方案

---

① 与之：《论中国现在之党派及将来之政党》，《新民丛报》第92期，1907年5月，见《辛亥革命前十年间时论选集》第二卷下册，第607—608页。

② 金冲及、胡绳武：《辛亥革命史稿》第2卷，上海人民出版社1991年版，第145页。

③ 丁文江、赵丰田：《梁启超年谱长编》，第242页。

④ 丁文江、赵丰田：《梁启超年谱长编》，第245页。

公布后，梁启超即加紧联络各方立宪派人物，开始组织政党的活动，并试图运动袁世凯、端方、载泽、载沣等政要为其拟组政党之赞助人。1906 年 12 月 9 日，宪政研究会召开成立会，选举马相伯为总干事，雷奋为副总干事，夏清贻、沈恩孚等为评议员。1906 年 12 月 16 日，预备立宪公会成立，以郑孝胥为会长，张謇、汤寿潜为副会长。1907 年 1 月 6 日，吉林自治会成立，以松毓为会长，庆山、文禄为副会长。1907 年 2 月，康有为将保皇会改为帝国宪政会。此后，梁启超组织政闻社，杨度组织宪政讲习会。在组党的同时，立宪派也在进行政党鼓吹，要求清政府开放集会结社，强调集会结社自由是人民的基本权利，也是国民“明悉国政，以储备国民资格”所必需。① 他们指出，“各国之立宪政治，凡仁人志士，不知掷几许之头颅，流几多之颈血，掷无量之代价，仅乃购得之”，其中政党发挥了至关重要的作用。中国的官制改革结果之所以无助于立宪改革，是因为改革由朝廷内的改革派主持，“与国民全体之意见无与”，“无国民之力为后援”。国民欲享立宪政治之幸福，必须行动起来，组织强有力的政党，发达国民政治思想，“广集党员，厚集党势，以代表国民之意见”，监督政府，推动政府进行政治改革，绝无睢睢盱盱，安坐而得立宪的可能。②

当梁启超等意识到组织政党的重要性，并积极组党，以期推动立宪改革时，杨度提出了国会问题。与其他立宪派一样，杨度也看重政党，认为各国立宪都是在人民的压迫下实现的，其中政党起了关键作用。自宣布预备立宪以来，政府“宁肯与人民一尺之空文，不肯与人民一寸之实事”，预备立宪沦为空言，与人们缺乏组织，不能对政府形成足够的压力有直接关系。要压迫政府使之不能不改革，必须组织起强有力的政党，形成有势力的舆论与有组织的国民

---

① 远（黄远庸）：《集会结社自由及其限制》，《时报》1906 年 11 月 17 日、18 日、19 日、20 日。

② 达观：《论政党与立宪政治之关系》，《时报》1907 年 3 月 1 日、2 日。

团体；只有通过发达政党，才能唤起国民的国家意识与政治热情，将分散的国民组织起来，养成国民的政治实力，为国会监督政府提供后援。但是，他强调，“欲党成而有势力，则必社会上结党之观念大盛而后可”，而中国“君子不党”的观念根深蒂固，多数人不明政党与朋党之别，“不知政党之起欲何行动，何所经营”，对政党还颇多疑虑。在此情形下组织起来的政党会被一般社会看作营私的朋党，影响政党势力的扩展，无助于组党目的之实现。他主张，不必急于组党，而应先制造政党的舆论。由于一般社会不了解政党，还不能直接造政党舆论，故应把握时代主脉，提出时代的中心任务，等一般社会认同这个时代中心任务后，再乘机以解决时代中心任务需要团聚国民共同奋斗的理由组织政党，那时社会就比较容易接受政党，就比较能为政党的发展提供有利的舆论环境。他认为，这个时代中心任务就是“开国会”。①

其时，梁启超还在与革命派的激烈论战中，纠结于革命与改革的路径选择。杨度看到了梁启超有关论述的缺陷。其一，立宪所需之国民程度与共和所需之国民程度并无区别，以国民程度反对革命共和而主张君主立宪，于理不通。其二，宣布立宪之后，清廷并没有展现开明专制的姿态，依然是“蒙昧之政府”“消极之政府”，②既没有开明专制的智慧，也没有开明专制的能力，梁启超却要人们将立宪的希望寄托于这样一个政府，不但不能说服革命党，甚至也不能说服立宪派。其三，“要求立宪”过于笼统，令人不知从何下手，容易使支持君主立宪的人士失去对君主立宪的希望，而令排满革命论大行其道。③

有鉴于此，为凝聚立宪派的队伍，以一面推动清廷改革，一面抗衡革命党的排满革命论，杨度致函梁启超，劝告梁氏改变言说策

① 杨度：《复梁启超函》（1907 年 4 月），《杨度集》（一），第 402—403 页。

② 杨度：《金铁主义说》，《杨度集》（一），第 240 页。

③ 杨度：《致〈新民丛报〉记者》，《中国新报》第 4 号，1907 年 4 月。

略。他的建议有三点。

第一，不要再以国民程度不足为由反对排满革命，而应从中国的实际情形出发论述反对革命的理由。他强调，在帝国主义盛行的时代，唯有大国才能竞存于世，国土广大是中国重要的竞争优势，必须注意保持。由于蒙古、新疆、西藏地区与中原地区在社会发展水平、文化、宗教、习俗等方面差异巨大，又为英、俄等国所觊觎，革命将打破这些地区对中央的服从关系，而重建服从关系将遭到英、俄等国阻挠，存在相当大的风险。共和政治讲究人人平等，而实行平等原则，会破坏这些地区原有的等级关系，造成其上层社会对共和的抵触，进而引发离心倾向；由于这些地区在文化、生产力发展水平方面落后于内地，共和的平等原则将使这些地区的人们在与汉人的社会竞争中处于不利地位，从而导致离心倾向。总之，革命、共和，会造成这些地区的分离主义运动，造成国家分裂。因此，最好的方法是维持清王朝，利用原有的服从关系，并通过君主立宪，将中国境内各民族融合为一大中华民族。① 相对于以国民程度不足为由反对革命共和，杨度的论述要更能打动历来看重大一统的中国人。在给梁启超的信中，他又简要地表述了这种观点。

第二，放弃开明专制的提法，少为清政府辩护，少批评国民程度不足，少批评革命党。在与革命党的论战中，梁启超以开明专制论与革命党人的革命程序论相对抗，革命党曾指出，清政府无开明专制之人，又因民族矛盾，无开明专制之条件。宣布预备立宪之后，清廷的所作所为似乎印证了革命党人的论断，开明专制论越来越失去支持者，《新民丛报》也迅速失去读者，订阅量迅速减少。当时，有一满人投书《北京日报》，论中国此时不可遽行立宪，但可行开明专制，被该报记者驳斥。汪康年的《刍言报》主张开明专制，也颇遭舆论批评，认为是中了梁启超的毒。面对这种情形，杨度对梁启超虽“多回护之意”，“然于开明专制则不敢提一字”。

① 杨度：《金铁主义说》第七节“君主立宪”，《杨度集》（一），第366—381页。

杨度提出，在清政府改革不力，而人们急切希望建立近代政治的情形下，梁启超批评国民与革命党，而维护清政府，易引起国民之反感。应改变策略，少批评国民与革命党，少说国民程度不足，政府之程度可以行开明专制之类的话，而应多批评政府。①

第三，以“开国会”取代“要求立宪”，作为立宪派行动的旗帜。杨度曾随王闿运习帝王之学，颇谙人群操纵之术，又了解近代政党运作之术。他认识到，要推动立宪，必须组织起政党，开展群众性政治运动。开展群众运动，须以简单直捷的口号将运动的核心目标提炼出来，张为旗帜，以号召于众，凝聚人心，团聚队伍。他说：“一切法理论、政治论之复杂，终非人所能尽知，必其操术简单，而后人人能喻。此‘排满革命’四字，所以应于社会程度，而几成为无理由之宗教也。”要与排满革命论相抗衡，立宪派必须提出简单的口号，“不仅使脑筋简单者易知易从，并将使脑筋复杂者去其游思，而专心于此事”。就此而言，“要求立宪”的口号不适宜作为群众运动的旗号。因为“立宪之范围甚广，其中所含实事甚多，几于一国之事，无一不在其范围之内。若吾民以为一切宪政，事事皆当注意，则渺无涯埃（涘）之中，不知从何着手，其结果必致有一事不办之弊。以今中国政府论之，固百事不办也，然其言则动曰朝廷百度维新。百度维新者，无一新政可指之谓也。若吾民人取宪政中地方自治、司法独立、改革行政官制种种事业，皆欲图谋，则亦必有此等百度维新之结果”。② 而“开国会”的口号则可以作为群众运动旗号，理由有二。首先，国会是立宪政治最核心的内容，“开国会为宪政上第一重大之事”。有国会就是立宪，无国会就是专制，其他诸如地方自治、宪法、普及教育、官制改革等，皆非立宪的核心内容。专制政体之下，亦可推行地方自治、普

---

① 杨度：《复梁启超函》（1907 年 4 月），《杨度集》（一），第 400—401、408—409 页。

② 杨度：《致〈新民丛报〉记者》，《复梁启超函》，《杨度集》（一），第 400—401、403 页。

及教育，也可改革行政官制，甚至也可以有宪法，有一定程度的司法独立，但没有民选的国会，就绝不能称为立宪。要求“开国会”，可以判断政府“有心立宪与否”，使伪立宪无所遁形。政府若开国会，则国会既立，“一切实施之宪政皆随国会而生”。所以，与其向政府“要求立宪”“要求宪法”，而政府可以空文敷衍，不如提出“开国会”这个具体的核心目标，压迫政府实行真正的改革。① 其次，“开国会”的目标非常具体，非常简单，“一入人耳，尽可了然。以此唤起国民之政治思想，责望政府要求权利之心必为较速”；可以团聚立宪派队伍，并以此与革命党的“排满革命论”相抗衡。他说，立宪派当以“开国会”“为宗教”，其理由则曰“国民举代表人以议国事，则政府必负责任”，以此与“革命排满论”相针对。②

梁启超接受杨度以“开国会”为行动旗帜的主张。他回复杨度称：“至专以提倡开国会，以简单直捷之主义，求约束国民心理于一途，以收一针见血之效，诚为良策，弟当遵此行之。”③ 此后，梁启超即开始依此方针行动。其他立宪派人士陆续跟进，鼓吹国会遂成一时潮流，国会问题遂成清末最突出的思想议题。国会问题的提出以及此后的国会请愿运动，否定梁启超的开明专制论，明确主张改变清廷“首重宪纲”的改革思路，深刻地改变了清末的思想版图与政治格局。

三　立宪派的国会鼓吹与国会论述

自 1907 年初起，立宪派开始鼓吹国会。杨度是其中的急先锋，

---

① 杨度：《致〈新民丛报〉记者》，《杨度集》（一），第 400—401 页。

② 杨度：《致〈新民丛报〉记者》、《复梁启超函》（1907 年 4 月），《杨度集》（一），第 400—403 页。

③ 丁文江、赵丰田：《梁启超年谱长编》，第 259 页。

他创办《中国新报》，以鼓吹国会为中心宗旨。其后，宗室恒钧等亦创办《大同报》，与《中国新报》相呼应。随后，《时报》《申报》《大公报》《政论》《牖报》《预备立宪公会报》《东方杂志》等立宪派报刊纷纷加入鼓吹国会的大合唱，极力鼓吹开国会之必要及利益，报道各地国会请愿运动的进展，刊载各类国会请愿书，力图破除开明专制论，排除国民程度不足说，鼓吹速开国会、即开国会。一时间，“国会”“国会”之声此起彼伏，“日日响彻于耳膜”，迅速使国会问题成为舆论焦点。① 概括地说，他们的国会鼓吹有以下几方面的内容。

第一，极力鼓吹开国会之利益。

鼓吹国会的人们宣称：“国会者，为袚除国家不祥之明神也，为驱逐鬼魅之阳光也，为荡扫垢秽之风伯也。国会一旦成立，则国家种种之难问题，咸可解决，若庖丁之解牛，迎刃而解，无有濡滞。”② 又称开国会“可革一切贫弱之根源”，③ 为“救国之唯一方法”④。他们把中国所有的问题都归结为政府不负责任，认为只要开民选国会，建立责任政府，则一切问题皆可迎刃而解。这确实有制度决定论的意味。在反对专制、追求民主的时代，人们难免出现将民主政治理想化的倾向。布赖斯说，当反对专制的时代，人们容易将民治制度的理想抬得很高，“凡从1789年以来煽动欧洲几次革命的那种信仰和希望，由现在的眼光看起来，哪一个人不说是可笑可叹呢?”⑤ 1910年6月，清廷的上谕曾批评立宪派过于看重国会，“谓议院一开，即足致全功而臻郅治”。某种程度上，这算中肯的批评。但立宪派不接受这种批评，他们称自己主张即开国会，图治是其次，救亡才是首要的考虑。这种回应，在1910年的危机局势

① 嘤鸣：《论今年国民当全力为国会请愿一事》，《时报》1908年2月27日。
② 樊：《论国民对于国会请愿当协同一致》，《申报》1909年12月22日。
③ 《国会请愿同志会意见书》，《国风报》第1年第9号，1910年2月。
④ 熊范舆：《立宪国民之精神》，《中国新报》第4号，1907年4月。
⑤ 〔英〕詹姆斯·布赖斯：《现代民治政体》，第51—52页。

中，或许是实情，但在立宪派鼓吹国会的过程中，一些鼓吹国会的言论中也确实存在“议院一开，即足致全功而臻郅治”的想象。不过，在具体论述开国会之利益时，他们大体上还顾及言说的逻辑，没有把国会的作用说得那么神乎其神。他们有关国会之利益的论述，主要围绕责任政府问题展开：设民选国会，则国会可运用租税承诺权、预算议决权、会计监督权、弹劾权、质问权、不信任投票权等监督政府，使之不得不负责任，不得不积极作为。杨度说，国会与政府立于相对之地位，并互为监制，可以造就责任政府。① 梁启超说：“欲求政治之能良，莫急于有监督机关，以与执行机关相对立。执行机关者何？政府是也。监督机关者何？国会是也。故国会者，良政治之源泉也。”② 具体地说，他们认为，有了责任政府，则：

（1）立宪筹备可切实进行。立宪派指出，宣布预备立宪以来，“政府预备之方法曰会议，曰覆核，曰条陈，曰咨查，如是焉已耳，而于宪政之前途无有裨补也。人民程度之养成，曰无筹款权之自治局，曰调停冲突之教育会，曰以绅士为顾问之咨议局，如是焉已耳，而去立宪之道里未尝稍近也”。所以如此，就是因为没有国会监督政府。③ 他们强调，“筹备何以能有效，必自行政官各负责任始。行政官何以能负责任，必自有国会，以为监督机关始”。④ 不开国会，无责任政府，筹备虽百年，亦必无成。

（2）人民能力可以发达。他们认为，要应对帝国主义时代剧烈的国际竞争，谋国家之生存发展，既需“强有力之政府为之后援”，更需“进取活泼之国民为之前驱”。国民能力不发达，缺乏活力，虽

---

① 杨度：《金铁主义说》，《杨度集》（一），第 321 页。

② 梁启超：《政府与人民》（1907 年），《梁启超全集》第六集，第 252 页。

③ 《论国会无不可速开之理由》，《申报》1908 年 8 月 10 日。

④ 《国会请愿代表孙洪伊等上资政院书》，《国风报》第 1 年第 26 号，宣统二年九月二十一日。

有强有力之政府，亦不能具备强大竞争力。① 有国会以监督政府，则人民之权利得所保障，得与闻国家大政，“日与政治相接近”，故其责任心得以发达，而为有政治热情、主动监督政府的“责任的国民”。有责任的国民，即有责任的政府，“政府而负责任，而必以发达国民为务，人民既日得其保全而发达，则岂有不民富而国强者”。②

（3）可保护利权，保护资本，发展民族工商业。立宪派是资产阶级的利益代言人，他们对外交接连失败而利权不断受损，内治腐败而私人资本不断被侵夺，痛心疾首，希望速开国会，以监督外交，改善内治，改善资本主义发展环境。直隶宪政研究会就指出，近世经济竞争日趋激烈，“各国皆以讲求商业政策为立国图强之首务”，而中国无国会，无责任政府，无确定之商业政策，“币制之不定，商法之不行，关税不速改良，金融机关之不完备，无一不足以绝我商人之命脉而阻商业之进步”，使我“全国之商权几尽在外人之手”。若不速开国会，组织责任政府，则政府之外交，不过丧权之外交，政府之所谓整理财政，不过滥发钱钞，滥征租税，盘剥小民，将使中国之民族资本彻底失败，国人全都成为外资的劳动力，而无一人有为资本家之资格。有国会以监督政府，则租税可以改良，利权可得保护，产业可得发展。③ 汤寿潜也指出，面对严峻的国际经济竞争，面对列强的帝国主义殖民策略与关税保护主义，实力未充、教育未普及、工商业不发达的中国必须大力发展产业，培育国家的经济竞争能力。为此，必须开国会。有国会，“则由人民参订保护工商法律，资本家地位巩固，自能并全力而为对外之竞争”。无国会，则予夺之权操诸政府，国家利权任其葬送，商民任

---

① 《国会期成会意见书》（续），《时报》1908 年 4 月 27 日。

② 杨度：《金铁主义说》，《杨度集》（一），第 307 页；《国会期成会意见书》，《时报》1908 年 4 月 26 日。

③ 《直隶宪政研究会致商法讨论会论速开国会书》，《申报》1910 年 1 月 31 日、2 月 1 日、2 月 4 日。

其盘剥，经济无从发展。①

这三点，说得比较实在，不算夸大其词。

此外，为歆动清廷速开国会，立宪派还反复陈说开国会，则国民能监督财政，能见税赋使用带来的实际利益，自能认同政府的财政政策，自乐于捐输。这就可以解决朝廷面临的巨大财政困难，解除财政被列强监督的危险；可化解日渐嚣张的民气，平息舆情，达到朝廷所希望的朝野一心、官民交勉的效果。对于这些说辞，清政府并不相信（详见后文）。

第二，鼓动国民破除开明专制的幻想，成为“责任的国民”，推动立宪进程。

在清廷宣布预备立宪前后，革命党人曾指出，“君权在专制时代决不无故而自为制限”，其不得不自为制限，皆因民权逼迫。各国立宪，都是民权发达（这里所谓民权，指人民的政治实力，而不是人民权利——引注），进而与君主搏斗的结果。在此搏斗中，君主及时让步，则为君主立宪；君主不让步，则君权为民权所粉碎而为共和政治。“故闻因有民权而有宪法者矣，未闻因有宪法而有民权者也。何也？以民权能制造宪法，宪法不能产出民权也。”因此，要立宪，必须首先谋民权之发达，不发达民权，而希望政府立宪，只能得土耳其式的伪立宪。② 这个道理，立宪派何尝不懂，不过那时的立宪派期待和平改革之情正浓，以为总得先看看政府是否有改革的诚意与能力，再决定行动方向。预备立宪上谕发布后，看到清政府的表现，立宪派很快认识到，“政府之改革不可恃也，惟吾民自图改革乃为可恃”。③ 他们也认识到，各国宪法数十条，“何一非国民之劲血所染缀？”④ 立宪就要限制统治者的无限威权，使就于宪法之范围，然习惯于权力无限、习惯于不受限制的统治者绝

---

① 《汤京卿拟上浙江士民请开国会公呈》，《申报》1908年7月29日。

② 精卫：《希望满洲立宪者盍听诸》，《民报》第3号，1906年4月。

③ 黄可权：《国会论》，《政论》第1号，1907年10月。

④ 《吉林地方自治会要求国会启》，《申报》1908年7月23日。

不愿自我限制，“欲使之敛权力以就范围，易专制而为立宪，犹之踶弛之马施以衔勒，顽劣之童加以束缚，其必不可得之数矣”。①中国经过长期专制统治，以国家为君主私有物的观念深入人心，“国家对于人民既以干预政治为越权，人民对于国家亦以不闻国事为本分”。② 欲政府廓然大公，一旦尽以其大权分寄于平日视同奴隶之民，而不待其民之要求，绝无可能；欲一般国民主动关注政治，也不容易。

针对开明专制论，请开国会的人士提出“国民的立宪”的概念。所谓“国民的立宪”，有两方面的含义。其一，国民要认识到“立宪之责任全在国民”，③ 不能坐待政府立宪，而应行动起来，一方面普及政治思想，鼓吹国会，结合成团体，“跃起为政治的运动”，向政府施加压力，推动改革；另一方面通过教育、地方自治、团体生活以及请愿国会的政治运动，以训练国民，提高国民程度，准备实行立宪的国民实力与能力。其二，希望建立能成为政治权力中心的“国民的国会”，而非依附于政府的“政府的国会”；④希望建立“人民之政府”，而非“政府之政府”；⑤ 希望宪法不是“不脱专制的遗臭”的日本式的宪法，而是国民参与的英国式的或至少是德国式的宪法。⑥ 他们清楚，要实现这样的立宪，国民必须“断绝其为政府奴隶之心，而视政府为己之公仆”，积极行动起来，监督政府，改造政府，并提高自身的能力。⑦ 国民若期待“开明专制”，坐待政府立宪，则立宪将一直在“预备”之中。朝廷宣布预备立宪以来的作为表明，所谓预备立宪不过“仍俄国假立宪名义，

① 《论立宪之责任全在国民》，《大公报》1908 年 2 月 20 日。

② 《吉林地方自治会要求国会启》，《申报》1908 年 7 月 23 日；程彦农：《论国民对于政府当持积极的主义》，《时报》1908 年 1 月 14 日。

③ 《论立宪之责任全在国民》，《大公报》1908 年 2 月 20 日。

④ 黄可权：《国会论》第三节“国会与政府”，《政论》第 2 号，1907 年 11 月。

⑤ 《杨度演说要求开设国会文》，《申报》1908 年 5 月 20 日。

⑥ 李庆芳：《中国国会议》，《辛亥革命前十年间时论选集》第三卷，第 119 页。

⑦ 李庆芳：《中国国会议》，《辛亥革命前十年间时论选集》第三卷，第 118 页。

阴行专制之伎俩而已”;① 若国民坐待立宪，将来立宪之结果恐只会是扩张政府权力的“政府的立宪”，而非发达国民能力的“国民的立宪”。他们告诫国民：“夫宪法之结果，以国民之血争来者则有效，以政府之墨草就者则无功。我国民试一翻列国之宪法，其一字之间，实洒有无穷爱国之热泪，其一句之中，实含有无穷自由之碧血，绝未有以一纸之虚文，即可以收强国之效果者也。”要建立宪政，国民必须积极行动起来。② 他们努力破除国民的开明专制幻想。杨度要梁启超不再鼓吹开明专制。李庆芳要求国民断绝其“为政府奴隶之心”。熊范舆分析国人依赖政府之原因，认为在长期的专制政治之下，人民无参政权利，无参政思想，遂一切听政府所为，“政之良也，惟政府之功是颂。政之敝也，惟政府之恶是仇”，将政府视为苍生之所托命，而不知干预国政为国民之权利，“勉以改革政治之责任，彼将裹足而不前，并勉以改革政治之权利，彼亦将骇然而却走。即或有不却走而前焉者，彼其脑中心中仍以为是非政府之大力不为功，吾侪小民不过委蛇从事，聊尽吾国民之责任以补助之，即可以告无罪焉”。国民不能自居于劝勉政府立宪之地位，而必须自居为主人的地位，以“独立不易”之精神，为实力上之进行，一面迫使政府改革，一面壮大国民自身实力。③ 黄可权要求国民成为“责任的国民”，策励责任心，以中国改革为己任④。《大公报》指出，开明专制论囿于得君行道的传统观念，将改革希望寄托于圣明天子，而不是寄托于国民，故“惟知以君权黜革为从事，以君主信任为手段。万一君权旁落，则必为清君侧之举；万一君主不肖，则必倡废立之举；万一君主不相信任，则必为要挟之举”。其策略如此，故“国民尚未受其措施之福，而宫廷已先遭震撼之虞”。“无怪此党发见于十年以前，始则为政府所挫，

① 天池：《改革官制愤言》，《时报》1907年1月26日。

② 《东京中国宪政讲习会意见书》，《大同报》第4号，1907年8月5日。

③ 熊范舆：《立宪国民之精神》，《中国新报》第4号，1907年4月。

④ 黄可权：《国会论》，《政论》第1号，1907年10月。

继则为革命所排。迄今尚奔走道途，而一事无成也。”[①]《时报》则称，“一面伸张国家之权利，即一面伸张人民之权利，方得谓之开明专制”，而清政府“但知有伸张国家之权利，而不知有伸张人民之权利”，甚至“但知伸张一己之权利，置国家与人民权利于不顾，是直刚愎自用而已”，将开明专制的希望寄托于这样的政府，只会梦碎。[②]

在呼吁国民不要依赖政府立宪的同时，立宪派也呼吁人民不要“放任”政府。他们指责革命党人受“朕即国家”观念的影响，不知君主与国家之别，不明国体与政体之分，唯汲汲于国体之争，“一若无君主，则政体可以良，有君主则政体必至于恶者然，且一若无君主，则国家可以存，有君主则国家必至于亡者然”，将推倒君主当作政治革命。这势必置日在危难之中的国家与日在专制统治下呻吟的人民于不顾，将改造专制政体的时间推到国体问题解决之后，放任政府之专制，甚至以政府之肆行专制为有利于革命。他们劝革命党抛弃放任政府专制的策略，与立宪派一同努力，监督政府，改进政治，在改进政治中培养国民的实力，不必“平日一味放任，专恃有兵器而后动”。这既可救今日国家人民所陷之灾祸，又可培植国民之实力，且一旦迫不得已而用武力，也可以成功，可以失败，不至于将自己推到只能成功不能失败的境地。[③]

要使国民成为“责任的国民”，必须打破长期专制政治造成的“士以思不出位为道德，民以不闻政事为高尚”的习气，[④] 唤起其政治热情。只有多数国民政治上觉醒，起而反对专制，立宪才有希望。梁启超说，“无论若何之政府，未有不恃人民承认拥戴之力，而能成立能存在者”。专制政府如此，立宪政府也是如此。专制政

---

① 《党秤》，《大公报》1908 年 5 月 24 日。

② 《论开明专制与刚愎自用之辨》，《时报》1908 年 4 月 8 日。

③ 熊范舆：《立宪国民之精神》，《中国新报》第 4 号，1907 年 4 月。

④ 乌泽声：《〈立宪魂〉序》，《大同报》第 5 号，1907 年 12 月。

府不能得多数人民的拥戴，但也需要多数人民之消极的默认，才能存立。这种默认，也就是变相的承认。因此，改造专制政治的第一步，就是灌输政治思想，改变国民消极的政治态度，“国民诚能表示其反对专制之意思，而且必欲贯彻之，则专制政府前此所恃默认之后援既已失据，于此而犹欲宝其敝帚以抗此新潮，其道无由”。① 立宪派注意向国民灌输政治思想，想让他们明白国家政治与自身利益之关系，参与政治是国民不可剥夺的权利，国民主动参与政治、监督政府，政治才能得到改良的道理。立宪派的舆论鼓吹，首先注重阐述这些道理。梁启超反复指出，政治“为一切生命之总源泉”，“凡人民之生死荣瘁，盖无一不系命于政治”，其良窳关系经济发展、社会秩序，乃至于疾病防控等公共利益，与人民个人直接相关。人们必须高度重视政治的意义，积极参与政治，改造政治。② 他强调常识，曾有意组织常识学会，向国民系统地灌输常识。他说，常识并非高深的专门知识，而是人类在长期的经济、社会、政治、文化生活中形成的关于“一身之则，当世之务，庶物之情”之“至简易至确实之原理原则”。③ 常识中，他最重视国民常识，即关于国家为何，政治为何，政治与国民个人之关系如何，立宪政治为何，立宪政治下国民之权利义务如何，中国改专制为立宪之必要性，立宪政治应具备何种国民资格，如何养成这种资格，以及何谓政党，政党之目的与功能如何等的一般性知识。立宪派明白，国民常识得之于教育者半，得之于社会者半，他们办报刊写文章，编写《国会浅说》《国会白话演说》《公民必读》等浅显的宪政知识读本，组织集会与演说，宣讲这些读本，以灌输国民常识，唤起国民的政治热情。他们虽强调改革需先有数十卓荦沉毅之士率先鼓吹呼号，倡导改革，逐渐改变舆论，改革才能启动，但也指

---

① 梁启超：《政闻社宣言书》（1907 年 10 月 7 日），《梁启超全集》第六集，第 240—241 页。

② 梁启超：《政治与人民》，《梁启超全集》第六集，第 246—255 页。

③ 梁启超：《论常识》（1910 年 3 月），《梁启超全集》第七集，第 63 页。

出，改革成功最终还有赖于多数国民之觉醒与行动。因此，他们对灌输国民常识倾注了大量的心血。随着国会请愿运动的开展，立宪派对动员国民，争取国民尤其是城市知识分子、工商业者以及乡村士绅的支持有很亲切的感受，对灌输国民常识、唤起国民政治热情也就倾注了更大的心血，将国会请愿运动变成了灌输国民常识的运动。

第三，“排除人民程度不足之说，主张速开国会”。

开设议院需要一定的国民程度，戊戌时期的维新派就有此认识。1897年，严复就说：“以今日民智未开之中国，而欲效泰西君民共主之美治，是大乱之道也。”① 1898年6月，因友人责备他不建言请开议院，康有为回应称，中国人知识未开，官僚士绅多蒙昧守旧，若开议院，保守分子必占据多数席位，议会将成为反对新政的机构。他强调，中国只能依靠开明的君主推行新政。② 在保守势力占据社会主流的情形下，改革就意味着向社会主流宣战，欲求其同意改革，不现实。康有为担心不利于改革而不建议开议院，也有其道理。梁启超在提出“立宪法”的任务时，也提出“立宪政体者，必民智稍开而后能行之”③。1906年，梁启超在《开明专制论》中，又提出中国施政机关未整备、国民程度未及格，必须经由开明专制，才能实行立宪。在清廷宣布预备立宪前后，朝野普遍接受开明专制论，认为需要经过一定时间的预备，完备制度与法律，提高国民程度，才可以立宪。故一般社会人士大多接受“预备立宪”的提法。到立宪派感觉朝廷的预备立宪缺乏诚意，预备立宪不过是敷衍内外舆论，并无实质行动时，乃开始调整有关国民程度问题的论述。到请开国会问题提出，立宪派发现，国民程度不足之说，一方面会被专制政府用作不开国会、延迟立宪的借口；另

---

① 严复：《中俄交谊论》，《严复集》第二册，中华书局1986年版，第475页。

② 康有为：《答人论议院书》（1898年7月6日），《康有为全集》第四集，第326—327页。

③ 梁启超：《立宪法议》（1901年7月6日），《梁启超全集》第二集，第281页。

一方面也会使专制政治造成的国民的依赖根性乘虚而入，而发生依赖政府之心，坐等政府开国会。鼓吹国会的人们就达成了共识：鼓吹国会，必须重新论述国民程度问题。《大同报》就称，“吾人欲改造中国专制政体也，其唯一之方法即在排除人民程度不足之说，主张速开国会”。① 此时，立宪派关于国民程度问题的论述，大体有几种。

第一种论述是，立宪并不需要什么特别的国民资格。杨度称，“凡系国家皆可立宪”。② 他说，所谓立宪国民程度并无一定标准，预定一绝对标准，以为非达此标准不能实行立宪的说法，违背立宪政治的发展规律，易成为专制统治者延缓立宪的借口。他说，一定的国家既然可以组织政府，就可以选出一定的人群来监督政府，说一个国家可以组织政府，却不能选出若干的人来监督政府，道理上说不通。他说，所谓立宪国民程度，主要指政治层面的程度，而非道德水平。若说立宪国民需要一定的道德程度，那也只是“最低之程度”即“免而无耻”。立宪各国，其人民之道德水平多达不到“有耻且格”，只是做到“免而无耻”。中国国民之绝大多数都能达到“免而无耻”，从道德水平看，中国国民之立宪程度“殊属绰有余裕”。③

杨度关于立宪国民资格不是道德水平问题，而是政治程度问题的论断，可以成立，但他说“凡系国家皆可立宪”，其论证逻辑虽可令未解立宪精髓的国会反对派难以辩驳，提振请愿国会的人们的勇气，但其实难以成立。一定的国家可以组织政府，但未必能组织起监督政府的国会。对大型的复杂社会来说，开国会远比立政府要复杂、困难。因为政府可依靠官僚系统的等级制、利用君权神圣的观念以及刑逼势驱的方式维持其运转，而开国会、立宪法以限制政

---

① 乌泽声：《大同报序》，《大同报》第1号，1907年6月。

② 《杨度演说要求开设国会文》，《申报》1908年5月20日。

③ 《杨度演说要求开设国会文》，《申报》1908年5月20日。

府权力，却需要相当的国民程度。这种国民程度，并不只是国民的政治知识，而更多的是国民的观念、组织性与能力。国会之监督政府，并非以一批官吏监督另一批官吏，而是国民选举议员，代表民意监督政府。若不能代表民意，则所谓监督政府的“议员”不过如专制时代的御史而已。国会既代表国民，自然需要选举。可选举的意义，并非如乡举里选之推举贤能去治理地方与国家，而是基于人们利益、意见、情感分化的事实，认可不同的利益、意见、情感存在的正当性，并且赞成国会应是各种利益、意见、情感交锋、妥协的平台，而非仅仅为某一种利益的代表。对于国会的这种性质，梁启超有精要的论述。他指出，人类政治史就是各种势力竞争政权的历史，政治学的核心内容就是如何处理这种竞争。专制与立宪之别在于，专制“欲举全国之势力集于一点，而此外之势力，则务所以摧锄之抑压之，使其不堪竞争而日即于消灭”，以消灭竞争对手，垄断权力为其特征；而立宪则“知夫争之必末由息也，而惟谋所以节之，一方面使其人人可以竞争，时时可以竞争，在在可以竞争，毋令其怨毒久蕴，一发而失其常态，一方面而为之画一范围焉，使其竞争行于此范围之中，而毋或侵轶，以奖励竞争之形式，行调和竞争之精神”。国会就是实行此种“调和竞争之精神”的机构，是容纳各种利益、意见、情感互相冲突的政治势力，使之在一定范围内有序竞争，使竞争公开化、常态化、秩序化。这种竞争，一方面可使各方势力因竞争而增长，从而使“全国各方面皆生气勃勃，精力弥满”，另一方面又使各方势力因为彼此竞争而“无复相搏噬，而常保衡平”。宪法则是各种势力竞争的“交战条规”。要使国会发挥“调和竞争之精神”，国会就应由人民选举产生，并尽量容纳国内各方势力，“国中若有他种特别势力，亦不可以不网罗之”，成为体现国内政治势力版图的机构。① 开国会，最需要的是此种关于利益、意见竞争与调和的观念。

① 梁启超：《中国国会制度私议》，《梁启超全集》第七集，第224—226页。

除梁启超之外，还有一些人对这一层有所论述。吴兴让指出，立宪之预备，有形式上之预备，有根本上之预备。形式上之预备，是指编法典、改官制、定币制、订典礼、编宪法、开国会等；根本上之预备，是指“精神上之预备”，就是国民尤其是上下两院议员应具备的种种意识。他说，上议院议员“宜祛感情之惑”，“宜扩知识之域”，“宜谅天下之人心”。关于“宜谅天下之人心”，他说：“夫顺我则乐，逆我则怒，尽人所同。况位高望重，向未受人指驳，向不闻人攻击者，一闻反对，不以为有意为难，即以为好为犯上，而我辈之心迹，恨不能剖示天下，使天下人共谅之，亦一最苦之境也。然我既盼天下之谅我，则我曷不先谅天下之心……夫议院制度为从来未有之创举，而攻击反驳，又为议院中必有之现象，为不可缺之要素。此尤上议院中所不习惯，而以为难堪者也，必先勉除此弊，而后有是非之公。不然者，以公论之形式，持独断之主义，则大反乎立宪之本义矣。”①他这话用现代语言来表述就是，上议院议员须去除独断主义的思维，承认别人利益、意见的合理性，善待批评与意见。关于下议院议员资格，他说，下议院议员应认识到，充任议员不是朝廷给予的荣誉，而是去履行代表民意的责任，要积极表达意见；须预备普通法理学、政治学、经济学、世界近世史、中国内政外交之大略及其源流，熟悉选举法、议院法之原理、议院章程规则等，需培养逻辑素养、演说才能与交际能力；需有“国会者，非其党类之大本也，乃国家之机关”的认识，需认识到国会是各种思想、利益、主张交汇的地方，议会内意见分歧是常态，各派议员当“强恕克己”，尊重彼此之表达自由与活动地盘；需善待议会辩论的胜负，不为意气之争，“依法理以为手段……求秩序之进步，若期期以为不可，则孤行一意，不必入国家机关，而别求诸事实上问题可也”；需要破除地方意识，树立国家

① 《国会预备议》（录《津报》丁未十二月二十日），《东方杂志》第5年第2期，1908年3月。

思想。①

吴兴让对议员素养的要求属理想状态。理论上说，议员代表全体国民，可实际生活中，人皆有局限，受知识、教化、利益乃至人际关系的限制，议员往往是从个人、集团、党派、地域的利益出发来参与议会活动，难免有种种的局限。这些品格、能力也需要通过实际的国会活动，在利益意见交锋博弈的过程中逐步形成。但他对议员素养的认识，总体上是到位的。没有责任心，以任议员为荣誉职位，就会成为政府的花瓶；没有相应的知识、能力，无辩理能力，就不能为逻辑的表述、有效的表达；无交际能力，就难以联络其他议员；无调和精神，不承认他人利益意见之正当性，不能善待议会辩论之胜负，则容易倚傍权势或煽动民粹，造成专断政治，或造成社会的分裂与对立。

妥协意识、调和精神，是立宪政治开展的观念基础，是立宪国民程度的精髓所在。立宪政治中的调和精神有三点：第一，承认利益、意见分化的事实；第二，政府施政需有所趋从，有所取舍，这种取舍只能采取多数决定的原则；第三，多数决定只是定从违，而非定是非，因此在遵从多数决定的同时，必须保护少数，令少数派有表达其利益、意见的空间。对于久经专制统治的中国来说，从君主到官吏、议员以及一般社会大众，专制主义思维、民粹主义思维影响深固，非一朝一夕可去。国会代表民意，而民意需有组织的表达，因此开设国会需开放言论、集会、结社，使各种利益、意见、情感有表达的渠道，并在此基础上构建多元的社会团体，才能形成尊重包容不同社会利益、意见、团体的氛围与习惯，也才能使代表不同利益、意见的议员获得有组织的支持，以与政府以及其他利益、意见交锋、抗衡。这虽不完全是国民程度问题，但属于社会组织程度，并且部分地属于国民程度。显然，就调和观念与社会组织

① 《国会预备议》（录《津报》丁未十二月二十日），《东方杂志》第5年第2期，1908年3月。

程度而言，并非能组织为国家即可立宪。

第二种论述则强调，谈立宪国民资格需区分议员与一般国民。持这种看法的人认为，召开国会，实行立宪，并非国民人人直接参政，“原不过于多数之中选其少数之秀异特出者，以代表多数之意见焉耳，初不求人人皆有议事之资格也”。① 立宪只需要少数人具备议员资格，而一般国民则只需要能够行使选举权。若要求人人皆有充任议员之资格，则世界无可以立宪之国。② 杨度说：“世界各国，其社会上一切事业之原动力，常在中流社会……一国之优秀者亦常集于中流社会，而以其国中人数论之，常为其少数。故欲论人民程度者，但宜据中流社会之少数者以立论，而不必及于全国多数之人民。”中国封建世卿之制早废，人民早有任官之权，中流社会之有从政之心或济世之志者，可自由研读古人讲学论治之书，关心世务，考究政治，储为世用，甚或著书立说，以谈天下之变，或聚徒讲学，挟策干时。他们的程度虽不如现在文明各国之国民，但政治思想、政治能力并不逊色于各国初开议会时的国民。只要开国会，他们的程度将迅速进化。③ 1909 年咨议局第一次会议结束后，咨议局议员们的出色表现为鼓吹国会的人们提供了足够的底气。他们说，各省咨议局第一次开幕，“其秩序之整齐，讨论之和平，审查之精密，厘然秩然，毫无遗憾……智识经验之丰富，即方诸文明先进国之国民，亦无容多让”。④ 至于一般选民，则并不需要多少法律常识、政治常识，也不需要实际的从政经验，就可以根据自己的常识、利益、良心去选择他们认为合适的代议士。这就如人们不需要具备医生、建筑师的专业知识而可以凭借普通知识去选择医生、建筑师为自己服务一样。王懋昭说：“一般人虽不能皆有制定法律之能力，而现实施行之法律适也否也，实皆有经验评断之明。

① 《论国会无不可速开之理由》，《申报》1908 年 8 月 10 日。

② 《论国会无不可速开之理由》，《申报》1908 年 8 月 10 日。

③ 杨度：《金铁主义说》，《杨度集》（一），第 326—337 页。

④ 《请愿国会对于政府之希望》，《申报》1910 年 1 月 11 日。

愚常见乡村士庶，田间老农，于陇畔辍耕之余，笑语闲谈，曰某地方官贪，宜更换，某地方官廉，宜久任，某政治良，某刑律酷，征之实际，所言多不诬。好善恶恶，良知也，举贤任能，常识也。官不必即贤，民不必即愚。故既为人民公选之代议士，所以常能惬民心，定民意也。”①《国会请愿同志会意见书》也说，对于立宪而言，国民程度的意义主要在有选举权之国民，并非在所有国民，若不具备普选的条件，那可以通过选举资格限制过滤掉不具备资格的国民，从而使有选举权之国民皆能履行其选举权。②《大公报》则指出，必须正确理解代议制下的选举。“欲求选举之公正，必先求国民程度之增进”，“国民程度愈高，则其所选举者亦必为出类拔萃之人”，这种认识是对选举的误解。选举是“选举者利用被举之人，而不能保被举者果能代表选举之人”。“盖以多数人之意思欲求少数者一一代表之，其势有所不能。故欲求选举之果能得人，不当于选举者求之，当于被选举者求之也。”只要有比较发达的政党，能够集约民意，形成数种政党政见，供国民选择，选民们就不难履行选举权。③

这种论述相当有力。考察宪政大臣达寿主张缓开国会，但他也说：“国会开设之迟早，与人民程度之高低可决其全无关系。何也？夫有国会，则有议员，此议员系全国少数之人，且其人非地方绅士，亦必稍有资望稍有学问，此可以断言矣。此等议员与今日之官吏较量，程度虽不敢云其增高，亦或不至于低减。议员程度既无不及之患，以之代表人民固属至善，更何必舍其代表之程度而不问，而第执普通人民之程度而指摘之乎？”至于忧虑一般人民程度太低，不能恰当地行使选举权，也是多虑。因为这可以通过选举权的资格限制以及间接选举制来解决。总之，“人民程度之说与选举

---

① 王懋昭：《代议制之由来及性质并组织之原理》，《牖报》第 9 号，1908 年。
② 《国会请愿同志会意见书》，《国风报》第 1 卷第 9 号，宣统二年四月初一日。
③ 《政党与选举之关系》，《大公报》1908 年 10 月 15 日。

本无丝毫关系”。各国所以勤勤教育，增殖其国民之程度，其目的不在提高人民程度使足敷选举之用，而是发达国民能力，增强国家竞争力。①

第三种论述，承认中国国民之程度尚有不足，但又认为时局急迫，不能等国民程度及格后再开国会，而应因陋就简，从现有国民程度出发，建立过渡性国会。1908年5月，孟森就指出，欧洲国家的议会都是从不规则的议会逐步发展而来的，没有一召开就完备的议会。当国势岌岌，“非急开国会，无以成君民一体之治”，以应付列强之侵凌，而人民受时局刺激争求国会时，必须从实际需要出发，因陋就简，先组织起不规则的议会，然后再逐步提高国民程度，完善立宪。万不可以现今欧美先进国家的宪政水平为标杆去准备立宪条件，那只会“以过求美备之心，转扬顽锢蔽塞之焰”，被保守派利用，加深危机。② 1909年，张謇也说：“国会者，所以备列强非礼之侵。岂有拯溺救焚，而可以诿之程度不及，迁延观望，以待将来之理？”③ 1910年2月，《申报》刊发社论称，“我人民非不知筹备未齐，程度未足，然必待筹备齐程度一而始开国会，其如迫不及待何”，④ 强调不能以当今世界立宪政治最发达国家的国民程度为标准，只能从本国的实际出发，因陋就简，先立其规制，至于程度之提高，“不妨于既开之后，一面进行，一面改良”。⑤ 这种论述，就其对外层面而言，是因为忧虑国亡而希望速开国会，其心情可以理解；但国若果真将亡，开国会也无济于事，说开国会就能救国于将亡，不具说服力。就其对内层面而言，人们既因亡国感的压迫，急切要求开国会，请开国会的人们对国会有得之则生，不得

① 《达寿奏国会年限无妨预定折》，《申报》1908年8月28日。

② 孟森：《论中国今日有可以速开国会之理由》，《申报》1908年5月25日。

③ 张謇：《请速开国会建设责任内阁以图补救意见书》（1909年），《张謇全集》（一），上海辞书出版社2012年版，第189页。

④ 《读本日上谕感言》，《申报》1910年2月1日。

⑤ 《论国会无不可速开之理由》，《申报》1908年8月10日。

之则死的感觉，若不及时开国会，则人心离散，大势将去，在此情形下，以开国会作为挽救朝廷命运的最后努力，不妨姑为尝试。

第四种论述，承认国民程度尚有未及，但认为开国会正可唤起国民的政治热情，开通社会风气，给予人民实际的国会训练，迅速提高国民程度。他们说，提高国民程度最便捷的方法是开国会，给国民以实际的参政训练，“欲人民程度之高而不开议会者，是犹欲腹之饱而不进食也”。有国会，则“国民以一日千里之势而日趋于智，国事以一日千里之势而日趋于理，国势以一日千里之势而日趋于强”。[①] 不开国会而谈提高国民程度，“直有欺诳我国民之罪”。[②] 他们否定开明专制可以提高国民程度，认为专制政治“一切咸以干涉为主义，当局者常视国民如机械，而国民莫得而自主，故其民久陶铸于此治下者，必无自治独立之能，是以专制政府而欲增益其国民立宪之程度，已万无能达其目的之日矣”。[③] 当时，政府方面以国民程度不足为由，主张先筹备妥当，再开国会，而主张速开国会的人们则请开国会以提高国民程度，两者尖锐对立。政府方面担心国民程度不足而开议会，无救于危亡，反生纷扰，其忧虑不无道理；请开国会的人们忧虑不开国会，立宪筹备无从切实推进，国民程度难以提高，即便国民程度有所提高之后再开国会，纷扰亦难免，也有其道理。因担忧开国会将出现种种纷扰而谨慎处之，是可以的；但因此而不敢开国会，甚至在立宪派与各地督抚强烈要求即开国会时，不顾舆情，坚持不开国会，就只能说是愚顽了。如杨度所指出的，议会初开，出现种种笑话，不足为奇，即便政府中人皆为周公，议会中人皆为孔子，也不免有笑话。议会初开，容易出现两种问题：一是国会腐败，成为政府的花瓶，不能担负监督政府之责任；二是失于激烈，因监督政府而常与政府激烈对抗，致国会被

---

① 杨度：《金铁主义说》，《杨度集》（一），第338—339页。

② 杨度：《金铁主义说》，《杨度集》（一），第331页。

③ 《国会期成会意见书》，《时报》1908年4月27日。

反复解散。但这皆不足为虑，“腐败者，经数次之磨炼，加以全国舆论随议其后，当即渐知监督之方；激烈者，或经一二次解散，而必归于秩序”。① 以为诸事筹备妥当，再开国会，就不会出现纷扰，不现实。

第五种论述，指出国民程度不足乃统括国民与官吏而言。《国会请愿同志会意见书》就说，从道理上说，官与民受同一之历史地理政教风俗之感化，“未有朝皆俊杰，野无贤才也。且吾国素非贵族政治，公卿皆出于韦布，衮衮诸公，当其未释褐以前及既解组以后，固纯系等诸齐民，前后犹是人也，岂即入圣出狂，入主出奴耶？”以实情而论，晚近风气之开，“皆启发于地方，而养成于士大夫”，十余年来，引领时代潮流，吸纳世界知识，研究专门学问，吐宪政之菁华，握改革之枢纽者，都是民间人士，而不是官僚。② 锡良等十七位督抚电请即开国会时也说：“程度不足，官与民共之，不相磨励，虽百年亦无所进，法律难定，情与俗碍之，互为参考，历数载可望实行。”③ 这种论述，对于坚持开明专制思维的朝廷来说，确实难以应付。既然臣民程度同为不足，政府有何颜面自居为人民之教师爷，有何颜面谈开明专制？不过，这种论述可否定开明专制之说，却不足以否定国民程度不足之说。

请开国会的人们对国民程度与开国会关系问题的论述，澄清了一些问题，比如开国会只需要少数人具备议员资格，不必人人皆具备议员资格；不可固守先将诸事筹备妥当，再开国会的既定方案，而应从现有国民程度出发，因陋就简设立过渡性国会，以一面推动立宪改革，一面提高国民程度；不论国民程度如何，国会初开，皆难免纷扰。但他们为着速开国会、即开国会，有不顾现实条件而强求国会的倾向。其实，立宪是需要一定的国民程度的，不具备这些

---

① 杨度：《金铁主义说》，《杨度集》（一），第338—340页。

② 《国会请愿同志会意见书》，《国风报》第1年第9号，宣统二年四月初一日。

③ 《各省督抚合词请设内阁国会奏稿》，《国风报》第1年第26号，宣统二年九月二十一日。

条件而开国会，未必有良果。

第四，破除开国会须先发达地方自治之说，要求速开国会。

在立宪思潮形成过程中，立宪派普遍存在地方自治为立宪之基础的观念。从一般的意义上说，地方自治的发达确实可以养成国民的公益心、自治能力与共同生活的习惯，为立宪政治提供社会性基础。清廷宣布预备立宪前后，立宪派大多将教育普及与地方自治作为提高国民程度的下手功夫。不过，到立宪派提出国会问题，要求速开国会时，立宪派调整了有关地方自治问题的论述，不是笼统地论述地方自治与立宪的关系，而是侧重论述地方自治与国会的关系。他们的论述大体有两种。

第一种论述认为国会与地方自治团体，“各自为其形体，各自有其性质”，国会之基础当求之于国会之组织，而不可求之于地方议会。① 他们考察欧美各国立宪史，认为由地方自治发达而成立国会制度的只有英国，而这在很大程度上是因为英国地域狭小，有孤处海岛的独特地理条件，并非全因其地方自治发达。地域狭小，故君不甚尊，民不甚卑，地方与中央之关系接近，“人民公共之会议不期而成一国政事之会议矣”；孤处海岛，不与各国同处大陆，壤地相接、竞争激烈之患不如各国之甚，“故可以守其故制，徐徐发达”。而欧陆各国因竞争激烈，非集权于中央政府以谋国家统一，不足以御外侮而图生存，故其地方自治之发达不及中央官治，各国也未敢引英国故事为例，任自治充分发达后再谋开国会，而是根据现实情形选择开国会之时机。②《神州日报》称，英国中央政治与地方政治之关系是“相为表里”，而非“相为母子”，其国会制度的成立非因地方自治发达而来，而是从贵族与教会联合以与君权相搏斗而来，“其种种活动皆纯乎中央政治上之活动，而非地方政治

---

① 《论开国会当先于地方自治》（录丁未八月初五日《神州日报》），《东方杂志》第4年第12期，1908年1月。

② 杨度：《金铁主义说》，《杨度集》（一），第332—333页。

上之活动”。① 梁启超肯定泰西各国地方自治确实发挥了唤起人民参与公共事务之兴味、孕育其服从多数之习惯、养成其能力的作用，确“与国会有因果之关系”。但他强调，这只是欧美的经验，而非不可变更的原则。有地方自治传统的国家，可利用地方自治来为立宪提供社会性基础，而无地方自治传统或像俄国那样虽有地方自治传统而国家政治甚为专制的国家，则“假国会以养成政治能力，为道尚稍易；假地方自治以养成政治能力，为道尤难”。日本国会初开，已斐然可观，而地方自治发达数十年，依然还很不完备，就是明证。② 既然先发达地方自治而后才能开国会并非坚确不移的原则，中国就应根据现实情况处理国会与地方自治的关系。熊范舆指出，中国的实际情形是：一方面形势危急，政府腐败，急需建立责任政府以图生存，若等地方自治普及再开国会，那数年之后，国家命运早不堪设想；另一方面，各国之进入立宪，皆离封建不远，受阶级制度的影响，其一般平民都无参与国政之资格，而中国自秦以后，封建制度早破，人民理论上“皆有可以活动于政界之希望”，读书人大多以治国平天下相期许，关心天下大事，研习掌故，其政治思想较一般封建制国家的平民要发达得多，具备一定的参政能力。他强调，“吾国民今日之所谓不足者，乃经验问题，而非能力问题。以言经验，则无论国会与地方议会，皆为前此所未有”。就两者关系而言，一方面地方议会的发展需要国会的支撑，非先开国会，地方自治不能普及；另一方面地方议会的发展并不能直接造就国民的国会议员资格，因为国会议员资格需要从国会活动中去获得，相反，地方议会先于国会发展，容易造成地方主义，不利于形成全国性政党。所以，中国的当务之急是先开国会，然后再一面养成国民的国会经验，一面发达地方自治，以完善宪政。③

---

① 《论开国会当先于地方自治》（录丁未八月初五日《神州日报》），《东方杂志》第 4 年第 12 期，1908 年 1 月。

② 梁启超：《论政府阻挠国会之非》，《梁启超全集》第七集，第 441—442 页。

③ 熊范舆：《国会与地方自治》，《中国新报》第 5 号，1907 年 5 月。

第二种论述认为国会与地方自治是同时并进、互相支撑的，汲汲于地方自治，以为必自治制度实行，人民习于处理部分地方政事，然后参与国政，自无造次不娴之弊，或者汲汲于国会，以为地方自治仅关于地方之委任行政，范围狭隘，与监督中央行政的国会无关，都失之偏颇。邵羲指出，英国与欧陆的立宪，其国会与地方自治乃同时分别发达，“相因而至”的，一方面地方自治的发达为国会权力的巩固与扩张提供了条件，另一方面国会也为地方自治的发达提供了保障，并非先有地方自治，然后有国会。俄国行地方自治，而无国会，故立宪政治迟迟未能建立。综合考虑各国经验教训，中国应取国会与地方自治同时并进之策：一方面开国会，以一新人民视听，唤起国民之政治热情，促进地方自治事业的发达；另一方面行地方自治，使人民担起应负之责任，巩固立宪政治之基础。不过，他关注的重点其实在国会，强调国会是“国家改革之中心点”，“一日不宣布开设国会，即一日不能望地方自治之发达”。[①] 黄可权承认，“国会与地方自治，二者均为立宪中最要之节目，缺一不可。苟国会而可排斥，是立法尚不能与行政司法分立，何有于立宪？苟地方自治而可排斥，是个人无复自治之精神，国家亦无复自治之幸福，更何取于立宪？”不同意因要求速开国会而忽视地方自治；又反对必待各省自治规模灿然大备，然后再开国会，认为这“缓不济急”，无救于危亡。他折中速开国会与先发达地方自治两种意见，将省议会看作“地方自治最要之机关”，主张先建立省议会，以历练议员能力，培养国民的政治兴味与参政能力，并推进诸如编定选举法、划定选举区等与开国会直接相关的工作。[②]

这些论述都是为速开国会造舆论，有因时立论的因素在内。不

---

① 邵羲：《论国会与地方自治有分歧发达之关系》，《预备立宪公会报》第5期，1908年4月28日。

② 黄可权：《国会论》（续第2号），《政论》第5号，1908年7月。

过，他们的论述也基本讲清了两个问题。第一，地方自治发达虽可为宪政提供一定的社会基础，但地方自治的发达并不会自动形成立宪政治。实行立宪政治的关键在于设立国会，不开国会，地方自治再发达，也未必有立宪政治。第二，国会与地方自治之先后，并无一定之原则，需因时制宜决定其先后。就中国而言，可以先开国会，而后借国会之力以发达地方自治，或者先建省议会，再开国会，万不能先谋地方自治之普及，然后再开国会。

第五，破除有咨议局、资政院，可缓开国会之说，主张速开国会。

由于无代议政治的传统，又担心国民程度不足，清廷效法日本，主张在设立议会之前，先设立过渡性的议政机构。早在1906年，端方等就在《请改定全国官制以为立宪预备折》中提出，请改都察院为“集议院”作为“练习之区”，“凡各省外县所陈利病得失，皆上达政府，以备采择而定从违，亦准建议条陈，兼通舆论情，而觇众见，至于财政之预算，亦必属之”。[①] 依他的设计，集议院是混合王公勋爵代表与民选代表的议政机构。此后，奕劻等在奉命厘定中央官制时，放弃了“集议院”的名目，而用“资政院”名目。这一更改，是表示这个机构的“一切议论政事，无非仅资参考而已”。[②] 1907年夏，在岑春煊、袁世凯等地方大员的请求下，在徐锡麟刺杀恩铭案以及韩皇让位事件、日法条约签订等的刺激下，清廷发布被称为“第二回立宪”的上谕，令各级官员就预备之方、施行之序条陈意见，并许士民就宪法问题条陈；又发布除满汉畛域的上谕，派于式枚、达寿分赴德国、日本考察宪政，调整军机处，瞿鸿禨、岑春煊去职，张之洞、袁世凯加入军机处。1907年9月20日，清廷任命溥伦、孙家鼐为资政院总裁，并令他们会

---

① 《出使各国考察政治大臣戴鸿慈等奏请改定全国官制以为立宪预备折》（光绪三十二年七月初六日），《清末筹备立宪档案史料》上册，第374页。

② 高放等：《清末立宪史》，中国人民大学出版社2012年版，第321页。

同军机大臣妥拟“资政院章程”，并申明国会未开之前，设“资政院以为议院基础”。10 月 19 日，朝廷又发布谕旨，令各省设立咨议局，以为采集舆论之所，“俾其指陈通省利弊，筹计地方治安，并为资政院储材之阶”。[①] 1908 年 7 月 8 日，资政院上奏《资政院章程》，7 月 22 日，清廷又颁布《各省咨议局章程》及《咨议局议员选举章程》，并令各省督抚于一年内开办咨议局。8 月 1 日，朝廷又颁布九年筹备立宪清单，给出开办国会的期限。至此，清廷的预备立宪方案才算明确下来。

这一系列文件的颁布，在一定程度上缓解了立宪派对国会问题的焦虑，毕竟清廷就开国会给出了一个虽不令人满意，但起码明确的期限，并且就设立咨议局、资政院做出了安排。于是，“自筹备九年开设议院之谕下，而国会请愿之风云遂消归乌有矣”[②]，立宪派的关注重点转向咨议局，试图通过积极参与咨议局的筹建，一面监督地方督抚，改善地方行政，一面训练、组织立宪派，以推动立宪运动。

咨议局章程公布时，一些立宪派人士颇有不满，或批评其选举资格限制过严、议员名额分配不当，或称其赋予咨议局权力过小，不足以监督地方行政。《时报》称，“立宪政体之要义，在予人民以与闻政事之权，而使为行政官吏之监察”，而咨议局章程却规定咨议局不过为言论之汇归，将咨议局召集、解散、监察之权以及裁夺、施行咨议局议决案之权归于督抚一人，将使咨议局成为督抚的附属机构，实与“予人民以与闻政事之权”的立宪宗旨相悖；[③] 又认为咨议局为地方自治机关，应与地方官治机关立于同等地位，故咨议局宜由中央官厅监督，不应由地方官厅监督。[④] 不过，此时立

① 《著各省速设咨议局谕》（光绪三十三年九月十三日），《清末筹备立宪档案史料》下册，第 667 页。

② 《追纪国会请愿之历史》，《申报》1908 年 9 月 14 日。

③ 惜诵：《奏订咨议局章程书后》，《时报》1908 年 8 月 2 日。

④ 《奏定咨议局章程驳议》，《时报》1908 年 8 月 12 日。

宪派的主流对朝廷设立咨议局持欢迎态度。针对一些立宪派人士以“最完全之法制”为标准来批评咨议局章程，杨廷栋呼吁立宪派“不必苛刻论之”。他强调，“一国立法，必与一国之时势习惯相应，正不必强现行法制悉合我所前闻之说也”。在朝廷对将来咨议局之活动还心存疑虑，地方官员还习惯于传统官治模式，痛心疾首于朝廷设立咨议局以限制督抚权力，“地方绅耆又未必深明咨议局与吾民之关系”之时，要求咨议局成为完全的地方自治机构，不现实。咨议局章程虽未赋予咨议局以与督抚平等的地位，给咨议局监督督抚造成了障碍，但赋予了咨议局比较广泛的权力。只要议员们在实际活动中能够力据章程行使权力，不稍放弃，并“据之益求精进而不懈”，咨议局还是可以大有作为的。至于人民所要求，而章程未赋予的权力，可在咨议局成立后逐步谋求修改章程，扩大咨议局权力，而不必在咨议局成立之前，空言批评，横加指责，给咨议局的设立制造不必要的障碍。① 针对当时一些立宪派人士一心想望国会，以为咨议局只是地方行政机关之补助机关，无补于大局，因而态度消极的情形，徐佛苏批评这些人“浮慕欧美民权政治，而未深察本国之历史与其国体”，并劝他们积极参与咨议局事务，万不可“因国会未开，而薄视之”。他强调，咨议局章程已赋予咨议局一定的立法权与监督财政权，又规定咨议局对督抚之不法事件可呈请资政院核办，变相给予了咨议局以弹劾督抚的权力，倘咨议局议员有学问有见识，“严守法文，爱护资格，弗持过激之言，弗逞书生之见，弗挑剔微小之节目，弗激成党派竞争”，巧妙运用章程给予的权力，积极争取地方士绅的支持，则二三年后咨议局必有可观，成为一不可侵犯之机关。这可以逐渐厘清各省政务，减杀专制威权，增加人民幸福，而“国会召开之期亦必骎骎相逼而来”。② 他们对咨议局抱有相当的期望，心态也

① 杨廷栋：《咨议局章程平论》，《时报》1908年8月15日、16日、17日。

② 长沙徐公勉：《为咨议局事敬告湘省士绅》，《时报》1908年11月6日、7日。

相当平和。

九年筹备清单宣布后，浙江请愿代表邵羲、叶景莱等曾邀在京代表与同乡京官商议是否继续上书要求缩短立宪年限。几经讨论，他们觉得“奏定年限虽长，而切实预备之方法，即在限一年内成立之咨议局”。若各省咨议局皆按期成立，资政院也如期开办，“则法定机关已立，办理各事皆有秩序可循，新政易于进行，民情亦不患不能上达。社会既日益进步，则官吏亦势难玩愒，各项要政能先于预定年限内办妥，则将来要求缩短年限亦事实上所应有。空言要求，冒渎无济，不如切实从咨议局入手较为得当”，也就没有继续上书要求缩短期限。① 当时在北京的江苏请愿代表也曾会商是否继续请愿，经过商议，形成比较一致的意见，就是先从咨议局入手，“俟咨议局确凿成立，则国会之应早开，自易解决”。② 他们希望积极参与咨议局，以咨议局的成绩作为缩短国会期限的条件与理由。这是务实的态度。

可见，此时的立宪派大多认为咨议局可以为议院之基础，立宪派媒体也呼吁立宪派积极参与咨议局的筹备、选举，争取占据各省咨议局的主导地位。《时报》就喊话立宪党人，“吾民身家子孙之切身利害，莫不待决于咨议局”。咨议局不但关系地方政务，且关系将来之国会，希望热心国会之人，退而推动咨议局之成立及其运作，以发达国民之参政思想与能力，使咨议局成立后之举措悉能如吾民之意，则朝廷虽不宣布开设国会年限，则亦必宣布且必缩短国会年限。③《申报》也说，“宪政之实际何在？惟在予人民以参政之权而已”，方国会未开，地方自治尚在办理之时，咨议局实为国人得参政权之始，应高度重视。④ 他们呼吁人们摆脱崇拜绅权之劣根性，“多物色法律之学曾有门径者”，以为选举之的，防止趋炎附

① 《浙江国会请愿代表之报告》，《时报》1908 年 9 月 21 日。

② 《江苏国会请愿代表之报告》，《时报》1908 年 8 月 29 日。

③ 亦：《为咨议局事敬告各省士绅》，《时报》1908 年 8 月 28 日。

④ 《各省咨议局开幕敬告议员》，《申报》1909 年 10 月 15 日。

势、志气已消磨殆尽的旧绅董占据咨议局的多数。① 由于立宪派的积极参与，他们在不少省份占据了咨议局的多数席位。为了有效地监督地方政府，改善地方政治，立宪派还组织了咨议局议案预备会之类的组织，调查地方政务，预备议案。比如，浙江立宪派就组织了“浙江咨议局议案预备会”，提出当从“筹全局”“求实是”两大原则出发，调查地方政务，认真准备议案，并强调咨议局若办理得当，不但“一省之利将无不兴，一省之弊将无不革，一省之权利义务增减时无不平均，下足以为地方自治之保障，上足以为中央议会之权舆”。② 孙洪伊就直隶咨议局议案之预备提出意见，认为当注重财政监督。③ 《时报》希望立宪派利用咨议局积极推动新教育的发展，以为宪政实行创造条件，努力调查、研究财政问题，改善地方财政，并关注司法行政，“冀恢复人权”。④ 开议后，咨议局积极活动，利用这个平台反对督抚专权，维护咨议局的正当权利，积极监督地方财政，对督抚构成了相当的制约，展现了良好的议政能力。

参与咨议局的活动，给了立宪派相当的信心。他们认为，咨议局的议政实践表明，中国的优秀分子已具备国会议员资格，以国民程度不足为反对速开国会的理由已不能成立。此后，国会大请愿兴起，立宪派在利用咨议局这个平台联络各方力量，推动国会请愿的同时，又强调，“咨议局为一省之议会，国会为一国之议会，其性质虽相类，其系统不相蒙，两者之间，绝无因果之关系。谓必先有咨议局，然后能有国会，无有是处”。⑤ 为论证速开国会，不致引发纷扰，他们又以咨议局办理有成为由，称从咨议局议员中就可

---

① 心史：《敬告各省咨议局之选举人》，《时报》1909 年 3 月 2 日、3 日；琴：《论将来之咨议局议员》，《时报》1909 年 1 月 2 日。

② 《浙江咨议局议案预备会启》，《大公报》1909 年 3 月 17 日、18 日、19 日。

③ 孙洪伊：《直隶咨议局预备议案之提议》，《大公报》1909 年 10 月 16 日。

④ 宣：《论咨议局少数议员之责任》，《时报》1909 年 10 月 13 日。

⑤ 梁启超：《论政府阻挠国会之非》，《梁启超全集》第七集，第 440 页。

以选出称职的国会议员；又说，咨议局只是地方机构，所议事件限于一省范围，而不能及于军国大计，而外交困难，内政腐败，危险万状，筹救亡之策，还得速开国会，这些问题非咨议局可以解决。①

清廷称资政院性质与国会类似，认真办理，可监督政府，练习议员能力，以为国会之阶梯，并告诫请愿国会的人们，不必骛国会之虚名而隳将来国会之实效；但请愿国会的人们不接受清廷的说法。立宪派对资政院有诸多批评，其批评的关键点在资政院之组织缺乏民选之精神，有大量的王公贵族与官员，不足以代表舆论；资政院权力过小，难举监督政府之实。黄可权称，资政院中的钦选议员，不过位置闲散宗室及失业之世裔而已，所谓会推保荐，所得之人非顽固无识之老绅，即自命开通之新进，并非民选，不足代表民意；资政院无提案之权，其决议无强制政府实行之效力，故资政院不过为政府之顾问机构，“毫不足为代表舆论之机构”。② 国会请愿同志会也认为，资政院之性质与国会“绝不相同”，“一为专制政体之议政机构，一为立宪政体之监督机构”，它不可能有效监督政府，而将使君主仍当政治之冲，又且合官民于一体，易发生官民冲突，“必演成他日种种破裂”。③《宪志日刊》批评资政院“仍不脱官僚政治，与议院法理相舛而背驰”；资政院有大量的王公贵族与官员，将使资政院监督政府成为空谈。④ 杨度批评资政院不过“代表官吏，而非代表人民，不成其为国会”。⑤ 诸如此类的批评很多，也都有道理。但是他们因为资政院不具备国会之性质，就否认资政院可成为国会之基础，称“资政院非惟与国会不成关系，而且与

---

① 《论咨议局非救亡之本》，《大公报》1909 年 12 月 6 日。

② 黄可权：《国会论》，《政论》第 1 年第 1 号，1907 年 10 月。

③ 《国会请愿同志会意见书》（徐佛苏主稿），《国风报》第 1 年第 9 号，宣统二年四月初一日。

④ 《论资政院》（录《宪志日刊》），《申报》1910 年 5 月 26 日。

⑤ 杨度：《金铁主义说》，《杨度集》（一），第 321 页。

国会不相容者也”,[1] 理由就比较勉强。资政院确实不是国会，若是国会，请愿国会的人们也就不用去请愿国会了；资政院运用得当，可以训练议员之能力，可以督促政府遵守法律，确实可以为国会之基础。至于政府方面藐视资政院院章，不愿意接受资政院之监督，问题在政府，而不在资政院。当国民实力不够，政治权力的中心还在政府之时，即使开设国会，宪法赋予国会足够的权力，政府也会蔑视国会。

在另一些场合，立宪派对资政院的评价又相对平和，认为若善加运用，资政院可为国会之基础。《时报》称，资政院虽不是国会，资政院章程赋予资政院的权力还比较小，但也赋予其以参与立法之权、质问行政之权、承诺租税权以及参与财政权等，只要议员有政治常识，有运用资政院之能力，运作得当，资政院可以有所作为。[2] 资政院第一次常年会召开后，梁启超也肯定资政院提供了很好的立宪政治的训练平台，称赞“院中一部分议员颇能以立宪国之国会议员自待，于院章常取积极的解释，不为消极的解释，故政府本意原欲以资政院为政府咨询机关者，今居然能保持其与政府对待之地位，使误国殃民之政府渐有感于众怒之难犯，专欲之难成，而淫威不得不稍杀，此资政院之功也”；又说，资政院讨论各议案，其理论及其秩序虽略逊于各先进国家，但议员得历练见识、能力之机会，可为他日国会之练习场。他建议，资政院宜申明资政院权力，要求政府遵守立宪政治的基本信条，进而“以政党之法部勒资政院”，凡议案之提出，先经党内协商再提出，以练习政党运作之法；又称赞资政院“开千古未有之局”，其第一次开议，“以秩序论，以精神论，皆斐然可观，为外国人所初料所不及，置诸中国宪政史第一叶，良有足以自夸者也”。[3] 这实际上是承认资政院

---

① 梁启超：《论政府阻挠国会之非》，《梁启超全集》第七集，第441页。

② 天池：《敬告资政院议员》，《时报》1910年9月26日。

③ 沧江：《评资政院》，《国风报》第1年第35号，宣统二年十二月二十一日。

可以为国会之基础。1910 年 2 月，在第一次国会大请愿之后，《大公报》也发表社论，劝告国会请愿代表：朝廷已有明谕坚持九年筹备立宪案，就不必将全部的希望都放在即开国会之上，不妨降格以求，切实从资政院做起，努力在实践中扩充资政院的权限，并要求组织内阁，以树立资政院的监督对象。社论指出："资政院之权限虽较国会为狭，然苟运用得当，未始不与国会相同。使下有政党以助其机，上有内阁以全其用，吾意立宪政治必可进行于完美之境。"① 1910 年 9 月，在第三次国会大请愿高潮之时，《时报》发文称："资政院之职任，纵为狭小，然以院章第十四条所定，仍有参预立法权，第二十条所定，仍有质问行政权，倘能由此而伸张权力，则隐然一国会小影也。即不能伸张，而能巩固此职权，于法律、政治两方面，要亦未尝无小补。"② 这些说法都承认，若善加利用，资政院可以成为国会之基础。实际上，只要运用得当，资政院也可逐步发展为国会，甚至不必改名为国会。

立宪派也认识到，咨议局章程与资政院章程只是纸面上的东西，假若国民有政治实力，议员能坚持以议会之精神运作咨议局与资政院，是可以突破法律规定，使咨议局、资政院成为国会之基础的。梁启超说："政治上势力之消长，原非法律条文所得而限，各国宪政发达之结果，能使裁抑民权之法规成为僵石者，比比然也。资政院议员若能抱定谕旨中'国会基础'一语以为宗旨，在在以国会之精神行之，则此虽鸡肋，固未易轻弃也。"③ 一些立宪派人士也认识到，咨议局、资政院等准民意机关权力的大小，并不取决于法律条文，而取决于民权，即国民之政治思想是否发达与是否有政治实力。若国民无政治思想，普遍不关心政治，没有组织起强大的政党，即便法律赋予民意机构以广泛的立法权与监督权，面对不

---

① 公是：《今年之舆论》，《大公报》1910 年 2 月 16 日。

② 天池：《敬告资政院议员》，《时报》1910 年 9 月 26 日。

③ 梁启超：《为国会期限问题敬告国人》（1910 年 8 月 5、15 日），《梁启超全集》第七集，第 461 页。

习惯不愿意遵守立宪政治基本信条的行政权力，民意机构的权力也只是纸面的权力。相反，若国民政治思想比较发达，普遍关心政治，有舆论上的话语权，又有发达的政党作为支撑，即便法律赋予民意机构的权力比较小，议员们也可以坚持以立宪政治的基本规则运作民意机构，使之逐渐成为具备实质性权力的机构。黄可权说，国会权力之大小，根本在民权之伸缩，而不在法律之规定，因此重点应在发达民权，至于宪法由钦定还是协定，宪法所定国会权力是大是小，“皆可不问。良以争宪法一纸空文，以牺牲国家可贵之岁月，毋宁养成吾民政治之实力，以活用法律之为愈”。[①] 梁启超指出，国会权力分两种，“有由法文上之规定而生者，有由政治上之沿革而生者”。“法文无论若何精严，而总有容广义、狭义解释之余地，故同一条文，政府据之以削减国会之权限，同时国会即据之以自扩充其权限，而各皆持之有故、言之成理者，比比然也。”又说：“国会者，国民意识能力之返影也。使国民之意识敏、能力强，则虽欲强以法文所规定者缩减国会之权限，而有所不能，盖不适于时势之法规，决不能保其效力，行当修正废弃耳。即暂时尚存，亦束阁不用，等于僵石耳。……使国民之意识昧、能力薄，则虽法文所规定，予国会以极广之权限，亦不过纸上空文。”[②] 这些看法道出了民意机构权力需要以国民政治实力做支撑的道理，也道出了民意机构权力逐步扩展的实情。

也正是从这种认识出发，立宪派在鼓吹国会、请愿国会的过程中，都十分注意“发达民权”。支撑民意机构权力的“民权”，主要包括三个方面：一是话语权；二是国民有政治思想与政治常识，关心政治，愿意支持代表其利益的政治势力；三是国民的组织性，尤其是巩固而有实力的政党。立宪派在上述三个方面的工作都比较出色。通过积极的舆论鼓吹，立宪派在与清廷对垒中掌

---

① 黄可权：《国会论》，《政论》第1年第1号，1907年10月。

② 梁启超：《中国国会制度私议》，《梁启超全集》第七集，第304页。

握了话语权，形成了以话语权对抗清廷政治实权的局面。立宪派凭借其政治话语优势，向清政府以及各地督抚展开了咄咄逼人的攻势，造成了非即开国会不足以救危亡的强大舆论，为咨议局、资政院突破相关章程的限制，积极扩展权力提供了舆论支持，使清政府不敢过于专横，不得不稍敛其专制之锋。关于立宪派在普及政治思想于国民，以及组织政治团体、培育国民实力方面的工作，后文另述。

第六，开国会能否纾解财政困窘。

清政府不愿意早开国会，除受开明专制论的影响，以及欲完全操控立宪进程，实现其大权政治的立宪模式，不愿意因国会早开而影响其大权政治计划之实施外，还有两个比较现实的担心，即财政问题与民气嚣张问题。为解除清廷的顾虑，立宪派对这两个问题进行了阐述。

先说财政问题。开国会意味着财政由国会监督，租税承诺、预决算审核、会计监督等权力都在国会。惯于专断的统治者担心，一旦国会监督财政，他们就不再能任意征收，任意开销，更担心政府之政策不能得到国会信任而导致国会不通过预算案。请愿国会的人们为说服朝廷同意早开国会而提出的理由之一就是，开国会则人民知国家与个人利害相关的道理，自然乐于捐输，由此，财政困窘可以纾解，抗捐抗税风潮可以平息。这种说法，后来遭到梁启超的批评。国会大请愿运动的导火索就是列强将监督中国财政的流言。请愿国会的人们乃以此为由要求速开国会，说中国财源枯竭，庚款赔付压力巨大，新政在在需款，若不及时整理财政，开发富源，中国财政将被列强监督。欲解决财政困境，开发富源，必须召开国会，共同研究开源节流之方法，实行预决算制度。若开国会，则人人知国家与个人之关系，必愿意承担赋税，而国家财用可以不竭。[①] 彼时，国内还兴起筹还国债运动。对请愿国会的人们以列强将监督中

---

① 醒：《论非速开国会不足以挽今日之危局》，《申报》1910 年 1 月 19 日。

国财政的流言作为速开国会的理由，《大公报》也指出，主张速开国会，应“但就国会之本端计之”，不宜以列强将监督中国财政的流言作为要求速开国会的理由，这容易使政府诸公得所借口。[①] 确实，开国会并不能立刻纾解财政压力，以此为由要求速开国会，多少有一点利诱的意味。

其时，面对现实的财政压力与民间不断兴起的抗捐抗税风潮，清政府很希望有解决财政困境的实际办法。不过，立宪派所谓开国会，国民将踊跃捐输，“共同负担国家财政之责任”，不使君国为难的承诺，[②] 并不能得到朝廷的信任。开国会，意味着财政由国会监督，租税承诺、预决算审核、会计监督等权力都在国会。惯于专断的统治者担心，一旦国会监督财政，他们就不再能任意征收、任意开销，更担心政府之政策不能得到国会信任而导致国会不通过预算案；也担心国会召开之后，议员不体谅朝廷的难处，处处以租税承诺权、财政监督权要挟朝廷，要求朝廷推行其不愿意或者认为条件还不成熟的种种改革。统治者也清楚，在经济没有实质发展、社会财富有限的情形下，即便国会同意增开税源，民间也未必乐于捐输。两江总督张人骏称：“中国向以静谧为治，轻征薄敛，与环球各国不同。本朝仁政主于不扰，庶人不议，民间久无政治思想，绅衿自好，亦以不与公事为不二法门，将驱而与谋君国，谨愿者中无主宰，不能建议；狡黠者多方运动，自便私图。既无政党之可言，复鲜公理之可据，聚无数顺则良民，使之嚣张鼓煽，有要求而无担负，尔时政府应之不能，拒之不可，上下交争，民心益去，脱竟激成当年英法劫围议院已事，将举国骚然，外人乘之，借口平乱，君民同阨，何以善后！”[③] 这很能代表朝廷诸公对财政困窘与开国会关系的认识。中国传统的治国理念讲究以民为本，要求政不扰民，

---

① 《要求速开国会之理由》，《大公报》1909 年 12 月 24 日。

② 邵羲：《代拟浙江士民请开国会公呈》，《申报》1908 年 7 月 11 日。

③ “江督张电”，《各省督抚筹商国会内阁电》，《国风报》第 1 年第 26 号“文牍”，宣统二年九月二十一日。

反对君主随意大兴大作，又由于政府职能有限，大量汲取民间财富缺乏合法性，故财政伦理上讲究轻徭薄赋。可是，“今也万国交通，民智日开，社会事物日就繁复之途，故此后之政治亦必不能尚简主静，盖大势所趋，虽有英杰，不能不随时世而转移”。[①] 近代国家事务扩张，政府扩权，政府需从消极不作为转向积极作为。这就要求增强国家财政汲取能力，增加赋税。可是，现实情形却是，一方面社会经济发展水平有限，社会难以承担国家财政日趋扩张的需要；另一方面要求政府“撙节经费以复古制”，消极无为，又“势所不能”。当此情形，就需要开国会，令民间“举代议士参与赋税之权”，使民间“知变法之由来，且解理材之实际”，以树立国家财政扩张的合法性，达到“疑忌谤赞无自而生，上下相安，公私兼顾”的效果。[②] 然而，这又面临“民间久无政治思想”的现实限制。彼时，一般国人知识未开，既不敢参政，也不愿参政，他们所求的不是参政，做国家的主人，而是要求那因财经困窘而不断加强搜刮力度的官府减少对他们的盘剥。他们认为，“外国的法政中国用不着”。[③] 当清政府宣布缩短国会期限后，立宪派或欢呼，或痛哭，可是一般百姓的反应如何呢？许指严有生动的描述：“余尝间行于邑中矣，见夫坐阛阓、操奇赢者辄相谓曰，‘何谓咨议局？缙绅大夫欲借外国法规为揽权地耳，于我辈何益？咨议局不已，而又国会，多一层级，即多一浮费，不足则取盈于我商人耳’。执斧斤劳手足者亦曰，‘彼自争官权耳，工业衰疲，衣食艰苦，谁复顾恤？’此其治生产者之说也。若夫市井抢攘类杂游手好闲者流，则蜚言摇惑曰，‘彼受外国人若千金，所议皆崇拜外国之事也’。有信者，有不信者，然终不解国会果何等要事。读书人乃奔走若是，或戏之曰，‘科举废故也’。”这是都市的情形，至于村

① 《再评江督反对国会与责任内阁之政见》，《时报》1910年10月17日。

② 《湖南人民第二次国会请愿书》（续），《申报》1908年8月14日。

③ 沈同芳：《国会浅说》（二续），《申报》1908年6月8日。

野，“父老相对喟然曰，‘吾侪生计且尽为奸臣送入外国人囊橐矣，某处出豪杰，必一旦恢复国势。仿外国法，终无好结果’，绝不知所谓咨议局国会也。有宣讲者至，则曰，‘教人学外国法者又来。其实，局也，会也，皆彼辈得意地耳。’”他由是感叹：“民穷至此，尚有何望！”① 民间既无参政要求，又不愿增加负担，那鼓吹国会“狡黠”的人们会否、能否承担那么繁重的租税，朝廷是不无怀疑的。在朝廷看来，要求开国会的人们，极有可能在开国会后，“有要求而无负担”，甚至煽动民间不承担租税。到时候，朝廷如何维持？政务如何展开？赔款如何支付？作为当政者，害怕国会，也就在情理之中了。立宪派强调，当今之世，面对激烈的国际竞争，需要普及政治思想于国民，“而后可以国家的之行动，国民的之竞争，出与列强相见”，这就需要设法引导“久无政治思想”的人们参与国政。② 理是这个理，但在朝廷看来，这要从长计议。

有此顾虑，有此困难，朝廷一直将愿意承担国民义务作为立宪国民资格的重要内容。请愿国会的人们也清楚地知道，财政支付压力巨大，官僚体系腐败不堪，财政紊乱已极，而经济社会发展水平有限，国民税负承担能力有限，国会开而有助于纾解财政困难，只能是远期目标。1910 年 10 月，各省督抚联名电请即开国会，虽以日本未开国会以前，财政收入仅八千万元，开国会不到二十年，财政收入已有六万万元，歆动朝廷早开国会，但对各省能否担负财政摊派，则不着一词。相反，他们只是说，“国会初设，不必急谋财政之扩张，先求巩固财政之信用。议员来自田间，深知疾苦，果财政计划悉经协赞，蠲除扰累，力戒虚糜，人民已共谅政府之无他，迨至行政克坚民信，措施深入人心，议员目睹计臣挹注之穷，外界竞争之烈”，也会审势因时承诺各种租税与公债。③ 各省督抚的这

---

① 指严：《论开国会欢祝会》，《时报》1910 年 11 月 13 日。

② 《再评江督反对国会与责任内阁之政见》，《时报》1910 年 10 月 20 日。

③ 《各省督抚合词请设内阁国会奏稿》，《国风报》第 1 年第 26 号，宣统二年九月二十一日。

种态度也印证了朝廷对财政问题的担心。1910 年 11 月 4 日，朝廷发布缩短国会期限的上谕，中称，今者“民气奋发，众论佥同，自必于人民应担之义务，确有把握”。① 某种程度上，这有与请愿国会的人们尤其是各省督抚赌气的意味。其后，两江总督张人骏电请朝廷将通国财政预算应加之数提出，就资政院未闭会，各省请愿代表尚未出京之时，交令决议。若资政院、请愿代表“真有把握”承担租税，那不妨早开国会。② 张人骏此电受枢府暗示而发，表示朝廷对资政院以及对联名电请即开国会的督抚的极大不满。这引起立宪派的强烈批评。梁启超说，有国会而人民愿意承担租税，并非国会有权指挥所代表之人，令其出租税，也并非有国会则政府所提之任何预算案，国会都会通过。国会通过预算的前提是国会赞同政府之政策，而国会又能杜绝政府滥征滥用。同时，国会可督促政府与人民开通利源，以增民富，从而使财政日舒，人民负担岁增而不觉其重。他指出，上谕所表现出的“以开国会为朝廷对于人民所颁之大赉，而谓人民对于政府所需索者，应有以为酬”的认识，完全是对“不出代议士不纳租税”原理的误解，乃以资政院为“头会箕敛之具”，将国会当作政府征税表决器。③《大公报》则愤然指出，在开国会问题上，人民希望“以国会为救国之良剂”，而政府则“不以救亡图存为念，亦不以民生之舒蹙休戚为心，而惟以财政之竭蹶不足供其展布为忧”，全然“以国会为加征之张本”。面对这样的政府，请愿国会的人们不应再去争取早开国会，而应思考“如何而使人民未享权利先尽义务，如何而使无权利之义务人民乐于承认而绝不反对。浸假反对，以诸君之权力，能否一呼百诺，俾人民咸出其汗血所得事父母养妻子之资以供政府之取求……

① 《缩改于宣统五年开设议院谕》（宣统元年十月初三日），《清末筹备立宪档案史料》上册，第 78 页。

② 《江督请军机处代奏电》，《国风报》第 1 年第 28 号，宣统二年十月十一日。

③ 梁启超：《国会与义务》（1911 年 1 月 11 日），《梁启超全集》第八集，第 128 页。

三年以后，凡国家行政之费用，海陆军备之扩张，均有日重一日之势，既出代议士，不能不纳租税，政府之责吾民也名正言顺，诸君将何以应付乎?"① 可以看出，在财政问题上，朝廷与立宪派之间存在绝大的分歧，也可见立宪派以纾解财政困窘歆动朝廷早开国会，其在论述上存在缺陷。

第七，开国会能否缓解嚣张之民气。

庚子以后，清廷控制力下降，革命思潮与立宪思潮发展迅速，当局已明显感到人心离散、士论嚣张，难以控制。宣布预备立宪后，为控制言论与集会结社，清廷曾颁布报律、政治结社律。这些法律在限制言论与结社的同时，也赋予人民一定的言论、集会、结社自由，为报刊、社会团体尤其是立宪派组织的发展，提供了一定的空间。随着民间政治结社的兴起，民间舆论渐次发达，立宪话语与革命话语影响日趋扩大。国会请愿运动兴起后，立宪派也转变言论策略，减少对国民与革命党的批评，加强对政府的批评，清政府在舆论场上遭到革命派与立宪派的两面夹攻，出现了"舆论失控"的局面。② 朝廷因此明显感到"民气器张"的压力，反对开国会的人们担心"士气嚣张，倏开议会，则其焰益煽，不可复抑"。③

为舒缓朝廷对民气嚣张的忧虑，请愿国会的人们曾反复解释。他们认为，民气之所以嚣张，主要有两个方面的原因。一是西方学理之影响。自欧风东渐，卢梭民约论、密尔自由学说以及美国独立宣言等输入，"一入其脑，牢不可拔，几将醉心欧化，随彼潮流之旋涡"。政治革命论由是而起，并进而牵扯国内民族问题，政局不宁，风潮不断。二是局势危急而政治腐败。当帝国主义时代，非速开国会，予国民以参政权，无以整饬吏治，发达国民能力，以应对

① 师亮：《论缩短国会期限事》，《大公报》1910 年 12 月 14 日。

② 苏全有：《清末的舆论失控与政府应对》，《东岳论丛》2010 年第 9 期。

③ 《江苏绅民请开国会公呈》（续），《申报》1908 年 8 月 1 日。

世界竞争而图存，已成为思潮，而朝廷改革迟滞，有心者乃急起呼号，要求从速进行政治改革。[①] 在危机日加深重、民智已开、政治变革的时代，这种局面的出现势所难免，这并非民气浮嚣，而是国人忠爱朝廷与国家的表征，正是可用之民心民气。欲平息舆情，恰当的方法是顺其自然，而施之以羁勒，就其趋势而轨之以制度，及时将民间舆论制度化。若以强力打压舆论，则风气已开，樊篱已破，动机已兆，“恐适以长其暴戾之气而促其崩溃之患”。[②] 所谓将民间舆论制度化，就是及时开国会。

鼓吹国会的人们认为，开国会有两个方面的作用。第一，可以张公议、明纲纪，有力地推动立宪改革，满足人们以改革救危亡的期待，从根本上靖民气。《湖南人民第二次国会请愿书》就指出，朝廷宣布立宪以来，“政令之变更不遗余力”，然“大本未立，民志未固，公议未张”，改革“有立宪之名，无立宪之实”，原因就在于改革举措没有代表民意的国会提供合法性支持。请愿书强调，改革涉及方方面面，必触及多方利益，往往引发严重的社会矛盾与激烈的新旧冲突。“自古变法之朝，烦扰公私，厚结民怨，罔不由此。”当此局面，开国会，可以张公议，“集举国舆论为政府推行新政之后盾，即为政府考察新政之方针。舆论若以为是，则厉行无前，贯彻终始，以确收效果而后止。舆论若以为非，则收集众议，折衷至当，或省焉，或革焉”。开设国会，既可改变以刑驱势逼、台谏讽议之法去强迫官僚队伍推行新政的老做法，而可以民意、公议为后盾，监督政府切实改革，防止官僚系统因循敷衍，章奏粉饰；也可由国会制定法律，一面保障人民之言论自由，一面以法律限制极端言论，并使极端言论受到主流舆论的有力制约。这就可以张公议，正纲纪，息横议，靖民气。[③] 开国会，就可通过国会这个

---

① 《山西国会请愿书》，《申报》1908 年 8 月 29 日。

② 《湖南全体人民民选议院请愿书》（1907 年 12 月 24 日稍后），《杨度集》（一），第 492 页。

③ 《湖南人民第二次国会请愿书》，《申报》1908 年 8 月 12 日、14 日、16 日。

舆论之总汇，形成“有纪律之舆论”，一方面使“下情可以上达，国政可以共闻，人民忧时爱国之心，既可籍公论而见诸事实，则暴戾肆恣之气自无自发生”；另一方面使民间俊秀通过参与国政，了解改革之复杂艰难，体会改革主持者之不易，改变民间横议而无组织、言论嚣张而不解改革之难的局面，渐次平息舆情。若不顾民意汹涌，坚守九年筹备案，不及时开国会，则民情既不能上达，将使“忠爱之初心，变为怨仇之戾气”，“潮流所至，河山失险”，终将祸发不可收拾。① 请即开国会的督抚如李经羲、瑞澂也说：“开明专制，时会难期，困厄如斯，士气莫遏。既不能禁局外雌黄，诚不如置之局中，俾知困难曲折。数年后，经验渐增，尚望与政府休戚相维，双方演进。”② 山东巡抚孙宝琦也说：“士大夫有政治思想者日多，国会既可为羁縻之地，且可杜局外之妄论，混淆是非。”③

总之，在请愿国会的人们看来，及早开设国会，可定民志，使全国上下之精神、意志凝结于一定范围之中，调和酝酿，“既不至有民气蔽塞之弊，复不至有民权决裂之忧；既不至有君权专横之弊，复不至有君主覆败之忧”，是调和国内各种意见，建立朝野互信互让、官民交勉格局之良策。④

从理论上说，开国会可以纾解嚣张之民气的说法，可以成立。但是，朝廷却从咨议局、资政院开幕后，立宪派与地方、中央当局的种种冲突中，尤其是从咨议局、资政院参与国会请愿运动中，感到咨议局、资政院的开幕似乎并未缓解舆情，相反为民间政治力量提供了对抗政府的平台。保守派认为咨议局、资政院开幕后，议员

---

① 《湖南全体人民民选议院请愿书》（1907 年 12 月 24 日稍后），《杨度集》（一），第 493 页；《江苏绅民请开国会公呈》（续），《申报》1908 年 8 月1 日。

② “鄂督瑞澂抚李合电”，《各省督抚筹商国会内阁电》，《国风报》第 1 年第 26 号“文牍”，宣统二年九月二十一日。

③ “鲁抚孙电”，《各省督抚筹商国会内阁电》，《国风报》第 1 年第 26 号“文牍”，宣统二年九月二十一日。

④ 嘤鸣：《论今年国民当全力为国会请愿一事》，《时报》1908 年 2 月 26 日。

议论嚣张，“事事要求，事事请愿，一言不合，辄请收回成命，一语不合，辄请诛斥大臣……其在咨议局则言停会，言辞职，日与疆吏为难；其在资政院则言剪发易服，言赦党人，言劾军机，日与政府为难。甚至昌言无忌，以道德为亡国之具，以孝悌为不忠之媒，狂悖如此，何足取证舆论?”① 当此情形，政府进退两难，“允之则政策益纷，抑之则风潮更烈”。② 1910 年 8 月，朝廷因为不满全浙铁路公司总理汤寿潜领导股东抵制朝廷借英款筑路，指令邮传部转饬全浙铁路公司另选总理，结果引发浙江全省的“保汤、援汤”风潮，要求朝廷收回成命，浙江省咨议局也参与其中。此事令朝廷感到害怕，有大臣就说，“现在未开国会，朝廷尚不能去一铁路总理，将来开国会后，事事干涉，政令必至下移”。③ 咨议局、资政院的监督活动，让久惯专权横行的官僚们很不习惯，很不舒服。1910 年底，刘廷琛参奏资政院，称资政院开议以来，“议员私通各日报馆，不分良莠，结党成群，欲助长势力以为推翻政府地步。其所主张之事，或藉报纸以宣布，或凭演讲以感动，务使国民有反对政府思想。其目的所在，无非与政府为难。始而藐视执政，继而指斥乘舆，奔走权门，把持舆论，近且公倡邪说，轻更国制，赞成虽云多数，鼓噪实止数人，持正者不敢异同，无识者随声附和，使朝廷避专制之名，议院行专制之实；议决案件，必要求政府实行，是神圣不可侵犯，不在皇上，而在议员”。他要求朝廷严惩一二议员，以儆效尤，对于资政院之议案，可者许之，不可者拒之，荒谬者严惩之。④ 刘廷琛的见解在保守派官员中具有相当的代表性，梁

① 《御史欧家廉奏立宪应以官民程度为准并请依君主立宪政体严定限制折》（宣统三年五月二十三日），《清末筹备立宪档案史料》上册，第 355—356 页。

② 《各省督抚合词请设内阁国会奏稿》，《国风报》第 1 年第 26 号，宣统二年九月二十一日。

③ 《国会问题之大警告》，《申报》1910 年 10 月 20 日。

④ 《中国纪事・刘廷琛奏参资政院》，《国风报》第 1 年第 33 号，宣统二年十二月初一日。

启超就说，“刘之言，正乃代表全官吏社会之理想而已”。[①] 他们将资政院之决议，视同无法律意义的报馆言论、闹市演说，采纳不采纳，权在当局；认为资政院监督政府，批评执政，是故意“与政府为难”，是“包藏祸心，窃窥神器”；认为资政院要求政府执行决议案，侵犯了君主大权，是搞议院专制。有这种对宪政与民意机构的误解，他们自不能容忍国会对政府的批评与监督、咨议局与督抚对抗、资政院弹劾军机等，自然就让他们对国会感到恐惧，不希望国会早开。要改变他们的思维与习惯，道路漫漫，非速开国会可以解决。相反，还真需要资政院这样一种权力有限的过渡性议会，来令官僚们逐渐习惯被监督。若速开国会，而国会拥有比较大的权力，则官僚系统与国会之间的冲突，可能会不可收拾。从某种意义上说，在宪政施行的初期，需要有稳固的君权作为议会与官僚系统的调节器，在政府与议会发生冲突时，适时介入。在此情形下，君主有一定的实权，对于宪政的发展，其实是有利的。然而，立宪派似乎对于君权在宪政初期的作用，没有足够的认识，他们希望尽量削弱君主权力，尽量扩大国会的权力。这并非最有利于宪政开展的选择。

四　立宪派的政党鼓吹与国会请愿

现代民主政治是国民参政的代议政治，也是选举政治。运作选举，集约民意，过滤民意，代表民意，都离不开政党。可以说，没有政党就没有现代民主政治。中国的传统历来有“君子不党”的观念，认为在政治问题上有终极的是非存在，要求君子不偏不倚，中正理性。历代又都禁止朋党，认为官员士大夫结党将干扰朝局，

---

① 梁启超：《敬告国人之误解宪政者》（1911 年），《梁启超全集》第八集，第170 页。

故党为不祥之物。然而，在现实生活中，人们利益分化，而政治事关利益分配，因此政治上的党见或者偏见在所难免。现代政治理念承认人们利益分化的现实，认为所谓政治不过是各种利益、意见交锋妥协的过程，因此也就承认人们可以组织政党参与选举，争取议会席位，影响政治决策，以保障自己的利益。在现代政治的主要元素中，议会制度、分权制度皆源自古代，唯有政党制度为现代政治所独有。自西学东渐，近代的党会观念渐次输入。戊戌时期，维新派就颇关注西方党会制度，鼓吹合群结社，并组织了不少维新团体，打破了朝廷严禁士大夫结社的成规，使维新思想成为近代意义上的思潮。庚子以后，随着革命思潮与立宪思潮的形成、发展，新式政治精英关于政党的介绍与讨论逐渐丰富起来，各种革命团体与立宪团体相继出现。清廷宣布预备立宪后，立宪派结合团体，参与政治的要求更为强烈，要求保障言论、集会结社自由的呼声也日渐高涨。当清廷立宪改革停滞，而国民知识未开，缺乏政治思想、政治热情之时，立宪派迫切希望组织政党，以团聚国民，发起“国民的运动”，推动立宪改革。自1906年底，立宪派就开始酝酿组织政治团体。后来，杨度提出，应以国会为立宪运动的旗帜，制造建立政党的舆论，国会问题遂成为一时舆论焦点。不过，在鼓吹国会的同时，立宪派仍积极鼓吹政党，阐释政党的意义。

其一，欲推动立宪改革，必须有政党，“非政党发达于今日，必不能推倒此专制政治于将来，必不能举立宪政治之实”。① 具体地说，政党可在政治转型中发挥两方面的作用：一方面，普及政治思想于国民，培养国民之政治热情与政治能力，为反对专制斗争提供后援；另一方面，团聚国民，与专制政府搏斗。梁启超说，改专制为立宪，其原动力需求诸国民自身，“其第一著，当使国民勿漠视政治而常引为己任。其第二著，当使国民对于政治之适否而有判断之常识。其第三著，当使国民具足政治上之能力，常能自起而当

① 张嘉森：《国会与政党》，《政论》第2号，1907年11月。

其冲。夫国民必备此三种资格，然后立宪政治乃能化成……故各国无论在预备立宪时，在实行立宪后，莫不汲汲焉务所以进其国民程度而助长之者，然此事业谁任之？则惟政治团体用力常最勤而收效常最捷也”。政党的政治宣传，可普及政治常识，唤起国民政治上之热心。政党间的政纲辩论，可“增进一般国民政治上之智识，而赋与以正当之判断力”。政党的参政实践可以训练国民，养成其政治才能。[①] 黄可权说，改专制为立宪，需先进行思想启蒙，使多数国民能了解国民为国家之主人，民族危机由于政治腐败，政治腐败由于政府不负责任，欲救危亡必开国会、立责任政府的道理。“非大多数国民，认专制为不适于今日之生存”，则政治改革难以成功。而以立宪道理耸动天下耳目，鼓舞天下人起而反抗专制，非政党不为功。他说：“譬之树，宪法政治果也，政党花也。世界从无无绽花而可以获果者也，又岂有无政党而宪法政治可希冀者？”[②]《大公报》也说，改专制为立宪，需要组织国民，形成有势力的舆论与有实力的国民政治团体，以与政府斗争。若无政党，“则舆论无所统属，不能与专制之政府对抗，虽欲脱其残贼而无所于诉”。各国立宪史就是人民不堪专制压迫，因相与组织政党，以与政府搏斗的历史。中国政府“迫于外人之非笑，震于国民之请求，涣汗大号曰预备立宪”，然又“顾念立宪后种种权限既清，欲如前日之暴戾恣睢生杀予夺不顾公理莫可复得”，对立宪态度消极，甚至“专制之淫威有为昔时所无而今更甚者”，就是缺乏有力的国民团体与有力的国民运动对其施加压力。要推动改革，必须组织起有力的政党。[③] 立宪派认识到，虽舆论鼓吹可改变人们的思想，对专制政府造成压力，但要推动政府改革，就必须有国民的“政治运

① 梁启超：《政闻社宣言书》（1907 年 10 月 7 日），《梁启超全集》第六集，第 241—242 页。

② 黄可权：《国会论》（续），《政论》第 2 号，1907 年 11 月。

③ 《论政党》，《大公报》1908 年 4 月 28 日。

动”。欲有持久的国民的“政治运动”，必须有政党。①

其二，宪政实行，必须有政党。在制度上，宪政的关键在选举与监督两方面。就选举而言，立宪政治是多数政治，但在一定规模的国家实行多数政治需采取代议制。由此，选举就成了“立宪国最大之要件”。“天下有政见一致之政党，而无政见一致之国民”，要组织有规模的选举，就需要政党来引导舆论、集约民意，形成数种集中的政见以供国民选择。若无政党，“则舆论必散漫无纪，政见不能一致，一旦举行选举，全国之心理将有无所适从之弊”。②就监督政府而言，若无政党，“则国会之分子必杂，新旧庞错，议论百出，莫得折衷”，其结果或则国会无所决议，或则有所决议，仍无法监督政府，而“政府仍肆行其专制”。有政党，则国会之议论不至于意见百出，容易形成决议。③ 当政党执政时，政府可以政党为后盾对抗在野党，或抵抗社会舆论的压力，贯彻其政策主张；当政党在野时，又可以政党及其支持者作为监督政府之后盾。④ 久经专制统治而初实行宪政的国家，“执政者专横成性，每喜独行其是”，不愿意接受国会的监督，单凭少数国会议员难以与政府相对抗，“必有势力雄厚，永久存在之团体主持于下”，人民才能有效地监督政府。⑤ 若没有强大的政党，则以一般国民之程度，“一旦遽开国会，徒恃少数之开通人民主持其间，余均旁观以议其后，甚且加以阻挠焉，则国会虽设，犹不设也”。⑥

基于上述认识，立宪派呼吁同志者积极组织政治团体，呼吁国人积极参与立宪派的团体，以推动宪政改革，培育国民实力。他们

---

① 《论国民宜跃起为政治的运动》，《大公报》1908 年 4 月 9 日。

② 《政党与选举之关系》，《大公报》1908 年 10 月 15 日。

③ 《论政党》，《大公报》1908 年 4 月 28 日。

④ 《论政党》，《大公报》1908 年 4 月 28 日；程树德：《论开国会宜先组织政党》，《福建法政杂志》第 2 期，1908 年。

⑤ 醒：《论今日亟宜组织政党以促宪政之进行》，《申报》1910 年 4 月 27 日。

⑥ 醒：《论今日亟宜组织政党以促宪政之进行》，《申报》1910 年 4 月 27 日。

说，政党发育大体有两个时期，或在国家将立宪之时，或在既立宪之后。将立宪之时，国家承认人民有参政权，民间风气开发，集会结社蓬勃发展，政党可乘势而成。至于立宪之后，国会既开，不同利益、不同意见的人们为着贯彻各自的政策主张而结合为政党。前者为养成国会之政党，后者为国会养成之政党。就中国来说，政党最重大的责任是促成宪政。他们强调，欲推动宪政改革，欲国会召开后，政党有活动之余地，就当于宪政将成立之时，及时组织政党，“以一面督促宪政之成就，以一面养成党内之丕基”。①

在鼓吹政党的同时，立宪派也看到政党可能产生的弊端。有人就指出，政党并非完全无缺之团体，“选举竞争时代，政党每行其不正之手段，以败坏世风。当政党跋扈时代，国家常受其莫大之祸患而无所底止”。② 不过，他们强调，立宪政治离开政党，就无从运作，政党虽有流弊，但其流弊也有限度，“专制政府之行动无是非，无真理，欲行则行，欲止则止，别无他种之势力以牵制之。至于政党之行动，虽未必尽纯乎理，然有舆论以为之标准，有他党以为之监督，竞争愈烈，优劣自形，公是公非之所在，虽欲掩之，而有所不能”。③ 他们也提醒人们，一方面要积极发育政党，另一方面需注意养成政党之道德，以减少政党的弊端。黄可权说，从事政党活动者当以责任心、公益心担当政治、从事政治，以光明正大之手段从事政党竞争，以博爱之心待他党，承认他党存在的合理性，勿为感情之奴隶，以戕贼国家。④ 马相伯说，政党成员需有忠诚、忍耐与博爱的品格。所谓忠诚，即忠于本党之主义。所谓忍耐，即以百折不挠之精神为党的主义奋斗。所谓博爱，就是对于党内，需有手足相依、患难与共之情，对于他党则“可以为光明正大之辩

---

① 《国会请愿同志会意见书》，《国风报》第1年第9号，宣统二年四月初一日。

② 《政党与选举之关系》，《大公报》1908年10月15日、16日。

③ 《政党与选举之关系》，《大公报》1908年10月15日、16日。

④ 与之：《论中国现在之党派及将来之政党》，《辛亥革命前十年间时论选集》第二卷下册，第617—620页。

难，而不可以为阴险卑劣之妨碍”。[①]《大公报》讨论“政党之道德”，认为政党之道德，就其大者而言，约有五端。其一，“明是非”，即应有“求真理，明是非，以为国利民福”之精神。具体而言，“政党贵有人人独立之精神，苟此理厘然有当于吾心乎，虽外界如何拂我，我必取之。苟此理愗然不慊于吾心乎，虽外界如何煽我，我必弃之”。有此精神，才能坚持政党的基本主张，而不盲从于人，失其代表民意之功能。其二，“泯意气”，即不激不随，包容他党之主张，从容商议。其三，“谨私德”，即洁身自好，不以投票为纳贿之具，不以利禄为政府所收买。其四，“求学术”，即拓展知识，增进能力。其五，“崇刚毅与慈信之德”，即“本坚实善良之行，端悫慈爱之心”，以“刚毅有力”之志服务国家与人民。[②]

张君劢则指出，改专制为立宪时代的政党与宪政时代的政党有重大的区别。宪政时代的政党，只是代表部分国民之意思，所争为具体的政策如分权、集权、自由贸易与贸易保护之类，故彼此之间难免争斗。而改专制为立宪时代的政党，其关注的核心问题并非具体政策，而是如何改专制为立宪，政党之主张非部分国民之意见，乃全体国民之意思。此一时期的政党有共同的斗争对象，即专制制度，故需团结一致。[③]《大公报》也指出，在反对专制的过程中，各政党当齐心协力，以摧专制之余焰，若“心怀偏急，不顾公义，因欲发达己党，遂不惜摧残他党，用种种手段以排挤之，构陷之”，则易为“深恶党人，锐意罗织”的专制政府所利用，结果是一党摧折，全体瓦解。[④]这是提醒当时在发展实力过程中有冲突的各立宪团体，放下嫌隙，努力团结，共同推动立宪改革。

立宪派充分认识到政党对于立宪的意义，在鼓吹政党、发起国

① 马良：《政党之必要及其责任》，《政论》第3号，1908年4月。
② 《论政党之道德》，《大公报》1910年8月5日、6日。
③ 张嘉森：《国会与政党》，《政论》第2号，1907年11月。
④ 《论政党》，《大公报》1908年4月29日。

会请愿的同时，他们也积极组织政治团体，以为政党之预备。据张玉法统计，清末的85个政治性立宪团体中，除在横滨的“政治学会”成立于光绪二十五年外，其余84个都成立于光绪三十二年（含）之后，其中67个成立于光绪三十三年（含）之后。[①] 也就是说，主要的政治性立宪团体都成立于清廷宣布预备立宪之后，尤其是国会问题提出之后。国会请愿也为立宪团体的进一步发展提供了契机，立宪团体甚至实现了初步的联合，国会期成会、国会请愿同志会、各省咨议局联合会等都是乘国会请愿的东风而成立的。资政院开幕后，围绕新刑律问题，资政院内因有支持、反对新刑律而有蓝票党、白票党之分。资政院议员与院外的立宪派组织分化组合，出现了具备近代意义上政党的组织。国会请愿同志会与各省咨议局联合会合为宪友会，而资政院内反对新刑律的白票党则组织起帝国宪政实进会，此外又有辛亥俱乐部。这几个组织，已经算得上是近代的政党了。[②]

国会问题与政党问题密切相关。立宪派因欲组织政党，而鼓吹国会；又乘国会请愿而组织、发展政治团体，而立宪政团又在国会请愿中发挥了关键作用。两者互相促进，互为支撑。不过，因局势的变化，立宪派在国会问题与政党问题之间，有时候又各有侧重。当立宪派欲组织政党而社会上对政党多有误解时，他们以鼓吹国会制造发起政党的舆论。当清廷宣布立宪期限后，他们又暂时停息国会请愿活动，而积极参与咨议局活动，以为政党之预备。1910年，当国会大请愿运动进行之时，究竟是将重心放在请愿国会上，还是将重心放在发达政党上，立宪派内部分歧更为明显。一般立宪派人士对请愿国会倾注了极大的热情，而《大公报》则更看重发达政党的意义。还在1909年12月，当国会大请愿运动还在策动之时，该报就发文称，政府能否俯从舆论，早开国会，实为未知之数，而

① 张玉法：《清季的立宪团体》，北京大学出版社2011年版，第68—73页。

② 张玉法：《清季的立宪团体》，第335—348页。

且相对于早开国会，发达政党是更为根本的救亡方法，“今日救亡之策，与其催开国会，莫如组织政党，建设责任内阁之为愈”。文章认为，国会只是宪政的形式，而政党实为宪政之精神。假若政党发达，而以政党运作资政院与内阁，就可以逐渐实现宪政。“有政党以组织内阁，则资政院之机关必与国会无异。今人所以不满意于资政院者，不过以其议员大半出自官吏耳，然苟有政党以运用其间，吾知资政院之效果必较之无政党之国会为尤大。盖政党者，宪政之领袖，内阁者，宪政之主脑，舍此二者，宪政万无成立之理。此吾人所以以组织政党、建设内阁为今日救亡之急务也。”① 见识独到，值得称许。1910 年 2 月，当国会大请愿运动如火如荼时，该报又指出，朝廷对国会开设时间早有明谕，要求速开国会、即开国会只会造成朝野对立，不利于立宪改革。该报呼吁，在早开国会无望的情形下，立宪派不应过于看重国会，不必将救亡的希望全部寄托于早开国会之上，不妨降格以求，将注意的焦点从要求早开国会转向可以实际运作的领域，比如发达政党，要求扩张咨议局的权限，要求组织责任内阁，等等。它再次强调，国会只是形式，若不具备相应的条件，早开国会无助于救亡。资政院权限虽小，但若“下有政党以助其机，上有内阁以全其用”，也可以发挥与国会相同的功效。② 在国会、内阁、政党三者之中，该报最看重政党，认为没有发达的政党的支撑，国会、内阁都难以发挥作用，难以厚集人民之力量以与君权相抗衡。③ 为鼓吹政党，将舆论焦点由早开国会转向发达政党，1910 年 6 月，《大公报》还就政党问题组织并发表了系列征文。这些征文就政党对于立宪的意义，以及在当时情形下，政党的行动方向、主要任务以及组织政党中应当注意的问题进行了阐发。《大公报》所以强调政党的重要性，呼吁立宪派不要抱

---

① 《论咨议局非救亡之本》，《大公报》1909 年 12 月 6 日。

② 公是：《今年之舆论》，《大公报》1910 年 2 月 16 日。

③ 啸沧：《论中国未来之政党》，《大公报》1910 年 2 月 18 日、19 日、20 日。

着得之则生、不得则死的心态去要求即开国会，主要是因为它忧虑国会请愿运动的深入发展，可能会日趋走向激进，造成严重的朝野对立，造成政局持续恶化与朝野决裂，导致革命。

在提出以开国会为唯一救国方法之后，“人民以何法而使政府不得不开国会”就成为问题的关键。在国人尚缺乏国家观念、政治思想、政治热情，缺乏组织，而专制主义思维仍然占据社会的主流、专制势力仍然十分强大的情形下，立宪派选择从舆论鼓吹、政党发育、和平请愿三个方向努力，试图向国人尤其是士绅、城市工商业者、学堂学生以及一般城市居民灌输政治思想，唤醒其政治意识，引起他们对国会问题的关注，组织起有一定社会基础、一定影响力的政治团体，提高国民的社会组织程度，然后以此为基础发动国会请愿，逼迫清政府确定国会期限、速开国会。在他们看来，普及政治思想，组织立宪团体，开展国会请愿运动，同时也就是提高国民程度，养成立宪国民资格，形成国民政治实力的过程。经由这一过程而召开国会，则国会在行使权力，与专制势力的斗争中，不致孤立无援。

舆论鼓吹与组织政团前文已述，此处介绍一下立宪派关于以“国民的运动”要求立宪的主张与行动。还在1906年7月、8月，也就是《开明专制论》发表后不久，梁启超就发表《日本预备立宪时代之人民》一文，介绍预备立宪时代的日本人民在发达公共舆论、组织政治团体、发起国会请愿、推动立宪改革方面的努力。他指出，预备立宪是政府与人民两方面的责任，政府当行开明专制，人民则当如预备立宪时代的日本人民一样，行动起来，推动立宪。① 杨度在《金铁主义说》中也提出，国民必须断绝其依赖政府之念，行动起来，制造开国会的舆论，并组织起政党，向政府要求开国会。这首先需要少数“上、中社会”的人士率先起来，“齐心

① 梁启超：《日本预备立宪时代之人民》（1906年7月21日、8月4日），《梁启超全集》第六集，第48—67页。

一致进行”，鼓动、组织国民，使“数十百万人为一致之行动”。[①]其后，在1907年10月，梁启超提出，要改专制为立宪，国民应变消极默认专制统治为积极地反对专制统治，“人人奋起为政治上之运动”，并且这种“政治上之运动”应由个体的行动变为一致的行动，由针对特定事件的一时性的行动变为持续的行动，才能对政府形成足够压力，迫使政府建立民选机构并接受其监督。同杨度一样，他也将发起这种运动的希望寄托于“有普通智识居普通地位之中流社会”身上。[②]他们都表达了要以国民的政治运动来争取国会的意思。其后，在1908年4月，《大公报》提出，收回利权运动不能解决“政治之根本问题”，要“伸国民之主张，保国家之权利”，国民必须发起以成立国会为最终目的的“政治运动”，为此就要预先组织政党，发育政治运动的领导力量。[③] 1908年5月，《时报》刊文指出，日本宪法颁布以前，国民之政治运动举国若狂，而我今日则冷寂无闻；国民欲求真立宪，也应发起国民之政治运动。[④]可以说，到1908年夏，以国民之政治运动要求国会，已成为立宪派的共识。

立宪派的国会请愿，最初是零散的单独行动，并没有形成“国民之政治运动”。1907年9月25日，在杨度的策动下，中国宪政讲习会派该会骨干熊范舆、沈钧儒、恒钧、雷光宇向都察院上呈该会100多名成员签名的请愿书。请愿书指出，“国家不可以孤立，政治不可以独裁。孤立者国必亡，独裁者民必乱”，面对恶劣的国际环境与人心思乱的危局，非开设议院，“使万机决于公论，政权广于齐民，则独裁之弊不除，内乱之源不塞，阻碍民权发达，违背世界之公理，土崩瓦解，岌岌可危，即无外忧，而天下前途已不堪

---

① 杨度：《金铁主义说》，《杨度集》（一），第342—343页。

② 梁启超：《政治上之监督机关》（1907年10月11日），《梁启超全集》第六集，第276—278页。

③ 《论国民宜跃起为政治的运动》，《大公报》1908年4月9日。

④ 民：《论预备立宪时代之人民》，《时报》1907年6月8日、9日。

设想”。因此朝廷应“于一二年内即行速开设民选议院”。① 都察院代奏请愿书后，清廷即于9月30日发布上谕，对请愿书给予回应。上谕以人民程度为言，称“议院言论之得失，全视议员程度之高下。非教育普及，则民智何由启发；非地方自治，则人才无从历练”，表示应先从普及教育、试办地方自治着手，提高人民程度，然后再开议院。② 立宪派之鼓吹国会，首以排除人民程度之说为立论策略，而朝廷依然以人民程度为言，且对立宪期限不着一词，自不能令立宪派满意。此次请愿开启了清末国会请愿的先河，“一时云合响应，欻起风发”③，形成了第一次国会请愿运动。

《申报》总结此次国会请愿之情形称：当时各省中已发起请愿并派代表向都察院呈递请愿书者，有河南、山西、湖南、江苏、安徽、直隶、吉林、山东、浙江、江西等省以及北京八旗；已发起而未将请愿书呈递者，有贵州、东三省、广东、福建、湖北、奉天、四川等省。海外如日本留学生，日本神户、大阪以及南洋锡兰、霹雳等埠华侨，政团如北京宪政公会、上海宪政期成会、预备立宪公会、政闻社等，都曾发电请定开国会期限，或主张五年，或主张三年、两年开国会。京官中力争速开国会者，“以朱学士福诜为首，其后王厅丞善荃、刘部郎次源、文学士斌相继条陈早开国会之利。其迎合政府上书以请缓开国会者则有宪政馆之华士奎、翰林院之喻长霖辈”。“外官之辅助国民以争年限者，则有江督端、川督赵、鄂督陈、直督杨、东督徐、鲁抚袁、汴抚林、闽藩尚等，皆发电力陈其利，而反对速开者则以陕督升允为最力，其次如粤督张人骏亦主张缓开者也。驻扎各国钦使暨考察宪政大臣之辅助国民以争年限者，则有法使刘、俄使萨、美使伍、德使孙、英使李、荷使陆及新旧日使李、胡两人，亦皆发电力陈其利，而反对速开者则以驻德考

---

① 《民选议院请愿书》，《中国新报》第8号。又见《大公报》1907年10月19～23日所载《日本东京留学生宪政会代表人熊范舆等呈请都察院代奏民选议院请愿书》。

② 朱寿朋编：《光绪朝东华录》，总第4742页。

③ 《论都察院搁置国会请愿书事》，《申报》1908年5月31日。

察宪政大臣于式枚为尤力，其次有驻日考察宪政之达寿亦主张缓开者也。”“其时政府大开议会于上，京员中之赞成与反对者各具条陈说帖，纷纷讨论，外省则有各督抚之电奏，各会社团体之电争，外洋则有各驻使之电告，华侨学生之电请，而各省之代表方相继联袂入都。呜呼，盛哉！可谓极千古未有之奇观矣。”①

此次国会请愿中，政闻社、预备立宪公会、宪政公会、宪政研究会等团体组织了国会期成会，并于各报刊发表了《国会期成会意见书》。黄可权还发表了《论国民宜加入国会期成会》，呼吁国民加入国会请愿运动。但总体上看，国会期成会并没有发挥领导请愿运动的作用，请愿还是零散的、缺乏统一领导的活动。立宪派也组织了一定规模的请愿签名活动，比如江苏的请愿书有13000人签名，河南的请愿书有5000人签名，直隶以及北京的请愿书各有1000人签名，吉林的请愿书有4600人签名，山西的请愿书有20000人签名，浙江的请愿书有8000人签名，广东的请愿书有11000人签名。总计此次请愿运动，涉及18个省份8个立宪团体，签名者有15万之多。② 此次国会请愿运动，虽组织性不够，动员面不广，但也具备“国民之政治运动”的雏形，震动了当时社会。经立宪派鼓吹，以及一系列动员、签名、请愿活动，国会问题成为舆论焦点，“要求国会之声，殆遍全国，人民之视线皆集注于国会问题”。请愿国会的人们成功地制造了这样一种舆论：“国会一日不开，即民心一日不定，民心一日不定，即国祚一日不安。倘一日内乱纷生，外患乘起，四方解体，全局动摇。”③ 朝廷内部虽有速开国会、缓开国会之争，但都承认国会问题绕不过去，“所争非国会开否问题，乃年限远近问题”。④

---

① 《追纪国会请愿之历史》，《申报》1908年9月14日。

② 侯宜杰：《二十世纪初中国政治改革风潮——清末立宪运动史》，第147—153页。

③ 《八旗国会请愿书》（续），《申报》1908年8月26日、27日。

④ 《追纪国会请愿之历史》，《申报》1908年9月14日。

为应对国会请愿，清政府采取了两手策略：一面于 1908 年 8 月 27 日宣布《宪法大纲》《议院法要领》《选举法要领》《逐年筹备事宜清单》，并表示要加强考核，务必于九年内将筹备事宜一律办齐，“届时即行颁布钦定宪法，并颁布召集议员之诏”，以安抚人心；[①] 一面打压言论，限制结社，并以政闻社社员、法部主事陈景仁电请将主张缓行立宪的赴德考察宪政大臣于式枚革职以谢天下一事为由头，查禁政闻社，封禁《江汉日报》。

朝廷的两手策略，发生了效果。面对朝廷的高压，“懦者既钳口结舌而莫敢复谈国会，其刚者以为立宪无实行之望而复鼓吹其立异之宗旨，其明达者亦以朝廷许开国会以杜天下之口，摧抑民气以巩专制之基，延宕时日以绝万民之望，亦遂以事不可为，成其厌世之主义”，一部分人趋于消极，一部分人趋于激进。[②] 不过，朝廷明确立宪期限，公布筹备事宜清单，也给了立宪派相当的希望，立宪派的主流暂时停息请愿活动，转而将主要精力放在参与咨议局选举之上，以期扩大立宪派的队伍，历练立宪派的政治能力，使朝廷无延宕趋避之借口。

对于改专制为立宪这样一场前所未有的巨大变革来说，九年的预备时间，不能说长，甚至可以说有些短促。这样一场改革，需要上下一心、官民交勉，也需要有远见卓识、有强大控制力与执行力的领导团队。然而，当改革进行之时，人心离散之象已显，民间对朝廷的改革诚意与改革能力缺乏信心，而清廷威权下降，缺乏控制力，老耄昏聩盈廷，缺乏领导改革的能力，难以赢得民间的信任。改革需要相对稳定平和的外部环境，而预备立宪时期，外患日亟，在急迫的亡国感的压迫下，人们心态难以从容，加速改革成为民间社会的共同期待。立宪派认为，中日情形不同，日本改革的模式不适合中国。户部郎中刘次源就指出，中日改革的内外环境与条件有

① 《清末筹备立宪档案史料》上册，第 67—68 页。

② 《论国民亟当预备立宪之实际》，《申报》1908 年 8 月 24 日。

重大区别：日本改革之初，需要先倒幕、王政复古，完成中央集权，才能启动改革，故不能速开国会；而中国则大权本统于朝廷，无藩侯之掣肘，可凭借中央集权速开国会。以境遇而论，日本改革之时，虽有外患，但无亡国之忧，其立宪原为自强之策，而非救亡之策，故国会可以缓开；统治集团内虽有分歧，但政局基本稳定，社会大体安定，虽部分人民受权利之说影响而有请开国会之举，但无不开国会则不能保国家生存、保个人生命财产安全的急迫感，故可以缓开国会。而中国改革启动之时，外交日棘，人们有非速开国会，无以引舆论为外交后援，无以缓解人们急迫的救亡之忧；且革命思潮蔓延，“伏莽遍布，乘间窃发，滇粤长江半被煽诱，非速开国会则不足收已散之人心”。总之，“以情势论，则我国可以早开，而日本不可以早开；以境遇论，则日本可以不早开，而我国不可不早开。可以早开而故作疑难之词，是为罔上；不可不早开而谬为延宕之说，是为误国”。① 在朝廷宣布“宪法大纲”与九年筹备清单后，立宪派虽一度将注意力放在咨议局上，但亡国之忧并未消散，请开国会的要求只是被暂时压抑了，一旦有稍强一点的外部刺激，请愿国会运动就会再起。

1909 年 9 月，也就是各省咨议局开幕之前，从海牙国际和平会议传来列强将监督中国财政的流言，海内人士，“惕然以惊，愀然以悲，虑蹈印、埃之覆辙，群谋所以自救自卫之策”。② 就连向来稳健，主张立宪派当配合政府改革，以提升国民政治能力为主要方向，而不必批评政府、不必急于干政的张謇，也强烈感到“亡国无形之祸”发生的可能。1909 年 11 月，也就是国会大请愿发起前夕，张謇与他的一位朋友有过一段对话。友曰：“以政府社会各方面之见象观之，国不亡，无天理。”张謇说：“我辈尚在，而不

① 《度支部郎中刘次源主张三年召集国会呈请都察院代奏书》（续），《申报》1908 年 7 月 21 日。

② 《请愿国会对于政府之希望》，《申报》1910 年 1 月 11 日。

为设一策，至坐观其亡，无人理。”[①] 在一定程度上，张謇大概也认同“国不亡，无天理”的说法，然他不愿全听天命，而希望请愿国会，若朝廷能俯顺舆情，早开国会，则或可救危亡于万一。其后，他在《送十六省议员诣阙上书序》中，针对“国宁至亡？亡国为兵连祸结之终局，庚子一哄，金瓯无恙，今奚所睹，而无病而呻，而曰国会”的言论，他指出，亡国分有形之亡国与无形之亡国。有形之亡国，国亡而民存，无形之亡国，国亡而民亡。“今世界列强之亡人国，托于文明之说，因时消息，攘人之疆域财政而尸其权，而并不为一切残杀横暴之劳扰，使亡国之民魂魄不惊，而詟服于其威权之下。故无形之亡国，国不必遽亡而民亡，至于民亡而邱墟，宗社之悲且将无所于托。”[②] 正是在“亡国无形”的危机感的催逼下，1909 年初冬，国会请愿风潮再起。

1909 年 10 月，各省咨议局开幕，立宪派占据了沿海沿江数省以及若干内地省份咨议局的主导地位。这既给了他们采取联合行动的组织条件，也提升了他们的政治信心。而光绪、慈禧去世之后，朝廷数次表示要坚定不移地推动预备立宪，将反对宪政改革的陕甘总督升允革职，又在宪政编查馆内设立考核专科，督促各地各衙门之宪政筹备工作，展现了立宪的诚心与决心，这也给了立宪派再度发起国会请愿的勇气。海牙国际和平会议传来的列强将监督中国财政之风说，成为引发大请愿的导火索。于是，江苏咨议局乃策动以各省咨议局名义发起国会请愿。12 月间，16 省咨议局代表陆续到达上海。经过商议，各省咨议局代表决定组织各省咨议局国会请愿代表团赴京请愿，并通过请愿书以及进京代表团规约，确定各省赴京请愿代表名单。1910 年 1 月初，各省咨议局国会请愿代表陆续北上。1 月 14 日，代表团召开谈话会，决定进行次序。当各省请愿代表陆续北上之时，《申报》曾就请愿办法提出建议，认为应改

---

① 《张謇日记》第 23 册，宣统元年九月二十一日，上海辞书出版社 2017 年版。

② 《送十六省议员诣阙上书序》，《申报》1909 年 12 月 29 日。

变1907年到1908年间国会请愿的策略，以为将请愿书呈递于都察院就算完成任务，而应积极游说王公大臣、宪政编查馆诸大臣、资政院诸大臣、各部尚书、各道监察御史、军机大臣等，陈述速开国会的理由与利益，求得其理解与支持。① 各省请愿代表也大体照此方法进行，一面晋谒军机大臣鹿传霖、戴鸿慈、那桐、奕劻、世续以及其他满族亲贵，力陈速开国会的理由。除鹿传霖外，清廷军机大臣们都表示支持。比如，奕劻说："此次请愿我有一分力，定为诸君尽一分力。"那桐说："我于此事定当竭力赞成。"② 这一度令请愿代表对请愿成功抱几分希望。然而，1月30日，朝廷发布上谕，在肯定请愿代表的"爱国悃忱"的同时，又坚持九年筹备方案，称"我国幅员辽阔，筹备既未完全，国民智识又未画一，如一时遽开议院，恐反致纷扰不安，适足为宪政前程之累"；"现在各省咨议局均已举行，明年资政院亦即开办，所以为议院基础者，具在于此"，只要臣民同心努力，办好咨议局、资政院、普及教育，必定按计划召开国会。③

对这一结果，请愿代表有心理准备。当请愿代表北上时，张謇叮嘱请愿代表，不要为外界各种非议国会请愿的言论或者"请必要于成，不成不返"的言论所动摇、所劫夺，做好反复请愿的准备。④ 请愿代表接受他的建议，抱着"第一二两次请求不遂，则再三再四以至十百次，总以达到目的为止"的态度赴京请愿。⑤ 从上海出发前，请愿代表就组织请愿速开国会同志会，做好了长期请愿的准备。所以，第一次国会大请愿无果，代表们并没有气馁，立即准备第二次请愿。

第一次国会大请愿无果，请愿代表决定加强请愿活动的组织

---

① 醒：《敬告国会请愿代表》，《申报》1910年1月6日。

② 《十一日代表谒见枢臣记详》，《申报》1910年1月27日"国会请愿问题"。

③ 《清末筹备立宪档案史料》下册，第641—642页。

④ 《送十六省议员诣阙上书序》，《申报》1909年12月29日。

⑤ 《国会请愿之近状》，《申报》1910年2月14日。

性，调整请愿策略，进行国民动员：一是通告各省各团体，将请愿速开国会同志会改为请愿即开国会同志会，并且请其组织分支机构；二是创办《国民公报》以助力国会请愿；三是组织各省咨议局联合会；四是请江苏、广东、直隶三省同志会分会派员往海外华侨及邻近各省分途运动，联络游说，以大张旗帜，震撼耳目，运动、游说之重点为各省商会、学会、教育会、自治研究所及其他相关团体，并要求运动、游说人员将有关宪政之杂志、日报等做成传单或白话报，广为传布，以增广人民宪政上之知识，同时策动各地人员签名上书请愿国会。[①] 《申报》也就请愿进行方法提出建议：各省咨议局宜开临时大会，商议继续请愿方法，并推举代表，各撰请愿书，分道进京，陆续捧呈都察院代奏，不必为同时联合之举，具名者亦仅咨议局之议员即可，不必混称某省代表云云；各省教育总会、各省商务总会通告各属劝学所、教育会以及各属商会，号召学界、商界继续请愿，撰就请愿书，征集签名，并公举代表赴京请愿；绅商学各界当倡设国会请愿同志会、国会期成会，“按期开会，演讲速开国会之益及不开国会之害，务以振起全国人民之精神为主”，并撰就请愿书，公举代表，赴京呈递，并通告本省在海外之商学两界人士，请其设立国会期成会等组织，进行国会鼓吹；各府厅州县，不论城镇乡村，“均宜广设宣讲所，聘请富于学识而有口才者，演讲开设国会之理由，务使一般人民晓然于不可不速开国会之故，以期开通愚氓之智识而融化其固塞之见解，免致从中煽惑，遇事阻挠”。同时，各地绅商学界当运动本省督抚专折请开国会。在京之各省请愿代表，当遍谒谏台诸公，请其联衔吁恳速开国会，以示上下一心之趋。总之，要从各个方面推进国会请愿，务必使国会请愿成为一个遍及朝野各界的国民运动，展现民智、民力、民气、民意，对政府形成足够压力。[②] 此后，各地同志会相继成

---

① 《国会请愿之最近进行》（代论），《时报》1910年3月18日。

② 醒：《论国会继续请愿之分道进行法》，《申报》1910年3月19日。

立，并组织集会与演讲。在立宪派的组织下，第二次请愿运动的规模大大超出了第一次请愿活动，到京的请愿代表达150余人，各省在请愿书上签名者达30万，呈递了十份请愿书，分别代表直省咨议局议员、直省和旗籍绅民、各省政治团体、各省商会、直省教育会、东三省绅民、江苏教育会、雪兰峨中华商务总会、澳洲全体侨商，均要求一年内召开国会。

第一次国会大请愿时，军机大臣们对请愿代表的态度大多比较积极，朝廷虽拒绝即开国会的要求，但也对请愿代表的爱国热情表示肯定。朝廷原本以为，此种表态，可暂时平息国会请愿风潮，不意请愿风潮并未停息，反而气势更盛。因此，到第二次大请愿时，当请愿代表晋谒摄政王与军机大臣时，他们的态度就变得生硬了。6月27日，朝廷发布上谕，表示了四层意思。（1）朝廷也希望国会早开、宪政早成。（2）批评请愿代表思虑不周、过于看重议会。上谕称："惟思国家至重，宪政至繁，缓急先后之间，为治乱安危所系，壮往则有悔，深虑则获全。论议院之地位在宪法中只为参与立法之机关耳，其与议院相辅相成之事，何一不关重要，非尽议院所能参预，而谓议院一开，即足致全功而臻郅治，古今中外亦无此理。"（3）强调中国立宪的困难与朝廷立宪的决心。"以我国幅员之广，近今财政之艰，屡值地方偏灾，兼值匪徒滋事，皆于宪政前途不无阻碍，而朝廷按期责效，并未尝稍任松懈，宵旰急切图治之心，当为薄海臣民所共谅"，希望上下同心，继续努力，办好资政院，立议院之基础。（4）坚持九年筹备原案，拒绝请愿代表即开国会的要求。①

第二次请愿未果，立宪派立即着手准备第三次请愿。6月底，国会请愿代表团决定将请愿国会同志会北京总部改名为北京国会请愿同志会，各省特设同志会分会，各府厅州县亦成立分会，并要求

① 《仍俟九年筹备完全再定期召集议院谕》，《清末筹备立宪档案史料》下册，第644—645页。

各省分会将国会与人民之关系编成白话印刷品，分发府厅州县分会，并派人广为宣讲，继续组织签名请愿活动。同志会要求各地请愿签名须用统一格式的签名册，签名须普及于农工商各界，人数每省至少须百万，又要求第三次请愿时各府厅州县各须派一二代表到京，近省至少须百人以上，远省至少须五十人。① 根据这个计划，1911 年 3 月的第三次请愿，签名人数将达到两千万人，到京的代表也将达数千人。后来，第三次请愿提前进行，规模没有预期的大，但其声势已远非第一、第二次请愿能比。第三次请愿最大的特色是，一些省会城市组织了有一定规模的集会与游行。比如，10 月 5 日，天津各界举行了两千余人的集会。10 月 16 日，河南省会开封组织了三千余人的集会。10 月 23 日，山西太原组织了一千余人的集会；同日，陕西咨议局和国会请愿同志会组织了一万人的请愿大会。10 月 30 日，福建组织了五千余人的游行；同日，四川组织了五千余人的请愿大会。11 月 2 日，贵州省城组织了四千余人的游行。②“这次请愿运动，可以说，除了社会最下层的工农群众，几乎各个阶层都相当程度上卷入其中。从各省咨议局到各府厅州县的士绅，从青年学生到督抚大吏，从海外华侨到内地商人，都异口同声要求速开国会。”③ 总体上看，第三次国会请愿运动基本具备了近代国民运动的性质，是一次有一定规模的国民政治动员。这在中国历史上是第一次。这种动员方式也开启了此后中国人民以国民运动反压迫、反侵略的先河，是中国历史将进入大众时代的标志性事件。

在第三次国会请愿中，梁启超发表了《为国会期限问题敬告国人》一文，除向摄政王、政府诸公、各地督抚、各地有声望之人、留学生、有资产之人、一般国民发出呼吁外，他还特地指出，

---

① 《国会代表团五月二十日奉上谕后之议决案》，《申报》1910 年 7 月 19 日。

② 侯宜杰：《二十世纪初中国政治改革风潮——清末立宪运动史》，第 238—241 页。

③ 耿云志等：《西方民主在近代中国》，中国青年出版社 2003 年版，第 207 页。

立宪派应积极向农民宣讲国会与农民之关系，以“唤醒农民”。[①]这表明立宪派已经注意到，不仅要动员士绅、学生与一般城市市民，还要动员农民支持国会请愿。此次国会请愿，立宪派进行了一定的社会动员，立宪派的组织也获得了相当的发展，国会请愿同志会就在广东、湖北、福建、上海、江苏、直隶等地建立了分会，并积极开展活动。比如速开国会同志会广东分会就拟定章程，确定调查、编辑、演说、讨论、联络等方面的工作任务：“（一）调查。（甲）调查政府关于国会之举动，随时布告，以唤起国民注意；（乙）调查各省关于要求国会之进行，随时布告，以为国民观感；（丙）调查外国关于国会之现状，随时输入智识，以为国民向导。（二）编辑‘宪政浅说’分送，以期普及一般，为将来开设国会之豫备。（三）派员至各地方演讲国会之必要，务期不识文字者亦知国会之利益，以促宪政进行。（四）同志会分会开会时，会员之间得互发问题以讨论国会开设前之筹备及开设后之进行。（五）举代表至北京总会，并派员至广西、福建各邻省，随时联络一气，以期全国同志一时并举。”[②] 这使国会请愿运动有了“国民的运动”的色彩。立宪派在推动“国民的运动”以实现“国民的立宪”方面有一定程度的自觉，也下了相当的功夫。

此次国会请愿期间，正值资政院第一次常年会开幕。10 月 22 日，资政院通过速开国会案。26 日，资政院通过速开国会折稿。各地督抚在此次国会请愿中也相当积极。其时，各地督抚对朝廷已颇多不满，一方面中央集权，大大削减了督抚权力，另一方面预备立宪的各项新政，任务重，考核严，而地方财政困难，督抚疲于应付。同时，因为筹备立宪的需要，各地督抚衙门不得不任用留学生和新式学生帮办新政，在这些人的潜移默化下，督抚的观念逐渐发

① 沧江：《为国会期限问题敬告国人》，《国风报》第 1 年第 18 号，宣统二年七月一日。

② 《广东速开国会同志分会草章》，《申报》1910 年 4 月 13 日。

生变化，不同程度上接受了立宪的观念。[①] 10 月 25 日，锡良、李经羲等十七位督抚联名电奏，要求速建责任内阁、速开国会。此前的国会请愿，督抚一般是单独发表意见，此次国会请愿，督抚互相联络，曾就内阁与国会问题反复电商，又采取联名电奏的形式，给朝廷极大压力。

迫于压力，朝廷于 11 月 4 日发布上谕，宣布缩短国会期限至宣统五年。然而上谕行文不得体，伤害了立宪派的感情。上谕称："此次缩定期限，系采取各省督抚等奏章，又由王大臣等悉心谋议，请旨定夺，洵属斟酌妥协，折中至当，缓之既无可缓，急亦无可再急，即应作为确定年限，一经宣布，万不能再议更张。……此后倘有无知愚氓，籍词煽惑，或希图破坏，或逾越范围，均足扰害治安，必即按法惩办。"[②] 立宪派对这个上谕很不满。《时报》指出，从上谕看，政府不喜吾民，已处处见之言外。谕旨称此次下诏是采各省督抚之奏章及王大臣之谋议，视资政院及各地人民之请愿若无物。最后则以预防第四次请愿为核心，对人民谥之曰无知愚氓，再则曰籍词煽惑，再则以扰乱治安相恫吓，政府直视人民为蛇蝎盗贼。[③] 上谕发布后，立宪派发生分裂，赞成上谕者开会庆祝，反对者痛哭不暇。对于此后再起的国会请愿，比如奉天、天津等地的请愿活动，清政府果然是"按法惩办"。请愿代表团知道难令朝廷收回成命，乃于 11 月间发布通告，宣告解散国会请愿代表团。

在由专制改立宪的过程中，社会渐次开放，民间力量兴起，受外在压力的刺激与外在模式的诱导，民间社会要求加速改革步伐，尽早开放政权，是各国立宪改革的常态。改革的进程就是政府与国民博弈的过程。在这个过程中，政府有控制力，有领导力，策略运用得当，又能及时吸纳民间政治运动的智慧与人才，及时变革，则

① 侯宜杰：《二十世纪初中国政治改革风潮——清末立宪运动史》，第 240—241 页。

② 《缩改于宣统五年开设议院谕》（宣统二年十月初三日），《清末筹备立宪档案史料》上册，第 78—79 页。

③ 《读初三日上谕感言》，《时报》1910 年 11 月 8 日。

改革就能大体按照政府的思路进行。否则，民间运动会日渐激进，拥护政府改革的温和派会因为政府改革力度不够，不能及时吸纳民间意见与人才，而在危机局势的压力下，与政府离心离德，走向政府的对立面。立宪派要求速开国会、即开国会，有急躁冒进的成分。清廷指责立宪派骛国会之虚名，而不顾筹备未完全的现实情形，也并不全是想拖延立宪，而确实是担心筹备未完全而即开国会，将出现种种问题。

立宪派掀起国会大请愿，基于两个基本的认识。第一，不相信政府的立宪能力。宣布预备立宪以来，受制于认识、能力，尤其是官僚系统的陈腐偷堕，清廷的改革令立宪派失望。立宪派认为，“以今日官场之败，政务之因循，国民对于宪政无不有迟疑观望之心。自贤王摄政而后，屡颁明诏，督促宪政，然而天下人心绝不认今日之政府有实行立宪之能力”。① 在对朝廷改革不抱希望的情形下，立宪派希望通过开国会，一面为政府的改革提供合法性支持，一面督促政府进行改革。他们不是把开国会当作立宪的完成，而是当作宪政筹备的开始，认为没有国会，就不能有真正有效的宪政筹备。② 第二，国亡无日的危机感。前面说过，到 1909 年冬，一向稳健的张謇也有了亡国无日的感觉。其实，这不是他一个人的认识，而是当时稍有见识者共同感觉。老舍的《茶馆》里有一个情节，常四爷因为一句“大清国要亡”被巡警抓走，坐了一年的牢。常四爷是个旗人，他的感觉在当时北京这样的大城市的一般居民中有相当的代表性。关心政治的立宪派人士，就更感到亡国无日的强烈压力。1911 年春，梁启超说，“比年以来，一种悲观论弥漫于国中，其稍有知觉之士，日惟相对唏嘘，谓国必亡、国必亡”。③ 普

---

① 《要求速开国会之理由》，《大公报》1909 年 12 月 24 日。

② 梁启超：《论政府阻挠国会之非》（1910 年 7 月 27 日），《梁启超全集》第七集，第 439—447 页。

③ 沧江：《读十月初三日上谕感言》，《国风报》第 1 年第 28 号，宣统二年十月十一日。

遍的国亡无日的心理，令梁启超深感忧虑，他说，存一中国将亡之念，就必然以游戏敷衍之心对待救亡举措，就必然产生末日将至何不及时行乐的心态，那灭亡就真会来临。有志救亡者当于绝望中寻找希望，勉力树起中国不亡的信念，积极作为，以改变悲观的社会心态与及时行乐的社会风气，以救危亡。于是，他反复申说国不至于亡的道理。[①] 就中国不亡来说，他或许有一点信心，但就清廷不亡来说，他实际上并无多少信心。相反，他清楚地看到，清王朝统治的总危机已经来到。[②] 他反复申说中国不亡之理，大概与张謇策动国会大请愿一样，不过尽人力而求心安。如果说，立宪派在1908 年发起国会请愿时还存一分求治、求强之心的话，到 1910 年国会大请愿时，他们要求即开国会，更多是希望开国会以监督胡作非为、卖官鬻爵、侵蚀民财国库、造成兵变民变的政府，使其有所收敛，使民得喘息之机，避免清王朝的速亡。[③] 正所谓“皇帝不急，太监急”。清廷已烈火烧身，急于救火的立宪派，奔走呼号，而清廷以为立宪派多事、嚣张，甚至怀疑国会请愿受革命党的煽动，而出以强烈之手段，解散国会请愿同志会，将请愿代表驱逐出京，拿办继续请愿的首要人物。本来，立宪派开始大请愿时，是抱着坚定的和平请愿的意愿而来，一些请愿的人士虽有为请愿而流血的准备，但希望和平改革始终是立宪派的主流。然而清廷以强力对待和平请愿，就将立宪派推到了自己的对立面。缩短国会期限的上谕发布后，国会请愿同志会发布通告，称“臣民千气万力，得国会期限缩短三年，心长力短，言之痛心，以诸父老希望之殷，而效果止此，所托非人，能无惭悚”。对于此后政局的走向、时局的危

---

① 沧江：《中国前途之希望与国民责任》，《国风报》第 2 年第 5、6、10 号，宣统三年二月十一日、三月初一日、四月十一日。

② 耿云志：《梁启超对清王朝最后统治危机的观察与评论》，《徐州师范大学学报》（哲学社会科学版）2012 年第 1 期。

③ 梁启超：《论政府阻挠国会之非》，《国风报》第 1 年第 17 号，宣统二年六月廿一日。

机，无限担忧。① 立宪派干将徐佛苏在该上谕发布后，曾向梁启超表示，他将从事于旧主义，即重回革命道路。1911 年 4 月，新内阁官制出台，中称“总理大臣以世爵充之”，立宪派为之愤慨。《申报》发表社论称：“嗟乎，神州之大厦将倾，东亚之病夫垂毙，而我政府犹为巢幕之燕，游釜之鱼，酣歌漏舟之中，痛饮焚屋之下。总理大臣副大臣可为也，各部大臣左右丞左右参议可为也，即各局长各等书记官，亦可为也，其如天下之不可为何?”② 其后，皇族内阁出世，各省咨议局联合会提前召开第二次会议，并呈奏都察院，要求将宪法交资政院协赞，反对皇族内阁，要求增练民兵。当时舆论称此三项要求，“实为国民对于政府之宣战书”。《时报》发表社论，要求国民支持咨议局联合会的行动，称“今日救中国，宜先除内患，而后及于外患”。所谓内患就是政治腐败，先除内患，就是先对付腐败之政府。③ 已然显露立宪派与清廷的决裂态度。

清廷最初宣布预备立宪，一方面是受内外压力，另一方面是羡于立宪之利，而非对立宪精髓有真确之认识。清廷一方面希望能通过“庶政公诸舆论”，收安皇室、固君权、臻富强之效，另一方面又坚持“大权统诸朝廷”，心怕立宪侵损君权，处处设防。在犹疑之中，宣布预备立宪将近一年，少有实质性改革，直到徐锡麟案后，始第二回启动立宪改革。到颁布九年筹备立宪清单时，清廷已有比较坚决的立宪决心。慈禧、光绪逝后，载沣主政，确有励精图治、推行立宪改革的诚意，然却无控制政局之能力。立宪派指责朝廷故意拖延立宪，多少有些冤枉载沣等人。国会请愿运动的组织性不够。缺乏领导中坚的群众性政治运动，其领袖人物对运动缺乏控制，运动容易趋向激进，进退失度，不易成功。清政府也毫无应对

① 《国会请愿代表通告同志书》，《申报》1910 年 11 月 14 日。

② 希：《再论新内阁官制草案》，《申报》1911 年 4 月 28 日。

③ 孤愤：《论国民宜为咨议局联合会之后盾》，《时报》1911 年 6 月 2 日。

群众政治运动的经验，既缺乏控制群众运动所需的权威与组织系统、情报系统，又彻底丧失话语权，对于朝廷的立宪路径也缺乏论述能力，不能说服立宪派及其支持者。清廷高层内部有分歧，地方督抚、资政院都要求即开国会，朝廷其实相当孤立。当此情形，载沣等不能审时度势，固守既定的钦定宪法、大权政治的立宪原则，不顾要求即开国会的汹涌民意，坚持诸事筹备妥当，再开国会的立宪思路，最终导致人心瓦解，大局崩溃，也是咎由自取。

第四章

清末修律中的思想论争

清末修律，尤其是《大清新刑律》的编订，在中国法制史上，具有十分重要的地位，在中国近代思想史上也具有十分重要的意义。蔡枢衡先生说："《大清新刑律》之产生，在中国刑法史上是一大关键。它是威吓时代和博爱时代的分水岭。《大清新刑律》以前之刑法是拥护宗法保护君权的壁垒；《大清新刑律》以后的中国刑法则为保护人权之宪章。故《大清新刑律》以来即是中国近代式刑法之发展史。"① 王伯琦先生在谈到"中华民国民法"时说，中国传统思想强调君子人格的意义，但所强调的是道德上的人格，而非法律上的人格，所以只能成为个人修身的张本，不能成为法律制度。在中国传统的伦常秩序中，"个人难有地位，人格难于伸张，自己不觉知自己在法律上的独立人格和地位，必然就不能尊重他人的人格和地位"。缺乏独立人格观念，是中国传统伦常秩序与法律秩序的一个根本性缺陷。"至于我们现行的法律上，则充满了个人独立人格观念，而且可以说，抽去这一独立人格观念，我们的现行法律制度整个的必然垮台，'民法'第一篇'总则'在'法例'一章之后，第二章就名曰'人'，这个'人'字，我们看到了，真是怵目惊心！这是中国四万万五千万的人，这是国本之所以

① 蔡枢衡：《中国法理自觉的发展》，清华大学出版社 2005 年版，第 257—258 页。

立的‘人’，亦就是民族主义的‘民’，民权主义的‘民’，更是民生主义的‘民’。这个‘人’字的精义倘不予以发扬，我敢说三民主义不会有真正实现之日。”① 他又说，清末修律以前，中国传统法律的整个观念都是在维持伦常秩序，“全套法律之中心观念，惟在使人履行其义务”，无所谓权利观念。这与中国传统社会有紧密的关系，中国传统社会是典型的农业社会，“所谓财富，绝大部分是不动产，财产的流通，根本谈不上，普通只限于家族间原封不动地世代相承，纵有分散，亦只限于亲族邻里之间极小的范围，所以谈不上什么财产关系。至于人的关系，则局限于君臣、父子、兄弟、夫妇、长幼之间，这全是一种层级的服从关系，在这狭隘的范围中，人的关系亦就不会有很多的发展”。由于财产关系、人的关系相对简单，法律需要处理的事务相对简单，人的关系基本以伦理关系为基本点，财产关系也以伦理的原则处理，故难以产生近代权利关系，法律自然就以维持伦常、使人尽伦理之义务为主。在伦常关系笼罩的法律体系下，家族利益高于个人利益，伦理义务高于个人权利，于是在中国传统法律中，缺乏独立人格的观念，“祖父母父母在，子孙在法律上的地位几乎全被祖父母父母吸收，自不能有独立的人格观念。‘杨朱为我，是无君也。’有了我的观念，伦常观念就无可立足。既然不能有独立的人格观念，从而亦不容有独立的财产观念，因为财产关系是人格观念的附丽，没有独立的人格，绝不可能有独立的财产”。因为缺乏独立人格的观念，故财产关系均以户（家）为单位，父子夫妇兄弟有共财的义务，在财产关系上有连带责任；在刑事关系方面，家族成员对彼此之刑事行为也负有连带责任。② 确立独立人格观念是近代中国思想的一个重要任务，这一任务的完成，有赖于经济社会的发展与思想的解放，但更

① 王伯琦：《近代法律思潮与中国固有文化》，清华大学出版社 2005 年版，第76—77 页。

② 王伯琦：《近代法律思潮与中国固有文化》，第 245—249 页。

需要法律的规定。中国法律近代化的基本任务就是在法律上确立独立的人格观念，此一进程就是从清末修律开始的。“由于这独立人格观念第一块基石的奠立，男女平等了，行之于中国三千余年的宗法制度，一旦摧毁无遗。……男系与女系全然无别，身份继承整个废除，外祖父母与祖父母相等，姨母姑母与叔伯舅父毫无分别，姨表兄弟姑表兄弟堂兄弟一视同仁，继母伯母婶母成了姻亲，最亲的儿女亲家已根本不成其为亲。配偶各有其财产，而其继承地位特别优越，男女平等继承，夫家的财产可能全部转到母家，母家的财产可能全部转到夫家，侄儿原是标准的嗣子，在法律程序上反而绝对不可能继承叔伯。父子人格独立，财产独立，父债子可不还，子债父可不管，继承可以抛弃或限制。父母对子女的保护教养，既是权利亦是义务，虽得予以惩戒，但倘不得其当，亲属会议可以请求法院宣告停止其权利，可以不使他的父母来保护教养。家不过共同生活的处所，既无家财，则除各人应负抚养义务外，各人过各人的日子，可以漠不相关。讲到这些情形，初闻者，大有身处异邦之感，不禁愕然。”① 确实，清末修律以来的法律改革在改变中国传统的家族制度、家族伦理，塑造人际关系、财产关系方面，发挥了重大作用，传统的伦理本位的社会关系与理念几乎荡然无存，此一变化是千古以来的大变化。这一变化就自清末修律始。清末修律的过程充满思想争议，本章即讨论这些争议。

一 清末修律争议概况

清末法律变革内容甚广，对此后中国法律改革亦有重要影响，其基本立法精神与传统法律、文化，有很大的冲突，引发激烈的思想冲突是很正常的。但是，清末围绕修律的争论并不充分，相关问

① 王伯琦：《近代法律思潮与中国固有文化》，第54—55页。

题并没有系统地展开。其原因有三。一是，清末的修律工作被列入筹备立宪事宜清单，立法工作十分急促。九年筹备立宪本来时间就很短，后来在舆论压力和立宪派的推动下，筹备立宪时间缩短，要在短短数年之间，将民律、刑律这些基本法律修订完毕，而又能比较完善，几乎是不可能的。为着筹备立宪，基本的立法工作不得不快马加鞭、从速进行，相关问题的研究、相关习惯的调查，都不及细致开展，就在翻译若干西方法律和日本法律之后，在冈田朝太郎、松冈义正等数位日本学者的帮助下，完成刑律和民律的起草，难免存在生吞活剥的情况。本来，将民律、刑律等基本法律的修订列入筹备立宪事宜，并不恰当。立宪是政治层面，主要是建立中央与地方议会、建立责任内阁的问题，其在法律层面，主要是司法独立问题，以及有关政治活动比如选举、结社、集会、新闻出版等若干领域的基本行为规范的问题，与刑律、民律等基本法律虽有关联，但并无实质关联。由于朝廷要迅速完成筹备立宪事宜，而修律又被列入筹备事宜清单，围绕修律问题的相关争论无法从容展开。二是，由于清朝迅速覆灭，修律工作并未完成。《大清新刑律》虽经过朝廷内部的签注，经过礼治派与法治派在资政院的交锋，双方在媒体上亦略有交锋，但该法在资政院尚未正式通过，清朝就灭亡了，相关争论随着清朝的灭亡戛然而止。而与经济社会生活关系更紧密、对传统伦理关系冲击更大的《大清民律草案》则刚起草完毕，尚未经由部院大臣、地方大臣签注，社会人士更未介入，可以说争论基本没有展开。三是，辛亥革命后，由于政权鼎革，国号共和，以家族伦理为基础的君主专制制度在意识形态领域不具备合法性，坚守传统伦理秩序、政治秩序的旧官僚、旧知识精英在政治鼎革之后，迅速在思想领域失去话语权，失去媒体阵地，冲击传统伦理关系的新法律的实施，在政治决策层面几乎没有遭到剧烈的抵抗，在社会舆论层面，当局之法律变革也几乎没有受到坚守传统伦常秩序的人士的有规模的批评。虽然法律规定与民间习惯之间存在若干差距，但新法律在塑造社会关系方面，所发挥的“法律教育”

的作用是不能被低估的。影响深巨的清末法律变革，其思想争论虽不充分，但其意义并不因此逊色。

如王伯琦所说，清末的修律是“超前立法”，也就是说在经济、社会变革尚不充分的条件下，由睿智之士因应时代潮流而预先为社会创制法律的过程。① 近代以来，为应对西方的挑战，中国渐次出现了近代资本主义经济的成分，但一直到辛亥革命时期，中国近代资本主义经济尚较弱小，经济领域占主导地位的还是传统的自然经济。经济的变化也造就了近代工商业者、产业工人等新的社会力量，但他们无论在人际关系方面，还是在思想观念方面，都与传统乡村社会有千丝万缕的联系。随着对外交往的扩大与社会变革的进展，清末的中国社会出现了新式学校、新式报刊、新式知识精英，西方的思想、学说，在社会上有了一些影响，但社会上占主流的思想观念，还是传统的以家族伦理为根底的旧思想。在法律观念上，“朝野礼教主义之观念，依然如故”。② 也就是说，清末的修律并非由资本主义经济发展，社会关系、社会结构变动直接推动的，是思想意识先变动进而由人有意识推动的。

清末变革法律，有三个方面的因素在起作用：一是收回领事裁判权的要求；二是发展近代工商业的要求；三是近代西方政治法律思想输入的影响。自洋务运动时期起，一些思想人物就提出变通律例的主张，以便交涉，以推动近代工商业的发展，以减少酷刑峻法之毒。比如王韬就提出西洋听讼重证据，中国折狱重口供，“此所以有用刑不用刑之分也”。中国应仿行西人诉讼重证据的优点，改变中国诉讼偏重口供而刑讯泛滥的局面。此不必谓之仿西法也，“直谓之复古道也可矣”。③ 薛福成等人明确提出要废除领事裁判权。如何收回领事裁判权，人们提出了种种意见，有人说，“今日

① 王伯琦：《近代法律思潮与中国固有文化》，第72—78页。

② 《新刑律争论之感言》，《国风报》第1年第13号，宣统二年五月十一日。

③ 王韬：《变例说》，《皇朝经济文新编》西律卷一，光绪二十七年上海宜今室石印。

华洋会讯，每多龃龉，语其故由华官不谙西律，故西官得上下其手，以遂其袒护之私。中国律例既颠倒于部吏之手，今又操纵于西官之口，民有不困者乎？”因此，应会通中西律例，将中西律例折中定为一书，凡办理交涉事务之人必习之，以便办理中西交涉事宜。① 为收回领事裁判权而会通中西律例，编订中西交涉刑律，是当时不少关注领事裁判权问题的人的意见。这种意见关注的焦点是对外方面，国内法律部分尚未引起他们的重视。何镛提出，“泰西人之所以不能勉从中国律令者，非不愿从也，殆亦有不能从者在也”。一个重要原因是中国刑罚过酷，同时，中西诉讼制度不同，“外洋之听讼也，两造各延状师为之据理以辩，而问官则静以听之，直至两造状师无可再辩，然后秉公决断，故其定罪也，尚有古时与众共之之意”。中国听讼“初不知其曲直之所在，而动加刑讯”，西人对刑讯大为不平，岂肯接受中国的司法裁判。因此，中国要收回领事裁判权，就必须像日本一样修订律例，革除严刑峻法，采纳律师制度、陪审制度，实现司法公正。② 大体上说，早期变通律例的主张，基本上是从轻刑省罚、收回领事裁判权、发展工商业的角度，具体地谈论问题，没有涉及传统律法的一些基本观念。不仅如此，一些对西方法律有所了解的人士，在比较中西律例之轻重优劣时，对于中国传统法律之维持纲常伦理的特色，颇为赞赏，对于西方法律之男女平等，不设“大逆”之罪，大不以为然。曾经出洋的袁祖志，即称西洋“律不载惩奸之条，妻可以置妾控夫，尤为可笑”。③ 杨毓辉对中国法律分别良贱尊卑而议罪的规定，十分赞赏，认为中律论罪有八议，又考虑尊卑良贱之分，考虑老幼废疾的实际情况，比西律法律面前人人平等的规定，要“周匝严明”，更为合理。西方法律对于和奸，惩罚甚轻，他不以为然；西

---

① 马菊生：《论办洋务宜订中西律例》，《皇朝经济文新编》西律卷一。

② 何镛：《论中国宜变通律例》，《皇朝经济文新编》西律卷一。

③ 袁祖志：《涉洋管见》，《小方壶斋舆地丛钞》第11帙，第470页。

洋法律准许妇女提出离婚，他认为“尤为无理矣”。[①] 李经邦对于西方法律无大逆罪之规定不以为然，说美国法律对于谋杀君主的重犯，“罪止缳首，且逆犯之祖父子孙亲族，并无作何治罪明文，其轻纵一至于斯，故欧西各国用枪轰击君主之事，时有所闻”。[②] 这些意见可以代表一些当时对西方有所了解的人士的看法。戊戌时期，谭嗣同等激烈批判三纲，是比较激烈的看法，但对于法律变革并无具体的意见。康有为的新政设计中，制度局是很重要的内容，据他的设计，制度局是一新政的智囊机构、议事机构，主要负责新政设计与新政措施之规划。制度局设十二局，第一局就是法律局。据康有为的设计，法律局负责考求万国法律、公法，制定外交及通商口岸之新律，也就是说，主要的功能是负责涉外法律以及通商口岸的法律问题，与洋务时期主张收回领事裁判权的人士主张编订交涉刑律的看法相比较，并无多少新意

庚子后，清政府修律，其最初动因并非为适应经济社会的发展而调整法律，而是为收回领事裁判权。收回领事裁判权的建议，在洋务时期，薛福成等人就提出过，也有人为此提出变通律例的主张，但一直没有实质性的进展。庚子后，修律问题迅速被提上议事日程。庚子十二月十日，清廷颁布诏书，宣布要推行新政，并令军机大臣、大学士、六部九卿、出使大臣、各督抚将军等，就新政问题发表意见，随之，有所谓奏议新政。在各新政奏议中，最著名的是刘坤一、张之洞联衔上奏的“江楚会奏三折”。三折中，第二折“整顿中法十二条折”之第七条为“恤刑狱”，提出限制刑讯，重视证据、轻罪改用罚金等九个方面的主张。第三折“采用西法十一条折”之第六条提出要定矿律、路律、商律、交涉刑律等，以推动近代工商业的发展。这些主张为清廷采纳，修律问题被正式提

① 杨毓辉：《中外各国刑律轻重宽严异同得失考》（光绪十九年夏），《格致书院课艺》癸巳年卷。

② 李经邦：《中外刑律轻重宽严异同得失论》，陈忠倚编《皇朝经世文三编》卷六十，上海书局壬寅夏印，第24页。

上议事日程。对于修律之宗旨，袁世凯、刘坤一、张之洞在光绪二十八年二月二十三日的联名奏折中说：“方今五洲开通，华洋杂处，将欲恢宏治道，举他族而纳于大同，其必自修改律例始。”① 四月六日，朝廷发布上谕：“现在通商交涉，事益繁多，著派沈家本、伍廷芳，将一切现行律例，按照交涉情形，参酌各国法律，悉心考订，妥为拟议，务期中外通行，有裨治理。俟修定呈览，候旨颁行。”② 可以看出，最初，修律的目的是收回领事裁判权，宗旨是采西之长，以补中律之不足。清廷在与列强的交涉中表达了改革法律以收回领事裁判权的意愿，并得到列强在形式上的承诺。光绪二十八年八月，《中英续议通商行船条约》订立，该条约第十二款规定：“中国深欲整顿中国律例，以期与各西国律例改同一律，英国允愿尽力协助，以成此举。一俟查悉中国律例情形及其审断办法及一切相关事宜皆臻妥善，英国即允弃其治外法权。”③ 随后清政府与美、日、葡三国订立的商约，也有同样条款。可以说，收回领事裁判权是清末修律起始阶段最重要的动力，也是法治派一再申明的目标。在最初的修律活动中，当局和修律的实际负责人沈家本等，对于修律可能引起的新旧思想的激烈冲突，以及新法律的个人本位、国家主义、法律面前人人平等理念与传统法律的家族本位、家族主义、刑有等差存在的尖锐冲突，并没有明确的意识。所以，朝廷最初在修律宗旨上对参考各国成法强调得比较多，对体察礼教民情以修律强调得比较少。思想争论是在修律过程中逐步发生的。

1904 年 5 月，修订法律馆成立，沈家本、伍廷芳为修订法律大臣。修订法律馆初期的工作，主要是翻译各国法律、整理中国旧

---

① 《会保熟悉中西律例人员沈家本等听候简用》，《袁世凯奏议》卷 14，天津古籍出版社 1987 年版，第 474 页。

② 朱寿朋编：《光绪朝东华录》，总第 4864 页。

③ 《中英续议通商行船条约十六款》，商务印书馆编译所编《国际条约大全》上编卷四，商务印书馆 1928 年第 5 版，第 27 页。

律、调查中外法制，具体的修律工作主要是对《大清律例》进行一些删改，比如去除凌迟、枭首、戮尸的规定，废除连坐制，废除笞杖而以罚金、作工代之，进行狱政改革，等等。这基本上未触及传统法律的核心理念，不曾引起多少反对意见。反对意见明确出现是在光绪三十二年。这一年，沈家本等提出《民事刑事诉讼法草案》，奏请先行试办。该草案打破了中国传统的诸法合体的立法体例，将程序法与实体法分开，草案共五章二百六十二条，另附颁行例三条。在制度上，草案采用律师制度、陪审制度、公开审判制度等西方审判制度。由于兹事体大，清廷随即发布上谕，命各地将军、督抚、都统等体察情形，悉心研究，看诉讼法究竟于现在民情风俗，能否通行，其中有无扞格之处，即行缕析条分，据实具奏。在司法人员缺乏培训、律师奇缺、社会对陪审制度等新式诉讼规定几乎毫无所知的情形下，即使在通商口岸、省会城市等处试办新式民事、刑事诉讼法，也多有窒碍。因此，各地陆续反馈信息，意见出奇地一致：广西巡抚林绍年、直隶总督袁世凯、河南巡抚张人骏、杭州将军瑞兴、闽浙总督松寿、浙江巡抚张曾敭、陕甘总督升允、热河都统廷杰、湖南巡抚岑春蓂、甘肃新疆巡抚联魁、湖广总督张之洞等，皆回奏称新纂民事、刑事诉讼法草案，于现在民情风俗，尚多扞格，碍难实行。由于各地方大员的强烈反对，该草案遂无疾而终。地方大员的反对意见，概括起来有五点。一是律师、法官队伍人才匮乏，民众对新诉讼法不了解，实行新诉讼法有困难。二是地方不靖，俗悍民顽，全仗法律以不测之恩威驾驭，一旦行新诉讼法，改从轻典，民风更为凶顽，地方官无以治理地方。三是堂讯废刑、律外无罪（罪行法定）原则，将为强横者提供逃避法网的种种便利，法律将失其禁奸止暴的功能。四是实行律师制度，将启健讼之风。五是准许别籍异财，若审讯需要，职官命妇皆需到堂，等等，皆有违礼制。其中以湖广总督张之洞的意见最尖锐、最系统。张之洞认为，该草案“大率采用西法，于中法本原似有乖违，于中国情形亦未尽合，诚恐难挽法权，转滋狱讼……盖法律之

设，所以纳民于轨物之中，而法律本原实与经术相表里，其最著者为亲亲之义，男女之别，天经地义，万古不刊。乃阅本法所纂，父子必异财，兄弟必析产，夫妇必分资，甚至妇人女子，责令到堂作证袭西俗财产之制，坏中国名教之防，启男女平等之风，悖圣贤修齐之教，纲沦法斁，隐患实深”；又提出，收回领事裁判权表面上是法律与司法之事，实质上关键在国力之强弱、战守之成效，反对因为欲收回领事裁判权，而触及中国法律尊尊、亲亲、男女之别的传统精神。他在奏折中对诉讼法草案中的六十三条条文逐条驳议。① 张之洞的意见点出了新旧法律的根本冲突，即法治与礼治的冲突。因《民事刑事诉讼法草案》夭折，围绕修律问题的争论未曾深入进行，但已开启法治与礼治的争论。

光绪三十三年八月，新刑律草案告成，此为新刑律第一次草案。沈家本在奏陈修律大旨时，称“我中国介于列强之间，迫于交通之势，盖有万难守其旧者”。法律不能不改有三大原因。其一，列强在华享有领事裁判权，严重侵害中国主权，后患无穷，欲收回领事裁判权不能不改革法律。其二，“方今各国政治日跻于大同”，各种国际性组织如红十字会、国际和平大会、监狱改良协会等越来越多，中国因法律与各国不同，在国际组织中地位“抑居三等，敦槃减色”，有损国家的国际形象，欲提高国际地位，使中国为国际社会所接纳，必须改革法律。其三，海通以来，教案频发，造成很大的社会问题，不少教案引发国际交涉，教案所以频发，甚至变成国际交涉事件，很大部分原因是中国与外国刑律有差异。② 次年，沈家本在进呈《钦定大清现行刑律》的奏折中再次陈述修律宗旨：“方今瀛海交通，俨同比伍，权力稍有参差，强弱因之立判。职是之故，举凡政令、学术、兵制、商务，几有日趋于同

① 张之洞：《遵旨核议新编刑事民事诉讼法折》，苑书义等主编《张之洞全集》第 3 册，河北人民出版社 1998 年版，第 1772—1773 页。

② 《修订法律大臣沈家本奏刑律草案告成分期缮单呈览并陈修订大旨折》（光绪三十三年八月二十六日），《清末筹备立宪档案史料》下册，第 845—849 页。

一之势。是以臣家本上年进呈刑律，专以折冲樽俎、模范列强为宗旨。”[①] 可以看出，沈家本等修律的立足点是“折冲樽俎”，即便于对外交涉，尤其是为收回领事裁判权；修律之取向是“模范列强”、采大同良规，以“与各西国律例改同一律”，达到收回领事裁判权之目的。在此情况下，新刑律草案的一些条文，就从齐一法制的角度出发，注重采纳西方的法律规定，未曾完全顾及中国的民情礼俗。比如关于无夫奸的问题，在传统社会普遍认为无夫奸有罪的情况下，做出无夫奸无罪的规定，肯定会引起激烈的反对。而沈家本在为此条辩解时，仍然不谈民情礼俗，而是从此条“最为外人着眼”立论，认为欧洲法律对于无夫奸并无治罪之文，若刑律将无夫奸定为有罪，恐必引起外人之指摘。[②] 由于过分重视外人之看法，新刑律草案的一些规定表现出某种程度的殖民地性质，比如草案第三章“关于国交之罪”的相关规定就是如此。该章草案最初规定，侵犯外国君主、皇族等，依侵犯本国君主及皇室论处；伤害来华外国代表之行为，则与伤害尊亲属同。这些规定，为各国法律所无。号称要采大同良规、与各国齐一法制的修律活动，提出的草案有各国所无的内容，受到人们的批评，是不奇怪的。

修订法律馆奏呈新刑律草案后，清廷下令各部院大臣、地方督抚等签注意见，结果反对意见颇大，“或各省大吏，或中央台谏，函电交驰，皆视为一种不可行之物”。[③] 从当时反馈的意见看，地方督抚中，江苏巡抚陈启泰、湖广总督陈夔龙、江西巡抚冯汝骙、山西巡抚宝棻、河南巡抚吴重熹、直隶总督杨士骧、两广总督张人骏、安徽巡抚冯煦、浙江巡抚增韫、陕西巡抚恩寿等，中央部院中学部大臣、邮传部、都察院等，都对新刑律草案持反对意见，反对

① 《修订法律大臣沈家本等奏请编定现行刑律以立推行新律基础折》（光绪三十四年正月二十九日），《清末筹备立宪档案史料》下册，第852页。

② 沈家本：《沈大臣书劳提学新刑律说帖后》，《大公报》1910年11月27日。

③ 崔云松：《新刑律争论之感言》，《国风报》第一年第30号，宣统二年十一月一日。

意见集中在新刑律有违礼教的相关条文，认为新刑律流弊滋大，应重新修订，将旧律有关伦常诸条修入新刑律。地方督抚中明确支持新刑律的只有山东巡抚袁树勋、东三省总督徐世昌、署吉林巡抚陈昭常、黑龙江巡抚周树模等，中央机构中明确支持的除负责起草的修订法律馆之外，只有宪政编查馆。学部大臣张之洞是反对派的旗手，他的意见举足轻重，加上朝廷内部反对意见强烈，为平衡支持、反对两派的意见，免致激起过于强烈的反对，朝廷乃于宣统元年正月二十七日，就修律问题发布谕旨称："前据修订法律大臣奏呈刑律草案，当经宪政编查馆分咨内外各衙门讨论参考，以期至当。嗣据学部及直隶、两广、安徽各督抚先后奏请，将中国旧律与新律详慎互校，再行妥订，以维伦纪而保治安。……著修订法律大臣会同法部迅遵前旨，修改删并，克日进呈，以期不误核定颁布之限。惟是刑法之源，本乎礼教，中外各国礼教不同，故刑法亦因之而异。中国素重纲常，故于干犯名义之条，立法特为严重，良以三纲五常，阐自唐虞，圣帝明王，兢兢保守，实为数千年相传之国粹，立国之大本。今寰海大通，国际每多交涉，固不宜墨守故常，致失通变宜民之意，但只可采彼所长，益我所短，凡我旧律义关伦常诸条，不可率行变革，庶以维天理民彝于不敝。该大臣务本此意，以为修改宗旨，是为至要。"① 朝廷此举，在相当大的程度上，是为应付反对意见。毕竟在官方意识形态上，礼教是万万不可抛弃的立国之本，反对意见依据礼教立论，朝廷无可辩驳。另外，颁布刑律已列入筹备事宜清单，是政府需要限期完成的，所以上谕命令修订法律馆会同法部从速完成修订工作。修律既与筹备宪政的基本国策相关联，宪政诸原则与理念比如人格独立、权利平等、意志自由等，不能不成为修律的指导原则，何况修律之最初动机又在将法律与各国改同一致以收回领事裁判权。这必使修律者在维持伦常与

---

① 《修改新刑律不可变革义关伦常各条谕》（宣统元年正月二十七日），《清末筹备立宪档案史料》下册，第858页。

宪政原则、收回领事裁判权之间，左右为难。面对强大的反对意见，朝廷不便强行立即实施新刑律，乃令修律大臣以《大清律例》为基础进行删改，制定《大清现行刑律》，以为过渡。沈家本在《奏请编定现行刑律以立推行新律基础折》中承认，当教育尚未普及，审判人才、警察规程、监狱制度等未臻完善之时，新律实施之期，不可急迫从事，奏请编定现行刑律。① 刘锦藻称，朝廷颁布"现行刑律"是"迫于公论，虑其（新刑律）窒碍难行"的权宜之策，是有道理的。②

据孟森的《宪政篇》，在新刑律草案签注过程中，由于反对意见过大，摄政王曾为此面谕军机大臣："预备九年案中，今年为核订新刑律之期，刑律上之要义，无分中西，在历史上均以轻刑为美谭。朝廷改订法律，固为收回治外法权之预备，但以中国数千年之文明，刑律日趋于酷虐，今反使欧美各国诋我为野蛮，其如人道之谓何？此次核定，须先将主义拿定，完全以世界为主，期合于人道之大凡，方不负先朝修改刑律之美意。"③ 此事大约发生在宣统元年五月间，也就是正月二十七日朝廷就新刑律发布"凡我旧律义关伦常诸条，不可率行变革"的上谕之后。应该说，摄政王的表态，是朝廷最高层的真实意思。由于最高层的这种态度，修订法律馆、法部在会同修订刑律草案时，对于签注中的主要反对意见，如将义关伦常诸条修正文，甚至将关于亲属犯罪另设专篇等，并未采纳，而采取一个变通措施，即在附则（后来改为暂行章程）第二条中声明，大清律中十恶、亲属容忍、干犯名义、存留养亲以及亲属相奸相盗相殴并发冢、犯奸各条，均关伦

---

① 《修订法律大臣沈家本等奏请编定现行刑律以立推行新律基础折》（光绪三十四年正月二十九日），《清末筹备立宪档案史料》下册，第852页。

② 刘锦藻：《清朝文献通考・刑考一》，《清朝续文献通考》卷242，浙江古籍出版社1988年版，第9859页。

③ 《宪政篇》，《东方杂志》第6年第7期，1910年7月，见《孟森政论文集刊》上，中华书局2008年版，第463页。

常礼教，未便蔑弃，但亦未便列入正条，故对此类犯罪，照旧律办法另辑单行法，以治犯此等罪之中国人，以为过渡时期之办法。这一方面是为了应对朝廷内的反对意见，另一方面又使新刑律保持相对完整。但这事实上将造成一定时期内“一国两制”的局面，即对于犯“义关伦常诸条”之在华外国人治之以新刑律，而中国人则仍照旧律。订立新律本为收回领事裁判，保持司法主权的完整，但治华人以旧律，治外国人以新律，这违背了国际法中的属地主义原则。礼治派对此甚为不满，称“修订新刑律，本为筹备立宪、统一法权之计，凡中国人及在中国居住之外国人皆应服从同一法律。是此法律本当以治中国人为主，特外国人亦在其内，不能异视耳，非专为外国人设也。今乃按照旧律另辑中国人单行法，是视此新刑律专为外国人而设矣。本末倒置，莫此为甚”。①

鉴于签注中反对意见强烈，清廷令修订法律馆和法部会同修订新刑律，形成第二次草案。此后，新刑律第二次草案交宪政编查馆核订。时在宪政编查馆任参议、考核专科总办的劳乃宣乃具说帖，提出修正案，要求将旧律义关伦常诸条全数列入新刑律之正条。沈家本乃为文正面回应劳乃宣的建议。沈家本此文不正面谈礼教问题，而是就事论事，从中国法律史的角度，论述新刑律于干犯名义等不列专条、去除存留养亲等条文的合理性，指出这些均不悖礼教。关于干犯名义，他主张应于编撰审判录时，于诬告罪中详叙办法，不必另立专条。也就是说，诬告尊亲属，可以处理，所告得实，则不处理。存留养亲，非古制，北魏太和中始著之令格，历来法学家于此争论颇多，嘉庆六年上谕论及此问题时，曾有“凶恶之徒，稔知律有明条，自恃身系单丁，有犯不死，竟至逞凶肆恶，是承祀留养，非以施仁，实以长奸，转似诱人犯法”等语，故存

① 劳乃宣：《新刑律修正案说帖》，收入《新刑律修正案汇录》，见《桐乡劳先生遗稿》，丁卯冬日桐乡卢氏校印，（台北）文海出版社 1973 年版，第 887 页。

留养亲不编入草案，“尚无悖于礼教”。亲属相奸，本系禽兽之行，旧律过重，竟至有立斩之规定，新律处之以三等有期徒刑，与旧律之流罪相当，不算过宽，可于判决录详定等差，不必另立专条。亲属相盗、亲属相殴，均在酌量减轻之列，可于判决录详定等差，不必另立专条。故杀子孙，实有悖春秋之义，古圣人于此等人未曾稍恕之，唐律、明律，处之轻重失宜，或者太轻，而一旦导致绝嗣，又处之以绞刑，失之过重；新刑律斟酌损益，规定故杀子孙比较故意杀人罪减轻一等处罚，比较合适，可于判决录详定等差，不必另立专条。杀有服卑幼，非风俗之善者，不可明定于刑律。关于夫妻相殴，旧律之规定轻重失宜，不合妻齐之本旨。新律于此，除致人死亡外，凡夫妻殴伤，夫从轻比，妻从重比，与凡人稍作区别，似不乖于礼教，可于判决录详定等差，不必另立专条。无夫妇女和奸问题，各国法律处理不一，但此系教育问题，不必以刑律直接干预。子孙违犯教令，纯粹是教育问题，不当入于刑律。① 几乎全盘否定劳乃宣的主张。宪政编查馆核订新刑律，形成了新刑律的第三次草案。

此后，刑律草案交资政院审议。新刑律在资政院审议时，资政院法典股对草案进行了修正，形成第四案。资政院审议新刑律，三读完成的只有总则，而分则未及议毕，故分则部分暂从第四案，这样形成第五案。随后，宣统二年十二月二十五上谕裁可军机大臣对于新刑律之修正，形成第六案。在这一过程中，最高层的态度没有多少变化。庆亲王奕劻在请将新刑律交资政院审议时，对当时围绕修律的争议，表达了如下看法：“窃维议律之与议礼，皆为历代朝野聚讼大端，而当创改之初，新旧异同，尤难期议论之一致。惟法律所以维持政治，轨范人民，其文野进退之机，皆视乎此……今各国刑律，皆除其旧日惨酷之习，以进于大同，则刑律之是非，但当论收效之治乱为何如，不必以中外而区畛域……总之，时无古今，

① 《沈大臣书劳提学新刑律说帖后》，《大公报》1910 年 11 月 27 日。

地无中外，惟以合乎公理见乎治乱者为定衡。”① 也就是说，对于礼法之争，不必以中外而区分取舍，而应以是否合乎公理，合乎人道，是否有裨治理为去从。所谓公理、人道，是世界各国皆除残酷之习，皆进于文明，是一种将人道视为超越国家民族界限的普遍价值的见解。这是最高层的态度。在朝野礼教主义依然盛行，内外反对意见十分强烈的时候，新刑律能够进入资政院的审议程序，与最高层要尽快完成新刑律立法工作的政治决策有很大关系。

新刑律交资政院审议之后，朝廷内部的争论迅速成为社会关注的焦点。当时任资政院议员的劳乃宣就新刑律提出修正案，修正内容主要是两条：一是将无夫奸无罪改为有罪；二是关于子孙违犯教令，主张直系尊亲属有惩办权而子孙无正当防卫权。劳乃宣在资政院邀集同志者计 105 位，联名要求修正。为说明新刑律之宗旨，宣统二年十一月一日，杨度作为宪政编查馆特派员到资政院说明。杨度的演说以国家主义与家族主义概括新旧刑律之宗旨，认为家族主义不适合今日中国之需，中国必须由家族主义过渡到国家主义，以国家主义为宗旨的新刑律取代以家族主义为宗旨的旧刑律势在必行。有关新刑律的争议，由此从礼治、法治之争，转入家族主义与国家主义之争。当新刑律在资政院审议之时，反对派与支持派，斗争激烈，言辞决绝。支持新刑律的媒体指称劳乃宣等反对新刑律并非出于本心，盖因外人担心中国实施新刑律，收回领事裁判权，指日可待，乃运动劳乃宣等出面反对，劳乃宣“不过受外人之运动，为虎作伥已耳”。② 而反对新律者则指称支持者乃革命党之同道，名教之千古罪人。双方不但在资政院争持不下，在资政院院外也都上下活动，或刊发书刊，或运动媒体，或上下串联。结果，礼治派主张的无夫奸有罪获得资政院通过，礼治派主张的子孙违犯教令应列入新

---

① 《宪政编查馆奏核订新刑律告竣缮单呈览折》（宣统二年十月初四日），《暂行新刑律》，宣统三年六月刊印，第 21—29 页。

② 复：《驳劳议员反对新刑律之根据》，《申报》1910 年 12 月 18 日。

刑律的主张被否决。资政院审议新刑律，因会期已到，未完成审议。

在资政院尚未全案议决新刑律的情况下，宣统二年十二月二十五日，朝廷在就宪政编查馆请示是否应遵照预备立宪事宜清单所定期限颁布新刑律时，发布上谕称："新刑律颁布年限，定自先朝筹备宪政清单。现在开设议院之期，已经缩短，新刑律尤为宪政重要之端。……事关筹备年限，实属不可缓行。著将新刑律总则、分则暨暂行章程，先行颁布，以备实行。俟明年资政院开会，仍可提议修正，具奏请旨，用符协赞之义。并著修订法律大臣，按照新刑律迅即编辑判决例及施行细则以为将来实行之豫备。"① 朝廷不顾礼治派的反对，决定依限颁布新刑律，引起礼治派的强烈不满。一直对新刑律不满而未曾公开发表意见的大学堂总监督刘廷琛于宣统三年二月二十三日上了一道言辞激烈的奏折，指称新刑律完全背弃伦常，礼教与新刑律势不两立，并直接批评最高当局。他说："不论新律可行不可行，先论礼教可废不可废。礼教可废则新律可行，礼教不可废则新律必不可尽行。……法律馆既取平等，似以礼教可废，则当奏明礼教不能存立之故……断未有朝廷明崇礼教，该馆阴破纲常，擅违谕旨，自行其是。天命未改，岂容抗命之臣，该大臣恐不能当此重咎。若蒙请颁布，天下哗然，谓朝廷已废礼教，是皇上无废礼教之意，该大臣陷皇上以废礼教之名，后世史册书之曰，中国废礼教，自我皇上始，臣窃痛之。如朝廷以礼教实不可废，则是非不能两存，礼律必期一贯，群言淆乱，折衷圣人，应请明谕中外，申明宗旨，以定国是，严饬该馆，凡新律草案中，此等条文概行删除净尽，不准稍有存留，悉本中国礼教民情，妥为修正，服制图尤关重要，不得率行变革。"② 此折将礼教与新刑律截然对立，并批评朝廷明崇礼教，暗中支持修订法律大臣废弃礼教。此折一

---

① 《宣统政纪》卷四十七（宣统二年十二月乙未），《清实录》第60册"附宣统政纪"，中华书局1987年版，第847～848页。

② 《大学堂总监督刘廷琛奏新刑律不合礼教条文请严饬删尽折》（宣统三年二月二十三日），《清末筹备立宪档案史料》下册，第887—889页。

出，众皆愕然。新刑律之赞成派指斥刘廷琛言辞不逊，有失大臣之体，又批评刘廷琛冥顽不化，不识世界大势，并无定见，其出而反对新刑律不过受枢臣之唆使。[①] 而礼治派虽暗赞刘廷琛之勇气，但因刘折言辞失当，不敢明为赞成。而朝廷对刘廷琛之折，处理得很轻巧，“下所司知之”，并不表态。随着辛亥革命的爆发，围绕新刑律的争论戛然而止。

在朝野围绕新刑律争论正酣时，与日常社会生活、经济生活联系更紧密的民律草案的起草工作也在紧锣密鼓地进行。草案直到宣统三年九月初，也就是武昌起义爆发后，才完成起草。由于革命的爆发，有关民律草案的讨论并未进行。可以见到的直接批评是前述刘廷琛宣统三年二月的折子，说他见到民律草案的宪政编查馆传抄稿本，乃在批评新刑律时一并批评民律草案。刘廷琛批评民律草案，称其亲属法有云，“子成年能自立者，则亲权丧失，父母或滥用亲权及管理失当，危及子之财产，审判厅得宣告其亲权之丧失。又有云，定婚需经父母之允许，但男逾三十，女逾二十五岁者，不在此限等语，皆显违父子之名分，溃男女之大防”。一旦实行，必至“天理民彝澌灭浸尽，乱臣贼子接踵而至，而国家随之矣”。[②] 但这时见到民律草案抄本的人并不多，朝廷亦未就此征求意见。宣统三年九月初五日，修订法律大臣俞廉三等在奏呈民律草案时，阐述其编辑宗旨有四：注重世界最普通之法则，原本后出最精之理，求最适合于中国民情，期于改进上最有利益。其前两项宗旨所阐述的就是采大同之成规。关于注重世界最普通之法则，奏折称“瀛海交通于今为盛，凡都邑、巨埠，无一非商战之场”，华侨流寓各地，遇有诉讼时，“彼执大同之成规，我守拘墟旧习，利害相去，不可以道里计。是编为拯斯弊，凡能力之差异、买卖之规定，以及

① 嘉言：《辩刘廷琛反对新刑律》，《申报》1911 年 3 月 29 日。

② 《大学堂总监督刘廷琛奏新刑律不合礼教条文请严饬删尽折》（宣统三年二月二十三日），《清末筹备立宪档案史料》下册，第 888 页。

利率时效等项，悉采用普通之制，以均彼我而保公平。”也就是说，面对国际经济关系日益紧密的局面，中国旧有法律已经不能调整新型经济关系，必须采纳国际通行法则。关于“原本后出最精之理”，奏折说：“学问乃世界所公，并非一国所独也”，不必以其出自外国，即排斥之。其所谓“求最适合于中国民情”，即民律之亲属篇、继承篇比较多地保留了礼教的印迹，[①] 但这种保存，其实也是在取大同之成规的前提下的保存。从前述刘廷琛的批评中，即可见礼治派对于民律草案的不满。

二　采大同良规与重礼俗民情之争

清末修律中，法治派与礼治派的争议，其核心点在于，一方从国家兴衰存亡的角度强调法律之必改，强调采大同良规的必要性；一方从礼教为国粹、伦常不可废的角度，坚持礼教的基本原则。也可以说，在保国与保教之间，一方重保国，一方重保教。山东巡抚袁树勋与大学堂总监督刘廷琛两人的意见可以分别代表两派的立场。袁树勋是新刑律签注中少数几个积极支持新刑律的地方大员之一，他称新刑律草案对于旧刑律所做的重要变通，皆采欧美列邦之学说，参以中国旧时之习惯，斟酌损益，颇具苦心，“无可议亦无可疑”。他提出一个根本性的问题：“中国如不改订法律，尚能适存于列强竞争之世纪否？尚能范围此住居衣食之人民否？”他赞同修律，指出：“居今日而言刑律，变固变，不变亦变，但变在我，则或有桑榆晚景之收，变不在我，将愈酿涂炭生灵之厄。”世界各国的法律已经由“峻刑时代”进于“博爱时代”，现在又由“博爱时代”向“科学时代”迈进，世界各

---

① 《修订法律大臣俞廉三等奏编辑民律前三编草案告成缮册呈览折》（宣统三年九月初五日），《清末筹备立宪档案史料》下册，第911页。

国“不能容忍我国以峻刑相残”。① 其立论的依据有二：一是不改革法律，国家没有竞争力，不能生存下去，不能范围国内之人民；二是在世界各国联系日趋紧密的时代，文明各国不能容忍中国以严刑峻法待其在华侨民。与着眼于国家能否存立的法治派截然对立，刘廷琛提出了另一个根本问题：欲问新刑律是否可行，当先问礼教是否可废。他说：“政治坏祸在亡国，有神州陆沉之惧；纲常坏祸在亡天下，有人道灭绝之忧。”新刑律以及民律草案，“违父子之名分，溃男女之大防”，一旦实行，其后果就是“父纲、夫纲全行废弃，则人不知伦理为何物，君纲岂能独立，朝廷岂能独尊，理有固然，势所必至”。② 也就是说，一旦纲常破，伦常亡，则人道灭绝，政治大乱，国家随之而亡。其着重点在保教。

1. 修律是着眼于收回领事裁判权还是着眼于治内

清末修律的过程中，修订法律馆和最高当局的基本态度是一面取法大同良规，一面顾及中国的礼俗民情。但在实际过程中，取大同良规的成分要重于顾及礼俗民情的成分，这引起礼治派的强烈不满，引发激烈的思想争论。法治派偏重于取法大同良规，其基本理由有三。其一，欲收回领事裁判权，必须将中国法律与列国改同一致，否则无法收回领事裁判权。其二，世界政治日趋大同，保护人权已成世界潮流，中国不能自外于世界文明潮流，自居于野蛮。其三，欲求国家富强，必须破除家族主义，由家族主义而进于国家主义。（关于家族主义与国家主义之争，后文再述。）法治派不只是把修律与收回领事裁判权相关联，他们还把收回治外法权，看作“变法自强之枢纽”。③ 也就是说，在某种意义，收回领事裁判权只是法治派推动法律改革的一个

① 《山东巡抚袁树勋奏刑律实行宜分期筹备折》（宣统元年闰二月初一日），《清末筹备立宪档案史料》下册，第864—865页。

② 《大学堂总监督刘廷琛奏新刑律不合礼教条文请严饬删尽折》（宣统三年二月二十三日），《清末筹备立宪档案史料》下册，第887—889页。

③ 沈家本：《删除律例内重法折》（光绪三十一年三月二十一日），《寄簃文存》奏议卷一，商务印书馆2017年版，第2页。

冠冕堂皇的理由，其实他们是想借收回领事裁判权一事倒逼国内改革。礼治派称法治派以收回领事裁判权为改革法律唯一之理由，其实是上纲上线。法治派一面有收回领事裁判权的现实考量，一面在改革思路上，颇注重追随世界潮流，采纳世界最新学说，这是在外在压力催逼与外在模式诱导下进行社会变革的思路。但是在相关表述上，法治派对于收回领事裁判权强调得比较多，对于法律变革如何为“变法自强之枢纽”，表述得不够。礼治派即抓住这一点，批评法治派以收回领事裁判权为修律之着眼点，而非着眼于治理国内，结果修律中“专以摹仿外国为事”，本末颠倒，不成道理。

礼治派认为，欲以修律为收回领事裁判权之地步，用意甚善，但收回领事裁判权，虽与法律之良善有关，但主要依赖于国家实力，“专视国家兵力之强弱、战守之成效以为从违也”。没有实力而企图靠将法律订得与外国完全一致来收回领事裁判权，是不现实的。况且，列强各国法律虽大体相同，但亦各有与其礼俗民情相应的特殊规定，不可能整顿律例而与东西各国改同一律。劳乃宣称：“一国之律必与各国之律处处相同，然后乃能令在国内居住之外国人遵奉，万万无此理，亦万万无此事，以此为收回领事裁判权之策，是终古无收回之望也。”“今修订刑律，必尽舍其固有之礼教风俗，而一一摹仿外国者，其所持之说以收回领事裁判权为惟一无二之主张”，实在不成道理。①张之洞指陈沈家本的矛盾之处：“原奏又云，统计法系，约分英、法、德三派，是同于英者，未必同于法，同于法者，未必同于德。”英法德三国制度各不相同，无碍其治权之完整。日本之收回领事裁判权而改革法律，初采法国制度，后又采用德国制度，也不影响其收回领事裁判权。因此，中国整顿法律不必也不可能事事与列强同一，保持旧律中之攸关纲常伦纪者

① 劳乃宣：《修正刑律草案说帖》，收入《新刑律修正案汇录》，见《桐乡劳先生遗稿》，第899、901页。

之相关条文，无碍于收回领事裁判权。①

对礼治派的这种说法，法治派以为，收回领事裁判权事关治权完整，而收回领事裁判权，舍兵力与法律二者外，别无良策。不改法律，不从大同之规，绝无收回领事裁判权之望。而反对新刑律者，不是力图将刑律与各国改同一致，以落实与英美等国条约的约定，而是以即便刑律与各国改同一致，也不见得能收回领事裁判权的说法来阻止修律，简直自暴自弃，自甘亡国。② 从新刑律修订过程看，新刑律虽注重取法大同良规，但并非如礼治派所称是事事以外国为模仿，修律过程中，沈家本等也注意法律需无戾于礼教民情，新刑律也保留了不少旧律的印迹，比如对尊亲属有犯，量刑上加重处罚；而尊亲属对于子孙有伤害，量刑上从轻处罚。沈家本也没有要废弃礼教的意思，也从没有说过礼教可废，只是认为被看作不可动摇的部分礼教内容，其实并不合礼之意，是可以更改的。

其实，礼治派并非完全反对法律改革，礼治派的代表性人物张之洞就是最初推动修律的重要人物。他们也并非不要收回领事裁判权，但他们认为，不能为收回领事裁判权，而抛弃传统礼教，收回领事裁判权所需要的法律改革，并非事事效法西方，而只需要革除一些司法弊端。张之洞称："查外人所以深诋中国法律必须改订者，约有数事：一刑讯无辜，一非刑惨酷，一拘传过多，一问官武断，一监羁凌虐，一拖累破家。果能将此数端积弊严禁痛改，而国势实力日见强盛，然后属地主义之说可以施行，外人自不能干我裁判之权。"也就是说，只要国家有实力，不必对家族主义的法律体系做改革，就可以在破除一些司法积弊后，顺利收回领事裁判权。③ 劳乃宣的主张比张之洞要稍进一点，他称可以取法的内容包

① 《学部奏请改正新定刑律草案折》，《浙江教育官报》第5期，1908年。

② 《编制局校订新刑律意见书》，《申报》1910年12月30日。

③ 《学部奏请改正新定刑律草案折》，《浙江教育官报》第5期，1908年。

括罢除笞杖、停止刑讯、裁判独立、监狱改良之类。[①] 劳乃宣是主张司法独立的。

礼治派坚称，法律主要是治内，法律只有能治内，能实行于本国，才能取信于外人。[②] 法律既以治内为主，就不能完全以外国之成规为衡，而必须着眼于本国的礼俗民情以及国民程度，否则单凭理想或者为着收回领事裁判权，不顾礼俗民情，移植外国的法律制度，必凿枘不合，难以行之久远。陈宝琛就说："法律之适用，不能不以事实为衡。斟酌夫国情民俗而因革损益于其间，有时舍理论而就事实，亦立法之公例也。"又说："夫法律不能与习惯相反者，立法上之原则也。"[③] 安徽巡抚冯煦奏陈签注新刑律草案意见时称，改革不能脱离国情，不能超越社会发展阶段，"若专务文明之名，于本国历史人情风俗习惯一切相违，窃恐人民之程度不能越级，文明之精神不能躐等，非徒无益而转有损"。[④] 劳乃宣则称，各国文明产生发展的地理条件、历史条件不一，民情风俗有异，法律也因之而异。"风俗者，法律之母也，立法而不因其俗，其凿枘也必矣"。[⑤] 总之，礼治派主张立法必须尊重礼俗民情。

礼治派认为，中西各有其历史传统，各有其风俗，法律也各有差异，这是正常的。西方的一些法律规定，有其产生的社会与历史原因，但"非有不可易之情理"，不是普遍通行的公理，非必效法不可者。比如西方法律不定无夫奸为有罪，即出于其习惯。西方法律定无夫奸无罪，一是西方各国结婚年龄较大，非如中国有早婚的习惯，二是其结婚自主，非若中国婚姻由父母之命，于此而规定无

---

① 劳乃宣：《修正刑律草案说帖》，收入《新刑律修正案汇录》，见《桐乡劳先生遗稿》，第899~901页。

② 《皖抚冯奏刑律草案略陈大要数端折》，《北洋法政学报》第77期，1908年。

③ 《陈阁学新刑律无夫奸罪说》，《新刑律修正案汇录》，见《桐乡劳先生遗稿》，第953页；《陈阁学读劳提学及沈大臣论刑律草案平议》，《桐乡劳先生遗稿》，第945页。

④ 《皖抚冯奏刑律草案略陈大要数端折》，《北洋法政学报》第77期，1908年。

⑤ 劳乃宣：《新刑律修正案汇录序》，《新刑律修正案汇录》，见《桐乡劳先生遗稿》，第868页。

夫奸有罪，则悖乎人之情，使犯法者众。此为其习惯所然，不必效法。而中国重妇女名节，已化为风俗，此风俗为善良风俗，不必更改。维持善良风俗为各国法律之通例，此无关乎“文明”，亦与“公理”无关。各国法律均有基于其传统与风俗的特别规定，不能以某国基于传统与风俗而来的法律规定与别国不同，即以彼为文明，而以此为野蛮。礼治派又强调，立法不仅要尊重风俗习惯，还“必斟酌国民程度以为损益”，不能不顾国民程度，以为西方有此规定，中国亦必须有此规定。① 法治派以欧美规则为公理，礼治派以尊重历史、民情为立法公例，在“普遍价值”与特殊国情之间，两派的分歧十分清晰。

2. 礼与法

礼治派反复强调法律不能违背习惯，立法必尊重礼俗，斟酌国民程度，其根本目的就是要维护礼教。他们所认为的最重要的礼俗就是礼教，最重要的法律传统就是刑以弼教。此为中国立国之大本，中国传之数千年的国粹，是中国之所以为中国的根本所在，尊重此礼俗民情，就是遵从立法的普遍原则，若抛弃礼教，将化中原为左衽。胡思敬称：“中国之律重在伦常，外国之律重在财产，彼此相较，人格之优劣可见矣。五伦之教，男女婚姻之礼，此华夷中外之大防。”② 陈宝琛称，中国法律的优长即在其维持礼教。直隶总督杨士骧则强调，中国最重家族，法律以维护纲常为其精神，故修订刑律，“断不能离伦常而更言文明，舍礼教而别求教化”。③ 然而旧律中哪些东西关涉伦常，不可变更，哪些无关伦常，可以变革，礼治派内部其实有分歧。比如被劳乃宣引为同道的陈宝琛，对新律的态度就比张之洞、劳乃宣要积极。对旧律中关于子孙违犯教令的一些规定，一般礼治派以为是保持伦常之国粹，万万不可更改

① 陈宝琛：《陈阁学新刑律无夫奸罪说》，收入《新刑律修正汇录》，见《桐乡劳先生遗稿》，第956～958页。

② 《御史胡思敬奏新政扰乱天下请速密筹善策折》，《大公报》1911年5月15日。

③ 《直督杨奏刑律草案摘谬请饬更订折》，《北洋法政学报》第80期，1908年。

者，陈宝琛以为是可以更改的。他说："改良刑律止可择吾国旧法之不合理者去之而已，不当一一求合于外国法律，而没吾国固有之文明。法之不合于理者，虽数千年相沿之旧律，如诬告子孙、外孙、工人及擅杀子孙，或不论罪，或从轻减，悖理逆情而犹自托于伦常，改之可也。法之合乎理者，虽外国无可援之例，不妨自吾国创之，如无夫奸之类是也。是贞节之俗，良俗也。既为良俗，当保守之不暇，而忍弃之耶？"[①] 这里，陈宝琛提出了一个标准——"合理"，他所说的理，既是说要顾及历史、民情，又有超越国家、民族界限的普遍价值的味道。但在维护礼教的基本面上，礼治派是共同的。

在法律观念上，礼治派坚持传统的"德主刑辅""刑以弼教"思想，认为礼高于法，是法之根据，法律的目的是辅助道德教化，修律的宗旨应当是"维伦纪而保治安"，而不是专为收回领事裁判权起见。张之洞在就新刑律草案签注意见就说，中国"古昔圣王，因伦制礼，准礼制刑。凡刑之轻重等差，一本乎伦之秩序、礼之节文，而合乎天理人情之至也。《书》曰：'明于五刑，以弼五教。'……此我国立法之大本也。大本不同，故立法独异"。[②] 就是说，礼与刑都是维持道德规范的工具，礼教因伦理而起，礼教为刑法之标准。这道出了数千年中国法律的本质特征。传统中国社会是伦理本位的社会，举凡政治、法律、教化等，均以维持伦理为最终目的，"自尧舜时有书契以来，无论国家政治，个人事务，皆以伦理道德为惟一之标准，凡典章所规定，人文所讴歌，千条百绪，归于伦理，群山万壑，无有不赴荆门者"。千百年来，中国思想学说专注于伦理，而实行伦理之方法，一为礼，一为刑。[③] 在这种观念支配下，传统的中国法律，其目的本就在辅助伦理之进行，其关于犯罪的观

---

① 陈宝琛：《陈阁学读劳提学及沈大臣论刑律草案平议》，收入《新刑律修正案汇录》，见《桐乡劳先生遗稿》，第946页。

② 《学部奏请改正新定刑律草案折》，《浙江教育官报》第5期，1908年。

③ 《新刑律争论之感言》，《国风报》第1年第30号，宣统二年十一月初一日。

念，重点不在行为对人们生活共同体的危害，而重在是否违犯伦理礼制，刑罚是对违犯礼教行为的处罚，是以国家权力推行伦理教化，这是传统法律思想所谓“出礼入刑”“刑以弼教”的真实含义。基于这种认识，礼治派认为礼教与法律虽非一事，但绝非毫无关联的两件事，“且夫国之有刑，所以弼教，一国之民，有不遵礼教者，以刑齐之，然后民不敢越。所谓礼防未然，刑禁已然，两者相辅而行，不可缺一者也”。① 在新刑律问题上，礼治派反复强调，法律之目的在维持风化，没有法律的维持，礼教秩序难以维持；他们批评法治派离礼教与法律二事，根本没有理解刑以弼教的精义。

法治派则以为，礼教与法律、教育、宗教等一样，只是治国之一策，是各国所共有，非中国所独有，只是各国因历史、地理、宗教等不同，礼教有所差异而已。“议者谓礼数为民之秉彝，吾国数千年来治国之大本，非各国所能企及，不知礼教乃天生斯民不可须臾离之物，小之为饮食教诲，大之为朝廷制作，是六合之广，幽独之微，无不赖礼教弥沦（纶）贯注于其间，非一国所得而私也。”② 对于中国礼教独优于各国的说法，法治派大不以为然。体制内的法治派官员于纲常名教不敢非议，一般就事论事，论具体条文之规定如何而为合理，且都力图表白其毫无废弃礼教之心，而有处处维护礼教之心。媒体则言语激烈，毫不隐晦其激烈批判礼教的意思。《申报》上一篇批驳刘廷琛的文字，即批评三纲“忍心害理，灭绝人道”，说：本来，君臣之合基于义，父子之合基于亲，夫妇之合基于爱，自“伪儒创造三纲二字”，舍义、亲、爱不论，而言纲，“不啻为暴君顽父戾夫置备无故杀人之凶器”，于是君可以无故杀臣，父可以无故杀子，夫可以无故杀妇，“浸淫既深，推用渐广，由是而官得以无故而杀民，兄得以无故而杀弟，长得以无故而杀

---

① 劳乃宣：《新刑律修正案汇录序》，《新刑律修正案汇录》，见《桐乡劳先生遗稿》，第901页。

② 《编制局校订新刑律意见书》，《申报》1910年12月19日。

幼，然压力愈重，则涨力愈大，臣也而不君其君，子也而不父其父，妇也而不夫其夫，弑逆大故，史不绝书，人以为事之反常，吾以为势所必至。何也？三纲二字，明示人不平之证，不平则鸣，出尔反尔，夫又何怪？驯至君臣父子夫妇之间，互皆隐蓄机心，使天然赋与之真性情荡灭而无余”。①

在法律与礼教关系上，法治派认为，礼教与法律截然两分，不可混为一谈。“夫礼教与法律，截然分两性质，而非可强彼以就此者也。故有时为法律所不许，而在礼教则褒为盛德者也，如刲肝疗亲、捐躯殉夫是已。有时为礼教所深禁，而在法律则视为常事者，如父子结讼、夫妇离异是已。法律自法律，礼教自礼教，各适其适，民人安就其范围而初不自觉，使必借刑律之力量以为维持礼教之资，其为礼教也亦几何矣。人民以畏犯刑律之故，而戢戢以从礼教，是既无道德之质性，特出于勉强之行为。”② 他们认为，道德以意志自由为基础，“执刑罚之辔策，迫礼教之进行”，③ 既不知刑律为何物，也不知礼教为何物。有见于此，法治派认为诸如子孙违犯教令、和奸问题等，属于道德教化范围，不宜列入法律正条。沈家本在论及和奸问题时称，“国家立法，期于令行禁止，有法而不能行，转使民玩法而肆无忌惮。和奸之事，几于禁之无可禁，诛之不胜诛，即刑章具在，亦只为具文，必教育普及、家庭严正、舆论之力盛、廉耻之心生，然后淫靡之风，可以少衰”。④ 他认为，防遏此等丑行，方法不在法律，而在教化，即列为专条，亦无补于实际。

法治派认为不能以法律迫礼教之进行，而礼治派则认为，法律可以介入礼教。胡思敬称，“风俗之美，虽由教化濡染而成，亦借法律以维持之”。⑤ 也就是说，伦常秩序之维持，一方面需要教

① 《为刘廷琛辈针膏砭肓》，《大公报》1911 年 4 月 16 日。

② 《新刑律之冲突》，《大公报》1910 年 9 月 25 日。

③ 《编制局校订新刑律意见书》，《申报》1910 年 12 月 19 日。

④ 见《桐乡劳先生遗稿》，第 901 ~ 902 页。

⑤ 《御史胡思敬奏新政扰乱天下请速密筹善策折》，《大公报》1911 年 5 月 15 日。

化，另一方面也离不开法律。与劳乃宣等混一法律与礼教不同，陈宝琛承认法律与礼教范围不同，但他认为，“法律与道德区域之大小，实不可不准诸时地事务之蕃变”，并不存在不可逾越的鸿沟，其范围之大小应视国民程度、社会程度而定，不可一概而论。当国民程度不够时，就“不得不缩小道德之领域，以扩充法律之范围”；而当国民程度较高时，则可以扩大道德之范围，而缩小法律之领域。比如关于无夫奸的问题，奸罪本为人情易纵，旧律以礼教与法律并行，尚且不能完全约束人，今日中国教育未普及，职业未发达，公共娱乐设施未备，礼教与舆论对此等行为尚未形成足够的约束力，法律还不能从此类领域撤退，“遽以此事让之道德之领域”。否则，若一面法律不做规定，一面礼教、舆论之力未成，则荡逾偭越之风，将不可复遏，一旦风气败坏，将无余地以事礼教之修明、舆论之成立。“于法律则明纵之，而欲以礼教舆论逆挽之，不亦难乎?”他说，假若中国将来文明发达，德育日进，法律或许可以不对无夫奸问题做出规定，但今尚非其时。[①] 可以看出，陈宝琛其实认为，对于无夫奸之类的行为，数千年来的礼教教化并无实际效果，需要以法律约束人，使之不逾矩。他实际是从维持社会风化的角度去谈无夫奸问题，而不纯是从维持礼教的角度去谈。

3. 因循礼俗与变革礼俗

礼治派将礼俗神秘化，认为礼俗民情根源于历史，其情形十分复杂，远非人的理智可以完全把握，若不顾礼俗民情，遽以无历史根基，有悖于礼俗民情的新理想，实行于国中，则必与社会现实发生激烈冲突，难为国人所信服，其弊害“有非首议之人所能预料者”。[②] 而法治派则认为，古今社会殊，制度学理亦应殊。旧律理

---

① 《陈阁新刑律无夫奸罪说》，收入《新刑律修正案汇录》，见《桐乡劳先生遗稿》，第 954 ~ 963 页。

② 《陈阁新刑律无夫奸罪说》，《新刑律修正案汇录》，见《桐乡劳先生遗稿》，第 954 ~ 963 页。

想发生于数千年前，为当时社会所需。当时社会生活简单，伦理一科足以维持社会，刑法不过为副伦理之用。随着社会日趋复杂，伦理已不足范围人群，不可能诸事皆以伦理为依据，扩充法律之范围，缩小伦理之范围，成为不得已的选择。[①] 双方对礼俗的态度是：一主张法律必因循礼俗，认为天垂象，而圣人则之，圣人只是发现了礼，而不是创制了礼，法律为维持礼教而设，立法必须因礼制法；一认为无论礼教还是法律都是圣人创制以范围人群的规则，人通过自己的认识活动，可以发现时代需要，因时因势，改革礼俗，创制法律，引领历史前行。围绕这一问题的直接论争发生在劳乃宣与孟森之间。

礼治派之坚持礼教，多坚称道之大原出于天，天不变道亦不变。与一般礼治派人物不同，劳乃宣从经济生活出发论礼教之不可变。他说："法律何自生乎，生于政体。政体何自生乎？生于礼教。礼教何自生乎？生于风俗。风俗何自生乎？生于生计。"他认为，人类的经济生活大体有三类，即农桑、猎牧、工商，不同的经济生活产生不同的礼俗政教："农桑之国，田有定地，居有定所，死徙不出其乡，一家之人，男耕女织，主伯亚旅，同操一业，而听命于父兄，故父兄为家督而家法以立。是家法者，农桑之国风俗之大本也，其礼教政体皆自家法而生，君之于臣，如父之于子，其分严而其情亲，一切法律皆以维持家法为重，家家之家治而一国之国治矣，所谓人人亲其亲长其长而天下平是也。""猎牧之国，结队野处，逐水草而徙居，非以兵法部勒，不能胥匡以生，故人人服从于兵法之下。是兵法者，猎牧之国风俗之大本也，其礼教政体皆自兵法而生，君之于臣，即如将帅之于士卒，其分严而情不甚亲，一切法律皆与兵法相表里，所谓约束径易行，君臣简可久，皆用兵之道也。工商之国，人不家食，群居于市，非有市政不能相安，故人人皆服从于商法之下。是商法者，工商之国

---

① 《新刑律争论之感言》，《国风报》第1年第30号，宣统二年十一月初一日。

风俗之大本也，其礼教政体皆自商法而生，君之于臣，如肆主之于佣侩，其情亲而分不甚严，君主之国，如一家之商业，民主之国如合资之公司，一切法律皆与商法相表里，凡所为尚平等重契约，权利义务相为报酬，皆商家性质也。”①

劳乃宣从经济生活探究社会、风俗、宗教、政治、法律生活的社会基础，有相当的道理。根据这种看法，若经济生活发生变化，则风俗、礼教、政体、法律将随之发生变化，自然会有礼教非一成不变的结论。但劳乃宣似乎将此三种经济生活，看作三种路向不同的经济类型，中国中原地区的生计为农桑之经济是一开始即如此，将来亦不会变动的。孟森一针见血地指出劳乃宣的这一缺陷：劳乃宣关于经济生活方式的划分有相当的道理，但劳氏无进化思想，将农桑、猎牧、工商三种经济生活方式看作历来如此，不可变更。照劳乃宣之说，则“猎牧终不可进于农桑，农桑终不可进于工商，是无异谓僿野终不可进于文明，贫弱终不可进于富强”。这不仅违背历史事实，也无法解说今日之中国为何要发达实业。实际上，这种种经济生活方式，是可以依次递进的，今日中国为救危亡而发展实业，就必然变革中国的农桑经济，而使中国经济进于工商经济。经济生活发生变化，则礼俗必然发生变化。敏锐觉察国家生活未来之发展方向，从而引导之，以法律、政治之改革促进之，正是有识之士不可推卸的责任。因循风俗，从而后之，在先进之国，或许可以，但在面临紧迫危局的中国则不可。孟森说，劳乃宣既以为“法律生于政体，政体生于礼教，礼教生于风俗，风俗生于生计。然则待生计自变，然后由风俗而礼教而政体，乃及法律，则生计为定之于天，居第一位而非人所能增损，提倡实业之说既不合矣。且法律由层累酝酿之自然而来，即亦何用有才智之人议法、定法，而庸愚之人乃反守法乎？重视法律者之意，则何不可曰，法律生政

① 劳乃宣：《新刑律修正案汇录序》，《新刑律修正案汇录》，见《桐乡劳先生遗稿》，第867~868页。

体，政体生礼教，礼教生风俗，风俗生生计。即以新刑律而论，由开放家族主义之法律生趋重国家主义之政体，国家主义之政体生独立自由之礼教，独立自由之礼教生勇往进取之风俗，勇往进取之风俗生分歧发达之生计。吾以为今日学识如劳君，且不免贵耳目而贱思想也如此，亿万蚩蚩，不有法律以矫正之，数千年之艰于进化，其成效可睹矣。先进之国，社会与法律，可以接近，则亦何必造作于生人希望之外。法学家谓幼稚之社会，多用拟制之法，正谓此也。……吾方行拟制之法，以图社会之跃进，夫岂与社会法律两相接近之国，商榷立法之宗旨者耶？”也就是说，中国与西方情况不一样，西方法律与社会接近，法律可以因循社会，而中国正需以法律改变生活，有识之士岂可因循风俗，无所作为？①

孟森总结他与劳乃宣的异同称，劳乃宣非最坚执“礼教”二字者，“最坚执礼教二字者，不问其所自生，但名之曰礼教，即桎梏人之手足，禁锢人之耳目，戕贼人之心思言论以就之”。劳乃宣并不称礼教出于天，根于地，而曰生于风俗。他与劳乃宣都认为，礼教乃后起之物，非根于天地。双方的差异在于：一方认为，人可以发现礼教风俗之缺陷，根据现实需要主动变革之；一方则认为在上者只能因循风俗，不能主动变革，变革之来必由民间而起，任民众在生活中变革风俗，在上者从而从之。②法治派对人的理性有信心，认为睿智之士，可以充分认识历史与社会，可以创制法律，引导或者牵引社会前行。他们的争论涉及一个颇为重要的问题，即人在历史发展中究竟能否有所作为，其作为的空间有多大，也颇道出近代中国思想的困境。从某种意义上说，人类历史的发展，是一个自然的过程，人受制于环境与时代，身处历史运会之中，对于历史的进展无法以主观意愿去彻底改变。但人类历史，又与人的思想活动有重大关联，人类是在有意识地创造历史，总是试图将自己的主

①②孟森：《新刑律修正案汇录书后》，《法政杂志》（上海）第1卷第3期，宣统三年四月二十五日。

观意识贯彻于历史进程之中，这是人类历史与自然历史的本质区别。人类历史所贵乎有人者，盖因明智者能因时而动，因势利导，顺应潮流，对历史进程发生积极的影响。人生活于其所处的时代，对于时代潮流与历史趋势有所认识，根于现实需要，借鉴历史经验，是可以有所创制，推动历史发展的。正因如此，人类历史的重大变动大多与人的思想意识的变动有密切关系。但历史发展，原因极其复杂，确实非人类所能全知，因此人类在创制礼俗、政制时，必须对历史与习俗保持敬畏态度，绝不可不顾历史与现实，欲全然将理想贯彻于社会，至于以绝对的权力强挟社会以趋于其理想之途，更不可取。近代中国被迫卷入世界资本主义的潮流之后，危机既迫，外来思想影响渐广，为着尽快解救危局，人们考索古今中外，提出了种种救亡方案。在此进程中，思想先进之士，在救亡图存的急迫心理催促下，对内厌弃之情渐浓，急于效法列强成规之心渐急，进而在西方思想的诱导下，欲举中国现在的问题与将来可能遇到的问题，一举而解决之，理性构建主义影响日深。这些都是事实。但若基于对近代以来中国的理性构建主义的批判，而根本否定清末法律改革，则未免过当。

礼治派称新刑律违背礼俗民情，背弃纲常，一旦实行，祸害不可胜言。归结起来，他们的理由有三。

其一，新刑律背弃君臣之纲。草案对于颠覆政府、僭窃土地者，虽为首魁，或不处以死刑；在太庙、宫殿等处射箭放弹者，或科以一百元以上罚金；对于危害乘舆车驾者，草案有过失一条，治以二等、三等有期徒刑及罚金，窃取御物亦仅处以徒刑。是启奸民藐玩轻忽之心，致犯者众，政治秩序将大乱。新刑律采纳西方法律中有关国事犯或者说政治犯的概念，这在久受君权绝对、君主至高无上的观念的人士眼中是难以理解的。礼治派认为，新刑律的这些规定，将助长革命思潮，直接危及清朝的统治。“近年人心不戢。诐言日滋，往往误认自由平等之范围，而恣为无父无君之谬论”，一旦立法不当，将助长反清革命势力的发展，当局将失去镇压革命

势力的法律武器。①

其二，新刑律背弃父子之纲。旧律，卑幼告尊长为干犯名义，照亲属关系之远近，分别论罪。比如，旧律规定，子孙告祖父母、父母，妻妾告夫及告夫之祖父母、父母者，徒三年，诬告者绞，告而得实，被告同自首，可以减轻处罚。而祖父母、父母告子孙，无所谓诬告，即照所控办理。新律则不设干犯名义专条，只是在诬告罪中对子孙诬告祖父母、父母有加重处罚之规定。依此，则子孙告祖父母、父母，得实，则无罪，卑幼告旁系尊亲属，诬告也不加重处罚。旧律，祖父母、父母对子孙有教令权，祖父母、父母行使教令权而殴伤子孙，无罪，殴打子孙致死亦可以免死；祖父母、父母对于忤逆之子孙有送官惩办之权，官府对被送惩之人即照送惩之人之请办理，不再审理，即公共权力代父母惩办逆子。子孙对于父母之教令，除谋反大逆之外，无论正当不正当，不得有违，无所谓正当防卫权，而子孙不论何种情形，殴伤父母者死，父母因为子孙之忤逆而自杀，子孙亦是死罪。新刑律，子孙殴打祖父母、父母致死，仅仅处死，殴伤祖父母、父母致残疾，可以不死；而祖父母、父母殴伤子孙虽有减等处罚之规定，但祖父母、父母杀死子孙亦将处以死刑。旧律关于干犯名义、子孙违犯教令两条，相辅相成，是维系家族内部尊卑秩序、维系家长权威、维系家族制度的两条至关重要的内容。其基本的出发点是人性皆善，天下无不为儿女考虑的父母，父母是全心全意为儿女谋福利的，儿女应认同父母为其谋幸福之心，对于父母的一切涉及自己的决定、行为，无论是自己的婚姻、财产、交往，还是自己的职业、前途等，都应无条件地服从。从这种观念出发，有传统所谓的天下无不是的父母的说法。旧律将此种观念贯彻到法律中，构成父母对于子女在法律上的绝对权威。礼治派认为新刑律的规定将危及祖父母、父母的教令权，为子孙违

---

①《署邮传部右丞李稷勋奏新纂刑律草案流弊滋大应详加厘订折》（光绪三十四年三月初四日），《清末筹备立宪档案史料》下册，第854—855页。

犯教令开方便之门，父母将无以统率一家之众，父母不能保有其子孙，家族将解体，“将使伦纪纲常，翻然废弃，则忤逆之徒，罔知儆畏，非所以安上而全下也”。[①] 君主的绝对权威最初来自家长的绝对权威，家长权威的动摇势必引起君主权威的动摇，所谓父不能保有其子，则君不能保有其臣。刘廷琛说，父纲、夫纲全行废弃，“则人不知伦理为何物，君纲岂能独立，朝廷岂能独尊，理有固然，势有必至”。[②] 胡思敬说：“至父不能保其子，夫不能保其妻，君独安能有其臣乎。”[③] 礼治派很清楚其中的关系。礼治派认为，草案对杀害祖父母、父母，与杀伤凡人等，略无区别，“足令乱臣贼子睥睨生心，以为祖孙父子一切平等，固法律所公认也”。如此，尊长无以约束卑幼，社会秩序必大乱。[④]

其三，新刑律溃男女之大防，这突出表现在刑律对于无夫奸不论罪的规定上。礼治派认为，中国教化最看重夫妇之伦，重男女之防，重妇女名节，以节妇与忠臣、孝子，并为三纲。妇女重名节为中国的善良风俗，为各国所不及，当努力维持。他们说：“中国今日政治学术，事事皆不如人，其尚有一事为各国所不及者，则妇女之名节是已。”[⑤] 旧律定无夫奸有罪，裁判官据此判案，社会对此信而从之已久，形成良好的社会风俗。一旦革除，流弊甚重。首先，人情易放纵，通奸为人所易犯。旧律严禁通奸，尚且犯之者不少，一旦法律不禁，则“谨饬之士不知律意所在，或且疑为诲淫；无知之氓莫明法律之原，遂直视为弛禁，甚谓国家崇尚新法，贞节不重，

① 《浙江巡抚增韫覆奏刑律草案有不合礼教民情之处择要缮单呈览折》（光绪三十四年十二月十五日），《清末筹备立宪档案史料》下册，第856页。

② 《大学堂总监督刘廷琛奏新刑律不合礼教条文请严饬删尽折》（宣统三年二月二十三日），《清末筹备立宪档案史料》下册，第887—889页。

③ 《御史胡思敬奏新政扰乱天下请速密筹善策折》，《大公报》1911年5月15日。

④ 《署邮传部右丞李稷勋奏新纂刑律草案流弊滋大应详加厘订折》（光绪三十四年三月初四日），《清末筹备立宪档案史料》下册，第854—855页。

⑤ 《杨氏新刑律奸非罪拟请修改说》，收入《新刑律修正案汇录》，见《桐乡劳先生遗稿》，第1019页。

佻达无伤，一歧百误，堤决流倒，其流弊非首倡议者所能预计”。[①] 此“实足败坏数千年名节之大防，而使贞洁廉耻是风扫地以尽”。[②]

其次，贞洁廉耻之风事关人格，“若一国之人民淫佚放恣逾闲荡检，其流弊必至风纪日坏，人格日卑，而国家积弱亦将日甚”。[③] 也就是说，通奸不仅是儿女私情，更关乎社会与国家，新刑律无夫奸无罪的规定，足以败坏风气与人格，导致国家无从振兴。最后，无夫奸有罪，为社会所深信，而法律背乎礼俗民情，必引起诸多的社会治安案件，甚至引起社会动荡。新刑律无夫奸无罪之规定，“等闺女孀妇于娼妓也，风声一播，浪子棍徒调戏勾引，顾忌毫无，是教猱升木，则佻达少年，一唱百和，势必岁增无数命案”。对于通奸之处理，公众遵从习俗，或妇女不堪舆论压力而自杀，或其父兄翁子告官无效铤而寻仇，社会治安必乱，有司必穷于应付。[④] 中国久为家族社会，污辱妇女一人，即污辱整个家族，通奸以及通奸引发的命案，往往会引发家族之间的持久冲突。对于这些冲突，新刑律之规定与习俗相悖，必致社会哗然，乃至暴动。劳乃宣即称，“今使有人于此，其在室未婚之女与人通奸而父杀其女，以旧律论，当以奸夫抵命，而其父无罪。若按今刑律草案论之，则奸夫无罪，其父当以杀人处死刑。设使果有此事，吾恐将万众哗然，激为暴动也，非特不能维伦纪，且将无以保治安，又焉用此法律为乎?”[⑤] 这些都是礼教离乎礼俗民情的恶果。

对这些指责，法治派立足时局，认为法律变革出于不得已。对于法律变革的后果，法治派比较乐观，认为采纳国际通行规则、最新

---

① 《陈阁新刑律无夫奸罪说》，收入《新刑律修正案汇录》，见《桐乡劳先生遗稿》，第953—954页。

②③《杨氏新刑律奸非罪拟请修改说》，收入《新刑律修正案汇录》，见《桐乡劳先生遗稿》，第1021页，1022—1023页。

④ 《杨氏陈请变通新刑律以维风化呈文》（江苏金匮县拔贡杨钟钰），收入《新刑律修正案汇录》，见《桐乡劳先生遗稿》，第1011—1016页。

⑤ 劳乃宣：《新刑律修正案说帖》，收入《新刑律修正案汇录》，见《桐乡劳先生遗稿》，第903页。

学理，可以使中国跟上文明发展的步骤，使中国为国际社会所接受，可以收回治外法权，可以使国家脱离家族主义的束缚，迈向国家主义，实现国家富强、保障个人权利，而对于实行新刑律可能导致的社会秩序、社会风气的混乱，法治派寄希望于经济社会发展、教育普及。

三　家族主义与国家主义之争

“五四”时期，陈独秀以伦理之觉悟为吾人最后之觉悟。所谓伦理之觉悟即对中国传统家族伦理的批判。陈独秀称，中国传统伦理“以家族为本位，而个人无权利，一家之人，听命家长”，其弊端在：损坏个人独立自尊之人格；窒碍个人意思之自由；剥夺个人法律上平等之权利；养成依赖性，戕贼个人之生产力。西方民族为个人主义民族，思想言论之自由，谋个性之发展；法律之前，人人平等；个人之自由权利，载诸宪章国法而不得剥夺之，所谓人权是也。他主张以“个人本位主义”的新伦理，来代替东方“家族本位”的旧伦理。① 李大钊则将“五四”时期的思想解放归结为自由主义、个性主义对于家族主义的解放。他说，中国社会“只是一群家族的集团”，“个人的个性、权利、自由都束缚禁锢在家族之中，断不许他有表现的机会”。“随着新经济势力输入的自由主义、个性主义”冲入家庭的领地，大家族制度和依附于它的孔子主义，进入崩溃时期。中国今日的种种思潮、解放运动，无一不是“打破大家族制度的运动”和“打破父权（家长）专制的运动”，“打破夫权（家长）专制的运动，”“打破男子专制社会的运动，也就是推翻孔子的孝父主义、顺夫主义、贱女主义的运动”。② 对传统

① 陈独秀：《东西民族根本思想之差异》，《青年杂志》第1卷第4号，1915年12月15日。

② 李大钊：《由经济上解释中国近代思想变动的原因》，《新青年》第7卷第2号，1920年1月1日。

伦理的批判，不始自“五四”，但“五四”对传统伦理的批判的重要特色是，推究家族制度与专制制度、个人缺乏独立品格之间的关联，立足于个性主义批判家族主义伦理。清代学者多有对传统家族制度的批评，但都是具体谈论诸如寡妇再嫁、别籍异财等问题，而不是从保障人权、个性解放的角度去批评家族制度。戊戌时期，谭嗣同等激烈批判传统伦理，但较少揭露传统伦理与家族制度的关联。清末修律，因为主持修律的人士立足于采大同良规，新刑律草案虽保留维持家族制度的若干条文，但其中不少条文仍然直接冲击家族制度。围绕新刑律的争论起初主要是礼治与法治争论，并没有及于家族制度。到宣统二年十一月杨度在资政院发表题为“国家主义与民族主义之区别”的讲演后，论争的焦点迅速由礼法之争转变为国家主义与家族主义之争。

新刑律提交资政院审议后，在资政院引起轩然大波，赞成与反对两派势若水火。为推动资政院通过新刑律，杨度作为宪政编查馆的特派员于宣统二年十一月初一日到院就新刑律的起草主旨做说明。赞成新刑律的《大公报》称，杨度讲演盛况空前，“前后共说至两个小时之久，当其侃侃而谈之际，议长与特派员及全体议员百数十人皆肃静无声以共听杨君之雄谈，拍掌之声更番迭起，议场中一种欢怡景象”，为资政院开会以来所未有之一大特色，又称杨度为维新派之先进，留学界之泰斗。[①] 这只是一面之词，其实，杨度遭到礼治派的强烈反对。恽毓鼎日记即载其一班好友对杨度的论点极为反感，龙子恕在三松学会发表演讲，痛斥杨度重国轻家之说，申明家族主义之价值。恽毓鼎斥责杨度之说“等人道于禽兽”，将使“世道人心澌灭溃决殆尽”，实为世道人心之大患。[②] 围绕着杨度的演说，赞成、反对两派发表了不少文字，形成了激烈的思想

---

① 《资政院纪事》，《大公报》1910 年 12 月 5 日。

② 恽毓鼎：《恽毓鼎日记》，宣统二年十一月二十四日，浙江古籍出版社 2004 年版。

交锋。

从前述礼治派与法治派的争论看，双方都有其道理在。礼治派认为收回领事裁判权的根本在国家实力，而不在法律，其看法有相当的合理性。然而，不改革法律，不将个人从家族主义的束缚中解放出来，如何能养成国家的实力？这是问题的根本。同时，即便国家有实力，法律与各国差距过大，单凭实力能否收回领事裁判权，也是很成问题的。法治派则试图通过法律改革，一面养成国家实力，一面通过循大同之良规，使法律脱离酷刑时代而进于文明时代，以为收回领事裁判权之地步。这样一来，问题就变成法治派所主张的法律改革，是否会造成社会秩序与政治秩序的崩解，多大程度上能带来国家富强。

杨度的演说，不是拘泥于具体的条文之争，也不论礼治与法治之别，而是从政治的角度去谈新刑律问题。他将新刑律的根本原则概括为国家主义，将旧刑律的根本原则概括为家族主义，新旧刑律之争，实质上是国家主义与家族主义之争。欲定新刑律与旧刑律之是非，应先定国家主义与家族主义哪一个适用于今日。中国家族主义传统的形成有其地理的、历史的原因。当闭关之世，家族主义尚足为治，而当今日万国交通、强邻逼处、竞争激烈之世，家族主义已不能适应时代需要，必须以各国通行的国家主义取代中国旧时的家族主义。家族主义之所以不适用于竞争之世，是因为家族主义有两大弊端。其一，养成人的依赖心理与服从的习惯。家族主义以家族作为社会的基本单位，以家族团体为权利义务之基本单位，而不是以个人作为权利义务的基本单位。家族主义之下，家长之权利义务皆重于家人，“家人全体坐食，家长一人谋食，此其义务也。白首之儿，一切行动听命于黄耇之父，此其权利也。国家法律亦本此意，家人有罪，家长连坐，此其义务也。有所谓家法者，家长可自行其立法权，以拟具条文，又可于神堂祖祠之地自行其司法权，以处分子弟，国家皆不问之，此其权利也”。这使得家人缺乏独立谋生的动力和能力，不能不依赖家长、服从家长。而家长既负担家人

之生活，并需对家人之行为负连带的法律责任，则其干涉家人之意志，决定家人之生活，亦属势所必至。由此国家社会缺乏独立的、能力发达的个人，有的只是坐食依赖的国家社会之蠹。国家社会的竞争有赖于个人能力的发扬，家族制度阻碍个人之独立与个人能力之发挥，乃国家贫弱之因。欲求国家之有竞争力，必须破除家族制度。其二，家族主义使人们缺乏国家思想。家族主义之下，一国之人分为家长与家人两类。家人直接隶属于家长，而不是直接隶属于国家，对于国家而言，家人非权利义务之主体，与国家无丝毫之关系，不关心国家之发达。当国家利益与家族利益发生冲突时，家族主义要求家人先服从家长之教令，先顾家族之利益，于是，家之慈父孝子与国之忠臣两种伦理要求，必生冲突。家族主义之下，人出而任国之官，其首要目的非为国尽责，而是为家人谋衣食，由此必不顾国之法纪，贪渎在所不惜。从国家的政治伦理看，此等官员为国之贪官污吏，可从家族伦理看，此等人又是慈父孝子，而为家族主义伦理所称许。有见于此，杨度决然提出，家族主义与国家主义有“不两立之道，无并行之法”，欲竞争图存，必发达国家主义，合全国之人与外竞争，“必使人人有独立生计，以尽纳税之义务，成年以后不被养于家长也，必使人人有营业居住等之自由权利，成年以后不被养于家长也，而未成年之时，则教育之义务、管理之权利，皆属于家长，故其家族主义亦未全行扫除，特以之养成国民之基础之地耳，成年以后则变家人而为国民矣”。欲使国人承担纳税当兵之义务，享受营业、居住、言论等各种自由权利，必须破除家族主义，打破家族制度对个人的限制，使人“出于家人登于国民”。①

杨度的上述思想与其1907年发表的长文《金铁主义说》中所阐述的相关思想是一脉相承的。在那篇文章中，杨度以甄克思《社会通诠》所阐述的理论，用历史进化论的观念，将人类历史分

① 《杨京卿度论国家主义与家族主义之区别》，《申报》1910年12月10日、11日。

为蛮夷社会、宗法社会和军国社会三个由低级到高级逐步进化的阶段。他比较中西，认为欧美国家之所以能在世界竞争中占据优势地位，就是因为它们已经进入完全的军国社会，中国之所以竞争力不够，就是因为中国虽已进入军国社会，但尚未发展为完全的军国社会。其表征是：在政治上，尚未建立三权分立之制；在社会组织形态上，尚保留宗法社会之残余，即家族制度。“夫文明各国之法律，其必以个人为单位者，盖天生人而皆平等，人人可为权利义务之主体。否则人权不足，不能以个人之资格自由竞争于世界，于是社会不能活泼，国家亦不能发达矣。”个人本位的社会，个人权利发达，社会有活力，故其国家有竞争力。而中国社会的基本组织为家族，家族制度以家族为本位，以家族为权利义务之主体，而非以个人为权利义务主体。家族制度，在社会上将举国之人，分为家长与家人。前者肩负一家之责任，有身价之累，不能顾及国家社会之公益。家人则不但不顾及国家社会，甚至对于一家之责任也不负担，坐食于家长。总之，社会无能负国家之责任者，以此与人竞争，必处劣败之地位。在政治上，“家族制度与三权分立制度，于实施上颇有冲突”，盖代表、从众、政党这些近代政治的基本要素都是以个人为本位的。中国欲改革政治，欲使国家有竞争力，要由不完全的军国社会进于完全的军国社会，则在政治上需由君主专制制度改为三权分立之制，使国民有参政之权，使国家由君主之国家变为国民之国家；在社会上则逐渐去除家族制度，使个人为社会之单位。杨度不同意无政府主义者废除家庭的激进主张，以为无政府主义者的主张败礼乱俗，他主张化之以渐，即在政治上，实行君主立宪制度，以“实行个人本位，破坏家族本位，完成法权，以监督行政”；在法律上，制定法律时以个人为权利义务之主体；在社会上，普及教育，使无能力之家人具备独立谋生的能力，以为破除家族制度之预备。①

① 杨度：《金铁主义说》，《杨度集》（一），第246—257页。

杨度的这种思想，在清末十年的新知识界中并不少见。庚子后，国家主义大兴，面对严峻局面，不少从日本接受新思想的人士，认为中国面临的是国家以实力竞争图存的时代，养成国家的竞争力，几乎是那一代社会精英的追求。如何能养成国家竞争力？有人主张发达实业，有人主张普及新式教育，有人主张政治革新，更有人发现，国家竞争力来自个人，只有个人有活力，有创造力，国家才有竞争力。梁启超之主张新民，就是从国家主义的角度，要求新式的国民，要求个人具备独立的心思与品格，具备公德心，具备权利意识、竞争意识和尚武精神，具备国家意识。刘显志认为，人群间的竞争历古就有，自进入国家时代以来，国家间的竞争就是人群间竞争最重要的形式。国家间的竞争在古代为国家机关之间的竞争，在现代形式上虽为国家机关间的竞争，实质上是国群总体之活动力与各个分子之能力的竞争。因此，应当一方面行国家主义，改革政治，以国家之力整合国家力量，使国家具备竞争力；同时实行国家主义教育，“以培养国民之责任心及经济能力政治能力”，尤其养成国民的国家思想与奉公观念。另一方面则“以种种关于个人主义之教育，陶冶国民之个性”，“使数万万之个人，皆成为实用之人，即完成其独立自由之人格等耳”。总之，要一面以国家助长小己之发达，一面以小己之发达促进国家之发达。①

中国之小己为何不发达，国人为何缺乏独立品格、自由意志、创造能力？思想人士或归咎于专制制度，或归咎于传统思想，比如法古意识、师圣意识，尤其是三纲学说的束缚，更有人批判中国传统伦理，认为中国传统伦理只关注私德而缺乏公德意识，只关注人的义务，不关注人的权利。在探究国民性之缺陷时，不少人将矛头指向中国的家族制度，认为中国的家族制度、家族伦理使国人缺乏国家思想，养成了服从与依赖之习惯，使国家缺乏竞争力。梁启超

① 刘显志：《论中国教育之主义》，《中国新报》第6号，1907年7月。

称国人有族民资格而无市民资格；有村落思想而无国家思想；依赖性强而缺乏自治能力，只能受专制而不能享受自由；只关注个人之衣食住行、安福尊荣，缺乏社会责任感，只关注此生此世，缺乏宗教之来世观念。他又称中国社会之组织以家族为单位，非以个人为单位；中国有地方自治，但其实是家族自治，而西方的地方自治则为市制自治。陈独秀批评家族制度，使国人“只知道有家，不知道有国”，只关心家族利益，对国家之兴旺发达毫不关心：“我们中国，家族的制度，在各国之中顶算完备的了。所以中国人最重的是家，每家有家谱，有族长，有户尊，有房长，有祠堂。”“个个人一生的希望，不外成家立业，讨老婆，生儿子，发财，做官这几件事。”做官的人，本应办国家的事体，但“现在中国的官，无非是想弄几文钱，回家去阔气，至于国家怎样才能够兴旺，怎样才可以比世界各国还要强盛，怎样才可以为民除害，怎样才可以为国兴利，这些事他们做梦也想不到。”“至于士农工商各项平民，更是各保身家，便是俗话所说的‘各人自扫门前雪，不管他人瓦上霜’。若是和他说起国家的事，他总说国事有皇帝官府作主，和我等小百姓何干呢！越是有钱的世家，越发只知道保守家产，越不关心国事。”①《江苏》第7期上发表的《家庭革命说》，表达了与陈独秀类似的看法。文章认为古昔圣贤提倡家族，原以之为国家之雏形，结果却使家族成“国家之坚敌”。家族制度过于发达，条理繁密，遂使国人一切思想、行为皆以家庭为出发点，“家之外无事业，家之外无思虑，家之外无交际，家之外无社会，家之外无日月，家之外无天地”，举凡读书、入学、登科、升官、发财、经商、求田、问舍、健讼、私斗、赌博、盗窃等，皆由家族主义之脚根点而来。结果，人只是家族之家人，而非国家之国民，人有家族思想而无国家思想，于国家事业则毫不关心。欲求国家富强，必改

---

① 《亡国篇》，任建树、张统模、吴忠信编《陈独秀著作选》（第一卷），上海人民出版社1993年版，第81页。

革政治，欲改革政治，必先开展“家庭革命”，使国人脱离家族主义的束缚，具备国家思想，由家人而变为国民。有国民则国家发达，国权荣，“国权荣则国中之一切政治机关随而伸，是故其国兴也；国权悴则其国中一切政治机关随而缩，是故其国灭也”。因此，欲改革政治，必先“拔出吾数千万青年于家族之阱，而登之于政治之台”，使之“脱家族之羁轭而为政治上之活动”，“割家族之恋爱而求政治上之快乐”，“抉家族之封蔀而开政治上之智识”，“破家族之圈限而为政治上之牺牲”，“去家族之奴隶而立政治上之法人”，“铲家族之恶果而收政治上之荣誉”。一句话，欲改革政治，必先使人脱离家族的束缚而成为国家之公民，由只关心家族利益，转而关心国家利益。① 林白水批评国人“没有公共的观念”，不能合群。他认为，国人缺乏公共观念，其原因有二：一是由于政行专制，人们无权参与政治，乃对政治失去兴趣；二是家族思想的束缚，“他们文明国的国民爱力，都是以一群为限。到了中国人，他的爱力只晓得爱一家，所以于家族有益的事情没有一桩不做，于家族有害的事就没有一桩敢为。到了那一群有益的事，自然没有工夫来过问了”。② 刘师培撰《伦理学教科书》，批评中国自古以来的道德，“仅有私德，无公德”，道德的基点立足于家族伦理，人们“以己身为家族之身，一若舍孝悌而外，别无道德；若舍家族而外，别无义务”。③ 他比较中西社会，认为西方社会以个人为单位，而中国社会以家族为本位。由这种差异，西洋社会中，个人与国家、社会之间，别无组织，个人直接国家、社会，而中国，在个人与国家、社会之间，有家族横亘其间。中国面临着严重的危机，欲救亡，国人必须具备国家思想，一切以国家为重。彼时，刘师培尚

① 家庭立宪者：《家族革命说》，《江苏》第 7 期，《辛亥革命前十年间时论选集》第一卷下册，第 833—836 页。

② 白话道人（林獬）：《国民意见书》，《林白水文选》，福建省历史名人研究会林白水分会 2016 年版，第 56 页。

③ 刘师培：《伦理学教科书》，广陵书社 2016 年版，第 205 页。

未接受无政府主义，还是一个国家主义者，他说，中国之新宗教，就是要崇拜国家，“以国家为至尊无对，以代上帝”。① 为此，必打破中国传统的家族本位的社会组织以及以家族为基点的伦理，使人脱家族之樊篱而为国民。这些都是欲从国家主义的角度打破国人之家族思想，要求国人将其忠爱之情由家族转移到国家，要求打破家族对个人的束缚，使国家权力不必经由家族而直接及于个人。

除国家主义者之外，无政府主义者也批判家族制度。他们主要从个人绝对自由以及世界主义的角度批判家族制度与三纲五常，认为家庭是私与争的根源，是强权产生的根源，为“万恶之首”。“原人之始，本无所谓家，有群而已”。自有家而后各私其妻、私其子，于是有夫权、父权。私则争，争则乱，于是君权出。夫权、父权、君权，皆强权，皆起于家。欲去强权，欲去私去争，必先毁家，使人由家之人变为社会之人、世界之人。不仅如此，人生天地间，独来独往，本极自由，有家则感情、精力、心思为家牵累，不得自由。欲自由，必毁家。世运之进，恃人人自立。有家，则人有依赖性，有牵挂，不能尽心尽力为社会服务。“必家毁而后进化可期。”人皆平等，有家，则私传其财富、官职，不平等生。欲平等，必先毁家。② 不过，无政府主义的这种思想，在一般人士看来，离经叛道，不足取。极力主张打破家族制度的杨度也对无政府者消灭家庭的主张，不以为然。

虽然，家族主义在庚子后颇遭新思想界的批判，但杨度在资政院的演说，还是引起了激烈的思想争论。对杨度的说法提出质疑的，不仅有礼治派，也有一些法学界的人士。争论的问题有三：其一，家族主义是否妨碍国家主义，发达国家主义是否必须破除家族主义；其二，中国的家族制度，实际情况为何，是否与古代欧洲之

① 刘师培：《醒后之中国》，李妙根编《刘师培论学论政》，复旦大学出版社1990年版，第351页。

② 汉一：《毁家论》，《辛亥革命前十年间时论选集》第二卷下册，第916～917页；鞠普：《毁家谭》，《辛亥革命前十年间时论选集》第三卷，第193～197页。

家族制度相同，是否就是国家发达、个人发展的障碍；其三，新刑律是否破坏家族制度。

法治派批评家族制度的第一个理由是，他们以为，“国家之发达，必其全国人民，其精神与国家相直接，人民之心思材力，于自营一身之外，其余力不复他用，而悉举以贯注于国家，夫而后其国能蒸蒸焉日进于上。若夫国家与人民之间有一阶级焉阻其直接之线路，使人民之心思材力，其作用为此阶级所圈限，而无复有余力以事政治之生涯，则其国家终无由发达”。[①] 家族主义则使人思虑不出家族范围，当国家利益与家族利益冲突时，家族主义往往顾家而忘国，甚至面对国家存亡亦无动于衷。他们说：“极国家主义之利，国步纵底于艰危，而群策群力，可渐图恢复，不致受灭亡之实祸。充家族主义之弊，急公奉上不敌其自私自利之心，且有执抚我则后、虐我则仇之说，视易姓改朔为故常，民气消阻，振起无由，未始非宋元以来空谈名教之流有以中之也。”[②] 因此，欲发达国家主义，欲振起国人救亡图存之心，必破除家族主义。

对此种说法，礼治派期期以为不可。劳乃宣称，杨度将中国今日之贫弱归咎于“家法政治”，以为家法政治使国人但知有家，不知有国，乃造成国家之贫弱，欲以欧美尚平等重权利之道易家法政治，虽出于救时之苦心，但没找对病根。中国人但知有家不知有国，原因不在家法政治，而在秦以来的专制政体。专制政体，一国政治操控于官吏之手，人民无参与政治之机会，自无国家观念，因此改革专制制度才是问题的关键。至于家法政治，与国家主义并不冲突。他说：“春秋之世，正家法政治极盛之时也，而列国之民，无不知爱其国者。晋侯之获于秦也，卫侯之将背晋也，皆朝国人而问

---

① 《论中国家族制度为政治上之阻力及将来改良之方法》，《申报》1911 年 1 月 11 日。

② 《编制局校订新刑律意见书》，《申报》1910 年 12 月 19 日。

之，国人莫不忘身以殉其上。弦高之犒师也，越民之事吴也，国人莫不毁家以卫其国。家法政治之下，民何尝不爱其国哉。”西方各国人知爱其国，而其国并非无家庭。可见从古今中西的事实看，人顾其家，并不妨碍其爱国。西方各国，人知爱其国，一方面是因其人深明家国一体之理，知非保国无以保其家，其爱国心乃扩充其爱家之心而来，非破除爱家之心以养成爱国心。另一方面，是因为西方行立宪政体，人人得与闻国事，个人、家庭之利益与国家休戚相关，故能扩充其爱家之心以爱其国。今日中国行预备立宪，地方自治之规，国民代表之制，次第发生，“假以岁月，加以提撕，家国一体之理渐明于天下，天下之人皆知保国正所以保家，则推其爱家之心，而爱国之心将油然而生，不期然而然者”。也就是说，爱家与爱国并不冲突，只要改革政治，即能利用国人爱家之心，扩而充之，构成国人的爱国之心，绝不必为造国人之爱国心，而破其爱家之心。杨度“乃谓民不爱国，由于专爱家，必先禁其爱家，乃能令其爱国”，实为不揣其本之论。[①] 可以看出，在培养国人的国家思想和爱国心的问题上，劳乃宣与杨度其实高度一致，坚守传统礼教的劳乃宣之反对破坏家法政治的重要理由是，家法政治为国家主义之宿根。

国家主义者将人的爱家之心与爱国之心对立起来，以为要培植国人的爱国之心，必破其爱家之心，确有不妥之处。一些赞同新刑律的人士，也不同意杨度的说法。大体上是新派人士而当时正担任资政院议员的江谦（1876—1942，字易园，号阳复，近代著名教育家），即是如此。江谦试图调和家族主义与国家主义，他分礼教为政治与伦理两个部分，认为礼本包括政治与伦理两方面，但后世学者往往将二者混而为一。在新刑律之争中，主张家族主义者，以伦理问题而怀疑新刑律，主张国家主义者则因政治而欲破坏孝子慈父之家族主义，都是混淆政治与伦理所致。他认为，在政治层面，礼

---

① 劳乃宣：《新刑律修正案汇录序》，收入《新刑律修正案汇录》，见《桐乡劳先生遗稿》，第870—873页。

之大经为亲亲、尊尊、贤贤，政治制度亦经历以血缘远近分配政治权力的亲亲时代、唯尊是从的尊尊时代、选贤与能的贤贤时代，此三个时代即分别是封建宗法时代、君主专制时代、立宪选举时代。地方制度亦相应经历了宗法制的宗子时代、族长与乡绅时代、城镇乡自治时代。政治制度虽有此种变化，但伦理上的亲亲却并无变化，“宗法未废时代之所谓孝，孝于其父，不谓孝于大宗之宗子也；族法盛行时代之所谓孝，孝于其父，不谓孝于其族长也”。政治与伦理所涉层面不一，当政治与伦理冲突时，分开处理则两美，混而为一，则俱伤。他举出传统礼学常论到的事例，即桃应孟子之问：若舜之父瞽瞍杀人，身兼君与子二重角色的舜应如之何？他以为孟子的方案是十分合理的。“夫杀人者，处之法，舜定之，皋陶守之。瞽瞍杀人，皋陶执之，而舜窃负之而逃。皋陶之执，为政治的，舜之窃负而逃，为伦理的也。皋陶之执，为知识的，舜之窃负而逃，为感情的也。使皋陶徇情则害政治，使舜执法则害伦理。”良善的政治、法律不能强制人们违背亲情以服从政治或法律。国家主义之所主张，意在破除人的家庭伦理，使人忘记其家庭身份，只服从国家政治、法律，任法而伤人情，不可取。他也提出，家族主义与国家主义并不冲突。中国之孝子慈父的家族主义，有狭义与广义之分。孝悌以事父兄，为狭义的家族主义。“事君不忠，非孝也；战阵不勇，非孝也”，则为广义的家族主义。广义的家族主义正可以为国家主义之宿根，扩而充之即为国家主义，根本不必破坏家族主义而求所谓国家主义。杨度以贪官污吏在国为贪官污吏，在家为孝子慈父，证明家族主义与国家主义根本冲突，其实杨度所称之孝子慈父，按之广义的家族主义，正不孝之子、不慈之父。“当保存伦理上狭义之家族主义以弥政治所生之缺憾，提倡广义之家族主义，以为国家主义之先驱，如是而后吾国家之完全发达可期也。”① 可以看出，无论是提倡国家主义的人士，还是捍卫家族主

① 江谦：《礼刑争论平议》，《申报》1911年1月12日、15日、16日。

义价值的人士，抑或调和国家主义与家族主义的人士，都肯定发达国家主义之必要。

法治派以为家族主义不适用于今日的第二个理由是，今日中国非立宪不能救亡，非以个人为权利义务之本位，养成独立的国民，不能立宪，而家族主义则养成人的依赖性，使人缺乏独立自主的意愿与能力，故与立宪不相容。他们说，“立宪之国当使人人有独立之精神，有自由之意志，而家族之制尚存，则国家之法律上虽不阻拂人民之生机，而家族之范围实足遏抑人民之生气”。家族制度之下，唯家长有独立有自由，余皆附属于家长，一家之权利为家长独享，余皆处于无责任之地位。“与世界诸文明国较，彼以个人为国家之分子，我以家族为国家之分子。彼有一人，国家即有一分之势力。我有一家，国家仅有一分之势力……虽有四万万人，直谓之为家族之分子，非国家之分子可也，直谓之为家奴，非国民可也。是故家族制度不改变，即国家主义不昌明，而欲使其国立于物竞天择优胜劣败之场，能巍然与他国角立，断无由致。”①

礼治派不正面回应法治派所称家族主义养成人的依赖性、服从性，而从家族为社会之基本单位，不能骤破的角度谈论问题。他们认为：“凡一民族之团结，必有其所以团结之社会基础，而当其团结力渐涣之际，欲破坏旧社会之基础易，而成立新社会之基础难。”西方有宗教以为凝聚力，故不必重家族，而中国数千年来，“莫不以家族团体为国家之根本”。若忽将家族主义骤然改破，“全国人民国家之观念既浅，家族之范围复弛，恐人心涣然，更无术可以结合”。也就是说，当国家观念尚不足以团聚人群时，不得不重视家族的力量，以为团聚人心之用，故中国“有不能重视家族之势”。再者，“欲使一国之中，无复有家族之一级，而以个人直接

① 《论中国家族制度为政治上之阻力及将来改良之方法》，《申报》1911 年 1 月 11 日。

于国家，则必个人之经济能力足以自立。若我国今日而遽言破坏家族制度，则多数之老弱，惟有转死沟壑之一途。旧有社会存立之基础既已破坏，而新社会所以存立之基础又未确立，此新旧递嬗之间，正国家存亡所系，必使过渡时代于制度之兴废有互相维系之道，而后可以收万全之效”。① 由此看来，礼治派在某种程度上承认家族主义有使人缺乏自立意愿与能力的弊端，也承认个人独立自主的必要，承认发达国家观念之必要，承认中国的家族制度有改良的必要。不过，他们对于中国家族制度的现状，其看法与法治派不一样。他们认为，杨度等人不了解今日中国家族制度与欧洲古代家族之差异。古罗马的家族制度，其家主对于家族成员有绝对的控制权，家族成员只是家主的财产，“一族之中，只有家主权，而无所谓亲权与夫权，家人对于家主，不能主张其财产权自由权生命权。质言之，即一族之中，只有家主有人格而家众无人格也”。个人主义在欧洲的兴起是对此种绝对家主权力的反动。而中国家族制度，家长并无古罗马家主那样绝对的权力，法律上没有罗马法中家主权的规定；旧律虽有子孙无私蓄之文，但在现实生活中，这些法律条文往往沦为虚文，民间习惯对子女处置其个人私有财并未限制。因此他们认为，中国只有亲族团体，而无家族团体，法律上只有亲权的规定而无家主权的规定。② 也就是说，他们认为中国的家族制度对家族成员以及子女个人自由的限制是比较松散的，并非如古罗马那样与个人主义绝对不容。这些看法，有一定的道理。中国古代的家族制度，一方面是封建宗法时代宗法制度的残留，但毕竟是宗法之残留，非完整的宗法制度；另一方面在以农业经济为主导的传统社会，法律对于亲权的强调，对于孝道的维持，有合理性。中国人

① 《皖抚冯奏刑律草案略陈大要数端折》，《北洋法政学报》第 77 期，1908 年；《林氏辨明国家主义与家族主义不容两立说》，收入《新刑律修正案汇录》，见《桐乡劳先生遗稿》，第 991—992 页。

② 《林氏辨明国家主义与家族主义不容两立说》，收入《新刑律修正案汇录》，见《桐乡劳先生遗稿》，第 992—993 页。

有祖先崇拜的传统，人们相信鬼是需要血食的，古人重视香火传承对于已故祖先的意义，在某种意义上是具有宗教性的。在此情形下，就有“不孝有三，无后为大”的说法。由此，婚姻的根本目的是传承香火，以使祖先祭祀不中断，[①] 聚族而居又使得宜其家室变得十分重要，故传统婚姻不能不讲究父母之命。而生产能力不高、物质匮乏、基本的社会保障由家族承担的现实，又使得年事已高的父母、祖父母的养老问题变得格外棘手，为维持社会稳定，法律不能不维护亲权。此外，家族制度在维持亲情，承担地方治理和社会救济方面，也有其积极作用。在家庭规模上，一般户均五到六口，数世同居的大家庭虽为礼俗所推崇，但实际上比较少；家族制度下有族谱、祠堂、族规、族长约束族众，但其约束力也远不如宗法时代宗子对部众的约束力。礼治派所称的法律的规定与现实生活的落差也是客观存在的。到明清时期，法律上规定禁止父祖在而子孙别籍异财，但现实生活中，父母在而兄弟分家者广泛存在，社会习惯也有保留地承认分家的合理性，人们大多认为木大则枝，水大则溢，兄弟分家为自然之理。虽然在法律上，父母一方明显处于优势地位，但现实生活中，除富厚之家，在普通家庭，父母年老力衰、无力自营生计，实际处于明显的弱势地位，在缺乏社会保障的条件下，老人的养老完全依赖儿子。在此情形下，子女成年后，父母的亲权在实际行使中与法律所规定确实有落差。[②] 但这并不能否定法律上父子、尊卑长幼地位不平等，对于子女自由意志的限制，普遍的观念是孝与顺联系在一起，这对于子女独立人格的养成是有负面作用的。

杨度等人对家族制度的态度比较激烈，不仅引发礼治派的不满，也引起一些新派人士的不满。陶保霖是清末民初的新派法律人，他赞同新刑律，但对杨度等将新刑律定位为以国家主义法律破

① 瞿同祖：《中国法律与中国社会》，商务印书馆 2010 年版，第 103 页。

② 余新忠：《中国家庭史》第四卷，广东人民出版社 2007 年版，第 273—285 页。

除家族主义的法律，持不同意见。他说，“新刑律四百零五条，无一条可为破坏家族制度之证”，也不认为中国的家族制度有碍于个人的发展。他认为，家族制度大体有四种类型，即宗法制的大家族制度，中国现行的服制家族制度，西方通行的小家族制度，以及斯巴达式的绝对个人制度（即个人直接属于国家，与家庭无关的绝对国家主义）。在宗法制的大家族制度之下，宗子为部落之长，统率一部之众，部众的生命财产均受制于宗子，服从于宗子，此种制度确与国家主义、个人制度相对立。中国的服制家族制度，以家族中最尊长之一人为族长，同居共财范围大抵以服制为限，族长对于家众的制裁权力远不如宗法时代的宗子。在法律上家长亦无完全抚养家属之责任，家属亦无不许自谋生计之拘束。社会虽推崇大家族制度，礼法禁止子壮而出分，以为有薄恩义之嫌，但事实上，“子妇无私蓄之禁，久成具文”。社会上实际存在大量的以夫妻为核心的小家庭，中国的家族制度已远不是宗法时代的家族制度，而是在逐步向小家族制度过渡。此种家族制度有利有弊，其利在能以血缘团聚一家之众，使骨肉相扶助之义得到发挥，发挥家庭仰事俯畜之功能；其弊则在有时因家族过大，家族成员间有利益冲突，且不甚爱惜公共财产，荒堕坐食，不自谋生计，对于一国经济之发展不利，但这与国家主义并没有直接冲突。至于家族利益与国家利益不免冲突，此在欧美小家族制度下亦难免，并非中国服制家族制度特有的弊病。他认为，杨度等将贪官污吏之多完全归咎于家族制度，“几欲人人逃免仰事俯畜之义务，然后国家可免贫弱，个人能为忠臣”，是完全错误的。即便是欧美国家，虽以个人为本，但仰事俯畜之责任仍规定于法律，比中国现行法律还严格。① 不过，与礼治派不同，陶保霖明确肯定中国家族制度必须由服制家族制度向小家族制度过渡，但这种过渡应是渐进的。其实，批判家族制度的人，

① 陶保霖：《论新刑律果为破坏家族制度否》，《法政杂志》（上海）第1卷第3期，宣统三年四月二十五日。

并非不明白家庭的功能，也清楚中国家族制度历史悠久，社会影响深巨，一旦根本推翻，必引起巨大的社会震荡，所以他们并不主张骤然废弃家族制度，而主张逐步从传统的父子家庭过渡为以夫妻为核心的小家庭，去除兄弟伯叔之同居，直接的抚养赡养义务是抚养幼子、赡养父母，以去家族之累，“在族制上，则禁立家庙，以破其家族之组织，使无九世同居之颓风”。这一方面可以保存孝亲慈幼之国粹，另一方面可以去除家族义务对于人们的拖累。① 事实上，新刑律也保留了大量的家族制度的印迹，劳乃宣等批评新刑律，但大多肯定新刑律有保存家族制度之精义，只是没有明确的条文，他们要求的是将旧律维持家族制度的种种条文明确列入新律的正条。

法治派批评家族制度的第三个理由是，家族制度下个人权利得不到保障，而国家主义可以保障个人权利。法治派强调，家族制度下家长易侵犯子孙的人权，家长对于子孙的惩戒权力侵犯了国家法权。他们认为，各国已进化至军国社会，中国非由家族社会步入军国社会，不能图存。军国社会的基本特征就是，“人民对于国家已直接负有权利义务，其个人之行动，在在皆受国家处分，而不必有人焉介居其间，以增一重之隔阂。故军国社会，子弟除未成年外，皆应直接受国法之制裁，而国法之外，法律上不宜别有所谓教令，盖使其行事而善，本毋庸父兄之干涉，其行事而不善，则国有刑章，自可按律科断，更无待父兄之教令”。② 他们强调人作为国家成员即国民的一面，认为家庭只是国民的养成所，人在幼年时受父母抚养，听从父母教诲，理所当然，但家长并无直接惩办子女之权；成年后，子女与父母在法律地位上平等，父母对于子女更无所谓教令权。旧律所规定的父母对于子女的教令权，违背了“钦定

① 《论中国家族制度为政治上之阻力及将来改良之方法》（三续），《申报》1911年1月13日。

② 复：《驳劳乃宣反对新刑律之根据》，《申报》1910年12月18日。

宪法大纲”对于臣民权利义务的规定，侵犯了子女的人权。宪政编查馆编制局称：依据“钦定宪法大纲，臣民权利义务，非按法律所定，不加以逮捕监禁处罚，是人民之应处罚与否，以法律之有明文为断”。而“旧律子孙触犯，呈送发遣，仅凭父母之一言，直以君上之大权，畀诸个人之手矣。凡此均与立宪之宗旨不符”；又称，“历观各国进化之理，均由家族主义而至于国家主义，国家主义者即保护人权是也。诚以人生于世，与国家有直接之关系，故亦称曰国民对于国家有应尽之义务，国家对于国民有应予之权利”，“夫保护人权，乃立宪之始基。”中国欲立宪，必保护人权；又称，人权之说并非始于泰西，“《康诰》称‘于父不能字厥子，乃疾厥子，在刑兹无赦之列’。《白虎通》亦云，‘父杀其子，当诛。何以为？天地之性，人为贵，人皆天所生也，托父母之气而生耳，王者以养，长而教之，故父不得专也。’凡此皆天赋人权之权舆？特后之人罔知诵言，遂令古义湮晦耳”。①

对于法治派提出的这一看法，礼治派几乎没有从正面回应，因为这涉及立宪原则，而立宪是朝廷既定国策，加上旧律所定父母行使教令权致子女死亡而其罪不至于死的规定，确有违人情，过于极端，以至于礼治派中的一些人如陈宝琛等对旧律的此类规定亦不满，以为有违伦常之义。因此，当新刑律在资政院审议时，劳乃宣等提出两大修正内容中，和奸无夫妇女有罪的主张为多数所赞成，而其主张对父母之行教令权子孙无正当防卫权的主张则为多数所否决。

近代国家构建的一个重要方面是，人从家庭成员变成国民，一些原本由家庭承担的功能转由社会承担，一些原本由家长执行的权力变成家长不能染指而必须由国家执行的权力。这大体是一个国家权力延展，而家长权力缩小，法律范围扩展，而道德、伦理范围缩

---

① 《编制局校订新刑律意见书》《编制局劳提学新刑律说帖驳议》，《申报》1910年12月19日、1911年1月4日。

小的过程。清末修律中围绕家族主义与国家主义的争论，其实是中国思想界对这一问题的争论。在争论中，礼治派有时将家族主义与家庭等同起来，以为反对家族主义即是反对家庭，故有些说法是无的放矢。而法治派则主张以个人为权利义务本位，个人应直接属于国家时，对于国家权力则过于乐观。盖家族制度虽有种种弊端，但家人间有血缘在，有亲情在，家长之教育子女、惩戒子女，大体在情理之内，虽有虎狼之父母，但终究是极少数。近代国家，即便构建完成，政行立宪，国家权力有所限制，但国家机关之滥用权力，其对于个人之危害，并不比家长滥用亲权来得少。国家主义者，强调个人对于家族解放，强调个人人格独立的意义，具有正面意义，但当时中国的国家主义者对国家权力过于乐观，不能不说是其缺陷。

第五章

以学救变：国粹派关于文化与国家关系的思考

甲午战争以后，清政府面临生存危机，朝野皆有人开始思索甲午战争失败的原因，探究中国缺乏竞争力的原因所在。一些人发现，洋务运动寻求自强三十年而成效不著，除国人学习西洋物质文明的努力缺乏物质基础与制度支撑之外，或许有更深层次的原因值得追问。大体上，如梁启超所说，近代中国向西方学习的历程分作器物—制度—文化三个阶段。洋务运动属于从器物层面学习西方，而甲午战争之后，国人察觉制度层面的不足，而开启了制度革新。随着制度革新的推进，思想敏锐之士逐渐意识到，国家实体层面的竞争失败，也可能是文化、学术层面的缺陷所造成的。传统的四书五经，还可继续作为治国平天下的大经大法吗？过去的历史传统，究竟是不是中国走向世界的负担？过去的学术思想资源，是可以继续尊奉的圭臬，还是可以弃之如敝屣的糟粕？中国往何处去，中国传统学术往何处去？这些问题，在清末十年间逐渐成为困扰着那个时代读书人的思想议题。

从 20 世纪初期开始，以国粹派为代表的一批学人群体，从救亡图存的角度出发，开始持续思考文化与国家之间的关系。甲午、庚子间一系列国内外政局的奇变，给他们带来极大的震动，而庚子后的东学输入大潮，尤其是当时执思想界之牛耳的梁启超有关民族

国家的论说①，又为人们思考相关问题提供了新的思想资源。于是，不少读书人的思想迅速发生了巨变。越来越多的人认识到，在列强征伐、物力竞争的时代，地球之上所演进的，正是一幅国家与国家之间激战正酣的图景。国家主义在西方的风行，以及由此造成的西强中弱格局，已从事实上证明，20世纪的世界已进入国家竞争的时代，中西国家之间的竞争已呈现白热化的趋势。② 那时的西方四处侵略，实已发展至帝国主义时代，“以斩刈弱小、驱逐蛮民，自矜为白种之天职”③，在优胜劣败、适者生存的进化论思想影响下，以强凌弱、以众暴寡似乎拥有了一种理论上的“合道性”，这一强盗逻辑的盛行，令他们不寒而栗。

除此之外，他们认识到，除器物层面的竞争之外，中西之间的“学战”也关系着国家的生存和发展。他们注意到，从道器各层面中国都面临着西方的强烈冲击。在此过程中，中国国力和文化的步步退守，最后很可能同时导致亡国亡文化的严重后果，所以保国保教的呼声逐渐高昂。但西强中弱的现实已经证明，中学存在明显不足，西学自有优胜之处，如何在中西文化的竞争中，在充分吸收西方文明的前提下，保持中国文化的主体性，引起学人群体的关注，其中国粹派的言论尤其引人注目。“国粹派是革命派队伍中的一个派别。他们多是一些具有传统学术根底的资产阶级小资产阶级知识分子，不仅主张从中国的历史与文化中汲取精灵，以增强排满革命宣传的魅力；而且强调在效法西方改革中国政治的同时，必须立足于复兴中国固有文化。所以他们一身二任：既是激烈的排满革命

① 罗志田：《天下与世界：清末士人关于人类社会认知的转变——侧重梁启超的观念》，《中国社会科学》2007年第5期，第191—204页；王汎森：《中国近代思想与学术的系谱》，（台北）联经出版事业公司2003年版，第195—220页。

② 顺德邓实撰《论国家主义》，《政艺通报》癸卯年第1号，1903年2月12日。录自《光绪癸卯政艺丛书·政学文编卷一》，政学文编一至七卷总页码，2A。

③ 顺德邓实撰《论国家主义》，《光绪癸卯政艺丛书·政学文编卷一》，政学文编一至七卷总页码，2A。

派，又是热衷于重新整理和研究传统学术、推动其近代化著名的国学大家。”[①] 这一派以《政艺通报》与《国粹学报》为主要阵地，代表性人物有邓实、黄节、章太炎、刘师培、马叙伦等。

一 思想背景

19世纪70年代以后，主要资本主义国家进入垄断资本主义阶段，世界进入帝国主义时代，帝国主义论也开始在西方世界流行起来。庚子事变后，帝国主义论首先对流亡日本的保皇派人士以及留日学生产生了影响，并经由他们的译介进入国内，成为中国思想界分析世界局势与中国问题的重要理论工具。包括国粹派在内的很多学人纷纷认识到，从19世纪末开始，现实的世界，已经演化为“帝国主义之世界”[②]，“今日二十世纪初期之世界，何世界乎？一帝国主义横风逆潮所波荡之世界也”。[③] 那时的国际形势，在时人眼中已从以胜负定文野，发展至以胜负定存亡的程度，“非竞争何以图存，非进取无以保守”。那时的国粹派学人大力提倡民族主义，其目的在通过民族主义而组织一个健全的国家，从而在帝国主义时代中竞争图存。“民族主义者何？民族主义者，帝国主义之母也，所以合一群，同道德，同法律，同风俗，同文学美术，而组织一完全无缺之国家者也。”[④] 他们希望民族主义的发达可以成为组织近代国家的先导。

---

① 郑师渠：《晚清国粹派文化思想研究》，北京师范大学出版社1997年版，第8页。

② 顺德邓实撰《十九世纪末世界之政治论》，《光绪壬寅政艺丛书·政学文编卷四》，政学文编一至七卷总页码，6B。

③ 顺德邓实著《政治通论外篇卷一·通论四·帝国主义》，《政艺通报》壬寅年第9期，1902年7月5日。录自《光绪壬寅政艺丛书》，外篇总页码，5A。

④ 顺德邓实著《政治通论外篇卷一·通论五·民族主义》，《政艺通报》壬寅年第10期，1902年7月19日。录自《光绪壬寅政艺丛书》，外篇总页码，6A。

很多国粹派学人注意到，在竞争图存的时代，中西方之所以强弱分明，一个关键差别在是否有国家组织。若没有国家观念的武装，必然下场惨淡，结局更不可知。邓实对比日本和非洲判若云泥的现实情状，认为“国家主义”发达与否对两者的不同命运发挥了关键作用。在西方侵略者对外扩张、四处侵轶的过程中，“非、澳两州［洲］数十万土蛮，如风卷败箨，如雨催萎花，凄凉零落”，而“彼日本，吾邻耳，乃西洋浩浩滔天之帝国主义，扬帆张旆以东来者，及其国境，莫不转舵而去。而其大日本帝国主义，方欲于兄弟之国尝一脔焉，则国家主义发达不发达之关系何如也！”日本和非洲的境况迥异，完全取决于国家主义之强弱，他进而感叹说：“政府诚万能哉！国家主义诚可寒心哉！”①

在西方列强与东方日本扬旗而来、磨刀霍霍的情景下，很多国粹派学人意识到，危机迫在眼前，“侵略主义复膨胀于吾亚矣”。形势异常严峻，亡国之危，间不容发。令国粹派同人特别担忧的是，缺乏国家观念的中国，将难以应对现代的国家竞争。“吾独不知吾数千年之旧国，其人民永无国家之观念，而遇此爱国性至猛之民族，将何以抵抗之也？而况乎吾国平民主义方在胚胎，尚未至萌达之候，苟欲图强，犹需越平民之一级乃能进国家之一级乎（欧洲现所行之国家主义，皆由平民主义所膨胀）！而乌知列强来侵之风潮已横流四贯于吾国乎！痛乎悲夫！”② 国人过去“永无国家之观念”，明确表示近代的“国家”观念来自西方，而要在国家竞争的大舞台上竞争图存，就必须尽快塑造国人的国家观念，培植其国家意识与政治意识。西方的民族主义又基于“平民主义”，即近代的民主政治，欲培植国人之国家观念、政治意识，又必须推行“平民主义”，建立近代的民主政治。

---

① 顺德邓实撰《论国家主义》，《光绪癸卯政艺丛书·政学文编卷一》，政学文编一至七卷总页码，2A－2B。

② 顺德邓实撰《论国家主义》，《光绪癸卯政艺丛书·政学文编卷一》，政学文编一至七卷总页码，2A。

国粹派的代表人物邓实那时悲痛地说："海通以来，异种麇至。轮声帆影，民族帝国之风潮；铁轨矿山，欧美殖民之政策。物竞之烈，比水火而尤酷；强权之横，惟铁血为可恃。遂使绎绎原庙，荡为烬烟；瞆瞆子姓，人之隶橐。残山半壁，轮趾交于中原；为戎百年，冠裳沦于草莽。猛虎之欲未餍，睡狮之梦方酣。沉沉大陆，蹐地而靡归；板板上帝，视天而犹梦。此犹太遗民所由抱无国之痛，而非、澳土著不能无绝种之悲者矣。"① 在民族国家林立之世界，"无国者如无父母"，极其沉重地表达了国家存亡对于国人个体的意义。他对国人大声疾呼，处文明之世，应该是人人有国家，人人爱其国家："是故文明之世，亦人人有国家，亦人人无国家；亦人人无国家，亦人人有国家。或甲以为国家，乙以为非国家；或乙以为国家，甲以为非国家。吾爱吾国家，而不以爱吾国家而爱他人之国家；他人爱其国家，而不以爱其国家而爱吾之国家。人有人国家，吾有吾国家。故千其人则千其国家，万其人则万其国家。吾爱吾国家，无异他人之爱其国家；他人之爱其国家，亦无异吾之爱其国家。故千其人、万其人，亦一其国家。"② 相反，如果不知有国，不知爱国，则为无智之民、无良之民："夫吾人既同生息于一国之下而不知有此国，是谓无智之民；知有此国家而不肯用其爱情，是谓无良之民。"可悲的是，在不少人看来，当时中国充斥着这样的"无智之民"。对此现状，邓实相当忧愤："吾独悲吾国无智之民，知爱他国而不知爱自国，见外国之神圣大哲则崇拜，而中国则否；吾更悲吾国无良之民，以其习惯之奴隶根性，争怜取媚，以博未来主人之欢，乃以他族为

---

① 邓实：《鸡鸣风雨楼独立书·自叙》，《政艺通报》癸卯年第23号，1904年1月2日。录自《光绪癸卯政艺丛书·政学文编卷七》，政学文编一至七卷总页码，39B－40A。

② 邓实：《鸡鸣风雨楼智书（释国家）》，《政艺通报》壬寅年第7期，1902年6月6日。录自《光绪壬寅政艺丛书·政学文编卷二》，政学文编一至七卷总页码，4A。

虎而自为其伥也。”①

邓实等人也知道，国家的建设不可能一蹴而就朝发夕至，而是一个漫长的过程。而重中之重，是养成人民的国家思想。在这一过程中，民智之高下，是一个关键的因素。“其民智，其民有国家思想，则虽一族一部而可成一国家；其民愚，其民无国家思想，则虽数十大族数十大部而不能成一国家。”② 牖启民智，唤醒民众，是国粹派持续进行的工作。国家在国粹派同人心中，是极为高尚深微的，从其本质上说是超越于君主、社会之上的存在。“国家无形也，国家无名也。无形而强形之曰国家，无名而强名之曰国家。以君主名国家而国家非君主，以社会形国家而国家非社会。国家非君主，非社会，亦君主，亦社会。”③ 国家非君主之说，是对过去国家与朝廷、君主合一的传统观念的颠覆。在国粹派那里，国家成为一种最高形式的主体。

在此观念之下，邓实批判“朕即国家”之说，乃“贼国家者，非国家”。而卢梭所谓“社会即国家”，“是乱国家也；乱国家者，亦非国家”。无论君主还是社会，只有在与国家这一最高主体相统一的前提下，才可以与国家实现合而为一，否则即完全分成两橛。“是故君主而能为国家之代表，是君主即国家、国家即君主；君主而不能为国家之代表，是君主自君主、国家自国家。社会而能达国家之目的，是社会即国家、国家即社会；社会而不能达国家之目的，是社会自社会、国家自国家。”④

在国粹派同人看来，国家的建设需要全体人民的心力共同铸

---

① 顺德邓实撰《论国家主义》，《光绪癸卯政艺丛书·政学文编卷一》，政学文编一至七卷总页码，2B。

② 邓实：《鸡鸣风雨楼智书（释国家）》，《光绪壬寅政艺丛书·政学文编卷二》，政学文编卷二页码，4A－4B。

③ 邓实：《鸡鸣风雨楼智书（释国家）》，《光绪壬寅政艺丛书·政学文编卷二》，政学文编卷二页码，4A。

④ 邓实：《鸡鸣风雨楼智书（释国家）》，《光绪壬寅政艺丛书·政学文编卷二》，政学文编卷二页码，4A。

造。人民自然是制造国家的原料，但要建造国家，还特别需要思想家、政治家的主观努力："国家云云者，合一国之人民之思想之意识之耳目，以团结之而组织之者也；合一政府之英雄豪杰之手段之心血之精神，所保护之而发达之者也；合古今之哲学家、政治家之脑髓之笔底之舌下，所构成之而庄严之者也。"只有这样"组织国家""发达国家"，谋求国家安全，防范危险秩序，才能达到高尚完美的境界。① 而民众不只要践行建造国家的职责，还要准备随时为之牺牲："人民占全球之特色，历史享世界之光荣，沃壤无垠，江山如绣，使西方人士翘首望之，翛翛居东半球天半，世界最可爱之物，孰有如我国哉？呜呼！既有是可爱之国矣，苟爱之之挚，则丧神魂，捐躯命，牺牲其个人以殉之可也，即掷万头颅，流万膏血，牺牲其全社会以殉之，亦无不可也。"② 他们迫切希望全体民众为国家献身，以缓解国家面临的巨大竞争压力。

对于深受传统天下主义影响的中国读书人来说，无论是国家主义，还是民族主义，在那时似乎都不是他们思考的终点。在国家情形甚为不妙的情况下，邓实仍然不无轻蔑地说道："今日物质、文质两文明之发达，其趋势方盛，非达于社会进步极端之天则不止。欧美近日所盛行之民族主义、国家主义，犹是过渡时代之一波折耳。"③ 这表明，在国家危亡的关头，国粹派以及同时代读书人虽不得不暂时把眼光投注于国家建设这一急切问题之上，但由于继承了传统读书人澄清天下的抱负，他们仍不自觉地逸出国家的范畴，去向往世界主义，呼唤人类社会问题的整体解决。

---

① 邓实：《鸡鸣风雨楼智书（释国家）》，《光绪壬寅政艺丛书·政学文编卷二》，政学文编卷二页码，4B。

② 顺德邓实撰《论国家主义》，《光绪癸卯政艺丛书·政学文编卷一》，政学文编一至七卷总页码，2B。

③ 顺德邓实撰《论中国群治进退之大势》，《政艺通报》癸卯年第 11 号，1903 年 7 月 9 日。录自《光绪癸卯政艺丛书·政学文编三》，政学文编一至七卷总页码，19A－19B。

邓实就注意到当时欧洲正在兴起社会主义思潮，并表露出艳羡之色："于二十世纪之天地，欧罗巴之中心忽发露一光明奇伟之新主义焉，则社会主义（即世界主义）是也。"社会主义者，"思想最高尚之主义"，其首唱于"思想最高尚之法兰西人圣西孟"，渐流传于英、德、奥、意，并潜伏于俄罗斯。其目的"欲打破今日资本家与劳动者之阶级，举社会皆变为共和资本、共和营业，以造成一切平等之世界"。其手段则"欲变少数之国家为多数之国家，变海陆军人之国家为农工商人之国家，变贵族专制之社会为平民自治之社会，变资本家横暴之社会为劳动者共有之社会"。然后以"正义博爱之心而压其偏僻爱国之心也，以科学的平和主义而亡其野蛮的军国主义也，以布拉沙呼德之世界主义而扫荡刈除其侵略帝国主义也"。此目的之实现，路途曲折遥远，未能遽达，但"举社会党人人之脑网中，盖无一不有其所谓极盛之世、人人平等之天国、如花如锦之生涯，心醉魂飞矣。即举全世界人人之脑网中，亦无不乐有此天国、此生涯，目想而神游矣"。①

邓实那时指出，群治发展的极点在建立"世界之群"，即使是欧美发达国家，此时尚徘徊在"国群"的发展阶段，而"国群"之间充斥着纠纷与争斗，并未达到"世界之群"的程度，"欧美之群，国群耳；国群者，利自群而不利他群；利自群而不利他群，故其于世界之公德犹有间也"。这个阶段，仍会出现"此群利而彼群不利者"，而到达"世界之群"的阶段，则必将"群群皆利"。按照邓实的设想，"群治之初点则内自群而外他群，群治之终点则进他群而自群之，然后为全群之幸福"。他所向往的群治，其实是全世界范围内的和谐共存，实现人类共同的幸福，因此他一度否定向"世界群"进化过程中出现的家、国等层级，迫切希望破除这些导致竞争的"群治"，顺利进化到世界主义的最高级，"十九世纪之

① 顺德邓实撰《论社会主义》，《政艺通报》癸卯年第2号，1903年2月27日。录自《光绪癸卯政艺丛书·政学文编一》，政学文编一至七卷总页码，2B-3A。

文明，国家主义兴，既破家群而为国群矣；二十世纪之文明，世界主义兴，其不将破国群而为世界之群乎？”① 只有发展至“世界之群”，方可消除贫富、贵贱、人我、家国等樊篱，达到地球大昌之世，让全人类享受世界之公利公益。

但同时，包括邓实在内，很多国粹派同人也明白，社会主义在眼下还只能作为一个乌托邦式的愿景去加以憧憬，实现尚不可期，故短暂的兴奋之后，他们不得不重新回到冰冷的现实，把目光放在国家之上。“今之世界，国家主义之世界也”，“举全球上下之视线之脑电之心苗，无不倾注于此主义，如饮迷药，如发热狂，皆以发扬国威、光辉国旗为唯一之荣誉。而世之政治家、哲学者亦以国家为人群团体之最大圈、宇宙文明之最高潮，谓天下只有国界，更无世界，只有国民，更无世界之民，而以太平为无是物，归之于乌托邦，然则社会主义者亦乌托邦之主义焉耳。”② 面对现实，国粹派也接受了国家应是眼前国人奋力捍卫的对象。

此时，国粹派已把社会主义取代国家主义的时间，推迟到最早二十世纪以后了。“二十世纪以后之状态，社会主义能取国家主义摧倒而代之乎？”国粹派对二十世纪以后能否实现社会主义也充满疑虑，甚至相当悲观，“惜乎吾人不及其时，身亲其境，欢忻歌舞于其间”，故只能馨香祷祝了。③ 至此，国粹派完全回到国家主义的立场上来，而对于社会主义在当下中国的可能，更直接表明了态度：“世界主义者，极治之世，人人平等，国国平等，二十世纪以后未来之世界如或遇之，若今日现有之历史则亡有也。”“社会主义者又极不切于中国之主义也。凡人类进步之次第，由射猎而游

① 顺德邓实撰《政群第七》，《光绪癸卯政艺丛书·政学文编二》，政学文编一至七卷总页码，11B。

② 顺德邓实撰《论社会主义》，《光绪癸卯政艺丛书·政学文编一》，政学文编一至七卷总页码，3A。

③ 顺德邓实撰《论社会主义》，《光绪癸卯政艺丛书·政学文编一》，政学文编一至七卷总页码，3A。

牧，而耕稼，而工商，惟入工商之期而后有社会之主义。吾国犹在耕稼之时代，故社会主义之问题在欧洲已高唱非难，日日绞政治家之脑髓（髓）而不能理者，在吾国则视若无动焉。”他们明白表示：“然则吾国今日之所急者，亦惟国家主义而已！吾人所抱持而不失者，亦惟爱国心而已矣！”① 至此，“国家主义”时代已经来临，“国家”在国粹派学者中间开始占据牢不可摇的中心位置。

二　中西竞争语境中的文化与国家

近代以来，面对激剧变化的内外形势，如何退虏送穷、救亡图存，是读书人面临的重大问题。大约从 1904 年开始，不少国粹派同人即深切感受到国家灭亡的威胁。刘师培充满担忧地说道：“嗟乎！廿纪以前之中国，为汉族与蛮族竞争时代；廿纪以后之中国，为亚种与欧种竞争时代。故昔日之汉族迭为蛮族之奴隶，今后之中国，又将为欧种之奴隶矣！”更关键的是，在物竞天择的时代，失败一方将面临亡国灭种的严重后果：“中国当蛮族入主之时，夷族劣而汉族优，故有亡国而无亡种；当西人东渐之后，亚种劣而欧种优，故忧亡国，更忧亡种。”② 这种既亡国又亡文化的境地，将是难以想象的。邓实那时频繁地把中国与印度、埃及相提并论：“吊印度之残影，伤心佛树之花；过埃及之故墟，肠断金字之塔。江山如昨，夕阳留无限之光；金粉飘零，强族余歌舞之迹。欧风美雨，犹自披狂；澳黑非红，尽归零落。今则将移远东古国之片景现于支那，翻大西巨洋之热潮腾于震旦。积薪之下，烈火已焱；漏舟之

① 顺德邓实撰《论国家主义》，《光绪癸卯政艺丛书·政学文编卷一》，政学文编一至七卷总页码，1B。

② 刘师培：《中国民族志》，《刘师培全集》第 1 册，中共中央党校出版社 1997 年版，第 620—640 页。

中，狂澜四溢。瓜分之电交驰于海疆，一统之图纷变其颜色。”① 在不少人看来，在欧风美雨的侵袭之下，中国离瓜分灭亡似乎已经不远。

邓实追溯《政艺通报》创刊起源时曾说：“是时国家方丁庚子之变，念亡国之无日，惧栋榱之同压，于是皇然而有《政艺通报》之刊。”② 关于庚子年的转折性意义，他说：“庚子之奇变，酿滔天之祸，受千古之辱，我国士夫宜何如动心忍性，摩荡热力，卧薪尝胆，破釜沉船，誓心国耻而雪之。”③ 由于感受到庚子后更加严峻的时局，加上日剧日烈的民族之争，不少人深切感到，在残酷的国家竞争中，“不存则亡，不优则劣，徘徊无庸，幸免无庸”，是难以避免的命运④。柳亚子那时也说道：“寰海既通，欧风大扇，半开之士，慑于瓜分豆剖之祸，辄奔走呼号以回一世之视听，而曰：中国将为波兰，中国将蹈波兰之覆辙。呜呼！以形质言，中国之为波兰，初不自今日始；以精神言，中国将求为波兰而不可得。”⑤ 说明很多知识分子都认识到中国面临的严峻国际形势。

清末十年期间，旧制度在救亡实践中更加被证明无力。由于中国政教相连的传统，那时多数读书人试图从学的层面思考，以解决现实中遇到的困难。于是，越来越多的读书人走上了“以学救变”

---

① 邓实：《鸡鸣风雨楼独立书・自叙》，《政艺通报》癸卯年第23号，1904年1月2日。录自《光绪癸卯政艺丛书・政学文编卷七》，政学文编一至七卷总页码，页40A。

② 邓实：《第七年〈政艺通报〉题记》，《政艺通报》戊申年第1号，1908年2月16日，文页，1A。

③ 邓实：《鸡鸣风雨楼著议第十》（1902年4月8日），《光绪壬寅政艺丛书・政学文编》，卷一，9A。

④ 邓实：《鸡鸣风雨楼著议第八》（1902年4月8日），《光绪壬寅政艺丛书・政学文编》，卷一，8B。

⑤ 柳亚子：《〈波兰衰亡史〉序》，张明观、黄振业编《柳亚子集外诗文辑存》，上海人民出版社2010年版，第1页。

的道路。邓实所说“国何以强？曰强于人；人何以强？曰强于学”,① 便是这种思路的典型表述。这种表述，部分继承了“学以造人才，人才以兴国”的传统思路。除了政权与教化合一的传统观念，近代出现的“学战”所造成的观念转型，也使得学术与国家的关系较以往更为中国读书人所注意。

晚清以降，伴随坚船利炮的有形力量，西方文化开始广泛传播。相形之下，中国传统学问则被时人视为既无补于救亡，更无助于在新的社会进化中取得优势地位，开始受到普遍质疑，甚至一度面临“送进博物院”的命运②。外交失败、亡国灭种的危险迫在眉睫，国家贫弱的现实，使得越来越多的人怀疑传统学问的价值。于是，欧化思潮渐盛，传统文化不断被质疑，被越来越多人认为应为国家之贫弱负责。但是，文化是国家的精神生命所在，对于培植国人之国家意识、爱国心，具有重要的意义。在国家激烈竞争的时代语境中，国民爱国心的缺失、衰退，必不利于救亡图存的大局。国人丧失了文化自信，人心离散，如何能团聚国人共同奋斗，以救危亡，以图富强？若不幸而国亡，若无文化的支撑与维系，民族独立复兴大业又何从开展？即便侥幸而国不至于亡，甚至侥幸实现富强，若文化消亡，从长远的角度看，国家又如何存立？因此，如何吸纳外来文明实现民族文化的新生，如何在民族文化新生的过程中，发扬民族文化的精华，保存民族文化的主体性，成为追求制度革新与国家富强的人们不得不严肃考虑的重大问题。于此，国粹派同人抱有理智清醒的观察。章太炎提出，“近来有一种欧化主义的人，总说中国人比西洋人所差甚远，所以自甘暴弃，说中国必定灭亡，黄种必定剿绝。因为他不晓得中国的长处，见得别无可爱，就

---

① 邓实：《鸡鸣风雨楼著议第二学强》（1902 年 4 月 8 日），《光绪壬寅政艺丛书・政学文编》，卷一，7A。

② 罗志田：《送进博物院：清季民初趋新学者从“现代”里驱除“古代”的倾向》，《裂变中的传承：20 世纪前期的中国文化与学术》，中华书局 2009 年版，第 92—130 页。

把爱国爱种的心，一日衰薄一日，若他晓得，我想就是全无心肝的人，那爱国爱种的心，也必定风发泉涌，不可遏制的”。[①] 这里的“中国长处”实际指的就是国粹派同人所提倡“国粹”，他们坚信通过发扬国粹，复兴民族文化，可以唤起国民爱国热情，挽救世运，即章太炎一贯提倡的“以国粹激动种性，增进爱国的热肠”。又如他在《答铁铮》一文中指出，“民族主义如稼穑然，要以史籍所载人物、制度、地理、风俗之类为之灌溉，则蔚然以兴矣。不然徒知主义之可贵，而不知民族之可爱，吾恐其渐就萎黄也”。[②]

在中西竞争的大背景下，非物质层面的文化因素也将在振兴国家的事业中发挥重要功能，这是国粹派的一项重要主张。此主张区别于中体西用思路的独特之处，在于它超越了朝廷、君主、天下等传统理论路径，直接将文化与新式国家（State）联系起来，并把文化作为国家建设的重要组成部分，而且是不可缺少的建制性力量。黄节注意到学术文化与国家之间的关系，认为“学界”与“国界”密不可分。他说：“意大利文学复兴，达泰氏以国文著述，而欧洲教育，遂进文明。昔者日本维新，归藩复幕，举国风靡，于时欧化主义，浩浩滔天，三宅雄次郎、志贺重昂等，撰杂志，倡国粹保全，而日本主义，卒以成立。呜呼！学界之关系于国界也如是哉！宋之季也，其民不务国学，而好为蒙古文字语言，至名其侈辞以为美，于是而宋亡。普之败于法也，割雅丽司、来罗因以和，而其遗民，眷眷故国，发为诗歌，不忘普音，于是而普兴。国界之兴亡于学界也又如是哉！夫国学者，明吾国界以定吾学界者也。痛吾国之不国，痛吾学之不学，凡欲举东西诸国之学，以为客观，而吾为主观，以研究之，期光复乎吾巴克之族，黄帝尧舜禹汤文武周公

---

① 章太炎：《在东京留学生欢迎会上之演讲》，《章太炎全集》第 14 册，上海人民出版社 2018 年版，第 8 页。

② 章太炎：《答铁铮》，马勇编《章太炎书信集》，河北人民出版社 2003 年版，第 179 页。

孔子之学而已。"①

姚光也说："国于天地必有与立，国魂是也。说文以魂为阳气，故国之有魂，犹人之有精神。学术者一国精神之所寄，故学术即一国之国魂也。"② 田北湖认为，以文字为代表的学术作为国家的"徽章"，其重要性甚至高于土地、人民。他说："世界有文字之国，莫不以文字为祖宗之法器、国家之徽章，所存所亡，比重于人民土地。故屋人之社，必先除其文字，驱迫俘虏之遗黎，率从新国之俗，以表著其典章，扩张其势力，造邦立纪，有固然欤！"而民族国家之构造，文字更是不可缺少："国家之建造与其成立，所以显明之者，土地也，人民也，文字也。沟画内外，宰执始终，苟缺一端，则名实之间离矣。失其依据，将安存焉？故三互拘绞，乃能巩固主体，特出于世间。其生有序，其归有极。"③

基于这种对文化与国家关系的认识，国粹派有意识地梳理和辨析中西文化之间的关系。国粹派的重要成员许守微认为："国粹者，精神之学也；欧化者，形质之学也。欧化亦有精神之学，此就其大端言耳。无形质则精神何以存，无精神形质何以立。""国粹也者，助欧化而愈彰，非敌欧化以自防，实为爱国者须臾不可离也。"④ 这里其实变相批评了醉心欧化与排斥欧化两种极端的思想倾向，在相当程度上代表了国粹派的共同主张，即欧化与国粹之间并非零和关系，而是可以同时并存，并相互发明的。这里所反映出

---

① 黄节：《国粹学报叙》，《国粹学报》第1年第1期，1905年2月23日。清末不少读书人接受了拉克伯里的中国人种西来说，认为公元前23世纪左右，原居西亚巴比伦一带的迦克底亚——巴克民族，在其酋长奈亨台率领下大举东迁，辗转入今甘肃、陕西一带，又经长期征战，势力深入黄河流域，遂于此建国。酋长奈亨台即中国古史传说中的黄帝。参考李帆《拉克伯里学说与清季中国关于中国人种、文明西来说的个案研究》，《中国人类学评论》第6辑，世界图书出版公司2008年版。

② 姚光：《国学保存论》（约1907年），姚昆群、昆田、昆遗编《姚光全集》，社会科学文献出版社2007年版，第9页。

③ 田北湖：《国定文字私议》，《国粹学报》第4年第10期，1908年10月20日。

④ 许守微：《论国粹无阻于欧化》，《国粹学报》第1年第7期，1905年8月20日。

的国粹派形象，与过去所建构出的保守形象相当不同，正如郑师渠先生所指出，“人们多习惯于把国粹派描绘成抵拒西学新知的形象，实则大不然。国粹派最初迎受西学的途径虽然各有不同，但有一共同点，就是许多人曾经或始终是西学的热心传播者”。① 这一知识人群体，对于中西方学术其实都抱有深厚的兴趣，并通过各种途径努力吸收东西洋的思想文化，所以并非一群抱残守缺的守旧者。

在国粹派学者看来，提倡欧化与保存国粹固然并行不悖，但在欧化风潮炽烈的时代，通过复兴传统学术救济天下之变，显得尤为重要。中国过去以传统学术挽救天下世变的历史，似乎也已经证明，传统学问中蕴含着值得借鉴的救亡之道，等待后人去发现并善加利用。国粹派学人提出：“有一代之变，即有一代救变之学，天下之变无穷，而天下之学亦无穷。学术者，所以通时变而为用者也。自夫三代以来，天下之变亦多矣，而皆有学以救之。”东周末年，以强凌弱，以众暴寡，天下大乱，“乃有孔、墨、老、庄诸子之学，门户分立，派别虽殊，而究之皆规切时弊，以致实用，多为途术而赴国家之急，而周祚之赖以绵延者二百余年”。五代之乱达于极点，“乃有有宋诸儒之学，安定泰山讲经授徒，二程、朱子隐居读书，而宋能久而后亡。其亡也，忠节相望”。明代阉宦专权，乱者四起，“此顾、黄、王、颜四先生之所以目击心伤，抚膺扼腕，痛哭流涕而不能自已者也。不能自已，则既有一代之变，不能不为一代救变之学，四先生亦学焉而已矣。学经世救时实用之学，以维世变，以明大义，传千秋之正谊，待一治于后王，固欲读书报国，忧时讲学，陈古讽今，著书见志，以救斯世之变而使之不变者也。是故其言用，其学行，则用以救一时之变；其言不用，其学不行，则用以救万世之变。”国粹派同人希望天下士人效仿其所表彰的历代大儒，以学救变。

① 郑师渠：《晚清国粹派文化思想研究》，第 65 页。

三　关于国学历史的新论述——以邓实为例

正是因为认识到传统中国学问，也就是国粹派眼中的“国学”，有着挽救国家危机的重大价值，很多国粹派学者致力于重新梳理过去的思想学说，并着力构造新的国学系谱，希望从中发掘出有益的学术内容以因应世变。这中间，邓实、黄节等人是最重要的代表人物，他们的工作主要体现在以下三个方面。第一，梳理先秦至清末儒学的发展历史，呈现儒学在各朝代兴衰分合的脉络，以及影响儒学发展的各种因素。第二，提倡六经皆史论。受章太炎与刘师培的影响，邓实等人也主张经书是人类社会发展演化的历史记录，认为“六经皆先王之旧典，不读经则无以知古代之典章风俗学术，以成其考古有用之学”①。换言之，经书的价值与意义在于存古，这在很大程度上廓清了笼罩在经学之上的神秘色彩②，此“去神圣化”过程对近代学术研究的转向发挥了重大作用。第三，反复强调儒学经世致用的基本精神，并以此为标准表彰过去的重要历史人物。与章太炎明确反对治学“适今”“尚用”不同，在邓实看来，求真与致用可以实现有机的结合和统一，故他既对两汉儒者的敏学好古再三致意，又极力推崇明末清初顾炎武等人的明体达用。邓实希望借此排斥历史上的“画饼无用”之学，倡导通经以致用的社会风气，应对国家、社会亟待解决的现实问题。

邓实等人把春秋以前的学问总结为鬼神术数之学，周秦时代之学问归于史，而把汉代以后之学问归为儒学，儒学从此占据中国之学的主流，绵延至今。他说：“神州学术，春秋以前归于鬼神术数，春秋以降归于史，汉以后归于儒，归于儒而无所复归矣。盖自

① 邓实述《国学讲习记》，《国粹学报》第2年第8期，1906年9月8日，社说栏，1A。

② 郑师渠：《晚清国粹派文化思想研究》，第282页。

汉以降，神州之教为儒教，则神州之学亦为儒学，绵绵延延，历二千余年而未有变也。”① 从春秋、周秦到汉代的转折，以汉武帝罢黜百家为分际，从此决定了中国学术以后两千多年的基本面貌。周秦之时，百家诸子蜂出，著书各以其术自鸣，“皆思以其言易天下”。自汉武罢黜百家，表章六经，“诸不在六艺之科、孔子之术者，皆绝其道，勿使并进，于是而儒教始归于统一”。汉以后遂无诸子，“汉以后神州之学术，在乎儒者之一家而已。儒者之学术，其大者在乎六经而已”。②

儒学在汉代地位独尊，但其学脉渊源甚长。《周礼》有师儒之称，儒之名自古有之，非孔子特创。儒者自古即以六艺教民，六艺由来已久，非孔子所自作。但孔子不作经，却未尝不订经。孔子有感于“王路废而邪道兴，于是论次《诗》《书》，修起《礼》《乐》，因史记作《春秋》，以寓王法”。故六经皆经孔子删定，其笔削去取皆有深意，已非先王政典六艺之旧貌，“孔子未删订之六经，则儒家与诸子共之（如墨子所见之六经是）；孔子既删定之六经，则惟儒者一家之学”。历代儒者所诵习者，为孔子修订后的经书，“与旧本之经异”。③

邓实特别表彰孔子修订六经之功，认为“孔子不作经而订经，其订经之功，岂减于作哉？周衰道微，礼乐废坏，邪说大兴，不有圣人之赞修删定，将千圣百王之大道，何繇而明乎？拨乱世，反之正，垂六艺之统于后世（《太史公自序》），使先王之道，断而复续，暗而复明，孔子之功亦伟矣！其斯为国教之龙象欤！”④ 其尊

① 邓实述《国学通论》，《国粹学报》第1年第3期，1905年4月24日，社说栏，1A－1B。

② 邓实述《国学通论》，《国粹学报》第1年第3期，1905年4月24日，社说栏，1A。

③ 邓实述《国学通论》，《国粹学报》第1年第3期，1905年4月24日，社说栏，1B－2A。

④ 邓实述《国学通论》，《国粹学报》第1年第3期，1905年4月24日，社说栏，2A。

孔子之意显而易见。孔门之六经，曾遭秦火之大厄，几乎亡失殆尽，但幸有七十二弟子，六经不致全部沦为灰烬，“孔子则订经，弟子则传经，自经有传人，而经可不亡矣”。其中子夏通群经，弟子最盛，于传播孔门六经厥功至伟，“孔子没而有子夏，七十子丧而有荀卿，微言大义复赖以不绝，由是孔门之六经，虽亡而不亡”。①

邓实又论述中国历代儒学之盛衰得失，从中可以判断其国学的主体和范围，值得详列探究。他注意到，当西汉之时，因去战国未远，汉初文帝、景帝崇尚黄老之术，故黄老、刑名各派，“犹各挟其余焰，以相争胜，而儒学或兴或灭，犹未能统一诸学也”。及汉武帝罢黜百家，置五经博士，然后如司马迁谓“自是以来，公卿大夫士吏，彬彬多文学之士矣”。邓实注意到班固所说自武帝立五经博士后，“一经说至百万余言，大师众至千余人”，颇叹“利禄之中人甚矣哉！盖自汉而已然矣”。②

相比之下，邓实颇为激赏西汉尚有一二经师大儒，于经书之微言大义，辛勤补缀，如《易》有施、孟、梁丘三家，“皆能以占变知来”，《书》有夏侯、欧阳、兒宽诸家，“皆能以《洪范》匡世主”，《诗》则有申公、辕固生、韩婴、王吉、韦孟、匡衡，“皆以三百五篇当谏书”，《春秋》则有董仲舒、隽不疑之决狱；《礼》则有鲁诸生、贾谊、韦元成之议制度，而萧望之等皆以《孝经》《论语》保傅辅道，皆称得上是“通经以致用”的楷模。③

---

① 邓实述《国学通论》，《国粹学报》第 1 年第 3 期，1905 年 4 月 24 日，社说栏，2A。

② 邓实述《国学通论》，《国粹学报》第 1 年第 3 期，1905 年 4 月 24 日，社说栏，3A。

③ 邓实述《国学通论》，《国粹学报》第 1 年第 3 期，1905 年 4 月 24 日，社说栏，3A。此处全本魏源《刘礼部遗书序》：“两汉经师，承七十子微言大义。《易》则施、孟、梁丘，皆能以占变知来；《书》则大小夏侯、欧阳、兒宽，皆能以《洪范》匡世主；《诗》则申公、辕固生、韩婴、王吉、韦孟、匡衡，皆以三百篇当谏书；《春秋》则董仲舒、隽不疑之决狱；《礼》则鲁诸生、贾谊、韦元成之议制度；而萧望之等皆以《孝经》、《论语》保傅辅道。求之东京，未或有闻焉！”参见《魏源全集》，岳麓书社 2004 年版，第 12 册，第725 页。

相比西汉，邓实更赞赏东汉儒学的发展。他称赞光武帝爱好经术，即位之初先访儒雅，故通经之大儒，“继踵而集”。而后立五经博士，修起太学，各以家法教授诸生。其时功臣亦无不好学，如邓禹习《诗》，马援受《齐诗》，耿弇治《诗》《礼》，公卿守令“莫非经儒”。明帝即位后，为功臣子孙别立校舍，搜选高能以授业，“悉令通《孝经》章句”。章帝时大会诸儒于白虎观，“考详同异”。由于历代皇帝的表彰提倡，故“三代以下，儒术之醇，风俗之美，无过于东京者”。[①] 在下研习儒学者也所在多有，如郑玄“博综群经，为一代大师”，而“郑兴父子、贾逵、马融之徒，皆开门讲学，弟子多至万六千人”。邓实认为，正因为东汉士林讲习儒学，“是以流风所扇，虽至末造，而党锢之流，独行之辈，依仁蹈义，舍命不渝”，[②] 把汉末太学生持清议抨击宦官乱政的抗争精神，归功于东汉儒学的昌盛发达。

到三国之世，“承汉末儒术之盛，虽稍凌夷，而流风未泯”。如凉茂据经论事，国渊讲学于山岩，张臻门徒数百，管宁服膺六艺，“固一时醇儒也”。传经之士，如蜀有杜琼、许慈、孟光、来敏、尹默、李譔，魏有王朗、王肃、孙炎、周生烈、董遇、荀辉、刘劭、王基，吴有张纮、严畯、程秉、阚泽、唐固、虞翻、陆绩，皆其最著名者。[③]

但当时曹操崇奖“跅弛之士”，其求才之令，“至于求负污辱之名、见笑之行，不仁不孝，而有治国用兵之术者，于是权诈迭进，奸逆萌生”。这给当时社会风气造成了极大破坏，时人逐渐“不复以学问为本，专更以交游为业，国士不以孝悌清修为首，乃

---

① 邓实述《国学通论》，《国粹学报》第1年第3期，1905年4月24日，社说栏，3A-3B。

② 邓实述《国学通论》，《国粹学报》第1年第3期，1905年4月24日，社说栏，3B-4A。

③ 邓实述《国学通论》，《国粹学报》第1年第3期，1905年4月24日，社说栏，4A。

以趋势求利为先”。至正始年间，清谈流行，“一二浮诞之徒，骋其智识，蔑周孔之书，习老庄之教”。邓实认为儒术自此逐渐衰落，仅“郑、王二派，递相传述，下迄六朝，犹存家法，则儒学尚延一线之传焉”。①

晋朝是儒学的急剧衰落期，特别是惠帝以后，朝政昏弛，“衣冠礼乐，扫地俱尽”。邓实批评说：“有晋始自中朝，迄于江左，莫不崇饰华竞，祖述虚言，摈阙里之典经，习正始之余论，指礼法为流俗，目纵诞以清高，遂使宪章弛废，名教颓毁。五胡乘间而竞逐，二京继踵以沦胥，运极道消，可为长叹矣。”邓实认为，五胡乱华是中国灭亡的开始，而儒学之衰显然是其中最重要的原因：“盖儒学之衰，至晋而极！故王肃逞伪说而作《家语》，王弼宗老庄而注《周易》，杜预废服、贾而释《春秋》，梅赜乃至以其伪古文书，窜乱经籍，则当时之经学可知矣。此其所以国亡于上，教沦于下，羌戎互僭，君臣屡易，举中国之天下而亡之也。悲夫！”②

南北朝时期，儒学有南北之分。南方自草创以迄宋、齐，“国学时开，徒取文具”。梁武帝天监四年，诏开五馆，置五经博士。武帝复亲自释奠先师，济济洋洋，可谓有一代之盛。陈初虽稍置学官，“成业盖寡”，其列儒林传者亦皆“梁之遗儒”。北方自北魏初定中原，“便以经术为先，立太学，置五经博士”。自是以后，代有损益。儒学分南北以后，家法学风亦各有异同：“大抵北儒之学，好崇实际，故重师法；南儒之学，好言新理，故尚浮夸。其分道扬镳，盖由于山川地理之趋向，自古已然者矣。”③ 这里值得注意的是，北朝作为一系列外族政权的集合，邓实并未因其外族属性

---

① 邓实述《国学通论》，《国粹学报》第1年第3期，1905年4月24日，社说栏，4A－4B。

② 邓实述《国学通论》，《国粹学报》第1年第3期，1905年4月24日，社说栏，4B－5A。

③ 邓实述《国学通论》，《国粹学报》第1年第3期，1905年4月24日，社说栏，5A－5B。

而否认其间儒学的递相传衍，与此前排斥外族窃学的思路有很大差别。

至于隋代，杨坚“厚赏诸儒”，自京师至地方“皆启黉校”，“齐鲁赵魏，学者尤多，讲诵之声，道路不绝”。末年则“不悦儒术，专尚刑名”，渐废“天下之学，惟存国子一所”。炀帝时期，复开庠序，“国子郡县之学，盛于开皇之初”。后来“外事四夷，戎马不息，师徒怠散，盗贼群起，礼乐不足以防君子，刑罚不足以威小人，空有建学之名，而无弘道之实。其风渐坠，以至灭亡，方领矩步之徒，亦多转死沟壑。凡有经籍，自此皆湮没于煨烬矣”。隋之儒学，呈现前盛后衰的局面。①

隋代因统一南北，儒学渐由分而合，当时“二刘（刘焯、刘炫）为传经之大师，王通为传道之大儒”。刘焯于贾、马、王、郑，“多所是非”，刘炫博学多识，自谓《周礼》《礼记》《毛诗》《尚书》《公羊》《左传》《孝经》《论语》、孔、郑、王、何、服等注，凡十三家，并可讲授。王通教授于河汾，续《诗》《书》，正《礼》《乐》，修《元经》，赞《易》道，历时九年而六经大就。“门人自远而至，一时如唐之佐命，房、杜、魏、薛，咸称师北面，受王佐之道。其往来受业者，盖千余人，亦可谓盛矣。”②

唐代自高祖立周公、孔子庙于国学，至太宗益“锐情经术”，置弘文学馆，罢周公祠，立孔子为先圣、颜子为先师，数次驾临国学，令祭酒、博士讲论经义。另“广学舍，益生员”，诸生员多至三千二百人。四方儒生，云集京师，高丽、百济、新罗等国亦遣子弟入学，“儒学之盛，近古未有”。又诏颜师古考订五经，颁行天下。诏孔颖达撰《五经正义》，令天下传习。又诏左丘明、子夏、马融、郑元等二十一人，配祀孔子庙堂，“其尊崇儒道如此”。邓

① 邓实述《国学通论》，《国粹学报》第1年第3期，1905年4月24日，社说栏，5B－6A。

② 邓实述《国学通论》，《国粹学报》第1年第3期，1905年4月24日，社说栏，6A。

实赞叹唐代为儒学中兴之时代："夫唐退周公而祀孔子，尊经师以配庙堂，雠正五经，撰为义疏，开端创始，举南北五百余年之纷争，一朝大定，后王遵守其制毋敢易。自汉至唐，可谓儒学之中兴矣。"①

但邓实对于孔颖达等人颇有微词，认为孔撰《五经正义》，"去取多乖，不能折衷至当"，"《易》用辅嗣而废康成，《书》去马、郑而信伪孔，《穀梁》退麋氏而进范宁，《论语》则专主平叔。弃彝鼎之尊，宝康瓠之贱，坐使后王有作，因陋就简，循其失以至今，而旧经古谊，微言大义，驯致湮没，则诸儒之过也。若夫初唐之儒风，究心三礼，考古礼以断时政，务为有用之学，则窃有取焉。"② 这里处处可见对老庄之学的排斥，以及对有用之学的推崇。

宋初之儒学，胡瑗、孙复二大儒讲学，"实开周、张、程、朱之先河"。胡瑗设学湖州，立经义、治事二斋，弟子常数百人。孙复聚徒著书，"以治经为教"。宋中叶周敦颐作《太极图说》《通书》，"推明阴阳五行之理"。张载作《西铭》，"极言理一分殊之情"。程颢、程颐表彰《大学》《中庸》二篇，与《论语》《孟子》并行。朱熹得程氏正传，"大抵以格物致知为先，明善诚身为要。凡诗书六艺之文，与夫孔、孟之遗言，至是皆焕然而大明，秩然而各得其所"。③ 因此之故，宋儒之学可超越宋以前诸子，上接孟子之道统。

辽、金、元属外族政权，"皆崛起于朔北，其族本犷野。自主盟中夏，托名卫道，效法先王，兴学崇儒，极意铺张，文采始郁郁可观"。"托名卫道"一语，足见邓实对三朝之轻蔑。另有邓实此

---

① 邓实述《国学通论》，《国粹学报》第 1 年第 3 期，1905 年 4 月 24 日，社说栏，6A－6B。

② 邓实述《国学通论》，《国粹学报》第 1 年第 3 期，1905 年 4 月 24 日，社说栏，6B－7A。

③ 邓实述《国学通论》，《国粹学报》第 1 年第 3 期，1905 年 4 月 24 日，社说栏，7A－7B。

前所攻击的“伪儒”，如姚枢、许衡、窦默、吴澄之徒，“窃程朱之传，以圣道自命，复为之文饰遗经，润色鸿业，于是而觍然受太牢之享，隆大儒之称”。对于这些“伪儒”，邓实同样嗤之以鼻，直言三朝儒者唯“刘因一人而已，姚、许、窦、吴之徒毋取焉”。①

邓实认为，明初儒学仍继承程朱之学，明初诸儒“皆朱子门人之支流余裔”，如曹端、胡居仁辈，皆“笃守儒先之正传”。自陈献章、王守仁之后，明代儒学遂发生转折。自陈、王二者讲学，门徒遍天下，流传逾百年，“笃信程、朱，无复几人矣”。邓实总结说：“有明一代学术亘三百年，而学案百出，语录如海，未闻有以经训家法卓然成家者。学者以讲章为圣经，以类书为贤传，困守帖括，向壁虚造。经学非汉唐之专精，性理袭宋元之糟粕。科举盛而儒术微，殆其然也。”另外他还将矛头指向心学流弊，士人皆从事“画饼无用”之学，故“米贼一呼，明社以屋”。但明亡以后，忠臣义士遍布南北，皆归诸“东林二三君子讲学之功”。②

对于清代学术，邓实特别致意。在《国学今论》中，他对于清代学术作了总结，认为清代学术经历三次大的变化：“顺康之世，明季遗儒，越在草莽，开门讲学，惩明儒之空疏无用，其读书以大义为先，惟求经世，不分汉宋，此一变也。乾嘉之世，考据之风盛行，学者治经，以实事求是为鹄，钻研训诂，谨守家法，是曰汉学；方（苞）、姚（姬传）之徒，治古文辞，自谓因文见道，尸程朱之传，是曰宋学。治汉学者诋宋，治宋学者亦诋汉，此再变也。道咸之世，常州学派兴，专治今文，上追西汉，标微言大义之学以为名高，此三变也。”③ 邓实对于清学的划分方式，与王国维

① 邓实述《国学通论》，《国粹学报》第1年第3期，1905年4月24日，社说栏，7B－8A。

② 邓实述《国学通论》，《国粹学报》第1年第3期，1905年4月24日，社说栏，8A－8B。

③ 邓实述《国学今论》，《国粹学报》第1年第4期，1905年5月23日，社说栏，1A。

“国初之学大，乾嘉之学精，道咸以降之学新”这一论断的分期基本相同。[①] 所不同的是，邓实把乾嘉时期的学术特征描述为汉宋之争，而不像王国维那样独标汉学，这一做法实际隐约提高了宋学的地位。

对于汉宋之争他持批评态度：“神州学术之变久矣。今日之变，则上古所未有也。春秋以降，鬼神术数之学变为百家诸子，百家诸子变而为儒，其变也，各自为宗，树矛戟于道外。近世二百余年，不分汉宋之学变而为汉学、宋学，汉学、宋学变而为西汉今文之学，其变也，不离乎儒者近是，树矛戟于道中。变之于道外，则各学分立，而学之途日争而日进；变之于道中，则同室交哄，而学之派愈趋而愈歧。”[②] 在邓实看来，无论是汉学、宋学，还是今、古文经学，其实同属于儒者之学，而内部的学术交争对于儒学本身的发展都有负面影响。

所以他又说：“夫学之真，一而已矣。何为汉、何为宋，何为今文、何为古文哉！秦火之残，诸经复出，汉儒治经，博综群籍，铨明故训，不为墨守，此汉学之真也；有宋诸子，生经学昌明之后，本之注疏，通夫训诂，然后会同六经，权衡四书，发其精微，明其义理，此宋学之真也。西汉经师，承七十子微言大义，类能通经以致用，如《禹贡》行水，《春秋》折狱，三百五篇当谏书，此今文学之真也；东汉经师，发明古训，实事求是，不立门户，而人尚名节，成为学风，此古文学之真也。是故学之真，一而已。真者何？皆在孔子之术、六艺之科而已，无汉宋无今古也。”[③] 无论汉宋还是今古文经，其真义都在孔子之学，这里不仅体现了邓实调和

---

① 王国维：《沈乙庵先生七十寿序》，《王国维遗书·观堂集林》卷23，上海古籍出版社1983年版，第26页。

② 邓实述《国学今论》，《国粹学报》第1年第4期，1905年5月23日，社说栏，1A－1B。

③ 邓实述《国学今论》，《国粹学报》第1年第4期，1905年5月23日，社说栏，1B。

汉宋的趋向，也体现了他调和今古文经的趋向。

邓实认为学术变迁直接关系到世运的隆替。他认为，顺康时期，天下草创，文网未密，故当时大儒君子，“得以抱其不事二姓之节，讲学授徒，风厉天下。流风所扇，人人知趋向实学，追汉采宋，不名一家，国家尝收人材之实。故其时民风士习，皆有可观，学术既盛，而世运亦隆”。① 其中儒者以黄宗羲、顾炎武、王夫之、孙奇逢、李颙、颜元为代表。当时明末学风空疏，士人空言心性之学，“皆以读书为非，无应用之实学”。顾、黄等六人鉴于明末之学风日坏，讲学各有特色，“梨洲集王学之大成，亭林以关学为依归，船山奉关学为标准，夏峰、二曲融合朱、陆，习斋则上追周孔”。六人学派不同，但“以经世有用实学为宗则同，其读书通大义、不分汉宋则同，其怀抱国仇、痛心种族、至死不悔则同”。②

邓实赞扬六人之学，实开清学之先河：“六先生之学，何其大也！是故南方之学而黄、顾、王三先生为其大师，北方之学而夏、李、颜三先生为其大师，翘然树六大帜于神州之内，门徒遍天下，流传逾百年，谓有清一代学术，六先生开之可也。”他认为，此六人不仅是清学的开创者，更是天下之学的承担者：“六先生以布衣讲学，抗节西山，不肯受新朝之一丝一粟，而以传正学、开来哲自任，申明大义，著书以告万世，系天下之学于一线以至今。使微六先生，而神州天下之亡久矣。”③ 这种天下之学，已类似后来与君学对立的国学。

对于六人在学术上的贡献和发明，邓实也分别论述，从中也可见他本人的思想旨趣。对于黄宗羲，邓实指出其学虽源自王学，

---

① 邓实述《国学今论》，《国粹学报》第1年第4期，1905年5月23日，社说栏，1B。

② 邓实述《国学今论》，《国粹学报》第1年第4期，1905年5月23日，社说栏，2A－2B。

③ 邓实述《国学今论》，《国粹学报》第1年第4期，1905年5月23日，社说栏，3B。

但并无“心学空虚之弊”。其《明夷待访录》一书，“发明君臣之原理，以提倡民权”；其《宋元明儒学案》，“为中国独一之学史”；其《留书》，则为“王佐之略，而昆山顾氏所叹为三代之治可复者也”。① 对于顾炎武，则称“亭林之学，通儒之学也”，周览郡国，留心风俗，于“维礼教、持清议、复宗法、核名实、贵自治、务垦辟，一篇之中，反复三叹，先生之心如见矣”。② 对于王船山，邓实特别表彰其“生当鼎革，茹种族之悲”，故著《黄书》，“溯黄帝为吾族之祖，于彝夏之辨，人禽之界，防之至严”。③ 对于孙奇逢，认为夏峰论学，“以躬行有用为宗，而于人伦日用间体认天理”。其为学以“有用二字乃孔门学旨”，故能“内敦诗书，外御盗寇，部署战守，以儒而能兵”。④ 对于李二曲，称其“天下之治乱，在乎政教之盛衰；政教之盛衰，在乎学术之邪正；学术不正，则政教无所施其权，而不至率天下而充塞乎仁义者几希矣”一语，“上接关学六百年之统”。⑤ 对于颜元，认为其讲学“以事物为归，以躬行为主，不尚空言”。其教诸生“习礼乐射御书数兵农水火诸学”，于文事、经史外，兼习武备、艺能各科。“盖先生之学，以用为体，即以用为学，实学实用，即体即用者也。”⑥

到了雍正、乾嘉时期，天下既定，文字狱兴起，严立会结社之

---

① 邓实述《国学今论》，《国粹学报》第1年第4期，1905年5月23日，社说栏，2B。

② 邓实述《国学今论》，《国粹学报》第1年第4期，1905年5月23日，社说栏，2B。

③ 邓实述《国学今论》，《国粹学报》第1年第4期，1905年5月23日，社说栏，2B－3A。

④ 邓实述《国学今论》，《国粹学报》第1年第4期，1905年5月23日，社说栏，3A。

⑤ 邓实述《国学今论》，《国粹学报》第1年第4期，1905年5月23日，社说栏，3A。

⑥ 邓实述《国学今论》，《国粹学报》第1年第4期，1905年5月23日，社说栏，3A－3B。

禁，民间讲学之风顿时衰歇。当时学者，才智无以施展，故“遁于声音训诂无用之一途以自隐，而汉学之名以起”。另有“一二躁进之士，思获时主之知遇，则效法程朱，博老成持谨之名，以愉惕禄仕，而宋学之名以起”。自有汉学、宋学之争，“清学日衰，海内亦稍罢敝矣”。①

汉学以吴、皖二派为最盛，吴派以惠栋为其大师，皖派以戴震为其大师。两派各有特点，大体“吴学一派，笃信好古，实事求是；皖学一派，好学深思，心知其意”，“吴学好博而尊闻，皖学综形名、任裁断”。此论断借鉴了刘师培及章太炎的看法②。邓实另认为，吴、皖两派实同出一源，“其治经皆谨守汉儒家法，不杂入宋元人语，则无有或异也”。③ 对于惠栋，称其治汉《易》，撰《周易述》，“汉学之绝者千有五百余年，至是而灿然复章”；撰《明堂大道录》《禘说》，“申明明堂配天之义”；又有《易汉学》《易例》二书，皆“推演古义”；《古文尚书考》一书，“明郑康成所传为孔壁真古文，辨今文《太誓》之非伪”；《左传补注》“于古今文之同异，辨之甚悉”；而《九经古义》一书则讨论古字古音，以纠纷正谬，有功于经籍甚大。邓实评论惠栋：“精眇渊博，甄明古谊，不愧大师”。④ 邓实对于戴震多有褒扬，认为其治经以识字为始，“由识字以通词，由词以通道”，其学“长于考辨，立义多所创获”。生平著述，以《孟子字义疏证》《原善》二书为最精深，著书极博，于小学、礼经、算术、舆地，皆有撰述。邓实叹曰：“戴氏之学，其所以雄视一代，掩蔽天下者，岂无故哉！”他

① 邓实述《国学今论》，《国粹学报》第1年第4期，1905年5月23日，社说栏，1B－2A。

② 章太炎：《清儒》，徐亮工编校《中国近三百年学术史论》，上海古籍出版社2006年版，第5页。

③ 邓实述《国学今论》，《国粹学报》第1年第4期，1905年5月23日，社说栏，4B－5A。

④ 邓实述《国学今论》，《国粹学报》第1年第4期，1905年5月23日，社说栏，5A。

特别揭橥戴震批判“后儒以理杀人”之说，认为其“所言多发明公理，排斥专制，与近日哲儒所言平等、共和之说相合”。①

总之，“乾嘉上下百年间，为有清一代学术之中兴，而惠、戴二大经师实为其祭酒”，其继起者，“大抵皆吴、皖二派之支流余裔也”。② 对于二派后继者的学说，邓实全依从章太炎《清儒》所论，认为“章氏之言信哉，诚知夫学派之流别者矣”。③ 除惠、戴二派之外，乾嘉时期其余汉学诸儒，治经各守家法，于《诗经》《易》《尚书》《仪礼》《春秋》《论语》《孟子》《孝经》等经典各有注疏，“白首一经，辛勤补缀，其功亦乌可没哉！”④

对于乾嘉诸儒，邓实认为除勤于注疏外，对于诸经及小学古籍，另有大功四：辨伪经、存古书、发明微学、广求遗说、驳正旧解，以及小功四：驳正旧解、创通义例、缀拾丛残、辨正讹诬。对于乾嘉诸儒之敏学好古，邓实推崇备至。而桐城学派，以“方苞、姚鼐为其大师”。方氏为文，效法曾巩、归有光，谨守法度，谓之“桐城义法”。又熟治三《礼》，“冀尸程朱为其后世，然所得至肤浅，无足重”。姚氏私淑方氏，其始欲从戴东原问学，及戴谢之，“而别标义理、考据、词章三者以为宗，以与汉学自异”。其生平论学大端，“而皆排斥汉儒”。姚氏门下著籍者甚众，“各以所得，传授徒友，往往不绝”。其不列弟子籍，同时服膺姚氏之学者，遍布南北，“是当时桐城之学，几于风靡天下，其流风余韵，流被百年，下至道咸之世不绝”。⑤

---

① 邓实述《国学今论》，《国粹学报》第 1 年第 4 期，1905 年 5 月 23 日，社说栏，5A－5B。

② 邓实述《国学今论》，《国粹学报》第 1 年第 4 期，1905 年 5 月 23 日，社说栏，5B。

③ 邓实述《国学今论》，《国粹学报》第 1 年第 4 期，1905 年 5 月 23 日，社说栏，6A。

④ 邓实述《国学今论》，《国粹学报》第 1 年第 4 期，1905 年 5 月 23 日，社说栏，6B。

⑤ 邓实述《国学今论》，《国粹学报》第 1 年第 5 期，1905 年 6 月 23 日，社说栏，1A－1B。

邓实在这里明显反对汉宋相争，他认为汉学、宋学于孔子之道，各有所得："汉学、宋学，其于孔子之道，各有所得。汉学好古而敏求，宋学慎思而明辨；汉学博学而笃志，宋学切问而近思。宋儒尊德牲（性），汉儒道问学，其道不相为非。今欲尊汉而祧宋，则是圣人之道，有博而无约，有文章而无性道，有门庑而无堂奥矣；今欲尊宋而祧汉，则是圣人之道，有约而无博，有性道而无文章，有堂奥而无门庑矣。不亦慎乎！"① 所以如果从汉学、宋学之中各取其所得，则受益无穷。他提倡学者若"舍短取长，阙疑信古，则古人之学皆可为用，孰与姝姝守一先生之说，而门户自小？又孰与专务调停古人之遗说，而仆仆为人，毫无自得哉？"

对于整个清代学术，他认为是学术的盛世："综观本朝二百余年之学派，其飙动云涌，霞鲜雾采，三色而为霱，五色而成文，可谓神洲（州）学术之中兴矣。经学迈汉唐，性理越宋元，辞章驾魏晋。其著作等身，褒然成家，著录于国史儒林、文苑传者，以数十百计焉，前代所未有也。"② 为何有此学术盛世？邓实认为："盖自乾嘉之世，天下大定，海内无事，学者无所用其才智，身心暇逸，故得从容以讲求其学问。又功令方以点画声病之学取士，士之得禄也难，故贤智之士在野者多，不至以其精力销磨于从政，而得以专注于学问。然求学问则必知今古，知今古则憙议论，而或且以文字得祸，则相与辐辏于说经。经之大义，多言经世，则又恐涉于国是，以自取僇，则说经又相与舍其大义，而但攈摭细微，苟以耗日力纾死免祸而已。"③ 按照邓实的论述，清代学术的兴盛固然有乾嘉盛世这一外在环境的功劳，但也有学者为规避文网而被迫进入

① 邓实述《国学今论》，《国粹学报》第1年第5期，1905年6月23日，社说栏，2A。

② 邓实述《国学今论》，《国粹学报》第1年第5期，1905年6月23日，社说栏，4B。

③ 邓实述《国学今论》，《国粹学报》第1年第5期，1905年6月23日，社说栏，4B－5A。

经学考据在发挥作用，颇有些因祸得福的味道。他不自觉地把清学的兴盛全部归功于乾嘉汉学，而丝毫未提汉学之外诸学的贡献，可见其内心实际认同乾嘉汉学实代表清学的高峰。

章太炎曾说："清世经儒大体与汉儒绝异，不以经术明治乱，故短于风议；不以阴阳断人事，故长于求是。"① 邓实同意此论，并进而为汉学疏解说："然则其异同长短之间，夫岂无故而然哉？此汉学考据所以经乎天演淘汰，而于清世为最适者也。及夫习之既久，成为风气，学者非以治经不能邀名誉于社会，而非守汉学家法亦不足号经师。其徒党日众，则声气标榜，位置自高，而几忘其初故矣。是故汉学者能使才智之士得藉以自隐，而收明哲保身之誉，而人主有所举措，亦毋虑一二迂儒指天画地，以掣肘其国是，此其学派所以称极盛也。"② 他认为汉学的发展，是汉学诸儒与统治者互相妥协的结果，正是时局的独特性造成了汉学的兴盛。

此时国粹派学人对清廷的态度已有所变化，对出仕清廷的士人，抱有很强的敌意，无论汉宋学者，但凡出仕清廷，均一概排斥。邓实说："余叙述一代学术，而不及在高位者，如宋学一派则二魏（象枢、裔介）、汤斌、李光地，汉学一派则徐乾学、纪昀、阮元、毕沅，皆以大人先生，执学界之牛耳。然而无取焉者，一则伪名道学，以腴媚时君，一则著述虽富，或假手于其食客。是故清学而有此巨蠹之蟊贼，而清学亦衰矣。"③ 有清一代之学术，大体范围仍不出六经。"本朝学术，实以经学为最盛，而其余诸学皆由经学而出。""是故经学者，本朝一代学术之宗主，而训诂、声音、金石、校勘、子、史、地理、天文、算学，皆经学之支流余裔也。""本朝学术，曰汉学，曰宋学，曰今文学，其范围

① 章太炎：《清儒》，徐亮工编校《中国近三百年学术史论》，第8页。

② 邓实述《国学今论》，《国粹学报》第1年第5期，1905年6月23日，社说栏，5A。

③ 邓实述《国学今论》，《国粹学报》第1年第5期，1905年6月23日，社说栏，5B。

仍不外儒学与六经而已，未有能出乎孔子六艺之外而更立一学派也。”①

通过梳理中国过去的学术发展脉络，邓实等人希望同时代的人注意到，中国传统学术的价值并不能因为秦汉以后专制君主与外族政权的歪曲，而有损其本身的意义。在他们看来，秦汉以后得到提倡的孔学，经过专制君主的改造，已然失去其本来面目，而整个传统儒学体系的发展也因为君主统治的需要而走上了不同的方向，这与先秦中国的思想学说已经背道而驰。这中间，邓实等人特别重视学术发展与世道人心的关系，也从侧面提示出其对传统学问变迁大势的探讨，是有明确的现实指向的，进一步揭示出文化与国家之间的紧密关系，在国粹派学者中间已成为明确的共识。

四　国粹派与中西文化会通

除了国家层面的现实需求，国粹派同人保存国粹的另一初衷，还在于实现东西文明的“联姻”，建立一种“世界文化”，体现超国家的一面。邓实认为，世界上仍然存在的文明有两种，即东洋文明与西洋文明。“东洋文明所谓形而上者，精神的是也；西洋文明所谓形而下者，物质的是也。”随着东西交接的深入，20 世纪将是东西洋“两大文明争存之时代”。由于东西实力的差距，西洋文明在竞争中处于优势地位，“西洋之文明如花似锦，势将驾东洋文明而上之”；而“吾国三五青年，又复醉心欧化，联袂以相欢迎，不知爱吾祖国之文明发挥而光大之，徒知爱异国之文明崇拜而歌舞之”。因此，邓实担心“吾恐不百年后东洋之文明亡，文明亡而其

① 邓实述《国学今论》，《国粹学报》第 1 年第 5 期，1905 年 6 月 23 日，社说栏，5A－5B。

发生此文明三千余年之祖国亦亡”。① 他又看到，东西文明竞存也提供了东西文明交融化合的机会。他说，“今者地球大陆之盛气，由西而东，正泰东文明、泰西文明大地两文明合并之时代。”② 又说：“今日者星球绳绳，置酒张灯，正两大文明结婚之时代。”③ 他希望人们以一种自信、开放的心态对待东西文明的竞存与融合，“夫西洋文明之热潮已渐涌渐进东亚之大陆，利在顺其流而因势利导，不在逆其流而反为所推倒。吾国之文明，属于道德上而为精神的文明者虽称完全，其属于艺术上而为物质的文明者甚形缺乏，则以我之精神而用彼之物质，合炉同冶，以造成一特色之文明而成一特色之国家，岂不甚懿！”④

对于把东西文明熔于一炉，产生出新的文明，邓实抱有很大的信心。他观察到，日本输入唐代文化，有“和魂汉才”的说法，到后来输入西方文明，又有“和胆洋器”之说。两次文化融合对于其民族文化的发展以及国家之富强，都发挥了积极作用。所以能如此，“盖由其能培养国民之元气，不失其素有大和魂武士道之风，而又能融合西洋之新制度、新文物也”⑤。他更进一步认为，文明的融合对于文明发展具有普遍性意义。在他看来，西洋文明之所以光华璀璨，也是因为它醇化外来文明而产出，实由“埃及、安息两文明所化合而产出之也。”⑥ 这等于说文明的自由融合，将促进民族文化的更新，产生出优秀的新文明。所以在东西洋文明

---

① 顺德邓实谭：《鸡鸣风雨楼政治小言》，《光绪壬寅政艺丛书·政学文编卷五》，政学文编卷五页码，8B。

② 邓实：《政治通论内篇·通论十一》，《光绪壬寅政艺丛书》，内篇页码，9B。

③ 顺德邓实谭：《鸡鸣风雨楼政治小言》，《光绪壬寅政艺丛书·政学文编卷五》，政学文编卷五页码，8B。

④ 顺德邓实谭：《鸡鸣风雨楼政治小言》，《光绪壬寅政艺丛书·政学文编卷五》，政学文编卷五页码，9A。

⑤ 顺德邓实谭：《鸡鸣风雨楼政治小言》，《光绪壬寅政艺丛书·政学文编卷五》，政学文编卷五页码，9A。

⑥ 顺德邓实谭：《鸡鸣风雨楼政治小言》，《光绪壬寅政艺丛书·政学文编卷五》，政学文编卷五页码，9A。

“结婚”这一点上，邓实抱着积极的态度，期待产出一种超越东西洋文明的“世界文明”。他说：“今日东洋之文明与西洋之文明果孰优而孰劣乎？孰兴而孰灭乎？茫茫天壤，渺不可知。虽然，吾爱文明，吾尤爱东洋之文明；吾爱东洋之文明，吾尤爱吾东洋祖国之文明。吾欲赠东洋文明之花供养于欧土，吾欲移西洋文明之花孳殖于东亚，吾欲结东西洋两文明并蒂之花，亭亭树立于天表。吾为之预祝曰：二十世纪以后，天地之上唯一文明焉。其文明云何？则世界文明也，无东洋、无西洋也。”①

在欧化盛行的潮流之下，国粹派学人显然有逆时而动的压力在其中。在国粹派学人看来，未来的国家富强与民族复兴，还要寄希望于“国学”的重新发现以及有意识的运用。他们一方面批评历代专制统治者利用儒学，以愚民为统治之策，禁锢了国人的思想，造成传统学术的衰败与民德、民智、民力的衰退，使国家与文化面临生存危机，另一方面他们又区分“国学”与“君学”，并将两者加以对立，认为过去几千年占据统治地位的是历代君主所提倡的“君学”，应为过去中国的衰败负责，而“国学”因为受到“君学”有意识的压抑，其经世济民的内容并未得到发挥，不应因眼下中国的不竞而一并被排斥。

在国粹派看来，“君学”被秦汉以来的历代统治者所尊奉，“本其学说，颁为功令，而奉为治国之大经，经世之良谟”②，而历代推崇“君学”的儒生，通过文饰经书，以湛心荣利，腴媚时君，实际上是违背与篡改儒学真义的“伪儒”。概而言之，历代君主、“伪儒”所提倡的“君学”，其内容基本是为君主专制服务的。而在国粹派眼中，真正的“国学”，由于受到“君学”的排斥，仅存乎在野学者的一脉之传，“若夫国学者，不过一二在野君子，闭户

---

① 顺德邓实谭：《鸡鸣风雨楼政治小言》，《光绪壬寅政艺丛书·政学文编卷五》，政学文编卷五页码，9A－9B。

② 邓实：《国学无用辨》，《国粹学报》第3年第5号，1907年6月30日。

著书，忧时讲学，本其爱国之忱，而为经生之业，抱残守缺，以俟后世而已”。[①] 其中，先秦诸子学，因为未受到秦汉以后“君学”、“伪儒”与“异族”的浸染，最能代表“国学”的真实面貌，这也是后来国粹派热衷于提倡“古学复兴”的因由。

在国粹派同人的认知中，20 世纪的世界已经进入国家主义与民治兴盛的时代，所谓“君学”，一方面与国家话语格格不入，另一方面也与世界范围内兴起的民治潮流存在严重对立，显然已不能适应新的时代需要。他们提倡“国学”，除了在文化层面建立一套与国家话语相适应的学术脉络，更重要的目的显然是服务于现实，一方面在国家主义的时代，通过保学的路径以实现保国的崇高目标，另一方面则通过反对“君学”，倡导与之对立的学术思想，表达反对君主专制，提倡排满革命，实现民治主义，适应世界进步潮流的政治主张。

从这个意义上说，国粹派所主张的国学保存，并非单纯的复古与保守，而是在批判传统的基础上，重新确立新的文化体系，服务于剧烈转型期国家建构的崇高目标。在国粹派所设想的文化体系中，国粹与欧化是并行不悖的，他们一再揭橥“国粹无阻于欧化”，意在中西文化之间建立会通的渠道，既能保存国学之粹，固守民族的优秀传统，同时吸收西方文化的精髓，以因应挽救世变的急切需求。从甲午前开始，类似的会通主张即被读书人不断提出。康有为、廖平等人即尝试过“会通”孔子与现代西方，其技巧颇近于西学源出中国说，“在技术上一样是‘取近世之新学理以缘附之曰：某某者孔子所已知，某某者孔子所曾言也’，背后的动机也是在替当时地位逐渐动摇的孔学注入新活力，使其可以继续保持‘生民所未有之圣’的尊严”。[②]

① 邓实：《国学无用辨》，《国粹学报》第 3 年第 5 号，1907 年 6 月 30 日。

② 王尔敏：《儒学传统与近代中西思潮之会通》，《中国近代思想史论续集》，社会科学文献出版社 2005 年版，第 19 页。王汎森：《从传统到反传统——两个思想脉络的分析》，《中国近代思想与学术的系谱》，河北教育出版社 2001 年版，第 93 页。

那时不少人认为国粹与欧化并行不悖，黄忏华也认为，国粹和欧化不是相反的，而是相辅相成的。二者之所以发生冲突，是因为“各走极端，只知其一，不知其二；以至于相持不下，而障碍学术进步的程途”。他注意到，“现在学术界最大的争点，要算是国粹主义和欧化主义；其实这两种是相成的，不是相反的。”根据生物学的原理，“陶冶和同化——就是异血混化，是优秀的生物之恒常的存在所必须”。而人类精神界的现象，也受这个原理支配，“就像十九世纪的德国文坛，先从列申 Lessing、歌德 Goethe、西略尔 Schiller 等人的尚古主义，醇化希腊的文艺；更从浪漫主义，醇化东方古代诗文的精华，不单是欧洲，所以成就非常伟大”。因此，如果中国想要取得学术的进步，“不可不拿自己的文化的精华去醇化世界优秀人种所作为的文化之真髓，由同化而向上，由向上而发展，成功一种崭新的优美高尚的世界文化”。[①] 沿着黄忏华的思路走下去，也就是说一种新的“世界文化”才是未来中国学术发展的方向。这也提示出，在清末民族危机的时刻，尤其在万国林立的竞存时代，读书人的天下情怀导致他们在思考文化问题时仍不时越出国家的范围去思考人类世界的普遍问题。不过，这种世界文化究竟还算不算“中国”的文化，或许是包括国粹派在内的众多时人深感矛盾之所在。

西强中弱的现实，使得东西洋文明孰优孰劣的答案在很多时人心中并不成问题，但国粹派学者仍然不自觉地抗拒这一现实，他们似乎对中国文明仍抱有信心，甚或说必须抱有信心。在很多清末民初读书人看来，中国在一系列竞争中的失利，使中国文化逐渐从优越退化至野蛮的境地，在挽救国家危亡的过程中，过去的传统资源越来越不被重视，甚至不再被视为未来中国的组成部分。国粹派所观察到的“尊西人若帝天，视西籍如神圣”，正是这一现象的缘起，也是此情势进一步发展演变的结果。这中间，不少国粹派学者

---

① 黄忏华：《国粹和欧化》，收入贺昌盛主编《中西会通》，浙江教育出版社2014年版，第64页。

也是助推的力量。黄节那时也说："有常识者，必深知己国之长短，己国之所长者，则崇守之；己国之所短者，则排斥之。崇守排斥之间，时寓权衡之意，不轻自誉，亦不轻自毁，斯之谓真爱国者也。虽然，国家当过度（渡）时代，常识者既不可得，则与其不及，无宁过之。国粹稍损，尚有恢复之望；国恶日长，将有危亡之虞。得自誉者，不如得一自毁者，其稍有进步之望也。"① 黄节的主张相当明确，在中西竞争的时代，为了取得更有效的跨越，可以暂时搁置在他看来已包含问题的国粹，实则在为欧化压倒国粹的倾向辩护，可见不少国粹派学者在西化的道路上已走得相当远。

但是，如邓实等人此前的观察，若国中青年徒慕西方文明，而不知爱护本国文化，将导致国家与文明俱亡，这显然不是杞人忧天。同时代的许守微便注意到过分注重欧化所带来的恶果，引发很多时人的忧虑，"夫欧化者，固吾人所祷祀以求者也，然返观吾国，则西法入中国将十年，而卒莫收其效，且更弊焉"，西方的"良法善制"，"一施诸我国而弊愈滋"，中国学习西方制度器物数十年，"无一创获之器，无一独造之能，奈端、培根何不诞中土也。观于市，而工之绳墨如故；观于郊，而农之耒耜如故；观于庠序，而士夫之学问如故；观于朝廷，而政府之政策如故"。从社会层面看，"自达尔文著出，而竞争之说，不以对外而以对内矣；伊耶陵著出，而权利之说，不以为公而以为私矣；弥勒之著出，而自由之说，不以律人而以律己矣。行欧化之道而乃若是，此正所谓内化而外不化者也。呜呼！糟粕六经，刍狗群籍，放弃道德，掊击仁义，其始不过见快一时，谓功业什伯于言行，不必鳃鳃过计，而其极遂终为天下裂而不可救。此策时之君子，所宜三致意者也。"② 许守微对欧化带来的负面效应进行了深刻反思：一方面，无论是在

① 攻法子：《爱国心与常识之关系》，《译书汇编》第2卷第9期，1902年。

② 许守微：《论国粹无阻于欧化》，《国粹学报》第1年第7期，1905年8月20日。

物质层面还是在思想层面，欧化之花并未在中土结出理想之果，一定程度上甚至可以说“橘逾淮则为枳”，与主张欧化的初衷发生严重背离；另一方面，在此过程中传统思想出现日渐萎缩的趋势，所谓“糟粕六经，刍狗群籍，放弃道德，掊击仁义”，是中国文化在欧化大潮冲击下的真实写照，这或如许守微所说，将导致“天下裂而不可救”的局面。

这一问题引发时人的深刻反思。引入西学的目的本在追求富强，但客观上现实与理想之间却存在遥远的距离，习惯于从学术层面思考问题的国粹派，从中逐渐认识到文化的民族性问题①。文化是否可分，中体西用是否可行，民族文化的主体是否只能是本土脱胎而出的有机体（用国粹派自己的话说，即“有是地而有是华”），等等，这一系列学理层面的问题都面临巨大的挑战。章太炎那时指出，“万国皆有文化，文化犹各因其旧贯，礼俗风纪及语言，互不相入，虽欲大同无由”。而一味主张欧化者“盛称远西，以为四海同贯，是徒知柤梨橘柚之同甘，不察其异味，岂不惑哉！”② 在章太炎看来，不同文化实现亲密无间的融合，实际上是很难完成的工作，“四裔诚可效，然不足一切颣画以自轻鄙。何者？饴豉酒酪，其味不同，而皆可于口。今中国之不可委心远西，犹远西之不可委心中国也”③。章太炎肯定了不同文化有其各异的特色，同时各有其不可抹杀的独立价值，既不可自大，也毋庸妄自菲薄。倾向欧化的黄节那时也指出，“一国家有一国家之土地、之人民、之宗教政治，于是其风俗、气质、习惯遂各有特别之精神焉。夫有特别之精神，则此国家与彼国家，其土地、人民、宗教、政治，与其风俗、气质、习惯相交通，相调和，则必有宜于此而不宜于彼，宜于彼而不宜于此者”。④ 实际上，黄节也注意到文化与自然条件、风俗习

① 郑师渠：《晚清国粹派文化思想研究》，第145－146页。

② 章太炎：《驳皮锡瑞三书》，《国粹学报》第6年第3期，1910年4月29日。

③ 章太炎：《原学》，《国故论衡》，商务印书馆2017年版，第147页。

④ 黄节：《国粹保存主义》，《政艺通报》第22期，1902年12月。

惯有着密不可分的关系，是各自历史传统不断演化的产物，这决定了各种文化的特性，而文化间的交通调和因此也受到不同程度的限制。

在中西文化会通的问题上，国粹派逐渐倾向在尊重文化民族性的前提下，充分吸收异文化的长处并进行积极的整合，最终形成以固有文化为主体的民族新文化。① 正如章太炎在《留学的目的和方法》一文中提出，文化日趋进步的路径在“温故知新”，而非“舍旧谋新”，“别国的学问得了来，还是借来的钱，必要想法子，去求赢利，才得归自己享用；若只是向别国去求呢，中国人没有进境，去问欧洲人，欧洲人没有进境，又去问什么洲的人呢！”章太炎认为，文化进步总是没有止境的，前人积了几千年的知识，后人又发现自己的知识，“要比他更进一级，学问才得新新不已”。在中西文化并存的当下，对于中国历史文化他充满信心，认为在自有文化的基础上采西人之所长，即可实现更大的进境，中国“自己本来有自己的学问，只见一天精密一天，就是采取别国，也都能够转进一层”。②

章太炎的说法，在国粹派中间相当有代表性。至少从那时开始，在天下向世界过渡的历史进程中③，中西逐渐被放置于万国林立的语境之中，而国家、民族也开始超越孔子、礼教、朝廷、君主等文化和政治象征，越来越成为读书人思考的本位。在帝国主义观念流行的时代语境中，国家建设与文化重构在同步进行之中。与界限相对明晰的国家实体不同的是，文化构成的内容一直在不断伸缩与探索之中。在国粹与欧化之间，中西会通的界限在何处？如何实现既有创造性又有意义的会通？从清末民初一直到不断走向现代化的今天，这些问题仍然值得我们深思。

---

① 郑师渠：《晚清国粹派文化思想研究》，第 151 页。

② 章太炎：《留学的目的和方法》，《章太炎的白话文》，辽宁教育出版社 2003 年版，第 7 页。

③ 罗志田：《天下与世界：清末士人关于人类社会认知的转变——侧重梁启超的观念》，《中国社会科学》2007 年第 5 期。

第六章

建立共和政治的思想认识及其争论

晚清以来，皇权专制制度在应付民族危机、构建国民国家认同、实现富强方面的能力，受到有识之士的质疑，在西方近代民主制度模式的诱导下，革新政治渐成强大的社会思潮。在严重的内忧外患的刺激下，在政治革命思潮的驱动下，清政府宣布并进行了立宪改革的尝试。但一方面，清政府缺乏改革所需的远见卓识，也缺乏控制力、领导力、执行力，又坚持大权政治的宪政模式与先颁布宪法再开国会的改革路径，面对即开国会的汹涌民意，拒不即开国会，引发社会对其预备立宪的强烈质疑。另一方面，因激愤于清廷的腐败与政治革新的迟滞而走上革命道路的革命党人，并未因清廷的预备立宪而放弃革命，他们不断扩展革命组织，进行革命宣传，并发动多次武装起义。他们的革命活动沉重地打击了清王朝的统治，强化了新知识界与有民族意识者对清廷日趋强烈的离心倾向。1911 年 5 月 8 日，皇族内阁出台，5 月 9 日，清廷宣布实行铁路干路国有政策，这两件事使立宪派与清廷彻底决裂，随后保路运动兴起，清廷统治的总危机降临了。

1911 年 10 月 10 日，当清廷忙于镇压保路运动时，新军在武昌发动起义。从武昌起义，到清帝逊位，时间不过四个月。清廷崩溃速度之快，史所罕见。

武昌起义之后，君主立宪、虚君共和的方案迅速被时代抛弃，

共和成为思想界的主流。其后，何谓共和政治，建立怎样的共和政治，就成为思想界的主要议题。本章讨论民元、民二年间思想界对共和政治的认识以及围绕建立怎样的共和政治所发生的争论。

一　民初共和政治的基本架构

（一）共和成为时代选择

武昌首义后，湖南、江西、陕西、山西等省相继宣布脱离清王朝独立。不到一个月，民军即控制天下之大半。随着革命形势的发展，“共和政治，已为全国舆论所公认”，[①] 清末以来，关于共和民主与君主立宪的争论，随着革命形势的发展，舆论界迅速有了比较一致的意见。面对南方革命势力的发展，清政府曾于 1911 年 11 月 3 日宣布“宪法十九信条”，以图挽回人心。此十九信条大体上是个宪法大纲，它在规定大清帝国皇统万世不易、皇帝神圣不可侵犯的同时，还规定君主立宪与责任内阁制的基本原则。关于皇帝、皇位、皇室问题，它规定皇帝之权、皇位继承顺序由宪法规定；皇室大典不得与宪法相抵触；皇室经费之制定及增减，依国会之决议；国会议决事项，由皇帝颁布之。关于宪法问题，它规定宪法由资政院起草议决，皇帝颁布；宪法改正提案之权属于国会。关于议会与政府之关系，它规定，国会实行两院制，不但下议院由国民选举，上议院亦由国民于法定特别资格中公选之；政府体制为责任内阁制，总理大臣由国会公选，皇帝任命之，其他国务大臣由总理大臣推荐，皇帝任命之，皇族不得为总理大臣、其他国务大臣并各省行政长官；总理大臣受国会弹劾时，非解散国会即内阁总理辞职，但一次内阁不得为两次国会之解散；政府预算必须经过国会之议决，

---

① 《程德全、汤寿潜致陈其美电》，上海社会科学院历史研究所编《辛亥革命在上海史料选辑》，上海人民出版社 2011 年版，第 641 页。

年度预算经国会议决之前，不得适用前年度之预算，预算案内无规定之岁出，政府不得为非常财政之处分。国际条约非经国会之议决，不得缔结，但宣战、媾和，不在国会开期中者，由国会追认；皇帝直接统率海陆军，但对内适用，须依国会议决之特别条件；政府不得以命令代替法律，除紧急命令外，以执行法律及法律所委任者为限；国务之裁判机关，由两院组织之。又规定，在国会未成立以前，其职权由资政院代理之。宪法十九信条规定的政治制度是以国会为政治权力中心，举凡宪法之议决、修改，内阁之产生，预算、条约、法律之成立，以及国务裁判、对内使用军队，均须经国会议决或者同意，该信条甚至没有赋予政府特别财政处分之权，要求政府所有支出均必须在国会通过之预算内。又对皇族成员直接参与政府做出禁止性规定。所有这些，都是清末立宪派孜孜以求的英国式君主立宪的目标，而不是清政府一直坚持的日本式的大权政治。但是，宪法十九信条不颁于立宪派泣血吁求开国会之时，而颁于革命军起、四面楚歌之日，结果“神圣化为豺虎”①，不但不能得到革命党之承认，立宪派亦多不愿接受。

当时，多数立宪派人物已经抛弃清政府，转而赞成共和，还在为清政府奔走呼号的立宪派人物只有海外以康有为为首的一些立宪派人物，以及国内少数忠君思想浓厚的、所谓世受国恩的官僚立宪派。康有为撰《共和政体论》，称共和有十二种形式，皆不适合今日之中国，唯“十九信条”所主张之“虚君共和”最适合今日之中国；又称，立虚君，可免岁易总统以兵争乱之患，可不背中国四千年君主政治之俗，可有助于保全满、蒙、回、藏等边疆地区的中国领土。② 在某种程度上，他说的有道理，但已很难为社会舆论所接受。梁启超受师命，撰《新中国建设问题》，称中国实行民主共和存在种种政制选择上的困难：若取美国式的总统制，则需要人民

---

① 秋桐：《调和立国论》，《甲寅》第1卷第4号，1914年11月10日。

② 康有为：《共和政体论》，《康有为全集》第九集，第241—250页。

有较高的道德水平，较高的国民度，有地方自治的传统，各邦能对中央政府的权力形成制约，使强有力的总统不能行专制统治；若取法国式的内阁制，则需要比较发达的政党。中国不具备上述条件，取总统制，则会出现总统专权或政府孱弱的局面；取内阁制，则会发生总统与总理政争或者内阁更迭频繁的局面，使政府不能有一贯之政策，不能求得强有力之政府。虚君共和与民主共和无本质区别，首先，在虚君共和制之下，君主超然于各派政治势力之外，当国家出现政治危机时，君主的存在，可以“杜内争而定民志”，起到国家政治稳定器的作用，不至于出现反复的流血革命；其次，在虚君共和制之下，实行责任内阁制，国会与内阁连成一体，可以得强有力之政府。[①] 梁启超强调在虚君共和制之下，君主可承担国家政治稳定器的作用，强调中国因为条件不具备，若行民主共和，无论是总统制，还是内阁制，实行起来都有相当的困难，这个说法有相当的道理。但他说虚君共和制下的内阁制可以得强有力之政府，而民主共和体制下的内阁制则不能得强有力政府，则颇为牵强。其实，内阁制能否实现阁会一体，能否得强有力之政府，其决定性前提在政党是否发达，是否形成了两党制，与虚君共和抑或民主共和，并无直接关联，以为在虚君共和制下行内阁制，可以得强有力政府，而在民主共和体制下行内阁制，则不能得强有力政府，道理上说不通。梁启超之所以如此牵强，是因为他论理之前，先存一保清室的政治立场。对于近代民主政治而言，君主确实可以起到国家政治稳定器的作用，但君主能否保留，政治制度究竟如何，取决于政治转型中，统治者能否及时顺应历史潮流与民意，进行政治革新，允许建立民意机构或者扩大民意机构的权力，对君主的权力进行限制。若统治者能及时让渡权力，则君主可以得到保存，而政治转型可以和平实现；若统治者罔顾民意，坚执专断权力不放手，或者不及时顺应民意，让渡权力，则政治变革必以暴力革命的形式进

① 梁启超：《新中国建设问题》，《梁启超全集》第八集，第344页。

行，不但君主体制不能保存，君主甚至会人头落地。武昌起义之发生，以及各地之迅速响应，是清政府的一系列失政，尤其是当局蛮横拒绝立宪派要求开国会的强烈要求，罔顾资产者的利益，一意孤行，实施所谓铁路国有政策，侵犯广大铁路股东的利益造成的。可以说，到武昌起义，各地响应，清政府已经尽失人心。保留皇室，本为避免革命，今革命已经发生，不少立宪派人士认为，皇室已经丧失其工具性的价值。《时报》上的一篇“时评”颇能代表一般人士对于应否保留皇室以实行虚君共和的看法，社论说：“君主立宪云者，所以欲免革命流血之惨也。今既革命矣，流血矣，而犹欲主张君主立宪者，是非天下至愚蠢之人，即天下至无耻者也。夫君主立宪之恶果，数年以来固已备尝之矣，因君主立宪之无效，而后乃革命。岂有革命之后，仍以君主立宪终者？然则数千百膏血头颅，其价值安在也？”① 同时，在多数汉人精英眼中，清王朝是一个“异族”政权，当革命既起，多省宣布独立，革命形势已成时，少有人愿意继续保留清室。梁启超本人对于此一层也有考虑，故其虚君共和的具体方案有二：第一种方案以清帝为虚君，但要求清帝改用汉姓，宪法规定皇后必须为汉人；第二种方案以衍圣公为君主而行虚君共和。后一种方案显然只是陪衬，其意之所在是前一种方案。

然而无论是清政府的宪法十九信条，还是康有为一派的虚君共和论，在革命形势既成的情况下，不但不能为革命派所接受，而且不能被一般立宪派接受。康有为、梁启超等曾四处活动，欲存清室，但南方的立宪派，尤其是江浙的立宪派反应冷淡。武昌起义不久，南方重要的立宪派报纸如《时报》《申报》等不数日即转向革命阵营，不再接受君主立宪的主张，而主张建立民主共和政治。当革命阵营与清政府和谈之际，参与和谈的立宪派人物陈叔通曾致函梁启超，说和谈之中，各方意见趋于一致，君位一层，开口即遭诟

① 冷：《非君主立宪》，《时报》1911 年 12 月 5 日。

詈。[①] 即便在北京，多数立宪派人物也主张共和，罗瘿公致函梁启超称："此时虚君共和字样，京中久已消灭矣。"[②] 南北和谈时，北方曾提出开国民会议决定国体，但一方面君主国体非袁世凯此时的追求，另一方面民军方面坚决反对君主国体，故谈判双方很快即就国体共和达成了原则性共识。其后，北京的舆论更公开唱和共和之论，罗瘿公致函梁启超称："日来共和政体已决定，君主议论已渐澌灭无余，京中报馆并改变言论，所尚持君主论者，仅资政院议员所开《民视报》耳，仅数百纸，不足轻重也。"[③] 不仅如此，康门弟子以及康有为的追随者，对于康有为不顾时局之变化，坚执虚君共和之论，甚不满。徐勤就曾向康有为提出，"满人气运已绝，若复抗舆论，存皇族，必为全国之公敌"，又称美洲华侨更主张共和主义，若再固执虚君共和之议，将"失人心，而散会事"，必影响帝国宪政会之发展。[④] 更有原保皇党人致函梁启超，称康有为的虚君共和主张，"偏僻迂谬，不切时势"，不可能对国人有号召力，欲图帝国宪政会之发展，必须抛弃虚君共和之主张，他们劝梁启超与康有为分家，另立门户。[⑤] 吴贯因致函梁启超，分析时局，劝梁启超养晦待时，称当前情形下，若抛弃君主立宪而主张民主共和，不过附和革命党，为彼等所轻；若仍执君主立宪之主张，则时势已变，难得社会人士之响应。他说，"盖昔所以主张君主立宪者，谓欲避杀人流血之惨也，今则已杀人矣，已流血矣。将士之暴骨沙场者，不知其几千百，人民之失所流离者，不知其几千万，问其原因何在，则皆由皇室无道所致耳。夫因一人一姓之无道，遂使举国涂炭，今仍欲倡议保全其皇位，其势实不顺。使在古代，犹曰可借君臣之名义，以激起人忠爱之心。今则国家主义大昌，为国而死者，

① 丁文江、赵丰田：《梁启超年谱长编》，第 376 页。
② 丁文江、赵丰田：《梁启超年谱长编》，第 383 页。
③ 丁文江、赵丰田：《梁启超年谱长编》，第 384 页。
④ 丁文江、赵丰田：《梁启超年谱长编》，第 385 页。
⑤ 丁文江、赵丰田：《梁启超年谱长编》，第 388 页。

则人乐为之，若夫为君而死，则晏子所谓非其私昵，谁敢任之？况今日又有所谓民族主义之说出焉。故昔之为君效死者，人皆称之为忠臣，今日为君效死者，人则字之为汉奸。夫诚得忠臣之名以死，则或有愿为之者矣；若蒙汉奸之名以死，谁复乐为之乎？且十年以来，一国青年有为之士为政府官吏所杀者，无虑数万人……此等之家属亲友，皆处心积虑，思乘机以图报复。……今者怨毒之气，已弥满全国”。革命形势已成，再鼓吹保留清室，实拂社会多数之期望，将给帝国宪政会一派政治人物将来之政治活动，带来不必要的负面影响。因此，他建议：“皇室之可否保存，只可听之革命之良心，此则俟袁世凯与之交涉可也，非吾党所宜代为之言也。”① 而武昌起义后重新出山的袁世凯，对于如何保存清室并不感兴趣，他利用所掌握的北洋军队，一面挟清室以压南方的革命阵营，一面以南方的革命力量要挟清政府，并大肆营造非袁不可的政治舆论，以谋获得更大政治权力。被清政府倚为柱石的北洋军，实际上是袁世凯的私人武装，其将领多为袁世凯的部属，彼等“只知听袁号令，不知满洲，更不知革命”②。因此，当袁世凯准备抛弃清廷，以赞成共和换取临时大总统职位时，当北洋将领以及各地督抚一再要求清帝退位、实行共和时，失去武力支持的清政府只能宣布接受南北和谈的结果。1912 年 2 月 12 日，清帝宣布逊位，共和成为南北两大阵营都接受的政治方案。

（二）《中华民国临时政府组织大纲》

武昌起义以后，独立各省为协力一致推翻清政府，组织了“各省都督府代表联合会”。该机构先设于上海，后在武汉方面的要求下，“各省都督府代表联合会”主体移驻武汉，但各省留一代表于上海，赴鄂者议决筹组政府事，留沪者为通信机关。随后，南

---

① 丁文江、赵丰田：《梁启超年谱长编》，第 386—387 页。

② 丁文江、赵丰田：《梁启超年谱长编》，第 375 页。

京克复，沪汉代表齐集南京，并追认各省代表在武汉时议决的《中华民国临时政府组织大纲》（简称《大纲》）。此后，孙中山自海外归来，代表会又选举孙中山为中华民国临时政府大总统。1912年1月1日，孙中山在南京宣誓就职，中华民国正式成立。

《大纲》是中国历史上第一个正式实施的宪法性文件，虽然实施的时间只有短短三个月多一点，但要了解辛亥革命后中国基本政治制度的形成，不能不研究《大纲》。《大纲》颁布后曾经过几次修改，但根本精神未变。《大纲》有几点值得注意。

其一，《大纲》大体上取美国式的总统制，关于总统与行政各部的关系，关于参议院之组织及其职权，关于总统与参议院之间的权力关系，基本上以美国的总统制为模板。同时，在联邦制与单一制的问题上，《大纲》也取法美国的联邦制。各省都督府代表联合会的成立，其发起者即明确以美国独立战争爆发后十三州议会各派代表组成联合会议为模范，而《大纲》也规定临时大总统由各省代表选举，每省有且只有一个投票权；参议院由各省各推派三位参议员组成，参议院表决时，每名参议员有一个表决权，即各省均有三个表决权；参议院未成立前，由各省都督府代表联合会代行其职权，但每省只有一个投票权。这都表明《大纲》的联邦制倾向。

其二，《大纲》没有采纳孙中山的革命程序论，没有规定军法之治、约法之治、宪法之治的步骤，而是规定直接进入宪政。这一点后来颇遭孙中山及其追随者的批评。孙中山的革命程序论确为其民权主义思想中十分有特色、有价值的思想，但同盟会并非一个具有高度纪律性、统一指导思想的革命党，而是一个比较松散的资产阶级革命党，孙中山的革命程序论在革命党内部并未获得大多数革命同志的认可，一些革命党人了解孙中山的革命程序论，但对其意义与价值并无深刻的认知，更多的革命党人可能并不了解、不赞成革命程序论，甚至将革命看作单纯的民族革命，而不甚注重其政治革命的内涵。因此，即便辛亥革命完全由同盟会领导，其进行也不大容易按照革命程序论进行。更何况武昌起义之后，立宪派、旧官

僚以及新军都参与了革命，革命党并未能控制革命全局，在不少地方还是立宪派主导了革命，局势相当复杂，非同盟会所能控制。不少省份独立时，因为同盟会成员的参加，其成立的政府名为军政府，其首脑亦号都督，似均源自《中国同盟会革命方略》。南京临时政府成立后颁布的《中华民国临时约法》，其“约法”一词源自《中国同盟会革命方略》。但到辛亥年间，非即行立宪，不足以救亡，已成强大的社会思潮，若同盟会坚守革命程序论，强逆社会潮流，必将丧失人心，无以号召天下。因此，武昌起义后，放弃革命程序论在同盟会内部已成主流意见。1911 年 12 月 10 日，刘揆一发表《布告政党请取消从前党会名义书》，要求取消从前的党会，将同盟会改组为公开的政党。① 章太炎也提出“革命军起，革命党消”的主张。宋教仁、张继等人赞同章太炎的主张，要求选择同盟会内部的稳健分子，组织为政党，并“变名更署，与同盟会分离”。② 各地军政府的建制以及颁布的地方性约法，其所规定的政制，也显然与《中国同盟会革命方略》的规定不同。对同盟会内部的这种呼声，孙中山颇不以为然，他仍然坚持革命程序论。不过，同盟会虽是一个革命党，但其组织大体依照资产阶级的民主体制建构，孙中山的个人意见要成为同盟会的方略，需获得多数支持，孙中山也为此努力过，但并不成功。1911 年 12 月 30 日，即从欧洲回到上海之后的第 5 天，孙中山召集同盟会分会负责人会议，会议通过《中国同盟会意见书》。该意见书检讨同盟会内部分散的现状，指出同盟会党众散处各地，声气未达，“意见不相统属，议论歧为万途”，武昌起义以来，“贪夫败类乘其间隙，遂作莠言，以为簧鼓；汉奸满奴则复冒托虚声，混迹枢要”。当此情形，为着革命的成功，紧要的任务不是解散革命党，而是整顿同盟会，“造

---

① 《布告政党请取消从前党会名义书》，《神州日报》1911 年 12 月 10 日。

② 《致张继于右任书》（1912 年 3 月），《章太炎政论选集》下册，中华书局 1977 年版，第 587 页。

成灵敏机关，剔弃败类，图与吾军政府切实联络”，加强同盟会对军政府的领导，以推动革命之开展。“革命军起，革命党消”的言论，既未明乎利害，不适合当前形势，也背离同盟会的革命主张，必须纠正。革命形势喜人，但“元凶未灭，如虎负隅，成败未可预赌（睹）”，绝非解散革命党之时，即便革命党建立了全国性政权，但实现三民主义的目标，依然任重道远，不能解散革命党。可见，孙中山认为，在三民主义实现之前，同盟会应当保持革命党属性，不能改组为普通政党，坚持按革命程序论来求共和宪政之实现。但面对同盟会内部要求将革命党改组为普通政党的意见，《中国同盟会意见书》在应否坚持革命程序论这个问题上，做了妥协。孙中山一方面坚持，同盟会必须“先自结合，以成坚固不破之群”，保持其基本力量与组织框架，然后才能吸纳各方优秀人士，壮大革命力量；另一方面又表示，同盟会绝无垄断政权之意，到民国成立，全局大定之后，再订开全体大会，“改为最闳大之政党，仍其主义，别创新制，公布天下”。对同盟会由革命党改组为一般政党的时机做了比较灵活的表述。[①] 胡汉民等支持孙中山的立场，认为“革命之目的并未达到……党中宜保存从来秘密工作而更推广之，不宜倾重合法的政治竞争而公开一切”，[②] 反对同盟会改组为政党。而宋教仁、张继等也表示愿意继续留在同盟会内部，放弃其改组同盟会为政党的主张。但同盟会内部的争论并没有停息，1912 年 1 月 22 日，同盟会本部不得不就此问题召开会议，结果多数赞成同盟会改组为政党。此后随着国内立宪派、旧官僚以及部分革命党人组建政党的热潮的出现，同盟会内部要求改组为政党的呼声日益高涨。3 月 3 日，同盟会本部在南京再次召开大会，决定将同盟会正式改组为政党，并选举新的领导机关，公布新的《中国

---

① 《中国同盟会意见书》（1911 年 12 月 30 日），《孙中山全集》第 1 卷，第 577—579 页。

② 《胡汉民自传》，丘权政、杜春和选编《辛亥革命史料选辑》上册，第 226 页。

同盟会总章》。同盟会的组织迅速发展。此后，随着唐绍仪内阁垮台，同盟会必须改组、扩充，以争取国会选举胜利的意见在同盟会内部获得越来越多的支持。这样，在宋教仁的大力推动下，在孙中山、黄兴的支持下，经过多方活动，同盟会与统一共和党等政党联合而为国民党。面对形势发展，孙中山也暂时放弃了革命程序论。同盟会由秘密的革命党改组为公开的政党，革命程序论被放弃，是形势发展的必然趋势，非个人意志可以决定。革命程序论之实行，其前提条件是，革命党本身必须是一个强大的、统一的革命党，有受革命党控制的强大革命武装，并通过革命武装的逐步扩充，逐步控制全国军政权力。只有这样，才能将全国由军法之治向宪法之治过渡的方式、时机控制在革命党手中。显然，同盟会不是这样一个革命党，辛亥革命也并非如后来的国民革命以及中国共产党领导的革命那样，由革命武装依托革命根据地，逐次推展革命，逐次建立革命党领导的革命政权，从而建立全国性政权。辛亥革命由革命党发起，并得到各地立宪派与要求改变现状的旧官僚、新旧军人以及地方士绅的支持，迅速在主要城市取得政权，革命党并没有根据地，也没有能控制全国政权的革命武装。可以说，在武昌起义之后，基本上没有实行革命程序论的条件。从辛亥革命后共和宪政试验的挫折，批评《中华民国临时政府组织大纲》抛弃了革命程序论，并指为其重大的缺陷，是脱离当时历史条件与当时人们认识水平的后见之明。

其三，《中华民国临时政府组织大纲》没有对人民自由权利问题做出规定，也遭到一些人士的批评，认为这是《大纲》缺乏民主精神的体现。这种批评离开了当时的历史条件，也离开了《大纲》所应承担的具体的历史任务，是大而无当之论。其时，革命尚在进行中，独立各省的代表们最关注的问题是如何将独立各省的革命力量结合起来，争取革命胜利，而“各省都督府代表联合会”议决的文件也很明确地标为“临时政府组织大纲”，即主要规定政府组织问题。既然是“政府组织大纲”，也就可以不包括人民自由

权利问题。从世界各国资产阶级革命的历史看，没有哪一个国家在革命进行中就拟制出一部完整的宪法，或包括宪法主要内容的纲领性文件。美国联邦宪法是独立战争胜利后四年制定的，其中也未列入人民权利的条款，两年之后才制定出“权利法案”，又过了两年，该法案才补入宪法。在各省都督府代表看来，《中华民国临时政府组织大纲》只是关于临时政府的组织大纲，并非一个永久性的、完善的宪法，对于未来的宪法如何制定，各省都督府代表认为应当在国民会议成立之后再做决定。这是恰当的。

《大纲》起草、议决，以时机紧迫而完成于两日内，以后的修正也都是仓促行事，来不及充分酝酿讨论，故漏洞不少，主要有四点。（1）虽规定临时大总统得参议院之同意可设立中央裁判所，注意到司法独立问题，但对中央裁判所之权限未作规定。（2）虽规定参议院议决事件须到会参议员过半数或过三分之二之同意，肯定了议事的多数原则，但对到会人数未作规定，于是三五人到会，亦可以所谓过半数、过三分之二议决国家大事。（3）对修正手续未作任何规定，以致修正屡起，随意性太大。一直到1912年1月2日，第四次修正之后，才规定修正手续三条，但又未列入《大纲》。（4）其附则规定临时政府成立后六个月内，由临时大总统召集国民议会，用心很好，可事实上办不到。

（三）《中华民国临时约法》及其意义、缺陷

《中华民国临时政府组织大纲》施行的时间甚短，对民国政治影响不大，真正对民国政治产生影响的是《中华民国临时约法》（简称《临时约法》或《约法》）。从1912年颁布，到1925年4月段祺瑞宣布毁弃法统，《约法》断断续续存在了十四年，对民国政治的运转产生了重要影响。

《约法》的制定，起于对《中华民国临时政府组织大纲》的修改。《大纲》成于仓促之中，多有漏洞。故颁布之后，“海内士夫多有议之者，或谓不应略人权而不言，或谓行政各部不应规定于有

宪法性质之根本法内，至无伸缩之余地”。[①] 宋教仁在《民立报》上说，“此草案（指《大纲》——引者）不适合者颇多”，“甚望其反复审定，不使贻笑大方也”。[②]《大纲》虽经数次修订，但仍有不少问题。因此，1 月 5 日，鄂、赣、闽、桂、滇、粤六省代表提出修改《中华民国临时政府组织大纲》案，湘、赣等五省代表提出《中华民国临时政府组织大纲》应加入人民权利义务一章案。经讨论，决定先将两案交付审查，审查后即由审查员拟具修正案；同时推定景耀月、张一鹏、吕志伊、王有兰、马君武五人为审查员。景耀月等在审查时认为，人民权利义务应归根本法，不能纳入临时政府组织法之范围，于是将修正案改为“临时约法”，并于 1 月 25 日提出“大中华民国临时约法草案”。参议院随即指定林森、陈承泽、凌文渊、刘成禺、汤漪、王正廷、张伯烈、杨廷栋、平刚九人为审查员。此外，1 月 31 日，孙中山曾将以宋教仁为首的法制局提交的《中华民国临时政府组织草案》咨送参议院，“以资参叙”[③]。但参议院认为政府此举“未免逾越权限”，拒而不纳，坚持自行起草。[④] 两个草案有重要区别，参议院的草案大体采总统制，而法制局的草案则采内阁制。参议院之所以采总统制，一方面是因为继承《大纲》的规定，另一方面是因为孙中山认为，时当革命进行之中，必须实行总统制，给予临时大总统相当的职权，使革命政府能应付危局、领导革命，不能对国民信任的临时大总统进行不必要的限制。但同盟会的另一个领导人宋教仁对内阁制情有独钟，在讨论《大纲》修改问题时，他力主将总统制改为内阁制。但当时代表会内部不少人认为，宋教仁之所以主张内阁制，是因为他本

① 谷钟秀：《中华民国开国史》，泰东书局 1914 年版，第 51 页。

② “要件”，《民立报》1911 年 12 月 11 日。

③ 《临时政府公报》第 3 号，《辛亥革命资料》（“近代史资料专集”，中国科学院近代史研究所编），中华书局 1961 年版，第 25 页。

④ 杨幼炯：《近代中国立法史》，商务印书馆 1936 年版，第 91 页；《参议院议事录》（南京）；《参议院议决案汇编》甲部二册 · 否决案。

人想做内阁总理，乃大不满于宋氏，否定了他的提议。但是，参议院在审查约法草案的过程中，南北议和即将告成，临时大总统将由孙中山变为袁世凯，各省都督府代表联合会的代表对袁世凯不放心，乃欲用内阁制限制袁世凯的权力。于是，2月9日，审查会决定将约法草案之总统制改成内阁制。此后，经过多次讨论、审查，参议院通过了《中华民国临时约法》，并由孙中山于3月11日公布。从起草过程看，参议院原是要完善《中华民国临时政府组织大纲》，并非为限制袁世凯而制定约法；而从原定的总统制改为内阁制，则是欲以内阁制限制袁世凯，有明显的“对人立法”的因素。因为要限制袁世凯，故《临时约法》对于内阁制的设计，违背了内阁的基本原则。

责任内阁制的基本架构如下。（1）总统不掌实际权力，不负实际政治责任，内阁掌握主要的行政权力，对议会负责任，总统发布命令、公布法律以及官制官规，须经内阁阁员副署。（2）内阁由议会之多数党组织。在政党发达、内阁制成熟的国家，内阁总理一般为多数党之党首，内阁阁员由内阁总理自主选择，以使内阁阁员政见一致，能为一致的行动。在政党不甚发达、宪政惯例尚未形成的国家，宪法亦可明确规定内阁总理人选须经议会同意，通过法律养成宪政习惯，但内阁的其他阁员则由总理自选，不必经议会之同意。这就是所谓的同意权问题。一般说来，实行总统制，则总统由选举产生，而总统之下的行政机关，其主要成员之任命需要经过议会，而内阁制之下，最多是内阁总理之任命需要经过议会。（3）内阁制之下，内阁与议会的冲突，有两种解决方式：若议会不满内阁之政策，可以对内阁提出不信任案，或者不通过内阁提出的财政预算或重要决策，迫使内阁辞职；而内阁面对议会的不信任案，要么总辞，要么称议会不足以代表民意，请元首解散议会而另行选举、召集新议会。若新议会仍对内阁投不信任票，则内阁必须辞职。议会的不信任投票权与内阁的请求解散议会权，是协济内阁制下行政与立法的必要手段，缺一不可。否则，两者一起冲突，政局必乱。

《临时约法》的规定，违背了内阁制的原则。首先，《临时约法》对于总统与内阁的权力关系规定模糊。《临时约法》既取内阁制，则总统不掌实权、不负责任。但观其第 44 条“国务员辅佐临时大总统并负其责任”，则内阁只是临时大总统的辅佐，而非独立行使职权，所谓“负其责任”含义殊属不明，对大总统负责任乎？对议会负责任乎？于是，政府体制的实际情形就可能完全视总统与议会之权势而定，“使国会之势力而强大也，则阁员及其总揆即倾向于国会而为之负责焉。使总统之势力而强大也，则阁员及其总揆，亦必反其倾向而为总统负责焉”。这就使民国初年府院关系的处理一直缺乏明朗的法律依据，形成了所谓的二重行政。“总统强，则能统驭万几，而内阁居于陪辅之地；总理强，则把持行政，而元首直不啻一傀儡矣。”于是，府院权力之争构成了民初政治权力冲突的重要侧面，而在这些冲突中，争执双方似乎都有宪法的依据可循，“总统曰：我行使宪法上赋予之权力也。总理亦曰：我行使必要之职权也”。①

其次，《临时约法》对于内阁与议会的关系的规定违背了内阁制的常规，其中最主要的问题是同意权、弹劾权（不信任投票权）与解散议会权问题。《临时约法》规定“临时大总统得任命文武职员；但任命国务员及外交大使公使，须得参议院之同意”，也就是议会对于内阁之组成有同意权。这一点后来颇遭共和党、民主党以及进步党的批评。批评者认为，责任内阁制之下，议会对于内阁既有不信任投票权（弹劾权），则议会内之多数派随时可以使不称意之国务员去职，可以借此控制内阁。因此，在形式上并不规定国务员之任命须经议会同意，而将此权给予国家元首。若一方面给予议会同意权，一方面又给予议会不信任投票权，则不啻议会前后自我否定，于理不通。国务员之任命必须经过议会，一般为总统制下的规定。盖在总统制之下，内阁对总统负责，为总统之辅助机关，议

① 鲍明钤：《中国民治论》，商务印书馆 2017 年版，第 45 页。

会不能以不信任投票操纵内阁制进退，故需以任前之同意为制衡总统之手段。《临时约法》在明确规定同意权的同时，对于不信任投票与解散权问题，则没有明确提及。约法规定，参议院“议决一切法律案”，“议决临时政府之预算、决算”，“议决全国之税法、币制及度量衡之准则”，“议决公债之募集及国库有负担之契约”，但对于政府提出之法律案、预算案、财政案不能得议会之通过时，内阁应否辞职，约法却没有相应的规定。同时，约法又规定，“参议院对于国务员认为有失职或违法时，得以总员四分之三以上之出席、出席员三分之二以上之可决弹劾之”，“国务员受参议院弹劾后，临时大总统应免其职，但得交参议院复议一次”。这似乎又把不信任投票与弹劾混为一谈。① 弹劾与不信任投票有区别，弹劾针对国务员或总统的违法或者失职，一般针对个人，为法律上之问题，弹劾案通过后，被弹劾者将移交司法处理；而不信任投票为政治问题，主要针对内阁的政策，一般针对内阁全体；不信任投票通过后，内阁应当全体辞职，或者请求解散议会。总统制之下，只存在弹劾，无所谓不信任投票，国会不能因为对总统之政策不满，而要求总统辞职。在规定弹劾权的同时，《临时约法》对于内阁请求解散议会之权，没有做出规定。议会对内阁的不信任投票权与内阁请求解散议会权，是内阁制之下解决行政立法两部冲突的基本架构，二者如车之两轮、鸟之两翼，缺一不可。否则，两者一起冲

---

① 民初言论界不少谈论政制的人士，不能清晰区分弹劾与不信任投票。一些主张内阁制者以弹劾为议会操纵内阁制利器，不分政治问题与法律问题，动辄要求弹劾内阁成员。一些主张内阁制，但要求增加内阁解散议会权的人士，则将议会的弹劾权与内阁的解散议会权并提，“行政部之解散议会权，与议会之弹劾权，为两者互换之条件，已成为最流行之舆论”（秋桐：《弹劾发微》，《独立周报》第 1 年第 13 号，1912 年 12 月 15 日）。针对这种情况，章士钊专门发表《弹劾与不信任票》（《民立报》1912 年 5 月 9 日）、《弹劾发微》（《独立周报》第 1 年第 13 号）等文，讨论弹劾与不信任的区别，指出弹劾属于法律问题，而不信任投票属于政治范围。李大钊亦发表《弹劾用语之解纷》（《言治》第 1 年第 1 期，1913 年 4 月），专门讨论弹劾用语问题，同意章士钊的说法，指出应区分内阁制下之不信任与弹劾，“以免许多无谓之纷呶”。

突，政治必陷入僵局，甚或走入武力解决的歧途。民初的政治实情就是如此。民初的几次政治危机，如“天坛宪草”的流产、1917年的府院之争以及张勋复辟的发生等，都与《临时约法》的这一缺陷有关。关于这一点，民初各派就宪法问题进行讨论时，进步党一系的人物如梁启超、吴贯因等就曾有激烈的批评，而以独立论政相标榜的章士钊也曾有比较温和中肯的批评。1923年，鲍明钤在讨论民国建立后的政治史时曾说：“民国之历史……其历年之纠纷，已足证明行政、立法二部间之冲突，其咎当归诸《临时约法》，无庸滋疑矣！”① 此一说法，若纯粹从制度层面看，有相当的道理。

《临时约法》关于内阁制的设计所以出现问题，主要有两个方面的原因。一是立法者对于内阁制与总统制的基本精神与制度框架，缺乏清晰的认识。他们是在理念先于实践情况下，参照外国文本制宪，对各国宪法的一些具体条文以及宪法条文之间的关联，往往知其然而不知其所以然。因此，其所定条文难免因模仿不周而产生漏洞。时人有评论说：“凡一政制之形成也，必赖数百年或数十年之舆论力，使人民确能了然其制之精意，而其制又确胚胎民意以成，然后其制适于国情而基础以稳。”而中国人“生息于专制政体之下既数千年……政治之学，夙未讲求，经验所至，尤属浅薄”。临时参议员“政治生涯本未谙悉”，行事又于仓促之中，于是“甲取法宪某条而书焉，乙取美宪某条而书焉，片片而缀之，如布帆然”。② 这样制成的约法，模糊矛盾而多有漏洞。《临时约法》对于内阁制的规定，就混杂了法国宪法与美国宪法的条文，而两国一采内阁制，一采总统制，这就使《临时约法》对内阁制的规定显得含混。二是《临时约法》存在对人立法的因素。《临时约法》最初的草案是采总统制，后来因为要限制袁世凯，改采内阁制，但修改

① 鲍明钤：《中国民治论》，第49页。

② 秋桐：《宪法起草问题》，《独立周报》第1年第6号，1912年10月26日。

又不彻底，故留下了漏洞。为着限制袁世凯，《临时约法》的制定者在议会与内阁的关系方面，尽力扩大议会的权力，而限制内阁以及总统的权力，欲使总统成为一个端拱画诺的虚位元首，使内阁完全受议会控制。“对人立法”在理论上是不对的，它“徒使公正的政治家失去政治运用应有的活动”，真正的大枭雄“不肯把法律放在眼里”。[①] 资产阶级革命派迷信法律的效力，以为一纸约法、袁世凯一句遵守约法的承诺，就可以限制住袁世凯，就可以保全共和民主的国体。革命派以放弃实际政治权力换取袁世凯遵守约法的承诺。历史证明，不论他们怎样劳心费神地在约法条文上做文章，终无力迫使袁世凯服从约法，徒增宪政实行的困扰而已。

此外，《临时约法》对于人民自由权利的规定，也存在问题。比如它规定“人民之身体非依法律不得逮捕、拘禁、审问、处罚”，而对非法侵犯人身自由事件却未设救济方法。其第二章罗列了人民应享有的种种权利，但又说“本章所载人民之权利，有认为增进公益，维持治安，或非常紧急必要时，得依法律限制之”（第 15 条）。“增进公益”“维持治安”都是政府的常态工作，不能成为限制人民权利的理由。而“非常紧急必要”的情势，显然只有政府当局可以判断。更为重要的是，所谓人民之自由权利“得依法律限制之”，也就给予了立法机关随意制定限制人民自由权利的法律的权力。所以，当时即有人批评约法给予人民的自由只是“猫口之鼠之自由”[②]。世界各国宪法对人民自由权利，有采取宪法保障者，有采取法律保障者。由于法律可由公共权力机构制定，所以法律保障往往等于无保障。法国 1791 年宪法，美国 1789 年权利法案，皆明文规定国家立法部门不得制定限制或妨碍宪法规定的人民自由权利的法律。所以，《约法》的这一缺陷，不宜以资产阶级宪法的虚伪性去解释，而是因为近代中国人追求民主的基本动力，

---

① 李剑农：《戊戌以后三十年中国政治史》，中华书局 1961 年版，第 142 页。

② 行严（章士钊）：《临时约法与人民自由权》，《民立报》1912 年 3 月 12 日。

是国家民族的生存与强大，而非个人的自由权利，所以对个体的自由权利没有挚切的关注与足够的重视。

虽有上述种种弊病，《临时约法》仍有其积极的作用。它体现了一般资产阶级宪法的几个重要原则。（1）主权在民原则。其第一章“总纲”规定，“中华民国由中华人民组织之”，“中华民国之主权属于国民全体”，“中华民国以参议院、临时大总统、国务员、法院行使其统治权”。（2）尊重人民基本权利的原则。《约法》专列“人民”一章，置于“总纲”之后、其他各章之前，规定中华民国人民一律平等，无种族、阶级、宗教之区别，人民享有人身、居住、迁徙之自由，有保有财产及营业之自由，有言论、著作刊行、集会、结社、书信秘密、信教之自由，有应任官考试之权，有选举权与被选举权，有请愿于议会、陈诉于行政官、诉讼于法院之权。同时规定人民有依法纳税、服兵役之义务。（3）三权分立原则。《约法》规定“中华民国以参议院、临时大总统、国务员、法院行使其统治权”，并规定立法、行政、司法三部门的职权及彼此间相互制衡的关系。可见，《临时约法》具备资产阶级宪法的基本特征，奠定了民国初年政治制度的基本框架。尽管当时一般中国人尚不了解共和民主为何物，但大多知道皇帝已经被推翻，皇权世袭制度不再存在了。《临时约法》颁布以后，袁世凯称帝、张勋复辟，就不再具有合法性。这在中国政治史上，具有里程碑式的意义。1922 年，梁启超在《五十年中国进化概论》一文中曾总结说，五十年来，中国在政治上虽还没有建立起民主政治，但国人的政治思想发生了重大的变化，其中两种变化最为重要：第一是国人形成了“凡不是中国人都没有权来管中国的事”的民族建国思想；第二是形成了“凡是中国人都有权来管中国的事”的民主思想。民族主义思想的发达，将五胡乱华以来一千多年外族统治的政治根本铲除，外族“入主中国”的事“是海枯石烂不会出来的事”。而民主思想则“将秦始皇以来二千多年君主专制的政治永远消灭”，“从今以后千千万万年再不会卸下，任凭你像尧舜那么圣贤，像秦

始皇、明太祖那么强暴，像曹操、司马懿那么狡猾，再要想做中国的皇帝，乃永远没有人答应”。“这种事实，你别看轻他了，别要说他只有空名，并无实际。古语说得好，‘名者实之宾’。凡事能够在社会上占得个‘正名定分’，那么第二步的‘循名责实’自然会跟着来。”[①]《临时约法》对共和民主的宣布、对人民自由权利的保护，为此后的思想解放与政治民主化进程，提供了新的起点，为循共和之名而责其实的人们，提供了反对独裁、追求民主、追求人权保障的武器。

二　平民政治与尚贤政治的争论

“平民政治”一词在清末就已出现，最初是用来表示民主政治的。清末思想界使用“平民”一词，有两种情形：一是指君主、贵族之外的一般平民，包括士绅、工商业者、知识层以及下层平民；二是指排除君主、贵族、士绅之外的下层平民。“平民政治”，除指一般意义上的民主政治外，还特别强调一般国民，尤其是下层民众参政，具有民粹色彩与反智倾向的激进民主论。[②]

相对于立宪派，革命派更关注一般平民的权利与福利。《中国同盟会革命方略》解释“建立民国”的含义称：“建立民国。今者由平民革命以建国民政府，凡为国民皆平等以有参政权。大总统由国民公举。议会以国民公举之议员构成之。制定中华民国宪法，人人共守。敢有帝制自为者，天下共击之！”[③] 虽然，“国民皆平等以有参政权”要到“宪法之治”时期才能实行，但革命党主张国民普遍参政是确定的。张钟瑞也主张建立“平民的政府”，认为一国

---

① 梁启超：《五十年中国进化概论》，《梁启超全集》第十集，第406—407页。

② 郭双林：《论辛亥革命时期知识界的平民意识》，《辛亥革命与清末民初思想》，社会科学文献出版社2012年版。

③ 孙中山：《中国同盟会革命方略》，《孙中山全集》第1卷，第297页。

之人，无论君主、官吏，还是一般国民都平等地立于法律之下，同参国政，同享自由权利。他又主张国会政治，以国会为权力中心，“一切之平民皆有为国家最高机关之地位……盖一切平民之意思即为统治权之源泉，而非一人数人之所得专者也”。这有平民主义的倾向，张钟瑞称他的主张是“平民的国家主义”，认为国家之目的在“维持促进平民之幸福”。①

民国建立后，一些革命党人坚持平民主义，主张“平民政治”。他们以卢梭主义的民主观看待共和，强调共和既建，则政治经济社会诸方面都应体现“平民政治”之精神。戴季陶是其中的代表，他说：“民国之内治政策，不可不有平民精神。”具体而言，（1）国民应有“完全之参政权”，不但要有选举议员、总统、地方行政长官之权，还应参与行政与司法。②（2）“施政必须合乎多数人民之意向”。所谓“多数”，是指全体人民中的多数，而不是指有选举权者之多数。（3）经济上要“发展人民公共之普通利益，预防少数人政治上、经济上之专制”。采用民生政策，“以国家之政治作用，预防将来少数人经济上之专制”。（4）思想上要排除“贵族官僚专制遗毒”，“对于凡有专制遗传性者，必持感化与排除之两种态度。无论对于人物或言论，能感化者则感化之，不能感化者则排除之，必使全国人民及言论，皆极健全，绝无专制遗传性存留其中，而后吾人巩固共和之目的始达”。③ 在他看来，只有这样的国家才称得上民国，才符合共和之精神。

戴季陶没有细说如何才算国民享有“完全参政权”，但“完全参政权”的提法就有卢梭主义的气味。参政权是一项社会性权利，

① 鸿飞：《对于要求开设国会者之感喟》，《河南》第 4 期（1908 年 5 月），见《辛亥革命前十年间时论选集》第三卷，第 281—282、278—279 页。

② 戴季陶：《省长民选问题》（1912 年 11 月 3—5 日），桑兵、朱凤林编“中国近代思想家文库”《戴季陶卷》，中国人民大学出版社 2014 年版，第 125—129 页。

③ 戴季陶：《民国政治论》（1913 年 2 月 10 日），桑兵、朱凤林编“中国近代思想家文库”《戴季陶卷》，第 162—164 页。

需要一定的资格，并非所有国民都可直接参与政治。不了解民主需要逐步发展的道理，忽视国民的实际程度，忽视政治尤其是司法的专业性，而主张国民“完全参政”，有民粹主义的气味。共和指共同的福祉，共和国是利益、意见各不相同的人们共同组织、共同治理的国家，而不是一部分人或者多数人的国家。戴季陶主张民国之施政当遵从多数意见，谋求多数的利益，主张实行民生政策，以国家之力预防少数人经济上之专制，并无问题。但他几乎无视少数的意见与利益，主张以国家之力感化、排除“有专制遗传性者”，使全国人之思想言论“皆极健全”，就容易使国家成为多数人压迫少数人的机器，形成“多数人的专制”。这自然会使居于少数地位的社会上层产生此种“平民政治”必将导向“暴民专制”的认识。

一些革命党人在强调共和、民主政治的精神是“平民政治”，是多数统治的同时，又持一种主权在民、唯民为王的“民王”观念①，以为政治权威与政治行为正当性的最终依据在“国民公意”是不言自明的公理，不需讨论，也不容讨论。陈霹生信奉卢梭的人民主权说与国民公意说，主张建立一个“国民国家”。他相信，在这样的国家里，国家与人民合而为一，政府与人民合而为一，国家对于人民的统治就是人民对于自身的统治，人民服从国家法律，就是服从“人民公共之意志”。而所谓“人民公共之意志”，在现实政治中又被他实体化为代议机关的意志。② 戴季陶也说：“国家者，人民集合而成之法上之人格者也。国家之活动，人民公共之自由意识所集合而成之自由活动也。故国家以人民全体之集合为体，以人民全体之自由意识为用，彼政府、议会以及司法机关等，特不过各分其业，各异其度，各从其范围，而代表人民自由意识之自由活动耳。故国家者，国民之国家也；国家之行动，国民公意之行动

① 秋桐：《民国本计论——帝政与开明专制》，《甲寅》第1卷第10号，1915年10月10日。

② 霹生：《公共意志论——国民国家论之一》，《民权报》1912年8月26日。

也。”在“国民国家”里，“立法机关者，人民公意组织之议会耳；行政机关者，人民公意组织之政府也；司法机关者，人民公意设置之裁判所也。故违悖国民公意者，则为叛，为乱，为逆，为犯罪，而人民公意表现之法律则制裁之，是共和国之真义也，是国民国家之真义也，是即中华民国国民意识中所默存之威宪也”。① 这是认为，一旦建立“国民国家”，议会、行政机关、司法机关的行为就都会体现“国民公意”。这不但将国家神圣化，也将议会、行政机关、司法机关神圣化了。在缺乏自由传统的国度，将“人民”等同于国家，将代议机关之意志等同于“人民公共之意志”，又不限定“人民主权”“国民公意”的行使范围，容易走向议会专制、多数专制。

“公意”（general will）是卢梭政治和道德哲学中的核心观念。在卢梭之前，虽有人使用“公意”的概念，但“公意”一般总使人联想到卢梭。关于卢梭的“公意”说，学界聚讼纷纭，莫衷一是。大体上，卢梭所谓“公意”，是人们初次缔结社会契约形成主权者共同体时，经由人人同意而达成的对于共同利益、公共的善的共同认识。它是普遍的、永远公正的、不可破坏的、对共同体所有成员具有强制性的原则，它是除去了所有个别意志中正负相抵的那一部分的意志。可以将它理解为一种伦理原则或者哲学理念，是一种类似于自然法的理性原则。由于对“公意”达成的条件与方法有质疑，人们对“公意”是否能成为可操作的现实政治规范历来有怀疑。卢梭强调：“公意要真正成为公意，它在目标上及本质上必须具有普遍性；而且它必须来自于所有的人，又适用于所有的人；如果公意指向任何个别的限定的对象的话，它就丧失了公正性。”他又说：“正像个别意志不能代表公共意志一样，如果公意想去处理私人事件，那么它将会变质；它就不能再作为公意而就任

① 戴季陶：《国民国家与国民党》（1912 年 8 月），“中国近代思想家文库”《戴季陶卷》，第 114 页。

何一个人或一件事做出裁决。”① 民初政论中的所谓“国民公意”，并非卢梭的“公意”，而是一种可以通过普通投票形成的国民多数之意志即“众意”。显然，在现实政治生活中，“众意”可能被政治领袖或者势力较大的政治团体操控，违背“公意”，逾越公共权力的合理范围而侵犯少数人的利益，甚至伸入公民的个人生活领域，从而丧失其普遍性、正当性。将“众意”等同于“公意”，将多数国民等同于抽象的作为整体存在的“人民”，会在理论上为“多数专制”大开方便之门。

在反对专制、追求民主的过程中，备受行政专制之苦、向往代议政治而又对立法权专断危险并无切身体会的人们，容易将立法权理想化。密尔曾指出，在反抗统治者暴政的过程中，人们一度认为，暴政的产生是因为统治者与被统治者完全分离，以致统治权常常成为与被统治者相对立的权力。假若被统治者可以选择统治者，可以撤销对统治者的授权，那么统治者与被统治者就可以合而为一。如此，国民就“无需防御自己的意志”，就不必惧怕代表自己意志的国家会“对自身施行暴政”。在“大众政府”还是梦寐以求的东西时，“人民”无须限制自己施加于自身的权力的观念，似乎是自明的公理。随着“大众政府”的建立，人们发觉情况并非如此：运用权力的“人民”与作为权力施加对象的“人民”并不总是一回事。所谓“自治政府”也不是每个人管治自己的政府，而是每个人都被其余所有人管治的政府。所谓“人民”的意志，并非“全体人民”的意志，实际上不过是人民中最多或最活跃的那一部分人的意志，也就是多数人或成功地让人承认自己是多数的那一部分人的意志。代表“人民”意志的权力，可能只是代表一部分“人民”压迫另一部分“人民”的权力，“而人们需要防范此种权力之滥用，并不亚于对任何其他权力的提防”。②

---

① 〔法〕卢梭：《社会契约论》，何兆武译，商务印书馆 2006 年版，第 35 页。

② 〔英〕密尔：《论自由》，顾肃译，译林出版社 2010 年版，第 3—6 页。

针对当时一些革命党人过于重视“共和之精神”，追求极端“平民政治”的倾向，还在1912年3月，章士钊就反复阐述“平民政治之真诠”。他强调共和初建，需要重视的不是共和的内在“精神”，而是其外在制度。他指出，以为共和政治就当落实“平民政治”之精神，就应当实行普选制，人民的自由权利应不受限制，议会权力应至高无上，而不警惕平民政治的流弊，是十分危险的。他说，共和政治的最大流弊是，民德民智不进而片面追求“平民政治”，这容易出现雅各宾式的“暴民政治”，而“暴民政治”必引发军政强人的威权统治。而中国甚至根本没有出现此种威权政治的机会，因为一旦“暴民政治”造成不可收拾的局面，则列强干涉立至，亡国之祸即现。因此，国人必须认识到，共和只是一种政体形式，它并不必然比君主制、贵族制优越。他引法国学者奢吕（Schere）的话，强调辛亥革命只是“将统治者之主体，由一人而移于平民而已”，“至国家之所以存在，国家与国民所以相关（共和国民之当遵守法律，与专制国民同），则仍与一人政治无异”。他强调，中国不能追求“极端的平民政府”，而应“运用少数政治之精神”，“以平民之国家而建贵族之政府”。① 他所谓的贵族，不是因血缘而成的贵族，而是因知识、能力等社会性因素而形成的“贵族”。他对民众、民主的态度比较谨慎，明显受英国学者奥斯丁（Austin）、梅因（Maine），法国学者奢吕、托克维尔（Tocqueville），以及美国学者柏哲士（Burgess）等人的影响。梅因认为“民众政府”不过是头脚倒置的君主制政府，存在与君主制政府一样的弊病，又认为“民众政府”是所有政体中最困难的，因为一般民众知识有限，往往看不到真理，而且也无法就诸多问题达成一致意见。② 托克维尔在思想上倾向民主制度，但他是贵族，

---

① 行严：《论平民政治》《平民政治之真诠》《答陈君耿夫书》，《民立报》1912年3月1日、10日、17日。

② 〔英〕梅因：《民众政府》，潘建雷、何雯雯译，上海三联书店2012年版，第34、48—50页。

所以又“蔑视和惧怕群众”。他说：“自由、法制、尊重权利，对这些我极端热爱——但我并不热爱民主。我无比崇尚自由，这便是真相。”①

章士钊当时以“独立论政”自许，不过，他反对极端之平民政治，主张以平民国家而建贵族政府的主张，与原立宪派很合拍。原立宪派大体属于社会的中上层，多少有些产业，也有一定的社会地位，他们对于秩序的彻底崩坏深怀戒惧之心，对于一般国民普遍参政心怀恐惧，担心一旦实行一人一票的普选政治，则社会中上层因为人数少，在选举中处于劣势，导致多数之社会下层在选举中占据优势，最终损害社会中上层的利益，所以他们对“平民政治”“多数政治”有相当的忧虑，故而鼓吹贤人政治。他们强调，国民参政固然是共和政治的特征，但这不过是外在特征，共和政治实质上仍是少数人宰制多数人的政治，多数政治不过名义而已。梁启超就说，多数政治必依赖政党来运作，而政党运作有赖于有声誉、为国民多数所敬仰所矜式之政治领袖以及支持政治领袖的社会“中坚之阶级”。若无此中坚阶级，则政治领袖的意见不可能形成有势力的舆论，难以形成稳定的多数，多数政治容易变成野心家操控的虚伪的多数政治。② 这种见解大体是精英民主论。梁启超并没有明确阐述所谓“中坚之阶级”究竟所指为何，但若将其理解为社会上的有产者，大体上接近他的意思。至于所谓野心家，是指革命元勋与袁世凯，所谓为国人所敬仰所矜式的“少数优异名贵之辈”，指原立宪派政治人物。梁启超又否定国民普遍参政可得善政的说法，称“从众必能善治”，只是反抗专制、争取民权时代“欧洲学者所构之幻想”。实际上，“以众为政”虽相对比较良善，比较公正，但不能将其理想化，需注意其实行的困难与可能发生的流弊。

---

① 〔法〕托克维尔：《托克维尔回忆录》，董果良译，商务印书馆2004年版，第6页。

② 梁启超：《多数政治之试验》，《庸言》第1卷第12号，1913年5月16日。

其一，“以众为政”可谋国民全体之福利，只是“极端之民权主义”的空想。国民的利益是分化的，“欲施一政而使国中无匹夫不被其泽，虽神圣有所不能”。无论何种善政，有利于一部分人，必有害于另一部分人。其二，“多数为政”虽可能“谋最大多数之乐利”，但若将其神圣化，甚至以蔑视、压抑、牺牲少数之利益为当然，势必出现多数人的专制，损害社会“中坚之阶级”之利益。“中坚之阶级”在社会上发挥着无可取代的作用，伤害“中坚之阶级”，有违图治之道，不利于社会的和谐与发展。其三，民众容易被操控，“以众为政”难得“政出民众之实”。“无论何国，多数之民众，往往为少数之野心家所利用，而罕或能真自保其天职”。若国民程度不足而“以众为政”，“民意”往往“为豪强专制之所凭藉，驯至并多数人之私权，亦失所保障”，出现法国革命时代的恐怖政治，以及中南美洲的伪共和政治。其四，“极端之民权主义”往往迷信多数决定的合理性，但实际上询万民未必能获善治。“非常之原，黎民惧焉”，“善政至道，往往由极少数先觉之士倡道之，而群众莫之或喻，相率骇而仇焉”。瑞士的公民投票中被否决的良法美制不在少数，就是明证。①

立宪派人士大多深受传统贤人政治思想影响，不相信一般民众的政治能力，认为政治是选贤举能，以为民办事，而非由一般人民直接参与政治决策。他们反复强调，以中国的民德民智水平，即使实行“多数政治”，实质权力也必须掌握在少数精英手里，不能片面追求“平民政治”。方宗鳌称，人民之知识、能力不齐，共和政治只能是人民选举少数之代表代替人民治理国家，并非人人“皆有执行政务之权”，多数人仍“不过名义上精神上同为国家之主人翁耳”。② 吴贯因称，人民程度不够而骤行平民政治，则平民政治

---

① 梁启超：《宪法之三大精神》，《梁启超全集》第八集，第512—514页。

② 方宗鳌：《国家与自由》，《说报》第1期，1913年4月20日。

会变成“众愚政治”“众恶政治”“众乱政治”。[1] 张东荪说：“夫幼稚之国，其国民能力薄弱，必有一二有能力者，使居国家机关，以为国民多数之率导……今之论者，动则曰多数国民，殊不知是非不在数之多少，苟多数而为不肖，固不及一人之贤也。”[2] 康有为一方面承认，共和民权“在理为公理，在势为大势，顺之者昌，逆之者亡”，[3] 另一方面又称，实现自由、平等、民权需要很高的国民程度。“国民人人有士君子之行者，纯乎民权、平等、自由，虽无政府之国可也。国民人人由暴民而化为士君子，则民权、平等、自由各得其半，为共和国可也。若其国民由士君子而化为暴民，则所谓民权者，徒资暴民之横暴恣睢、隳突桀颉而已；所谓平等，纪纲扫尽、礼法荡弃而已；所谓自由者，纵欲败道，荡廉扫耻，灭尽天理，以穷人欲而已。以若是之俗而为共和，则是附虎以翼，添火以油，共争共乱，岂复可言哉？”[4] 康有为坚持精英治国的理念，认为从政只能是少数有道德、有才识、有财产者的专利。遵从这一原则，就能“免于多数暴民之为乱”，反之就会陷入暴民政治。[5] 民国初年的中国确实不具备国民普遍参政的条件，立宪派人士对激进革命党人的平民政治理想的批评，只是道出了实情。不过，康有为等在反对国民普遍参政时，混淆了自由权与参政权。自由权更多的是自然权利，与国民的知识、财产等无关，后者则是社会性权利，需具备一定的资格。激进的革命党人主张人民的自由平等权与参政权，忽视参政权的资格，而康有为等人在反对国民普遍参政的同时，称国民享有自由权也需相当的资格。两者所犯错误相

---

① 吴贯因：《平民政治与众愚政治》，《庸言》第1卷第11号，1913年5月1日。

② 张东荪：《中国之社会问题》，《庸言》第1卷第16号，1913年7月16日。

③ 康有为：《中国以何方救危论》（1913年3月），《康有为全集》第十集，第30—37页。

④ 康有为：《问吾四万万国民得民权平等自由乎》（1913年7月），《康有为全集》第十集，第144—147页。

⑤ 康有为：《中国以何方救危论》（1913年3月），《康有为全集》第十集，第30—37页。

同，即混淆了自由权与参政权。

反对极端平民政治者认为，国体虽未共和，但必须限制国民之参政权。首先，选举权应有资格限制。其次，有选举权者，其参政权主要限于投票权，而并非直接参与国政。有人称："孟德斯鸠曰，政务之执行在寡而不在于众。盖民智有高低，能力有差等，所谓平等者，从尊重人格上而言之耳。是故有国家，不可无中央政府，使寡数人民之代表，襄治其事，以谋国家之统一，而收指臂相使之功，非曰共和告成即人民皆有执行政务之权也。（人民）不过名义上精神上同为国家之主人翁耳。读者勿疑吾之重视中央政府过甚也，诚以今日中国人民之程度，正如孩提之童，一举一动均须严父慈母相提携，否则必濒险象焉。有强固之中央政府而后始有地方之秩序之可言。"① 最后，实行平民政治，需有一定的国民程度，并非国家共和，就可以让多数国民参政。他们说，中国人口多，教育不普及，识字率不过十分之二三，又因尚贤政治的传统，一般人民无与闻国政之机会，没有政治之知识与能力，还不具备普遍参政的条件。又有所谓，"天下有道，庶民不议"之说，以及所谓"不识不知顺帝之则"之说，"政治二字，遂为大多数人民脑海所不具"。十多年来，随着西学输入，风气渐开，人们开始议论政治，但一般人士，乃至思想界对民主政治仍多有误解，参政意识与参政能力，距民主政治之要求仍有相当距离。② 当此情形下，骤行选举政治，有选举权者难免或因受威逼利诱，或因知识有限，不能正确地行使选举权，其选出之代议士，"非善弋虚名之人，即无非无刺之人，否则钻营巧滑之人"，何能担当大政。③ 在怀疑一般国民参政能力的同时，国权主义者却对国民选出贤能之人为大总统，寄予很高的期望，说"吾愿于选举总统时，有选举权者抱定一尚贤政治之目

① 方宗鳌：《国家与自由》，《说报》第1期，1913年4月。

② 奇觚：《论众愚政治之弊》，《论衡》第2号，1913年6月5日。

③ 孤愤：《尚贤政治与平民政治》，《时报》1913年2月10日。

的，苟得其人，则一切均假之以大权，俾其有所展布”，万不可如《临时约法》那样限制总统权力。① 总之，他们认为，国虽共和，政治还只能是贤能政治，绝不可行极端之多数政治。

原立宪派以及一些温和派人士反对极端的平民政治，担心法国大革命之后的暴民政治在中国重演。此种担心并非多余。尤其是部分追求平民政治的人士将平民政治与社会主义相联系，更使他们担心多数政治会侵害社会上层的利益，引发社会动荡。他们说多数政治本质上是少数政治，也只是直白地陈述了当时各国民主的真实情况。不过，他们只强调共和民主政治之下，只能有少数精英直接执政，而较少强调执政者如何才能违背多数民意，给人的印象是，共和政治的权力行使与专制政治的权力行使没有本质区别。

二次革命之后，张东荪曾批评梁启超、康有为、章士钊等人关于多数政治实际为少数政治的说法，动摇了一般国民对于民主政治的信任。他指出，“今之论者，谓多数政治之中，必有少数之人为其中坚，以多数之名而行少数之实。吾窃以为不然。夫人之主张，不能尽同，然亦不能各异，必有同者，于同之中，自表视之，单一而非驳杂，自里观之，则固为繁多。故乙之意见同于甲，丙之意见亦同于甲，推而至于千万人之意见，皆同于甲，则甲一人之意见固不啻千万人之意见也。自甲而言，是为少数，自千万人而言，复为多数。于此一事，甲之政策为千万人所赞，是甲不啻代表此千万人。于彼一事，甲之意见不为千万人所许，则此千万人更有独立表示其主张之机会。近世多数政治之精神，其在斯乎？”人们之间虽然意见分歧，但民意大体可以归类，人民可通过选举代理人，代表他们执政，并不需要多数国民都直接进入政治机关。他认为，近世政治所以被称为多数政治，其含义不在多数国民进入政治机关，躬亲政柄，乃是说一政之行，必求之庶议。其要义在，第一，国家之

① 孤愤：《尚贤政治与平民政治》，《时报》1913 年 2 月 10 日。

权力有制限，国家与社会判而为二。凡人民有人身、言论、结社三大自由之保障，在社会上可以自由活动，“相异之党派、互反之意见皆藉此而生，且得互相竞争于正当之轨道，不能以一而压服其他，其结果由调和而臻完善焉”。第二，“多数人之意见于当局者之背后占有势力，得驱迫其入正当之途径，而不敢自逞与专擅也。其结果以议为政，政乃日致于良矣”。近世政治的根本特性是民意能够自由表达，并制约执政者。民意的表达方式，不只通过选举，也体现在媒体之自由、总投票、直接立法、请愿等方面。一句话，近世政治是舆论政治，“务使人民之主张尽量形于政治”。[①] 可以看出，张东荪持一种自由民主主义的立场，将近代政治的要义归结为国家权力有限、社会自由、人民之主张得尽量形于政治，而非仅限于多数决定。

新文化运动兴起时，批判贤人政治论，重新解释“民主”“多数政治”“民治”“平民政治”的内涵，强调自由权利、国民参政、国民自治的意义，是新文化人的关注点之一。陈独秀指出，中国欲图世界的生存，“必弃数千年相传之官僚的、专制的个人政治，而易以自由的、自治的国民政治”。国人必须明白，所谓立宪政体，所谓国民政治，“非政府所能赐予，非一党一派人所能主持，更非一二伟人大老所能负之而趋”，其能实现与否，“纯然以多数国民能否对于政治自觉其居于主人的主动的地位为唯一根本之条件”，否则其宪政必定是伪宪政。[②] 他根本否定开明专制论、革命程序论、贤人政治论能够带来真正的宪政，而将共和宪政建立的希望寄托于国民自身的政治觉醒。高一涵指出，贤人政治的基本理念是将国民分为贤与不肖，认为一般民众智慧能力不足，不能自谋福利，不能自治，不配享有自由权利，不能有政治上之人格，只配居于被

---

① 东荪：《行政与政治》，《甲寅》第1卷第6号，1915年6月；张东荪：《根本救国论》，《正谊》第1卷第7号，1915年2月。

② 陈独秀：《吾人最后之觉悟》，《青年杂志》第1卷第6号，1916年2月15日。

治者、被教化者的地位，需贤能之士来治理、教化他们；贤人则是国民的君、师、父，他们有智慧，有能力，也有保民如保赤子之心，担负着统治国民、教化国民、监护国民的重任。这与近代国家观念、自治观念等截然对立。一般国民既无自由权利，则所谓贤与不肖的标准就掌握于权力之手，于是，权力大小就决定了人们的贤愚程度，权位越高，就越“贤”，反之，就越“不肖”。为维持少数贤人的统治，掌权者必尽量排斥“不肖者”参与政治，不肖者就永无参政机会，永不能享自由权利，永不能提高其能力。所以，贤人政治不过是专制政治的代名词。① 光昇指出，中国传统思想的主要缺陷是缺乏自由思想，缺乏自治思想，缺乏人格观念与个人思想，他严厉批评尚贤政治的传统。② 李大钊则试图用“自由政治”的概念来取代“多数政治”“平民政治”的概念。他指出，近代政治与其说是多数政治，不如说是“自由政治”。1917 年，他在《暴力与政治》一文中指出：“权之所集，在于一人，或在少数，恃强凌弱，固所弗宜；即在民主治制之下，以多数之势力屈少数之意志，强人以必从，亦不叶于自由政治之原理。”③ 次年，他在《强力与自由政治——答高元君》一文中又说：“多数政治（Government by majority）与自由政治（Free government）不同。自由政治之精神，‘不在以多强少，乃在使一问题发生时，人人得以自由公平之度，为充分之讨论，翔实之商榷，而求一公同之认可。商讨既至详尽之程度，乃以多数之取决验稽其结果。在商讨之中，多数宜有容纳少数之精神；在取决之后，少数宜有服从多数之道义。自由政治之真谛，非依多数，乃依公认。多数取决，不过表示公认之一种方法而已。’意谓少数之公认，非迫于多数之强力，乃发于自由之信念，其服从非服

① 高一涵：《一九一七年预想之革命》，《新青年》第 2 卷第 5 号，1917 年 1 月 1 日。

② 光昇：《中国国民性及其弱点》，《新青年》第 2 卷第 6 号，1917 年 2 月 1 日。

③ 李大钊：《暴力与政治》（1917 年 10 月 15 日），《李大钊文集》上，人民出版社 1984 年版，第 522 页。

从多数势力之自身，乃服从表示公认之方法。”① 这与张东荪的看法很接近。

三　国权主义、强有力政府论与干涉主义

（一）普遍的国权主义倾向

清末的政治革命思潮是在民族危机日益深重的情形下形成的。人们之所以急于改造政治，就是希望通过政治革新，建立一个新式的有效能的政府，以统合一盘散沙的国家，并领导国家建设。对于这一点，民初思想界的认识比较一致。国权主义者以此为据，要求扩张国权。吴贯因说：“欧洲各国之革命大抵苦在上者之无道，欲去除虐政而已，彼但有对内之原因，而无对外之原因，故革命之后，但务扩张民权，固其宜也。若中国今兹之革命，非徒苦亡清之专制也，实又恶其腐败，恐因是而惹起列强之瓜分，故不能不急打破旧局面，而别谋所以自存之道。是今兹之革命，革秕政固为一原因，而御外侮亦为一原因也。夫既欲以御外侮，则革命之后，不徒在伸民权也，尤宜急谋振国权。苟国权与民权有不相容者，则宜暂抑民权而先伸国权。盖国苟不保，民安有权？而欲求振国权，与其得一强有力之国会，不如得一强有力之政府。”②

大体上持温和的自由主义立场、主张社会自由发展、提倡“减政主义”、反对依赖政治权力推动社会发展的杜亚泉，对于辛亥革命的观察，也与国权主义者类似。他说：“吾国民对于共和政体之观念，乃歆于事实上之所谓利，非动于原理上之所谓是也。盖

① 李大钊：《强力与自由政治——答高元君》（1918 年 7 月 1 日），《李大钊文集》上，第 543 页。

② 吴贯因：《政府与国会之权限》，《庸言》第 1 卷第 2 号，1912 年 12 月 16 日。

我国民既惩于甲午庚子以来之失败，又受日俄战役之激刺，就事实上之比较，知专制之终于覆国，立宪之可以兴邦。又以他国已往之事实推测之，则立宪政体之成立，非流血不为功。故武汉发难，全国响应。我国民之推翻专制创立共和者，固欲于事实上维持国家之势力，非欲于原理上主张天赋之人权。是以民国成立以后，政府间有非共和的行动，受反对党之责难者，一般论者，辄以‘国家为前提’之一语，抵制反对党，袒助现政府。意即但求事实上之利，则于共和之原理如何，不妨暂置之勿论，是亦国民心理之易于窥见者也。”①

1914年，戴季陶在总结辛亥革命没有确立共和民主政治之原因时说，辛亥革命“由于外力逼迫者多，由于内力膨胀者鲜”。也就是说，辛亥革命之发生，主要不是因经济社会发展，社会结构变化，新的社会因素发育发达，而内在地产生变革要求，而是受外力压迫刺激所发生的。他又说，激荡革命进程之思想中，起主要作用、最有根基、最能发生影响的是中国传统的革命思想（即反抗暴君思想）和攘夷思想，革命党在此亦用力最多，而输入之近世欧洲思想，即民权主义与社会主义，则影响微弱，远远未到深入人心的地步。他说：“惟是攘夷思想与乎革命思想，其传来也久，而入人也深，故革命党之所提倡鼓吹，与乎受革命党之所感化者，于攘夷思想及革命思想，其用力也多，而民权自由主义与乎社会主义，其用力也少，遂至革命党之旗帜，形式上偏重于种族革命。……在八月十九日革命以前，鼓吹革命与实行革命者，其脑筋中之热潮，恒以‘民族’二字，为发动之先锋，多数国民即不知民权自由与乎社会主义之实质为何，而一闻及革命排满，则数千年历史的遗传之思想，油然发露，而不暇问及革命之实质。”② 他认为，由于思想变革不足，革命只造就形式上的共和立宪国，而在共和建立以

① 伧父：《共和政体与国民心理》，《东方杂志》第9卷第5号，1912年11月1日。

② 思秋：《中国革命论》，《民国》第1年第2号，1914年6月8日。

后，对于真正落实共和宪政，保障民权，无论是革命党人，还是一般社会公众，都缺乏发自内心的真切追求。

一位不怎么知名的作者也在《雅言》发文称："吾国自帝政专制一跃而侪于共和之林，一原于民之惧亡，一原于民族之见，非由于帝政暴横，亦非由人民政治之知识迫之而然者也（如争参政权之属。满清之末，虽有请愿国会之举，亦不过出于少数政客活动之手腕，非关于多数人民之意也）。其希望于共和者，亦非由何等特别希望使然，（如争租税、争土地，痛心于僧侣地主之专横等事）……国民既以幸免危亡之观念，乃醉心于共和，以竺信此共和之故，乃毅然为革命之实行，故吾国之革命，非人民有何等进行之怀抱，直以自存之故，不得不出于此。及既出于此也，亦非有何等自信之力，谓政由我出，即可满志，其所求者，不过在一朝革命之后，继满清为政者，幸勿再蹈清政之败梏，则民固已踌躇满志，革命之论一倡而百和者，其原因实在于此。"① 也就是说，他认为，辛亥革命主要由内外民族矛盾而起，非由统治者残酷压榨、人们权利剥蚀殆尽而起，革命之目的在救危亡，求国家之自由平等，而非求个人之自由平等，在外抗强权，内求民族平等，而非反抗政府之暴虐，求个人之自由权利。

可见，不同的政治立场的人对于辛亥革命之动因与根本目的的观察颇为相同。他们都看到，辛亥革命之主要动机起于民族危亡，主要目的在于拯救危亡，实现国家富强，求中华民族与世界列强民族之平等地位，而个人自由权利并非革命的首要目的。回到当时的历史场景，人们有追求国家富强之迫切愿望，以政治革新为实现国家富强之手段，这并不难理解。毕竟，近代以来帝国主义列强瓜分世界，奴役弱小民族的例子，俯拾即是，弱小民族亡国之后的悲惨处境，不能不让国人警醒。翻开中国近代思想文献，世界弱小民族

---

① 孤翔：《共和真精神与人民之自觉心》，《雅言》第 1 年第 7 期，1914 年 7 月 10 日。

被殖民、被瓜分、被奴役的例子，反复被知识精英提及，印度、埃及、波兰、犹太、越南、朝鲜等国的亡国历史，土耳其、波斯之微弱与日趋临近亡国的境遇，时时刺激着知识精英的心灵，不能不激发他们追求富强的欲望。列强主导的近代资本主义国际秩序呈现在国人眼前的，就是一个唯强者有权力、权势即是道理的现实，而帝国主义论、社会达尔文主义对资本主义列强对外扩张的解说，也使相当一部分的中国人相信，无国家之富强，国家且灭亡，人民且为奴，何谈个人之自由平等。近代国人在追求富强的过程中，遇到的种种挫折，与列强在华侵略势力有重要的关联。近代国人欲发展实业，则关税主权的丧失、列强在华资本的扩张，使实业界人士感到窒息；欲革新政治，则忧政治革新引发内乱，导致列强干涉。这不能不使国人深切地感到民族独立、主权完整对于国家发展、社会进步的意义。正如恩格斯曾经指出的，“一个大民族，只要还没有民族独立，历史地看，就甚至不能比较严肃地讨论任何内政问题”。①

因此，民元、民二间，虽有国权主义与民权主义的争论，但其实争论的核心是政治权力的中心在行政，还是在国会。“民权党”人虽鼓吹“民权”，但其所谓民权主要指人民之参政权与议会权力。他们不相信行政权力，但相信议会权力，只要权力在议会，他们就主张扩张国家权力。同盟会的温和派人物徐血儿说：“民主国之国权，即一国国民之民权集合而成，故民主国之国民，其目的主义在巩固国权，国权愈巩固，则民权愈发皇。盖民权对于君主而扩张其势力也。”② 曾为《民立报》记者，后为统一党领袖的王印川说，清帝逊位，共和成立，主权既握于人民，“则民权之广大，孰有过于斯者乎”，民权既如此广大，若仍极力扩张民权，势必极力限制政府权力。这既不符合中国以强大政府振兴国家的现实需要，

---

① 《恩格斯致卡尔·考茨基》，《马克思恩格斯选集》第 4 卷，人民出版社 1972 年版，第 427 页。

② 血儿：《巩固国权》，《民立报》1912 年 2 月 8 日“天声人语”。

且必流于愚民之专制。“况民主立宪之国，主权在民，民权与国权，一而二，二而一，原来无大区别，巩固国权即所以扩张民权，而欲张民权，尤不可不先巩固国权。盖对内而言，民为邦本，本固邦宁；对外而言，国皮民毛，皮之不存，毛将焉附？若使国权侵削，日蹙百里，浸至于不国，国民之权，无论如何强大，吾未见其能朝夕保也。从古以来，几见无国之民而有权利之可言也。”① 在王印川看来，真共和必具备两个要件：一是主权在民，即人民掌握制宪权、修宪权、选举国家元首之权和监督政府之权；二是大总统有大有为之政权，以巩固共和，而谋国利民福。② 国民党的激进分子何海鸣也说：“共和之国，国即政府，政府即国民，绝无冲突之虞。”③ 他们将民权看作一个整体概念，认为国家共和，主权在民，国民可以选举制宪机构、立法机构与国家元首，可以监督政府，即表明人民控制了国家，掌握了政府，享有了充分的权利，国民个人即可不必对国家权力保持警惕。他们之所以持这种看法，一个重要的原因就是清末以来，国人多将国民看作一个整体，持一种“整体式的国民观”。④ 晚清思想界关于国民的表述，很大程度上受伯伦知理的影响。梁启超即称：“伯氏乃更下国民之界说有二：一曰，国民者人格也，据有有机之国家以为其体，而能发表其意想，制定其权利者也；二曰，国民者法团也，生存于国家中之一法律体也。国家为完全统一永生之公同体，而此体也，必赖有国民活动之精神以充之，而全体乃成，故有国民即有国家，无国家亦无国民，二者实同物而异名耳。”⑤ 国家与国民既然同体，国民的个人性质

---

① 空海：《中华民国制定宪法之先决问题》，《民立报》1912 年 2 月 8 日。

② 空海：《真共和论》，《民立报》1912 年 2 月 10 日。

③ 海鸣：《治内篇》，《民权报》1912 年 10 月 8 日；转引自胡绳武、金冲及《辛亥革命史稿》第四卷，第 253 页。

④ 沈松侨：《国权与民权：晚清的“国民”论述，1895—1911》，《中央研究院历史语言研究所集刊》第 73 本第 4 分册，（台北）“中央研究院”2002 年版。

⑤ 梁启超：《政治学大家伯伦知理之学说》，《梁启超全集》第四集，第 211 页。

就被其整体性质淹没；当民权被理解为国民权力时，国权就等同于民权了。其实，国家权力不论掌握在个人手中，还是掌握在民选机构手中，都有扩张自身权力、非法侵犯个人自由权利的可能。民权，除了公民参政、通过法定的程序参与构成国家意志的积极的权利之外，更多的情况下是个人的自由权利，即人的基本自由权利如人身自由、意见自由、财产权利等。国民整体的意思所构成的国家意志与个人的自由权利也不能等同。而不少民初人士则忽视了“民权”的个人性质，更多地将“民权”理解为国民作为一个整体构建国家意志的权利。于是，民权就等同于国会的权力。比如，陈匪石即说：“夫最高之权力在人民，谓之民权，自国家之最高机关所行使之最高权力，谓之国权，则民权与国权之殊，特一自其所属之人言之，一自其行使之地言之耳。”① 在他看来，共和国家，主权在民，民选之国会受人民之委托，为国家主权机关，这就是民权的本质含义。经由这样的转换，“民权党”的“民权”就变成了“国权”。

进步党一系的人物张“国权”为旗，以对抗同盟会—国民党的“民权”论，其强调“国权”的趋向更为显著。他们强调，“政治之目的，其第一义在谋国家自身之生存发达。国家不能离国民而独存，凡国利未有不与民福相丽者也。故善谋国者，惟当汲汲焉求国权之当遵何道而得巩固，当遵何道而得善其运用”。② 又说，中国的首要任务是谋国家的强盛，国家贫弱，民且为亡国之奴，何谈个人之自由权利。这是自清末以来就流行的思想。梁启超在《新民说》中即称：“团体自由者，个人自由之积也。人不能离团体而自生存，团体不保其自由，则将有他团焉自外而侵之、压之、夺之，则个人之自由更何有也！”③ 陈天华亦称：“吾侪求总体之自由

① 匪石：《国权与民权》，《民权报》1913年3月29日。

② 梁启超：《宪法之三大精神》，《梁启超全集》第八集，第514页。

③ 梁启超：《新民说八·论自由》，《梁启超全集》第二集，第568页。

者也，非求个人之自由者也。”① 入民国，此种思想并未衰减。蔡锷在1912年5月的一次演讲中就说，从朝鲜、越南、印度、波兰、埃及等国亡国历史，以及近代以来中国作为弱国所经历的种种奇耻特辱、苦况惨状中，国人应明白“天赋人权之说，只能有效于强国之人民，吾侪焉得而享受之？故欲谋人民之自由，须先谋国家之自由，欲谋个人之平等，须先谋国家之平等。国权为拥护人权之保障。故吾党主义，勿徒骛共和之虚名，长国民凌嚣无秩序之风，反令国家衰弱也。近日平等、自由之义，每多误解。苟国家能跻于强盛之林，得与各大国齐驱并驾，虽牺牲一部分之利益，忍受暂时之苦痛，亦非所恤。国权大张，何患人权之不伸？”② 又有人从国家有机体论出发，将个人完全附属于国家，称“民之与国家，犹指臂之于躯干，枝叶之于本根。躯干殒坏，指臂立僵，根本动摇，枝叶奚托”，甚至将个人利益与国家利益、社会利益完全等同起来，称“一己之利害，不外社会之利害，社会之利害不外国家之利害。反而视国家之利害即社会之利害，社会之利害即一己之利害”。③ 总之，他们认为，国家利益高于个人利益，国家利益等同于个人之利益，国家富强，则个人自然就有自由平等的权利。

既然国家富强为政治之第一目标，那有利于谋求国家富强就成了评判政治制度、政治行为的标准。有人称，“共和真精神之所在，自其粗者言之，使举国之人对于国家有唯一之目的……自其精者言之，非举国有政治之道德不可”。所谓举国有政治道德，也就是国人皆以国家之利益为其最高追求，“而不假国家政治之名以济其私之实”。④ 根据这种逻辑，国权主义抑或是民权主义，何去何

---

① 思黄：《论中国宜改创民主政体》，《民报》第1号，1905年11月。

② 蔡锷：《在统一共和党云南支部成立会上的演说》（1912年5月6日），曾业英编《蔡松坡集》，上海人民出版社1984年版，第456—458页。

③ 彭宪：《共和国民之精神》，《说报》第3期，1913年6月20日。

④ 孤翔：《共和真精神与人民之自觉心》，《雅言》第1卷第7期，1914年7月10日。

从，自然就看哪一个有助于实现国家富强了。

根据这样的标准，国权主义者指出，民权主义不适合中国追求国家富强之需要，而国权主义有利于谋求国家富强。从国民之参政权看，他们认为，中国国民程度低下，不具备实行多数政治的条件，不能实行广漠之民权主义。从人民自由权利看，他们将个人自由权利看作国家发达到一定历史阶段才能享有的奢侈品，认为人民熏染于法律秩序既久，具备相当的教育程度，地方自治发达，才能谈得上个人自由。若人民程度不够，“而赋以文明国之自由，桀黠者如马之脱羁，犬之脱绁，守分者如柔顺之羊，徒以供其蹂践而已。人人自由，人与人相食之期不远矣”，必秩序大乱。秩序既乱，何谈国家富强？① 李庆芳亦称，采民权主义之国“必其国家团结力已固，自治力已充，法律的信仰心已坚定，人民智识道德已精进，如是则采民权主义，尤（犹）可使人民为自由的活动，而补国权行使之穷”。而中国“蒙藏之争，省界之争，新旧之争，党派之争，暗潮澎湃，若无垠际，而一般人民因国体初变，绝对的自由平等之误会，又嚣嚣于全国，暴民政治故已出现有日矣，如预无提捍，预无防杜，将恐一决不可收拾”。②

国权主义者又对比中西的前近代社会，为其国权主义张目。他们说，中西社会情形不同，从历史上看，中国并不缺乏民权，从现实看，中国亟须振兴的是国权，而非民权。他们认为，欧洲在近代政治变革之前，社会上下悬隔，君主、贵族、僧侣统治横暴，人民之自由权利常任其蹂躏，那里的人民有强烈的追求个人自由权利的意愿，此为近代欧洲政治革命的基本动力，因此革命之后的宪法颇注重个人自由权利的保障。中国自封建制度崩溃之后，四民平等已为现实，人民权利大体平等，人民所缺的只是参政权，故人民对于个人自由权利之需要不如欧美人殷切。中国求政治革新，不是因为

---

① 雪玉：《说国权》，《震旦》第3期，1913年4月。

② 李庆芳：《为制定宪法敬告国会会员》，《宪法新闻》第1册，1913年4月。

个人自由权利问题，而是因为国家贫弱，国权沦丧。因此，革命之后，应当着重解决的问题是如何振兴国权，而非如何保障民权。梁启超说，欧美在十七、十八世纪以前，统治者与被统治者截然两分。在公权方面，“政柄常为少数之治者世世垄断，而多数之被治者永无与闻之望”。在私权方面，“多数被治者之生命财产，常为少数治者任意蹂躏，而末由得确定之保障。故英国之权利请愿，美国、法国之人权宣言，其内容关于私权者什而六七，关于公权者不过三四，而于国家之组织法未多及焉”。反观中国，“二千年来，法理上久采四民平等主义，个人私权比较的尚互见尊重”，欧西流血百年以争者，中国人早有之矣。“其在参政权，则白屋公卿，习以为常，士苟稍自树立，固无往而不可得与闻政事之机会”。因此民权说不如欧西百年前相需之殷。① 康有为说，中国自汉以后，“已去封建，人人平等，皆可起布衣而为卿相。虽有封爵，只同虚衔；虽有章服，只等徽章；刑讯到案，则亲王宰相与民同罪；租税至薄，今乃至取民千分之一；贵贱同之，乡民除纳税诉讼外，与长吏无关”，享有人身、营业、所有权、集会结社、言论出版、信教等各项自由。“法大革命后，所得自由、平等之权利，凡二千余条，何一非吾国人民所固有，且最先有乎？”中国政治革新，非因求个人自由权利而起，乃因求国权之伸张而起。革命后，当务之急是谋国家之发达。② 刘少少称，中国“以自然进化之故，虽屡朝皆君主专制国体，而缘学说教育之影响，君主任意蹂躏人民，无视民权，至前清叔季，直可谓绝无仅有之事”。在社会结构上，封建绝，世卿废，阶级制度久已削除，贵族僧侣至今更无所闻，四民平等早已实现，中国人之“民权本无屈抑，何待特地伸张，比之文明国民，所缺者，惟一实际之参政权耳。今者国体已为民主，政体已为共和，由选举大总统递至选举乡长，由组织参议院递至组织城

① 梁启超：《宪法之三大精神》，《梁启超全集》第八集，第512—513页。

② 康有为：《中华救国论》，《康有为全集》第九集，第314页。

镇乡会，俨然全部由人民直接执政，何论参政乎。”中国人之追求宪法，并非求民权之保障，而“实出于世界列强对立，不可不力求国家之生存及发达，以跻于平”。欧洲之近代政治革命则因人民不堪君主贵族僧侣之苛敛暴虐、淫刑滥罚而起，故其政治革命主要在求自由权利，其宪法首先注重者，除根本代议权外，若身体居住种种自由权财产所有权被裁判权信教权等，条分缕析，明定基础法中，而国家组织或且次之。①

国权主义者对于中西前近代社会的对比，在某种程度上，可以说明近代中国人缺乏个人自由权利意识的部分社会原因。国权主义者的这些论述，混淆了政治与社会两个层面的问题。实际上，民主政治是政府形式，是政治层面的问题，若脱离政府形式而从社会平等、社会流动性论民主政治，则中国之政治革命纯粹多余。②

国权主义在民元、民二者影响甚大，是占主流地位的政治理论。当局之所提倡，举世之所风从，皆谓国家神圣，理不可渎，政治人物动辄称自己的主张是以国家为前提，调和政见者亦劝人以国家为前提，造成了盛行一时的国家主义话语环境。这种政治话语，为袁世凯的专制集权提供了思想氛围。

（二）普遍的“强有力政府论”与强有力政府的制度设计

1. 强有力政府论成为流行话语

与普遍的国权主义相适应，民初思想界存在相当声势的“强有力政府论”。1914年后，思想界在反思民元、民二间强有力政府论时，汪馥炎就称：“国基初奠，党派鸱张，世风凉薄，民德未纯，议论以意气争持，行事则阴私讦诟，朝野倾轧，不可终日，于是国中号称忧时之士，知放任之不能为治，遂日以强善政府与保育政策相标榜，以为政府达于强善，政策取其保育，始能策驭民治，

---

① 少少：《旧国情与新宪法》，《震旦》第1期，1913年2月。

② 秋桐：《平民政治之真诠》，《民立报》1912年3月10日。

而起社会之沉疴也。”[①] 徐傅霖也说，民元、民二间“强有力政府”五字“几如天经地义之不可侵犯”，是“最有势力之舆论”[②]。张东荪检讨他在民元、民二间的言论也称：“当革命之告成也，当世诸公皆觉中央政府之薄弱，力倡强有力政府之说，余和之。”[③] 确实，民元、民二间，不少政治人物都主张建立强有力政府，扩大政府职能，采取“干涉主义”，推行“保育政策”，以国家之力推动经济社会发展，或者求得社会公平。

最卖力鼓吹强有力政府的是“国权党”人，梁启超是其中的代表性人物。武昌起义之后不久，他发表《新中国建设问题》一文，力主建立强有力的中央政府。他说：“处今日国竞至剧之世，苟非得强有力之中央政府，国无道以图存也。……治今日之中国，实当以整齐、严肃为第一义。……夫军政、外交、司法之必当集中无论矣，即如财政政策、工商政策、交通政策、教育政策等全国方针，安可以不定于一？”又称：“吾国今日所要求者，首在得一强固统一之中央政府。”[④] 1912 年 5 月，他在《中国立国大方针》中又极力鼓吹强有力政府与保育政策，说：“国家之置政府，非以为美观也，将以治事焉。故人民之对于政府也，宜委任之，不宜掣肘之；宜责成之，不宜猜忌之；必号令能行于全国，然后可责以统筹全局；必政策能自由选择，然后可以评其得失焉；必用人有全权，内部组织成一系统，然后可以观后效也。此无论在何国，莫不有然也，况我国承历年废弛之余，国家威信久已坠地，重以新丁破坏之后，秩序全破，国家结合力至薄弱，傀焉若不可终日者耶。故建设强有力之中央政府，实今日时势最大之要求，稍有常识者谅所同认也。”[⑤]

---

① 汪馥炎：《社会与舆论》，《甲寅》第 1 卷第 4 号，1914 年 11 月 10 日。

② 徐傅霖：《强有力政府之效果》，《正谊》第 1 卷第 8 号，1915 年 5 月 15 日。

③ 张东荪：《自忏》，《中华》（北京），第 1 卷第 7 号，1914 年 7 月 16 日。

④ 梁启超：《新中国建设问题》，《梁启超全集》第八集，第 335—337 页。

⑤ 梁启超：《中国立国大方针》，《梁启超全集》第八集，第 433 页。

自清末起一直追随梁启超的蔡锷也认为，革命之后的中国必须有强大有力的政府，出而恢复秩序，消除党派纷争，统一军政权力，实行中央集权，以强大而有效能的政府领导国家开展建设。1912 年 6 月，在就宪法制定问题发表意见时，蔡锷在致袁世凯、参议院及各省都督的电文中称："窃谓吾国地广民殷，又当改革之后，非有强健有力之政府，不足以巩固邦基。而欲政府之有力，则躬膺国务者，宜有不屈不挠之毅力，苟利于国，生死以之，始足以排大难而决大计。若一遇艰阻，便思引退，自谋良善，国事何倚？"①

康有为也说，中国广土众民，交通不便，民多愚塞，渺不知政治为何物，又当大乱之后，纲纪扫地，法律全无，廉耻扫地，道德衰敝，"国民需于强力之政府以提携保育"，"政府必当有大权而无掣肘，然后开阖操纵，震动昭苏，于以修废补败，乃有可为"。他把自己主张的强有力政府称为"父母政府"。②

诸如此类的言论，在国权主义者的言论中，几乎俯拾即是。比如，李庆芳说，宪法的目的应当是"产出强有力之政府，为国家最后之胜利"。③ 署名"雪玉"的作者在《震旦》上发布文章称，世界列强行帝国主义政策，对外扩张不遗余力，为着对外竞争，各国政府均日益强大，政府权力日益扩充，之所以如此者，盖因"欲使一国之力伸张于外，非有强固之中央权力不可"。④

"民权党"人也鼓吹强有力政府。宋教仁在 1912 年 7 月 4 日给孙武的信中说："弟尝潜观宇内大势，默筹治国方策，窃以为廿世纪之中国，非统一国家、集权政府不足以图存于世界。而当兹丧乱之后，秩序败坏，生计凋敝，干戈满地，库帑如洗，外则列强未之承认，内则各省俨成封建，尤非速行军民分治，集中行政权力，整

---

① 蔡锷：《致袁世凯及各省都督电》（1912 年 6 月 27 日），曾业英编《蔡松坡集》，第 527 页。

② 康有为：《中华救国论》（1912 年 5、6 月间），《康有为全集》第九集，第 322 页。

③ 李庆芳：《为制定宪法敬告国会会员》，《宪法新闻》第 1 册，1913 年 4 月。

④ 雪玉：《说国权》，《震旦》第 3 期，1913 年 4 月。

理军队，厉行救急财政计划，不足以治目前之危亡；而欲行此种政策，更非国务员全体一致，志同道合，行大决心，施大毅力，负大责任，排大困难，坚忍以持之，忠诚以赴之，不足以见最后之功也。”① 孙中山也多次用到“强有力政府”一词，比如1912年9月，他在谈到如何解决南北分歧时，提出三个办法：“一、中央政府务须开诚布公。二、取决于国民公意。三、组织强有力之政府。至于进行之手续，则一言难尽。”②

以“独立论政”相标榜的章士钊，是强有力政府的又一个重要吹鼓手。辛亥革命前他即鼓吹强有力政府，称“二十世纪模范之政府，乃一能力绝强之政府……中国政府素以孱弱闻于天下，百事之坏，无不源于政府之弱”③，“夫今日之中国须得一绝强之政府，始克转危为安”④。辛亥革命后，尤其是在主笔《民立报》时期，他更是反复强调中国“非有绝强之中央政府，不足图存”。

一些政治团体，也以主张强有力政府相标榜。国民协会在致全国同胞书中称：“立国大地之上，必有强固之政府，始足以谋战守之道。”“夫政府者，国民之冠冕；国民者，政府之后盾。国必有强固之政府，国民始有依托，政府必得国民之信仰，法令始有效力。”⑤ 此文发表于武昌起义之后，南京临时政府成立之前，希望组织一个强有力的革命政府以争取革命的胜利，但其“强有力政府”的提法是清晰的。《统一党章程》称，该党以统一全国，建设强固中央政府，促进完美共和政治为宗旨。⑥ 共和党本部发行的《共和党党义浅说》称该党的主要政见有三：第一条是“保持全国

---

① 《宋教仁集》（二），第481页。

② 《在北京迎宾馆与某君的谈话》（1912年9月上中旬），《孙中山全集》第2卷，第477页。

③ 秋桐：《问何种政府始能操纵议会》，《帝国日报》1911年5月1日。

④ 秋桐：《政党政治果适于今日之中国乎》，《帝国日报》1911年5月29日。

⑤ 《国民协会为提议组织国民参事院与全国同胞商榷书》，《民立报》1911年12月29日、30日。

⑥ 《统一党章程》，《民立报》1912年3月10日、12日。

的统一，取一个国家主义"；第二条是"以国家的权力扶植国民进步"，也就是所谓的保育政策，以国家之力扶持实业、国民教育、国民生计，扩大国家权力；第三条"为应这世界的大势，以平和实利立国"。① 其第一、第二条，就是主张国家主义、强有力政府与干涉主义。民主党党章之第三条就是"建设强固政府"。进步党党纲称该党"取国家主义，建设强善政府"。

可以说，在民元、民二间，"强有力政府"是一个很流行的词，在许多政治人物那里，建立强有力政府具有无可置疑的正当性。

2. 强有力内阁还是强有力总统

民元、民二间的各主要政治力量，都声称自己主张建立"强有力政府"，都声称自己主张的"强有力政府"最适合中国国情，最符合中国的需要，最有可能实现国家富强。但是关于何种政府才是"强有力政府"，各派的分野比较明显。大体上说，同盟会—国民党将其主张的议会权重、政党内阁、立法上中央集权、行政上地方分权的政府称为"强有力政府"。进步党将其主张的行政权重、立法权轻、立法与行政均实行中央集权的政府称为"强有力政府"。而以袁世凯为首的官僚派势力则将总统大权独揽的政府称为"强有力政府"。关于中央地方关系，本卷另有专章讨论，此处讨论各派对于"强有力政府"的中央政制的看法。

关于中央政制问题，民初思想界有总统制与内阁制的分野。民初关于总统制、内阁制的争论，有比较重的对人立论的味道。在南京临时政府时期，政制取总统制，立宪派即多称总统制不适合中国；革命党则大体上维护孙中山主张的总统制。后来总统易人，革命党即主张内阁制，欲以内阁制限制袁世凯；而拥袁势力以及部分原立宪派人士就鼓吹总统制，称内阁制不适合中国。到国会解散，

① 《共和党党义浅说》，章伯锋、李宗一主编《北洋军阀》（一），武汉出版社1990年版，第423—431页。

袁世凯势力要求改内阁制而为总统制时，不但革命党持反对态度，原立宪派也担心总统集权，多主张内阁制，而少有主张总统制者。对于此种对人立论的情况，1913 年 4 月，《民立报》曾批评称："今之主张内阁制者，在南京政府时代或曾执总统制之说，而今之主张总统制者，在当时又未尝不竭力要求内阁制。若而人者，盖非谓中国宜于总统制或内阁制，直谓某人为总统则宜于内阁制，易某人为总统则宜于总统制焉耳。而反对总统制或及（反）对内阁制者，亦与其制无关，直是反对当时总统而已。由是总统制内阁制之争论，必须得一德才兼备，有甲乙两派所共推服之一总统，然后有暂时解决之日。"将来更换总统，则政制又须一变，方可为两方接受。①

总统制与内阁制，各有优缺点。责任内阁制的优点有二。第一，内阁由议会之多数党组成，若议会内有稳定的多数党，则内阁就成了议会的一个委员会，内阁之决策、计划等，容易得到议会支持，可减少立法行政之间的掣肘，使政府更有效能。第二，内阁之决策可以较好地体现民意的变化。内阁既由议会之多数党组织，而国会之多数又视舆论之向背以为去留，舆论一变，则国会以及内阁亦随之一变。内阁制的缺点有二。第一，要求有比较发达的政党，最好是两党制。这样，就可以在议会内形成稳定的多数党，一党在议会占据多数，即出而组阁，少数党则居于在野党位置，对于内阁为严密之监督。第二，若政党发育不成熟，多党林立，则容易出现多党联合组阁的局面，政党联合往往不稳固，容易造成内阁的频繁更迭，使政府难以实施长期的计划。同时，因为联合执政，政府之决策易受执政联盟内部掣肘。

总统制的优点是：第一，行政部独立于立法部之外，总统有任期的保障，可以有比较长远的规划，尤其是当政局复杂，而总统眼光远大、刚毅有为时，可不顾立法部之掣肘与舆论之非议，毅然行

① 重民：《总统制与内阁制》，《民立报》1913 年 4 月 8 日。

其政策，解除国家面临的困局；第二，总统制对于政党制度要求不如内阁制那么严格。总统制的缺点是：第一，总统与议会均对国民负责，议会不能直接影响总统的决策，但立法与行政分立，立法对行政的掣肘较为严重。当立法与行政两部发生冲突时，内阁制可以通过内阁辞职或者解散议会、组建新议会的方式，迅速获得解决，而总统制之下，因为总统与议会各有任期，立法行政两部容易相持不下，甚至出现宪政危机，问题的解决需要等到下次总统大选才能解决。第二，总统位高权重，在民主政治条件不甚成熟的国家，容易造成有力者以武力争夺总统的情形，也容易造成总统集权专断，使得民主政治陷入危险之中。

假若民主政治的条件成熟，则取内阁制或者总统制，均无不可。但是在民初，中国在政制选择上，面临两难的局面。一方面，中国专制传统悠久，民众参政意识薄弱，参政能力比较低，政党发育不成熟，政党林立，而又幅员辽阔，国情复杂，国际环境凶险，取总统制有利于迅速构成强大的行政部，以强大的行政权力恢复秩序，实现统一，领导国家建设；但存在总统集权、武力争夺总统职位以及帝制复辟的危险。另一方面，若政党成熟，议会有权威，实行政党内阁制，确实可构筑强大的政府，去应付危机；但是民初却不存在政党内阁的条件，真正的政党内阁又不可能建立起来。

民初主张总统制的人中，有一部分确实是从学理上探讨总统制与内阁制的优劣，他们对总统制的设计，也大体遵循总统制的常规。但民初主张总统制的力量中，很重要的一部分是袁世凯一派的政治势力及其拥护者，他们所称的强有力政府其实就是“强有力总统”。他们认为，中国面临严重的内外局面，需要强有力的政府，运用强有力的政治手腕，去化解紧张的中央地方关系，实现政令统一；化解政权鼎革之后，蒙古、新疆、西藏地区存在的边疆危机，维持领土主权完整；化解革命后出现的地方治安问题，裁撤军队，恢复地方秩序；以强有力的政府去推动国家发展。他们认为，中国的政党尚在萌芽，政党领袖才望不足，缺乏治国经验，政党成

员多新进少年，且政党林立，行内阁制，必定“内阁日日有辞职之危险，议会日日有解散之危险”。而行总统制，则一党掌握政权，一党在野，虽有党争，不致影响在朝者之地位，政局不易起大波澜。[①] 他们认为，袁世凯有雄才大略，绝不肯为端拱无为之虚位元首，“苟袁总统一日不能去，即内阁制一日不能行。而欲排斥袁总统，则不独国民党多数绝无排斥之意，即竟有排斥之意，亦断无排斥之能力。且即有排斥之能力，亦断非中国之福”。有了这样的袁总统，中国就只能实行总统制。[②] 此种强有力政府论，基于拥护袁世凯的政治立场，以及对于强势政治人物的期盼与对于国民的不信任，主张“大权集于总统，一切用干涉主义”，[③] 意谓“人民程度幼稚，须赖国家之力以扶养之，不能分中央之权以授地方。又以总统为国民所公举，不能不畀以行政之实权，而总统一人高高在上，一举一动，地方不能与之抗，国民不能斥其非。否则，政府一动摇，国命且随之而短矣”。[④] 此种强有力政府论最典型的代表就是袁世凯及其身边的幕僚。1913 年 10 月 16 日袁世凯咨行众议院请增修约法的咨文，以及 1914 年 4 月 30 日约法会议就制定“中华民国约法”咨行袁世凯的咨文，最集中地体现了这种主张。咨文称，从中国数千年的历史看，“断未有政权能一，而其国不治，亦未有政权不一，而其国不乱且亡者”。从当时的国民心理看，人民期望强有力之政府，而不是强有力之国会，“虽易帝国为民国，然一般人民心理，仍责望于政府者独重，而责望于议会者尚轻。使为国之元首而无权，即有权而不能完全无缺，则政权无由集中，群情因之涣散，恐大乱所由生”。从中国之地理与国情看，中国幅员辽阔，远超世界各共和国，且“五族各异其性，南北各异其宜”，若

① 老圃：《内阁制与党争》，《时事新报》1913 年 1 月 7 日。

② 老圃：《内阁制果能实行于中国否》，《时事新报》1912 年 12 月 28 日。

③ 黄远庸：《袁总统此后巡回之路径》，《远生遗著》（民国丛书本）卷一，上海书店 1990 年版（原版为商务印书馆 1924 年版），第 30—31 页。

④ 宗良：《如何而可谓之强有力政府乎?》，《民立报》1913 年 4 月 12 日。

无一强有力之政府从中提携，势必内部破裂，引发列强干涉。从革命之后的政治环境看，“共和成立，开自古未有之创局，建设未遑，飘摇风雨，纲解纽绝，无可遵循”。当此局面，必须扩充政府权力，使其能审时度势，迅速应对危局。其所谓强有力政府，是行政权的强有力，“夫国家处开创之时，当多难之际，与其以挽救之责，委之于人民，委之于议会，收效缓而难，不如得一强有力之政府以挽回，其收效速而易。……况人民政治知识尚在幼稚时代，欲其运用议院政治，窃恐转致乱亡”。咨文称，《临时约法》违背中国之国情、人民心理与中国的现实需要，照搬西方政制，极力以立法权限制大总统的权力，不知总统“一人一身之受束缚于约法，直不啻胥吾四万万同胞之身命财产之重，同受束缚于约法”，“驯至国势日削，政务日隳，而我四万万同胞憔悴于水深火热之中者且日甚”。总之，民国建立以来，秩序混乱，政治不上轨道，国家建设无由开展，都是《临时约法》对于总统权力限制的结果。因此，增修约法或者制定约法的目的，就是要解除《临时约法》对总统的束缚，将一切大权皆集中于大总统。根据上述理论，约法会议对于约法做出修改：“以统治权之不可分割也，于是设总揽机关；以议会政治之万不宜于今日之中国也，于是以总揽统治权，属之于国家元首，以重大总统之权，而又不能无所限制也，于是有对于全体国民负责之规定，以国势至今，非由大总统以行政职权急起直追，无以救危亡也。于是凡可以掣行政之肘，如官制官规之须经院议，任命国务员、外交员以及普通缔结条约之须经同意等项，皆与（予）删除。凡可以为行政之助者，如紧急命令、紧急财政处分等，悉与（予）增加。以国权脆弱，亟宜注重军防也，于是特定陆海军之统率及编制权，以扬国威而崇兵备。以共和建设，来日方长，非策励殊勋，不克宏济艰难也，于是设各项特别荣典，以符优待而劝有功。”①

---

① 白蕉：《袁世凯与中华民国》，《近代稗海》第3辑，四川人民出版社1985年版，第58—60、92—96页。

袁派人物的此种强有力政府论，遭到国民党人的强烈批评。他们认为，总统集权的强有力政府，心中“横亘一强有力之总统”，[①]“欲事事集权于中央，并事事集权于总统，使凭一人之手腕，以实行一人之政策，百僚供其驱策，各省任其指挥，舆论可以不顾，民意可以不问，质言之，政治之施行，惟以总统一人之命令是从，内阁之进退，惟以总统一人之好恶为断而已”。[②] 胡汉民一针见血地指出，“吾人敢为诛心之论曰，所谓强有力之政府，直强有力之袁氏而已”，“强有力之政府非他，以一人独揽大权，削尽四百兆之民权也”。[③] 朱宗良则指出，袁世凯的强有力政府只“足以扩张个人之势力，牺牲多数人之福利；又足以养成政府之强暴，堕落政府之信用”。[④] 何能得有效能的政府？国民党人指出，立宪国家都实行民权政治，无论何国宪法，无不以保障民权为原则，即莫不以民权限制政权为原则，鼓吹总统集权的强有力政府论，实为野心政治家愚民之讏说，乃欲借此说欺骗人民，“摧残民权”，“倾覆共和”。[⑤] 这些批评并非国民党人对于袁世凯势力的政治攻击，而是对其真实意图的真确把握。袁世凯势力所以鼓吹总统集权的强有力政府论，在思想认识上，是因为他们久受专制主义、集权主义、大一统思想的影响，面对民初的政治局面，他们第一反应是需要一个政治强人出来拯救中国，而袁世凯就是他们心目中理想的政治强人。在现实条件方面，当时也确实不具备实行议会政治的成熟条件。但是，他们之主张总统集权，主要的原因还是其核心人物有强烈的权力欲，而依附于此核心人物的政客又欲依附强权人物以谋个

---

① 去非：《强有力之政府辩》（1914 年 6 月），《民国》第 1 年第 2 号，1914 年 6 月。

② 宗良：《如何而可谓之强有力政府乎?》，《民立报》1913 年 4 月 12 日。

③ 去非：《强有力之政府辩》（1914 年 6 月），《民国》第 1 年第 2 号，1914 年 6 月。

④ 宗良：《如何而可谓之强有力政府乎?》，《民立报》1913 年 4 月 12 日。

⑤ 徐谦：《辟强固政府》，《民权报》1913 年 4 月 5 日。

人之权势。

总统集权的强有力政府论，获得了开明专制论者的支持。开明专制论者认为，面对革命之后的内外局面与国民程度不足的现实条件，需要强有力的政治人物出来收拾局面，行开明统治，逐步培育宪政条件。到袁世凯真正成为大权独揽的强有力总统之后，他们所希望的开明专制并没有出现，而国民党人所指出的“摧残民权”“倾覆共和”倒是成了现实。

与崇信个人魅力，渴望出现政治强人，为袁世凯之集权摇旗呐喊的人们不同，鼓吹责任内阁的人们希望在“民政”与“良政”之间找到一个比较好的结合点。他们一方面希望能有一个强大有力的政府，另一方面又希望这个强大有力的政府不违背民主政治的基本原则。谷钟秀就称，他和许多人一样，“甚愿有强固庞大之政府，而不愿有旁决横溢动轶范围之政府”。① 在他们看来，这个既符合民主原则又强大有力的政府，应当是责任内阁，而责任内阁非政党内阁不能举其实。

3. 有关内阁制的分歧

民初思想界虽有总统制与内阁制的争论，但思想界的主流是主张责任内阁制，尤其是希望成立政党内阁。民初的主要政党无论是国民党，还是统一、共和、民主三党以及后来的进步党，都主张内阁制。无论是这些政党中的重量级政治理论家如宋教仁、梁启超、戴季陶、吴贯因、张东荪等，还是其他主要的政治理论家如康有为、章士钊等，都无一例外地主张责任内阁制，并对主张责任内阁制的理由进行过系统的阐述。国民、统一、民主、共和四党组织的“四党宪法讨论会”曾多次开会讨论有关宪法，对诸多问题往往意见不一，唯独第二次开会讨论总统制与内阁制的选择问题时，对于政制采内阁制，“众无甚反对”，“此案意见大略相同”，迅速达成

① 谷钟秀：《发刊词》，《正谊》第1卷第1号，1914年1月15日。

一致。[1] 而后来天坛宪法起草委员会在讨论政制时，对于其他问题争论颇多，独于内阁制与总统制问题，“全场主张几于一致采内阁制，绝对无主张采总统制而反对内阁制者”。[2] 这些政党主张内阁制的基本考虑是：内阁制可以比较好地沟通立法、行政两部，实施得法可以造就一个立法、行政一致的“强有力政府”（或者说强固政府、强善政府）；内阁制比较具备弹性，当立法、行政两部冲突时可以征求民意，变更政府或国会；内阁制可以防止元首集权，从而防止专制的复活。从现实的角度看，这些政党主张内阁制应该还有一个原因，大体上这些政党的首脑人物预计到以袁世凯的势力以及当时的内外舆论，他当选总统的可能性极大，在此情形下，实行内阁制，这些政党才有比较大的活动空间，才有机会直接参与政府或者组织政府。国民党期望以内阁制架空、控制袁世凯，其他党派则期望能够有机会组织政府，以带袁世凯上政治轨道。而若实行总统制，则这些政党只能在国会活动，无组织政府之机会。对于内阁制所需要的条件，如有比较成熟的政党，国民有一定的政治常识等，主张内阁制的人士也是有所认识的，也知道当时的中国并不具备这些条件，但现实的政治情况，尤其是袁世凯一派掌握军政大权而无民主意识，使他们比较一致地主张内阁制。

虽同是主张责任内阁制，但关于内阁制之下立法与行政两部的关系，以及总统之地位问题，国民党一派与进步党一派分歧十分明显。国民党一派主张“国会政府主义”，进步党一派则主张立法权与行政权的“调和”。

关于中央政制，国民党最初“取相对的三权分立主义”，认为立法、行政、司法三种机关“固宜独立，而于不生隶属关系之范围内，许其互相监制，如是乃圆洽灵活，绝无拘滞之虞，三权分立

---

① 《四党宪法讨论会纪事》，《震旦》第2期，1913年3月，第87页。

② 《宪法起草委员会第六次会议》，第35页，《宪法起草委员会会议录》第一册，1913年11月，出版者不详。

之妙用乃见”。[①] 后来提出了修正意见，主张“国会政府主义”。[②] 对于“国会政府主义”，曾组织“议院政治促进会”的张百麟的论述相当明确：“议院政治云者，即全国政治均以议院为泉源之谓也。议院政治之国家，其国权作用，议员对于国民负完全责任。……其政府行使职权，则直接对议院负完全责任。……政府中之政务各官，必由议院举出。……而政策之发表，亦必得议院赞成，事实上始有效力。”[③] 代议士代表国民全权参与国家之政务，民国之政治组织与法律之制定，苟不经国会多数议员之议决，则终无效力；“行政机构与司法机构，不过依据国会所规定之宪法与法律，各尽其执行之职务，稍有活动之余地而已，固不能与神圣尊严之国会比较权力之大小轻重也。”[④] 其理据是，“共和国家之主权在国民全体”，而国会是民意代表机构，“议院曰可，即不啻为国民之所可”，“议院曰否，即不啻为国民之所否”，对于议院之可否，政府不得违抗。这才是民权政治。[⑤] 这就在国民与国会、国会意志与国民意志之间画了等号，将人民权力等同于国会权力。

国民党最终提出的宪法主张，贯彻了“国会政府主义”的原则，给予国会相当大的权限。除了在一般内阁制下，国会所具备的权力如立法权、监督行政权（包括通过预算与财政法案、质询、弹劾、不信任投票、受理请愿、查究等权）外，国会尚有以下权力：由国会两院组织宪法会议修正宪法，宪法由国会解释，总统选举由国会两院组织总统选举会执行，被众议院弹劾之总统由参议院审判，国会自行集会、开会、闭会（临时会除外），众议院有对大

---

① 《国民党宪法主张全案》，《宪法新闻》第 13 册，1913 年 7 月 27 日。

② 《国民党宪法讨论会对于其宪法主张全案之修正》，《宪法新闻》第 15 册，1913 年 8 月 10 日。

③ 《议院政治促进会宣言书》，《平论报》第 1 年第 1 号，1913 年。

④ 张百麟：《国会议员与民国》，《国民月刊》第 1 卷第 1 号，1913 年 5 月。

⑤ 王宠惠：《中华民国宪法刍议》，《民国经世文编》正编第十一册，上海经世文社 1914 年刊行，第 30 页。

总统任命国务总理之同意权，国会不得被解散，等等。[①] 可见，国民党所主张的政制中的国会类似于主权机关，具有极大的权力。在国民党看来，共和国家主权在于国民，国民选举国会，国会组织政府，而政府实行政党内阁制，这样，行政、立法两部可以协调一致，构成强大有力的政府。但是国民党设计的政制存在的问题也很突出。具体地说，有如下的问题。

第一，政制设计违背内阁制的基本精神，最为明显的是其对所谓同意权和解散权的主张。《临时约法》关于同意权与解散权的规定，在当时就颇遭反对。随着《临时约法》的实施，其给政治运转带来的负面影响日趋明显。同盟会—国民党内部的一些人士也发觉这个问题。张百麟称："吾人固纯粹主张内阁制，亦认总统有解散议会之权，但须得参议院之同意，且主张另行选举之后，议会仍反对内阁，则应推倒内阁，且议会不能经二次之解散焉。此吾国民异日研究大总统权限问题，亦不能不注意者也。"[②] 也就是主张有条件地给予总统解散议会之权。刘民畏在《中华民报》上发表文章称，采用总统制之国，总统不宜有解散议会权，以防行政部权力无限之弊；采用内阁制之国，总统则宜有解散议会权，惟必须得上议院之同意，又于其解散之次数加以限制，所以维持立法行政之平衡，免于议会专制之渐也；又认为，内阁制之下，总统任命国务员，不必经议会之同意。[③] 他们的主张大体上符合责任内阁制的常规。另外一些国民党人则坚持议会政府主义。比如王宠惠即主张国务总理由众议院自行选定，由大总统任命；各部部长，由国务总理推定，由大总统任命。这在各国宪政为习惯，中国将此习惯明定于

---

① 《国民党宪法主张全案》《国民党宪法讨论会对于其宪法主张全案之修正》《国民党宪法讨论会对于其宪法主张全案以外之决定》，《宪法新闻》第13、14、15册，1913年7月27日、8月3日、8月10日。

② 张百麟：《民国存亡问题之商榷》，《平论报》第1年第1号，1913年。

③ 刘民畏：《宪法问题平议》，《平论报》第1年第1号（此文最先连载于《中华民报》），1913年。

宪法，正可以通过法律规定促成习惯之养成。关于解散权，王宠惠以中国幅员辽阔，交通不便，若解散国会，重新组织国会，耽误国政为由，加以反对，“若必欲采用之，亦必须仿照法国规定，须得参议院之可决，以免政府滥用其权，流弊庶几较少耳”。[①] 戴季陶的意见与王宠惠相近，他认为此前国务员人选须由总统提出，常因总统与议会意见相左而致内阁难产，为避免此种局面再现，应当由国会提出国务员。[②] 国民党在对外公开提出其宪法主张时，对于同意权与解散权问题，坚持保留《临时约法》的相关规定，但鉴于党外的批评与党内的不同意见，略有调整。对于同意权，不再坚持国会对于所有国务员任命的同意权，但坚持任命总理必须经过国会同意。国民党认为，这不违背内阁制之精神，“同意权对总理之任命而行使者也；平时纠责，对总理之行为而行使者也。同意乃国会与总统间之关系，负责乃总理与国会间之关系，得同意者总统，负责任者总理，二者之主体不同，并非对国务员既同意而又纠责之也。……事后纠责，监督之效较弱，更益以事前同意，监督之效乃强。以中国国情论，宁取其强”。[③] 对于解散权，在四党宪法讨论会中，国民党委员汤漪就表示反对。[④] 国民党最初提出的宪法主张对此没有说明，在后来做出的额外决定中，才明确提出总统无解散国会之权。这也许是因为其关于解散权的主张显背内阁制之精神，顾忌外界的反对没有提出，后来又觉得这一点很重要，才在额外决定中明确提出。其理由是：“专制初更，政习未革，凡抑制民权之权，最易滥用，果解散频繁，国会将削弱不堪；即设而不用，而议员时虑解散，真正民意亦将不能尽情发挥，民主政治难举其实，一

---

① 王宠惠：《中华民国宪法刍议》下编“中华民国宪法草案”，《民国经世文编》正编第十一册，第48—49页。

② 戴季陶：《民国政治论》（1913年2月10日），“中国近代思想家文库”《戴季陶卷》，第165页。

③ 《国民党宪法主张全案》，《宪法新闻》第14册，1913年8月3日。

④ 《各党宪法讨论会第七次常会纪要》，《宪法新闻》第5册，1913年5月11日。

也。国民之政治趣味尚浅，使选举频繁，将启人民厌恶政治之渐，二也。”[①] 理由并不充分。国民党的“内阁制”设计，立法、行政两部权力严重失衡。

第二，国会权力过大，易造成国会的专制。历来的民主政治，国会虽是人民的代表机关，但同时也是国家机关之一，其权力无论多大，都只是行使国家权力的一部分，其他权力则由其他机关执行，并且与国会形成制衡。而在国民党的政制设计中，国会一权独大，行政完全是国会的附属物。这种政制，不仅违背分权原则，而且会导致第三个弊端。

第三，国民党所主张的政制实质上是以国会为主权之所在。在这种政制之下，控制国会多数的政党，可随意修改、解释宪法，选举自己的总统、组织自己的政府，可对于政府的种种作为或不作为，不加监督，或曲为辩解，有走向议会专制的危险。若国内有不遵循民主政治基本游戏规则的庞大的“特殊势力”存在，则此势力虽不能控制国会之多数，亦可以武力、金钱挟制国会以遂己欲。以民初政治的实际例子为证，关于总统选举，民初就有不少人提出了自己的主张，其中不乏有参考价值者。比如，王宠惠效法美国的总统选举办法，主张以国会为选举组织机关，以各省级议会议员为选举人。[②] 康有为主张设立“国民大议会”，由各县议会各举一人和国会议员一起组成，其职权是修正宪法、割让国境、选举大总统。[③] 李庆芳提出，“共和国最高总揽机关，理想上应属于全部国民，而事实上决不能见诸施行，故必择少数代表者为之运用，此所谓间接共和制是也。夫以我国现势论之，国会既不得绝对的付以全权，用防议会专制，则不得不稍假大总统以政治权，为监察上之运用，而总统政治权范围既大，则又恐危及国家根本，而共和基础，

---

① 《国民党宪法讨论会对于其宪法主张全案以外之决定》，《宪法新闻》第 15 册，1913 年 8 月 10 日。

② 王宠惠：《中华民国宪法刍议》，《民国经世文编》正编第十一册，第 49 页。

③ 康有为：《拟中华民国宪法草案》，《康有为全集》第十集，第 73—74 页。

将无最有力之保障”，因此他主张设立“临时国民议会”作为“最高总揽机关”，举凡修改宪法、选举大总统副总统，均须召开临时国民议会以决定之。临时国民议会以国会议员及最高地方议会议员组织之，但地方议会选出之议员，不得过国会议员三分之一。① 朱宗良也主张总统选举应于国会之外，加上省议会，并称此举“有百利而无一弊”。② 此类主张在宪法起草委员会讨论总统选举办法时亦有委员提出，并有系统的论述。③ 国民党最初曾主张总统选举加入地方议会议员，后来提出修正时改为大总统选举以两院议员为选举人。卒之，以国民党在宪法起草委员会中占据多数，大总统选举法遂基本依国民党之主张而定。此虽有学理依据，且明确取法法国成规，但总统选举加入地方议会并无不妥，国民党的主张虽为重国会之权，但增加了国会被控制的可能。民国二年的大总统选举，区区数百议员受胁迫而举袁世凯为大总统，未始非大总统选举法之弊端有以成之。

其实，对于宪法确定之后国会的地位，国民党内也有不同意见。比如戴季陶、王宠惠都主张制定宪法后，国会不应成为主权机关，修订宪法之事，戴季陶主张由国会和各省议会合并行之，王宠惠主张由各省议会行之。④ 但党内主流意见，以为这有联邦制的意味，不符合单一制国家的主张。又比如，宪法之解释，王宠惠主张给予最高法院，党内也有类似主张，宪法起草委员会内的一些国民党委员也不主张由国会解释宪法。⑤ 但党内主流坚持以国会解释宪

① 《李庆芳宪法草案》，见《近代中国宪政历程：史料荟萃》，中国政法大学出版社 2004 年版，第 333—334 页。

② 宗良：《省议会加入选举总统之研究》，《民立报》1913 年 5 月 16、17 日。

③ 《宪法起草委员会第七次会议》，第 5—6 页，《宪法起草委员会会议录》第一册，1913 年 11 月。

④ 戴季陶：《民国政治论》，“中国近代思想家文库”《戴季陶卷》，第 160—161 页；王宠惠：《中华民国宪法刍议》，《民国经世文编》正编第十一册，第 22—24 页。

⑤ 《宪法起草委员会第十六次会议》，第 18—21 页，《宪法起草委员会会议录》，1913 年 11 月。

法。而对于同意权和解散权的规定，国民党内也有不同的声音。在宪法起草委员会内，也有国民党议员明确表示，实行内阁制，国会不能有任命总理之同意权，而总统则应有解散国会之权。国民党员翟富文也从总体上否定国民党的“国会政府主义”。①

国民党的真实意图是因为自己在国会中占据一定的优势，同时又担心总统拥有实权，会导致帝制复辟与共和政治被破坏，试图以国会限制袁世凯。但实际上，一方面此种政制有违内阁制的基本精神，真正实行起来，不利于政治的正常运转；另一方面，在现实施行中，在没有宪政习惯的中国，国内存在强大的不识民主为何物的军阀势力，同意权、解散权的规定，根本就不起作用，只会造成政局的紧张。没有实力的国会，想靠解散权、同意权之类的束缚限制袁世凯，没有可能，《临时约法》实行中出现的种种问题，就是最好的例证。

进步党主张遵循内阁制的精神，认为国会一权独大违背分权制衡的宪政原则，会造成国会专制。他们强调，专制与君主、民主无必然联系，君主可以立宪，民主亦可以专制。专制之威力出于一人为君主专制，专制之威力出于人人，则为暴民专制，专制之威力出于国会，则为国会专制。国会专制，其力更大，盖国会可以意易法，而不为法所拘。② 他们反对将国会定为主权机关。孟飕说，国会非主权所在，非统治权主体，只是国民之代表，而非国民本身。对于国家来说，国民是第一级直接机构，国会与政府一样只是第二级直接机构，国会并非造法机关，而只是立法机关。③ 张东荪也从学理上对此加以论证，说“凡国权集中于一机关，即为专制政治”。④ 吴贯因否定主权在民说，而倡导主权在国说，否定将国会

① 翟富文：《关于总统及国会问题意见书》，《民国经世文编》正编第八册，第12—20页。

② 奇觚：《论众愚政治之弊》（续），《论衡》第3号，1913年6月17日。

③ 孟飕：《论国会组织》，《论衡》第1号，1913年5月29日。

④ 张东荪：《国会性质之疑问》，《庸言》第1卷第6号，1913年2月16日。

作为国家最高机关的理据，强调应当“就国家之全局以着想”，在各国家机关之间进行权限分配，“不谓得（得谓）国会为人民之代表机关，即增加其权力”。①

梁启超批评国民党过分强调国会的权力，“防政府如盗贼，而畜政府如犬马”，是“幼稚之民权论”，违背立宪政府之常规，不符合中国的现实需要。② 他称，国民党有这种主张也并不奇怪，“国家乘专制之旧者，当局者每猜忌国会，若芒在背，而当人民新心醉于宪政之时，则国会万能之说必起，其视政府亦若虎兕，必柙之然后即安也”。人们因为愤慨于行政权力之专横，而求政治改革，往往以束缚行政权力为设制之第一目的。这不足为奇。但是，改革政治之根本目的在求理想之政府，若专张国会之力，极其防闲政府之手段，不但不能得善良之政府，反妨碍国家生存。中国“内有浮动桀黠之氓，而政府威信不足以资镇服，若以朽索驭六马，刹那刹那可以颠顿，民亦狎而玩之，而日益以难治也。外之则强邻四逼，所与处皆长蛇封豕，其所以应付之策画，非可以播于众也。且难于与民虑始也，而防闲之力过大，无论以何人当其冲，皆束缚驰骤而末由展布，其极也，则贤才短气，而惟脂韦突梯之夫乐承其乏，则国家堕于冥冥之中矣”。他希望国人从中国的现实情况与各国宪政发展历史中明白调和立法行政两权的道理，抛弃“国会政府主义”。③

基于上述认识，进步党一系的人物主张立法、行政两部应当立于对峙之地位。吴贯因就提出，“国务院对于国会当使为对峙之机关，而不可使为从属之机关”。④ 在立法权上，政府当有提案权，议会议决后，政府当有一次否认之权。在用人权上，“内阁各国务员宜悉由大总统任命，国会但于立法行政上有监督之权已足以善其

① 吴贯因：《政府与国会之权限》，《庸言》第1卷第2号，1912年12月16日。

② 梁启超：《同意权与解散权》，《饮冰室合集·文集之三十》，第4页。

③ 梁启超：《宪法之三大精神》，《梁启超全集》第八集，第519—520页。

④ 吴贯因：《共和国之行政权》，《庸言》第1卷第1号，1912年12月1日。

事，无取乎行极端之国会政治。”其他之普通官吏亦当由大总统任命。在外交权上，《临时约法》关于大总统凡与外国宣战媾和缔约皆必须经参议院同意的规定不周密，因为外交往往事起突然，需灵活处理，又常事涉机密，不宜由国会公开讨论。因此，宪法关于议会之外交权宜就宣战、与立法有关而有拘束个人之效力的条约、关涉财政负担的条约、变更领土之事等事项，宜取列举的规定，而不宜概括规定。在财政权上，政府不能有自由措施，凡事皆须经过国会，这是立宪各国通例。①

对于国民党的宪法主张，进步党人批评最多的是其关于同意权、解散权的主张。关于同意权，他们认为，从政制原则看，实行总统制，则国会对于总统任命国务员有同意权而无不信任投票权；实行责任内阁制，国会对于总统之任命国务员无同意权而有不信任投票权。“总理既由国会选举，阁员复经国会承认，此无异国会保证此内阁为良内阁也。夫既已保证之于前，而旋或纠问弹劾之于后，同一机关，翻云覆雨，揆诸理论，宁得云当?”② 他们认为责任内阁制之组成虽定于国会之多数党，但这是习惯，不宜明定于宪法；重要的是宪政习惯，而不是区区同意权的法律规定。若总统循政治之常规，国会虽无同意权，但有不信任投票权和弹劾权，即可操纵内阁绰绰有余。总统不循政治常规，则区区之同意权，根本不能限制总统。关于解散权，他们认为，既取责任内阁制，则国会对内阁的不信任投票权须与总统有解散国会之权并行。③ 若只有不信任投票权，而无解散权，国会必轻于使用该权，内阁则失其独立性，“政象所演，常使执政者惴惴不自保，不敢立宏远俊伟之计划……不求有功但求无过，则国命不已堕于冥冥之中耶?”④ 可见，

---

① 吴贯因：《政府与国会之权限》，《庸言》第1卷第2号，1912年12月16日。

② 梁启超：《中国立国大方针》，《梁启超全集》第八集，第432—433页。

③ 《各党宪法讨论会第七次常会纪要》，《宪法新闻》第4册，1913年4月27日。

④ 梁启超：《同意权与解散权》，《饮冰室合集·文集之三十》，第4页。

他们基本是从内阁制的基本原则出发对国民党的宪法主张进行批评。统一党、民主党均明确主张国会不当有总统任命总理之同意权，而总统则应有解散国会之权。① 梁启超为进步党起草的宪法草案，对于同意权、解散权问题，与统一党、民主党持同一主张。

关于总统的地位，进步党一派认为，总统不能完全为虚位元首，应有一定的权力。吴贯因将总统立于所谓“统治权总揽者”的地位，在给予内阁制下总统应有之权力外，还给予总统紧急命令权、独立命令权。梁启超代进步党起草的宪法草案主张总统任命国务员不必经国会同意，总统可以解散国会，以及总统有紧急命令权和紧急财政处分权。② 也许是为了沟通行政、立法两部，也许是为了给大总统袁世凯保留相当的行动空间，以便袁世凯能够接受自己的宪法主张，梁启超的《拟进步党宪法草案》中有“国家顾问院”的设置。该院由国会两院各举四人、总统推举五人共十三人组成，总统任命国务总理，解散国会，发布紧急命令、财政上紧急处分，宣战媾和，提议修正宪法，须得顾问院同意。康有为的《拟中华民国宪法草案》亦有类似的规定。他主张设立国询院，由国会两院各举五人、总统举五人共十五人组成，“凡宣战、媾和、订约、停散国会、任命总揆、发布重大命令与预算外之财政款，总统必得国询院之同意”。“凡司法、都察、审计诸长，由国询院公举，以多数决之，得参议院同意而总统公布之。”③ 其用意与梁启超主张之顾问院同。在康有为、梁启超的政制设计中，“国家顾问院”“国询院”行使诸多属于国会的权力，而总统对于顾问院、国询院有相当的影响，且人数较少，比较便于行政部门的操控。鉴于袁世凯当时无党派，国会不能以正常的渠道发生影响，故顾问院之类的

---

① 《统一党最近之宪法主张》，《宪法新闻》第1册，1913年4月6日；《民主党先定宪法一部及解散权同意权之主张》，《宪法新闻》第4册，1913年4月27日；《民主党对宪法最近之主张》，《宪法新闻》第5册，1913年5月11日。

② 参看耿云志等《西方民主在近代中国》，第283—287页。

③ 康有为：《拟中华民国宪法草案》，《康有为全集》第一集，第74—75页。

设置，确实别有深意。有这种机构，袁世凯接受此类宪法草案的可能性就比较大，康有为、梁启超极有可能是将此种设计作为引诱袁氏接受宪法草案的一个饵。值得注意的是，国民党最初公布的宪法主张全案也提出“以顾问院为制限机关，凡重大政务，大总统必咨询之。其组织及应咨询事项，以法律定之”。国民党此时对于顾问院尚无成熟的设计，不过其顾问院并非给袁世凯以便利，而是一个限制总统的咨询机构。后来在修正案中，国民党觉得有国会的限制，顾问院乃多余，否定了这一设置。

比较两党对于政制的主张，可以看出，进步党希望制定一个大体上取内阁制，有民选国会，国会有相当权力，袁世凯势力又有操控余地而可以接受的宪法。而国民党则坚持以宪法限制袁世凯，试图极力扩充国会之权力，而较少顾及袁世凯是否可以接受这样一个宪法。后来的事实证明，袁世凯根本不能接受国民党设计的中央政制。袁世凯派势力与国民党在中央政制问题上的冲突，直接导致了“天坛宪草”的流产。

4. 政党内阁论及其困境

如果说总统集权的强有力政府论面临的主要困难是新式政治精英多追求政党内阁的话，政党内阁面临的困难就更复杂些。政党内阁是代议制政治发展到比较成熟的阶段才出现的政治形式，需要具备一些基本条件，若条件不具备，政党内阁就难以真正建立。

政党内阁制的第一个条件是，议会具有政治权威，议会之外的其他势力，皆披靡于议会势力之前。若议会之外有能左右议会的势力，就不可能建立政党内阁制。① 民国建立后，宋教仁以议会选举与政党活动为中心，试图将国民党建成一个中心的政治势力，组建政党内阁。他做出这种选择，基于两个判断。第一，中国已经由革命时期转入建设时期，同盟会应当实现由革命党到政党的转型。“以前，我们是革命党；现在，我们是革命的政党。以前，是秘密

① 周宏业：《论政党内阁》，《庸言》第1卷第13号，1913年6月1日。

的组织；现在是公开的组织。以前，是旧的破坏的时期；现在，是新的建设的时期。以前，对于敌党，是拿出铁血的精神，同他们奋斗；现在，对于敌党，是拿出政治的见解，同他们奋斗。”第二，“世界上的民主国家，政治的权威是集中于国会的。在国会里头，占得大多数议席的党，才是有政治权威的党，所以我们此时要致力于选举运动”。国民党可通过光明正大的竞选活动，争取占据议会的多数席位，组织一党的责任内阁；退而在野，也可以严密监督政府，使之不敢肆意妄为。[①] 宋教仁据此认为，国民党当前的中心任务不是进行暴力革命，而是将国民党建设成一个政治的中心势力，争取国会的多数席位。对于国民党与袁世凯的关系，宋教仁认为，在大局尚未破坏，袁世凯还没有公然撕毁约法、背叛民国之前，国民党应在体制内活动，通过和平的手段去限制袁世凯。若袁世凯撕毁约法，背叛民国，可以再起革命。[②] 这两个判断，是理解同盟会—国民党在民初政治活动的钥匙。前一个判断，涉及同盟会内部关于革命程序论的争论，即是由革命党掌握政权，经由军法之治、约法之治而逐步向宪法之治转换，还是在通过暴力革命完成政权更迭之后，革命党即褪去革命党的外衣，由革命党转换为宪政体制下的普通政党的争论。后一个判断，即“世界上的民主国家，政治的权威是集中于国会的”，即中国当时已经是一个“民主国家”。显然，民初的中国还不是一个民主国家，还处在尝试建立“民主国家”的艰苦探索之中，民初共和政治面临的最大问题恰恰是政治权威还没有集中于国会。

近代民主政治以政党间的竞争性选举为主要形式，政治权力的角逐不是武力竞争，而是选票竞争。竞争双方彼此尊重而竞争于和平的轨道之上，是一种可以失败、失败之后可以通过和平竞争重掌

① 宋教仁：《国民党鄂支部欢迎会演说辞》（1913 年 2 月 1 日），《宋教仁集》（二），第 542—543 页。

② 宋教仁：《国民党鄂支部欢迎会演说辞》（1913 年 2 月 1 日）《宋教仁集》（二），第 542—543 页。

政权的政治，不是武力竞争时代你死我活的不可失败的政治。政权从以武力维持，到以民意维持，是基本政治信条的一次重大变化。此一变化，需要相当时期的思想观念的灌输与现实的政治生活的涵养。一定社会的政治秩序，都有赖于一定社会的人们对于一定的政治权力合法性、正当性的信仰。梁启超在论及由传统的威权政治向近代的议会政治过渡时曾说："凡群治所以维系于不敝者，必其群中有一信仰之府焉，一群之人视为神圣，其对之也，必诚必敬，匪惟莫敢侵犯也，乃至莫敢怀疑，其有稍立违异者，则一群之人咸指斥为畔逆，骇诧妖异，而其人遂不能为群所容。"① 近代民主政治能够正常运转，有赖于一国主要政治势力以及全社会的这样一个共识：政治权力来自被统治者之同意，服从多数民意为当然，不服从多数民意为大逆不道。近代政治建立的过程，也就是这样一种共识逐步确立的过程。政党内阁制有一些基本的游戏规则，只有当这些游戏规则，为参与政治的各方力量所认可，成为一种无形中约束各方行动的力量，成为凛然莫之敢犯的信条时，政党政治才能平稳开展。否则，政治竞争，就不可能是公开而和平的，而将变为阴谋与武力的竞争，决定政争胜负的将不是选票，而是武力。政党政治的基本游戏规则，梁启超称为政党内阁之基本政治信条，他提出：内阁必须以政见相同之人组织；政府所提议案不能通过于国会之时，及国会弹劾或为不信任投票之时，则解散国会或政府辞职；选举需严尊公式；议场需禁用武力。② 这些游戏规则要为主要政治势力所接受，需要长期的政治实践。

中国传统的政治理论虽有天视自我民视、天听自我民听的古训，但关于权力来源，其主要的理论是君权天授，而非君权民授，政治权威来源于天，而非来源于民。而维系天授君权的，除君权天授理论的反复灌输以及祭天之类的政治仪式之外，主要是武力，政

① 梁启超：《国会之自杀》，《庸言》第 1 卷第 15 号，1913 年 7 月 1 日。

② 梁启超：《中国立国大方针》，《梁启超全集》第八集，第 438—440 页。

治权力的重心历来在于君主与君主掌握的武力，议会对于国人来说是全新的东西，非有历史之遗传，确立议会的政治权威任重道远。民国初建，政治权力的重心仍然在手握军政实权的军政当局，不仅大总统袁世凯蔑视国会权威，手握军政大权的武人也对议会之议事，动辄通电威胁。袁世凯甚至多次纵容、挑动武人干涉议会议事。同盟会—国民党虽在议会占据多数，但内阁组成却不得不从袁世凯之意，无法组织政党内阁。而拥护袁世凯的力量以及一般的国人，对于尊重议会权威的重要性，缺乏应有的认识，对于袁世凯以及武人干涉议会议事的种种非法举动，或则为无原则的拥护，或则以为议会操控于暴民之手，政府以及武人之干涉议会，情有可原。

如何确立议会的政治权威，是民初政治的核心问题，民初思想界也提出过种种设想。同盟会—国民党就主张省自治，希望以省的实力为中央议会之后盾。然而在中央集权、强有力政府论大行其道之时，此论被看作国民党谋求一党利益、罔顾国家利益的“党见”。因为不信任袁世凯，担心国会受政府挟制，不能独立行使职权，部分激烈的国民党人提出，国会宜设于上海，而不能设于袁世凯控制的北京，并为此组织“欢迎国会团”，进行了一系列的活动。但此论不但遭到非国民党人士的反对，甚至国民党内的稳健派也多不赞成。他们认为，在北京不能正常行使职权的国会，在上海也不可能正常行使职权。若担心受袁世凯挟制而不敢将国会设在北京，本身就是向行政权力示弱，这样的国会何能监督政府。国民党的激烈分子认为，不用武力扫除以袁世凯为代表的官僚势力，国会不可能正常行使职权，故鼓吹再次发动暴力革命。这在甫经战乱，社会需要喘息，人心思定的社会氛围之下，难得一般社会人士的赞同，袁世凯以及拥袁势力更常以欲谋二次革命攻击国民党。再次发动暴力革命的主张，在国民党内也不能得到稳健派的赞成。为寻求以和平的方式建构支撑国会正常行使职权的政治实力，国民党人张百麟等组织了“议院政治促进会”，“以结合国民为议员后盾”。他们希望联络中央议会与省议会、县议会，使中央议会与各级地方议

会互为呼应，当政府横行暴戾之时，各级议会一致行动，以不承诺租税、不允借外债为对抗专横政府之手段，“共维持议院政治之精神，以保守约法赋予之民权”。他们认为，各级地方议会若没有中央议会的支撑，就无法制约地方政府，而中央议会若没有各级地方议会的支持，也难以有效监督政府。中央议会与各级地方议会在监督行政权力方面存在共同的诉求，只要注意联络中央议会与地方议会，就可以为国会提供强大的后盾，不必通过暴力革命来重建政治秩序。这又需要以省自治为基础。① 为实现这一方案，一些国民党人效法清末的各省咨议局联合会，组建了省议会联合会。省议会联合会与胡汉民、李烈钧有密切关系，这一背景以及胡汉民、李烈钧主张地方分权，欲以地方制约中央的政治立场，使得省议会联合会遭到袁世凯以及拥袁势力的强烈反对。他们指责该组织“无非一二野心家，假各省之名义，便一己之私图，于法定机关之外，别营一根据地，以为攘夺权利之作用”。② 或则指称中国非联邦国家，所谓省议会联合会并不具备法律地位，只是民间政治社团，不得以民意机构自居，说“吾人当拥护国权之时，即不当置省议会于眼中，更何论乎其联合会”。③ 而国民党之激进派则坚称省议会联合会是经过各省议会之同意而组建的，为民意机构，非普通之政治结社，“省议会联合会成立以来，对于恶政府之违法行为，颇能力持正义，施以严正之监督，不愧为人民之代表”，当局无权解散省议会联合会。④ 从法律地位上说，省议会联合会并非法定民意机构，且在其组建与活动过程中，国民党并未坚守“联合各省，代表民意，求真正共和，作国会后盾”的宗旨，常“溢出常规”，对于广泛的政治问题，如内政外交、宪法问题等，都发表意见，引发省议

① 《议院政治促进会宣言书》，《平论报》第1年第1号，1913年。

② 劳生：《论省议会联合会之违法》，《独立周报》第2卷第14、15号，1913年4月13日、20日。

③ 洗心：《辟省权》，《独立周报》第2卷第12号，1913年3月30日。

④ 天啸：《勖省议会联合会》，《民权报》1913年6月30日。

会联合会内部的严重分歧，而主导该组织的国民党未能平等对待各省议会，尤其是在相关政治议题上与国民党意见不一致的省议会的意见，遂使该组织内部分歧进一步加剧，不能发挥其作为国会后盾的作用。① 省议会联合会的组建以及活动，是由议会没有权威的事实造成的。无论省议会联合会，还是省自治的方案，本身都有明显的党派特性，深陷民初政治纷争之中，不足以建构议会的政治权威，其性质与拥护袁世凯的武人动辄通电对议会议事施加影响，并无本质区别。

还有一种似乎迂远的主张，即以人权原理陶铸国民心理，改造国民的政治观念，树立法律与议会的权威。杜亚泉是此种主张的代表性人物。他说，民国初建，政治建构的核心问题是，政治权力的重心如何由政府掌握的兵马权向议会掌握的立法权过渡。传统的政治权威建立在兵马权之上，而近代政治的重心在立法权。民国初建，政治权力的重心还在兵马权之上，掌握兵马权的政府崇信实力，“常蔑视议院，试其破坏蹂躏之手段”，而议会只是一种“理想之势力”，“决不足以敌事实之势力”。要使议会的“理想之势力”转变为“事实之势力”，就需要以人权理想灌输于国民，使民主政治的基本游戏规则为一般社会公众所信从。② 这种思路看似迂远，却是比较可行的建立议会权威的途径。当然，议会权威的真正建立，需要在议会政治的实际进程中，逐步建立，在杜亚泉那里，这其实是不言自明的前提。还有一些人如梁启超等，深知民主政治初建时确立议会权威的极端必要性，也清楚假如国会不能逐步确立自己的权威，则中国政治可能如中南美洲一样，“国命惟系于一时拥有特别势力者之手”，“蜩唐沸羹，历百年未底定”。③ 但对于如何确立议会的权威，梁启超却主要责望于国会本身，对于国会在政

---

① 沈晓敏：《论二次革命时期的省议会联合会》，《安徽史学》2004 年第 4 期。

② 伧父（杜亚泉）：《共和政体与国民心理》，《东方杂志》第 9 卷第 5 号，1912 年 11 月1 日。

③ 梁启超：《国会之自杀》，《庸言》第 1 卷第 15 号，1913 年 7 月 1 日。

府不尊重议会，不遵守游戏规则，院外有庞大的军人势力干政的情形下的不尽如人意的表现，有言过其实的批评。他们指责议员道德沦丧、偏于党见、不能代表民意，议场秩序混乱、议事效率低下，而对于不断出现的武人干预议会议事的事件，不是责备武人干政之不当，而是要求议会改过自新，以免院外之干涉。他们一方面希望建立议会的权威，另一方面却不曾积极地去维护议会的权威。

民初议会不能树立自己的权威，原因是多方面的，除掌握兵马权的行政当局不遵守游戏规则、不尊重国会之外，还与当时的社会心理有关。本来，在民主政治之下，无论实行总统制，还是实行内阁制，议会都是监督机关，在野党杯葛政府，是很正常的事。但是，国人长期以来以朝野意见一致、上下齐心协力为理想政治，对于民主政治之下，政党分野，各持党派意见相争，不太能够接受；革命之后，内部秩序不稳、外患严重的现实局面，又使得国人急切期盼政府与议会协调一致、共同应付危局，对于议会内部的纷争、议会与政府间的攻讦，很是失望。袁世凯一派的政治势力则乘机丑化国会与政党，指责国会议员不体谅政府的难处，不允诺借款，不体察中国的实际国情，尤其是政治人才不足的具体情况，一厢情愿地要搞政党内阁；又指责议会处处限制大总统的权力，妨碍了袁大总统发挥其雄才大略以为国家谋福利；指责议会议事效率低下，国民党为一党私利，罔顾国家与国民利益，肆意破坏，以党见挟持国会。这些指责容易为久受传统思想熏染的一般国人接受。

“元首宜超然”是政党内阁的另一个条件。[①] 在政党内阁的发源地英国，国王的虚位地位是在宪政建立的过程中逐步形成的。模仿英国政党内阁制的国家如法国，其政制就在内阁制与总统制之间几度反复。当总统势力强大时，政制往往是实质上的总统制度；当国会势力强大时，政制往往是内阁制。武昌起义后，当南方革命阵营筹建革命政府时，论者颇谓总统为人民共选之首领，宜付于全

---

① 费保彦：《余之政党内阁观》，《独立周报》第2年第11号，1913年3月。

权，孙中山的总统制主张获得多数支持，宋教仁的内阁制主张被否决。此后南北和谈成功，政府北移，论者忽主张以总统为端拱无为之元首，《临时约法》就规定了非英非法的内阁制。制定《临时约法》的诸公欲通过内阁制使袁世凯为虚位元首，然而袁世凯手控北洋系军队，得北洋军人、旧官僚以及部分开明专制论者的支持，有相当的势力，而袁世凯本人权欲极强，绝不肯居于虚位元首的地位。无论国民党人，还是拥护袁世凯者，对于袁世凯为大总统则政党内阁难以成立这一点，认识上都比较接近。张百麟说，将来若袁世凯任大总统，政党内阁就很难成立，无论哪一个政党占据议会的多数席位，袁世凯必不许多数党组阁，必暗中运用专制手段，循前此排斥唐内阁，委任陆内阁之故步，以达其官僚内阁之目的。而一旦其提出的内阁不能通过于国会，则必煽动军警干涉国会。① 《时事新报》反对内阁制而主张总统制，其重要的理由之一也是袁世凯有雄才大略，绝不肯为端拱无为之虚位元首，“苟袁总统一日不能去，即内阁制一日不能行”。有了袁总统，中国就只能实行总统制。② 后来，在袁世凯专制集权已成定局，政治改造已无希望之时，在讨论未来改造的方向问题时，梁启超就指出，“凡政治上有特别势力存在之国，决无容国会政制发达之余地”。③ 袁世凯派势力就是民初政治中推崇武力、不遵守国会政治基本游戏规则的特别势力。在民间社会尚无足够实力、民主政治的基本游戏规则尚未成为社会的公共信条、民主力量尚不能制约“特别势力”之时，即使法律规定了政党内阁制度，此特别势力也必逸出法律轨道之外，使政党内阁有名无实。

比较发达成熟而有实力的政党，以及得到社会普遍遵从的比较健康的政党文化，是政党内阁成立的又一条件。政党的发达成熟，

---

① 张百麟：《民国存亡问题之商榷》，《平论报》第 1 年第 1 号，1913 年。
② 老圃：《内阁制果能实行于中国否》，《时事新报》1912 年 12 月 28 日。
③ 梁启超：《政治之基础与言论家之指针》，《梁启超全集》第九集，第 178 页。

是指政党有比较完整的组织，有比较清晰一贯且能与其他政党明确区分的政纲，有比较稳定的社会基础，在社会上有实力。

就政党的组织来说，民初的主要政党大体渊源于清末的革命党与立宪派，有一定的历史基础，故在组织系统上，大体有本部、分（支）部、交通部之类的机构，内部也设立各种委员会，其议事、办事程序大体上按照宪政体制下的政党进行，各党也有自己的媒体。总体上，民初的主要政党有比较完备的组织体制与组织系统。①

组织系统只是政党的外表，政党的灵魂在其政纲。政党竞争的本质应是政纲的竞争。政党开展活动，必须有鲜明的政纲，若政纲雷同，选民就无从区分不同的政党，无从选择，政党竞争也就容易剑走偏锋，从政纲竞争，走向阴谋手段，走向人脉、利益的竞争。民初政党初立，各党政纲“雷同抄袭”，令人无从区分。《时报》批评称，现今虽政党林立，“然询其政见之攸殊，则非惟旁观者不能言其异点所存，即进当局者而问之，亦嘿然无以自解”。② 国民党人邵元冲亦称，“吾国自改共和政治以来，其所号称为政党者，总总林林，相比而立。然考其党纲，询其实义，率皆漠然未能明了”。③《顺天时报》称，“各政党所发表之政纲，不曰巩固国基，则曰国利民福；不曰尊重权利，则曰富国强兵；不曰殖产兴业，则曰整理工商。若从此好名目上观之，何一非当今亟应兴办之要务乎！所可惜者，各党所主张之政纲，类多托诸空言，至国基何以巩固，国民何以福利，产业何以兴殖，富强何以实现，则反无明确之政见”。④ 张玉法对民初 35 个政党、政团的政纲分 20 个项目进行

① 耿云志等：《西方民主在近代中国》，第 332—336 页。

② 惜诵：《论党争之烈足以误国》，《时报》1912 年 5 月 25 日。

③ 邵元冲：《政党泛论》，《国民月刊》1 卷 1 号，1913 年 5 月。

④ 弢叟：《忠告各政党宜发表政见以消私人之竞争》，《顺天时报》1912 年 12 月 18 日，转引自陈宇翔《清末民初政党思想研究》，中国社会科学出版社 2013 年版，第 155 页。

了统计，发现重合率相当高，平均每个项目有2.8个政党主张，其中主张振兴实业的有13个，主张普及教育的有11个，主张种族同化的有9个，主张中央集权的有6个，主张政党内阁的有6个。①之所以如此，一个重要原因是不少政党在提出政纲时，未能区分“政治主眼”与政纲，大多标举实现统一、巩固共和、中央集权、发展实业、开发边疆、普及教育、种族同化等。但这些都只是公众最为关注的现实问题，是所谓“政治主眼”，而非政纲本身。政党根据自己的立场与认识，深入研究这些问题，提出解决这些问题的方略，才是政党的政纲。比如说，整理财政是现实问题，为解决此一问题而主张贸易保护主义或主张自由贸易，就是政党的政纲。这样，各政党的政纲才可以区分开来。② 实质上，相似的表述背后，各主要政党之间的政纲还是有差异的。大体上说同盟会—国民党与共和、民主、进步三党在政治主张上的主要区别在于：一主张地方分权尤其是省自治，一主张中央集权；一主张民生主义，一主张“采用社会政策”“调和社会利益”，即国家鼓励私人资本主义的发展，同时实行一定的社会福利政策，以防止过度的社会贫富分化。作为政党的标识物，政纲需要以简洁明了的文字进行表述，使一般公众一望便知，因为一般公众不太能深入分析各政党主张的差异，而只能从标语、口号式的文字中去区分政党。民初各政党之政纲在文字表述上颇多雷同，不仅党外人士无从分别，即便是各党一般党员也难以从政纲上区分己党与他党。

政党政治之下，政党政纲互异，在政治活动中，往往彼此截然对立，即使出现凡是敌党赞成的，本党就要反对，凡是敌党反对的，本党就要赞成的情况，也不足为奇。相反，这是政党政治的常态。但是，民初舆论对于各政党之间存“党见”，“不顾大局”，彼

---

① 张玉法：《民初政党的调查与分析》，《中国现代史论集》第四辑，联经出版事业公司1980年版，第40—41页。

② 秋桐：《上海何故发生多数之党派》，《民立报》1912年2月27日。

此攻讦，颇为不满。一般人士动言“以国家为前提”，希望各党顾全大局，更有人鼓吹无党，以不党为美德，鼓吹调和党见。这些论调，在一般公众中很有市场。依照此种言论，政党之间的政纲不但不要清晰区分，还要完全泯灭才是。这实在是不了解近代政党政治为何物。对于调和党见、无党的主张，鼓吹政党政治的人士曾提出批评。胡朴安指出，鼓吹调和党见、鼓吹不党的人士，以党派分歧为国家之祸，其谬误由于不知政党之性质与作用。立宪政治以人民为主体，以人民多数之意思为政治方针，而人民之意见、主张需有系统、有组织地表达，才能对政治产生影响。政党就是集约民意，形成有势力、有组织的民意的工具。由于人民之利益、意见不一致，故政党为无独有偶之物。政党之间意见歧异，是因为人民之利益、意见分化。政党之间必有竞争，“竞争者，政党之必要也。政党者，有竞争而无调和者也”。[①] 立宪政治必有政党竞争，厌恶政党竞争，倡言不党者，或则是因为久生息于专制政体之下，以苟安为第二天性，不懂得政党必有竞争的道理，或则无明确之政策主张，往往随政党竞争之形势而定趋从。鼓吹调和党见者，不明白政党“党见”的价值，“名为一致进行，实则两党闭口，将始也遇一问题发生，两党为同一之论调，而政党渐归消灭，继也遇一问题发生，两党并无一语之讨论，而国家日即薄弱。今之为调和政党之说者，质言之，直接以灭政党，即间接以灭国家也”。[②] 鼓吹调和党争的人们又说，“今日中国政党方在幼稚时代，不能与欧美并论，与其竞争而多故，不如调和而息纷，况孙、袁握手，心迹共白，黄克强达京亦奖饰袁氏，党魁如此，党员何事多言?”[③] 对于这种言论，胡朴安提出，中国之政党与欧美之政党，虽有幼稚与成熟之别，但这并不能成为调和党争的理由。“至于党魁与党纲尤不能混

① 朴庵：《论今人政党观念之谬误》，《中华民报》1912年9月27日。
② 朴庵：《论今人政党观念之谬误》，《中华民报》1912年9月27日。
③ 朴庵：《论今人政党观念之谬误》，《中华民报》1912年9月27日。

视。两党党魁握手于前，两党党员竞争于后，此政党必然事也。政党之分立，由于党纲。党魁不能违背党纲，强党员之服从；党员不能牺牲党纲，从党魁之意旨。党魁握手，感情之作用也；党员竞争，党纲之作用也。使党员因党魁之意见为转移，此之谓徒党，非政党。"① 胡朴安的上述言论，在民初调和党见之论喧嚣的时候，显得很另类，但不乏真知灼见。

所谓政党有实力，最重要的是政党有社会基础，能代表一定社会阶层的利益并得到拥护。民初各政党大多是游离于社会各职业之外的新旧政治精英的结合，"都没有民众作基础"，"都不能代表民众的利益，成了水上无根的浮萍"。② 之所以如此，一方面是因为国人政治意识淡薄，另一方面是因为各政党不以积极争取普通国民之支持为急务。传统专制制度之下，参与政治的只是皇亲国戚、功勋世家以及士大夫，一般百姓信奉国家大事肉食者谋的古训，以交粮当差为本分，既没有参政机会，也没有参政意识。民国初建，政治制度虽有巨大变革，但社会变动仍然十分有限，国民参政意识普遍淡薄。各主要政党虽初步建立了各自的组织系统，有自己的报刊，甚至在国会选举过程中，也有公开的竞选活动，有公开的演说，一时气象颇为喜人，政治亦颇有生气。但是受传统的政治运作方式的影响，政党领袖与党务人员在发展党员时将眼光集中在政界、军界、学界，尤其热衷争取军政人物加入自己的政党，利用行政力量与军方实权人物来扩张党势，总统、副总统、各省都督等，都是各政党争相网罗的对象。当时即有人批评称，"甲党欲倾乙党，则依政府之力以为后盾；乙党欲倾甲党，亦如之"。③ 与此相对照，各政党对于进行"国民之运动"，培植自己的社会基础则缺乏自觉意识，也少有实际的行动。黄远庸批评道："吾观各党之汲

① 朴庵：《论今人政党观念之谬误》，《中华民报》1912 年 9 月 27 日。
② 李剑农：《戊戌以后三十年中国政治史》，第 160、161 页。
③ 平民：《今日政党之解剖》，《时报》1913 年 7 月 1 日。

汲于政权及他种计划，而无一处有大道之演说，无一人直接为国民之运动。”① 不仅如此，各政党与资产者的关系也甚为疏远，各政党对于要依靠资产者也缺乏明确的认识，而资产者也并不认为各政党是自己的利益代言人。这从民初各主要政党的经费来源可见一斑。民初各政党的经费除了党的领袖以及党员的捐助之外，主要依靠中央政府或者与其关系紧密的地方都督的资助，而资本家捐助政党则极少见。资本家的心思全在发财致富上，对于政党及其活动并不感冒，除了个别资本家如张謇之外，极少有积极参与政党活动者。李剑农批评民初的政党内阁论者，“只知道要造成责任内阁制，需造成拥护内阁的政党，不知道拥护内阁的政党，还要民众站在它的后面去拥护它”。② 此评可谓一针见血。政党与自己的社会基础的关联，需要在长期的政党政治中逐步发现，逐步培育。民初虽出现政党林立的现象，但是各政党主要的精力都在直接参与政务，争取政治权力上，对于动员国民，构筑自己的群众基础，还没有来得及着手实质的工作。即使是建党之初就声称不汲汲于政权，而以“涵养共和政治信条”，普及国民常识，进行“国民的运动”为近期活动要点的民主党，也没有照此进行。各政党缺乏稳定的社会基础，没有固定的社会公众的支持，当各政党遭到专制势力打压时，无不转瞬间即消散。

所谓比较健康的政党文化，是指在社会上活动的政党对于政党政治必须遵从的基本规则，达成共识。这个共识，民初人士称为“党德”。此党德并非党员的个人修养，而是政治活动的基本规则：“政党之德即在听反对党意见之流行”。章士钊对此曾有比较完整清晰的论述。他说，所谓“听反对党意见之流行”的主要含义有两个方面。一方面，一国之内，国民的利益是分化的，各政党的政策主张都只是代表部分国民之意见，政党都应承认无论他党己党，

① 黄远庸：《铸党论》，《黄远生遗著》卷二，商务印书馆1924年版，第101页。

② 李剑农：《戊戌以后三十年中国政治史》，第161页。

都只能代表部分国民的利益，都有合理性、正当性。有了这种认识，才能“听反对党意见之流行”。另一方面，政党竞争是政纲的竞争，政党要实施自己之政纲，只能通过和平的、公开的竞选，争取选民。当选举竞争时，除自诉之选民外，不使用他种卑劣手段；若选举胜利，获多数选民之支持，即出而组织政府，实施自己的政纲，但绝不敢以势凌人，谛听反对党之意见而保持己党固有之力；若选举失败，则释然于党势之消长，嫉与忿两无用之，自动居野，对于政府为严密之监督，并伺机攻击政府，以为第二期之振作。①微尘在《时报》发表文章称，政党之党德包括三点。第一，当有“提携心”。政党所竞争为党纲，为国利民福之政策，当以光明正大之手段竞争，对于敌党应当有提携之心，勿以卑劣手段妨碍他党之进行及发达。第二，当有服从心。一问题之发生，有正反两面之主张，政党之所竞争为政策主张，竞争胜败则服从国民之选择，选举失败则安然接受，而图下次选举之再起。第三，要有责任心、忍耐心、义务心，而无权利心。政党之活动在谋国利民福，政治人物组织政党、开展政党活动，需要有谋国利民福的责任心，需要有坚毅的忍耐心，需要排除争权夺利之念。② 梁启超也特别强调，政党活动不能以卑劣之手段妨碍他党之行动，“政党者，各自从其所信，以代表一部分之国利民福者也。吾固言之矣，国利民福非一端，往往相反而相成。故甲党持一政策，指为国利民福，乙党持一正反对之政策，而亦指为国利民福，实则各皆代表国利民福之一部分，而不能赅其全，而取舍轻重相权之间，则莫如各明一义，往复辩难，发挥无余蕴，以听国民之抉择，政党之功用全在于此”。有异见之政党与己党相对峙，实治党事者最欢迎也。③ 孙中山亦指出，政党竞争应当为光明正大之竞争，“既有党，不能无争，但党

---

① 行严：《时事杂评》《政党政治之唯一条件》，《民立报》1912 年 6 月 23 日、7 月 1 日。

② 微尘：《论党德并敬告政党诸君》，《时报》1912 年 11 月 1 日。

③ 梁启超：《中国立国大方针》，《梁启超全集》第八集，第 440—441 页。

争须在政见上争，不可在意见上争……求胜利之方法，须依一定之法则，不用奸谋诡计，是之谓党德。如但求本党之胜利，不惜用卑劣行为、不正当手段，谗害异党，以弱本党之敌，此种政党，绝无党德”。①关于党德问题，民初思想界的论述很多，主流的意见大体比较接近。民初鼓吹政党政治的人士，对于多党或者两党存在之必然性及其价值，对于尊重他党之必要性，有明晰的论述。比如章士钊即说：“凡一党欲保持其势力之常新，断不利于他党之消灭，而亦并不利于他党之微弱。盖失其对待者，已将无党可言。他党力衰，而己党亦必至虫生而后物腐也。”②孙中山说，“凡一党秉政，不能事事皆臻完善”，必须有时刻准备取而代之的在野党进行监督。③

民初思想界对于政党之价值、政党与朋党的区别，对于政党竞争应当竞争于轨道之内，为公开的选举活动，不能用阴险之手段，不能用武力手段，对于要容许异党、尊重敌党等问题，多有论述，认识比较到位。在第一届国会选举中曾出现各种形式的选举舞弊，言论界对此多有批评，也曾发生选举诉讼。这些都表明，思想界、言论界对于选举应当公开、合法进行，在价值取向上比较一致。但尊重敌党、听反对党意见之流行、服从多数民意之选择、政党竞争要光明正大等政治信条与政治行为习惯绝非短时间内可以涵养。在民初的实际政治生活中，党派之间彼此攻击、互不相容的情形还相当严重。比如，在唐绍仪内阁即将倒台时，共和党北京本部就曾电上海支部，声言“同盟会员实不宜再为总理”，④唐绍仪内阁倒台后，共和党又公然称同盟会不得组织内阁。同盟会员郑师道则在参议院说，除同盟会外，不承认他党。⑤时人有感于共和党与国民党

---

① 孙中山：《在东京留日三团体欢迎会的演说》，《孙中山全集》第3卷，第37页。

② 行严：《政党政治之唯一条件》，《民立报》1912年7月1日。

③ 孙中山：《在东京留日三团体欢迎会的演说》，《孙中山全集》第3卷，第35页。

④ 行严：《时事杂评》，《民立报》1912年6月23日。

⑤ 行严：《政党政治之唯一条件》，《民立报》1912年7月1日。

两个主要政党，“皆欲取消其异党之人格而后快”，政治竞争“用心全不欲局中著手，只欲局外扰乱破坏，以冀一己之不败”，曾痛彻指陈，“一国之大患，莫大于其全国之有力分子不能依和平秩序竞争之轨道，以相与进行，而各含有不平之意思，以相龉龁。此意思者，互相隐忍，互相弥缝，则幸得一日之小康，而国家正当之职务亦绝对不能进行。及至一朝不能隐忍，不能弥缝，则大患至矣”。[①] 政党之间，彼此抹黑，无中生有、攻其一点不及其余的攻击之词，屡见不鲜。同盟会—国民党攻击立宪派拥护袁世凯，谋求帝政复活，立宪派则攻击同盟会—国民党欲破坏秩序，垄断政权，谋求二次革命，都将对方置于破坏民主共和政体的地位。既然立宪派欲恢复帝政，国民党欲谋求二次革命，则无论立宪派，还是国民党，都成了革命党，都可以用武力解决。这已经逸出正常的政党活动的常轨。此确为“文字之劫运，言论之魔障也”。[②]

政党发育不成熟，是制约政党内阁建立的重要原因。民初反对政党内阁的人士也反复强调，政党内阁需要发达成熟的政党，中国政党尚不成熟，没有实行政党政治的条件。而政党是在历史发展中逐步成熟的，在短期内中国不可能实行政党内阁，否则就是拔苗助长。吴贯因称，“政党政治多由历史上逐渐发达而来，非如饼师制饼，顷刻造就”。中国既没有成熟的政党，“彼谈政党政治者，其亦可废然思返矣”。[③] 刘少少称，政党内阁在欧美各国，并非法律上之名词（不同于立宪政体之名词），亦非政治上之策略（不同于中央集权地方分权等名词），而纯粹是历史发展自然形成的，非人力可以强为，“譬之人身生理之发育，皆有必由之径路，机到自熟，无可强为。今其党而曰，吾主张政党内阁，是无异某人方髫龄

① 黄远庸：《政局之险恶》，《黄远生遗著》卷一，商务印书馆 1924 年版，第 58 页。

② 杨翼之：《与友人论党派书》，《亚细亚日报》1912 年 8 月 11 日。

③ 吴贯因：《政党政治与不党政治》，《庸言》第 1 卷第 11 号，1913 年 5 月 1 日。

而曰，吾主张二十岁也”。[①]

若政党果为历史自然发展之物，则中国要建立政党内阁，就须等政党之自然发育，这需要很长的时间。鼓吹政党内阁的人不愿意等待，他们希望发挥人的主观能动性，找到一种办法，可以通过人的主观努力，加速政党之发育。于此，民初鼓吹政党内阁的人士，主要试图采取政党合并的方式，将林立的政党合并成数个或者两个主要的政党。其办法是通过政党领袖之间的联络，在政纲上求同，在人事安排上照顾各方利益，然后召开合并大会，对外宣布合并。民初最主要的政党如共和党、国民党、进步党等，都是通过此种办法完成合并的。但政党组织上的合并容易完成，而政党与社会公众的联系的建立、政党实力的养成、党德的培育，则不可能在短时间内完成。还有一种方案，是章士钊提出的“毁党造党”论。章士钊是在陆征祥内阁风潮正激烈之时提出这一见解的，那时他已经从政党内阁论退回到混合内阁论，不过他仍然希望从速构建起真正的政党，以便早日建立政党内阁。他为此发表了一系列文章。概括起来，章士钊认为，政党之发生，可以有两种方式：一种是“本诸历史”而生的政党，即在实际政治活动中，有共同利益诉求的人士，逐渐结合成政治派别，然后为扩大组织，寻求可以号召于众的政纲，故往往先有政党，然后再定党纲；另一种是“本诸逻辑”而生的政党，即有国家思想、有政见的人士，为谋求掌握国家权力，实行其所持政见，相与结合为团体。此种政党是政治人物先有政见，并先搁置其政治家之身份，而以学者的身份、哲学家之态度，沉思渺虑，从容商讨国家大计，然后出其政治家之手腕，组织政党，号召徒众，谋实行其政见。中国的政党所以不善，因系先植党，而后缘附政纲。在缺乏政党传统的国度，人们不了解政党，没有时间从容研究社会公众的需求，提出政纲，又不能区分“政治主眼”（现实政治问题）与政纲，遂使政纲大多雷同。政纲雷同，

---

① 少少：《要求政党内阁者之可笑》，《亚细亚日报》1912 年 7 月 25 日。

就必然出现党员跨党严重的现象，甚至一些重要政治人物往往身跨数党，“等入党如酬应，视合党为调羹”，政党竞争就容易逸出轨道。他认为，中国亟须组织起强有力政府——政党内阁，不能坐等政党自然成熟，必须摆脱政党是历史自然发展产物的思维，走“本诸逻辑”制造政党的路。其方法是，先将现有的政党全部解散，一若民国未曾出现过政党此物，然后召开所谓“政见商榷会”，“各政党之贤豪长者，将去其政家之面目，而以哲家之资格出席兹会。举吾国所有政治财政社会教育种种问题，至短以五十年之目光，至少以一年半岁之时间，相与尽情讨论之。讨论之结果，各问题总体核算，必致正负两面各各有人。于时，正面者就正面之主张制为党纲而立一党，负面者亦就负面之主张制为党纲而立一党”。这样就会形成两个壁垒绝坚之政纲，欲投身政治生涯者，也就易于分别，知所走集，形成两大政党；此两党之外的其他小党和保留下来的旧党，则无力与这两大党抗衡，逐渐消亡。① 简单地说，他的主张就是，先解散各政党，再开一年半载的学术研讨会，各党领袖就国内重要的政治、财政、社会、教育等问题，充分研讨，然后将主要意见分成两大类，形成两大政纲。领袖们则根据其可否选择其一，相与出而组党，就可以形成两大“纯粹建筑于政纲之上”的政党。显然，这是一个书生气十足的方案。政治活动不是学术研究，不是严谨的学者之间的学术讨论。严谨的学术研究、学术讨论，主要是理性在起作用，而政治活动则牵涉太多的现实利益与历史恩怨，不是政治领袖的个人理性可以决定的。章士钊寄希望于各政党之贤豪长者发大愿，将现有政党全部解散，这根本不可能。现有的政党是政治领袖们好不容易结集而成的，是他们谋求实现自己的政治见解，达成自己的政治抱负的利器，他们岂愿自

---

① 行严：《政党组织案》，《民立报》1912 年 7 月 15 日、16 日；《毁党造党之意见》，《民立报》1912 年 8 月 4 日。秋桐：《政见商榷会之主张》，《独立周报》第 1 年第 5 号，1912 年 10 月 10 日。

动解散。即使政党领袖愿意解散政党，政党也并非领袖个人之物，非领袖个人说解散就可以解散的。即使政党解散，政党领袖们愿意参加所谓的“政见商榷会”，他们在商榷中达成了某些共识，可是要他们摆脱过去政治活动所结下的种种恩怨，完全根据政见与别的领袖一起出而组织政党，也十分困难。当时即有人高度怀疑各党领袖是否肯牺牲党见，将已有的政党全部解散。[①] 章士钊自己也很中肯地指出，“党争之弊在心理而不在形式，如重私交，重个人，不重党纲，乃国民普通心理。此等心理，非研究讨论之结果能变之”，[②] 试图通过学术研讨式的政见商榷，短时间内改变国人传统的以地缘、业缘、僚属、朋友、师生等关系进行结集的习惯，完全依据自己的政治见解结集成党，几乎不具备可行性。对于毁党造党论，时人“颇高其理想而病其不切事情”，章士钊自己也承认这一点。[③] 吴稚晖很直接地说，对于毁党造党论，“余小子又落于十丈云雾，诉诸良心上之逻辑，似不可通”。[④]

可见，民初的中国并无建立政党内阁的条件，但当时主要的民主力量却试图超越现实条件的限制，建立政党内阁。他们思考过，努力过，但现实条件的限制，使他们的努力注定不能成功。

（三）干涉主义

相比于古代国家的权力，近代国家的权力有限制与扩展两个方面的趋势，即一方面是限制、规范公共权力，规范国家的统治行为，保障个人的自由权利；另一方面扩展国家的服务职能，以基于国民同意的、按照法定程序行使的有限的公共权力为社会提供公共服务。于是，近代国家通过规范公权力、保护私权利、提供公共产品，构建国民的国家，使近代国家具有远超古代国家的动员力、竞

① 参见行严《毁党造党之意见》，《民立报》1912 年 8 月 7 日。

② 行严：《天声人语 · 党争》，《民立报》1912 年 7 月 31 日。

③ 行严：《发问》，《民立报》1912 年 7 月 31 日。

④ 吴稚晖：《政党问题》，《民立报》1912 年 7 月 29 日“投函”。

争力、团结力。历史发展到近代，面对西方的挑战，传统的国家越来越不适应现实需要。中国传统的政治一方面实行高度集权的专制统治，另一方面此种统治又基于小农经济，专制集权统治缺乏技术与物质支撑。由此就造成了这样的局面：一方面政治上高度集权，另一方面社会极度分散，近代国人常用“一盘散沙”来形容中国古代社会的分散状态。一方面是政行专制，人们之自由权利缺乏明确的法律保护，人们之生命、财产、自由之权利能否得到保障，很大程度上由统治者尤其是最高统治者的个人意志决定；另一方面，国家治理能力、统治能力低下，能提供的公共产品极其有限。对于传统中国存在的这种矛盾性，梁启超有过分析。他说，近代欧洲政治革命的基本动因主要有二：一是教会与贵族荼毒平民，人民毫无自由平等的权利；二是绝对专制主义的王权政治，采取极端之保育政策，对于经济与社会事务干涉太过。因此，其政治革命在求个人之自由平等，求社会之自由发展，欧洲革命之后自由放任政策也就盛行一时。而中国之政治革命，并不是因为人民缺乏自由，国家干涉太过，而是国家放任太过，没有承担起应有的职能：“当政治之冲者，懵然不知国家目的为何物。国家固有之职务，不能假手其机关以实践之。人民进无所怙恃，则不得不退而各自为谋。各自为谋而无董率之者，则步伐势不能齐整，散漫无纪，终不能腼合以成一体，公共心日以消乏，而公共事业遂无一能举。”就是说，国家不能尽其职，造成经济社会的不发展与人民缺乏国家认同。基于此种认识，他认为，中国革命之目的在建构一个近代国家，以国家之力促进经济社会发展，故革命之后，当行保育政策，“必须藉政治之力，将国民打成一丸，以竞于外，将使全国民如一军队之军士，如一学校之学生，夫然后国家之形成，而国际上乃得占一位置。若纯以放任为治，则此愿将何日能遂也？”① 梁启超此说带有浓厚的国家主义气息，道出了传统中国在提供公共产品与统合社会能力方面

① 梁启超：《中国立国大方针》，《梁启超全集》第八集，第422—423页。

存在严重欠缺的事实。正因为传统国家的缺陷，庚子以后的政治革命思潮的核心目标就是改造政治，以统合国家，建立强大的政府，以推动国家现代化。他们希望新的政府能够符合民主的原则，又希望政府实行“干涉主义”“保育政策”，运用国家权力对经济、社会事务进行广泛而深度的干预。由此，民元、民二间，干涉主义就大行其道。

庚子以后，随着帝国主义论的输入，思想界已经认识到，帝国主义的对外扩张是以资本主义的高度发达为基础。中国要抵御列强的侵略，必须大力发展资本主义。早在 1902 年，梁启超就提出，随着资本主义向帝国主义过渡，无论政治上，还是经济上，“二十世纪为干涉主义全胜时代”。① 随着立宪思潮的兴起，立宪派普遍要求改造不负责任、诸事放任的腐败政府，建立责任政府，以谋富强，以国家权力保护利权，保护资本，推动近代工商业的发展，以抵御帝国主义的经济侵略。可以说，发展资本主义，以抵御列强侵略，才是立宪派要求立宪的核心动机。故当民国建立后，鼓吹强有力政府的人们就希望以国家权力干预经济发展。

对于国家干预经济发展，民初思想界大体有两种思路：其一是以梁启超、吴贯因、张东荪等为代表，他们主要关注以国家权力推动资本主义发展；其二是孙中山的思路，他主张民生主义。

主张大力发展资本主义的人士认为，面对日趋激烈的国际经济竞争，以及各国多采用干涉主义政策的现实，中国必须实行干涉主义，以国家之力推动经济发展。他们认识到中国资本主义发展面临严重的困难，必须以国家之力介入经济领域，绝不能实行自由资本主义的发展模式。梁启超指出，中国产业发展面临十大困难。一是士大夫素轻视产业，号称优秀之民，实皆坐食分利以涸利源，致全国寝成干瘪。二是产业革命以来，风潮愈荡愈烈，而国人对于如何

---

① 梁启超：《自由书·干涉与放任》（1902 年 10 月），《梁启超全集》第二集，第 143—144 页。

应对产业革命，尚缺乏足够的知识与人才准备，技术能力落后，处于竞争的劣势地位。三是经济竞争所需要的关税主权受损，丧失了保护民族产业的壁垒，孱弱的近代产业受到列强资本的强大压力。四是国民企业能力缺乏，缺乏资本主义的精神与企业经营能力，严重欠缺竞争力。五是社会资本涸竭，仰给于敌，缺乏发展产业所需的资金。六是财政紊乱，日剥税源，国库所入有限，而人民生计日蹙，上下交敝，自取灭亡。七是财政恃外债为活，外债主要用于军政费用，而偿还外债之计划则虚悬无着，财政根基摇摇欲坠，将有因外债而失去财政自主权的危险。八是列强在华投资竞争，各有利益，政府难于应付，一旦应对失当，将造成外交窘迫，进而影响国内政局。九是各省实际处于独立状况，地方财政又皆困窘，有受列强利诱而变成其势力范围的危险。十是藩徼离畔，仰给外资，均势一破，将引发列强在华的新一轮角逐。总之，中国的实业发展面临严重的思想观念、人才、技术、资金、财政、政治、外交上的困难。当此，中国若采取自由放任政策，则产业永无发展之望，必须因应现实需要，采取"保育政策"，"藉国家之力以绾其枢"，"合全国民以成一生计主体"，才能尽快完成经济现代化的任务。① 自由主义认为，"凡为人谋者，恒不如自谋之周也。人各有心思耳目，虽降材不同，而其自谋乐利则无不同。人人各竭其才，各得所欲，分之为个人之乐利，合之即全国之乐利。国家虽极爱民，然事事而代之谋，恒不能如其分"。梁启超反对此种自由放任论，认为中国国民产业能力不足，非由国家干涉，资本主义难有发展。他说，就如儿童需要保姆与父母的干预、教育、帮助一样，程度幼稚的中国国民在经济领域也需要国家的干预。日本的明治维新就是以国家干涉督率国民进步的成功范例，中国今日国民程度尚不如日本明治维新之初，更应取干涉政策。② 张东荪也提出，中国国民程度

① 梁启超：《中国立国大方针》，《梁启超全集》第八集，第419页。

② 梁启超：《中国立国大方针》，《梁启超全集》第八集，第420—421页。

幼稚，又缺乏实业发展的社会条件，存在资本不足、信用体系尚未建立、技术落后、产业人才不足等问题，“非藉国权不能发展社会经济”。若迷信西方资本主义先发国家的经验，坐等经济社会的自由发展，则在国际资本的压力下，中国产业恐永无发展之望；中国必须从自己的实际情况出发，采取国家干预经济发展的路线，“必有一二有能力者，使居国家机关，以为国民多数之率导”，以国家之力推动经济社会发展。①

对于国家在经济生活中的角色，干涉主义者也提出了具体意见。比如张东荪说，他希望国家承担以下经济职能：行保护贸易，采关税政策，以限制外货对国产货的冲击；改良租税，裁撤厘金，以通交通；奖励投资，确立信用体系，广设兴业银行；破除旧日之同业组合，防止行会阻碍市场竞争；改良技术；创立示范性大工场；改良农业，以供给原料。② 吴贯因则发表文章《经济上政府之执掌》，系统阐述他对国家经济职能的主张。他既反对极端放任说，认为政府完全不干预经济，听任人民自由营业，会造成严重的贫富分化，引发社会革命；又反对极端干涉说，认为生产、交易、分配完全由国家控制，经济会缺乏活力。他主张，政府对于经济应根据不同产业，采取不同政策，担任不同角色。第一，应当由政府直接经营的产业。他说，一般的产业，由民间经营比由政府经营要更有效率，但一些特殊产业，以官营为宜。具体地说，吴贯因将官营产业分为四类：其一，具有垄断性，且易获巨利者，如烟草、铁路、电车、电话、自来水等；其二，与公众利益密切相关者，如邮政、电报，涉及公共机密或者私人机密，必须“由国家划一其办法”的产业；其三，性质近于政府之附属物，如军工、官方文书之印制等；其四，民营虽无甚害，但收归国有更易于经营，如森林、矿产等。以中国的现实情况而言，这其中的一些产业可以交由

① 张东荪：《中国之社会问题》，《庸言》第1卷第16号，1913年7月16日。

② 张东荪：《中国之社会问题》，《庸言》第1卷第16号，1913年7月16日。

民间经营，比如支线铁路、部分矿产等，但需要国家监管；一些产业比如电车、自来水等可以由地方公营。他认为，这些产业由政府直接经营，可防止资本集中，减轻贫民租税负担，为政府的政费支出、开发产业、发展社会事业、介入分配等公共财政事务提供稳定的财源。① 第二，政府保护产业之职掌。当世界经济竞争时代，各国皆以国家之力保护产业发展，中国产业幼稚，方在起步阶段，更需国家保护产业。他提出，国家应当在以下方面保护产业：保护小资本，避免其为大资本所吞没，保持产业竞争，制限垄断；以税收政策扶持新产业；保护劳动者，比如工厂劳动条件之保障、劳工俱乐部之设立等；对于渔猎牧畜的监管与保护。第三，政府提倡产业之职掌。对产业，政府应当在资金支持、税收优惠、技术开发、教育普及、技能培训、版权专利保护、科技奖励等方面进行提倡与保护。第四，政府监督产业之职掌。国家应对一些产业如银行、保险、交通运输、矿山、铁路等，进行监管，保障市场秩序，对其生产安全、社会风险、环境风险等进行监管；应介入分配，防止过度的贫富分化，其措施包括土地溢价归公，遗产税之征收，资源税之征收等。②

吴贯因对于国家经济职能的阐述，是参照当时欧美各国政府的经济职能而提出的。与近代自由主义的经济学说相比，吴贯因所主张的国家的经济职能比较大，国家干涉经济生活的范围比较广泛，尤其是其主张政府直接经营的产业，范围相当大，有国家资本主义的趋向。这既与世界各主要资本主义国家政府职能扩充的时代潮流相关，也与当时中国思想界主张由国家主导现代化的思想取向有关。在中国传统中，国家的经济职能相对简单，除专为皇家服务的官营产业、事关民生与财税收入的盐业专卖外，主要是提供诸如水

---

① 吴贯因：《经济上政府之执掌》，《庸言》第 1 卷第 5 号，1913 年 2 月 1 日。

② 吴贯因：《经济上政府之职掌》（续前号），《庸言》第 1 卷第 6 号，1913 年 2 月 16 日。

利、官道、赈灾等公共服务，以及劝农桑等，不具备近代国家的产业功能。近代国家的建构过程，不仅是一种政治建构过程，而且是一种经济、社会职能的建构过程。随着西方资本主义向帝国主义过渡，国家在经济生活中的作用日趋重要，扩大国家在经济生活领域的职能已经成为时代趋势。中国的思想人物也发现，中国也必须扩展国家职能，令国家在经济发展中扮演更加积极的角色。

孙中山的民生主义也属于干涉主义。孙中山真诚追求社会公平正义，自清末起他就提倡民生主义。在辞去临时大总统后到二次革命之前，他曾多次阐述民生主义。他认为，自由、平等、博爱为人类之福音，具有永恒价值。物竞天择、优胜劣败的天演逻辑只是“野蛮之物质进化”，不合乎人类天赋之良知；人类进化应是合乎人类公理良知之道德文明之进化，人类发展也应从天演进化进步到人为之进化。社会主义秉持博爱之精神，欲推翻弱肉强食、优胜劣败之现实，以和平慈善消灭贫富阶级于无形，欲尽人所能，改良社会组织，使社会进化脱离野蛮的物质进化之境，进步到合乎公理良知的道德文明进化之境，是“欲世界人类同立于平等之地位，富则同富，乐则同乐”。他注意到，土地与资本私有以及分配制度不合理，造成了人类社会的贫富分化；而立足于个人主义理论的自由竞争政策，以及产业革命，使得此种分化日趋严重，造成了资本与劳工的严重对立，以及社会的动荡与严重的社会革命之祸。因此社会主义在西方渐成有力之社会思潮，各国社会党获得迅速发展。他赞同亨利·乔治的土地公有论与马克思的资本公有论，认为土地为自然对人类的馈赠，为天造，非人造，当为社会所公有，不当为地主个人私有；资本之起源或为土地，或为劳工劳动所创造，或为人们运用才智所创造之发明所带来。由土地带来的资本，自然应当公有，不能为资本家私有，由劳工所创造的财富，应归劳工。至于个人之发明，实质上也是社会之发明，因为个人能有所发明有所创造，并非皆出于发明者个人之天赋能力，而与社会对于发明者之教养紧密相关，因此对于发明创造，社会可以给予发明者相应之酬劳，而运

用专利所得的生利资本当为社会所公有。对于分配问题，他认为，亚当·斯密主张土地、资本、人工均参与分配，此种理论一度被广泛接受，但是全部生产，皆为工人血汗所成，照此种分配理论，则少数之地主、资本家坐享社会三分之二的财富，而创造财富的多数劳工仅得三分之一的财富。其结果自然是，生产越发达，劳工越贫困，贫富分化越突出，“阶级愈趋愈远，平民生计遂尽为资本家所夺矣”，社会矛盾急剧积累。不仅如此，分配不公，也使广大劳动者养生送死之不赡，购买力极其有限，而获得多数社会财富的地主资本家，则将多数之利润用于扩大再生产，个人消费有限，这就造成社会生产的相对过剩，阻碍经济的进一步发展。因此，要解决社会经济问题，必须从所有制与分配问题入手，实行土地公有、资本公有，工人尽得其劳动所得，用于其私人之赡养，而土地、资本所得一分之利，则供公共之用费，从而达到“以最少限度之贫困与奴役现象，以达到最高限度之生产”的目的。他认为，自由竞争的政策已经不再是适合时代的经济政策，在产业革命时代，若完全采用自由主义的政策，则必然造成土地、资本垄断社会财富，而劳动者永无致富之望的局面，国家必须对社会经济采取干预政策。①

孙中山认为，中国有社会主义的传统与博爱精神，没有强大的私人资本，故有实行民生主义的便利条件。他说，“考诸历史，我国固素主张社会主义者。井田之制，即均产主义之滥觞；而累世同居，又共产主义之嚆矢。足见我国人民之脑际，久蕴蓄社会主义之精神”；尧舜之博施济众，孔子尚仁，墨翟兼爱，也都近于博爱。他又说，中国的资本主义还很不发达，也没有大资本存在，“有资财数千万者，国内实鲜其人。即稍有资本，又大半窖金，守之而已。变乱之际，甚有存储外国银行而纳保险费者。可知我国资本家，固不善利用资本以经营生产者也”。但是中国若跟从西方资本

① 《在上海中国社会党的演说》（1912 年 10 月 14—16 日），《孙中山全集》第 2 卷，第 506—524 页。

主义早期的发展思路，听任资本自由发展，也同样会出现大资本，同样会出现激烈的社会矛盾，甚至引发激烈的社会革命。因此，他主张在资本主义还没有发展的时候，用和平的手段预防大资本的发生，防微杜渐，弭贫富战争之祸于未然。其具体方法是，“集种种生产之物产，归为公有，而收其利”，将铁路、矿产、森林、航运以及电车、自来水、瓦斯等产业，均收归国有，实行土地国有政策。其中，他最看重“土地公有”。他认为，随着经济的发展，土地价值将有极大增加，这种增值是社会经济发展带来的红利，并非地主之力所致，不能为地主所享有，而应当为社会所公有，否则有悖于“社会经济之真理”；同时，若不将土地增值的红利收归公有，而归地主私有，则随着经济的发展，大地主就会变成大资本家，“三十年后，又将酿成欧洲革命流血之惨剧”。他提出了土地公有的具体办法：“调查地主所有之土地，使定其价，自由呈报，国家按其地价，征收地价百一之税。地主报价欲昂，则纳税不得不重，纳税欲轻，则报价不得不贱。两而相权，所报之价，遂不得不出之于平。国家据其地价，载在户籍，所报之价，即为规定之价。此后地价之增加，咸为公家所有，私人不得享有其利。”地主申报地价时，需同时“声明国家得按价收买之，且即照价课税”，若将来国家因为社会发展需要征收地主土地时，即按地主申报之价照价征收。他认为，国家既掌握铁路、森林、航运、矿产等产业，又征收地价税，可以有充足的财政收入，可以运用充足的财源，一面维持国家政费，减轻人民税负，一面发展国有产业，促进经济发展，同时举办惠及大众的教育、慈善事业，实现“民幼有所教，老有所养，分业操作，各得其所”的目的，使中华民国“一变而为社会主义之国家”。①

---

① 《在上海中国社会党的演说》（1912 年 10 月 14—16 日），《孙中山全集》第 2 卷，第 506—524 页；《中国之铁路计划与民生主义》（1912 年 10 月 10 日），《孙中山全集》第 2 卷，第 492—493 页。

孙中山的民生主义，注重所有制问题与分配问题，主张重要的产业归公有，劳动者按其劳心劳力之劳动付出，获得相应的报偿，慈幼、养老、医疗等慈善事业由国家举办。在孙中山的民生主义论述中，政治民主化与经济民主化紧密相连，生产的发达与人的全面、自由的发展紧密相连。他说："吾人所主张者，并非如反动派所言，将产业重行分配之荒谬绝伦。但欲行一方策，使物产之供给，得按公理而互蒙利益耳。此即余所主张之民生主义的定义。余将使劳工得其劳力所获之全部。将来中国之实业，建设于合作的基础之上。政治与实业皆民主化。每一阶级，皆依赖其他阶级，而共同生活于互爱的情形之下。"在此情形下，一方面生产能够发达，另一方面劳动者能分享生产之利，并获得优良之工作状态，并有余暇获得知识之进步，享有充分之娱乐与幸福，"给人民全体以生活之机会，并予以完全之自由"。[①] 他认为，在政治民主化，"凡属国民均有参政之权"[②]，政权不控制在少数人手中，政治取决于国民公意的情况下，"公有即为国有，国为民国，国有何异于民有"。[③] 可见，他认为，在政治民主化的情形下，土地、资本国有就等同于民有，民主化的国家权力对于土地、资本及其所生之利的运用，必然符合民意，必然能给国民带来福利，实现社会主义的目的。

孙中山的可贵之处是，将经济民主化与政治民主化联系起来，将生产的发展与人的发展联系起来，表明他的民生主义，确实绝非当时攻击他的人士所称的，只是贫民均分富人财富的平均主义，确实有高远的思索。但是，对于土地、资本、矿产、森林等最重要的资源，以及铁路、自来水、瓦斯、电信等新兴而富有朝气、最有利

---

① 《中国之铁路计划与民生主义》（1912 年 10 月 10 日），《孙中山全集》第 2 卷，第 492—493 页。

② 孙中山：《在石家庄国民党交通部欢迎会的演说》（1912 年 9 月 21 日），《孙中山全集》第 2 卷，第 479 页。

③ 《在上海中国社会党的演说》（1912 年 10 月 14—16 日），《孙中山全集》第 2 卷，第 521 页。

润空间的产业，收归国有之后，如何经营，而能真正实现产业的发达，国家控制资源与财源后，人的发展与自由如何能够得到真正的保障，孙中山的阐述相对比较少。

总体上说，在经济问题上，孙中山主张国家干涉主义。他不但主张国家要干预生产，还主张国家深度介入分配。以至于同样主张干涉主义的吴贯因曾攻击民生主义对于经济干预过深，会影响社会的活力。

孙中山的民生主义，在同盟会—国民党内部并没有得到所有成员的认同，但得到了多数的赞同。《国民党宣言》提出该党的五大政纲，其中第四条是："采用民生政策，将以施行国家社会主义，保育国民生计，以国家权力，使一国经济之发达均衡而迅速也。"① 这一文件由宋教仁起草。宋教仁把民生主义表述为国家社会主义或者国家社会政策。宋教仁也强调国家对于经济的干预，他希望运用国家权力，由国家直接控制重要的产业，一方面以国家之力，促进经济发展，另一方防止垄断出现，避免贫富分化过于悬殊。在《中央与地方行政分划之大政见》一文中，宋教仁在划分中央地方行政权力的同时，也赋予中央政府与地方政府以直接介入产业的职能。按他的设想，中央政府的经济职能包括：重要产业行政（矿政、渔政、路政、拓殖行政）；国际商政（如通商、航海、移民行政）；国营实业；国营交通业；国营工程。地方自治行政中的经济职能包括地方实业、地方交通业、地方工程等。② 这篇文章对于国家的经济职能的描述还是提纲挈领式的，在《代草国民党之大政见》中，他对国家的经济职能有比较明细的阐述。对于"整理财政"问题，他主张"励行会计制度，订会计法，立会计机关"，严密预决算；统一国库；设立中央银行，将货币发行权统归于中央银行；划定中央地方支出与收入；改良币制，采用金本位制。关于

---

① 《国民党宣言》，《孙中山全集》第2卷，第399页。

② 宋教仁：《中央与地方行政分划之大政见》，《宋教仁集》（二），第561—562页。

“整理行政”，他主张矿业、拓殖、国际商政、国有交通业、国有实业、国家工程等，均由中央政府直接掌握。关于“开发产业”，他主张兴办国有山林、治水、放垦荒地、提倡仿造洋货、奖励商品输入。关于“兴办国有交通业”，他主张铁路、电信、海外航运等应当由国家经营。① 戴季陶追随孙中山，主张民生主义，他主张民国应当“采用民生政策”，不仅要防止少数人政治上之专制，还要防止少数人经济上之专制。关于具体的经济政策，他主张改革税约，实现关税自主；实行地价累进制，并定收买土地条例；设立中央银行制度，统一纸币发行；奖励地方银行；实行金本位，统一全国币制；主张铁路国有；奖励并补助航运业；主张以积极方法清理地亩。②

可以看出，无论是梁启超一派的原立宪派人士，还是孙中山一派的原革命党人，对于国家应当为经济发展构建基本的信用体系、建立现代的银行制度，应当实行奖励工商业的政策，应当直接介入或者经营重要的产业，意见是很接近的。他们赋予国家的经济职能，相当多的内容，是近代国家的基本经济职能，是近代国家应当完成的职责。他们的主张显然受到了西方资本主义国家扩大国家职能思潮的影响，对于国家直接掌握重要产业所可能发生的负面作用，缺乏警惕。不过，国家直接掌握重要产业，在当时还是世界的新潮流，其负面作用尚未体现出来，他们不能察觉，也在情理之中。与梁启超一派比较多强调国家应为资本主义的发展扫清障碍、准备条件不同，孙中山除主张发展国家资本主义之外，对于如何保障私人资本的发展，论述较少，对于分配问题则论述得比较多，具有比较明显的社会主义倾向。梁启超一派人，也注意到西方资本主义发展的弊端，以及西方思想中的社会主义潮流。梁启超之主张干

---

① 宋教仁：《代草国民党之大政见》，《宋教仁集》（二），第583—588页。

② 戴季陶：《民国政治论》（1913年2月10日），“中国近代思想家文库”《戴季陶卷》，第167—172页。

涉主义，就是因为他注意到十九世纪末叶以后西方资本主义出现的两个问题。一是自由竞争造成了严重的贫富分化，财富集中于少数资本家之手，而多数平民不能得均等之机会以自树立，故需要国家干预市场，保障劳工权益，进行社会财富的二次分配，以使个人能力有平等发挥的机会，预防过分的贫富分化和社会革命的出现。二是随着资本国际化程度的加深，资本的国际竞争越来越需要国家的支持，举凡关税保护、产业奖励、币制统一、信用体系之建立与整备、奖励发明与技术改造示范、公共交通之发展、高等教育之发展等，均非个人资本所能胜任，必须依赖国家。他也注意到当时的主要资本主义国家都放弃自由放任政策，而采用国家干涉主义为二十世纪的潮流，“亦我国之莫能外也”。① 所以，他在主张国家促进资本主义发展的同时，也主张国家保护劳工。吴贯因也主张国家介入分配，防止过度的贫富分化，甚至也赞同孙中山提出的土地溢价归公。

干涉主义不但要求国家介入经济领域，也要求国家介入思想与社会领域。梁启超就说，从前的革命，革命之后主要是有形的社会秩序的恢复，这通过组织新政府、解散军队、救济市场等，可以较快地恢复。而辛亥革命不但是种族革命与政治革命，更是一场思想革命和社会革命，“数千年来之公共信条将次第破弃，而数千年社会组织之基础，将翻根底而动摇”，故革命后不但要恢复有形之秩序，还要恢复无形之秩序。这就需要涵养新信条、建设新的社会组织，这需要假以时日。欲从速恢复无形之秩序，“首在举整齐严肃之政治，以范铸斯民，保育政策之精神，如斯而已”。② 也就是说，他主张以国家权力涵养新信条。民国初年的章士钊基本上是一个自由主义政论家，然而他在 1914 年创办《甲寅》时也说过这样的话：“利国善群，首重风俗。吾国风俗之恶，全球无对，故政治之

---

① 梁启超：《中国立国大方针》，《梁启超全集》第八集，第 420—424 页。

② 梁启超：《中国立国大方针》，《梁启超全集》第八集，第 423 页。

恶亦全球无对。试观今之政象，杂出于声色货利赌博无赖之中，即可概见。其所以然，则所得小己之自由过多，而国家制裁之力未至。在文明诸国，此种恶习虽不得言无，而于社会风纪尚无大碍，故彼中法家尊重社会秩序，不轻以干涉为言。而吾又宁在此例者？吾之政客直为博徒，吾之勾栏即为政海，他国宁有此耶？他如广置姬妾，滥吸鸦片，穷奢极侈，纵欲败度，财贿公行，棍骗满地，廉耻荡然，他国宁有此耶？愚尝谓吾人治国首当以国家绝对之权，整齐社会风习之事。"① 以国家权力干预社会风俗，是当时诸多新派人士共同的主张。针对共和以后，各地普遍以政治权力干预风俗，破除神权、干预民间信仰，禁止赌博、蓄婢纳妾，废除丁祭等，康有为曾提出批评。他认为，共和本为人民而起，本以人民权利为基础，本以保护人民之生计、自由、幸福、安宁为根本，而民国建立后，议院、政府动用国家权力，干预民间风俗信仰，其所作所为，有甚于专制。② 人们可以不同意他的观点，可以认同国家运用国家权力移风易俗，他指陈的一些事实或许有偏差，不无攻击革命派控制的广东地方政府之嫌，但至少可以表明，当时一些革命党人主张运用政府权力破除旧俗，建立新俗。这就是一种干涉主义。

（四）国权主义、强有力政府论、干涉主义盛行之原因

国权主义、强有力政府论、干涉主义的盛行，是民元、民二间中国思想的重要特征。思想之所以趋于国权主义、强有力政府论与干涉主义，最重要的原因是晚清以来的民族危机。清末的立宪、革命都是在民初危机的催逼下发生的，都是以改革政治以救危亡为其根本要旨。这一点，我们在本节开头就曾讨论，此处不再赘述。

除现实因素外，国权主义、强有力政府论、干涉主义的盛行，

① 秋桐：《读严几道〈民约平议〉》，《甲寅》第1卷第1号，1914年5月10日。

② 康有为：《议院无干预民俗说》（1913年2月），《康有为全集》第十集，第23—27页。

还与中国传统思想、民初思想界对于近代国家权力的性质的认识以及革命之后中国政治改善前景的判断有关。

中国传统思想除个别的思想异端之外，有整体主义的倾向。重视整体利益，而较少关注个人权益与个人意志，是中国正统思想的重要特征。1903 年，梁启超论国家思想，曾说中国人缺乏国家思想，知有天下而不知有国家，知有朝廷而不知有国家，知有个人而不知有国家。若从中国传统的天下观念、王朝观念看，他的说法有一定的道理；他说中国人知有个人而不知有国家，若从国人缺乏国家观念，一般人徒关注一己幸福的角度看，也有几分道理。中国传统思想对个人自由权利，尤其是个人法律上之自由权利，缺乏系统的理论。1914 年，光昇在论中国人之政治能力时，曾说中国人在政治观念上的第一大缺点就是“知有国家主权，而不知有个人自由”。他说：

> 吾民族建国最古，国家主义早立，而于个人人格之认识独啬。《书》曰，“生民有欲，无主乃乱”。所谓主者，以君主为言，然于国家之缘起及夫主权统一之义，发挥已无余蕴。又曰，“民惟邦本，本固邦宁”，曰“众非元后，何戴？后非众，罔与守邦？”此说明个人与国家之关系，不可谓不至，然犹未尝离国家而认个人之存在。至曰“惟辟作威，惟辟作福”，则又有甚焉者矣。自是受其说者为诸子百家之学，而理论之秩然可述者，则有儒道法三家。道家卑俗玩世，游心于玄默，使国家个人皆沦于恍惚迷离之境者不论矣。法家之言曰，民强国弱，民弱国强，人而不为国效用，如隐逸者流，皆可杀。是全不认有个人自由，可谓之绝对国家主义，其极至于惨核少恩斩艾屠猕而不惜。儒家反之，一方尊君，一方又策君主爱民，其视民弱之说，又有间矣。然自政治真义言之，民亦何所用其爱哉！人民对于国家有应尽之义务，有应享之权利，于其应尽者而不求多，应享者而不削少，足矣，安事噢咻孑煦为也？夫爱

> 之云者，特恩惠之名词，而无必然之意义。故人而为人所爱，惟立于依赖地位，而必不有其权利之可以主张。彼曰“如保赤子”，保者对于不能独立者而予以保护之意，赤子无自动之能力，绝其乳哺则立毙焉，惟视其母之慈惠心以为生活之条件，以此道得民，民于何赖？而其最精之言则有曰，“民为重，君为轻”，骎骎乎有个人人格之认识矣，然其终局之义，则在得乎吾民为天子，仍是君为主，而民为客耳。若是则儒家之爱民与法家之弱民，虽有仁暴宽狭之不同，而其不认有个人之自由则一也。自法家之言秦一用之而败，遂为学者所讳言。迨汉武罢黜百家，而言治道者乃一折衷于孔子。孔子曰，“民可使由之，不可使知之”，于是愚民者窃之以为柄。韩愈氏引伸其义曰，“民者，出布帛粟米丝麻，作器皿，通货财，以事其上者也。民不出布帛粟米丝麻，作器皿，通货财，以事其上，则诛。”此即代表吾国数千年来之政治主义。彼西方国民自古罗马之世，即有平民贵族之争，意大利公民权之争，延及中近世以来，所谓不出代议不纳租税、人身保护律、权利请愿等，人民之要求自由者，不绝于史，卒至十八九世纪大革命起，而立宪政体乃立。盖其相摩相荡，渐演渐进，以有今日者，非一朝夕之故矣。而吾民则数千年来，讬政府为恩主，以盲从为义务，其桀纣幽厉暴秦亡清以及一切衰朝末世之暴君污吏，残民以逞者无论矣……①

在此种思想笼罩之下，“吾民惟侥幸得道德上之生存，而终未占有法律上之地位”，人民对于自己的权利与法律地位缺乏自觉的认识，安于奴隶的地位，盼得慈善之主而事之。这种心理，是数千年来，中国政治无由进步的思想根源。此种思想与心理，根深蒂固，

---

① 光昇：《读柏哲士论民族所有政治上之性质并讨究中国人之政治特性》，《中华杂志》第1卷第10号，1914年10月1日。

今已革命，已建共和，而“秉政者犹沉滞于旧式之理想，日惟执勤政恤民之虚词，谬为炫耀，而吾民则依然仍以自来梦想圣君贤相之心，以苟且自慰，治于人者不知自由为何物，而治人者惟拘守政府万能主义，以与为迎拒，欲以争存今之世界，难矣”。[①]

杜亚泉在1912年也曾指出，中国实行共和政治，面临一个重要的思想障碍就是国人缺乏自由权利的观念。他说，中国人过于实际，“重事实而忽原理”，“善为事实上之措置，而不善为原理上之探索”。因此，在科技上，能为技术之发明，而不能有科学原理之发现；在政治思想上，能有诸如天视自我民视，天听自我民听，民贵君轻，得乎丘民为天子之类的民本思想，“于民主立宪之原理未尝不露其端倪”，然只停留于只言片语的随感式的灵感闪现，而不能为系统的立宪原理的探究与系统的制度设计。由于这种特性，中国政治思想数千年未能有根本的突破，历史上只有改朝换代式的暴力革命，而无政治制度根本变革的革命。美国、法国之革命因有系统的理论指导，故能实现制度的根本变革。而中国“史家之批评，儒生之议论，人民之倾向，专注重于君主之仁暴问题。抚我则后，虐我则仇，盖全从事实上立论也。故君主而仁焉，则专制可也，世袭可也；如其暴焉，则怨毒归之，而为事实上之革命。美国法国之革命，皆以理想为之先驱。革命以后，政体遂变。我国之革命，自汤武以来，无虑数十次，仅于事实上驱除暴君污吏而已，国民政治上之思想，数千年绝无改革”。[②]

可以看出，光昇、杜亚泉的看法颇为接近。中国传统思想对于个人法律地位、个人自由权利缺乏清晰系统的观念，政治理念以治民为基调，治人者以尧舜自许，以慈惠其民相标榜，治于人者向往尧舜之世，以纳粮守分为己任。理想的政治是君为明主，

---

① 光昇：《读柏哲士论民族所有政治上之性质并讨究中国人之政治特性》，《中华杂志》第1卷第10号，1914年10月1日。

② 伧父：《共和政体与国民心理》，《东方杂志》第9卷第5号，1912年11月1日。

官皆青天。一旦政治如此，民即可安享太平，一切由君与官做主，不必自治。对于政治权力所能及的范围，中国传统的政治思想，除道家主张因循自然、无为而治之外，其他各派政治思想，大多认为国家权力可以深入社会生活的方方面面，具有无限调动社会资源、干预社会生活的权力。“在中国传统观念中，大一统与高度强化的行政权力始终是不可分割的整体，对于一个国家来说，行政权力如果不延伸到每一个角落是不可思议的。”① 所谓“普天之下莫非王土，率土之滨莫非王臣”，天子代天牧民，为民之父母。人们相信，王权可以深入臣民生活的方方面面。高高在上的王权，虽然不一定干预社会生活和个人的私生活，但假如它干预的话，没有人怀疑其正当性和合法性。当王权转化为国家权力时，王权的无限性就与所谓主权的无限性自然地连接起来，国家代替了王天下的王者，成为民之父母、民之保护神。父母对于子女，有天然的慈惠之心，国家也就具有抚育万民、为其谋福利的诚心，人民对于国家权力行使的正当性也就不会怀疑，不必担心国家会侵害自己的利益。而当政治转型之际，共和政治在形式上确立之后，国家权力、政府权力的合法性似乎得到了重构，善良的人们相信中国可以构建起善良的政府。对于善良的政府、立宪国家，人们对其权力尽可放心，可以将福民利国之政托付给善良的政府。对于国家权力可能为恶的趋向，民初思想界缺乏警惕，对于共和政治虽建，而政治改善之途之艰巨性缺乏认识，对于政治改善的前景过于乐观。

梁启超是民初鼓吹国权主义、强有力政府与干涉主义的核心人物。他对强有力政府与干涉主义的论证，包括几个方面。从世界格局看，当时的世界是一个唯有强者能够生存，唯有在生计界占据优势地位者方能安荣的世界，和平尚未真正实现，帝国主义论仍然有

① 朱日耀、曹德本、孙晓春：《中国传统政治文化的现代思考》，吉林大学出版社 1990 年版，第 180 页。

市场，国家之发达繁荣还是中国面临的首要任务。从世界潮流看，面对现实的国际格局，世界各国无不以国家为本位开展国际竞争，强有力政府与干涉主义已然成为世界潮流。从革命之后中国面对的国内政治环境与实际需要看，政治秩序的恢复、文化秩序的重建、国家的统一、经济发展，都需要强有力政府与干涉主义。最后，也是必不可少的条件，梁启超认为，革命之后，中国有建立善良政府的机会。他认为，中国“今后建设之业，必以能得良政府为前提，如其能得良政府也，固当界之以广大巩固之权，使之得尽其才以为国宣力”。立宪政治可以构建良政府，“政府而良也，则一切利民之政，可藉手以悉举焉”；且若政府不良，立宪政治之下，“又自有道焉以易置之，而别获良者”。清末以来的政治革命，就是以建立宪政，建立善良政府为目的的，“今虽新政治之建设，茫乎未有端倪也，而数千年来恶政治之巢穴，为国家进步之一大障碍物者既已拔去，此后改良政治之余地，较前为宽，其机会较前为多，用力较前为易”。[①] 也就是说，革命之后，中国政治虽尚未上轨道，但是政治改善之空间与机会大大增加。他对于政治改善抱有极大的期待。他虽也担心革命之后出现暴民政治，担心政治受官僚腐败势力的操控而难上正轨，但他以为，若原立宪派采取正确的策略，即先联络、利用官僚腐败势力，以制衡、打压“莠民社会之乱暴的势力”，是可以防止暴民政治的出现的，然后再引领官僚腐败势力上轨道，实现政治的改善。他虽对于建立政党政治的艰巨性有所估计，但是他认为通过确立政党内阁的基本信条、厘正政党观念、牖进国民程度，即可以完成政党内阁之预备功夫。[②] 既然强有力政府论之实行应以政府之善良、政治之改善为前提，那么革命之后，中国的首要任务是先建立良善的政府，而不是求政府之强固有力以及

---

① 梁启超：《中国立国大方针》，《梁启超全集》第八集，第433—434、443—444页。

② 梁启超：《中国立国大方针》，《梁启超全集》第八集，第423—445页；《共和党之地位与其态度》，《梁启超全集》第十五集，第70—78页。

干涉主义。不过梁启超似乎对于以强有力的政府推行干涉主义迫不及待，在善良的政府尚未建立之时，即大肆鼓吹强有力政府与干涉主义，鼓吹应当赋予政府以足够的权能，使其能行福民利国之政策。这与急切追求富强的国家主义政治立场有密不可分的关联。进一步分析，还可以看出，梁启超认为，政府善良，即可以不必担心其会滥用权力，即便政府滥用权力，人们也可以随时和平地更换政府，显然缺乏对政府权力的警惕。梁启超的此种观念，在民初思想界中是颇具代表性的。

同盟会—国民党一系的人物对于革命之后的政治形势的判断，与梁启超等人略有不同。其激烈派认为，共和政治还存在被官僚势力、军阀势力破坏的危险，故鼓吹二次革命。然而，民初社会甫经大乱，人心思定，二次革命之说，被视为作乱，且鼓吹二次革命的人对二次革命之后，政治如何上轨道，给不出令人信服的方案，二次革命说不为一般社会所接受。其稳健派则主张先谋扩大国民党的力量，形成中心的政治势力，谋求议会的多数席位，建立国民党的政党内阁。在他们看来，一旦建立真正的共和政治，建立同盟会—国民党的政党内阁，则国家与人民合而为一，国权即民权，政府即人民，政府之强有力即人民之强有力。此种言论，在同盟会—国民党人中并不少见。国民党提出的关于宪法问题的主张，即表明国民党人对于宪政体制下国民公意的正当性、合理性持乐观的态度，对于议会以及议会政府正当合理地行使政治权力，也抱乐观的态度。

民初国权主义、强有力政府论、干涉主义的盛行，还与国际思想潮流的变化有关。十九世纪七十年代起，各主要资本主义国家逐步向垄断资本主义转型，资本日趋集中、日趋国际化，其内外矛盾加剧，自然权利的个人主义已不适应资产阶级的需要，要求国家干预经济、保护劳动者权益、限制垄断资本过度发展、参与国际竞争的呼声高涨。越来越多的学者放弃人权天赋说，强调国家是在历史发展过程中形成的，不存在抽象的、理性的、利己主义的个人，个人的理性、精神、自由权利并非天赋，而来自社会；不再强调自由

权利的绝对不可侵犯，而更多地从自由权利的实际功用解释个人自由权利的价值。限制国家权力的主张被抛弃，积极的国家观念越来越有市场。到19世纪末20世纪初，国家主义在欧美声浪渐高，即使在号称自由主义祖国的英国，自格林（T. H. Green）开始的新黑格尔主义也强调国家干预，里奇（D. G. Ritchie）、鲍生葵（Bernard Bosanquet）等则深受黑格尔国家理论的影响，有明显将国家神圣化、绝对化的趋向。古典自由主义的消极的国家观念被抛弃，修正的自由主义倡导的积极的国家观念越来越有市场，认为“积极的国家概念不仅不与真正的个人自由原则相矛盾，而且对于实现这个原则还是必不可少的”。[①] 美国向来追随英国，盛行自由主义，但到20世纪初，由于垄断资本过度发达，垄断资本向政治领域深入扩张，政府成为垄断资本的仆人，政治腐败现象加剧，由于贫富差距急剧扩大，劳动阶层的暴力行为增加。在此情形下，要求政府干预市场，进行政治、经济、社会改革的呼声高涨，西奥多·罗斯福的新国家主义应运而生。罗斯福在1910年8月正式提出新国家主义，此后他组建进步党，并于1912年凭借新国家主义的主张赢得总统大选。[②] 罗斯福的新国家主义是当时干涉主义的最新代表，他的这种思想很快就受到希望建构新式政治权力，以推动国家现代化的中国思想界的关注。

需要注意的是，近代中国人国家思想的最重要的思想资源不是英国、法国的自由主义，而是经由日本思想解释的德国思想。德国资本主义发展较英、法晚，当英国、法国资产阶级国家已经建构完成时，德国面临的任务还是实现国家统一，建构民族国家。因此，近代德国国家思想有浓厚的重国家、轻个人的倾向。萨拜因曾指出，个人权利的理念在近代德国人的政治觉悟中所具有的作用，远

---

① 〔英〕霍布豪斯：《自由主义》，商务印书馆1996年版，第67页。

② 关于罗斯福的新国家主义，可以参见李剑鸣《西奥多·罗斯福的新国家主义》，《美国研究》1992年第2期。

较英国人和法国人低；近代德国人对于维护私人判断和个人行动自由以对抗国家的意义，缺乏足够认识；近代德国的政治统一、经济现代化和经济扩张，不像英国、法国那样，由资本主义的自由发展而来，而是在强烈的政治指导下实现的。① 日本近代化以德国为师，而日本又是近代中国接受西方思想的重要中介，德国模式、德国思想通过日本，对中国思想界发生了重要的影响。这种影响主要表现在两个方面。

其一，政治理论上的国家主义倾向，在国家理论上表现为国家有机体论，有广泛的市场。关于国家起源，西方有契约论与自然论，与之相应，关于国家性质有机械说与有机体说。契约论以为，国家非自然而成之物，乃人为保障自我权利而创造的机械。自然论则认为，国家非人所创造，非国民的简单堆积，而是因着人类的社会本性，在历史发展中自然形成的有机体。以伯伦知理为代表的德国学者的国家有机体论对于中国近代思想家有相当大的影响。此种有机体论认为，国家是一个有其自身之目的与意志的人格体，国家有两个目的：第一目的在其自身之利益，第二目的才是国家构成分子即国民个人之利益。当国家利益与个人冲突时，只能牺牲个人利益，不能牺牲国家利益。由国家有机体论，很容易得出这样的看法：个人与国家之关系，犹如手指与身体的关系，“以指与身较，则身重矣……以身与国比，则国尤重于身。无故而断其指者不情，当蛇蛰断腕之时，一指之轻不足顾，行险侥幸，以危其身者不祥；当见危致命之际，一身之践何足矜？保其小而遗其大，曷若保其大而遗其小也？”② 此种思想自清末以来就广泛存在中国知识界。民初的国权主义在国家理论上显然深受国家有机体论影响。国家有机体论者，强调国家作为有机体，不能逃离优胜劣汰这一有机体竞争

---

① 〔美〕萨拜因：《政治学说史》，邓正来译，上海人民出版社 2010 年版，第 336—337 页。

② 《湖南自治论》，《游学译编》第 12 期，光绪二十九年九月十五日。

图存的法则。他们强调国家的对外功能，认为国家非因保障人民权利而起，而因对外竞争而起，是群体对外竞争的工具。梁启超说，国家起于人类竞争图存的斗争，国家间的竞争是人类竞争的最高形式。为着对外竞争的需要，国家不能不先求自身之发达。① 梁启超所谓对于一身、对于世界、对于外族而知有国家，康有为所谓当以列国并立之势治国，都强调国家为对外竞争的工具。梁启超强调放眼世界，认为中国所处为唯大国、强国能图存的帝国主义时代，必须“以国家为本位”，建立所谓“世界的国家”。② 其他诸多主张国家利益优先的人士，也无不从严峻的国际局势立论，认为必先谋国家之自由，方能讲个人之自由。杨度主张金铁主义，即首先从“中国今日所处之世界”论金铁主义之合理性。

其二，就是国家主导现代化的模式。在近代的主要资本主义国家中，德国与日本属于后起的资本主义国家，资本主义先发国家如英国、法国的近代资本主义的发展，在更大的程度上具有自发的特性，而德国、日本的近代化是在外在模式的引导下，由国家权力主导进行的。近代中国思想界颇有人赞同此种模式，希望通过革新政治，构建近代化的政治权力，然后在此政治权力的领导下，有计划地推动国家与社会的发展。因此，他们希望构建所谓强善政府，一方面赋予政府强大的权能，另一方面希望此政府在法律轨道内活动。

重视整体利益，忽视个人权益，认为国家权力可以深入生活的方方面面的思想传统，对于共和政治之下国家权力正当性的乐观态度，使得国人对国家权力缺乏应有的警惕。而紧迫的危机，革命之后恢复秩序的客观需要，摆脱落后局面、实现国家富强的急迫心理，以及积极的国家观念与干涉主义在西方的兴起，德国、日本以国家主导现代化的路径及其“成功”，使得建立强大政府，行干涉主义，成了多数中国政治精英自然而然的选择。

---

① 梁启超：《宪政浅说》，《梁启超全集》第七集，第56—58页。

② 梁启超：《中国立国大方针》，《梁启超全集》第八集，第415—420页。

第七章

民初省制问题争议以及联邦论思潮

在民初共和政治建构中，政治制度的讨论分两大部分，一是中央政制，一是地方政制。中央政制部分，前文已经讨论过，这里我们讨论民初共和政治中地方政制的省制问题。省制问题是民初地方政制问题中的关键，也是民初共和政治中极为复杂、引发争议最多的问题。省制问题给民初的制宪与政治建设带来了诸多困扰，需要专题讨论，故本卷设一专章来讨论。

秦灭六国，一统天下后，郡县制成为主流的地方政制，封建制虽有残留，但已不复为主要的地方政制。自秦而后，历代王朝均取中央集权制度，其地方政制的一个重大缺陷就是缺乏地方自治，这就造成地方政制的三个问题。第一，中央对于地方的控制以军事控制与行政控制为主要手段，当中央力盛时，则地方附从中央，缺乏自主性，形成所谓内重外轻的局面，而一旦中央力微，由于没有地方自治机构制约地方军政长官的权力，地方军政长官个人势力膨胀，形成外重内轻乃至藩镇割据的局面。戴季陶在民初鼓吹联邦制时曾说："中国所以不发达者，正以中央集权思想过深，地方自治观念甚微。而自古及今，一切法制及习惯，皆为绝对之中央集权。中央之力盛，则各地方皆受制于中央之威权，而不敢略有从违；中央之力微，则各地方皆自行其意，而国法遂失其效。何也？地方自治不发达，故中央集权而不能集治，鞭长莫及，尾大不掉，极其弊

也，至于亡国。历观数千年兴衰治乱之迹，非地方分治以召乱，实集权而不能集治以取亡。”① 第二，国家治理能力弱，地方事业难以发达。中国地广民众，区域发展不平衡，各地政情民情复杂，需要发挥地方居民参与地方事务的积极性，完善地方治理，而传统的中央集权体制缺乏地方自治一环，同时受经济、信息传输、技术条件所限，国家治理能力十分有限。所谓地方政治乃以防弊为主，地方官除催科、听讼之外，如教育、产业、救恤、抚绥、桥梁、道路、土木、卫生诸事，一切不问，而民间所谓社仓、乡约、赈灾、慈善等事务，或者寄于官吏，或者操纵于土豪劣绅之手，地方事业废弛，而人民生活日趋退化。② 第三，地方居民无参政渠道，自治能力与政治能力无由发达，无由通过参与地方政治构建其国家认同。

清代集历代中央集权统治之大成，颇注重“内外相维”，在防止地方割据方面颇为成功。但与此前的王朝一样，清代的地方治理之理念以“治民”为基调，地方民众对于地方事务的参与度极其有限，缺乏自治能力与参政能力，缺乏国家认同；其地方治理仍侧重于防弊，积极兴办地方事务的能力与动员社会公众的能力不足。进入近代，为应付民族危机，需要动员国民参与国家事务、参与国际竞争，构建国民的国家认同。为达成此目的，必须开放政权，给国民以参政渠道，必须改革政治，保障权利，实现权利平等。也正是在此背景下，地方政制改革问题与中央政制的改革问题几乎同时引起了人们的关注。还在戊戌时期，先觉之士如黄遵宪、梁启超等人就提出了地方自治的主张。清末新政时期，尤其是预备立宪时期，地方政制问题、中央地方权力关系问题，已成为政治改革中极其重要的议题。

---

① 戴季陶：《省长民选问题》，《民权报》1912 年 11 月 3—5 日。见“中国近代思想家文库”《戴季陶卷》，第 128 页。

② 光昇：《读柏哲士论民族所有政治上之性质并讨究中国人之政治特性》，《中华杂志》第 1 卷第 10 号，1914 年 10 月 1 日。

政治改革欲成功，需要诸多的条件，其中之一就是改革的领导者应有相当的权威。当清廷在内忧外患的逼迫下启动政治改革之时，中央地方权力格局已经发生重大变化，经历镇压太平天国与捻军、洋务运动、庚子事变等一系列事件，督抚权重已然成为现实，督抚已具备“几等封建诸侯之权”，① 在国家政治决策中也具备越来越大的发言权，一些重要督抚的声望甚至高于军机大臣，颇为时论所重。一系列对外战争失败，反复割地赔款，本就刺激人心，而面对国内的政治改革呼声，朝廷反应迟钝，保守派更力阻变革，日益引发新式知识精英、政治精英与商业精英的不满情绪，激进者更走向暴力革命之途，排满革命遂成思潮。可以说，当清廷启动政治改革时，朝廷威信、威权已经急剧下坠。为推动改革，清廷乃效法明治维新的“开明专制”，以整备行政机关、重建中央集权为改革的入手之方，但这又引发了种种问题。在国会尚未召开、责任内阁尚未成立、新的中央威权的合法性尚未建立的情况下，清政府强推种种集权措施，“伸其冥顽不灵之爪牙于四方”，② 欲削夺督抚权力，将权力集中于中央，同时又对各省筹备立宪工作严加督促，责令限期完成种种繁重的筹备立宪工作，引起督抚的强烈反弹，不少督抚渐次成为立宪派的政治盟友，这在国会请愿活动中表现得尤为明显。作为向统治者争取政治权力的政治力量，立宪派要求在中央开国会，建立责任内阁，建立各级地方议会，实行地方自治，尤其要求建立省议会，实行省自治，反对清政府的中央集权政策。同时，在反满革命已成思潮的背景下，朝廷的中央集权措施其实也暗含着满族亲贵集团对于汉族官僚的不信任，不可避免地会被反满人士解读为集权于满洲亲贵，中央地方权力之争被解读为满汉之争。在此情形下，清政府调整中央地方权力关系，确立新的外官制的努

---

① 宣樊：《政治之因果关系论》，《东方杂志》第 7 年第 12 期，1911 年 1 月 24 日，宣统二年十二月二十五日。

② 长舆：《论中央地方之权限及省议会之必要与其性质》，《国风报》第 1 年第 32 号，宣统二年十一月二十一日。

力，一直没有获得令其满意的结果，就不难理解了。

辛亥鼎革后，旧的中央权威已然崩溃，中国的政治精英在重建政治秩序的过程中，在处理中央地方权力关系问题上，尤其是省制问题上，并不成功，没有及时建立起合理的中央地方权力关系，遂造成此后十多年间的军阀混战局面。其中的原因相当复杂，大略地说，主要有三个方面。其一，领导辛亥革命的中国同盟会不是一个坚强的、行动一致的有战斗力的革命组织，也未能建立强大的统一的革命武力。革命是以一省首义、各地响应的形式开展的。响应起义的，既有革命党领导的革命力量，也有立宪派主导的政治力量，还有清朝地方军政官员主导的政治力量，因此革命之后，难以将各地革命力量统合起来。同时，除革命力量控制的区域之外，还有清政府及以袁世凯为首的北洋势力控制的广大区域。革命之结束是通过南北和谈实现的，故革命党人控制的区域有限，未能实现革命力量对于全国的控制，国家有分离的趋势。其二，清末以来地方尤其省的势力崛起，地方意识发生并且蔓延，以及清末编练新军过程中存在的种种问题，使民国初年重建中央地方权力关系的努力面临种种现实的困难。其三，不可否认的是，在重建政治秩序的过程中，民初各派政治势力，过于偏重各自政治派别的政治利益，未能从国家政治秩序重构的远大目标出发，就中央地方权力关系与地方政制问题进行理性的思考与平和的商榷。民国建立伊始，中央地方关系问题尤其是省制问题就被提出来，成为民国元年、二年间争论最为热烈的问题之一。其后，袁世凯解散国会，实行集权统治，思想界乃以联邦论对抗袁世凯的专制集权措施。袁世凯倒台后，1916 年国会重开，再议宪法时，地方制度是否入宪再度成为国会内争论最为激烈的问题，导致制宪工作再次延搁。其后经历府院之争与张勋复辟，护法运动兴起，国家陷入军阀割据混战的境地。此后，联省自治运动兴起，善良的人们希望通过联省自治结束军阀混战，并确立共和宪政，但未能如愿。此后，国民革命兴起，中国国民党凭借革命的武力才算基本实现国家的统一，但仍然存在地方割据势力。

辛亥革命后，重建中央地方权力关系问题的核心在省制问题，时人对此问题的处理持续时间很长，涉及的问题也很多，但并不成功。本章主要讨论民国元年、二年间思想界、政治界围绕省制问题的争议。

一　南京临时政府成立前后联邦论的突起突落

武昌起义后，各省纷纷响应，以“独立”的形式宣布脱离清廷。不少“独立”省份制定了自己的约法，组织军政府，一些地方组织了临时省议会。比如湖北有《中华民国鄂军政府改订暂行条例》（后来又起草了《中华民国鄂州临时约法草案》），上海有《沪军都督府条例》，江苏有《江苏临时议会章程》《中华民国江苏军政府临时约法》，四川有《蜀军政府政纲》，浙江有《浙江军政府临时约法》，江西有《江西省临时约法》，贵州有《贵州军政府组织大纲》以及《贵州立法院拟定宪法大纲》，广西有《广西军政府临时约法》。这些文件都可称作地方性宪法，约定地方军政府权力运作方式。独立各省之制度安排大多采三权分立之制，均有省级议会，省政府分设各司，其制度安排俨然独立国家组织，“以军事而论，则参谋部、军务部无所不备，以行政机关而论，则外交司、会计检查院无所不有”。① 各省的独立，不只是名义上的独立，而是在军事、财政、地方制度上，各为其是，形成了各省实际“独立”的局面，“起义各省，各治其兵，各立其政，俨然独立国家”。② 不仅如此，对于未来国家之组织，独立各省中也颇有主张实行联邦制者。贵州临时军政府在晓谕全省文中希望“组成联邦民国，以达共和立宪之望”。③《贵州立法

① 《裁汰冗员论》，《民国汇报》第2期，1913年2月5日。

② 陈茹玄：《中国宪法史》，世界书局1947年增订版，第137页。

③ 《中华民国开国五十年文献·各省光复》（中），正中书局1962年版，第220页。

院拟定宪法大纲》更明确说：“统观中国领土之大，就现在独立情形推定，将来必为一联邦国。其关于联合上之宪法，为共定宪法；至各省自治之宪法，则为特定宪法。宪法为各项法律之所出，虽共定宪法，尚待联邦会商，而特定宪法，势不可缓。”该“宪法大纲”明确体现了联邦制之精神，它规定立法院分上下两院，下院选举取比例人口主义，上院选举则取地域代表主义；对于邻省，则直称“邻邦”。[①]《中华民国鄂州临时约法草案》规定都督由人民公举，又规定中华民国完全成立后，“鄂州临时约法”即取消，应从中华民国宪法之规定，但鄂州人民关于鄂州统治之域内，得从中华民国之承认，自定鄂州宪法，曲折地表达了以联邦制为未来国家政制的意思。[②] 山东宣布独立时，曾提八条政纲，要求“宪法须注明中国为联邦政体”，“以咨议局章程为本省宪法，得自由改定之”，要求山东有自定官制、地方税之权和“练兵保卫地方之自由”。[③]

独立各省希望建立联邦制国家是不难理解的。清末以来，省在国家政治生活中的地位日渐凸显，地方自主意识逐渐加强，尤其是各省咨议局的设立，各省新式政治精英渐欲以咨议局为省议会，欲借此实现省自治。而清政府力谋中央集权的种种举措，更加剧了地方督抚与地方精英的分离倾向，“督抚与中央情意分立”[④]，地方精英要求省自治，扩大地方自主权，反对中央集权。当革命军起，各省通过“独立”获得相当的自主权时，各省都督、各省临时议会，自然欲借机保持其既得的政治权力。在此情形下，联邦制就是顺理成章的选择，欲统合实际独立的各省，建立新的中央政府，就不能

---

① 《贵州立法院拟定宪法大纲》，《贵州辛亥革命资料选编》，贵州人民出版社1981年版，第16—18页。

② 《中华民国鄂州临时约法草案》，载《近代中国宪政历程：史料荟萃》，第609—612页。

③ 孙宝琦：《发内阁资政院袁宫太保各省督抚电》，载山东史学会济南分会编《山东近代史资料》第二分册，山东人民出版社1958年版，第72页。

④ 宣樊：《政治之因果关系论》，《东方杂志》第7年第12期，1911年1月24日。

回避各省独立的现实以及已然兴起的联邦论思潮。各方在争夺组织新的中央政府的主动权时，大多有意识地顺应此种现实与思潮。湖北都督黎元洪通电全国，要求“建立联邦国家，作为对外之交涉”。浙江都督汤寿潜、江苏都督程德全致电沪督陈其美，要求开各省联合会时，也表示：“美利坚合众国之制，当为吾国他日之规模。”① 当时在欧洲活动的孙中山，在几次谈到新国家的政制时，也都主张中央政府应当取联邦制。他说，中国幅员辽阔，各地民情风俗不一，“似此情势，于政治上万不宜于中央集权，倘用北美联邦制度实最相宜。每省对于内政各有其完全自由，各负其整理统御之责；但于各省上建设一中央政府，专管军事、外交、财政，则气息自联贯矣”，同时各省行政长官应当由民选。② 可以说当时确有建立联邦制国家的机会与可能。也正因为如此，南京临时政府

---

① 胡春惠：《民初的地方主义与联省自治》，正中书局1983年版，第47页。

② 孙中山：《在欧洲的演说》（1911年11月中下旬），《孙中山全集》第1卷，第560页；《与巴黎〈巴黎日报〉记者的谈话》（1911年11月21日至23日），《孙中山全集》第1卷，第562页。孙中山一直有联邦制设想。1897年8月，他提出可通过联邦制避免革命带来的长期战乱：“今欲求避祸之道，惟有行此迅雷不及掩耳之革命之一法；而与革命同行者，又必在使英雄各充其野心。充其野心之方法，唯作联邦于共和之名之下，其夙著声望者使为一部之长，以尽其材，然后建中央政府以贺（驾）驭之，而作联邦之枢纽。方今公理大明，吾既实行此主义，必不至如前此野蛮割据之纷扰，绵延数纪，而枭雄有非分之希望，以乘机窃发，殃及无辜。”［《与宫崎寅藏平山周的谈话》（1897年8月下旬），《孙中山全集》第1卷，第173页］1897年8月，他又说，若担心革命引发欧洲列强的干预，可以采取各省先分立为自主之国，各请欧洲一国为保护，以分化欧洲列强，然后再谋独立各省之联合［《与宫崎滔天笔谈》（1897年8月），《孙中山全集》第1卷，第181—182页］。1901年，孙中山曾致函香港总督卜力，提出以各省自立自治，建立联邦的形式，开展中国的政治革命（《致港督卜力书》，《孙中山全集》第1卷，第193页）。可见，他的联邦制主张主要为革命方便，属政治策略。其“革命方略”主张在军法之治时期与约法之治时期实行中央集权（李剑农：《戊戌以后三十年中国政治史》，中华书局1980年版，第159页）。孙中山的联邦制设想，在一部分革命党人中有一定的影响。冯自由曾说：“共和政治也，联邦政体也，非吾党日以为建设新中国无上之宗旨乎？”（自由：《民生主义与中国政治革命之前途》，《民报》第4号）

“殆有联邦政府之观”。① 其立法机构是由各省都督府推派的参议员组成的临时参议院，临时参议院的表决权也是基于地方代表主义，每省有两个投票权，临时政府实际上是建立在各省联合的基础之上的。孙中山在就任中华民国临时大总统之职的宣言中也明确承认：“国家幅员辽阔，各省自有其风气所宜。前此清廷强以中央集权之法行之，遂其伪立宪之术。今者各省联合，互谋自治，此后行政期于中央政府与各省之关系，调剂得宜。”② 虽然临时政府成立后不久，“联邦论遂阒然无闻”，③ 但余风所及，仍然有人主张联邦制。比如，1912 年 2 月，以伍廷芳为会长、王宠惠为副会长的国民共进会发布《共和联邦折中制商榷书》，在分析美国式的联邦制与法国式的郡县制（即中央集权制度）的利弊之后，提出了所谓折中制的主张。关于立法，该商榷书主张，全国宪法各州（地方最高行政层级，该组织称为州，并称“州之名义，非邦非省，于折中制最为相宜”）一体遵守。各州可自定约法（如鄂州约法之类）以规定本州之组织，但不得与国宪抵触。全国法律，均由中央议会规定，但习惯法为法律所认许者，及其他单行法、特别法规或章程等，不在此限。关于行政，该商榷书主张宪法对于中央行政事务取列举主义，对于各州行政事务，取概括主义，不得彼此侵越，但某州行政有不合中央政策时，得由中央议会或大总统提出议案，经由中央议会通过决议加以整理。中央行政长官，对于议会各负责任，对于其所管行政部分，联合各州开一各部行政统一会。关于司法，该商榷书主张法院编制全国划一，最高法院设于中央，并得因司法区域，于二州或三州间设一分院。关于行政官吏之任用，该商榷书主张各州州长由本州人民按照选举法，每票选举二人，一本州，一他州，由大总统择其一任命之。中央行政官吏由大总统任命，唯各

① 伧父：《中华民国之前途》，《东方杂志》第 8 卷第 10 号，1912 年 4 月 1 日。

② 孙中山：《临时大总统宣言书》（1912 年 1 月 1 日），《孙中山全集》第 2 卷，第 2 页。

③ 李大钊：《省制与宪法》，《宪法公言》第 4 期，1916 年 11 月 9 日。

部行政长官须得上议院同意。各州行政官吏由州长任命，上级官吏须得州议会之同意。关于各州行政区域，该商榷书主张废府存县，各县直接于州长；每县之中，分若干乡，各乡纯为自治团体。关于军事，该商榷书主张根据需要并三州或五州为一陆军区域，每区设一军统，总括本军区之军队，其军统由军事协会推举，总统任命之。海军舰队总司令官亦由军事协会推举，总统任命之。陆军军统及海军总司令官，对于军事上，应听总统之指挥，但对于调遣，须得中央议会之同意。可以看出，该会之主张实行联邦制，相比于美国的联邦制，其折中之处在于：其一，各州州长之产生，结合民选与简任，以便于中央控制各州；其二，中央政府与中央议会可以纠正各州违背中央法令、政策之行政行为，以收行政统一之效；其三，中央政制不是纯粹的总统制，要求中央行政长官对于议会负责，该会认为，这一方面可以纠正美国三权分立之弊，另一方面因为各部行政长官对所管行政事务各负其责，可以保证总统不卷入政潮。[①] 留学英国的罗鸿年曾在《民立报》发表《共和宪法意见书》，主张中国采联邦制，不过，他认为美国式的联邦制不适合中国，因为中国需要举国一致的政策，且国民政治阅历尚浅，省界观念颇深，各省发展又不平衡，对于中央权力不宜过于限制，中央权力应取概括主义，各省权力应取列举主义；同时，为了使中央政府能有一致的政策，中央政制应取内阁制，而不取总统制。[②] 他试图一方面适应当时各省实际独立的现状，所以主张联邦制；另一方面又试图谋求中央的适当集权。

大体上说，南京临时政府成立前后，确实存在联邦制思潮。当时有影响力的政治人物中只有梁启超明确反对联邦制并有系统的论述，康有为也明确反对联邦制，但他当时没有系统的阐述。其时，

---

① 《国民共进会共和联邦折中制商榷书》，原载1912年2月26—28日《大公报》，见《东方杂志》第8卷第11号，1912年5月1日。

② 罗鸿年：《共和宪法意见书》，《民立报》1912年3月7日。

联邦制与单一制并未形成正面的论争，主张联邦制者也没有系统阐述其主张联邦制的理由。时人如梁启超、王印川以及国民共进会的伍廷芳、王宠惠等都曾总结联邦制论者与单一制论者各自的意见。这些总结虽只是总结者本人的概括，而非双方正面论争中表述的意见，但颇能表现主张联邦制与主张单一制人士的见解。根据时人的概括，联邦制论者与单一制论者的意见分歧如次。

第一，就现实情形而言，联邦制论者认为，中国各省类似美国各州，南文北野，各成风气，且起义以来，各省独立，自举都督，自定约法，俨成一国，取联邦制，因而仍之，势顺而易。而单一制论者则认为，中国向重一统，长期实行中央集权之制，缺乏联邦制的传统，各省行政长官向由中央任命，民情风俗虽稍有不同，但政教要无大异，与美国州长民选，各州自为风气，情形不同；今各省虽多独立，然已受临时政府之命，且各省临时约法也都声明，国家宪法成立后，省约法可以取消。总之，中国有实行单一制的传统与现实条件，若违背传统而取联邦制，则各省独立倾向将益加明显，恐致国家分崩离析。

第二，从地方治理的角度看，联邦制论者认为，中国幅员辽阔，交通梗阻，中央统治鞭长莫及，难以治理，若取联邦制，利用国人的桑梓之念以及地方人士人地相习的优势，以本省之人施本省之政，则痛痒攸关，利害了然，可以治无不举。而主张单一制的人士则认为，交通梗阻，可以梳理，若畏其难于统治而听之，则统一之国家、强有力之政府永不可得；若谓地方人士桑梓情重，利害攸关，对于地方政务能勇于任事，那么地方政务对于中央政府来说，也是利害所关，以为单一制下，地方政务会因为其与中央政府利害相远的说法，其见解“未免狭隘”。同时，中国政治人才本就匮乏，若集中少数政治人才于中央，则足以敷用而能为治；若分其才于中央与地方，则中央与地方之人才皆不敷用。

第三，从区域发展看，主张联邦制的人士认为，“取联邦制，使各省竞争，互相激励，进步自速”，也就是说，联邦制可以建构

省区竞争机制，推动地方发展。而主张单一制的人士则认为，中国本存在地域发展不平衡的问题，边远省份之政费与发展所需资金，亟须发达省份之挹注，若行单一制，实行中央集权，则中央可调剂各省人才与财力，解决发展不平衡问题；若析为联邦，各省发展不平衡的问题不但不能解决，且会加剧，而此种发展不平衡会造成离心倾向，分裂国家于无形。

第四，从国家发展看，联邦制论者认为，中国有深厚的专制传统，现虽脱专制而为共和，但官僚政治之积弊难以扫荡，行单一制与中央集权之制，则野心家将利用官僚政治之积弊与国民政治意识淡薄的弱点，恢复专制，法国革命后反复出现帝制复辟，重要原因就是法国革命后行中央集权之制。若行联邦制，则列邦与联邦互相维系，权限既分，共和之基础日益巩固，即使事变纷乘，中央间有动摇，而各省屹然特立，绝不受其影响，可以利用列邦的力量制衡中央的专制势力。同时，实行联邦制，使省自为治，各省人民可得参政机会，得普及政治之知识，练习政治之能力；自治之范围既广，中央政府受制于联邦体制，其蹂躏国民自由权利较集权体制要难。如果说主张联邦制的人士主要从消极防弊的角度看问题的话，那么主张单一制的人士则主要从积极兴利的角度看待问题。他们认为，当今世界竞争激烈，列强都在强化中央权力与国家的统合能力以应对国际竞争，甚至素行联邦制的美国也出现了罗斯福的新国家主义，欲排除联邦制之弊端，实现国家的高度整合。面对“列强并峙，各国方挟其统一之民族、强固之国家，龙拿虎斗，皆以我为机上肉而思操刀一割”的严峻国际形势，面对列强加强国家统治能力，强化政府权力的世界潮流，中国“苟非得强有力之中央政府，国无道以图存也”。为此，必须建立单一制国家，实行中央集权之制，如违背世界潮流，实行联邦制，则会造成国家分裂与政府权能的下降，断不能适应当前国际竞争之需要，“是恐死亡之不速，又从而自杀也”。至于发达人民政治能力，保障人民自由权利，则联邦制并不优于单一制，英国、法国

并非联邦，而其人民政治能力之发达，自由权利之保障，并不逊色于实行联邦制的美国。且国民之自由权利亦何尝不赖乎中央之政府，使取联邦制而致国家不能巩固，失其对抗外国之能力，人民之自由权利何在？至于野心家复辟专制之危险，主张单一制的人士在此时尚未正面回应。

第五，从边疆治理与控制的角度看，联邦制论者认为，中国边疆与内地风俗教化不一，发展程度不同，存在较大差异，而革命以来，蒙古、新疆、西藏渐有分离趋势，如实行联邦制，则可以容纳此种差异，实现边疆与内地政治上之平等，使其不致分离而沦入他国。若不顾实际情形，对边疆强行中央干涉，“名为中央集权，实则内外睽隔，百务废弛”。“蒙古西藏，虽隶图籍，一切羁縻，实与列邦无异，中央政府之实力初不能达，放弃委任，理所不能，强行干涉，势又不可”，实陷入两难境地。主张单一制的人士对于革命之后的边疆形势忧虑甚深，认为实行联邦制的必要前提是中央对于各邦有实际的控制力，若缺乏此种能力，则各邦将分裂而去，国家将处于分裂状态之下。中央对蒙古、新疆、西藏的控制能力本较内地为弱，若实行联邦制，则面对英国、俄国的觊觎，这些地区将“破壁飞去，化为人有”，等于主动放弃中国对于这些地域的主权。①

南京临时政府成立前后联邦论思潮的出现，实由于社会心理普遍厌恶清末的中央集权措施，同时也是因为当时各省独立的局面而起，主张联邦制的各方，虽提出种种意见，但本质上是策略的考虑，并非对于联邦制的理论与实行联邦制的利弊有深入的研究，对于联邦制也没有坚定不移的认识。在独立各省，无论是都督还是省临时议会，都想保存既有权力；在有资格组织新的中央政府的各

---

① 梁启超：《新中国建设问题》（此文的写作时间，据《梁启超年谱长编》称为辛亥年九十月间），《梁启超全集》第八集，第335—336页；《国民共进会共和联邦折中制商榷书》，《大公报》1912年2月26—28日；空海（王印川）：《中华民国制定新宪法之先决问题》，《民立报》1912年1月25日、27日，1912年2月7日。

方，如以黎元洪为代表的武昌集团、以张謇等为代表的江浙集团、以孙中山为代表的同盟会主流派，若顺应各省的自治要求，就能在争夺组建新政府的主导权的过程中，得到各省的拥护。可以说，在欲争取主导中央政府组建的政治势力那里，联邦制是一个工具。到临时政府建立，此工具自然可以根据事势与社会心理之变化而酌情处置，是不必固守的。

到南北议和告成，清帝逊位之后，社会心理突变，实现统一与中央集权，限制都督权力，又成为一时思潮。人们认为，清帝逊位，扫荡专制的任务业已完成，共和民国的最大威胁已经解除，民国基业已然确立，剩下的就是建设问题；又认为，因为外在局势的影响与国际资本竞争的压力，中国之建设不能走自由资本主义的发展道路，需要强大而有效能的中央政府的领导。于是，联邦制被认为有碍于强有力政府的建立而被抛弃。故清帝逊位之后，联邦论迅速为中央集权论代替，深受“大一统”思想熏陶的知识分子，鉴于几十年以来国家主权备受侵蚀，国家地位沦落，人民因之备受歧视、欺凌的历史，目睹革命以来各省都督专权跋扈，中央政府毫无权威，无力应付局面，国家日趋分散的现状，乃纷纷高唱强有力政府论与中央集权论。“非特进步、民主、共和诸党同倡中央集权主义，即素以民党自命之国民党，其大多数亦莫不晓然于为国乃为民之意，而欣然和之。”① 一时“集权之声直成一般舆论”，② 而“强有力政府”五字“几如天经地义之不可侵犯”，成为“最有势力之舆论”③。与此同时，联邦制则被看作异端邪说。高一涵说，民国建立后，除少数人公开主张联邦制外，“大多数

---

① 曼公：《大一统论》，《新中华》第1卷第1号，1915年10月1日。当时成立的各政团如国民协会、共和统一会、统一共和党、中华共和促进会、国民共进会、共和党、民主党等无不揭举统一、中央集权、国权主义、强固政府的旗号，以号召于社会、扩大影响。参见《北洋军阀》第1册有关民初政党的资料。

② 洗心：《社会新心理之箴勉》，《独立周报》第13期，1912年12月15日。

③ 徐傅霖：《强有力政府之效果》，《正谊》第1卷第8号，1915年5月15日。

人大概都是一听见联邦论，即以为是异端邪说的。所以稳健的学者和与政党有关系的政论家，都绝口不谈联邦制，就是想采取联邦制之实，也没有不郑重声明，避免联邦之名的。”“主张单一制的人以为单一制是天经地义，如果有人主张联邦制，即为大逆不道。”① 不但如此，人们亦讳言地方分权，高一涵在《联邦建国论》中提到，吕复在1922年的宪法会议上曾说：“当民国二年袁政府时代，国内讳言分权，有言之者，闻者谈虎色变，目为破坏统一。”② 这是实情。

在中央集权论与强有力政府论高唱入云的时候，欲维持自身权力的各省都督，亦不敢倡导联邦制，个别都督如同盟会的李烈钧、胡汉民欲倡联邦制，以限制中央集权与袁世凯权力的膨胀，也不敢用联邦制之名，而是用“有限制的中央集权论”之类的说辞。说到民国元年联邦论的迅速消退，章士钊在1914年提倡联邦制的时候说：“平心论之，革命之业，发于诸省，诸省独立，已如北美群州。在都督军事者，岂不乐就联邦，为拥权自恣之便，而顾不敢发。盖当时东瀛承学之士，旧朝习政之夫，倡言统一为中华唯一必采之途，反此即为不韪，闻者和之，习为一谈。舆论专制之势已成，自由讨论之风莫起，强顽者有所惮，自好者亦默尔而息。探厥真因，则由未辨联邦之道，以为联邦果徒便私图，而无裨国计，以为联邦惟革命党人受其赐，非革命党人皆受其殃。前派以此自疑而不敢言，后派以此自励而张其讨伐。”③ 此评颇中的。

联邦制方案被抛弃后，如何处理中央地方关系，尤其是如何处理都督与省制问题，仍然是一个极为棘手的问题。各方围绕中央地方权力关系的调整，尤其是省制问题，进行了激烈的争论。

---

① 高一涵：《联邦建国论》，《东方杂志》第22卷第1号，1925年10月10日。
② 高一涵：《联邦建国论》，《东方杂志》第22卷第1号，1925年10月10日。
③ 秋桐：《联邦论》，《甲寅》第1卷第4号，1914年11月10日。

二　民国元年、二年间政治格局与各派之政略

要理解民国元年、二年间的中国思想，需先了解此期的中国政治格局。从孙中山让位袁世凯以后的政治势力版图看，袁世凯掌握着中央政权，控制着北方各省军政实权，北方各省都督大多附从袁世凯；副总统黎元洪以首义功臣兼湖北都督，控制湖北，他在政治立场上比较倾向袁世凯，但又与同盟会—国民党有相当的联系，是同盟会—国民党竭力争取的对象；同盟会—国民党控制江西、广东、湖南、安徽四省军政实权，同时与江苏都督程德全关系密切，其他南方都督大体在袁世凯与同盟会—国民党之间持比较中立的立场；云南都督蔡锷则亲近原立宪派。① 从政党格局看，同盟会自革命党改为政党，进行公开的政治活动后，势力迅速扩充，到 1912 年 8 月，又联合统一共和党等五党改组为国民党，为当时第一大政党，以湘、赣、粤、桂、滇、秦、晋等省为大本营。由部分原革命派以及原立宪派组成的共和党，其势力仅次于国民党，为第二大政党，以鄂、闽、苏、黔诸省为大本营。以原宪友会为主干的民主党，成分比较纯正，但势力不如国民党、共和党，居于两大党之后，为第三大政党，是国民党、共和党两党争取的对象。但其总体政治倾向是支持中央集权，主张国家主义与强有力政府，与共和党较为接近，故后来与共和党合并为进步党。

袁世凯一派的政治势力，缺乏政党运作的知识与经验，没有组织起自己的政党，只能通过政治手腕以金钱或者官位收买政党之成员。首先被袁世凯收买的是统一党，该党自王赓（揖唐）、王印川

---

① 关于各省政治格局，可以参见《中华民国史》第二编第一卷（上）第一章第三节“各省政情与南北对峙的政治形势”，中华书局 1987 年版。

主持党务后，变为袁世凯派之正系，以拥护袁世凯为唯一宗旨，时人批评该党之结合所依赖并非政治见解，而是势力与金钱。① 其时，同盟会—国民党在临时参议院占据多数，又在国会选举中获胜，成为正式国会的第一大党。也就是说，袁世凯虽掌握中央政府与北方各省军政实权，但在国会并无可靠的政党可为操控之具，而民国既已建立，从法理上说，政党、议会是政治运作必不可少的凭借，在此情形下，袁世凯只能运用金钱与势力，以政治手腕去操纵政党与议会，同时借手中的军政实力对议会与政党施加影响，使从己意。而同盟会—国民党不仅控制南方四省，占据着国会的多数，而且在诸多省份中因其党务的扩展而能发生相当的政治影响，此派政治势力虽具备一些政党运作与议会活动的知识，但面对袁世凯的军政实力及其以金钱、武力操纵政党与议会，不得不借助其所控制的军政实力以为抵制之策。可以说，袁世凯一派与同盟会—国民党是两大彼此猜忌、“绝对不相容”的政治势力②，都存在违背政党政治、议会政治游戏规则的趋向，也因此被立宪派称为民国政治格局中的“特别势力”。

同盟会—国民党对袁世凯疑忌甚深。1913 年 6 月，黄远庸曾批评国民党一年多来的政治方针与策略，专从对付袁世凯个人入手，而不肯从国家建设大局、政党自身发展之远大方略出发，来规划自己的政治方案，实施自己的政治策略。③ 与黄远庸的批评类似，署名“孤翔”者在《雅言》杂志上批评道：“当国民党全盛之时也，对于立法之主张，皆以袁氏为前提，以谓但能以宪法之规定而限制袁氏之行动，则于愿已偿，至于国家根本当如何郑重出之，庶足以树百年之计，未尝一计及之。所谓地方分权也，联邦制也，二重政府也，凡斯类者，彼岂豪（毫）不自觉其谬，悍然主张而

① 天复：《波谲云诡之政局谈》，《民国丛报》第 1 卷第 4 号，1913 年。

② 思农：《对于三大势力之警告》，《论衡》1913 年 6 月 7 日。

③ 思农：《对于三大势力之警告》，《论衡》1913 年 6 月 7 日。

不顾者，亦曰将藉以防袁氏，他非所问也。”① 此类批评，虽不乏党派之见，但也颇道出民元、民二年间同盟会—国民党政略的重点所在。《临时约法》所设计的政制就有浓厚的对人立法的意味。同盟会—国民党主张政党内阁是为架空袁世凯；其主张地方分权与省自治，主张省长民选、反对总统有解散省议会之权，是试图以地方制约中央。这种对人设计政治方案的取向，使同盟会—国民党的一些政治主张违背了政制常轨，遭到舆论批评，被看作徒谋一党之私利，罔顾政理与国家大局。本来，趁革命形势发展，同盟会可以乘机发展壮大，获得社会的广泛支持，牢固地掌握政权。但革命党一则实力有限，未能有效地控制北方各省，二则担心革命战争迁延时日，引发长期的动荡与外国干涉，故革命党内急于实行和平的声浪高涨，结果革命以南北和谈的方式结束。这就造成南北对峙的政治格局。同时，同盟会的政治领袖毕竟缺乏实际执政经验，党内又不乏激烈分子，党的领袖对于各地革命党人的控制力有限，故在南京临时政府时期，一些同盟会员的举动不无过分之处，有为丛驱雀之举，导致支持革命的原立宪派分子转而支持袁世凯。二次革命之后，章士钊曾批评同盟会，说它不懂“政力向背之道”：“夫以数千年之古国，一旦以共和之义，来相号召，旧势力之不能尽倒，童子可以知之。而民党设心，必以尽倒为期，此其根本大误。发点既谬，综其所为，悉背于反敌为友之方，而并力于为丛驱爵之举。”“十三省代表集于汉口，议创临时政府，其中多昔日主持立宪之徒，遂大为革命党人所龄龁，鸟兽散去。实则此诸人者，为执役民军而来。亡友黄可权，高才笃实之君子也，亦与于是役。当其倡言君主立宪之时，确信以为非此不足以救国，及其赞助共和政治之日，亦确信以为非此不足以救国，主义因时变迁，果何害其为君子？而以为党人丑诋，不得行其意，至沪呕血而死。”其后唐绍仪南下和谈，随行者固有居心叵测之徒，但多为一时之选，“俱以昔

① 孤翔：《政制抗议》，《雅言》第4期，1914年2月。

日党见未同，接洽未遑，即欲寻仇以白刃，致彼仓皇投止，狼狈北归”。“保皇党者，乃过去之名词，当事者以欲张其鼓吹革命之功，乃日寻敌党之宿慝，以相媒孽，仇杀之事，且见于广东。”如此等等，结果离心力大增，造成社会对革命党人的厌恶。① 南京临时政府时期，同盟会执政的一些瑕疵被敌对的政治势力有意放大，成为攻击同盟会的借口。当南京临时政府结束时，《时报》评论称，南京临时政府，“数月以来，各部之举动多有逾越范围者”，比如财政部向华俄道胜银行借债，居然以全国之赋税作抵押；内务部颁布报律，居然不经过参议院；司法次长竟然欲以“本朝”二字逮捕湖北参议员。② 这使本就排斥革命，鄙视革命分子为社会下流人物，而以稳健自居的原立宪派，在民国建立之后不久，大部分转向支持袁世凯。不但如此，当革命党欲发动第二次革命时，原立宪派人士以同盟会在掌握政权时的表现为词，说以革命党人掌握政权时之表现，他们不能对革命成功之后的政治发展抱希望。一位叫作戴正诚的进步党人即称，革命党人鼓动第三次革命，面临的一个重大问题就是“人心不附”：政府举措失宜，无可讳言，然政府之罪恶，说诸革命党之口，其罪恶反若可减轻。又称，“盖革党行动乖谬，早失其言论之价值，此虽革党之不幸，而政府得乘革党之不幸，敢于内行若干罪恶，此乃国家之大不幸”。革命党在清末鼓吹革命，乘清政不纲、人心望治之势，以种族关系激动国民感情，“且其时诸君未登舞台，人皆以士君子相待，嘱望颇殷，故义兵一呼，天下景从；今则诸君政治伎俩，众已拜见，不过尔尔，失望之余，尚望其借诸君之手以谋改良进步耶”。③

袁世凯对于同盟会—国民党也疑忌甚深。黄远庸即批评袁世凯

① 秋桐：《政力向背论》，《甲寅》第 1 卷第 3 号，1914 年 7 月 10 日。

② 《评南京政府》，《时报》1912 年 3 月 9 日。

③ 戴正诚：《忠告谋第三次革命者》，《说报》第 13、14 期合刊，1914 年 8 月 20 日。

自上台以后，其政治方针几乎一切皆以同盟会—国民党为对手，一切举措均以消减乃至消灭国民党为目的。① 同盟会要求定都南京，袁世凯即处处设障，乃至策动军队哗变，以遂其定都北京之谋；同盟会—国民党要求组织政党内阁，他则声称但论才与不才，不论党与不党，要组织人才内阁与超然内阁；他以独揽大权为乐，要求国务总理只是仰承意旨、苟保禄位的官僚，结果国务院实权尽为其剥夺，所谓责任内阁制有名无实，变成了实际的总统制。同盟会—国民党主张地方分权与省自治，他则实施都督简任，极力推动军民分治，坚持省行政长官简任，乃至欲确定虚省三级地方制度，取消省议会，取消省自治资格。对于同盟会—国民党在南方的军政实力，他虽有忌惮，但无日不图消灭之。袁世凯久历宦海，有政治能力，有政治手段，但是如黄远庸所称，他“智识不能与新社会相接”，“公心太少而自扶植势力之意太多”。在知识层面，他知识陈旧，对于近代政治运作尤其是政党运作几乎一窍不通。在政治理念上，他缺乏近代政治理念，习惯以传统的官僚政治手腕去处理选举政治下的行政与立法之关系、中央与地方之关系。他迷信权力与金钱，欲以金钱、权力牢笼天下人物为其奔走，并对此深信不疑，“以为天下之人，殆无有不能以官和钱收买者，故其最得意之政策，在笼人以勋位，以上将、中将、少将种种，其他或以顾问，或以赠与，或以其他可以得钱之种种”。在治国理念上，他蔑视法律，视法律为无物，面对同盟会设置的种种法律束缚，他能“指天画地，念念有词，周身绳索蜿蜒尽解”，简直是“遁甲术专门之袁总统”。他不相信可以法律规范政治权力运作，也不相信对立的政治势力会遵从法律，他坚信控制官员、控制各省的最实用的办法不是法律，而是任免官吏之权，是权势和金钱。在省制问题上，他坚持地方行政长官必须由中央简任，深信地方官吏不由中央任命，则中央尊严皆失，中央政府形同虚设，不相信地方议会能有效监督地方长官，

① 思农：《对于三大势力之警告》，《论衡》第3号，1913年6月7日。

就如同不认为中央议会可以监督大总统一样。他不遵从选举结果，不尊重议会，虽在舆论压力下几次下发不许地方军政长官对各级议会之议事活动横加干涉的命令，但这些都是官样文章，其实正是袁世凯的默许乃至挑唆，才造成民初武人干政之风盛行。总之，当时的中国处于政治转型期，需要一个有手腕且有新式政治理念的大政治家掌舵，而正当其时的袁世凯却不是这样的政治人物，他是一个有手腕有实力，但是无新式政治理念的政治人物。而另一个声望颇高的政治家孙中山，虽有远大的政治理想，颇富新式政治思想，但缺乏政治手腕，也缺乏足够的政治实力。久受传统官场风气与政治逻辑熏染的袁世凯，可以维持现状，但不足担当“中国政治之革新家、指导家”的重任。不但如此，他自扶植势力之心甚重，其用心之所在亦不在国家政治转型，而在扶植私人势力，以个人控制国家政治为其最大目标。① 丁佛言也认为，袁世凯有雄才大略，“性富忍耐，善操纵，遇事不避艰巨，肯负责任”，又控制着实际的军政力量，在革命之后群雄纷起、各派力量争权夺位的局面下，是一个维持现状的合适人物，但他知识、观念陈旧，“脑筋中殆向无世界各国新式政府组织之形式与大政上系统之影响”，“生平与政党不相习，不知政纲政见为可信”，颇信以武力征服，宿将故吏充塞左右，有“脱逸立宪轨道，骎骎乎演成一武人专政之局”的可能，此为民国政局前途之无穷隐忧。② 这引发了有识之士的深忧，二次革命之后章士钊即说，当革命党之所为违背政力向背之道时，袁世凯乘时而起，本有利用社会对于革命党的离心倾向，收拾局面，但袁世凯“不谙政治通义”，极力排斥革命党，欲消灭革命党之势力，大违政力向背之道，迫使革命党铤而走险，然后乘机收

---

① 黄远庸：《遁甲术专门之袁总统》《少年中国之自白》《游民政治》《官迷论》，均见《黄远生遗著》卷一“论说”；思农（黄远庸）：《对于三大势力之警告》，《论衡》第3号，1913年6月7日。

② 善哉：《对于将来正式政府组织之预测》，《亚细亚日报》1912年10月29日、31日。

拾之。[①] 在收拾革命党之后，袁世凯转而压缩立宪派的活动空间，极力推行专制集权，终于走向帝制复辟之途而身败名裂，印证了革命党之激烈分子早先对他图谋复辟帝制的指责，洗脱了革命党发动二次革命为叛乱的罪名。

处在两大政治势力之间的原立宪派以及出于政治、利益、意见等原因从原革命派中游离出来的人士，为第三大政治势力。立宪派与革命派在清末即“有互相水火，不共戴天之势”[②]。民国建立以后，两派在政治理念上不合，在政治活动空间上有冲突。部分革命党激烈分子在广东等地严厉打压原立宪派分子，更引发此派人士强烈的反弹。同盟会—国民党认为，中国有长久专制传统，革命成功太速，官僚政治未由扫荡，掌握政权的以袁世凯为首的旧官僚势力缺乏近代政治理念，民国政治最大威胁是野心家复辟专制制度。因此，限制野心家、保障共和是最为迫切的任务。同盟会—国民党在民初最主要的政治方案与政治策略，其侧重点均在此，其主张“民权主义”，主张国会大权、责任内阁制，推动政党发展，主张省自治、主张省长民选、除去总统解散省议会之权，其着眼点也均在此。而以原立宪派为主干的第三种势力则认为，民国系经暴力革命而建立，鉴于法国革命之后出现的“暴民专制”以及由此引发的帝制复辟，以及土耳其与一些南美国家移植近代民主政治而出现的反复的政治动荡，他们认为民国最主要的危险是“暴民专制”。他们所指称的“暴民”，就是梁启超指称的“莠民社会之乱暴的势力”，主要是指原革命派中的激进派。至于以袁世凯为首的“官僚腐败势力”，他们虽不满意，但认为可以先暂为假借，用以制衡“莠民社会之乱暴的势力”，以防止暴民政治的出现。他们又存“开明专制”的幻想，认为以中国的传统与现实的条件，欲由专制政治进化为近代政治，必须经由开明专制。他们希望出现一个俾斯

① 秋桐：《政力向背论》，《甲寅》第1卷第3号，1914年7月10日。

② 黄远庸：《一年以来政局之真相》，《黄远生遗著》卷一，第84页。

麦或者明治天皇式的人物，以威权维持秩序，又行开明统治，逐渐培育国家社会的近代因素，逐渐开放政治，培育国民之新知识、新道德，以期平稳地向近代政治过渡。对于暴力革命，他们向来认为，这只会带来专制，而不能带来宪政。在清末，他们将开明专制的理想寄托于清政府，入民国后，又将这一理想寄托于袁世凯。同时，他们大多是国家主义者，有强烈的国家富强优先的意识，对于当时中国面对的世界局势有深切的忧虑。他们将国家发展的希望寄托于政治革新，希望构造强大有力、中央集权的政府，以应对危机、恢复秩序、推动国家建设。他们认为袁世凯可以维持现状，但不足以领导国家走上宪政轨道，欲引领国家走上宪政轨道需先维持秩序，故他们希望先拥护袁世凯，支持他维持秩序，假借袁世凯一派的势力制约同盟会—国民党，防止所谓“暴民专制”，然后试图改造，带领袁世凯走上政治轨道。在政治方案上，他们取政党内阁，以为自己留下政治活动的空间，取中央集权主义，主张废省，反对省为自治团体，主张军民分治，反对省长民选。此派政治势力，虽多稳健之士，但其内部派系众多，缺乏团结，其在民初的结集，大多受同盟会—国民党的刺激而成，内部多官僚分子，[①] 在政治上缺乏可资利用的实际力量，议论多而实际之政治势力不足，故其政治领袖有因人成事的策略，往往欲假借或者投靠现有政治势力中之最强者以为实现自己政治目标之力量，结果往往为人利用。李大钊评论此派力量称，民初的“缓进派”有一开明专制、贤人政治的梦想，此派“既欲实现其专制其质、共和其皮之玄想，遂恒寻势力之所在以为倚附利用之资，迨其既受结纳，谋尽开明之责，负贤人之任，则又为官僚所忌，格而不容”。[②] 李剑农批评梁启超，说“梁先生生平有一根本大病，主张不能持久，恒倚强力所造成之事实为转移，换言之，则惟依傍强力为政治之生活，强力之正不

① 思农：《对于三大政治势力之警告》，《论衡》第3号，1913年6月7日。

② 守常：《辟伪调和》，《太平洋》第1卷第6期，1917年8月15日。

正，无暇细问。因是，其政治上之主张，无往不为所依傍之强力所格。其终也，则其所主张徒以供窃据攘夺者之牺牲而已”，[①] 对于此派势力依傍强权的特性说得很到位。在袁世凯解散国会与各级地方议会、大力推动专制集权的时候，此派人物方反思其假借官僚腐败势力以排挤所谓乱暴势力的政治策略。

三　省制问题争议

前文叙述了民元、民二年间的总体政治格局与各方的政略，现在来说一说民元、民二年间思想界以及各派政治势力围绕省制问题的争议。

（一）中央集权与地方分权的争论

辛亥革命以各省宣布脱离清廷独立的形式开展，民国以独立各省联合的形式而成立。在革命过程中，各省都督获得了统辖一省军政民政大权的权力，权力之大超逸清代督抚，形成了都督专横的局面。在上，中央政府不易更换都督；在下，行政各司以及省议会都不能对都督构成有效的制约。时人即称，“前清督抚兼辖军民事务，行之数百年而不敢专横者，其受任之性质与都督异，而势力相差甚远也。都督或身拥大军，因起义而执政柄，或由军人拥戴，推为军民长官。今日中央更易一都督，较昔日更易数十督抚尤困难数倍”。都督对于僚属可颐指气使以驾驭之，省议会亦难监督之。[②] 在南京临时政府时期，各省都督专权跋扈，中央政府被架空已然成局，“中央行政，不及于各省，各部亦备员而已”。[③] 章太炎则讽刺

---

① 剑农：《呜呼，中华民国之国宪》，《太平洋》第 1 卷第 5 期，1917 年 7 月 15 日。

② 《军民分治如何能实行乎》，《民立报》1912 年 10 月 5 日。

③ 《胡汉民自传》，丘权政、杜春和选编《辛亥革命史料选辑》上册，第 220 页。

南京临时政府，称“政府号令不出百里，孙公日骑马上清凉山耳”。话虽刻薄，但为实情。这种局面，到袁世凯上台后，没有实质性的改变，政府虽“日日言统一，其实皆纸片口头上的说话，各部只有形式之公事，无一命令能行者”，① 军政、财政、民政等实际上是各省自行其是。各省形同割据，拥兵自重的都督不仅不从中央之政令，而且有地方割据称雄之势。当时即有人忧虑，若不实现统一，则民国可能陷入长期的军阀混战，有力者将以兵力争夺中央政权，“狐鸣篝火之徒，尤谬解共和政体，以为上无天子，下无方伯，军府之尊，不啻帝制自为，谁不歆动其帝王欲念。因而纷纷白马，攘攘黄巾，咸有取而代之之势。……实足以启天下之惊疑而益滋祸乱也”。② 这种担忧不是没有道理的，也为后来的事实所证明。可以说，在旧的政治权威崩溃之后，如何在意见、利益不同的政治势力之间谋求国家统一，合理安排中央与地方，尤其是中央与省的权力关系，是新建的民国政府面临的最重要问题。1913 年初，张百麟就说，一年来各方争辩之最大者即为地方分权与中央集权之一问题。③ 这一说法并不过分。民国初建时，没有处理好这一问题，对此后的政局产生了深远的影响。

如前所述，南京临时政府成立前后，曾出现一股联邦论潮流，当时也确实有建立联邦制的可能。但很快联邦论就被国人所抛弃，孙中山就任临时大总统后也不再提联邦制，而主张统一，南京临时政府内部讨论过省制问题，其基调也不是地方分权，而是中央集权。袁世凯上台后，省制问题依然是一个困扰国人的重大问题，省制草案三次提交，三次撤回，最终都没有形成确定的省制与省官制，1914 年袁世凯公布的省制只是一个以行政命令公布的暂行省

---

① 《虎头蛇尾之国税厅》，《时报》1913 年 2 月 1 日“要闻”。

② 近碁：《集权分权平议》，《时报》1912 年 8 月 5 日。

③ 张百麟：《民国存亡问题之商榷》，《平论报》第 1 卷第 1 号，1913 年。

制，没有足够的合法性，也不能获得各方认可。

关于民初省制问题，除上述三大政治势力之外，不能不说到掌握军政民政实权的各省都督，也就是所谓的地方实力派的态度，因为他们手握实权，在民初政争中居于举足轻重的地位。大体上说，各省都督有同盟会—国民党一系的政治人物，有附从于袁世凯的北洋系都督以及由原清朝督抚转换而来的都督，还有政治立场上亲近原立宪派的都督。各省都督的政治立场虽有歧异，但在维持既有政治权力的问题上，他们的态度其实比较接近。比如，袁世凯欲推行军民分治，各省都督，不论拥护袁世凯，还是亲近同盟会—国民党，都反对军民分治。同盟会—国民党主张省行政长官民选，反对总统有解散省议会权，同盟会—国民党系统的都督则与拥护袁世凯的都督一样，都反对省行政长官民选、要求总统有解散省议会之权，与同盟会—国民党的主张明显有别。这是由他们自身所处的地位与自身利益决定的，不足为奇。各省都督的这种态度，使袁世凯政府的军民分治之策得不到支持，难以推行。袁世凯不能威服拥护他的都督，更不能说服南方的国民党派都督接受军民分治。对于同盟会—国民党来说，其省长民选、反对总统有解散省议会之权的主张，不能得到本党地方实力派人物的支持，自然没有实现的可能。可以说，在民元、民二年间的政治格局中，无论是中央政府，还是同盟会—国民党，在省制问题上，得到地方实力派人物的支持至关重要，但它们都做不到这一点。这是民初省制问题的复杂性之一。

同盟会—国民党对袁世凯控制的中央政府有高度的不信任感，其激烈派认为中国有长期的专制政治的传统，袁世凯是一个少受近代政治观念影响的枭雄，若行中央集权，权力必集中于袁世凯之手，存在帝制复辟的危险，故主张地方分权与省自治。同盟会—国民党之地方实力派与稳健派，虽对帝制复辟风险的估计不如激烈派清晰而坚定，但对于袁世凯亦有深刻的猜疑，只是对于如何制约袁世凯，双方在策略上有分歧。地方实力派如胡汉民、李烈钧等认为，必须依靠地方力量尤其是同盟会—国民党控制的南方四省的军

政实力，才能限制袁世凯的专制集权，确保共和国体；若集权中央，而期望借国会去限制袁世凯，是不现实的。而稳健派则认为，实现统一是当务之急，若保留都督制度，地方军政民政不分，则割据之势将成，强固有力之政府无法成立，这不符合中国当前需要；至于限制袁世凯，他们认为可以通过加强中央议会之权力、实行政党内阁来实现。还在南京临时政府时期，宋教仁与胡汉民就未来政制与如何限制袁世凯问题，存在明显的分歧。胡汉民回忆称："余在南京，与宋钝初关于中央地方之建制，辩争颇烈。宋主中央集权，余主地方分权。宋谓：'起义以来，各省纷纷独立，而中央等于缀旒，不力矫其弊，将成分裂；且必中央有大权，而国力乃可以复振，日本倒幕，是我前师。'余谓：'中国地大，而交通不便，满清末造，惟思以集权中央，挽其颓势，致当时有中央有权而无责，地方有责而无权之讥，而清亦暴亡，则内重外轻，非必皆得。且中国变君主为共和，不能以日本为比。美以十三州联邦，共和既定，即无反复。法为集权，而黠者乘之，再三篡夺，我宜何去何从。况中国革命之破坏，未及于首都，持权者脑中惟有千百年专制之历史，苟其野心无所防制，则共和立被推翻，何望富强？'宋谓：'君不过怀疑于袁氏耳。改总统制为内阁制，则总统政治上之权力至微，虽有野心者，亦不得不就范，无须以各省监制之。'余谓：'内阁制纯恃国会，中国国会本身基础，犹甚薄弱，一旦受压迫，将无由抵抗，恐蹈俄国一九〇五年国会之覆辙。国会且然，何有内阁？今革命之势力在各省，而专制之余毒集于中央，此进则彼退，其势力消长，即为专制与共和之倚伏。倘更自为削弱，噬脐之悔，后将无及。'宋终不谓然。"① 这段材料，对于两人的分歧说得很清楚。其实，这不仅是宋教仁与胡汉民的分歧，而且是同盟会内部侧重政党政治与侧重行省分权两派，或者说稳健派与地方实力派

---

① 《胡汉民自传》，丘权政、杜春和选编《辛亥革命史料选辑》上册，第227—228页。

的分歧。以宋教仁为代表的稳健派、政党政治派是主张中央集权与强固政府的。章士钊在说到民国初建时的联邦论时曾说，当时虽有联邦论的声音，但“当时南京政府，实主张统一者也。宋教仁之徒，信之尤笃”。① 在南京临时政府时期，宋教仁就主张统一与中央集权，他主持的临时政府法制院所拟“地方制度先决问题”虽主张暂时维持都督兼理军民两政的现状，但对于长远规划，他主张军民分治，缩小省区，主张都督简任，主张都督对内务总长负责而不是对省议会负责。② 1912 年 5 月 30 日，在北京临时政府国务院会议讨论地方制度时，他又提出军民分治、集中军政财政权于中央，都督专管军队，直隶总统，由中央政府任免；省另设地方行政长官，直隶内务总长，其任免由总统。③ 同盟会内阁垮台后，宋教仁在致孙武的信中表达其强有力政府的政治见解：“弟尝潜观宇内大势，默筹治国方策，窃以为廿世纪之中国，非统一国家、集权政府不足以图存于世界。而当兹丧乱之后，秩序败坏，生计凋敝，干戈满地，库帑如洗，外则列强未之承认，内则各省俨成封建，尤非速行军民分治，集中行政权力，整理军队，厉行救急财政计划，不足以治目前之危亡。”④ 也就是说，他主张中央集权。至于如何限制袁世凯，宋教仁相信，“世界上的民主国家，政治的权威是集中于国会的。在国会里头，占得多数议席的党，才是有政治权威的党”。因此，他认为，国民党的主要任务应是以正大光明的手段争取获得国会选举的胜利，若占据议会的多数席位，“就可以组成一党的责任内阁；退而在野，也可以严密的监督政府，使它有所惮而不敢妄为”。⑤ 通过国会与政党内阁，就可以将政治权威集中到国

---

① 秋桐：《联邦论》，《甲寅》第 1 卷第 4 号，1914 年 11 月 10 日。

② 《法制院拟地方官制先决问题（答内务部案）》，《民立报》1912 年 2 月 6 日。

③ 《民立报》1912 年 6 月 2 日“北京来电”。

④ 宋教仁：《复孙武书》（1912 年 7 月 4 日），《宋教仁集》（二），第481 页。

⑤ 宋教仁：《国民党鄂支部欢迎会演说辞》（1913 年 2 月 1 日），《宋教仁集》（二），第 542—543 页。

会，将总统变成一个没有实际权力的国家元首。关于省区，宋教仁主张缩小省区，主张将省确立为自治体，而胡汉民、戴季陶等人则坚持维持现行省区。在南京临时政府时期，宋教仁就主张缩小省区，此种见解此后并没有变化，在遇害之前几天，他所起草的《中央行政与地方行政分划之大政见》又提到，省区过大，应当缩小；缩省之后，实行省县二级制，省、县均设地方官，掌官治行政，同时设为自治团体，设立议会、参议会，掌握自治行政。县以下设立镇乡，直接于县，为纯粹之地方自治团体。[①] 对于省行政长官之产生，他主张应当由中央简任，但革命以来，各省都督多由民选产生的局面恐一时难以改变，所以他“主张以省长委任制为目的，而以暂行民选制为逐渐达到之手段”。[②] 至于中央与省的权力划分，他提出，立法权属于中央议会，而地方亦当有列举之立法权，如此，既非联邦制，又非完全集权制。至于行政权的划分，他主张外交权以及消极的维持安宁之行政，如军政、外交、司法等应当属于中央；此外，交通、财政之主要权力应当归于中央，而对内的、积极的增进幸福之行政，如民政、重要产业之外的地方产业、教育行政等属于地方官治行政，而地方财政、地方实业、地方交通、地方工程、地方学校、地方慈善公益事业等，则归于地方自治行政。[③] 宋教仁虽认为道府制为腐败之制度，但他的缩省方案与康有为、梁启超等人的废省存道方案，都是试图缩小省区，以便中央集权。他主张划分省治为官治行政与自治行政的主张，比较接近法制局于1912年10月所拟之虚三级地方制度方案。他在1912年11月的一次谈话中说到省制问题时，称赞法

① 宋教仁：《中央行政与地方行政分划之大政见》（1913年3月12日），《宋教仁集》（二），第559—562页。

② 宋教仁：《代草国民党之大政见》（1913年3月），《宋教仁集》（二），第579—588页。

③ 宋教仁：《中央行政与地方行政分划之大政见》（1913年3月12日），《国民党沪交通部欢迎会演说辞》（1913年2月9日），均见《宋教仁集》（二）。

制局的方案，划分官治行政与自治行政。在“地方之国家行政”方面，省设总监一人，为特任官，道设道知事一人，由总统简任，县设县知事一人，由内务总长荐任；在“地方自治团体”方面，“道为上级自治团体，县为初级自治团体”，“折衷至当，大概可以免各方面之纷争”。① 他这番谈话，并非应景之语，那时他早已辞去内阁职务，在南方从事国会竞选活动，没有必要违心去吹捧法制局的方案。

而国民党之地方实力派与激进派认为，所谓集权于中央国会，只会造成总统集权，因为若无以省自治为基础的民主的地方作为支撑，国会无力限制袁世凯；而以中国专制集权之悠久与国民推崇强势政治人物的传统，当革命后秩序混乱之时，集权的总统极有可能走上破坏共和政治、复辟帝制的歧路。《中华民报》的胡朴安即称，立法集权、行政分权之论，在理论上固可圆满自足，但立法集权最重要的条件是立法机关有权威与实力。但中国的立法机关缺乏权威与实力，其议政处处受武人干涉，而武人干政的实际操控者就是大总统袁世凯。在此情形下，“所谓立法集权者，非集权于立法机关也，间接集权于军人，实直接集权于总统也”；又说：“今日之集权分权问题，诚不能拘法理解决之也。凡以法理解决此问题，必与此问题相关系之人皆谨守法律而后可。今既不然，彼常轶出法理之外，我斤斤然惟法理之是谈，美则美矣，其如不合事情何？”因此，要巩固共和，就应实行地方分权之制。② 这一看法从实际情形立论，颇击中宋教仁等人主张立法集权、行政分权之论的要害。宋教仁的立法集权、行政分权、政党内阁的基本政制设计，其立论前提是“世界上的民主国家，政治的权威是集中于国会的”，但中国当时不是民主国家，民主制度不是已经建立，而是正在建立的过

① 宋教仁：《在鄂都督府之谈话》（1912 年 11 月 5 日），《宋教仁集》（二），第 508 页。

② 朴庵：《论集权足以亡国》，《中华民报》1912 年 8 月 14 日。

程中，名义上的政治权威在国会，但实际上的政治权威还是在“兵马权”。杜亚泉即说，民国建立以后，中国的政治现象，最明显的特征是“兵马权重，而法律权轻”。① 至于如何确立法律的权威，使政治权威由兵马的权威向法律的权威过渡，杜亚泉主张以共和原理、人权理念陶铸国民心理，树立法律的权威，以改变现实。②

若共和原理、人权理念能够深入人心，则共和政治的基本游戏规则有确立的可能，但是共和的确立除了思想的变动，还需要深刻的社会变动作为条件。所谓深刻的社会变动，指的是近代资本主义的发展与资产阶级、无产阶级等近代社会力量的成长，由于社会经济结构的变化而带来的思想言论自由、集会结社自由以及近代政治团体的发展。而这需要相当长时间的累积，可是暴力革命在社会变动与思想变动尚不充分的时候已经发生，造就了并不成熟的民主宪政体制，追求民主宪政的人士只能面对现实，在既有现实条件之下，谋求确立民主宪政体制之道。在此情形之下，进行思想启蒙似乎是一条便捷的途径。这样，我们也就可以理解杜亚泉的主张了。

与杜亚泉主张通过灌输共和原理、人权理念，来改造国民心理，从而改造现实政治的思路不同，面对兵马权重、法律权轻的现实，同盟会—国民党之地方实力派试图利用各省实力来制衡中央，以自治的地方来限制中央权力的滥用，保障共和。这种思路与其维持既有权力的意图正好重合。基于这两种考虑，他们反对当局提出的军民分治方案，其中胡汉民、李烈钧的态度最为积极。对于扩大省权，胡汉民、李烈钧在行动上也颇为积极。胡汉民在 1912 年 5 月 26 日的“宥电”中，针对当局的中央集权说，提出“有限制的

---

① 伧父：《共和政体与国民心理》，《东方杂志》第 9 卷第 5 号，1912 年 11 月 1 日。

② 伧父：《共和政体与国民心理》，《东方杂志》第 9 卷第 5 号，1912 年 11 月 1 日。

集权说”。他主张：在立法问题上，地方在不抵触中央所定根本法的范围内，得自定各种单行法。在司法问题上，司法集权于中央。在行政权方面，外交权属于中央。在财政上，中央订定币制，征收租税如关税、盐税、间接内国消费税等；各省得定国税之外的各种税法及征收法，募集内国公债。在军政上，中央经画军制，计划各省军队数目，筹设海军、中央兵、筹设并整理海陆军教育机关；对外战争调动海陆军，中央得专行之，对内为镇压内乱之目的而调动军队，须得省督之同意；基于省督之推荐而任命军团长及要塞司令长。军政权之属于各省者，由省督执行征兵令，调动省内海陆军，整饬省有兵工厂。在交通方面，电政、邮政、船政归中央，铁路干线由中央经营，铁路支线则中央、省皆可经营。省督由国务院保荐本省有被选资格者三人，送省会认定一人，由总统委任。省督有该省一切行政、军政、财政权，并任免省内所属官吏。省督任期四年，省立法权归省议会，但须得省督之裁可而公布之，始生效力。① 可以看出，在胡汉民的方案中，省、省督的的权力比较大，有相当的军事权，此种权力甚至远超联邦制国家各邦的权力。但是省督的产生，则不全由各省选民选举产生，而是中央政府推荐三人，省议会选举其中一人，经总统任命而产生，则又可以使中央政府在省督人选上有较大的发言权。这种方案在当时主张统一和中央集权的人士看来，简直是要分裂国家。

1912 年 7 月，为解决地方制度问题，袁世凯曾电令各省都督选派三名代表进京，以备咨询，李烈钧乘机提出代表之四大职权，并电各省都督以为一致要求。此四大条件，意在扩大省对于中央决策的影响，《时报》指称李烈钧的条件“意欲张代表权限，实行联邦政策”。而胡汉民更直接要求以各省代表会议为参议院之基础。②《时报》指称，李烈钧还曾在 1912 年四五月间倡七省纸币联盟之

① 《粤都督之治国策》，《民立报》1912 年 6 月 8 日、9 日。

② 近碁：《集权分权平议》（续），《时报》1912 年 8 月 6 日、7 日。

说，胡汉民则曾致电张锡銮，主张直接税全归各省，又致电程德全，倡导反对统一纸币，欲垄断一省财权。[①] 显然，李烈钧、胡汉民欲以财政分权为抵制中央财政集权之手段。胡汉民、李烈钧等人的这些主张，被当时主张中央集权的人士认为纯粹是蔽于党见，纯粹是为维持个人权力，而不是从国家利益大局出发来考虑问题。在革命之后，各省实际独立，而社会思潮普遍希望实现军政、行政、财政统一的时候，李烈钧等人的主张，遭遇此种待遇，也不奇怪。

与同盟会—国民党主张地方分权、省自治不同，试图假借袁世凯派势力以限制同盟会—国民党的共和党、民主党等原立宪派势力，以及急于实现国家统一、以强大的中央政治权力恢复秩序、推动国家现代化的一般社会人士，则主张中央集权，反对地方分权和省自治。立宪派在清末预备立宪时期，曾将地方自治作为立宪预备的重要一环，极力主张将咨议局办成省议会，激烈批评清廷的中央集权政策；立宪派也曾主张在省建立类似内阁制的政制，要求督抚对省咨议局或者省议会负责任。而当民国成立后，尤其是孙中山让位于袁世凯之后，立宪派对地方制度的主张发生巨大转变，他们开始极力鼓吹中央集权，反对地方分权，尤其反对省自治。从现实政治利益看，立宪派认为，行地方分权与省自治，则同盟会—国民党得利多，而立宪派得利少。从政治理念上看，立宪派多为国家主义者，认为自由主义的政策不适合中国，必须充分利用国家政权的力量，来保护本国资本、推动资本主义的发展，[②] 为此，就需建立强有力之中央政府。他们相信，相较于将权力寄托于地方政府，将权力寄托于中央政府，易得良善之结果，且风险较小。从构建良善政府的角度说，“得一良中央政府易，得多数之良都督难”，与其分散精力试图构建二十余个良善的省级政权，不如集中精力去构建一

① 近碁：《集权分权平议》（续），《时报》1912 年 8 月 6 日。

② 梁启超：《中国立国大方针》，《梁启超全集》第八集，第 420—433 页。

个良善的中央政权。① 从防范政府恶劣的风险来说，集权中央，有专制集权的危险，分权于省，有分裂割据、都督专横的危险，但“合全国之力以防一人之专制，与分二十余省之力以敌二十余人之专制”，则前易后难。② 从中国历史与国民性来说，以中央权力推动社会与国家发展，其效力足而速度快。中国数千年大一统之局面多，“故中国民性独立之精神较少，而服从组织之质分较多，使之奉令承教，则一日可以千里，使之纷烦为政，则良者常苦屈伏也；向不习于地方独立之习，一朝而使中央托以大权，非隳废则目光仅及于一隅，欲求其巩固中央以应世争，决不可得也”。③ 从应付现实危机与创造和平有序的发展环境看，革命之后，外则外患洊至，边疆不固，蒙古、新疆、西藏存在分离倾向，内则各省独立，当此情形，若倡导极端之地方分权，中央将无法统驭各省，各省权利冲突将无从调解，必出现割据之祸与长期战乱，为列强干涉中国、分裂中国，提供借口与时机，使中国失去发展的基本内外环境。而行中央集权，则可以避免国家分裂，保卫边疆安宁与内部秩序，创造有利的发展环境。④ 康有为认为，今日乃“非大霸国不能图存于竞争之世”之时代，大抵各国的趋势是合弱国小国为一大国。中国广土众民，历来重大一统，此乃中国抵御列强侵略，谋求国家发展，以与世界大国竞争的优势所在。不此之顾，而欲行地方分权、联邦制，只会使大中国变为若干弱小国，此自杀之愚计。他说，只要有强有力的政府，能强兵以固边防，强警以恢复秩序而保民，健

---

① 陈承泽：《政情篇：参院议立法之不忠》，《独立周报》第1年第1号，1912年9月22日。

② 超然：《救亡决论》，《独立周报》第1年第1号，1912年9月22日。

③ 彬尹：《宪法评议：宪法先决之前提（分权与集权）》，《独立周报》第2年第8号，1913年3月2日。

④ 彬尹：《宪法评议：宪法先决之前提（分权与集权）》，《独立周报》第2年第8号，1913年3月2日；超然：《救亡决论》，《独立周报》第1年第1号，1912年9月22日；洗心：《对于集权分权之感想》，《独立周报》第1年第8号，1912年11月10日。

全司法以正纲纪而锄强暴，严惩奸横，使民知畏，然后政令畅通，朝野相安，则以中国土地之广、人民之众，自然能发展为一个存立于竞争之世的“大霸国”。而这一切的前提是有中央集权的强固政府。[①] 这一派人士的思想逻辑是，欲国家富强，必须有强有力政府，欲政府强有力必须中央集权。在他们那里，国家主义就等于中央集权。共和党主张国家主义，主张以国家之力促进国民进步，其“党义浅说”这样解释“国家主义”：“何以叫做国家主义？就是一切政事都从全国统一上着想的意思。原来各种政事，有应该属国家的，也有应该属地方各省的，亦有可以属国家又可以属地方各省的。如果采取地方主义，就得许多事业，分在地方各省去办，凡应该属地方各省的事，自不消说得，就是那可以属国家，又可以属各省的事，也听地方各省去办。国家主义就不是这样，所有一切政事，都要从统一上着想，凡办一事，除应该属地方各省的外，总要全国一统，使得地方各省与中央联成一气……现今世界的竞争何等激烈，中国统一起来，还怕不能与外国对敌，何况又分做了几十片，失去这广大国家效力，岂不可惜。即令没有国际的竞争，一国既已分裂，这文化的进步，也万万不能齐一……只有取国家主义，从前所有统一的形式，保持他不使分割，从前即有不统一的地方，从此更加统一，事事趋向国家一方面，即事事由国家有统系的办去。”[②] 在这里，国家主义与地方主义相对待，成为中央集权主义的代名词。这在民初是国家主义者普遍的思想倾向。

中央集权论在民元、民二年间颇为兴盛，国民党的地方分权论、省自治论颇遭时病。不仅共和、民主、进步诸党鼓吹中央集权，一部分国民党人也鼓吹中央集权。社会上一些强烈追求国家富

---

① 康有为：《中华救国论》（1912 年 5、6 月间），《康有为全集》第九集，第 319—322 页。

② 《共和党义浅说》，章伯锋、李宗一主编《北洋军阀》（一），第 425—426 页。

强的中立人士亦多赞成中央集权。甚至对美国的联邦制以及国家社会发展状况有所了解的留美学生，亦多赞成中央集权。留美学生年会例有演讲，在1913年的年会演讲中，以“论中央集权”为题发表演说的邢契莘获得了头等奖励，而胡适则获得演讲的次等奖励。邢契莘在演讲中极力论证中央集权之必要性，说从世界大势看，中国不实行集权，则省自为政，不相联络，不能与人竞争；从内政看，不中央集权，则政治、财政、军事上无从统一，无力捍御外侮，巩固边疆，发挥经济。① 这篇演讲并无多少新意，论述也相当粗糙，却颇得一般留美学生的认可，并获得当年唯一的头等奖。

（二）省制问题争议所及的主要问题

1. 省长民选问题与解散省议会权问题

省长民选问题事关袁世凯与国民党势力之消长，为中央集权论与地方分权论争论的焦点。主张中央集权的人士指责国民党及各省议会主张省长民选，参议院除去总统解散省议会之权，乃不明中国历来行中央集权，地方长官均由中央简任的历史与传统，不察今日中国内外情势与强有力政府的迫切需要，或“眩于极端之平民政治”，以为国家共和，地方长官就当由民选产生，或“挟私以争权利”，欲借省长民选剥夺约法赋予总统之任免文武官吏权，借助自己在地方议会的实力，实现其“以一党之势力，垄断一国之政权，而不许他党得厕其间”的目的。这完全是基于一党私利与地方感情，而不是理性地从国家当前需要与世界潮流出发考虑问题。② 他们说，主张省长民选的人士，虽提出了诸如民权说、限制总统说、共和精神说、国土辽阔不便行中央集权说、共和先进国家有行地方长官民选之先例等理由，但从根本上说，“限制总统权力，实为民

---

① 邢契莘：《论中央集权》，《留美学生年报》第2期，1913年1月。

② 寒：《为省官制案告参议院诸公》，《申报》1912年9月12日；希夷：《省长选任问题》，《申报》1912年9月21日；菱兹：《驳省长民选之谬》，《独立周报》第1年第12号，1912年12月8日。

选派披肝沥胆之语”。① 这些批评，若剔除其中的党派攻击之词，所说大体不错。

中央集权论者主要从两点批评省长民选、总统无解散省议会权的主张。其一，这会造成中央政府控制力减弱，不能建立强有力之政府；其二，这会给国家统一造成障碍，甚至分裂国家于无形。梁启超称，行政“贵有系统，内外相维，指臂相使，然后治理乃有可言也，质言之，则必长官有黜陟赏罚僚属之权，庶可以语于吏治”；又称，欲政府强有力而有效能，行政系统的官员应由有专业背景、有任职资格者担当，需要经过严格的考试、选拔，才能获得任职资格，而民选的官员则不一定具备相应的任职资格与履职能力。他认为只有低级自治团体的自治职员，可以通过选举产生，因为政务相对简单，至于高级官吏，则断无民选之必要。② 这实际是囿于传统官僚政治的思维，认为只有上级官厅拥有对下级官厅黜陟赏罚之权，行政系统才能上下一致、运转无碍，政府才有效率。此种思维与近代政治的权力制衡，政务官应当民选的理念，格格不入。梁启超混淆了政务官与事务官。在近代民主政治体制下，高级的事务官需要经过严格的考试、选拔，具备相当的资格才能担任，不宜由民选产生，但政务官由民选是近代政治的基本特征，政务官民选与行政之统一并无冲突。中央集权论者以此为由反对省长民选，理由牵强。

另外，中央集权论者反对省长民选，认为省长民选会造成国家分裂。他们认为，在省界观念颇深之时，行省长民选，则只有本省人才能当选为本省省长，这势必进一步强化省界意识，无助于统一的国家认同的构建，将造成无形之分裂。而当省长与省议会发生冲突时，省长不能请求中央政府或中央议会解散省议会，则省长之进退完全操于省议会之手，省长就会成为省议会、地方党派乃至地方

---

① 忠甲：《予之省长民选说》，《时报》1912 年 11 月 26 日。

② 梁启超：《省制问题》，《庸言》第 1 卷第 1 号，1912 年 12 月 1 日。

豪强的傀儡，其执行国家行政事务时，必迎合地方议会、选民之要求，而不服从中央之命令。① 其又称，照中国的现实情形，所谓省长民选，不可能由选民直选，而只能由省议会选举，而照各省议会现有组织与相关选举法，则可能出现一省议会议员 40 人，以四分之三以上之出席投票，过半数为当选，则得十余人之同意票，即可被选为省长，这不仅“轻率”，② 而且将为地方豪强操控地方政治大开方便之门：今日“国民固未尝一日受政治之教育，而具参预国事之常识，谁复知选举之权为斯民不可放弃之天职？吾敢信一般真正之国民，其对于委任省长问题，以为必由民间选举者，数十万人中虽欲求一人而不可得也。其以民选为是而悉力以争之者，不过少数劣绅刁监，畴昔为民之蠹，今乃假国民之名以自固者耳”。所谓省长民选不过“少数民蠹”，冒共和高名，矫称民权民意，为其拥戴私人，奉为傀儡，以谋私利之借口而已。这只会为地方豪强、劣绅刁监控制地方大开方便之门，而丝毫无助于民权之发展。③ 他们又指责各省议会主张省长民选，非出于理性思考，而纯粹是地方感情作怪，说奉、吉、黑、直、豫等省议会主张省长民选，是想排斥现任非本省之都督，而湘、粤、川、赣等省议会主张省长民选，则是欲保持本省人任本省都督的现状。④ 这道出了部分实情，但也不乏攻其一点不及其余的意味。各省议会主张省长民选，固然有地方感情的因素，但更主要的是，想扩充本机构职权，同时也是恐惧于清末的中央集权。

与中央集权论者主要以秩序优先、国家发展优先为由主张中央集权与省长简任不同，省长民选论者主要从省长民选有助于民

① 《上海共和建设讨论会等呈大总统暨国务院等电》，《政府公报》第 154 号，1912 年 10 月 1 日；《法制局致各省都督电》，《政府公报》第 106 号，1912 年 8 月 14 日；希夷：《省长选任问题》，《申报》1912 年 9 月 21 日。

② 《省制省官制仍难解决》，《申报》1912 年 9 月 20 日。

③ 《十六省都督主张简任省长电书后》，《申报》1912 年 11 月 4 日。

④ 《参议院对于省制省官制案内幕之一揭（续）》，《申报》1912 年 9 月 16 日。

权发达、无碍于统一两点立论。戴季陶对此阐述最为清楚。他说，从有利于民权发达的角度看，共和与专制的区别就在人民是否有“完全之参政权”。所谓完全参政权，即人民有参与立法、司法、行政之权。省长民选是共和民主题中应有之义；又说，地方自治是共和根基，自治根基不立，专制制度不破，自治范围不广，民权不能发达。欲扩大自治范围，则自治不能局限于城镇乡，必须确立省为自治层级。欲省自治，则省长应当民选。[①] 从国家治理的角度看，国土辽阔，中央集权不便治理，欲实现国家治理，必实行省自治。对于中国省界观念太深，各省交通又不便，若行地方分治，恐国家四分五裂，故宜中央集权，存省与省自治会妨碍国家统一的说法，戴季陶指出，“中国所以不发达者，正以中央集权思想过深，地方自治观念甚微”。他指责省长简任论者之出发点并非为国家谋治，而是深惧省长民选，断绝其升官发财之路。[②] 不过，对于除去总统解散省议会权，相关人士却未能提供有力的解释。

2. 省制存废问题

与省长民选、解散省议会权问题的争论同时存在的是，废省与存省之争，以及军民分治与军民合治之争。中央集权论者认为，“最足为中央集权主义之阻碍者为行省与都督”。行省区域过大，尾大不掉，都督权力过大，远过从前之督抚藩镇，俨然德意志之联邦之小国。处理不当，“则都督林立，各拥兵以相雄视，而投机之政治家又为谋一身之利益或本党之优胜，争相援引都督为党魁，兵权政权合而为一，而都督之权益重，省界益深，积重难返……政争一变而为兵争，忽笔忽墨，忽铁忽血，纷纷割据，而第二次之大流血，转瞬即起”。因此，欲中央集权，实现统一，必须废省存道，

---

① 戴季陶：《省长民选问题》，《民权报》1912 年 11 月 3—5 日，收入《戴季陶集》，第 547—552 页；《民国之省制问题——并驳梁启超》，《民权报》1912 年 12 月 18—20 日，收入《戴季陶集》，第 582—593 页。

② 戴季陶：《省长民选问题》，《戴季陶集》，第 547—552 页。

同时实行军民分治。[①] 行省制度始于元代，到民国建立时已经有六百年的历史，可谓根深蒂固。但行省区域过大，统治困难。康有为在戊戌时期就提出废省的建议，此后他鼓吹之不遗余力。梁启超亦追随康有为鼓吹废省。受康、梁的影响，一些原立宪派主办的报刊如《时报》《申报》《庸言》等亦卖力鼓吹废省。追随梁启超的吴贯因就称："中国之省，欲使之举行普通之自治事业，固有不适，而毫不予以自治团体之资格，亦有所妨。……予以半自治团体之资格，亦非制之善者。其根本办法在废去省之一阶级，缩小行政区划而已。"[②] 原革命派人物如康宝忠等亦鼓吹废省，而宋教仁等国民党领袖也主张缩省，实行省县二级制。总之，在中央集权论的思潮影响下，到民国初年，"废省之议，不期而渐成士论"。[③] 废省之议，既有国家治理技术层面的含义，也是要釜底抽薪，通过废省实现中央集权。民初的废省论，其主要的政治含义属于后一层。

地方分权论者反对废省、缩省，主张维持省制，坚持省为自治团体。他们认为，帝制时代，省只是一个行政区划，但自清末设立咨议局，省已有部分自治权。民国成立，都督与省议会分为行政、立法机关，省在事实上已为自治团体。都督权力过大，每有拥兵揽权之弊，需加以限制，但限制都督权力并不需要废省，将来正式政府成立，划定军区政区，实行军民分治，即可消除都督专横现象。若因此废省，或者剥夺省之自治资格，将省视为纯粹官治行政区域，则会剥夺国民参与省政之权，妨碍国民参政能力之发达，不利

---

① 空海：《中华民国制定宪法之先决问题》，《民立报》1912 年 2 月 7、8 日。

② 吴贯因：《省制与自治团体》，《庸言》第 1 卷第 3 号，1913 年 1 月 1 日。

③ 春风：《王君宠惠"宪法刍议"批评》，《宪法新闻》第 13、15 册，1913 年 7 月 27 日、8 月 10 日。有关民国时期思想界对省制问题的讨论，可参见于鸣超《中国省制问题研究》，《战略与管理》1998 年第 4 期；张学继《民国时期的废省运动》，《二十一世纪》1994 年 10 月号；黄雪垠、符建周《民国时期省制改革过程及动因研究》，《学术探索》2012 年第 8 期等文。

共和之巩固与国家之发达。就目前而言，地方秩序不靖，吏治腐败，以全省之力维持地方秩序，尚有不敷，欲肢解一省为三四道，更无法平定匪乱，维持秩序；而边疆省份，更面临严重的外患，维护边疆主权与安宁，更不能废省。① 存省论与省自治论紧密相关，鼓吹存省论与省自治论者对于中央政府有高度的不信任感。其实，若建立中央政府的合法性，鼓吹存省论与省自治论的人士也可能走向废省论与中央集权论。

3. 军民分治问题

如果说省制是民初中央地方权力关系调整中的制度性障碍，那革命之后，各地军府林立，都督统揽军政民政大权，民权旁落，则是民初中央地方权力关系调整中需要首先突破的现实政治格局。最早提出军民分治的是《神州日报》，该报在 1911 年 11 月 7 日即发表社论称，军政府之官制创于海外革命青年之手，主张革命军起之后，以军政府统辖地方军民两政，以便争取革命的胜利，到天下形势大定后，再施行民政。今革命军起，亿兆向顺，东南半壁已定，实施民政已迫在眉睫。若仍由军政府统辖军民两政，则都督权力既大，恐成藩镇割据之局。为避免此种局面，该报主张，“军政与民政宜急划分”，“以青年之能冲锋陷阵者，纯隶于军政，而举有道德学识经验者办理民政”。② 时革命战争还在进行之中，此种主张不适合革命形势，故不曾产生影响。南京临时政府建立后，联邦论迅速退潮，中央集权论盛行一时。1912 年 2 月初，王印川即在《民立报》发表文章，鼓吹废省与实行军民分治。袁世凯上台后，接受章太炎等人的建议，着意推行军民分治。

各省都督是反对军民分治的主力，而共和党、国民协会、共和建设讨论会等都赞成军民分治，同盟会—国民党也并不反对军民分

① 佚名：《省制与自治团体——驳庸言报》，《民权报》1913 年 1 月 19 日。

② 无畏：《敬告军政府与吾国民》，《神州日报》1911 年 11 月 7 日。

治，其政治领袖黄兴、宋教仁等都曾公开赞同军民分治，同盟会内阁修改的省制、省官制草案也主张军民分治。各省都督之反对军民分治，南方各都督如李烈钧、胡汉民等一方面是要维持其既有权力，另一方面是希望以省为根据限制中央专制势力；而北方各都督则基本上是恐军民分治有伤其本人权力。袁世凯要推行军民分治，李烈钧率先反对，其后奉天、黑龙江、广东、江苏等省都督也表示反对。当时媒体报道，各省都督对于军民分治态度大体分三派：湖北、山西、四川赞成；江西、湖南、广东、安徽反对；直隶、河南、云南、东三省等表面赞成，但以秩序未定或军队未遣散为由，主张缓办。① 因多数都督反对，政府决定对军民分治分即行、缓行、虚设三种方式办理。已行分治者如鄂、川、晋，为模范；秩序完全省份如直隶、豫、鲁、陕、甘五省，俟省官制通过即实行；军事未完备省份如苏、皖、赣、闽、浙、粤、湘七省，地方未大绥靖，军队尚待安置，暂行缓办；边疆省份如东三省、云、贵、桂、新等，交涉繁重，实行特别制度，虚设民政长，以都督兼任。②

李烈钧、胡汉民反对军民分治最坚决，反对军民分治的理由阐述最充分。军民分治在道理上无可反对，所以他们无法反对军民分治的原则，只能说中央的军民分治方案，“其法有未尽，其时则嫌尚早”。所谓其时尚早，一是民国初建，秩序未复，维持地方，需要地方长官统辖军民，否则军政民政互相掣肘，难以维持地方秩序；二是各省军队庞杂，军饷筹措全赖地方，若军民分治，军饷筹措无着，易引发军队哗变；三是革命本分军法、约法、宪法三期，今尚在军法时期进为约法时期之时，应由都督统揽一省之治纲，对于中央政府负全省治安之责任。军民分治应在由约法时期进入宪法时期之时，即秩序大定，军区、政区厘定，官制确立之后才能实

① 《各省对于军民分治之态度》，《申报》1912 年 9 月 6 日。

② 《总统调停军民分治之争端》，《申报》1912 年 8 月 30 日“要闻二”。

行。所谓其法未尽，是说行军民分治应先确立省制、划分军区政区，若不顾条件推行军民分治，不过“托分治之名，成牵制之实，小则废事，大则内讧”。[①]

其时一般舆论主张军民分治最重要的理由是，军民合治，省区过大，易造成都督专横、省区割据。于此，李烈钧说，今国家共和，“共和二字已为国人共有之心理，断无坐拥兵权甘为全国公敌之愚夫。即或稍有侵越，议会据法律弹劾，各省从而纠正之，中央得而更换之，何虑有他”。[②] 这不能说服人。毕竟，共和二字还没有成为国民共有之心理。自然，如果中央政府的组织符合共和原理，中央立法与行政关系合理，上有中央议会或中央政府之监督，下有省议会之制约，而多数国民又认同共和原理，则省区大、都督权重，确实不会造成尾大不掉、分裂割据。不过，当时的情形并非如此。

军民分治为何不能实行？国民党人张百麟对此有过分析。他认为，军民分治确为政治上之基本原则，从道理上讲，军民分治万无反对之理由，但“军民分治问题，非恃法理所能解决，必全由事实研究方能解决”。他分析有三个事实使军民分治难以实行。第一，都督中有怀疑中央专制者，故不能不握军政民政两权，以为各省自谋之根据，若无省作为根据，则不能制约中央之专制而保障共和。第二，省是各党竞争最重要的舞台，政党竞争日趋激烈，掌握各省军政权力的都督，各用亲私，各固势力，无论何党，偶一失计，即受排斥，一旦军民分治，则省长与司长或系他党，都督必受掣肘，故这些政党以及亲近这些政党的都督不愿军民分治。第三，官制未定，权限不清，即便简任民政长数人以为军民分治之张本，然都督掌握军权，民政长只能为都督之属官，不可能独立行使民政权；不但如此，民政长若不从都督，必难安于位，四川、湖北民政

---

① 李烈钧：《致袁世凯等电》（1912 年 4 月 18 日），《致袁世凯电》（1912 年 5 月 7 日），徐辉琪编《李烈钧文集》，江西人民出版社 1988 年版，第 20—21、33—34 页。

② 《致袁世凯电》（1912 年 5 月 7 日），《李烈钧文集》，第 33—34 页。

长之去任，就是最好的例证。他提出实行军民分治的基本条件有两个。第一，政党内阁成立，国民与各省执政咸知责任之所归，不患总统之专横，现在对中央有猜忌之心的都督，才会抛却猜疑，接受军民分治的方案。第二，厘定省制，理顺中央地方、军政关系。关于省制，他认为，首先是军政分区，军区根据军事需要划分，不与省行政区重叠，都督专管军事。其次，划分中央地方权力，军事外交财政权统一于中央，司法独立，司法官直隶中央，不许入党；省民政长负责地方行政事务，其职务为地方事业、教育、交通、财政等积极的地方行政；民政长之产生，由民选二人，经中央择委其一，直接受成于各部，且受地方议会之监督。① 这一分析颇有道理，也是军民分治比较可行的路线图。但是以袁世凯为首的政府却试图在中央政府的合法权威尚未确立，各省心存猜疑，军区政区尚未划分的情况下，推行军民分治，其不能真正实现军民分治，不能合理调整中央地方权力关系，在情理之中。

在民初省制问题的争论中，以独立论政相标榜的章士钊的见解颇值得注意。其时围绕省制问题的争论，主张存省、省长民选、总统无解散省议会权者多以民权为说辞。而主张废省、省长简任、总统有解散省议会权者则以中央集权为说辞，说存省不利于集权，省长民选、总统无解散省议会之权，将使省长成为省议会之傀儡，将至贤者去位，不肖者苟容；甚或扣政治帽子，说此系阴行联邦制，将使中央无法控制各省，造成国家之分裂。论辩双方少有人能为学理上之批评。章士钊大概是当时少数能从学理上讨论此问题的人了。

章士钊以为，讨论废省存省、省长民选以及解散省议会权等问题，应当明确两个问题：第一，何谓中央集权，何谓强有力政府；第二，中国之省是联邦国家之邦，还是单一国家之地方。中央集权论者与强有力政府论者将眼光主要集中在行政集权上，认为欲有强

① 张百麟：《民国存亡问题之商榷》，《平论报》第1卷第1号，1913年。

有力政府，必须中央政府能操控全国行政系统，中央对于地方能如臂使指、指挥如意，为此必须中央集权，必须缩小行政区划，或缩省，或废省存道，甚至要求废省府县等行政层级，使“全国皆村邑，悉直隶于中央政府”。[①] 他们认为，“必长官有黜陟赏罚僚属之权，庶可以语于吏治”。[②] 故其中央集权之法就是“都督民政长各司，皆由中央委任……官吏参用外省人”。[③]

章士钊提出，所谓中央集权，其根本含义是立法集权于中央，并不必然要求行政集权。所谓立法集权就是立法一源，中央议会之议案效力无限，联邦制则是立法权分属中央议会与邦议会。行政集权与分权之区别是地方行政长官由中央任命还是民选，只要是立法集权，就可以称作中央集权，与行政区域之大小无必然联系，因主张中央集权而要求缩省或者废省，理由不足。若不注重立法集权，而徒注重行政集权，以为地方长官由中央任命，即属于集权，实为对于中央集权的误解。清末号称中央集权，地方督抚全由皇帝简任，而军政、财政及民政，实际上皆省自为制，根本没有实现真正的中央集权。英国立法一源，巴厘门权力无限，而其地方长官由民选，亦属于中央集权。[④] 省行政长官民选并不就是联邦，也不妨碍统一与中央集权。对于中国来说，宜立法中央集权、行政分权，而不宜行政集权。他主张地方行政长官应当由民选产生，理由是：地广人众，集权过甚，中央机关将不胜繁重而弊端丛生，不能治理，政费繁重而民不堪重负；地方行政长官由中央任命会阻碍人民政治能力之发展，“盖寻政治能力发达之迹，莫过于人民可以操纵行政长官之进退，否则社会将日见麻木”。[⑤]

---

① 行严：《复杨伯群书》，《民立报》1912 年 2 月 27 日。

② 梁启超：《省制问题》，《庸言》第 1 卷第 1 号，1912 年 12 月 1 日。

③ 行严：《中央集权之真诠》，《民立报》1912 年 5 月 15 日。

④ 行严：《中央集权之真诠》，《民选各省行政长官之讨论》，《集权与分权之讨论》，《民立报》1912 年 5 月 15 日、8 月 6 日、8 月 12 日。

⑤ 行严：《中央集权之真诠》，《民立报》1912 年 5 月 15 日。

至于解散省议会权问题，首先要明确，中国的省是邦还是地方。《临时约法》既确定中国为单一制国家，则中国之省是地方，而非邦。邦之分权兼乎立法与行政，而地方之分权不涉及立法，只涉及行政。中国之省既为地方，则省议会自然可以解散。反对解散省议会者往往将中国之省比之于美国之州，而忽视了美国为联邦制而中国为单一制国家的基本事实。美国行联邦制，各州皆有独立之立法部，其州长地位相当于总统，州长不对州议会负责，而对选民负责，故州议会可以弹劾州长，而州长则无解散州议会之权；同时因各州自为一部，解散州议会之权亦不宜操于中央政府，故美国没有解散州议会的相关规定。他指出，美国州议会之权力有诸多限制，州政府之行政绝少受议会干涉。再则，美国州议员知识陋劣者不少，州议会通过的议案为舆论所谴责者不少，“彼中历来之舆论，莫不以防立法之不智为言”，这对州议会之权力行使构成了外在的制约。而中国之主张省权者，只注意美国无解散州议会之规定，未注意美国州议会权力行使所受的诸多限制，对于地方权力集中于省议会之弊未加防范。这属于“幼稚叫嚣之民权说”。① 这里，章士钊提出了两个重要问题，一是中国的省议会不能比照美国的州议会，二是应防范权力集中于一机构。

章士钊的说法，可解决两个问题：其一，主张中央集权与强有力政府，不必因此主张废省，也不必因此反对省长民选，由此，原立宪派以中央集权、强有力政府为由要求废省、反对省长民选就不能成立；其二，中国的省既为地方，而非邦，则同盟会—国民党以民权、省自治为由而反对省长或者中央政府有解散省议会之权，也就不能成立。章士钊的说法有充足的学理依据，可以成立。他的主张虽得到不少立场中立的新式精英的认可，却不为同盟会、立宪派两系的各政党采用，因为他的说法不符合这些政党的党见。

---

① 秋桐：《解散省议会权之讨论》，《独立周报》第 1 年第 4 号，1912 年 10 月 13 日。

四 联邦论之再起

（一）民国三四年间联邦论之再起

二次革命后，袁世凯借口省议会和地方议会牵涉二次革命，议事效率低下，妨碍国家统一，于 1914 年 2 月解散各级地方议会与省议会，随后于 1914 年 5 月 23 日用行政命令公布了新的省制。这一省制的要点在，一方面取消省议会，使得省绝无自治之余地；另一方面在省设巡按使，扩大巡按使的权力。李其荃分析此方案之谬误与政府之用心，认为此方案之谬误有二。一是将地方自治与统一对立起来，认为地方自治必妨碍国家统一，欲统一必须废除地方自治尤其是废除省议会。二是囿于传统官僚政治的思维，以为中央掌握巡按使之任免，故巡按使为中央之官吏，给其大权，也不必担心其违抗中央政令；而地方议会尤其是省议会，其议员由民选，非中央可以控制，一旦给予省议会权力，则必妨碍国家统一。政府担心恢复地方议会与省议会，将会为革命党人提供合法的活动地盘，“或更不幸有如前清咨议局之与革命党勾通，民国省议会之涉嫌内乱，则危险殊甚”，故罔顾“自治力强、自治思想厚之民，弱不亡，亡不奴，奴不久也”的基本道理，因噎废食，彻底废除省议会。当局不担心独拥大权的巡按使之跋扈擅权，唯独担心省议会、地方议会之参与“暴乱”，故省官制一方面给予巡按使等同于前清督抚之权力，另一方面对地方自治又顾忌靳勒，迟回疑虑，而莫肯慨予，“遂致地方有事权广漠之行政首长，无监督独立之议事机关，驯至阳用集权之名，阴袭分权之制，终乃无分权之利益而有集权之弊”。①

新省制的推行，断绝了原立宪派以及国民党之温和派在国会解

① 李其荃：《论中央集权与地方自治》，《中华》第 1 卷第 6 号，1914 年 7 月 1 日。

散之后，通过地方政治活动，逐渐改革国家政治的希望，使他们丧失了合法的政治活动的空间，引发了他们强烈的担忧。他们认为，自治为宪政之基础，“一切优美之代议制度皆由自治而出”，① “无独立之自治，则无真正之共和”，② 欲巩固共和，确立宪政，必须发达地方自治。但是，政府倒行逆施，以行政命令强推“无容纳地方自治之余地”的省制，将使宪政永无实行之望，这不能不引起他们的强烈忧虑。③ 从实际情形看，当局以任免地方长官之权为基本手段，而无地方自治的中央集权并没有带来所谓的统一与中央对于地方的控制，相反，“国令不及于京津……前之抗中央者，犹为地方之民，今之抗中央者，乃显为中央之命官……权愈集，裂愈甚”。④ “今日之中国虽名为国，而实际上国家之责任惟知向各省要钱而已。有中央，无各省，有官吏，无人民，有中央地方非分之争，而无权限之争，有官僚牵掣排击之争，而无官民是非利害之争。简直言之，今之全国中，亦不见有中央各省，亦不见有官吏人民，且并不见有国家，惟中央当权之一个人而已。”然即便此统揽天下大权的“当权之一人”亦不能指挥地方，不得各省之同意，他亦不能裁一兵，不能施一政。⑤ 更可忧虑者，一旦“当权之一人”去世，则“大局溃解，中央必陷于无政府之状况，各省纷纷独立，当更有分崩割据之隐忧”。⑥ 在大力推动中央集权的同时，袁世凯于1914年5月又颁布所谓《中华民国约法》，实行总统大权独揽之政制，所谓中央集权就是集权于

---

① 张东荪：《予之联邦组织论》，《正谊》第1卷第5号，1914年9月15日。

② 圣心：《联邦立国论》，《新中华》第1卷第1号，1915年10月1日。

③ 光昇：《读柏哲士论民族所有政治上之性质并讨究中国人之政治特性》，《中华杂志》第1卷第10号，1914年10月1日。

④ 曼公：《大一统论》，《新中华》第1卷第1号，1915年10月1日。

⑤ 中州退叟：《吾国省之价值于国家之组织》，《新中华》第1卷第2号，1915年11月1日。

⑥ 中州退叟：《吾人对于国体变更必要之注意》，《新中华》第1卷第1号，1915年10月1日。

大总统一人。总统集权体制，为野心家复辟帝制打开了方便之门，而帝制复辟注定会失败，这又将使国家面临帝制复辟失败之后的军阀割据之祸。

受时局的刺激，思想界一些人开始反思民元、民二年间的中央集权论，发生所谓“救国方法”的自觉。民元、民二年间，关于革命之后中国实行民主政治的最大威胁，思想界有两种截然对立的看法：以梁启超为代表的立宪派以为，革命之后“莠民社会之乱暴的势力”必乘势而起，发生“暴民专制”，引发中流及中流以上社会的强烈反弹，引发社会内部的剧烈冲突，造成社会的失序。社会失序又必有强势政治人物崛起收拾局面，此等政治强人必走向个人专制，这又会引发新派人物的强烈反弹。这样，国家将在专制与革命之间反复挣扎，政治长期不能上轨道。而同盟会—国民党之激进派与地方实力派则认为，在有悠久专制传统与官僚政治传统的中国，革命之后，对共和政治的最大威胁来自野心家与庞大的官僚势力，二者必然狼狈为奸，破坏共和国体。其时，袁世凯专断集权的面目尚未完全暴露，社会上多数人士颇信从立宪派的说法，以为同盟会—国民党对于野心家、官僚势力的担忧，无非针对大总统袁世凯个人，无非欲保持国民党在南方四省的军政实力，是党见作怪，并非真诚为国。到袁世凯野心家的面目逐渐暴露，尤其是帝制复辟的闹剧开演后，立宪派人物乃恍然大悟，叹同盟会—国民党人有先见之明。比如，张东荪即说，中国专制历史悠久，惟辟作威、惟辟作福的观念深入人心，帝王之位常引有心者艳羡，有力者更有取而代之之心。当政治转型之际，秩序未定，一切政治制度皆未确立，民力与民智均有不足，野心家最易乘机而起，图谋恢复帝制。彼时，人民无充足之能力克制野心家，而出于历史原因，读书之士多仰食于政府，存在庞大的官僚社会，此官僚社会之多数分子因仰食于政府，很难不顾身家、性命而去反对帝制复辟，相反其大多数会为衣食之计而趋附野心家，赞助其帝制复辟之业。帝制复辟必引起新式政治精英的反抗，引发新旧两大政治势力旷日持久的争斗，陷

国家于内乱。因此，转型之初，最重要的任务是防止野心家与官僚势力作恶。为此，必建立分权制衡机制，中央取内阁制，地方用分权制，而不能用中央集权、总统集权之制。① 因此，人们必须抛弃中央集权、强有力政府的观念，认定今后救国必当从中央集权主义转向地方分权主义，利用省界观念，使一省之利害得失由全省之人以自治与调和之精神处理之，于省建“多数政治”，省省如此，全国始得为“多数政治”。②

这样，自1914年秋天起，“海内外学者，鉴于现行无条件之中央集权，其流弊至无所底止，于是地方分权之论大倡”。③ 张东荪在1914年9月就说，“此种思想（联邦论——引注）已普及全国”。④ 这略有夸张，但是到1915年秋，此种思想确实已经比较有气候了。

起初，联邦制一度背负分裂国家的罪名，被看作革命党分裂国家、图谋叛乱的手段，人们只敢拐弯抹角地论证省的价值与省自治的意义，言联邦制却“举其实而避其名”。⑤ 只有戴季陶敢于公开提出联邦制的主张，他在1914年7月发表的《中华民国与联邦组织》中率先倡导联邦制。然而当时社会还在恐惧革命，戴季陶的革命党人身份，更使人怀疑联邦论者的动机。其后张东荪在《正谊》上发表《予之联邦组织论》，亦倡导联邦制。但这没有改变人们畏惧联邦制的局面。一些人如丁佛言、谷钟秀等仍只敢说省自治。有鉴于此，章士钊在《甲寅》上发表《学理上之联邦论》一文，“截断众流，严立解说”，着力论证三点：

---

① 东荪：《政制论》，《甲寅》第1卷第7号、第8号，1915年7月10日、8月10日。

② 张东荪：《根本救国论》，《正谊》第1卷第7号，1915年2月15日。

③ 中州退叟：《吾国省之价值于国家之组织》，《新中华》第1卷第2号，1915年11月1日。

④ 张东荪：《予之联邦组织论》，《正谊》第1卷第5号，1914年9月15日。

⑤ 钱基博：《现代中国文学史》，岳麓书社1986年版，第456页。

“（一）组织联邦，邦不必先于国。（二）邦非国家，与地方团体相较，只有权力程度之差，而无根本原则之异。（三）实行联邦不必革命，所需者舆论之力而已。”也就是说，实行联邦制并不需要通过暴力革命，也不需要先将统一的国家分裂为各邦，只需要通过舆论鼓吹，使人们接受联邦制，然后通过制宪，划分中央地方权力关系，确定省自治权，即可将“地方”转化为“邦”。[①] 此文意在理清联邦概念，辨析联邦与革命之关系，解开人们心理上的纠结。

随着袁世凯专制集权的推展，尤其是其复辟之心日渐暴露，联邦论遂成一时舆论热点。从1914年到1916年，鼓吹联邦制的主要刊物有《正谊》《中华杂志》《民国》《甲寅》《新中华》等。梁启超办的《大中华》虽反对联邦制，但也一改此前鼓吹中央集权、反对省自治，甚至要求废省的立场，转而鼓吹省自治，鼓吹扩大省权。其实，《大中华》在中央地方权力关系上，相当接近联邦制，其反对联邦制只是反对联邦之名。当时即有人指出，联邦与省自治，“其精神实不反对，不过所争在名辞异同，权限之少有差异耳”。[②] 1915年10月，张东荪等人创办的《新中华》更是一个专门鼓吹联邦制的杂志。此期联邦论的代表性文章有：戴季陶的《中华民国与联邦组织》，张东荪（圣心）的《根本救国论》《予之联邦组织论》《联邦立国论》《地方制之终极观》，谷钟秀的《地方制度答客论》，丁佛言的《今后持国政改革论者所应认定之方向》《民国国是论》，章士钊的《学理上之联邦论》，中州退叟的《吾国省之价值于国家之组织》《于人治过渡法治之中间研究中国建设问题》，觉公的《今后建设国家必由之轨道》，等等。

---

① 秋桐：《学理上之联邦论》，《甲寅》第1卷第5号，1915年5月10日。

② 秋桐：《学理上之联邦论》，《甲寅》第1卷第5号，1915年5月10日。

（二）联邦论者的动机

除戴季陶外，鼓吹联邦制的代表性人物，其政治立场大体上属于进步党之激进派与国民党之温和派。他们鼓吹联邦制，其动机大体有二。一是受袁世凯专制集权的刺激。鼓吹省自治与联邦制的人士主要是因袁世凯专制集权而丧失活动空间的新派政治人物，他们试图为自己谋得合法的政治活动空间。同时，他们担心，现行的专制集权制度在袁世凯死后会造成军阀割据的局面，因此欲行省自治，以制约各省大吏，防止军阀割据局面的出现。二是希望借此挑起各省对中央的反感，[①] 试图动摇袁世凯对各省大吏的控制以及各省大吏对于袁世凯的忠诚度，并为中国政治寻找出路。中州退叟说："犹忆前清末年，人民请开国会与运动革命之时，友人某君曾发一奇论曰，以立宪望之清室亲贵，事必无成，以变政望之平民革命，即侥幸成功，而建设亦难，危险尤甚。依中国情势，其幸而督抚中有一二雄才大略之人，出而倡议联约各省，推倒清室，即以分治为各省自治之基础，以散其势，更以分治之各省，合成意思，以为国家筑造之地盘，庶乎其稍可救乎？此语当时人皆嗤为理想，予独韪之。今日政治改革之趋势，去前清末年不远，而吾友昔年之理想乃同于天造地设，不期渐近于实现。"[②] 他引述的"奇论"，说的是清末，所指为当时。他对依靠当局或通过革命实现宪政，都不抱希望，而希望当时掌握地方实权的人物，起而倡导省自治，联约各省，以省自治为基础构建宪政。这是当时不少鼓吹联邦制的人士的共同意愿。

丁佛言明确地将联邦制作为暴力革命、开明专制、再请开国会之外的另外一条出路。他概括当时思想界对于中国出路的见解说：

---

① 李剑农：《戊戌以后三十年中国政治史》，第 310 页。

② 中州退叟：《于人治过渡法治之中间研究中国建设问题》，《新中华》第 1 卷第 1 号，1915 年 10 月 1 日。

“有志之士，目睹政局之危险，群焉恐怖，而思设法预防。于是有所谓维持共和者，其保卫之方法则为第三次革命。次则委曲求全，侥幸国体不生问题，惟希望宪政之恢复，所谓立宪派是也。再次则每况愈下，但希望国体不生问题，即此托名之开明专制亦未尝不可虚与委蛇。”① 他认为暴力革命并非理想的出路，其理由有三。第一，革命并无善后之方，无以坚国人之信用。第二，当局之统治尚有相当之根基，不易动摇。他说，近代政治以法律道义为统治要件，专制统治则以威权势力为统治要件，而中国久经专制统治，国人习惯服从威权统治，威权统治在中国仍然有比较深厚的社会心理基础。“中国人民屈服于数千年专制之下，其与国家向无何种关系，直至今日，大多数国民仍不脱凿井耕田之习惯，充其知识所及，惟有个人生命财产之足重，无论国为君主、民主，政为专制、立宪，但使不妨碍其个人之生命财产，则彼皆熟视无睹。若有他之侵损其个人之生命财产，更有一人者能稍稍保护其不被侵损，则即感恩戴德，视同帝天，即此保护者间有不利于其个人，或不能充分尽其保护之责任，但使彼视为无伤大体，亦必低回系恋，而决不肯轻易以彼易此。至于保护者之为公、为私，国家之为存、为亡，则更不暇计。故中国人民对于政治上之要求，惟此消极的极小范围之个人生命财产之安全，而治中国之不二要诀，亦只在能使多数人民安居乐业。欲使多数人民安居乐业，舍用威权势力排除此侵损个人之生命财产者之行为，即［不］足得多数人民之信用，所谓治中国者要以中国式治之，而不能以理想的欧美式治之者是也。”袁世凯亦深明此中奥秘，利用国人习惯威权统治之弱点，专意扩张自己之势力。第三，从现有政治格局看，现政府崩溃之后，国家极有可能分崩离析，谋国者当尽力避免这种局面的出现。至于“再请开国会”，以恢复宪政，丁佛言说，从当前情况看，即便当局从人民所请，再开国会，其国会恐不过约法会议、政治会议之类而已，不

① 丁佛言：《民国国是论》，《中华杂志》第1卷第8号，1914年8月1日。

过俯首听命于政府、为其分谤卸责之机关而已，政府可以一纸之命令停止其职务，遣散议员。此种国会，有之不如无之。“国会之为物，必有确实已定之地盘为所托命，必有强大有效之力量为其后援”，才能真正发挥作用，因此最重要的任务是寻找国会所托命的地盘，所能依靠的力量。至于所谓维持国体，行开明专制之论，丁佛言也认为并不可靠。因此，他提出，解决中国问题，需先假定两个前提：第一，不倾覆现政府，促其自然之土崩瓦解之事实提前发现，且要以正当方法预先消灭其未来之土崩瓦解之危险；第二，不依赖国会而能以强大有效之力量驱现政府入于宪政轨道，即不变更现行之总统制，亦无妨碍。也就是说，他希望在不经过暴力革命，且不依赖无实力的国会以恢复宪政的前提下，找到具体的方案，一方面驱现政府入于宪政轨道，使中央政府得完善巩固之组织，另一方面令尾大不掉之地方得以发达，令地方与中央彼此推诚、相与纲维，谋国家真实之统一。① 他提出的具体方案就是联邦制。

（三）联邦制：由人治向法治过渡的“地盘”

为什么解决中国问题的方案会是联邦制呢？联邦论者认为，这与省的特殊地位有关，也与中国当前面对的世界局势、世界潮流有关，还与中国当前面临的必须由专制政治向近代政治过渡的历史任务有关。他们认为，欲解决中国问题，必须外察国际局势与世界潮流，内究国情，找到中国可以应对世界局势、顺应世界潮流的“国基”，否则一切改革努力，都会如水上泡影。当前世界仍处于一个激烈竞争的时代，非国家内力充足，不能存立于世。欲国家内力充足，国家必须以国民之意思为意思。丁佛言说：“国权之为物，以国家之意思为其本质”。然国家之意思非源于国家本身，而

① 丁佛言：《今后持国政改革论者所应认定之方向》，《中华杂志》第1卷第5号，1914年6月16日。

源于自然人。无自然人，国家之意思无由发生。近代政治以国民为国家意思发动之源泉，无国民，虽名为国家之意思，实不过私人之意思。面对当前的世界竞争，国家非有国民为后援，则国家命运危殆，国家之意思非以国民之意思为其内容，而欲与人之新式国家竞争，不过驱羸羊而入虎群，只能听人宰割。[①] 世界潮流是什么？就是世界政治正由人治向法治过渡。中州退叟说，处今日中国，而欲谋治，必须明确，二十世纪之国家，人治不能存立，必由人治向法治过渡。[②] 也就是说，面对当前世界竞争与法治潮流，中国的历史任务是由人治向法治过渡，这是没有选择的。

然而中国缺乏直接完成这一历史任务的条件。丁佛言认为，中国完成这一历史任务面临三大障碍。其一，国内存在崇尚武力、不能以法律道义约束的“特别势力”，即以袁世凯为代表的旧官僚势力。其二，国民仍习惯接受威权统治，而统治当局亦擅长运用威权，威权政治在中国仍有深厚的基础。其三，近代国家意思之发动，必须经由国民，形成国民之公意。这需要国民至少是其优秀分子有一定的参政意识与参政能力，而中国国民星散，无参政意识与参政能力，欲构成国民公意，以为国家之意思，面临巨大的困难。他说，中国现处于旧式国家与文明国家之间，一方面以一人之意思而冒称国家之意思已经不具备合法性，另一方面国民全体之多数又仍然是无意思、无势力者，不能构成国民公意。同时，国民程度非如物质文明一样可以仿效，可以移植，不能短时间内取得实质性的提高，必须经过相当时期的培育，必须有适当的机会以历练、以训练。因此，中国面临的问题实质上就是，“果以为何方法，能使此程度不及之国民得有保卫共和之助力，与宪政训练之机会，而使国家得有正当意思之表现，且无论使谁何当局亦不敢以其个人意思冒

---

① 丁佛言：《民国国是论》，《中华杂志》第1卷第8号，1914年8月1日。

② 中州退叟：《吾国省之价值于国家之组织》，《新中华》第1卷第2号，1915年11月1日。

称国家意思，而不敢为破坏共和蹂躏宪政之举动”。[①] 这就需要熟察国情，寻找可以用为表达国民意思，训练国民宪政能力，并可为国民保卫共和之努力提供现实力量的“国基”。

一般论者谈政治问题多喜用“国情”的概念，而联邦论者认为，相对政治根本问题的解决来说，“国基”的概念更能准确表达问题的实质。所谓国情，内涵十分丰富，包括一国之历史、地理、种族、宗教、风俗习惯等，但其中可以称得上“国基”的应当是“有组织国家之意思”、占国家政治权力之主要部分的势力。在他们看来，中国的“国基”就是省。丁佛言说：“中国之地方者，非地方，乃组织国家之主成分，直接构成国家之单位也。通常之国家皆以人民为分子，而中国之国家则先以人民组织地方，而后乃以地方组织其国家。通常之国家必人民背叛，国家始有变革，而中国之国家，地方若有崩离，国家即为解体。通常之国家，地方托命于政府，而中国之国家，政府托命于地方。故他之国家恒虞人民叛变，而中国之国家则惟忧地方分裂。”“为中国求意思之所在，主权之由来，则舍着眼地方无他法门，以今日中国惟地方有为国家之意思与组织国家之势力。合各地方为国家之意思，以成国家，则建设巩固，集地方势力，以监督政府，则政治改良。”他说的“地方”就是省。[②] 觉公则称，所谓“国基”就是，在国家组织之初，能使国内之离心力与向心力互相纲维，同时隐然显示国家政治“对抗力”之所在，使得各主要政治势力不能不活动于法律范围之内的力量。这个力量，“不在神圣文武之帝王，亦不在满盘散沙之人民，而在一有历史有潜势有实力之地方，即今日之所谓‘省’是也”。[③] 中州退叟称，中国的省有深厚的历史基础，为“国家财政之源泉，结合之命脉”，非可轻易废除；省不只是客观的存在，更是“自

---

① 丁佛言：《民国国是论》，《中华杂志》第1卷第8号，1914年8月1日。

② 丁佛言：《民国国是论》，《中华杂志》第1卷第8号，1914年8月1日。

③ 觉公：《今后建设国家必由之轨道》，《新中华》第1卷第1号，1915年10月1日。

觉的认识”，即各省人士均有明确的省界意识；各省地理风俗语言习惯民情各异，此种差异非国家政令可以改变，中央施政必须尊重此种差异；“省非行政区域，乃地方人格”，省不仅有范围较广的地方行政权，而且自前清的咨议局到民国的省议会，省已有地方民意机构，各省人民自认其省为具有意思与行为的权利主体；“省非自治体，乃政治结合”，“非国家之附属品，乃国家地盘之一部”，“省于中央，非隶属的关系，乃对立的性质”。也就是说，省为构成国家之直接的单位，一方面国家权力基于省的同意，没有省的同意，国家政令不能执行，一般国家的政令是经由官吏达于人民，而中国中央政府的政令是通过省达于人民；另一方面，省具备相当的独立性，中央动荡而省可能不受影响，而省动荡则往往会波及中央。[①] 许多联邦论者都有此类强调省的特殊性的文字，内容亦大体相近。总之，他们认为，省具有独立的地位、独立的意识，为独立的人格，与中央政府立于对等之地位，已具邦之性质，而非仅为“地方”。应该说，在清末民初政治生活中，省的崛起是一件重大的事情，但并非如联邦论者所称，已经具有邦的性质，联邦论者夸大了省的特殊性。张君劢即指出，中国之省之间虽有利害之不同，但并没有瑞士各邦之间的语言差异，也没有加拿大各民族之间的对抗，更不像美洲移民那样有宗教移民、商业移民之差异，“凡他联邦国中所谓利害不同之点，我皆无有”，省之间的差异并不是如联邦论者所宣称的那样。而且，行联邦制而政治善良者如美国、瑞士，其联邦制是以城镇乡自治为基础的，中国向无地方自治之传统，清末以来，省渐次崛起，但省只是一种行政区域，远没有成为所谓的“地方人格”。[②] 他的判断是符合实际情况的。

---

① 中州退叟：《吾国省之价值于国家之组织》，《新中华》第 1 卷第 2 号，1915 年 11 月 1 日。

② 张君劢：《联邦十不可论》，《大中华》第 2 卷第 9 期，1916 年 9 月 20 日。

由省具备邦的性质，为中国“国基”的认识出发，联邦论者提出，为政谋治，必须尊重省已具备之“沉雄伟大之势力”，否则其政治构造“皆为不适当、不合法”，不可能真正有效。① 他们检讨清末以来的政治改革，认为自清末宪政改革到民初民主政治的试验之所以陷入断港绝潢，其根本原因是国人漠视“国基”。预备立宪时，各省设咨议局，又由各省咨议局选派代表组织资政院，省作为国家构成分子的意味已有所体现，本可确认省之自治权，又以各省立法机关之代表组织中央国会，逐步完成由人治向法治的转换。当时的有识之士就认识到，“中国变革，上不在君，下不在民，而在中间之各省”，但当局贪权，不肯承认省的特殊地位，大搞中央集权，结果土崩瓦解。武昌起义后，各省响应，省的地位更加凸显。辛亥革命之成功，源于“军队之武力与人民宪政之思潮”，而这二者均“以省为本据，以省为号召，以省为集中点”。可以说，革命依托于省的势力而成。当独立各省联合建国时，本可照美国之例，组织联邦政府，但国人误以一时纷乱之象乃各省独立所造成，“举国上下视地方分权如洪水猛兽”，“咸拜服于中央集权四字之下”。② 于是，在政制设计上，或主张集权于国会，或主张集权于中央政府与大总统。主张集权于国会者，不知“权力者，事实也，而非空架之法律所能一旦而创造者也。权力之在彼者，决非一日之功可以移之于此”。③ 没有实际政治力量支撑的国会，不可能凭空产生自己的权力，对行政权力构成有效的制衡。“彼平民代表，国会议员，历史上有何根基，对于政府有何威力，对于国民有何信用？……果何所恃以对抗政府，镇摄（慑）地方，取信百姓，更

① 中州退叟：《吾人对于国体变更必要之注意》，《新中华》第1卷第1号，1915年10月1日。

② 丁佛言：《民国国是论》，《中华杂志》第1卷第8号，1914年8月1日；中州退叟：《吾人对于国体变更必要之注意》，《新中华》第1卷第1号，1915年10月1日；曼公：《大一统论》，《新中华》第1卷第1号，1915年10月1日。

③ 张东荪：《予之联邦组织论》，《正谊》第1卷第5号，1914年9月15日。

依何法以促进国政之改良，各省之发展，人民之自由乎?”① 在此情形下，国会被袁世凯当局玩弄于股掌之间，最终被解散，就不足为奇。而袁世凯完全无视省的地位，其推行的新省制将使国家陷入分崩离析的危险之中，更绝不容地方自治之发生，其必然的后果就是，“民力偷惰，则政治任其专制；民怨溃发，则草间崛起革命”。② 瞻念前途，不寒而栗。

基于以上看法，联邦论者提出，国人必须明白，以现有条件，中国绝不可能直接由人治过渡到法治，“由人治至法治之间，其夹缝之中，必有一过渡之地盘”。③ 而利用省的特殊地位，实行联邦制，就可以为中国提供这样的“地盘”。

联邦制怎样为中国由人治向法治过渡提供“地盘”呢？联邦论者认为，实行联邦制，各省自治，设省议会，监督省政府；又由各省省长派出之委员以及各省议会派出之代表组织中央议会，这样就可以清晰划分中央地方权力，使地方得以自由发展，地方人民得到民主政治的训练，又可以经由省构成国家意思，为中央议会提供实际的支持力量，对中央政府形成有效制约，防止野心家破坏民主政治。有自署“觉公”者对此阐述最为系统，他说，近代民主政治在制度层面上，以代议制为最主要特征，这就需要支撑代议机构行使权力的实际力量。“所谓共和政治者，从根本上立论，非仅有民选总统之谓也，亦非仅有立法、行政、司法三权分立机关，而立法实居主权运用之名义之谓，必其民选之精神确足以表现共同利害之实际，有不可强为袭取之势，而主权机关运用之百数十人乃至数百人，确有无量数人之势力盾其后，无论以如何暴力，皆森然而莫

① 中州退叟：《吾人对于国体变更必要之注意》，《新中华》第 1 卷第 1 号，1915 年 10 月 1 日。

② 汪馥炎：《集权平权之讨论与行省制度》，《甲寅》第 1 卷第 7 号，1915 年 7 月 10 日。

③ 中州退叟：《于人治过渡法治之中间研究中国建设问题》，《新中华》第 1 卷第 1 号，1915 年 10 月 1 日。

敢侵犯。”从治理方式上说，专制统治以威权势力为统治手段，属于人治，而近代宪政则以法律道义为统治手段，是所谓的法治。这就需要人们有“轨律之精神”，尤其是必须有力量迫使掌握军政实权的“特别势力”，不得不服从法律，不敢借军政实力破坏法律。而中国有数千年专制政治的历史，有权有势者绝无守法之精神，统治者对于法律更是“随创造，随破坏”。因此，要养成“轨律之精神”，在国家制度设计上必须充分利用现实的力量，制约统治者，“迫人不得不入守法之范围，渐即养成守法之习惯”。“轨律之精神”的养成，需要“对抗力”，否则就无法强迫特殊势力“轨律”。他盛赞张东荪的“对抗论”，但认为张氏提出的养成“对抗力”的办法不可行。张东荪认为社会上利益、意见各异的不同政治力量即“对抗力”的存在，是宪政开展与调和立国精神养成的必备条件。对于“对抗力”的养成，张东荪提出的办法是：“必国中常有一部分上流人士，惟服从一已所信之真理，而不肯服从强者之指命。”①觉公认为张东荪的办法不可行，他提出，“对抗力果何自而发生？若谓起于一部分人士，则此一部分人士果何所附丽，有恃不恐，惟服从一已所信之真理，而不从强者之指命？再进一步言之，一国之中，既有反对之政敌，现据有势位者，无论蓄如何野心，行如何残暴，何以不能不优容政敌，仍竞争于一定范围之内，一定轨道之上？此因非人治所能期，亦非漫无根基之法治所能奏效，是必于国家组织之成分，隐然示对抗力源渊之所在，相视而莫敢侵犯，而后用事者，有所制限，常循理而治，国家乃受福于无穷”。除了“轨律之精神”外，宪政还需要“调和立国之精神”，没有调和立国的精神，不能容许异己力量的存在，则即使存在一定的“对抗力”，各“对抗力”之间，也会彼此排斥，甚至发生逸出法律轨道的冲突。他赞同章士钊的调和立国论的立意，但认为章氏只问调和之理是否可通，并不问调和之方将于何而出的态度，并不能解决问题。

① 张东荪：《对抗论之价值》，《庸言》第1卷第24号，1913年11月16日。

他试图找出调和之方："吾且更端以进曰，调和之治理存乎人，调和之武器恃乎法，而法制之创造即在深契乎国家组织之初，使离心力与向心力互为纲维，无论何人处乎其中，皆有调和之权能，无冲突之机会，自不能旁轶突出于范围之外，而以安以治。"他将中国实行宪政的道路、调和立国的方法、对抗力养成的方法归结为联邦制，认为实行联邦制，则可以通过省自治，养成国民之能力，培育国民容纳异己力量的调和立国精神，养成社会的"对抗力"，又可以省自治的力量，为中央立法机构提供实力支撑，迫使"特殊势力"不能不在法律轨道内活动。他说，若实行联邦制，则"各地方皆得发展其固有之活动力，则调和、对抗、轨律之精神，乃能有所附丽以行，而共同组织之国家，亦可以期真正之统一，不致局一时之政象，因一人之野心，酿为纷乱之阶，而无所底止。质言之，即以地方分权主义防遏野心家之暴力蛮行，为今后必由之轨道，而国家亦庶几有安枕之一日也。"①

行宪政，自然需要地方自治，需要地方对中央议会的支撑。联邦制下，各邦固然有较大的自治权，可以对中央构成一定的制约。但是，联邦制也好，宪政也好，都是地方自治发展的结果，若没有地方自治的传统，即便行联邦制，各邦议会其实也缺乏支撑其权力的实力，权力会集中在地方行政长官手中，地方自治并不必定有展开的空间。张君劢即提出，由于缺乏地方自治的基础，中国的省甚至还不是自治团体，"省权向不在省民，省民亦无自握省权之能。夫以如是之省民，即有省宪法，吾不知谁为保证，而不至为豪暴所利用所蹂躏。思之惟思之，惟有股栗而已"。② 这种担心并非多余。

（四）联邦制：国家真正统一之要道

中国人向来看重大一统，近代以来，面对列强的压力，统一更

① 觉公：《今后建设国家必由之轨道》，《新中华》第1卷第1号，1915年10月1日。

② 张君劢：《联邦十不可论》，《大中华》第2卷第9期，1916年9月20日。

是主流思想界的基本追求之一。在民初的思想话语中，不少人认为联邦论背后隐藏革命党分裂国家、日本人削弱中国的图谋，不利于国家统一，不符合强有力政府与国家主义的追求，只有中央集权才有利于构建强有力政府，才能实现国家富强。到联邦论再次兴起，联邦者乃反复强调，联邦并不会造成国家分裂，相反是中国实现真正统一的要道，联邦制亦无碍于国家主义目标之实现。

戴季陶指出，联邦制国家本来就是统一的国家，联邦无碍于统一，联邦制的国家，其治理能力并不逊色于单一制国家，与国家主义的目标不冲突："联邦非支离破碎之国家，而实统一完全之国家也，非中央万能之国家，而实地方分权之国家也"。"近世之联邦国，其组织之完备，不亚于单一国，而政治上之运用，亦不让于单一国也"。[①] 联邦论者强调，所谓国家之真正统一，应是地方真能效顺中央，国民真知国家与自身福利密切相关，而真心拥护国家。统一的基础在国民心理上之认同与拥护，而非用强力将国民统合起来，"统一生于同情，而唤起其同情之感，惟在许其自由，俾其自安，使无受压之苦、反抗之念，而有共同利害之自觉、互相扶助之醒悟，积而久之，则利害愈同，情感愈投，而统一乃愈坚矣"。[②] 这就要根据实际国情与人民心理，为政设制，"使国民之一切相异互差之情感、利害、权利、志趣，皆差足自安"，[③] "使组成一国之各分子各得其所，以乐隶乎上"，而不是"大而无当之中央政府独擅其威，以自处于孤"[④]。为此，必"明乎政力向背之理而为之分配"，根据实际情形，合理分划中央地方权力。

联邦论者认为，就中国而言，欲实现国家之真正统一，必须实行联邦制。他们反思清末以来的政治改革，认为中国社会存在相当的离心力，地广人众，风俗言语不一，情感相异，利害互差，民情

① 季陶：《中华民国与联邦组织》，《民国》第1年第3号，1914年7月10日。
② 圣心：《联邦立国论》（续），《新中华》第1卷第2号，1915年11月1日。
③ 圣心：《联邦立国论》（续），《新中华》第1卷第2号，1915年11月1日。
④ 曼公：《大一统论》，《新中华》第1卷第1号，1915年10月1日。

不齐。自清末以来，省界意识渐深，各省自主意识渐见萌芽，革命以来，各省独立，各地方之人希望自主一省之政。辛亥鼎革时，本可顺势而为，在容许各地差异，承认各省自治权的基础上，建构新的中央地方关系，“使组成中华民国之各省，于相当之范围内，获有独立之权力，得以治其地方独殊之政，使其本身先能自立，然后举其政之关于对外及全国一般者，悉以隶诸中央”，但当时国人都崇拜中央集权，欲以集权求统一，结果国家益形分裂。① 今日若欲重建合理的中央地方关系，就必须“必先许容此复杂之状态，承认此纷异之性质，而以法律规定之、保障之”。② 行联邦制，则正可容纳各省歧异之政情民俗，顺应各省自治其本省事务的要求，通过宪法划定中央地方权力，使中央与地方皆活动于宪法之下，“地方不悖中央统治之威权，中央亦不夺地方特有之机能，分为活动，互为援助，而成一有统系有生机之一体。此之谓真正之国家统一”。③ 若不顾各省政情民俗之歧异与各省自治之意愿，强行中央集权之制，则“各省之服从中央，纯为势力问题”，只会造成实际的分散④。

联邦论者指出，联邦制与国家主义不相悖，一定条件下还是国家主义不得不采用的政制。德国是国家主义盛行的国家，但德国实行的是联邦制，因为只有联邦制才能容纳其国内的民情、政情之差异与离心力，其国家的向心力只达到“行联邦制之国家主义”的程度。他们强调，国家主义无非眼光向外，强调国家对外竞争力的重要性。然欲对外有竞争力，必须国家无内讧。中国今日就存在内讧，存在种种的离心力。与德国一样，中国目前的向心力还只达到“行联邦制之国家主义”的程度。当此之时，若不顾国内离心力比较强，需要以联邦制容纳之，使之运转于轨道之

① 曼公：《大一统论》，《新中华》第 1 卷第 1 号，1915 年 10 月 1 日。

② 圣心：《联邦立国论》（续），《新中华》第 1 卷第 2 号，1915 年 11 月 1 日。

③ 曼公：《大一统论》，《新中华》第 1 卷第 1 号，1915 年 10 月 1 日。

④ 季陶：《中华民国与联邦组织》，《民国》第 1 年第 3 号，1914 年 7 月 10 日。

内的实际情况，反欲厉行中央集权，勉强涂饰，以期国家之纯一坚强，一定是外面涂饰，而内里破裂，所谓国家对外之竞争力无从谈起。何况，国家的价值，并不全在其对外之竞争力，而在国内人民之利益、感情、意见之调和，这比国家之对外竞争力还要重要。①

对于国人思想观念中普遍存在的崇尚中央集权的观念，联邦论者也提出了尖锐的批评。戴季陶说，专制与立宪的区别就是，前者为集权政治，后者为分权政治，集权思想其实就是专制思想；又说，统观历史，“中国文化之发达，由于地方分权，而文化之退步，由于中央集权”，行单一集权之制，虽或可以维持社会秩序，然“于社会文化个人身心之发达实多障碍”。② 曼公说，“在集权制之下，权力最高，在分权之制下，法律为最高”，③ 前者以势力相维系，后者以法律相维系。他认为，地方分权、法治是世界潮流，联邦制符合这一潮流，而中央集权则与世界潮流背道而驰，万不可取。不仅如此，从国家治理的角度看，中国地广人众，各地民情风俗各殊，交通不便，若“非有所谓三头六臂，千手千眼，而欲举此风俗言语教化利害不相同之人民与地方，震动昭苏，开阖操纵，于以修废补败，悉安其所，万无有济，若欲有以济之，则非取近世之地方分权不可”。④

联邦论者对于联邦制与统一的关系，有些过于理想化了。一般来说，联邦制是先有邦，在经济社会发展过程中，各邦有联合的意愿，然后联合为联邦。也有一些南美国家，为效法美国政制，而将单一国家改行联邦制的先例，但是这并不足为中国法。中国本为单一国家，近代以来又面临严重的外在危机，尤其是英、俄等帝国主

---

① 秋桐：《政治与社会》，《甲寅》第1卷第6号，1915年6月10日；圣心：《联邦立国论》，《新中华》第1卷第1号，1915年10月1日。

② 季陶：《中华民国与联邦组织》，《民国》第1年第3号，1914年7月10日。

③ 曼公：《大一统论》，《新中华》第1卷第1号，1915年10月1日。

④ 曼公：《大一统论》，《新中华》第1卷第1号，1915年10月1日。

义国家觊觎中国边疆，在地方自治没有基础的条件下，改单一制国家为联邦制国家，有国家被分割的危险；同时，在地方军政实力人物控制地方实权，地方议会权力虚化的情形下，行联邦制有军阀割据的危险。这些危险，鼓吹联邦制的人物是知道的。但是他们受袁世凯专制集权的刺激，恐惧于革命的发生，担心当前的专制集权会引发袁世凯死后的分裂割据，乃提倡联邦论。可以说，联邦论者更多地看到了中央集权的负面作用，过多地强调了联邦制的正面作用。

（五）具体的联邦制方案及联邦论的局限

联邦论者提出了不少具体的联邦制方案，这些方案大同小异。兹举张东荪的方案以见一斑。(1)“各省之权限规定于宪法，宪法之改正必得各省之同意”。(2)各省议会对于本省事务有立法权，其所定法律，中央行政部有拒否权，但“得国会之同意，仍成法律”。(3)关于行政，各省设以省长为主席的参事会，执行宪法赋予各省之行政权，省长及参事员由省议会选举并受省议会监督，其中省长需由省议会选举后经中央任命。(4)关于司法，“地方高等厅由省自酌办，但法官由中央委任，中央仅设大理院，全国用统一之法律”。(5)关于军政，各省自练民兵，以防盗匪，维持地方治安；中央常备军“大加淘汰”，并实行征兵制度，常备军驻防要塞，为国防军，若对内用兵，需经国会事前同意或事后承认。(6)关于财政，把田赋这一稳定而大宗的税收归省财政，中央财政在中央议会批准后，由各省供给。①

联邦论者将联邦制当作中国由人治向法治过渡的唯一可行的方案，看作防遏野心家、排斥官僚势力、避免再次革命，从而以和平的法律变革的方式确立良好政制，解决中央地方紧张关系，使国家政治上轨道的救时良药；又把联邦制看作可以利用各省人关爱本省

---

① 张东荪：《吾人之统一的主张》，《正谊》第1卷第8号，1915年4月15日。

的观念与省际竞争，促进各省之发展；保障新疆、蒙古、西藏等边疆地区的自治权，发达其区域经济，实现民族“平和坚固之结合”，解决边疆问题与民族问题的可行方案①。他们连篇累牍地宣扬联邦制的种种妙处，“恍若联邦之制，行之有道，容足奠民于安利，拯国命于纷纠”。② 应该说，此期的联邦论对于自清末宪政改革到民初民主政治试验时期，省在国家政治生活中的独特地位的认识，是比较准确的；对于政治转型初期，民主政治最大危险的认识，也有相当道理；对于中国不能直接由人治向法治过渡，必须有一个可以依托的地盘的认识，也有相当的价值。这些认识是在经历民初民主政治试验的挫折之后得出的，颇值得注意。南京临时政府成立前后，中国曾有实行联邦制的时机，然而深厚的大一统思想与中央集权思想使此机会转瞬即逝。到袁世凯肆意推行专断政治时，联邦制的机会已经丧失。

联邦论者鼓吹联邦制的种种妙处，然而如何才能构建联邦制才是问题的关键。袁世凯当局显然不会接纳联邦制的主张，当时即有人很肯定地指出，不论鼓吹联邦制的人将联邦制说得如何尽善尽美，当局都不会接纳。“夫争权攘利，出于天性，未得之权，且犹争之，既得之权，讵甘放弃，私权且然，况政权乎？今之以联邦论强聒于政府者，譬犹与狐谋皮，皮固不得，且有吞噬之忧。”③ 联邦论者了解中国国民还处于分散状态，还不能将自己的意思团聚为国家意思，对实行联邦制，一般国民最多不反对而已；积极推行联邦制，尚需要有首为天下倡的现实的政治力量。他们希望各省大员中能有人因为对于袁世凯的中央集权不满，起而倡联邦制。然而姑且不论地方大员有无此胆，即便有地方大员出而倡导，各省积极响应，进而构建联邦制，地方权力将集中于地方长官，而此等地方长

① 季陶：《中华民国与联邦组织》，《民国》第1年第3号，1914年7月10日。

② 秋桐：《学理上之联邦论》，《甲寅》第1卷第5号，1915年5月10日。

③ 储亚心：《联邦论——致〈甲寅〉杂志记者》，《甲寅》第1卷第7号“通讯”，1915年7月10日。

官将不被有名无实之地方议会所钳制，联邦制所得，将不是地方自治之发展与民权之发达，而是地方长官之专横跋扈与地方割据。“他日各邦首长专横，势无可免，厚赋重刑，以意为之，虽有议会，不啻敝屣，覆辙相循，终无所止。”① 对于这种可能性，联邦论者也心中有数。联邦论者又将实现联邦制的希望寄托于舆论鼓吹，认为只要把联邦之理讲透，只要人们明白联邦制是解决中国问题的唯一方法，接受联邦制方案，则可进而变更宪法，国家即可由单一制变为联邦制。章士钊的说法最为典型，他说：“联邦之成否，惟视舆论之熟否以为衡。舆论朝通，则联邦夕起，舆论夕通，则联邦朝起，初无俟乎革命也。若夫舆论终不可通，联邦即永无由起，虽革命无益也。”② 某种程度上，这种看法是有道理的，所有的政治变革欲取得成功，必先经过思想革命。但是，正如批评者指出的那样，“盖法制之良否，非可抽象讨论，必按诸其国之实际，然后良否之议乃得而施。今离于实际以为言，曰是理充满也；所谓理者则学者一家之理，所谓充满者，则论者主观之充满”。③

民国三年到五年间鼓吹联邦制的人士中，真正破除了中央集权观念、一直推崇联邦制的人很少，他们并非将联邦制作为中国政制的不二选择，而主要是将它看作解决现实政治困境的工具。在社会还较为分散，共和宪政的基本社会条件尚不充分，当局的专制主义集权措施使得宪政发育空间遭到强力挤压，新式政治精英丧失了合法的政治活动空间，国家未来可能遭遇暴力革命和军阀割据局面的情形下，他们将联邦制看作避免革命、实现由人治到法治过渡的系统方案。可以看出，联邦论者大体上属于“惟以法律制度为治具”

① 储亚心：《联邦论——致〈甲寅〉杂志记者》，《甲寅》第 1 卷第 7 号“通讯”，1915 年 7 月 10 日。

② 秋桐：《学理上之联邦论》，《甲寅》第 1 卷第 5 号，1915 年 5 月 10 日。

③ 潘力山：《读秋桐君〈学理上之联邦论〉》，《甲寅》第 1 卷第 7 号，1915 年 7 月 10 日。

的制度决定论者，每“以移植制度为能尽治国之能事”，将救国图治的希望寄托在制度变革本身。这是清末民初不少人的通病。张君劢在批评联邦论者时即指出，“凡行一制，必先有行此制之积极条件。此积极条件而不备，非特其制不行，而他弊乘之”。因此，变革制度必须顾及国情，审慎从事，当条件不成熟时，与其急于变革制度，不如“俟国家之进化，因时损益”。但是晚清以来，中国人只看到西方各国政制之美，不知其政制或由岁月积累而来，颇具自然进化之妙，或以极大的人为努力效法他国政制，经数十年奋斗才获得成功，而中国人则以时会所迫，急于实现富强，误以为简单移植西方政制即可救亡图治，误以为制度变革年月之间即能实现，“于是，论政之士，每视改制为无足重轻，常好为奇论以耸人听”，行一制而效果不著，又图另构新制，希图通过制度变革来解决中国的政治困境。① 梁启超也很中肯地表示，当社会没有发展到相应的程度，人民程度未足之时，行单一制不能实现宪政，而欲通过改行联邦制来落实宪政，道理上不通，今后应当从事的不是简单地谋求制度的变革，而应从社会改造入手，为制度的变革逐步准备条件。②

联邦论者对暴力革命心怀恐惧，欲通过联邦制，来避免革命，但正如章太炎所说，“是时元凶专宰，吏民人人在其轭中，不有征诛，虽主联邦何益焉？”③ 革命之产生与否，是不以联邦论者的意愿为转移的，随着袁世凯帝制复辟，革命形势迅速发展，联邦论者也放下了鼓吹联邦的笔，走上了武力反袁的道路。1916 年 6 月，张东荪在《新中华》最后一期发表文章称，倒袁之后，“政治必呈一群龙无首之象，演一地方割据之局，一切大权将丛集于多数之各省都督。此各省都督，又将自分派别团为数党，一方自握兵符号召

① 张君劢：《联邦十不可论》，《大中华》第 2 卷第 9 期，1916 年 9 月 20 日。

② 梁启超：《政治之基础与言论家之指针》，《大中华》第 1 卷第 2 期，1915 年 2 月 20 日。

③ 《太炎题词记》，《甲寅周刊》第 1 卷第 2 期，1925 年 7 月 20 日。

本土，他方联络邻省外树声援。于是，国家庶政之兴废，恒视各都督之意向，以为依违之准绳。于此种状态之下，倡分权不能更益之也，倡集权不能以削之也，倡联邦不能为联邦也，倡统一不能为统一也，倡法治不能遽行也，倡议会大权亦不能遽行也，倡军民分治更不能遽行也”。[①] 其对于倒袁之后的政局的预测是相当准确的，对于倒袁之后联邦制无法实现的判断也是准确的。

当联邦论盛行之时，联邦制的设想还一度成为护国军的主张，1915 年 12 月 24 日，云南护国军发布宣言，以四事相约，其中第二事就是“划定中央地方权限，图各省民力之自由发展”。但倒袁之后，悲愤之言犹尚在耳，此四大条目之一的联邦制的主张就被抛弃，“集权论虽未大张旗鼓，而联邦论大有偃旗息鼓之观”。[②] 国会重开，再议宪法时，进步党与国民党再就地方制度问题发生激烈冲突，前者要求省制入宪和省长民选，后者反对省制入宪，反对省长民选。其争论的问题还是民元、民二间所争论的问题。研究系（进步党）依然给商榷系（国民党）加上一个意图“造成联邦，破坏统一”的罪名，而商榷系的人士其实也不谈论联邦制了，联邦制的方案再度被抛弃。

民初省制、省官制难产，根本原因是各方意见与利益严重对立，猜忌甚深。在各方意见、利益严重对立，缺乏基本政治信任的情形下，各方不可能就中央集权或联邦制形成共识。在此情形下，建构合理的中央地方关系有两个可能的路径。第一个路径是先建立中央政治权力的合法性，以消除各方的猜忌；同时，利用合法的中央政府、中央议会以及地方议会，来约束各省地方军政长官，防止出现割据局面。这需要相当的时间，需要各方有足够的耐心。旧政

---

① 圣心：《今后之政运观（一名守法与让德）》，《新中华》第 1 卷第 6 号，1916 年 6 月。

② 李大钊：《省制与宪法》，《宪法公言》第 4 期，1916 年 11 月 10 日。

治权威崩溃后，新政治秩序的建构需要相当的时间，曲折与困难在所难免。但是，在社会条件尚不充分、共和政治的基本理念与游戏规则尚未成为国人尤其是政治人物的共识的情况下，建立中央政治权力合法性的努力难以在短时间内获得实质性成就。由于没能及时建立中央政权的合法性，中央对于地方的控制或者地方军阀争夺中央政治权力，凭借的就只能是兵马之力，而非舆论之力或者选票之力。新的中央地方关系，需要在一个大武力消灭其他小武力之后，才有重建的希望。第二个路径是顺应各省实际上处于独立或者半独立，地方军政长官权力庞大的现实，通过省自治或者联邦制，一方面赋予各省自治的地位，使各省的军政长官、各省政治精英能够在国宪的范围内处理本省事务，其既有权力能够有所保障；另一方面通过中央议会、省议会以及各级地方议会，制约各省军政长官，防止军阀割据。然而，民国初年的中国，国家主义话语盛行，人们普遍希望尽快实现国家富强，久受大一统与长期中央集权体制影响的一般国人，颇相信只有中央集权才能统一，才能建构有效能的政府，而省自治、联邦制则会破坏国家统一，不符合构建强有力政府以应对内外挑战的需要。主张省自治、主张联邦制的人士反复申说省自治、联邦制并不会妨碍国家统一，甚至在某种情形下还是实现国家真正统一的可行方案，但这种解说似乎不能打消信奉大一统与集权体制的人们的忧虑。而当集权统一与省自治、联邦制的分歧，在民初的政治环境下被化约为追求国家富强与追求党派利益的对立时，省自治与联邦制的方案就在道德上处于劣势，失去了思想市场。

从民初思想界、政治界围绕省制问题的争议，可以看出，无论是立宪派，还是同盟会—国民党系列的人物，无论是各省都督，还是袁世凯，其思想主张之表述，一方面与其所持的基本思想观念有关，另一方面则与其所处地位、所关心的利益有关。人们的思想观念往往受其所处的现实利益关系的限制，高妙的说辞背后，往往隐藏着现实的利益，这在民初省制问题的争议中表现得甚为明显。

第八章

共和政治挫折后的思想探索与争论

宋教仁被刺杀后，国民党内部就宋案之解决发生重大分歧。以黄兴为首的温和派认为，宋案应由法律解决；而以孙中山为首的一派认为宋案之真凶为袁世凯，宋案非法律所能解决，必须以武力将袁世凯赶下台，这不仅可以追究宋案真凶之责任，更可为民国除一祸害，但国民党在南方的地方实力派对于武力反袁犹豫不决。当国民党内部发生争论、犹豫不决之时，袁世凯加紧武力解决国民党的步伐，先后完成大借款与相关兵力部署，在一切准备停当后，乃解除胡汉民、李烈钧、柏文蔚的都督职务，将国民党推向武力反抗之路。因为甫经革命，人心思定，且一般舆论认为宋案应由法律解决，袁世凯并无背叛民国之实据，国民党武力反袁理据不足，故一般社会不支持甚至反对二次革命，加以南北实力有差距，国民党内部不统一，二次革命很快失败。

二次革命后，袁世凯在国会选举他为正式大总统之后，因宪法起草委员会不从他的宪法主张，乃借口国民党议员牵涉内乱，下令削去国民党议员资格，并解散国民党，解散国会，解散各级地方议会。随后，袁世凯强化专断集权统治，又废除《临时约法》，制定《中华民国约法》，确立总统独裁制，辛亥革命建立的共和体制迅速沦为虚壳。1915 年 8 月，筹安会成立，袁世凯复辟帝制的图谋已是路人皆知。12 月，袁世凯推翻共和，登基称帝。这对努力追

求政治民主化、曾对共和政治充满期待的新式政治精英与知识精英而言，是极大的打击。面对共和的厄运，思想界乃反思清末以来的国家主义思潮与政治改造优先论，检讨民初共和政治试验遭遇挫折的原因，探讨未来的改革之路。正是从这种反思与探索中，新文化运动的启蒙思路与个人主义的思想主题渐次显露。本章主要分析共和政治试验遭遇挫折后思想界对共和挫折原因、国家观念问题的讨论，以及对未来进路的探索。

一　孙中山组建中华革命党及其以党建国思想

二次革命后，革命党人多流亡海外。对于未来之路，孙、黄两派存在严重分歧。孙中山比较乐观，认为袁世凯表面上统治稳固，但边疆不稳，宗社党蠢蠢欲动，袁世凯阵营内部争权夺利，统治并不稳固，而革命党在二次失败后，虽丧失了地盘，被迫流亡，但精英尚存，且袁世凯的反动统治正不停地创造新的革命党，故他主张积极开展革命，并认为不用两三年，革命形势必有大改观。因为与黄兴的分歧，孙中山要求黄兴“静养两年”，由他按照自己的方略全权推动革命。若两年后，革命没有成功，可以再从黄兴之方案。① 而黄兴一派则认为，革命新败之后，袁世凯统治尚较稳固，又得进步党之拥护，且其帝制野心未完全暴露，背叛民国之迹尚未显著，一般国民尚不反对他；而革命党在失败后，力量大不如前，此前拥兵数万，据数省之地，尚且失败，今流亡海外，无尺土寸兵，再进行革命，无非军事冒险，徒然牺牲热血青年之性命，实无意义。故他们主张办刊阐述国民党历来之主张，争取国民之理解与支持；广泛接纳各派新式政治精英，以结成广泛的反

① 孙中山：《复黄兴函》（1914 年 6 月 3 日），《孙中山全集》第 3 卷，第 91 页。

袁阵线；培养军事干部与法政干部，以造就革命与建设之人才。[①]因为内部的分歧，国民党在组织上分裂为孙中山领导的中华革命党和黄兴领导的欧事研究会，前者持激进的革命立场，后者持温和的革命立场。

二次革命失败后，孙中山总结辛亥革命未能确立民主共和、二次革命迅速失败的教训，认为失败之原因主要有两点。第一，辛亥革命没有按照革命程序论进行，未经约法之治，而直接由军法之治进入宪法之治，没有经历以革命的武力扫荡旧势力的阶段，旧势力在民国建立后仍占据要津，粉饰旧治，以摧残新治；同时，因为没有经过约法之治，民众没有经过民主的训练，缺乏拥护共和、反对专制的意识和能力，遂使革命党拥护共和的反袁斗争得不到国民的支持。第二，同盟会—国民党徒以主义号召同志，但求主义之相同，不计品流之纯糅，故党员虽众，声势虽大，但内部意见分歧，步骤凌乱，既无团结自治之精神，复无奉令承教之美德，致党魁等于傀儡，党员则如散沙，一旦受到外在压力，党即被摧败。今后革命必须高度重视党的组织统一，必须树立党魁的绝对领导地位。[②]鉴于国民党已经处于分裂状态，他于1914年7月组建中华革命党，并手订《中华革命党总章》，随后又组织审定《中华革命党革命方略》，[③] 以为中华革命党的纲领性文件。综观孙中山此期的革命思想，最值得注意的有三点。

第一，重提民权主义与革命程序论。辛亥革命之后，孙中山一度认为民国已建，民族主义与民权主义两大目的已达，今后的任务是实行民生主义，他的主要精力就转到了铁路建设与鼓吹民生主义上。由于已由军政直接进入民国，他很少提革命程序论，相反他对

① 李新主编：《中华民国史》第二编第一卷下，第612—618页。

② 孙中山：《致陈新政及南洋同志书》（1914年6月15日）；《复黄兴函》（1914年6月3日），《孙中山全集》第3卷，第91—92页。

③ 《中华革命党总章》，见《孙中山全集》第3卷，第97—103页；《中华革命党革命方略》，见《近代史资料》总第61号，知识产权出版社2006年版，第1—21页。

于政党政治问题还有较多的阐述，同盟会之改组为公开的政党，同盟会与统一共和党等合并为国民党，孙中山都是赞同的。二次革命之后，他发现民权主义还远未实现，他从此前的教训中察觉，今后的革命还必须按照革命程序论进行。《中华革命党总章》明确规定，中华革命党“以实行民权、民生两主义为宗旨”，“以扫除专制政治、建设完全民国为目的”；又将革命分作军政、训政、宪政三个时期，并分别规定三个时期的任务。军政时期，“以积极武力，扫除一切障碍，而奠定民国基础”；训政时期，“以文明治理，督率国民，建设地方自治”；宪政时期，“俟地方自治完备之后，乃由国民选举代表，组织宪法委员会，创制宪法，宪法颁布之日，即为革命成功之时”。经过辛亥革命、民初民主政治的挫折，孙中山对于革命程序论尤其注重，并反复向他的同志强调，辛亥革命未能确立共和，是因未照革命程序论开展革命，今后之革命必须照革命程序论进行。

第二，虽没有提出以党建国的概念，但实际上明确提出了以党建国的基本思想。《中华革命党总章》规定，从革命军起义之日到宪法颁布，整个时期都是革命时期。在此时期“一切军国庶政，悉归本党负完全责任，力为其难，为同胞造无穷之幸福”。又将党员分为三等，革命军未起义之前入党者为首义党员，革命军起义后到革命政府成立之前入党者为协助党员，革命政府成立之后入党者为普通党员。三种党员享有的权利不同，首义党员为元勋公民，得一切参政、执政之优先权利；协助党员为有功公民，能得选举及被选举权利；普通党员为先进公民，享有选举权利。在整个革命时期，只有党员能按等级享有不同的政治权利；非党员不得有公民资格，必须在宪法颁布以后，才能享有政治权利。进入宪政时期后，国民方一律平等。① 显然，革命时期，所有军政大权掌握在革命党

① 孙中山：《中华革命党总章》（1914 年 7 月 8 日），《孙中山全集》第 3 卷，第 97—98 页。

之手，只有党员有政治权利，党外之人并无政治权利，只有被训练的资格。孙中山将革命党看作人民的“保姆”，而人民则是心智尚未成熟的婴孩，这在后来被胡汉民概括为训政保姆论。对于为什么在革命时期只有革命党党员能有政治权利，一般人民不能有政治权利，当时即有人提出质疑，孙中山曾就此进行解释。他说，这是反复权衡、深入思考后的决策，并不过分。理由有三。其一，革命之目的是解决政治问题，而政治问题不能离权利而言。从实际情况看，人皆好权利，即便革命党人亦绝少高尚不好权利者。给予党人特别权利，可激发党人的革命积极性，推动革命之进行，又可团聚党人，防止第一次革命后党内不平分子纷纷投向其他政治势力，甚至投向反动势力以破坏革命的情况再现。其二，第一次革命后，革命党纷纷见杀于附和革命、赞成共和之人，实可痛心，将来第三次革命，必须设保障革命党人之法。只有给予党人优先的政治权利，由党人独掌军政权力，才能防止类似情况再现。其三，国民程度尚低，在政治能力上还“有如婴孩”，革命党人在训政时期应“立于保姆之地位”，负有提携、指导国民，训练其行使民主权利之责任。这些保姆必须忠实可靠，才能于宪政既成之时还政于民。他相信“革命党人未必皆有政治之才能，而比较上可信为热心爱护民国者。革命党以外未必无长才之士，而可信其爱护民国必不如革命党”。故在革命尚未成功、国本尚未巩固之时，应先予革命党人以政治权利，然后才能给党外之人以政治权利，“庶几无反复捣乱之虞”。①

孙中山把党作为国的模型来治理，试图以五权政府的框架构建中华革命党，同时训练党员行使五权，以备将来训练国民行使五权之用。其设计如下：党设总理一人，协理一人，总理由孙中山本人担任；总理全权组织本部为革命军之策源，委任本部各部长、职员，经各地党员推荐委任各地支部长。本部设总务、党

① 孙中山：《致吴敬恒书》（1914年），《孙中山全集》第3卷，第150—152页。

务、财政、军事、政治五部，各设部长一人、副部长一人、职务长及职务员各若干。所有党员构成协赞会，协赞会分立法院、司法院、监督院、考试院，与本部并立为五。协赞会设会长一人，副会长一人，均由总理委任；各院院长由党员选举，但并非对党员负责，而对会长负责。从各部的职能规划看，各部不但承担着党务职能，还承担着建国职能，即分别承担筹备国会、司法院、监督院、考试院等任务。中华革命党的组织还暗含地方自治之意，总章规定，各地支部为自治团体，得自行议立章程，请本部批准，并推荐支部长，由总理委任，并得便宜行事，于附近地方设立分部，并直接统辖之。这大体是一个集权于总理、以五权宪法为模型而建构的党的组织体系。

为适应形势变化，孙中山对革命程序论的修改，突出强调了革命党的作用。对照《中国同盟会革命方略》，《中华革命党总章》以革命党取代军政府，成为整个革命时期的绝对领导力量。《中国同盟会革命方略》规定，在“约法之治”时期（相当于训政时期），每一县解除军法之后，“军政府以地方自治权归之其地之人民，地方议会议员及地方行政官皆由人民选举。凡军政府对于人民之权利义务，及人民对于军政府之权利义务，悉规定于约法，军政府与地方议会及人民各循守之，有违法者，负其责任”。[①] 也就是说，约法之治时期，与国民相约以行约法之治的是各地军政府，而非革命党。约法之治时期，军政府授地方自治权于人民，而自总揽国事，双方根据约法规定，各自承担权利义务，地位平等，各有权利义务，国民并非毫无权利。而《中华革命党总章》则规定，整个革命时期“一切军国庶政，悉归本党负完全责任”，革命党在革命时期处于绝对领导地位，而非与国民处于相对地位。《中国同盟会革命方略》为限制军政府之权力，又以“约法”“地方议会”约束军政府，使其将来还政于民，而《中华革命党总章》则只有党

① 孙中山：《中国同盟会革命方略》，《孙中山全集》第1卷，第297—298页。

内监督，即由监督院监督党务、党员，至于民众对于党权的监督，则付之阙如。对于革命党还政于民的时间，《中国同盟会革命方略》规定："军法之治"每一县以三年为限，未及三年已有成效者，可提前进入下一阶段；"约法之治"以天下平定后六年为限，随后即可解约法，布宪法，而进入宪法时期。而组建中华革命党时，孙中山并没有提出革命党还政于民的具体时间表。自然，革命时期延续多久，有难以预计的情形，但完全不提还政于民的时间，不能不说是一个缺陷。

第三，强调革命党的统一与党的领袖的绝对权威，试图建立一个高度集权、高度统一的革命党。孙中山总结此前革命的教训，强调统一对于革命能否成功有至关重要的意义，"革命党能统一，则革命之事业已成功过半矣"；若不能统一，就会重蹈辛亥革命之覆辙。① 因此，他在组建中华革命党时，就立誓约，订新章，要求一切事权统一于党的领袖，要求党员在入党时必须宣誓"牺牲一己之身命、自由、权利"而图革命之成功，立约宣誓服从党的总理的绝对指挥，永久遵守，并加盖指模以为凭证。为扩大党的队伍，孙中山要求每个党员都至少介绍一位新人入党。为防止党员叛党，《中华革命党总章》又规定，一旦党员叛党，除处罚本人外，还要追究介绍人之责。这一切的目的就是使革命党高度统一并服从孙中山的领导。这种组织方法颇有几分秘密社会的味道，遭到一批老革命党人反对，李烈钧、柏文蔚、谭人凤、陈炯明等，皆"以党魁统一事权，则近于专制；以党员服从命令，则为丧失自由"，不加入中华革命党，甚至有人称孙中山为"广人教主"。② 于此，孙中山曾经解释说，革命党为将来国家之雏形，在秘密时期、军事进行时期，党魁特权，统一一切，党员各就其职务能力，服从命令，是

① 孙中山：《致邓泽如函二件》（二）（1914 年 10 月 20 日），《孙中山全集》第 3 卷，第 126 页。

② 孙中山：《复杨汉孙函》（1915 年 8 月 4 日），《孙中山全集》第 3 卷，第 184 页。

自然的道理，不得以专制、不自由比论。① 许多老革命党人最为反对的是，加入中华革命党必须在宣誓之外，加盖指模。为释群疑，孙中山特地解释加盖指模的意义。他说，必须吸取第一次革命的教训，不能再将全国人民皆名之为国民，唯“有心赞成共和，而宣誓注册者，乃得名之曰国民”。又因取以党建国的策略，必须给予革命党人政治特权，为防止革命成功之日，巧诈之人纷纷宣誓赞成共和而排斥真正的革命党人，就需要党员入党时加盖指模，确认其首义党员身份，防止出现假冒革命党。且将来所有想获得国民资格之人，都必须宣誓效忠民国，并加盖指模，今日要求入党加盖指模，只是将来成为国民的必要程序在党内的预演而已。②

孙中山强调革命领袖的权威，其要求党员入党时宣誓并加盖指模，形式上受到了中国传统秘密结社的影响，但思想上的影响却主要来自西方。1914 年 6 月 15 日、7 月 29 日，孙中山两次致函南洋同志，以意大利学者“密且儿”在《政党社会学》一书中阐述的观点作为政党必须听命于一人的依据。对此，“国内学者从来未加留意”。③ 张朋园慧眼独具，指出孙中山所称的“密且儿”是德裔意大利政治学家罗伯特·米歇尔斯（Robert Michels，1876—1936），其所称《政党社会学》指《寡头统治铁律——现代民主制度中的政党社会学》。通过分析，张朋园指出，孙中山由自由主义转向威权主义，“亦如其早年倡导革命，几乎完全是受西方的影响”。④ 米歇尔斯是

---

① 孙中山：《复杨汉孙函》（1915 年 8 月 4 日），《孙中山全集》第 3 卷，第 184 页。

② 孙中山：《批释加盖指模之意义》（1914 年 12 月 5 日），《孙中山全集》第 3 卷，第 141—142 页。

③ 张朋园：《从民权到威权——孙中山的训政思想与转折兼论党人继志述事》，（台北）中研院近代史研究所 2015 年版，第 27 页。

④ 张朋园：《从民权到威权——孙中山的训政思想与转折兼论党人继志述事》，第 26 页。Robert Michels 的 *Zur Soziologie des Parteiwesen in der Moderne Demokraite*（英文书名为 *Political Parties*：*A Study of the Oligarchial Tendencies of Modern Democracy*）于 1911 年出版，随即就有意大利文、法文、英文译本问世，引起欧洲学界的强烈关注。该书的中译本，可见任军锋等译《寡头统治铁律——现代民主制度中的政党社会学》（天津人民出版社 2003 年版）。

精英民主论者，他认为任何实行集体行动的大型社会组织都存在“寡头统治铁律”，现代政党亦然，即使是强烈追求民主的社会民主党也逃脱不出这个铁律。随着组织的扩大，必然出现组织结构的等级化与组织体制的官僚化，组织的管理、领导也必然日渐成为专业化的工作，组织的领导者与一般组织成员之间在组织管理方面的知识、技术、能力、地位以及所掌握的资源等方面的鸿沟日渐扩大，一般成员越来越失去对组织与组织行为的控制，组织的目的会被领导者的个人追求所侵蚀，由此就必然出现精英专权与领袖独裁的局面，并且也将出现组织成员对领袖的个人崇拜。

此外，为鼓吹领袖独裁，鼓吹党员当绝对服从领袖，阐释孙中山“重组革命党，首以服从命令为唯一之要件”的思想，[①] 时任中华革命党湖北支部长的田桐还将法国右翼社会心理学家勒庞（Le Bon）的《乌合之众》第三章加以改写发挥，撰成《革命之首领》一文刊载于《民国》杂志第6号上。[②] 田桐突出强调革命领袖对于革命事业的极端重要性，文章开篇就说：“革命必由党而发生，党必由首领而主宰。譬之风帆之于舵，大兵之于将，得之则行，不得则危且殆，且司舵者之于舟子，将兵者之于兵家，得之则行，不得仍不免于危且殆。盖党员心理之现象，阶级有异同，知识有差别，由多数人心理之集合而来，并由多数人心理之活动以进。惟其多数也，则难于一。不一矣，则活动之力难以圆转自如。求其多数而能一致活动者，是在有为之主而默示之者耳。”他说，一个革命党要具有战斗力，必须形成强大的内聚力，为此必须塑造一般革命党人的“信仰心”。“信仰心发生，则革命党成立；信仰心动摇，则革命党内乱；信仰心倦息，则革命事业停滞；信仰心进步，则革命事业进行；信仰心强烈，则革命事业将告成功。”革

① 孙中山：《致陈新政及南洋同志书》（1914年6月15日），《孙中山全集》第3卷，第92页。

② 参见邹小站《田桐〈革命之首领〉文本探源——兼谈勒庞〈乌合之众〉对中华革命党的影响》，《晋阳学刊》2018年第5期。

命党人的信仰心有两种：一是对于主义的信仰，二是对于首领的信仰。就塑造党人对于主义的信仰而言，革命首领必须成为传布主义的行家。田桐深受勒庞的影响，认为集体行动中的群众都缺乏推理能力与独立思考能力，传布主义最有效的方法不是运用讨论的方法去分析道理，而是用断言、反复、激发感情等方式，即用近乎狂热的状态，用简单明了、不容置疑的断言方式，将自己深信的主张、结论、主义，反复宣讲，反复夸张，“启发多数之心理”，并“利用模仿性”（即勒庞所说的“传染法”），使大众“入于激昂之程度”，对于首领宣讲的内容深信不疑，“形造一切无意识之观念”。在这一过程中，革命领袖“自身必有巩固之自信力”，对于自己宣讲的内容要坚信不疑，要以“强烈之热情”去宣讲，而“不必问其合理与否”。只有这样，才能以自己之狂热唤起他人之信念，形成“总揽首领”对于党徒的“宰制力”，使他们对于首领“无不顺从，无不屈服服从”。有了党人对于首领的信仰心，借助于首领的威严（即勒庞所说的“名望”），就可以形成革命首领对于革命党人的“宰制力”，使“党徒之一进一退，悉主宰于首领方寸之中”。这就可以“化卤莽之徒为节制之师，化乌合之众为强劲之旅”，使革命组织具有强大的战斗力，往往能使有不可实行之事，获得成功的希望。他强调，信仰主义与信仰领袖相比，信仰领袖更加重要。一般革命分子，不必有独立思考的能力，不必有独立行动之能力，能够信奉革命之主义，甘愿服从革命首领之命令即可。而“局部首领”需要的是狂热之性质、强固之意志，奉行命令之真心，且“以有愤慨激热，恒似癫狂之病者为适合”。针对一些革命元老不服从孙中山绝对领导的情况，他说，一知半解之徒，自作聪明，不知以为知，强不能以为能，对于首领之命令无奉行命令之真心，是革命事业“最为危险”的敌人，必须予以排除。领袖的威严往往基于其成功的事实，而孙中山领导革命几经挫折，尤其是执意发动二次革命，使革命党遭受重大损失，这大大影响了孙中山的领袖威严。针对这

种情况，田桐在承认成功的事实对于确立领袖威严的意义的同时，特别强调“成败不足以定人物之高下，当指挥群众之首领，其过去有经若干次之成败者，则更加一种之特别威严”。① 这就是说，孙中山领导革命，虽屡经挫折，但挫折只会使他的领袖形象更加高大，使其威严更能慑服人心。

田桐此文，贴合中华革命党要求树立领袖绝对权威的需要，对树立领袖权威的必要性以及手段阐述得系统而清晰，受到中华革命党的高度重视。该文在《民国》发布后，即出版了单行本。

以党建国论是孙中山在经历痛苦的失败后，深入思考的成果。在中国这样一个有着长期专制主义传统、一般民众不解自由平等为何物的国度，在近代民主政治所需要的基本社会条件尚未成熟的条件下，以孙中山为首的革命党人对于由统治当局完成政治近代转型不抱希望的情况下，孙中山希望通过以革命党为先天国家，由革命党建立革命的军政府，训练国民行使民权，最后由革命党还权于民，确立共和宪政，确实是一个伟大的构想。显然，一个肩负这样伟大任务的革命党，其内部的组织与权力架构不能等同于一般宪政条件下的政党。在找到民主集中制这个列宁主义的建党原则之前，孙中山及其追随者试图借用米歇尔斯、勒庞等人的理论来鼓吹革命领袖的权威，希望借此建立一个有战斗力的革命党，是并不令人奇怪的。

孙中山是一个真诚的民主主义者，他相信自己有为国民谋福利、为国民建立共和政治的诚心，也相信他的革命同志都有此诚心。因此，革命党有资格充当政治能力不足的国民的“保姆”，当

---

① 玄玄：《革命之首领》，《民国》第1卷第6号（1914年12月），第1—19页。文中所引“成败不足以定人物之高下……则更加一种之特别威严”一句，田桐称是勒庞的话。笔者在《乌合之众》一书中未曾见到类似的表述，可能勒庞在别的著述中表达过类似的意思。

国民经过训练，具备政治能力之时，革命党也必定会还政于民。①显然，革命领袖、革命党人的“爱国护民”的诚心并非革命党还政于民的丹书铁券，人们对此有所怀疑，也属正常。孙中山对其中存在的问题不是毫无察觉，因此，他试图以五权政府的框架去设计中华革命党的组织架构，先训练党员行使五权。但他将革命党员分为享有不同政治权利的三等，又主张革命时期由革命党垄断政权，而将一般国人排除在享有政治权利之外的主张，难以获得一般社会大众的认可，并遭到接受过自由平等学说的温和派的批评，也在情理之中。

二　对抗论与调和立国论

面对以袁世凯为代表的官僚势力与以孙中山为代表的革命势力互不相容、政争走入极端的局面，温和派试图引导政治走上轨道。张东荪阐述“政治上之对抗力”的价值，试图找出培养政治对抗力的途径。章士钊阐述为政之本在有容、调和立国的道理，希望各派明白此理，以使国家政治能上正轨。

（一）对抗论

对抗论的雏形出自梁启超。1913 年 1 月，梁启超在《庸言》上发表《政治上之对抗力》一文，提出“对抗力”的存在是宪政运用的前提，没有强健有力的对抗力，则必力趋绝对，政趋专制，而专制必生革命；没有对抗力基础的革命，只可能是易姓之革命，其结果或为暴民专制，或为枭雄专制，而不可为真正之政治革命。近代欧美政治所以由专制而进化为立宪，“皆发动力与对抗力相持之结果也”。梁启超希望中国的政治家，明白对抗力的意义，不摧

① 孙中山：《致吴敬恒书》（1914 年），《孙中山全集》第 3 卷，第 150—152 页。

残打压他人之对抗力，也希望国中的“中坚之阶级”，能服从一己之所信仰，不为强力打压或腐蚀拉拢所动，保持与发育自己的对抗力。①

梁启超此文发表时，正当国会选举，国会选举虽不乏违规竞选之案例，但进程大体正常。梁启超此文，一方面针对当时政党竞争中存在的种种问题，尤其是各政党均试图依靠军政人物的实力来扩张党势的情况，希望政党竞争能循常轨进行，是对各政党领袖的告诫。另一方面如章士钊所说，其时“国中一部分之对抗力尚存，履霜坚冰，因发危言，以策当局”，② 敬告当局不要摧残政党。梁启超所说的政治对抗力，是对近代政党政治基本规则的理论概括，“即近代政党政治之理想作用而已”。③ 所谓健全的对抗力，也就是健全的有实力、有政纲、遵守近代政治基本游戏规则的政党。张东荪说，“民国初立，昧于此理，欲以一势力并吞其他，好同而恶异，于是风潮所掩，全国骚然，绝无休宁。梁任公感之，以政治上之对抗力号召于同胞前”。④ 这一分析比较准确。

梁启超此文提出了很重要的问题，也具备了后来张东荪所说的对抗论的雏形。但此文发表后，并未立即引起思想界的关注。

1913 年 11 月，袁世凯解散国民党，国会因不足法定人数而不能开会，张东荪发表《对抗论之价值》一文，发挥梁启超关于政治对抗力的见解，并将其概括为“对抗论”。他说：“夫阳电子吸、阴电子拒而原子之形始成，原子各互相吸拒而万物之形始成。然则苟无对抗，终必使宇宙为不可认知，则对抗为宇宙万物构成之原理，固可彰然无疑义矣。”离心力与向心力是广泛存在于宇宙的基本力量，是万物所以成形，国家社会所以维持与进化的基本要素。宇宙失其对抗，则秩序不存，“政治失其对抗之竞争而现老颓之状

① 梁启超：《政治上之对抗力》，《庸言》第 1 卷第 3 号，1913 年 1 月 1 日。

② 秋桐：《共和平议》，《甲寅》第 1 卷第 7 号，1915 年 7 月 10 日。

③ 萧公权：《中国政治思想史》，河北教育出版社 1999 年版，第 648 页。

④ 张东荪：《读章秋桐〈政本论〉》，《正谊》第 1 卷第 4 号，1914 年 4 月 15 日。

态”。“近世国家之组织，皆优容反对之分子，诚以竞争为进化之唯一要道耳”。①

与梁启超主要讲政治上之对抗力不同，张东荪分对抗力为无形之对抗与有形之对抗。所谓无形之对抗，“国家社会内各分子互相对峙而使各不相犯之谓也”，大体上指社会上存在着不同利益的群体。这些群体，都有能够代表其利益与意见，具有相当社会声望，能够“一呼而社会响应”的领袖人物。此等人物虽不必直接参与政治，而散处于工农商学各界，但代表着一定的社会群体，同时又各有其独立的见解，“惟服从一己所信之真理，而不肯服从强者之指命”，因而对于其所代表的群体具有号召力。这些群体及其领袖人物，就构成了社会上的无形的潜势力，“足以消极的使政治入乎正轨，滥用政权者得而惧焉”。所谓有形之对抗，是指政见互异的政党遵循政党政治的游戏规则，竞争于轨道之上。无形之对抗可使国家内社会上各要素之分配利益恒得其平均，而免偏颇专制之弊；有形之对抗则可以使各政党竞争于政见政策，互相交替，以促国家社会之发达。无形之对抗，是政治上之对抗力（即有形之对抗）能够健全开展的社会基础。他强调，这两种对抗对于国家与社会的发展具有极其重要的意义，“近世国家之发达，政治之进步，全赖此二种对抗之势力”。欲政治进化，社会有序，必须保持这两种对抗力。要保持对抗力，除宪法应当涵容社会上各要素，使社会各群体之利益分配得其平均外，还需注意三点：其一，相反之二势力不可使其中一种居国家之最高机关；其二，政治竞争不可诉诸武力；其三，相反之二势力须有遵守宪法之诚心，于宪法下竞争。这种竞争就能使政治脱离武力竞争而进入文明竞争。②

张东荪此文，比梁启超的政治对抗力之说，要更进一步，他更看重政治对抗力的社会基础。从文章发表的背景看，此文更多是劝

---

① 张东荪：《对抗论之价值》，《庸言》第1卷第24号，1913年11月16日。

② 张东荪：《对抗论之价值》，《庸言》第1卷第24号，1913年11月16日。

告二次革命之后得势的旧官僚势力，尤其是袁世凯当局，不要滥用武力压服政治上之对抗力。张东荪对对抗力的理解有点理想化，社会群体的利益是分化的，健全的社会存在着多元化的利益对抗，代表社会利益的政党也可能不只是两大势力；但他强调对抗力的价值是有道理的。

张东荪的对抗论，其思想直接来源于拉称赫夫（Ratzenhofer，今译拉岑霍费尔，1842—1904）的社会冲突理论。[①] Ratzenhofer 追随奥地利社会学家龚普洛维奇（Ludwig Cumplowicz，1838—1909），相信社会是由互相矛盾冲突着的种族集团组成的，冲突是根本的社会过程。国家起源于种族冲突，在种族为着食物供应发生的冲突中，强势的种族集团征服弱势的种族集团，于是国家形成。国家形成后，国家的社会结构不再以血缘关系为基础，而是以国家这一统治体系为基础。随着工商业的发展和社会结构的分化，以征服为基础的国家变成文化国家。文化国家企图通过各种敌对利益的妥协，维持社会事务的秩序，在与创造性的自由相协调的条件下，统治被征服的人民。[②] 张东荪从 Ratzenhofer 的冲突与妥协的理论中受到启发，认为冲突或者说对抗力是社会普遍存在的，国家只有将各种对抗力纳入法律轨道，政治才能走上轨道。这种强调冲突与妥协的理论，与张东荪民国初年面对的政治环境甚为吻合，其读 Ratzenhofer 之书而心有所动，是很自然的。

自梁启超、张东荪提出对抗论之后，陈独秀、李大钊等也都强调对抗力的价值。与当时一般人用“对抗力”的提法不同，陈独秀使用的是“抵抗力”的概念。陈独秀将世界看作“众生相杀”的战场，认为“自然每趋于毁坏”，一切生物要生存于世界，必须发挥其求生的本能，必须具备抵御外界侵蚀与毁坏的“抵抗力”。“抵抗力者，万物各执着其避害御侮、自我生存之意志，以与天道

① 张东荪：《读章秋桐〈政本论〉》，《正谊》第1卷第4号，1914年4月15日。

② 《外国哲学社会科学人名资料汇编》，商务印书馆1978年版，第1952页。

自然相战之谓也。”对于人类，抵抗力不仅关乎生命之维系，而且关乎政治之良恶、社会之进退、道德之隆替。缺乏抵抗力的人们，“恒为强暴所劫持”，其政治易趋于专制；社会上则“群众意识每喜从同，恶德污流，惰力甚大，往往滔天罪恶，视为其群道德之精华”；道德上，每易受制于人类的贪残本性，易趋于堕落，丧失人格。他提出，中国衰亡的最大病根，就是人民缺乏“抵抗力”，并将造就国人的“抵抗力”作为国家社会改造之急务。① 李大钊提出，欲享治平之福，需有容纳社会各方利益、意见的“衡平之宪法”。这又“必其制宪之势力，歧为别派，并峙相抗，以实贯之，而其势力自身，亦各知尊奉政理，容纳涵蓄，不敢妄冀专断”，即必须社会上存在着互相对峙、彼此尊重、能够和平竞争的“对抗之势力”。欲改良政治，欲享治平之福，则“对抗势力之养成，其首务矣”。②

（二）调和立国论

在张东荪提出对抗论稍后，章士钊提出调和立国论。调和立国论，大体包括政力向背论、政本论与调和立国论。依据英国政治学家蒲徕士（James Bryce，今译为詹姆斯·布赖斯）所阐述的理论，章士钊认为，如同自然界普遍存在离心力与向心力一样，社会也普遍存在离心力与向心力。社会由利益意见情感希望各异的个人与团体组成，现存秩序、制度、政策，总会与社会中一部分人的意见希望利益情感相合，而与另外一部分人相离，这就形成了社会的向心力与离心力。合理的社会治理当使离心力与向心力都活动于法律范围之内。对于离心力，不是排斥而使之外奔，而应在确立宪法与基本制度架构时，为不满现有秩序、制度、政策的人们留下正当而合

① 陈独秀：《抵抗力》，《青年杂志》第1卷第3号，1915年11月15日。

② 李守常：《政治对抗力之养成》，《中华杂志》第1卷第11号，1914年11月1日。

法表达、实现其意见希望利益情感的空间，使之能在法律范围内活动。若以力排斥离心力，则力之盛衰原无一定，离心力与向心力辗转相排，国家将长期动乱。涵容社会之离心力与向心力，使之相守的最重要规范就是宪法。因此，宪法必须经各方充分协商而后形成。只有这种宪法，才能为各方接受，才能维系离心力，不使外奔。①

政本论认为，要想使国家政治能够在向心力与离心力平衡的轨道运转，就应剔除“好同恶异”的习性，树立为政之本在“有容”的观念。所谓“有容”，就是承认人智有限，自己非真理之化身，不得以异同为是非；就是承认反对意见和反对派存在的合理性，并使之有合法而正当的表达渠道与活动空间，而不以力干涉。② 他指出，“有容”对于政治平稳发展具有极其重要的意义，为政不能有容，则社会之离心力与向心力必长期冲突，政治不可能上轨道。正因为社会存在不同的利益、情感，参与政治的各方力量，无论在朝在野，无论持激进立场，还是持缓进立场，抑或是持保守立场，都需要“让德”，都应遵循“公道”，“以全体相感相召相磋相切之精神”，调和各种利益、情感，“使全国人之聪明才力得以迸发，情感利害得以融和”。所谓“公道”，即 justice。“公道者何？与人以相当之谓也。与人以相当者何？各有其应有之权利也。”③ 这种精神就是调和立国的精神。实行调和立国，首先要求掌握政治权力的人破除成见，“调和者，实际家之言也，首忌有牢不可破之原则，先入以为之主”；也要求他们能够“发见新旧之媒，使之接构”，既不能完全秉持理想主义的政治理想，不顾现实条件，完全不顾旧势力的反对，执意实行极端的新政，也不能“抹杀生机，一意复旧”，顽固地执行旧政策。对代表旧势力、想维持其“固有尊严”

---

① 秋桐：《政力向背论》，《甲寅》第1卷第3号，1914年7月10日。

② 秋桐：《政本》，《甲寅》第1卷第1号，1914年5月10日。

③ 秋桐：《调和立国论》，《甲寅》第1卷第4号，1914年11月10日；《国家与责任》，《甲寅》第1卷第2号，1914年6月10日。

的掌权者来说，应当详察政治向心力与离心力的消长情况，及时变更政策，“当割之利，不割不可，当低之求，不低不可也。当其可而割之，应于时而低之，是谓调和”。否则，“当割不割而卒割，当低不低而卒低，其割其低，必非寻常应与之量所能餍敌之意”，当政者将“绝脰断膑以亡”。对代表新势力、想促进新生事物发展的掌权者来说，应“就于迂回宛转之途”，以达其目的；若固执己之所信，“必欲行之，势惟扫除一切障碍，绝其根本”，那么就会引发无可收拾的大祸。对于新旧双方来说，调和乃“两利”之术，但这需要通过“两让”即双方的妥协才可以实现。①

章士钊以斯宾塞的一段话来概括“调和之精要”：“盖蜕嬗之群，无往而非得半者也，其法制则良窳杂陈，其事功则仁暴相半，其宗教则真妄并行。……其冲突龃龉，自乱其例，上自国政，下洎学术，所樊然日多者，即以演进方将，损益之以与时偕行之故。义理法制，古之所宜者，乃今以世变之更新，而适形其不合，且是之世变，往往即为前时义理法制之所生；特世变矣，而新者未立，旧者仍行，则时形鼿鼿，设图新而尽去其旧，又若运会未至而难调，此所以常沿常革，方死方生，孰知此杂而不纯牴牾冲突者，乃为天演之行之真相欤”。② 这里的调和与前面所说的“两让”“两利”的“调和”不同，指社会演化过程中新旧混杂、旧必逐步变化为新、新孕于旧而不可离旧而生的现象。这是新、旧两大社会势力无法超越、无法更改的客观演化趋势。据此，旧势力不能固守其旧，否则必起革命之祸；新势力不可绝旧图新，否则必起剧烈动荡。新旧两大势力必须顺着客观的演化趋势，实行调和，才可“两利”。

章士钊的调和立国论，其基本思想来源于英国保守主义思想家莫烈（Morley）在其《论妥协》（*On Compromise*）一书中所阐述的

① 秋桐：《调和立国论》，《甲寅杂志》第1卷第4号，1914年11月10日。
② 秋桐：《调和立国论》，《甲寅杂志》第1卷第4号，1914年11月10日。

调和思想。中国传统所强调的“执两用中”的观念是章士钊接受调和立国论的内在思想根基，他曾以“两端而执其中”来说明“调和之义”。章士钊在留学英国时了解了英国政治平稳进化的事实、英国人善用调和之义的民族性，又在民国初建时看到民初三大政治势力，尤其是旧官僚势力与革命派之间各持一端，彼此绝对排斥，使政局不宁，宪政顿挫，这些更强化了他的调和立国信念。

调和立国论提出后，颇为舆论界所关注，张东荪、李大钊、高一涵、汪馥炎、李剑农等，都曾就此问题进行过讨论。

（三）对抗论、调和立国论的现实困境

对抗论、调和立国论是在民初主要政治势力各走极端、不能相容、政局不宁、革命势不可免的情形下，有识之士提出的两个重要的思想主张。其目的都在“捉摸近世文明国之根本意味”①，“摧破好同恶异之观念”②，导引对立的政治势力为平和之竞争，避免革命。对抗论强调强健有力的政治对抗力的意义，调和立国论强调有容的意义，但大体上都是将西方比较成熟的政党政治理想化、理论化。这两种主张提出后，政治立场介于袁世凯为代表的旧官僚势力与孙中山为首的激烈革命党人之间的温和派人物，即原国民党的温和派、原进步党一系诚心追求民主政治的人士，以及社会中一些不赞同复古也不赞同激烈革命的中间派人士，一度颇为欣赏。

对抗论与调和立国论颇有相通处，可谓相辅相成。若合而观之，则其理更为充足。汪馥炎比较政本论与对抗论称，“有容基于内在之良心，对抗本乎外界之势力。有容之量必涵养而后能厚，对抗之力则相持而始平，故谈有容者每易入于道德之范围，言对抗者则必按合力学之原理”。他认为，有容虽为美德，但只可企于上

---

① 张东荪：《中国之将来与近世文明国立国之原则》，《正谊》第1卷第7号，1915年2月15日。

② 汪馥炎：《政本论与对抗论之比较》，《中华杂志》第1卷第10号，1914年10月1日。

智，非能寄望于一般人士，而好同恶异既为人之本性，欲克好同恶异之心理，需在有容之外，另求他途，这就需要社会上存在对抗力。“倘能社会间皆各有一部分之潜势力以厚其基础，纵有野心家欲以所操之一种势力，施以压制，而社会各部分之潜势力，皆足起而与之抗，则政象决不能趋于专制矣。”若社会存在对抗力，而纯思以对抗之力求郅治，也无成功之望，必须各方之对抗力具备有容之美德，各方才可能竞争于一定之轨道。① 张东荪认为，“人之有好同恶异之心，实远自其祖先在禽兽之时代”，是人类内在的动物本性，必有势均力敌之对抗力，才能迫使欲好同恶异之人，自敛其心。因此，欲政治上轨道，“与其希望强有力者无好同恶异之念，则不如期望社会上各分子、各要素各固守其正当之部分，保存固有之势力，维持平均之利益，而不受外力之压迫为愈也”。② 他并不寄望于人们具有容纳异己势力的有容之心，而将眼光放在如何养成社会之对抗力之上。陈独秀则强调，与其言让德、言对抗，不如言人们当发挥自我意志、自我能力，抵抗外界之侵压。③

然而，正如汪馥炎所说：“今日吾国政局，人我既无相容之量，而社会复无对抗之机。”④ 其实，中国不但缺乏有容的观念，在力走极端的政治格局下，也缺乏调和对抗力的时机。而且，因为长期的农业经济，中国社会业态简单，社会结构也相对简单，晚清以来，资本主义有所发展，社会结构有所变动，但近代的社会力量仍然十分弱小，近代的社会团体尤其是政党虽开始出现，但还很不成熟。这就造成了中国不但缺乏无形之对抗力，也缺乏健全的有形的对抗力，所谓调和立国，所谓对抗论，也就缺乏现

---

① 汪馥炎：《政本论与对抗论之比较》，《中华杂志》第1卷第10号，1914年10月1日。

② 张东荪：《读章秋桐〈政本论〉》，《正谊》第1卷第4号，1914年4月15日。

③ 陈独秀：《抵抗力》，《青年杂志》第1卷第3号，1915年11月15日。

④ 汪馥炎：《政本论与对抗论之比较》，《中华杂志》第1卷第10号，1914年10月1日。

实的基础。

鼓吹对抗论的人士，找不到养成对抗力可行的路径。

对抗力何由养成？梁启超说："必国中常有一部分上流人士，惟服从一己所信之真理（其果为真理与否且勿问，但一己所信为真理者而从之，斯亦足矣），而不肯服从强者之指命，威不可得而劫也，利不可得而诱也，既以此自厉，而复以号召其朋。朋聚众，则力弸于中而申于外，遇有拂我所信者，则起而与之抗，则所谓政治上之对抗力厥形具矣。今代各立宪之健全政党，其所以成立发达者恃此力也。夫既自知对抗力之可贵，则于他人之对抗力，亦必尊重之。故当其在野也，常对抗在朝者，而不为屈，即其在朝也，亦不肯滥施强权以屈彼与我对抗之人。……如此，然后政治得践常轨，国有失政，不必流血革命而可以得救济之道。立宪国之所以常久治安，胥是道也。"对抗力因何萎瘁消亡，由于弱者之不能自振者十之二三，因强者之摧残者十之七八。强者摧残弱者之对抗力，乃对于以和平公开的手段与人竞争缺乏自信，乃对异己之政治力量忌惮而嫉妒，或强行诛除，或腐蚀拉拢，务使异己之政治力量不能存在或者同化于己，而后心安。①

对于如何发育对抗力，梁启超在呼吁当局不要打压政治上之对抗力外，更多地希望形成社会的"中坚之阶级"。他所谓的中坚之阶级并非因血缘而形成的特权等级，而是知识道德为国人信服之少数"优异名贵之辈"，他们"常为多数国民所敬仰所矜式，然后其言足以为重于天下，而有力之舆论出焉。夫有力之舆论，实多数政治成立之大原"。此优异名贵之辈，要能"成为无形之一团体，其在社会上公认为有一种特别资格，而其人又真与国家同休戚者也，以之董率多数国民，夫然后信从者众，而一举手一投足皆足以为轻重"。② 从梁启超行文看，其所说的"中坚之阶级"不仅是资产阶

---

① 梁启超：《政治上之对抗力》，《庸言》第1卷第3号，1913年1月1日。

② 梁启超：《多数政治之试验》，《庸言》第1卷第12号，1913年5月16日。

级，更多的是指社会上有声望，言论为天下信服之政治领袖、行业领袖或者意见领袖，此等人物因为有信从者，能为轻重于国家社会，对于政治事务、社会事务之意见能发生较大的影响。同时，这些人又担任政党领袖，主持政党，通过其领导的政党，发挥引领舆论、影响政治的作用。

梁启超提出的“中坚之阶级”的概念，后来为不少人接受，并得到发挥。《甲寅》第1卷第1号上的一篇评论墨西哥革命后之形势的文章发挥了梁启超的意思。该文称，墨西哥革命后，动乱与独裁相续，根本原因是墨西哥没有“中流社会”。墨西哥脱离西班牙独立后，经济上两极分化，社会分化为由八千余大地主构成的上流社会与恃土地为生之贫民两大阶级，却没有“足以为国民中坚之阶段，而因立为组织政治之本基”的“中流社会”，以致民力稚弱，枭黠生心，偶因煽动，即酿巨祸。① 作者此文虽是说墨西哥，其实是以墨西哥比论中国，以墨西哥独裁者迪亚斯比论袁世凯。作者所说的“中坚之阶段”比较明确地指资产阶级与中产阶级。不过，此文对于如何养成所谓“中流社会”也是语焉不详。

张东荪则提出，欲养成对抗力，需要从两个方面入手：一是鼓吹正谊的观念，二是认清“近世文明国立国之原则”，区分政治与社会，限制政府权力，使社会能自由发展，有充足的生气，形成无形的对抗力。他严厉批评民国建立以来的国权主义与保育政策论，指出：“中国国运之兴也，不在有万能之政府，而在有健全自由之社会。而健全自由之社会，惟由人民之人格优秀以成之。此优秀之人格，苟政府去其压制，使社会得以自由竞争，因而自然淘汰，则可养成之。”他把对抗力的养成寄托于社会自由发展，说“不佞今颇省悟，知泛言对抗与调和，而不从社会活气着想，终为无济耳。所谓社会活动者何？凡经济、教化、道德、地方事务、学术、技艺、信仰等，均划出政府管辖之外，政府绝对不与闻，不干涉，而听人民

① 秉心：《墨乱感言》，《甲寅》第1卷第1号，1914年5月10日。

自由处理之是也。更详言之，即政府不唯人民之仰给是求，扑灭一切之民间事业，而专使其依赖于政府”。① 应该说，他从根本上找到了对抗力形成的途径，其所想比梁启超所论更为可靠。只是此路遥远，急于以革新政治实现国家富强的人们有些等待不及。同时，迷信大权统揽主义、迷信强有力政府论的当权者，不愿意缩减政府权限，社会的自由发展如何可能，也是非常现实的问题。而且，就近代中国所处的国际环境而言，资本主义的发展面临着国际资本的严酷的压力，没有政府的适当介入，完全凭借社会的自由发展，来造就社会的变动，养成无形的对抗力，不但非常困难，而且道途漫漫。

为鼓吹“正谊”观念，1914 年 1 月，张东荪与谷钟秀等创办《正谊》杂志。张东荪在该杂志的创刊号上发表《正谊解》一文，阐述“正谊”的概念，他称“正谊者，自我实现之方法，圆满一己之义务，而不侵占他人之权利之谓也”。② 张东荪对于“正谊”的理解，直接来自英国政治思想家 T. H. 格林的“自我实现说”，③ 是一种将自由、权利看作人的自我实现的手段的观念。张东荪强调，“正谊”观念无论是对于社会的政治运行，还是经济运行，都极其重要。只有当人们具备了“正谊”的观念，才可能成为有自我意识、自我权利观念、自我实现要求的人，才是有道德的人，才能坚守自己的权利领域，面对外界的压迫，才能奋起反抗，不服从强者之指令。当个人的反抗不能有效时，具备“正谊”观念的人就会因拥护自由权利而结成团体，以与政府对抗，才能形成政治上的有形的对抗力，强健有力的政党才会出现。否则，人们将成为没有自我意识、丧失自我人格的奴隶，不可能形成对抗观念，社会也

① 张东荪：《中国之将来与近世文明国立国之原则》，《正谊》第 1 卷第 7 号，1915 年 2 月 15 日。

② 张东荪：《正谊解》，《正谊》第 1 卷第 1 号，1914 年 1 月 15 日。

③ 格林认为，人民服从国家基于道德责任，国家为道德之产物，自由为个人自我实现之手段。关于格林的修正的自由主义的思想，可以参阅萨拜因《政治学说史》，第 411—420 页。

就不可能出现强健有力的对抗力。基于这样的理念，张东荪说："今日欲振兴社会，刷新政治，舍正谊莫由。"①

陈独秀认为国人缺乏抵抗力之原因有三：学说上，儒佛道鼓吹礼让、空无、雌退，致国人无强梁敢进之思；政治上，君主专制将民德、民志、民气扫地以尽；社会上，长期的统一，"天下同风，民贼独夫，益无忌惮；庸懦无论矣，即所谓智勇豪强，非自毁人格，低首下心，甘受笞挞，奉令惟谨，别无生路"。然而，对于如何养成国人的"抵抗力"，他的阐述却相当薄弱。照他对于国人缺乏抵抗力原因的分析，则要养成对抗力，就主要应当是学说上的革命、政治革命以及联邦制，但是他于此三者不着一字，只是空洞地呼吁人们奋发进取，将对抗力的养成归结为道德修养。②

李大钊强调对抗力的意义，也深知对抗力的养成根本在于社会。他认为，历史演进，"罔弗基于人类思想之变化"，人类思想的变化造成历史的变动，"历史上人物之势力，莫非群众意志之累积"。因此，革新观念，养成社会革新的"群众势力"才是问题的关键。当时的他还没有接触马克思主义，故虽注意到"群众势力"的意义，但并没有将"群众势力"的养成寄望于经济社会的发展与群众的有组织的结合，而是将希望寄托于士大夫。不过与一般人简单地提倡士大夫当有独立之精神不同，李大钊深知经济独立是精神的物质基础，经济上不能独立，士大夫就仍然只能是被势位利禄权威驱策的依附于统治阶级的势力。所以，他希望士大夫，"自觉其固有之势力，自宅于独立之地位，自营不羁之生活"。经济上独立的人渐多，并逐渐结合起来，成为社会的中枢力量，然后以此力量为中心，"以昌学术，以明廉耻，以正人心，以厚风俗"，可以造就刚正不阿的人心风俗，将强暴势力驯服于人心之下。③ 这大体

---

① 张东荪：《正谊解》，《正谊》第 1 卷第 1 号，1914 年 1 月 15 日。

② 陈独秀：《抵抗力》，《青年杂志》第 1 卷第 3 号，1915 年 11 月 15 日。

③ 李守常：《政治对抗力之养成》，《中华杂志》第 1 卷第 11 号，1914 年 11 月 1 日。

是要求士大夫先谋求经济独立，然后结合为团体，改造人心风俗，以养成社会上之对立力。

鼓吹对抗论的人们，将对抗力之养成寄希望于一部分优异名贵之辈不肯服从强者之指命，唯服从一己之所信仰，或者寄希望于士大夫的自觉与人格修炼，有一定道理，毕竟世道人心要求救世者具备自觉的意识，具备高尚的人格，但是正如质疑者所提出的："对抗力果何自而发生？若谓起于一部分人士，则此一部分人士果何所附丽，有恃不恐，惟服从一己所信之真理，而不服从强者之指命？再进一步言之，一国之中，既有反对之政敌，现据有势位者，无论蓄如何野心，行如何残暴，何以不能不优容政敌，仍竞争于一定范围之内，一定轨道之上？"① 提出此种质疑的人士认为，养成对抗力的最佳途径是利用省的势力，以晚清以来逐渐在政治舞台上崛起的省作为养成对抗力的地盘，通过实行联邦制，充分发挥自治各省的实力，以制约中央政府的权力，逐渐培育对抗力。这又将对抗力的养成转化为纯粹的政制变动。至于鼓吹正谊观念，当然可以向国人灌输权利观念，鼓动人们自守其权利之域，但这属于思想启蒙，需要有现实的社会经济变动作为其基础。

与鼓吹对抗论的人士找不到养成对抗力的方法一样，鼓吹调和立国的人士也很清楚，无论从现实政治格局看，还是从两大主要政治势力的政治理念上看，当时没有实行调和立国的可能性。"调和生于相抵，成于相让，无抵力不足以言调和，无让德不足以言调和。今革命党八九居海外，进步党亦奄奄无生气，自力不生，不足言抵。己之权利，剥蚀净尽，本无所有，更胡言让，抵既无从，让复莫傅。"在现实政治格局中，既没有对抗力，何谈调和立国？② 不但如此，当时处于对立地位的袁世凯一派与中华革命党一派，都

① 觉公：《今后建设国家必由之轨道》，《新中华》第1卷第1号，1915年10月1日。

② 秋桐：《调和立国论》，《甲寅》第1卷第4号，1914年11月10日。

不接受调和立国论。“政府党曰，民国初立，首误于优容，束缚驰骤之约法，不得不勉遵之；放辟邪侈之元勋，不得不敷衍之；暴厉恣睢之都督，不得不容忍之。故以袁总统之雄才大略，从政莽年，而一事莫举。一旦决裂，将假面悉行抉去，虔刘乱党，至于净尽，始有今日之统一可言。”① 袁世凯虽发布过所谓赦免党人的命令，但那不过表面文章，其剿灭革命党之既定方针没有丝毫改变，革命党之被逻捕、被杀害，在在有之，甚而至于滥捕学生，株连无辜。② 至于政制取向上，更迷信大权政治，迷信威权控制，直向帝制复辟狂奔而去。

坚持革命的中华革命党人也不认同章士钊的调和立国论，革命党人在创办于旧金山的《民口》杂志第 8 号上发表了《好同恶异辨》一文，系统地表达了他们的见解。文章说，章士钊、张东荪“于共和国之政本，不独不能得其精髓，抑于民党致败之由，亦且茫无所知”。共和与专制截然两分，其“政本”不同。专制政治之下，国家为君主私产，有识者忧其君相不能容纳异议，乃为有容之说进之。“若夫共和国家，则首重平民政治，种族混合，阶级全泯，固不因宗教、种族、阶级等关系而有异同之区域，则有容之说何自而生。”“夫同于己者好之，是谓好同，异于己者恶之，是谓恶异。在个人言之，则好恶之性，人各不同，要以真理为归点。在国家言之，则同是国民，苟人人能循依大公至正之轨道，以拥护国家，则又何好恶同异之可言。”也就是说，有容说只适用于专制政治，不适用于共和政治。作者认为，民党致败之由，并非民党好同恶异，而恰恰是其没有好同恶异。民国新建，共和尚未巩固，存在强大的反对共和政治的力量，民党若欲建立“纯粹真正共和政治”，就必须好同恶异，必须“对于表同情于共和者好之，示异于

① 秋桐：《调和立国论》，《甲寅》第 1 卷第 4 号，1914 年 11 月 10 日。

② 袁世凯对于革命党人的镇压及对无辜民众的残杀，可以参见李新主编《中华民国史》第二编第一卷下，第 528—532 页。

共和者则恶之”，必须“同心协力以扫灭异己诸党”，只有这样才能保障共和。① 可以看出，作者与章士钊、张东荪存在根本观念上的差异。章士钊、张东荪认为人之认识有限，不存在绝对的真理，一国之内利益情感各有差异，但都有其存在的理由，都应被容许存在；又强调，不存在超越个人利益情感之上的抽象的国家利益，国家只是各种相异之利益、情感妥协的舞台，容纳各种利益、情感，使各自安，进而发扬民志，发挥个人能力，才是国家的价值所在。基于这种认识，他们主张有容，主张为政当只论异同，不论是非。而此文作者则认为，政治问题上有终极的真理存在，相异之意见当以真理为判断是非之标准；又认为有超越个人利益而存在的国家利益，政党竞争当“以国家为前提”，符合这一前提者为是，违背这一前提者为非。韩伯思在致函章士钊时，批评此文作者“由极端之共和主义，一变而为极端之专制主义”，② 是有相当道理的。

袁世凯一派与革命党人都不认同调和立国论，这使得鼓吹调和立国的人士，不但对于当下之政治感到失望，对于未来亦深感恐惧。章士钊说：“今之左右政局者，专制思想重一分，将来食其报者亦重一分。急激者专制思想重一分，将来以施于人而展转食其报者亦重一分。报复相乘，祸患相继……愚恐法兰西八九十年之大乱，苟其列国不欲瓜分，任吾自为蜗角之战，必且无可幸免。”③ 他们担心主要政治势力各走极端，国家将陷入长期的内乱。

于是，他们又将调和立国的希望寄托于国民党之稳健派（即黄兴领导的欧事研究会）与进步党之民主派，希望两者联合起来，

---

① 韩伯思：《政本——致〈甲寅〉杂志记者》，《甲寅》第1卷第5号“通讯”，1915年5月10日。

② 韩伯思：《政本——致〈甲寅〉杂志记者》，《甲寅》第1卷第5号“通讯”，1915年5月10日。

③ 秋桐：《民国本计论》，《甲寅》第1卷第10号，1915年10月1日。

组建起所谓的清流大联盟，推动政治革新。他们希望倒袁之后，政治权力掌握在清流大联盟手里，逐渐将政治引导上轨道。① 面对袁世凯的专断统治，这两派人士曾一度接近，颇有形成所谓清流大联盟的趋势。这其中，进步党人当时还可以合法地活动，革命党之稳健派则连合法活动的空间都没有。进步党之民主派曾希望改变袁世凯一派与革命党人各走极端的趋向，充当二者之间的“第三者”，调和两大对立势力间的争斗，使二者竞争于法律轨道。他们一方面劝袁世凯行开明政治，赦免革命党人，给予革命党合法的活动空间，以消弭革命；另一方面又试图劝告革命党人放弃革命，活动于法律轨道之内。袁世凯固不听他们的劝诫，温和派自身对于政治和平改革都没有信心，何能劝服革命党人放弃革命？比如，丁佛言这样劝解革命党人：“吾人内察国情，外观大势，知非法之改革，徒以残害人民，耗伤国力，仍不足收效于异日，但使不放弃国民之责任，坚定目的，踏实脚根（跟），不为利诱，不为威屈，即有条件之和平改革，亦足以得国民之同情，而驱使政府于宪政轨道之内。”② 这种解说空洞无力，对于稳健的革命党人或许能有作用，对于激进的革命党人，就难以发生作用。章士钊这样评论丁佛言的此番高论：“所谓责任作何义解，所谓目的属何范围？所谓和平改革，其道何由？所谓国民同情，其缘安在？尤不可解者，所谓驱政府于轨道之内，作何驱法？……且其所以驱政府者，意在消极，抑在积极？果政府不服其驱，势将委之他去，抑终出于革命之一途，亦非愚职所问。”③ 丁佛言也清楚，自国会与各级地方议会解散后，国中之政党尚保全其体态，未停止其活动者，仅一硕果仅存之进步党耳。而进步党势孤，亦是无所作为，何能劝告政

① 章士钊：《欧事研究会拾遗》，全国政协文史资料研究委员会编《文史资料选辑》第24辑。见《章士钊全集》第2卷，文汇出版社2000年版，第283页。

② 丁佛言：《敬告政府及倡第三次革命者》，《中华杂志》第1卷第4号，1914年6月1日。

③ 秋桐：《自觉》，《甲寅》第1卷第3号，1914年8月10日。

府，取信国民？[①] 他之所以希望进步党充当袁世凯一派与革命党人之间的调停者，并非对于和平改革真抱有希望，只是不希望国家再发生革命，不希望苟延残喘之国家再卷入惊涛骇浪之中。至于政府能否接受此劝告，党人能否许以调和，则不可知。[②] 这是承认调和极端对立的政治势力之不可期。

护国倒袁之后，政治面临着重构的机会。依照对抗论与调和立国论者的认识，政治舞台上的几大政治力量有机会重新制定涵容各方利益、意见的"衡平之宪法"，依照调和立国的原则导引政治上轨道。于是，他们再度阐发调和立国的若干原则，向主要的政治势力呼吁：面对政治重构的机会，各方力量应当认识新旧递嬗的规律，既不可以一意求新，也不可以固守其旧；在制宪问题上，必须顾及各方关切，容纳各方主张，合作完成制宪大业。[③] 但是，出现于他们眼前的，并非在制宪问题上容纳各方利益、意见的"调和"，而是政治派系之间瓜分权力的伪调和。不但如此，调和立国论者曾经寄予很大希望的、曾经一度结成的清流大同盟，也迅速瓦解，制宪工作也因此再度陷入停顿。自此以后，不再有人鼓吹对抗论与调和立国论，这两个一度惹人关注的主张湮没在历史的尘埃之中。

从解决当下问题的层面看，无论对抗论，还是调和立国论，都相当无力。两种思想都希望对立的两大政治势力能和平竞争，避免革命，然而历史的进程却恰恰与他们的期望背道而驰。

评价某种思想，需要将思想的价值与其解决当下问题的效用分开看待。历史的评价，不能总以成败论是非。不同于现实的政治方案或者政策，思想有时更多具有超越现实的意义，不可因为其无法

---

① 丁佛言：《敬告政府及倡第三次革命者》，《中华杂志》第 1 卷第 4 号，1914 年 6 月 1 日。

② 丁佛言：《现时势对于进步党之要求》，《中华杂志》第 1 卷第 9 号，1914 年 9 月 1 日。

③ 剑龙：《调和之本义》，《太平洋》第 1 卷第 1 号，1917 年 3 月 1 日；李大钊：《辟伪调和》，《太平洋》第 1 卷第 6 号，1917 年 8 月 15 日。

立即解决当下的现实问题，就断定其无价值。不惟如此，思想正因为其超越当下现实的因素，而具备超越时代的价值。探索真理，不遗余力地阐述其所自信，乃思想家、言论家之职责。至于其所持之理，能否为多数人接受而化为实践的力量，则是时代与社会需要、社会条件所决定的。对抗论与调和立国论所阐述的近代政治基本原理，确为近代国家立国之大经，是政治平流以进必由之道。在近代中国政治势力激烈斗争的环境与各走极端的斗争氛围中，对抗论与调和立国论被主要的政治势力放弃，而流为少数温和派思想人物的梦想，但人们并不可以因此而否定其价值。

三　袁世凯一派的帝制复辟论与思想界对它的批评

辛亥革命之后，中国建立起了亚洲第一个共和民主国家。然而这个共和民主国家，从诞生伊始，就受到反对共和人士的批评。二次革命失败与国会被解散之后，在袁世凯当局的操纵下，帝制复辟论甚嚣尘上，于是，围绕中国的前途究竟是复辟帝制还是坚持共和的问题，捍卫共和民主的共和派与鼓吹复辟帝制的帝制派发生了激烈的论战。共和派从理论上捍卫共和民主的价值，并揭破帝制派假立宪、真专制的本质面目，这对于教育国人，坚定国人追求共和民主的信念，发挥了积极作用。在与帝制派的论战中，共和派对于帝制派提出的种种问题，诸如中国国情不适合共和、君主制比共和制更有利于实行立宪等问题，给予了有力回应。在这个过程中，共和派也较深入地思考了中国建立共和民主政治中出现的问题，对于共和民主政治初次试验中出现的种种问题，给予了理解，一些人对于中国建立共和民主的艰巨性、长期性，有了新认识，开始持一种低调民主观。他们不再认为民主一开始就应当是国民普遍参政的民主，不再以欧美数百年民主政治的成果去要求处于民主起步阶段的

中国的共和民主政治，不再要求共和民主能够立刻发挥致国家富强的作用。这些都是弥足珍贵的认识。

（一）共和“乱象”与人们对于共和的批评

自夏传子、家天下，中国数千年都是君主制。在数千年的君主制度下，偶有异端思想批判君主专制制度，这种批判到明末清初还曾出现过一个高峰。但一直到甲午战争之后，才由孙中山首先提出近代共和民主思想。孙中山提出“创立合众政府”的主张之后，最初几年极少有人赞成，孙中山也被国内知识界看作海贼式的人物。到庚子事变以后，尤其是经历自立军事件、拒俄运动、拒法运动等一系列事件后，革命思潮兴起，建立民主共和国成为一代革命青年的追求。但革命派革命建国的思想一直遭到保皇派—立宪派的强烈反对，遭到清政府的“围剿”。随着清政府统治危机的加剧，尤其是在清政府拒绝立宪派即开国会的要求之后，革命形势急速发展。武昌起义后，建立民主共和国家，迅速成为社会的主流思潮。一些忠于清室的王公贵族以及忠君思想深厚的人物如康有为、劳乃宣等，还希望保全清室，以行君主立宪，梁启超亦在康有为的督促下为文鼓吹虚君共和制。但且不论革命的南方普遍要求共和，即使是在清廷直接控制的北京，虚君共和之论也没有市场。

一般的国家由君主而共和，会存在大量的保皇派人士，会出现长时间的共和派与保皇派的争斗。而中国自武昌起义后，由于长期的满汉矛盾以及革命派的反满宣传，保皇派不成气候。

当共和初建，一般人士对共和信奉过猛，寄望过奢。信奉过猛的是一般国人，他们“对于共和绝无疑虑，甚者视之不啻全能全智之神，足拯生民于水火。于是一倡百和，如鼓应桴”。然而共和告成后，并没有及时发挥拯救危亡的作用，生灵涂炭如故，产业凋敝如故，干戈不绝如故，虐政未革如故，金融停滞如故，经济衰败如故，于是向之希望共和而讴歌共和者，乃大失所望，由迷信共和而转为

厌恶共和。① 寄望过奢的是一些本不赞成共和的人，如康有为、梁启超等，他们眼盯共和政治出现的种种缺陷，以一种高调的共和观来要求中国的共和民主政治，共和政治中出现的种种问题，被他们放大，成为彰显其先见之明的证据，借以批评国人不信从他们的意见而盲目追求共和政治，用为鼓吹君主复辟或开明专制的证据。②

主张虚君共和的康有为即持高调的共和观，说共和之美，洽于人心，在其能实现民意、民权。他又给民意、民权定一个很高的标准，说只有大事则人民共议之，才称得上民意，选择则有权，才称得上民权。而后据此标准说，这只有在土地人口规模有限的国家才能做到，一般的国家，只能实行代议制。因为人与人面目既殊，心意必异，父子、师弟亦难强同，而谓所举之人能达我意，必无是理矣，因此代议制最多只能做到"民举"。而以中国地域之广，交通不便，山川绝隔，人民无识，交游未盛，选举不习，根本做不到知其人而举之。所以，在中国行共和，不可能达民意、民权、民举之目标，"实而案之，不过欺民而已，不过豪猾之士欲攘夺国政，借民权、民意以欺人而已"。"我今质问四万万人，汝有何权，所选举者，谁为汝意，议员所陈，谁得汝心？……夫既非民意、民权，非代民议，则今之国会，大声疾呼曰代议者，岂不大谬哉！代金钱而议则有之矣，代势力而议则有之矣，代民意而议则未之见也。"又给政党定一个很高的标准，称政党肩负一国政治之重责，党人应德学识俱优，而中国之政党，其党员类多无赖，其在乡里则恃多数而横行乡里，夺乡村士夫之权，其在政府，则控制行政司法，"以贿赂相争，以诈伪相倾，以势胁相劫，以骂詈相攻，皆视为固然"。③

主张开明专制的吴贯因说中国必须经过开明专制才能实行共

① 张东荪：《中国共和前途之最后裁判》，《正谊》第1卷第3号，1914年3月15日。

② 秋桐：《共和平议》，《甲寅》第1卷第7号，1915年7月10日。

③ 康有为：《中国颠危误在全法欧美而尽弃国粹说》（1913年7月），《康有为全集》第十集，第132、134页。

和，未经开明专制而实行共和，只能得众愚政治、暴民政治。他攻击国会腐败，说国会议场秩序混乱，但闻灌夫骂座，角力屡行，私改记事，捏造电报以颠倒是非，“于国家之大本大计，则未闻有所建白，其能踊跃议定者，则在于索取六千元之岁费，而匠心独运，且于岁费之外，发明万国所无之出席费，以为朘削民膏民脂之口实。国会之为害于政治上，既如此其烈矣，而且投票视金钱为从违，卖身等牛羊之论价，狗苟蝇营，以破坏天下之廉耻也”。议员又沉溺赌博、奢侈成风，败坏社会风气。国民对于议员“但视之如禽兽，听其自生自灭，而国家一切之责任则不得不全以属望于政府”。国会所以有权威，全赖国民为之后盾，今国民对于国会观感如是，“使政府而师克林（伦）威尔之手段，以铁骑蹂躏国会，则国民亦浮白称快，谓议员死有余辜已耳”。① 骂倒一切，言辞过火，有失风度，甚非理性论政者所宜出。梁启超亦批评国会，说实行国会政治，需要国人信仰国会。中国无此传统，就需要国会努力建立自己的政治威望。但他对国会之外特别势力之打压、诽谤国会，不作批评，而专责国会不能尽其责，说国会自建立“未及三月，而天下之望殆已尽去。八百员颇攒动如蚁，汹汹扰扰，莫知所事，两旬不能举一议长，百日不能定一院法。法定人数之缺日有所闻，休会逃席之举成为故实，幸而开会，则村妪骂邻，顽童闹学……国家大计百不一及，而惟岁费六千实（是）闻”。于是有所谓监督国会团出现，有北京各团体对于岁费问题之声讨，有某都统以军人资格、某都督以地方官资格通电指斥，如严师之施夏楚于子弟，“举国且闻之而称快”。②

不但如此，开明专制论者与复辟论者，将共和政治出现的种种问题，一概归结为“暴民”不守规则，肆意妄为，以抹黑同盟会—国民党，似乎共和政治出现的种种问题，都应当由革命派负

---

① 吴贯因：《今后政治之趋势》，《庸言》第1卷第17号，1913年8月1日。

② 梁启超：《国会之自杀》，《庸言》第1卷第15号，1913年7月1日。

责。他们对于共和政治，对于同盟会—国民党的攻击，不惟造成一般国民对于共和、国会、政党的厌恶，而且为攻击共和、复辟帝制制造了舆论。袁世凯正是利用此种舆论，解散国会与各级地方议会，制定新约法，进而恢复帝制的。袁世凯解散国会之命令即称国会议事不是与政府一心一意、和衷共济，共谋盛业，而是“悉为挟持党见者所蹂躏，几酿成暴民专制之局”。[①]

本来，一个长期行君主专制的国家，初由专制而步入共和，其政治出现种种不尽如人意之处，再自然不过。近代政治最重要的两件事就是政党与议会，而正是政党活动与议会活动中出现的种种问题，引发了一些人对于共和政治的怀疑。彼时，人们还不习惯政党，政党之结合往往不重党纲，而重个人关系；党的成分复杂，“各党以图取势力故，遂不能不于稍有势力者皆牢笼之，至其人之清流浊流，不暇计也。中央尚仅罗及官僚，地方则且宝及鱼鳖，刁生劣监，奸胥土豪，但肯投诚，无不倒屣，正人敛迹而自悔（晦），愚懦者潜忍以受辱”。[②] 乃至政纲彼此雷同，一般人士末由分别。党争则多意气之争，而少政策之争。议会选举则不乏以军政权力干预选举、买票、匿票、毁票、伪造选票等不法事件，而当选者多挂名党籍，诸多传统政治精英，或囿于传统政治理念，未曾参选，或因不明近代政治之游戏规则，未曾入党，而没有当选。而当选者似乎多不学之徒，既非进士，更非翰林，人望不及一些传统政治精英。这也引发一般社会人士尤其是传统政治精英的反感，以为选举政治何能得英才治国，不过是热衷利禄的少年新进，结党朋分政权而已。议会议事则陷入党争窠臼，议事效率低下，累日不能成一案，累月不能颁一律，议场秩序不佳，拍桌子、大声叫骂、扔墨水瓶等不一而足。甚至在诸多重大议程尚未进行之时，国会就忙于议定议员薪俸，足以每年五千元成案，结果被舆论攻击。各党议员

---

① 白蕉：《袁世凯与中华民国》，《近代稗海》第 3 辑，第 79—80 页。

② 黄远庸：《不党之言》，《黄远生遗著》卷一，第 18 页。

自贬身价，往往将议场内的政党之争通电社会，希望得到舆论支持。而手握大权的袁世凯一派势力，对于议会的议事，动辄指使地方军政大员通电干预，而一般社会人士对于军人干政的危害认识不足，在军人通电干政之时，不是维护议会，而是指责议会不能体恤政府之困难，致使行政立法两部不能和衷共济，要求国会反省。更有人以人民自居，号称要组织“监督国会团”，监督国会之活动。而一些议员，则为金钱权势而被人收买，甚至身跨数党，领取数党之津贴，又奢侈无度，以卖身所得，挥霍于花天酒地之中，气度之豪，不让石崇、邓通。诸如此类，不一而足，乌烟瘴气，似乎政治风气还远不如前清君主时代。至于社会上一些人误解自由平等，做出些不尊长上的事来，也被固守传统伦理观念的人士，看作共和带来的危害，以为纲常伦纪尽失，何以为国。至于政权系统内部，地方不服从中央，中央地方关系紧张，也被习惯于传统政治运作模式、希望政令统一的人士看作共和之必然恶果。其实，从各国立宪史看，共和宪政初立，出现此等情况，极为正常。然而国人不了解这一点，没有认识到共和政治的确立并非共和招牌一挂就万事大吉的，挂上共和招牌只是共和政治的开端，其后需要做的事可谓千条万绪，正是各方力量应当自我约束、自我教育、自我训练的时候。然而，国人没有此种认识，要求共和民主政治实行伊始，就规整有序，以西方民主先进国家经过一百多年始得的成效求之于新生的共和政治，要求其能立即发挥救国的效果，那自然就只有批评与失望，而较少理解与同情。不但对共和有成见的人士如此，一些激进民主派，也以人民参政不够广泛、议会权力屡受行政当局摧残为由，批评初建的共和民主政治为伪共和。

这些言过其实的批评放大了共和政治的弊病，为袁世凯一派势力否定共和、复辟帝制提供了舆论氛围。

（二）帝制复辟论

攻击共和政治者，或向往开明专制，或意图复辟。关于开明专

制，前文已述，此不赘述。意图复辟者，有两类人。第一类是清皇室及其遗老遗少。关于他们之主张复辟，耿云志先生有简要而中肯的分析，他说这类主张复辟的人士，“其中有清末曾积极参与预备立宪的一些王室成员，他们本想立宪成功，既可图存，又可永保清朝帝系。对革命党，尤其对袁世凯乘机攫取清朝的统治权力，极为不满，原来的民政部尚书善耆是其代表。另一些旧朝亲贵，顽固成性，他们既不赞成预备立宪，更坚决反对民主共和；对袁世凯窃取权力，则耿耿于心，如升允之流。这两类都属皇室成员，他们于辛亥鼎革之际，组织宗社党，一直为保护和恢复清室进行活动。他们甚至勾结日本人搞武装叛乱活动。他们是清室复辟的核心势力。还有旧朝武人，受旧思想熏陶，不忘旧主，如张勋之流。再有，就是旧式士大夫，饱读经书，满脑子忠君守道的思想，对新制度、新人物、新思想，一切看不惯，对旧朝旧君，恋恋不忘，如劳乃宣、于式枚、刘廷琛、沈曾植、郑孝胥等人。这些人，因能恪守旧道德，思想尚称一贯，既不仕新朝，亦不为袁世凯所利诱。所以，尽管其复辟主张是错误的，但其人格尚能保持独立。这几类人，情况各异，未能真正结合一起，但其想望拥戴废帝溥仪则是一致的”。①

这类人的复辟言论以劳乃宣为代表。他在武昌起义之后、清帝逊位之前，曾撰《共和正解》。1914 年，也就是在袁世凯解散国会，公开实行专制统治之后，他又撰《续共和正解》《君主民主平议》，主张清室复辟。他试图为“共和”正名，历引文献，证明“共和”一词源于周召共和，“其本义为君幼不能行政，公卿相与和而修政事。故曰，共和乃君主政体，非民主政体也”，② 故宣王长成，共和即罢。今日既竞言共和，则当在宣统帝成年后，还政于他，此为

① 耿云志：《近代中国文化转型研究导论》，四川人民出版社 2008 年版，第 254—255 页。

② 劳乃宣：《共和正解》，《桐乡劳先生遗稿》卷一，第 141 页。

“共和正解”。证之中国古代文献，劳乃宣的说法没有错。但近代的“共和”一词，乃来自西文之republic，其含义与古代之“共和”截然不同。劳乃宣正“共和”之名，其用意在主张清帝复辟，故他对于中国实行民主制度攻击不遗余力。他说：“抑民主之制何自始乎？欧美以工商立国，希腊罗马早有市府之政，其人民即具有法律之知识，渐摩服习，垂数千年，几于人人有自治之能力，民政久有基址，而其各国君主沿酋长之余习，暴虐有甚于中国之桀纣者，激而生反抗之力，相推相演，乃成今日民主之制，其所由来者渐矣，非一朝一夕之故也。”① 若不具备这些条件，而欲行民主制度，必大乱，法国、南美之行共和而致乱，就是前车之鉴。国人不解民主制度的历史及其实行的条件，强行实行民主，结果造成“大权集于一人，外虽有民主之名，而内实有君主之实”的伪共和。② 他说中国人自古及今，从未闻民主之说，今全国四万万人中，略晓民主者，最多不过万人，多数人仍习惯于君主制度，其读书明理者，多笃守旧道德旧礼教，极端反对无君之说。中国共和民主的建立，纯粹是少数喜新之徒，煽动起来的。其又攻击中国实行共和民主带来的种种弊端，说行共和民主，骁桀之徒，必人人有大总统之想，必互不相下，彼此相争，导致长期战乱，给外人瓜分中国之机。他说，真正的共和应当是，清帝居正统之名，以镇服天下之人心；政府握大权之实，以担负行政之责任；又有国会处于监察之地位，使不致有跋扈之虑，有周、召之事功，无伊、霍之流弊，此今日救时之要道。③

对于劳乃宣等人鼓吹清室复辟，袁世凯主张严厉查办，而中间派则持宽容态度。谷钟秀说，民初的复辟论有良心派、迎合派与传染派。所谓良心派就是指劳乃宣、于式枚等人，说他们本就反对共和，大多

---

① 劳乃宣：《共和正解》，《桐乡劳先生遗稿》卷一，第142—143页。

② 劳乃宣：《续共和正解》，《桐乡劳先生遗稿》卷一，第147页。

③ 劳乃宣：《续共和正解》，《桐乡劳先生遗稿》卷一，第148—153页。关于劳乃宣复辟帝制的实行，可以参见张立胜《县令、幕僚、学者、遗老：多维视角下的劳乃宣研究》，人民出版社2011年版，第263—278页。

从良心与其真诚的见解出发，是见仁见智，未可厚非。[①] 张东荪则说，劳乃宣等鼓吹清室复辟，其动机在立宪，其心可原。[②] 章士钊指出，今日之主张清室复辟者，本就忠于清室，主张君主立宪，今共和行之不善，彼等乃愤恨于今日之共和其名、专制其实的伪共和，回想清政府所宣布之十九信条，以为其所给予的自由参政之地，相比今日政府之专制，不啻天渊，因发为噬脐无及之嗟，追恨革命党之为谋未臧，不接受清室之立宪，而一意孤行要搞什么共和。此“大抵为感情所中，理想所朦，未见其有当于事实也”。对于袁世凯政府色厉内荏地查办复辟言论，章士钊揶揄道，政府对于劳乃宣等人所称今日共和其名、专制其实的言论，“狼狈不敢一辩”，却对“于隐中一部分人心之说，不深惟其终始，不熟察其变迁，而徒以束缚驰骤之思，发为虔刘蕴崇之论，诋为叛逆，詈作禽兽，恣怒极骂，不留余词”。[③]

第二类意图复辟者是政府当局。民初的帝制复辟氛围是当局有意制造的，捍卫共和的人们清楚地看到，鼓吹复辟的主动者，其实是政府当局。[④] 为袁世凯帝制复辟制造舆论的文字不少，尤其是各地大量的所谓请愿书、拥戴书，提出了种种理由，比如：说袁大总统德隆功伟，应居天子之位；拥戴出于民意，大总统不接受拥戴，如天下苍生何；革命以来，伦纪扫地，非恢复帝制，不能重整纲纪，则茫茫人类，将如散沙，社会失其联系，国家何由存在；国家数千年来，君统未尝终绝，革命以来，群龙无首，变故迭生，邦基杌陧，非改共和为帝制，国家何由安定？共和以来，竞争元首，导致国家不安，教育、实业、军事无由发达，立宪无由推进，非改国体，如何立宪；等等。[⑤]

---

① 谷钟秀：《论政治复古》，《正谊》第1卷第4号，1914年4月15日。

② 张东荪：《复辟论之评判》，《正谊》第1卷第6号，1914年12月15日。

③ 秋桐：《复辟平议》，《甲寅》第1卷第5号，1915年5月10日。

④ 张东荪：《复辟论之评判》，《正谊》第1卷第6号，1914年12月15日。

⑤ 《顾鳌就帝制运动经过给各省将军咨文》，章伯锋、李宗一主编《北洋军阀》（二），第933—939页；杨度：《参政院代行立法院第二次推戴书》，《杨度集》（二），第597—602页。

但真正像样的文字只有杨度的《君宪救国论》与古德诺的《共和与君主论》，此外，如刘师培的《国情论》《唐虞禅让与民国制度不同论》，等等，都算不上像样的文字。

杨度是个国家主义者，在清末就提出过金铁主义，以为处激烈竞争之世，中国必以国家主义为基本取向，以军事之强、经济之富为基本追求，以立宪为实现富强之手段。在清末修律之争中，他亦以国家主义反对家族主义，要求打破家族主义的法律体系，建立国家主义的法律体系。武昌起义后，他一度赞成共和。但他赞成共和，有因时而动的策略成分，与他原本的威权主义的立宪思路有出入。共和试验出现的种种问题，使他对于一度赞成的共和颇为失望，而他又似乎受制于袁世凯，故在他清楚地看到袁世凯想当皇帝的意图之后，乃于1915年4月，抛出《君宪救国论》，为袁世凯复辟帝制构造理论依据。在这篇文章中，杨度从国家主义的基本理念出发，认为“富强者，国家之目的也。立宪者，达此目的之方法也”。古代的开明君主或可致国家富强于一时，但欲富强可长可久，必立宪而后可。然中国求立宪只能以君主制，不能以共和制。这是因为立宪必须有和平的政治环境，需要执政者有系统的规划，有强大的执行力，通过至少一二十年的时间，才可以逐步实现。而共和政治以人民为主体，欲其不乱，“必须多数人民有普通之常德常识”，否则必因竞争元首而引发动乱，使国家丧失立宪所需要的和平政治环境；必因人民误解自由平等之说，造成政令窒碍难行，政府之远大规划难以落实。中国人多“不知共和为何物，亦不知所谓法律以及自由平等诸说为何义，骤与专制君主相离而入于共和，则以为此后无人能制我者，我但任意行之可也。其枭桀者则以为人人可为大总统，即我亦应享此权利，选举不可得，则举兵以争之耳，二次革命其明证也。加以君主乍去，中央威信，远不如前，遍地散沙，不可收拾。无论谁为元首，欲求统一行政，国内治安，除用专制，别无他策”。也就是说，以中国的国民程度，行共和制必因争元首而致国家内乱，必因旧权威崩溃而新权威未

立，造成国家权力行使不畅。这是共和建立以来国家动乱的主要原因，不去除不适合中国的共和制，则不可能建立秩序。同时，立宪需要长期的规划，而行共和则元首有任期，久者不过连任，最多不过终身，不太会有为国家树立百年大计、确立立宪政治的雄心壮志。即便有为者有此心，其继任者能否赓续其志，亦未可知。共和制度之下，一切政治均以维持现状为目标，不能为向立宪的过渡创造条件。在否定中国行共和可以立宪之后，他说若改共和为君主，则可以立宪。理由是：（1）君主制可以“使一国元首立于绝对不可竞争之地位”，免除因竞争元首而引发的内乱，可利用君主的威权使人民服从政府，提高政府执行立宪规划的能力。（2）由共和改为君主，君主之位非帝制递禅而来，乃因以立宪为号召而获得，故其当政后，不能不践行诺言，实行立宪，以收拾人心，建立其权力的合法性。（3）改行君主之后，君主为子孙万世之计，必图措安，而立宪是图长治久安之良策，故君主及其子孙必努力立宪。至于改行君主之后的宪法，他提出，宪法之制定宜采用普鲁士之办法而略加变通，即由君主提出，而经议会承认；宪法之内容，如紧急财政处分、紧急命令之权，则采用日本宪法；宪法之关于人民权利、国会权限，“宁可少与，不可欺民”，“少与权利，尚不足为祸害，若夫视作具文，并无实行之意，则人民以为欺己，即怨毒之所由生”，易引起变乱。假如将来人民嫌权利少，要求更多权利，政府可视人民之程度不妨稍增与之，免成反抗之祸。那么国会的权力如何呢？“议决法律、议决预算，乃国会必有之权。”① 从其宪法方案看，宪法起草由君主，认可则经国会，其政治框架为元首大权、人民权利有限、国会权力有限的威权主义的立宪方案，有开明专制的意味。此种论述与方案，很合袁世凯的胃口，因此在此文转交给袁以后，袁大喜，给杨度写了个“旷代逸才”的匾额，以示嘉奖。

---

① 杨度：《君宪救国论》，《杨度集》（二），第563—581页。

古德诺是美国著名的行政法学家，1913 年 3 月以年薪 12000 美元应聘为袁世凯政府的法律顾问，其职责是“襄办宪法编定事宜”，也就是袁世凯的宪法顾问。同年 5 月古德诺到达北京，开始其顾问生涯。古德诺与日本人有贺长雄同为袁世凯的最重要的两个法律顾问，在民初制宪与袁世凯复辟的活动中，为袁世凯出谋划策，作用不可低估。① 1914 年 8 月，古德诺曾回美国。1915 年 7 月，他由美国返回北京，随即于 8 月初完成《共和与君主论》，为袁世凯之复辟帝制张目。此文主要通过阐述继承问题上君主制较共和制具备的优势，来为复辟帝制制造理论依据。文章说，君主制之下，元首之继承是自然继承，不必通过选举，而共和制之元首是通过选举产生，若人民程度不够，“平日未尝与知政事，绝无政治之智慧”，其元首继承必不能妥善解决，共和政府往往会流为军政府。而军政府之权力需要武力维持，往往实行高压统治和愚民政策，压制人民之参政，将使人民之能力难以提高。军政府既以武力维持，到军政强人老病殂谢之时，压制之力弛，攘夺大柄之徒，乃纷纷并起，各派势力为竞争大位，又将陷入武力争夺，祸乱无穷期。中国即因人民程度不足而行共和政治，数年来结果不良，将来恐因武力争夺政权而陷入军政时代。他说，中国今日欲求独立发展，必须立宪；而从中国的历史习惯、社会经济之状况，以及与列强之关系看，“中国之立宪，以君主制行之为易，以共和制行之则较难也”。他提出，改共和为君主需要三个前提条件，即不引起列强与国民之反对，否则会引发列强之干预与国民之革命；君主之继承问题必须明定于法律，否则容易召乱；政府必须有系统的计划，以使人民知政府为造福人民之机关，使人民知道其得监督政府之工作。②

古德诺此文发表后，帝制派如获至宝，既然国际上的著名权

---

① 关于这两人与民初宪政的关系，可以参见张学继《古德诺与民初宪政问题研究》《论有贺长雄与民初宪政的演变》，分别载《近代史研究》2005 年第 2 期、2006 年第 3 期。

② 古德诺：《共和与君主论》，章伯锋、李宗一主编《北洋军阀》（二），第 946—952 页。

威，都说欲行立宪，君主制优于共和制，就更提振了他们的“理论勇气”。1915 年 8 月，杨度、孙毓筠等发起筹安会，其宣言书称辛亥改君主为共和，是人民激于情感的决定，并非深思熟虑的决定，改政以来，国家经历种种危险，人民感受种种痛苦，必须重新思考共和国体是否适合中国；又以古德诺所论元首继承问题为据，说程度不足之共和国家如中南美洲各国，总统更迭，莫不始于党争，终成战祸。中国欲免乱而行立宪，应改共和为君主；又将古德诺个人看法夸张为欧美学界的共识，说这不是古德诺一个人的看法，是各国明达之士的共同主张。①

（三）思想界对帝制复辟论的批判

帝制派复辟帝制的种种活动，遭到共和派的强烈反对，无论是国民党系统的中华革命党、欧事研究会，还是原进步党中的民主派与开明专制派，抑或是接受过近代民主思想影响的一般社会人士，都反对帝制复辟。袁世凯的帝制复辟活动，不但促成中华革命党与欧事研究会的团结，也促成原国民党与原进步党的联合。在反对袁世凯复辟帝制的问题上，民主力量在经过民初的严重分歧之后，重新走到一起。到袁世凯正式称帝，民主力量即联合发起护国战争，将袁世凯赶下皇帝宝座，恢复中华民国的国号。

除武力斗争的准备外，民主力量还在思想领域，反击袁世凯阵营的帝制复辟论，捍卫共和民主的价值。在这一斗争中，民主阵营阐发了不少有价值的思想言论，颇值得注意。

民主力量对于共和价值的捍卫，主要从共和政治在保障人民自由权利、发展人民自治能力、促进社会文化发展与社会和谐方面的作用进行阐述。② 在许多捍卫共和政治价值的人那里，共和政治的

---

① 杨度：《发起筹安会宣言书》，《杨度集》（二），第 582—583 页。

② 这方面的文字可以参阅张东荪《中国共和前途之最后裁判》，《正谊》第 1 卷第 3 号，1914 年 3 月 15 日；以及章士钊《调和立国论》《政本论》《政力向背论》《共和平议》等文。

价值是不言自明的，也是中国发展应取的方向。因此，他们在这方面反而着墨不多，他们对于帝制复辟论的批判，主要直接针对帝制派提出的相关见解，进行辩驳。他们的主要着眼点是以下几个问题。

1. 系统辩驳《君宪救国论》《共和与君主论》所阐述的中国求立宪当以君主制，而不当以共和制的言论

如果脱离当时的政治环境，无论是杨度的《君宪救国论》，还是古德诺的《共和与君主论》，均有一定的道理。共和制初建时，可能会有特殊势力蔑视选举结果，而以武力竞争元首，共和政府流为军政府；在军政府统治下，人民的参政空间受到压制，人权受到摧残。这在许多由君主制改为共和制的国家，都曾出现过，不能说他们的担忧全无道理。他们所说，无论共和，还是君主，都只是立宪的手段，若君主制较共和制更有利于立宪，自然不失为一种合理的选择。一些人现在仍然持这一看法，为袁世凯复辟帝制辩护，为杨度、古德诺等人开脱。

共和派承认，无论是君主制，还是共和制，都可以是实现立宪的手段，但反对帝制派人士所持中国求立宪当以君主制而不当以共和制的看法。关于这一问题，共和派的主要意见如下。

（1）所谓人民程度不高而行共和，将导致武力竞争元首和军人政府的出现，不利于立宪，若改行帝制则可以避免此种局面的说法，根本不成立。一部二十四史，数十年一小乱，百年或二百年一大乱，“皆野心家争夺帝王之劫杀史也。其余变生肘腋，祸起萧墙，父子兄弟叔侄之间，自相残杀，往往家庭中，兵连祸结，贻累生民，更不必论”。① 其实，无论是共和制，还是君主制，“皆足以致治，皆足以致乱。治乱之大原，什九恒系于政象，而不系于国体”。② 南美各国行共和而出现武力争夺元首之局面，不过政制初

① 《中华革命党党务部为驳斥筹安会谬论通告》（1915 年 9 月 20 日），章伯锋、李宗一主编《北洋军阀》（二），第 1012 页。

② 梁启超：《异哉所谓国体问题者》，《东方杂志》第 12 卷第 10 期，1915 年 10 月。

更时之偶然现象，是可以克服的，且其动乱“并非以其为共和国也。即其乱时，亦并不在总统继承之际也”，其乱之根源是当权者违背共和之原理，欲垄断权力，以武力打压异己之势力，不许其合法存在，并非共和制度本身的问题。①

（2）帝制派说，中国人长期处于君主统治之下，信从君主权威，改共和为君主，可以利用君主的威权维系人心、稳定政治秩序，即所谓国本一定，人心即安，秩序可复。于此，梁启超指出，行君主制而能有权威，能定天下人心，需依赖历史、习俗形成的对于君主的似魔非魔的君主神圣的观念，但经过革命过程中思想界对于君主制度的批判，经过革命之后官方文告、学校教科书、报章言论对于君主制的否定，君主神圣的魔念已经祛除，“尊神而入混揄之日久矣”，欲借君主权威定天下人心，不过痴人说梦。②

（3）帝制派称，改共和为君主后，可以立宪。于此，梁启超说，中国现在不能立宪，有种种原因，比如说上自元首，下到各级官吏，皆无服从法律之心；人民无政治兴味，无政治知识、能力、政治道德等，“然此诸原因者，非因行共和而始发生，即不能谓因非共和而遂消灭”，说一旦去除共和，恢复君主，即可扫除此等障碍，非常人所能理解。③ 章士钊更进一步指出，君主而立宪，“求之于累叶相承之君主可得，求之于狄克铁特之君主则不可得”。这是因为，改共和为君主，势必引发共和派的强烈反对，君主必须依赖暴力维持秩序，一旦失去暴力，则失去其所以存立之方。彼时，此“狄克铁特之君主”若欲行立宪，亦势所不能，唯不断加强武

---

① 谷钟秀等：《共和维持会宣言书》（1915 年 8 月 25 日）；《留美学生联合会上袁世凯书》，载李希泌、曾业英、徐辉琪编《护国运动资料选编》上，中华书局 1984 年版，第 64—66、36—40 页。

② 梁启超：《异哉所谓国体问题者》，《东方杂志》第 12 卷第 10 期，1915 年 10 月。

③ 梁启超：《异哉所谓国体问题者》，《东方杂志》第 12 卷第 10 期，1915 年 10 月。

力控制，以高压统治维持秩序耳，何能行立宪。① 他们指出，古德诺提出的改共和为君主而有利于立宪的三个条件，至少国内无反对者的条件是不存在的，因为现实情形就是，复辟帝制必遭共和派的反对，必引发战乱，而这正是帝制派声称要避免的局面。基于以上认识，梁启超质问："吾欲问论者，挟何券约，敢保证国体一变之后，而宪政即可实行而无障。如其不然，则仍是单纯之君主论，非君主立宪之论也。"② 章士钊说："今苟改立君制，孰敢保吾宪政可见实行？果可实行，胡乃不为之于民主之时，而必留以有待于立君之日？所谓司马昭之心，路人皆见，殆从此类语言见之者欤！"③

（4）共和派指出，中国绝无规复帝制之条件。一般国家，改专制而共和，会经历一段时间的动荡，甚至出现暴民专制，于是渴望稳定的人们又希望旧朝复辟。各国的帝制复辟也都是旧朝复辟。但是中国的清朝因为种族嫌疑，已经不存在复活的可能。若欲立新朝，只有两种情况，一是今大总统神圣威武，有魔法迅速实现国家富强，遇有机缘，对外一战而霸，功德巍巍，亿兆敦迫，受兹大宝，传诸无穷；二是经过大规模的内乱之后，大总统剪灭群雄，乘机凭借武力的支持直接称帝。前一条路，不可能；后一条路，不过亡国之途。④

（5）共和派之所以反对改共和为专制，还有一个重要原因，即他们很看重共和虚壳的价值，并不认为共和国体的虚壳毫无意义。关于这一点，又分两层。第一层，他们坚持一个基本立场，变更国体，就是革命，而以法律变更国体，绝不可取。梁启超说，政治改革应在现行国体下进行，不可谋求变更现行国体，盖"国体

① 秋桐：《帝政驳议》，《甲寅》第1卷第9号，1915年9月10日。

② 梁启超：《异哉所谓国体问题者》，《东方杂志》第12卷第10期，1915年10月。

③ 秋桐：《共和平议》，《甲寅》第1卷第7号，1915年7月10日。

④ 梁启超：《异哉所谓国体问题者》，《东方杂志》第12卷第10期，1915年10月。

本无绝对之美，而惟以已成之事实，为其成立存在之根原……故鄙人生平持论，无论何种国体，皆非所反对，惟在现行国体之下，而思以（言）论鼓吹他种国体，则无论何时皆反对之”。[①] 国体共和，明定于国家法令、法律，见诸大总统之历次宣誓，今欲以法律改变国体，此自犯纲纪，食言背信，何能治国？梁启超说得很俏皮，“今当开国承家伊始，而首假途于犯法之举动以为资，譬诸欲娶妇者，横挑人家闺闼以遂苟合，曰但求事成，而节操可勿沾沾也，则其既为吾妇之后，又有何词以责其不贞者？今在共和国体之下，而曰可以明目张胆，集会结社，以图推翻共和，则他日在君主国体之下，又曷为不可以明目张胆，集会结社，以图推翻君主！”[②] 章士钊表达了同样的意思。他说，筹安会以筹安为名，鼓吹改共和为帝政，其最不可解者，首在“筹安”二字。所谓求长治久安之道，首先在避免革命，而推翻共和、创设帝政，本身就是倡导革命，而且是认革命为宪法之权利。所谓革命，就是政治制度的根本变革，不论由帝政而共和或由共和而帝政，也不论此种变革以暴力或和平的方式进行，都是革命。自来论革命，只许其为道德上之权利，而不许其法律上之根据。今筹安会主张君主制不但是革命，且欲以革命为法律上之权利，何能谓为“筹安”？[③]

第二层，他们认为共和虚壳有其价值。章士钊说，今日之共和虽徒有其名，但“饩羊犹存，礼终可复”；又说：“夫政治变迁之最合于理想者，亦设其新之必要，而存其旧之不必改作者耳。若彻底推翻之，则非常之原，其不大伤国本甚且亡国者几希，此政家之所万不可忽也。故共和虽失其实，而尚能保存中华民国之名义，则

---

① 梁启超：《异哉所谓国体问题者》，《东方杂志》第12卷第10期，1915年10月。

② 梁启超：《异哉所谓国体问题者》，《东方杂志》第12卷第10期，1915年10月；汪凤藻：《致筹安会与杨度论国体书》，见白蕉《袁世凯与中华民国》，《近代稗海》第3辑，第152—157页。

③ 秋桐：《帝政驳议》，《甲寅》第1卷第9号，1915年9月10日。

他日革新，其因或出于今之政局中人，或有异军苍头特起，亦就原体而损益之已耳。”① 也就是说，存共和虚壳，一方面可以避免大乱，另一方面也为此后人民循名责实，落实共和，提供了法律与制度的依据。

张东荪对这一问题的阐述最为明确。他说，共和民主的实践虽遭遇挫折，但业已确立的共和民主体制会留下一个权力制衡的制度架构。“此为专制国所无，亦立宪国所以超卓者也”。这个制度架构具有相当重要的意义。他说：

> 此制限与平衡（Check and Balance）之发生，源于法者半，源于人者亦半。无论人与法，必其国先有基础的机关，分权之胚胎，然后始得使制限与平衡逐渐而生也。英之国会，在今日视之，孰不知其操无上之大权，然在昔日（亨利第三之朝）不过为咨询之机关，由王召集，由王解散，不啻前清之资政院，民国之政治会议也。顾何由一跃而跻于立宪乎？应之曰，无他，有机关分权之基础，运以人民真实之能力，则得之矣。详言之，利用机关分权之外形，而内部附以充足之能力、优秀之人才，于是无往而不敌，况区区一专制帝王哉！故机关分权基础，法也，充足之能力，人也。法与人相合，则事举矣。吾请以此理验诸中国之现状。当局者既不能全灭此机关分权之胚胎，惟有立五光十色、世界未有之条规以防闲之，以杜绝之，而未尝一翻阅英国之历史，又安知今日无自主性之参政院不变为英之上院，非代表民意之立法院不变为英之下院乎？要之，能力与权限，不必相应也。有能力者欲限之而不能减其能力，无能力欲张之亦不能增其能力。普鲁士之内阁本无权也，俾斯麦入之，则有权，且非惟有权而已，德皇乃为其左右之。英吉利之国会本有权也，而克伦威尔蹂躏之。当华盛顿之

① 秋桐：《共和平议》，《甲寅》第1卷第7号，1915年7月10日。

> 在位，行政部之信用深于立法部，近则自杰费逊以来，立法部之权乃渐张矣。凡此皆能力足以自然变更权限者也。吾敢正告政府曰，参政院所以为无自主性者，以能力不充足耳，他日立法院，所以非代表民意者，亦以能力不充足，非有所畏于五光十色之法律也。终日耗其心力，以造此异想天开之法律，以为可以垂诸永久，适见其心劳日拙而已。

他强调，在基本的共和民主制度架构的基础上，通过逐步发达社会，培育人民能力，养成优容异己之政治道德，即可逐步使徒有虚名的共和民主落实下来。[①] 这是很实际也很有见解的看法。盖所谓共和民主政治，首先是形式的政治，没有形式，所谓民主精神无所寄存。通过流血牺牲换来的“伪共和”也有其重要的价值。以“伪共和”为借口，而抛弃共和民主的制度形式，是真正愚蠢的想法。

2. 国情究竟如何，如何看待

近代中国政治变革的过程中，一直存在普遍主义与特殊主义的争论。普遍主义强调近代西方民主具有普遍价值，而保守主义则张特殊主义的大旗，以中国历史文化特殊、国情特殊、国际环境恶劣为言，强调秩序优先，强调必须尊重中国的特殊国情，反对移植西方民主制度。这种争论在戊戌时期即具雏形。照民国初年人士的判断，在民初思想界的主要思想流派中，革命派的共和建设主义属于理想主义；帝制派、复古派则属于特殊主义；立于其间的原立宪派大体上持折中的立场，他们一方面主张效法列强，建立宪政，又以为中国国情特殊，需要经过开明专制，需要有强有力的政府领导国家逐步向宪政过渡。这种分析，虽不一定完全符合实际，但大体不谬。

---

① 圣心：《三年中政治经验之大暗示》，《中华杂志》第1卷第11号，1914年11月1日。

国会被解散（1913 年 11 月）以前，以前清遗老为主干的复辟派就声称中国国情特殊，不适宜于共和制度，主张清帝复辟；一些原立宪派人士，因拥护袁世凯、反对同盟会—国民党的政治立场，抱持开明专制之梦，也鼓吹中国国情特殊，希冀开明专制。但国情特殊论，尚只是部分人士的鼓吹。到国会被解散后，在当局的操纵下，望风承旨之士乃大肆鼓吹国情特殊论，以为帝制复辟制造舆论。谷钟秀即说，“查国情之说，大倡于（民国）二年十一月四日政变之后”。① 随着当局帝制复辟意图日渐显露，梁启超、吴贯因等开明专制论者，因不想被当局利用，不再鼓吹国情特殊论。国情特殊论就成为帝制派的独唱。1914 年 4 月 30 日，约法会议咨大总统袁世凯论约法修改，其第一条意见，即以历史、国情与人民心理为言，说“夫国法者，社会心理之所胚胎，而社会公同之心理，又纯由一国之历史地理风俗习惯所铸造而成，制定国法而与一国之历史地理风俗习惯过相违反，则华雨箕风之未协，势将南辕北辙而无功”。② 约法会议即以国情特殊，给予总统专制君主一般的权力。1914 年 11 月，袁世凯的宪法顾问古德诺，在纽约法政学会发表演说，为袁世凯的“约法”辩护。他的演说最值得注意的是，他否定近代西方民主的普遍性，认为中国国情特殊，总统必须有类似前朝天子的地位。他说，18 世纪末为近代西方民主制度确定的时代，主权在民说、三权分立说、天赋人权说等，曾被看作构建善良政府的必备条件，到处皆可适用，美国人对此信之尤笃。但法国大革命之后，从十九世纪初起，近代西方民主思想与制度的普遍性引起欧洲思想界的怀疑，受进化论适者生存的理念的影响，所谓历史学派兴起，影响逐渐扩大；又说，以他在中国的经历以及他对中国民主试验的观察，政治原理确非随处适用，而必须与其经济状况、社会状况以及历史习惯相适应。中华民国建立之初，《临时约法》的制定者纯为急进派

---

① 谷钟秀：《救亡论》，《正谊》第 1 卷第 9 号，1915 年 6 月 15 日。

② 白蕉：《袁世凯与中华民国》，《近代稗海》第 3 辑，第 92 页。

人物，他们偏于理想，无审察与实验之功夫，“于中国人民素所不习之国会，则与以大权；于中国人民素所熟习之政府，则限制其权”，制定了不适合中国国情的《临时约法》。他说：“中国数千年来集权于天子一人，天子依惯例以为治，而人民无立法之习惯，亦无国会议事之经验。其自然结果，则成一不竞之国会，国会能力薄弱，遂不能举其旧约法所规定之国家重任。”中国当存亡一发之际，需要的是强大的行政权力，而不是将大权集中于国会。他称赞袁世凯的“约法”，将总统变成政权的中心，其地位类似前朝天子，而立法部之职权，“则为顾问性质，非主辖性质，处于被商地位，非处于自由建议地位”，符合中国之历史、国情。凭借袁世凯的经验与才能，依照新约法的制度安排，袁世凯将“引中国入于宪政之轨道”。① 袁世凯收到此文的中译本后，如获至宝，立即批示分送各报馆、各部院、两会议员、各省官厅，令其认真领会。此后，杨度的《君宪救国论》、古德诺的《共和与君主论》等鼓吹复辟帝制，理由都是中国历史特殊，多数国民教育程度不高，无自治能力，无法律意识，只适宜于威权统治，不适宜于直接运用近代民主政治。

那么，中国的历史若何，中国的国情若何，近代民主政治及其学说是否具有普遍性，以中国的历史与国情，是否可以行共和民主之制？就成为思想界必须回答的问题。

民初思想争论中的所谓国情问题，主要有三个：一是历史，二是人民程度，三是地理。其中，又主要是前两个问题。因为所谓中国地域广大、不能行共和民主的说法，早已被美国、法国的共和民主实践否定，没有辩驳的价值。

帝制派所说的历史问题，是说中国有悠久的君主专制历史，人民习惯于服从威权统治，无代议制的传统与习惯，因此政治权力应集中于行政机构，而非立法机构，应以君主的威权来慑服人心，建

---

① 《古德诺博士的〈中国新约法〉》，章伯锋、李宗一主编《北洋军阀》（二），第939—945页。

立秩序。针对这种说法，共和派主要从以下几点来阐述其主张。

其一，所谓国情，固然包括历史，但更重要的是现实。不顾中国政治与人们思想已经发生重大变化的现实，欲以过往历史否定已经发生的变化，试图开历史倒车，是完全错误的。① 光昇强调，所谓国情，不只是历史，而且包括一国所面对的世界潮流以及现实中人民的思想观念。他说，政治上之是非善恶，并无绝对标准，能与当时一般人民相安，即为最适宜之政治。无论何种政府，其政治必有以适应当时人民之生活需要，得大部分人之承认或默认，而后可以维持于不敝。一旦社会思想渐进，人们欲望递增，若当政者仍株守过往，深闭固拒而不与社会思想变迁，不能适应一般人民之要求，则社会倾轧冲突之祸必起。中国现在所处的时代，已非闭关自守，各国家各民族老死不相往来，各国民保守其固有之性癖、固有之惯制，孤陋自安，而不相融通的时代，而是一个万国棣通，大有弘大冶而铸于一炉之势的时代。当此时代，国家政治制度的选择必须注意两点。一是从客观情势上说，若其政治制度与世界万国共为进退，则可以兴；若不与世界万国共为进退，则必亡。二是从人们思想观念的变迁来说，人类富于模仿性，随着外来文明的输入，国人见各国以立宪、共和而兴，必对传统的政治体制与政治运作方式起怀疑之心，思改从近代列强之制度以求国家之兴。危机越深，变革欲求越强烈。当此情形，若当权之特殊势力，“惟欲扩张巩固其威权地位”，不顺应世界潮流与人民追逐世界进步潮流之意愿，则人民必“日激于世界进步之潮流，挟持其不可必达之目的，与现政府积不相安，驯至内乱相寻，未有宁日，而国之危亡随之”。土耳其、波斯、墨西哥、南美诸共和国之现象即是如此。②

① 李大钊：《国情》，《甲寅》第1卷第4号，1914年11月10日。

② 光昇：《政治与民意》《评决今日政治上之大疑问》，《中华杂志》第1卷第5号、第1卷第8号，1914年6月16日、8月1日。

对于顺应世界潮流进行变革与合理面对历史文化传统的问题，光昇大体上持一种折中于“理想学派”（普遍主义）与“历史学派”（特殊主义）之间，而倾向于普遍主义的“稳和之立宪主义”的立场。他研究从法国大革命到1848年欧洲革命之间欧洲政治史与思想史，认为此六七十年“为人智与历史激战之时代”。“徇人智者，欲扫荡历史陈迹，而咸与维新，如法国革命后急进民权主义之流演各国是也。守历史者，欲扑灭人智潮流而万事复旧，如欧罗巴大同盟征讨法之民党及神圣同盟之干涉策是也。卒之，两败俱伤”。此后，既肯定普遍主义，又根据各国的历史文化传统定其实施方案的“稳和之立宪主义”逐步形成。这样，世界各国政治，就形成了大本相同、细目与形式有别的形态。所谓大本相同，即制法立政，必以谋大多数人利益为前提，而政权运用必符合世界趋势及国家一般人民现实生活需要。所谓细目及形式有别，是指主治者及民意机构是否全由民选，以及政制之集权分权、政策之放任与干涉有所区别。对于中国的政治革新，他既反对当局以国情特殊为由，排斥世界潮流，罔顾社会思潮变化，事事复古，也反对激进派之欲“举吾固有之典章法度风俗习惯而扫荡之”的理想主义。他肯定科学的学理对于人类的指导意义，认为科学能从众多的经验事实中抽象出普遍性的原理原则。随着科学的发展，学问的进步，世界进化，“一切政治皆渐受学问之支配而莫能外”。漠视学理的经验主义，最多只能是事务主义、文牍主义，不可能求得进步。世界大势不可违，科学之学理不可漠视。中国既经破坏，政治变革业已起步，就当因时变迁，继续前行，万不可重回老路。即使对传统要因革损益，也只能“为资料之采掇，而非根柢之因循”。[①] 这大体上是一种以普遍主义反对特殊主义的思路。

---

① 光昇：《评决今日政治上之大疑问》，《中华杂志》第1卷第8号，1914年8月1日。

其二，所谓历史与传统，是复杂的，多侧面的，既有优秀的传统，也有恶劣的传统。智者对于历史与传统，必当顺应世界潮流与人们思想变迁，择其优良而适应世界普遍潮流者而发挥之，于其违背世界普遍潮流者而舍弃之。面对世界潮流，“于通行教义之中，而以历史上之美习惯容纳之，斯为良政治家；于通行教义之中，必以腐败之习惯败坏之，斯其国亡”。清末中国的改革，以旧习惯迎接新潮流、新制度，结果办学堂而无异于科举，练新军而无异于绿营，行内阁制而无异于军机处。今当政治革新之时，是蹈清末行新法之覆辙，还是发扬优秀传统以迎新机，何去何从，不言自明。①

其三，不能离开必然的政治趋势去谈历史与传统。主张复辟帝制的人称，中国有数千年专制政治的传统，人民有服从之习惯，不解法治，一旦国体变更，反乎数千年政治之习惯，将见中央统治无术，全国有瓦解之日，只有帝制才适合中国历史与传统。针对此种论调，还在二次革命之前，蓝公武即指出，此种论调的荒唐在于，它完全不了解国体变迁乃时势所逼，不得不变，无所谓适与不适。法国由王政而共和，何尝有历史之根据。至于一国国体变革后，或出现一段动荡期，这在各国国体变革的过程中是很正常的，不是中国一家独有的问题。重要的是，国人必须认清政治变革不可避免的趋势，而努力去实现变革，而不是畏其难而走回头路。② 和蓝公武的见解类似，章士钊也说，政治革新固然不能离开历史与传统，但中国必须顺应世界潮流去创立新制。在此过程中，“不可过为历史见象所缚”，“苟见束矣，则惟有始皇再世，明祖复兴，然后足以解决中国之政治问题”。他强调思想在历史发展中的作用，“盖历史者，人类思想之表征也。思想不进步，即历史不进步”。“思想一有变迁，苟善用之以形诸政治，则新社会之于旧历史，

① 远生：《论衡》（一），《庸言》第2卷第5号，1914年5月5日。

② 蓝公武：《中国之将来》，《庸言》第1卷第5号，1913年2月1日。

犹蛾之于蛹焉，由之脱体而出，非能以之自缚而死也。”中国历史上治乱相循，无有进步，原因就是思想没有变迁。而近代民主在西方形成，与近代西方的思想变迁有密切关系，无论是英国的政党内阁，还是美国的三权分立、司法独立之制，皆非自然生成、不可移植之物，而是生于匠心，充满人类智慧的创制。今国人思想已经发生巨大的变化，此正创建新制，实现政治革新的时机；若罔顾人们思想已经发生的变化，以历史否定现实，实为不智。①

关于人民程度问题，帝制派认为，实行共和民主制度，需要全体国民或者说至少多数国民，具备自治能力，具备法律意识，略晓共和民主的基本规则。对于这种看法，共和派指出，所谓共和民主，首先是少数精英的民主，是首先为少数精英建构一个参与政治、运用民主规则的政治平台，即所谓以平民政体而建贵族政府，而不是一开始就以高调的民主观去要求初建的民主，要求多数国民都参与政治。这不符合各国民主政治发展的基本历史轨迹。基于这种认识，他们强调，民主是随时随地可以开始的，是在民主政治生活的过程中，逐步训练国民，提高其程度，扩大民主的范围和程度。

在与帝制派的论战中，共和派颇注意的一个问题是，中国人是否政治上的劣等民族，是否没有资格实行民主政治。近代以来，因为中国国际地位较低，中国人在国际上的形象不佳，被看作半文明半野蛮的民族。一些欧美学者怀疑中国人的政治能力，认为民主政治这种文明民族特有的东西，非中国人所能享有。比如民初人士反复提到的美国学者柏哲士在其所著《政治学及比较宪法》（*Political Science and Comparative Constitutional Law*）中，即称近世欧美各国政治的差异，与各民族是否长于政治有关系。他说，民族

① 陈蘧白：《政治与历史——致〈甲寅〉杂志记者》，《甲寅》第1卷第2号“通信”所附章士钊回复，1914年6月10日。

有以宗教见长者，有以技艺、艺术、学术、哲理见长者，有以政治法律见长者。欧美各民族中，条顿民族是以政治法律见长的政治民族，而希腊、斯拉夫、凯尔特人则非政治的民族，亚细亚民族也不是政治的民族。照柏哲士的说法，非政治的民族必为政治的民族所支配。① 辛亥革命后，中国建立共和政治，国际上既有赞扬者，也颇有一些怀疑者。怀疑者认为，以中国人的政治能力，不可能确立共和民主政治。这曾给中国知识界以很大刺激。武昌起义后，当时在英国的章士钊曾给友人写信说到英国不少人对于中国人是否有构建共和政治能力的怀疑，希望同志一道努力，建立共和，共雪此耻。古德诺以美国学者的身份言中国国民程度不足，不能行共和民主制度，引起了中国知识界的不满，认为这是一种种族歧视。黄远庸就指出，所谓中国国情特殊，当用特别之法治之，其实是鄙视中国，其真实含义是惟文明人能自治，中国人绝不能自治；惟文明人能受文明教化，中国人绝不能受文明教化；惟文明人能受法治，中国人非朴做教刑不可耳。此为中国人之大耻。若信而从之，甚且津津乐道，以为专断政治之根据，则中国在天演上当永劫为奴。② 黄尊三亦说，所谓中国的国民性与法治相反对，这其实就是说，中国国民永无法治之希望，将生生世世子子孙孙长为专制君主之奴隶而供文明国民之驱遣。③

还在 1913 年 2 月，蓝公武即为文批评西方人的中国民族为劣等民族、中国社会卑污的说法，指出中国人应有对于自己政治能力的自信。他承认中国人政治观念有三大缺陷，即知有国家而不知有个人，知有官治而不知有自治，知有独治而不知有共治，但他指出，中国人有学习能力，可以建立共和民主政治。④ 1914 年光昇特地为

---

① 光昇：《读柏哲士论民族所有政治上之性质并讨究中国人之政治特性》，《中华杂志》第 1 卷第 10 号，1914 年 10 月 1 日。

② 远生：《论衡》（一），《庸言》第 2 卷第 5 号，1914 年 5 月 5 日。

③ 黄尊三：《法治与复古》，《中华杂志》第 1 卷第 7 号，1914 年 7 月 16 日。

④ 蓝公武：《中国之将来》，《庸言》第 1 卷第 5 号，1913 年 2 月 1 日。

文，批评柏哲士民族有一成不变之政治性或非政治性之分的说法。他指出，柏哲士忽视了两点，一是忽视人类经济、社会、政治等方面的进化，以为有所谓一成不变的民族性；二是他忽视了人类具有学习与模仿的能力。随着民族间经济、文化、思想交流日趋紧密，“一切文化风习，互相濡染补益，骎骎乎有弘大冶而铸一炉之势”，各民族、各国家取长补短，互相学习是大势所趋，不长于政治法律的民族，其政治已有日新之势，这些事实已经否定了柏哲士的理论。①

主张复辟君主制的人好以中南美洲共和为例，说明人民程度不足，而行共和政治，结果只见其恶，战乱频仍，共和其名，专制其实。因此，与其伪共和，真专制，不如实行元首独裁政治。古德诺、杨度都是如此。《筹安会宣言》即称：“近者南美中美二洲共和各国，如巴西、阿根廷、秘鲁、智利、犹鲁卫（乌拉圭——引注）、芬尼什拉（委内瑞拉——引注）等，莫不始于党争，终成战祸。葡萄牙近改共和，亦酿大乱。其最扰攘者，莫如墨西哥。自爹亚士逊位之后，干戈迄无宁岁，各党党魁拥兵互竞，胜则据土，败则焚城，劫掠屠戮，无所不至，卒至五总统并立，陷国家于无政府之惨象。我国亦东方新造之共和国家，以彼例我，岂非前车之鉴乎！”② 这颇能迷惑一些不明实情的人。对于此种流传颇广的说法，章士钊指出，此乃“国人不学，以道听途说自安，而淫邪无耻之政治家，遂敢于利用其弱点，妄设似是而非、常识莫究之外国政例，以欺惑邦人诸友，宁非国家之奇厄也耶?”③ 那么中南美洲共和政治的实情如何呢？章士钊以蒲徕士（Bryce）所著《南美》的研究成果为据指出，表面上看，南美各国独立后行共和政治，“一世复一世，共和之花，仍萎顿而不开，所见惟革命相续，狄克铁特（Dictator——引注）

① 光昇：《读柏哲士论民族所有政治上之性质并讨究中国人之政治特性》，《中华杂志》第1卷第10号，1914年10月1日。

② 《筹安会宣言书》，载章伯锋、李宗一主编《北洋军阀》（二），第969页。

③ 秋桐：《帝政驳议》，《甲寅》第1卷第9号，1915年9月10日。

相承而已”。其情景颇令人恐惧。但实际上，“南美之共和国凡十一，综其全而论之，其政况远良于六十年以前，断无疑义。凡诸国者，大都军政之原素益益减，宪政之原素益益增”。中南美洲之共和，绝非尽恶，第其品级有上下中。即便是其下者，也远非今日中国所号共和可比。“而乃骂倒全体，指为殷鉴，借作推倒共和之资，斯诚妄人之谈”。①

3. 关于民初共和民主的试验

民初共和民主的试验中出现了种种问题，一些反对或不满共和的人士，出于不同目的，对民初的共和民主政治颇多批评之词，帝制派是攻击共和民主的主力。捍卫共和民主的人需要回应帝制派对民初共和民主试验的非议。

共和派指出，相对于专制政治，共和民主具备无可比拟的优越性。但共和民主政治包括形式与精神两个方面，共和政治的形式比较容易确立，但其精神却非一朝一夕可以养成，其涵养需要假以时日。张东荪说，民国以来的共和民主试验提供了一个重要经验，即共和民主非可一蹴而就，其间出现种种挫折，不足为奇。他说：“凡国当缔造之初，重人治乎，抑重法治乎？此法治与人治之争，其结果，人治胜焉。……夫法者，民族精神之结晶也，必有数十年之蓄养，使之渐成固定之习惯，父母以此训其子弟，朋友以此诫其俦侣，于是幼焉习于斯，长焉履于斯，其制裁深入乎人心而不可拔，虽有奸人不敢畔，虽有枭雄亦不敢玩弄也……盖法不能自言也，必有能言者于法之背面，然后法始有力焉。故当造法之时，造法者必先具有保障法之能力。易辞言之，造法者必即运用此法之人，然后所造之法，始不为空言。否则，造至良之法而付托于他人，他人运用之，其不为玩弄，不为破坏者几希矣。”② 也就是说，

---

① 秋桐：《帝政驳议》，《甲寅》第1卷第9号，1915年9月10日。

② 圣心：《三年中政治经验之大暗示》，《中华杂志》第1卷第11号，1914年11月1日。

在缺乏法治传统的国度，当革命之后国家初由人治向法治过渡之时，造法者往往是秉持法治理念的新派人物，而掌握实际权力的人往往是传统的人治派，容易出现问题。法治派要最终战胜人治派，需要经过长期的共和政治基本信条的涵养。与民国元年、二年社会上存在的普遍的乐观主义情形相比，张东荪对于涵养共和政治信条的长期性有清楚的认识。

章士钊指出，辛亥革命后，中国只确立共和民主的形式，共和政治之精神还未在中国确立起来。即便确立了共和政治之精神，人们也不能指望共和政治立刻能发挥挽救民族危机的功效。以在专制势力压迫之下的国会不能在短时间内发挥作用，从而说共和不适合中国，国会不应存在，“天下不平之事，宁复过兹?”他强调即便国会再开，而效果与民国二年召开的国会相同，也不能以此为推倒国会、否定共和的理由。初行宪政，或有种种问题，但宪政可为长时间段的政治进步提供制度保障，专制政治虽能一时维持社会的稳定，但长期而言，它将断绝政治进步的希望。① 他指出，任何一种制度，实行起来，都会有弊端，重要的是在实行中精心防止弊端的发生，并逐步积累经验，逐步完善制度。共和制度在中国的试验，确实产生过一些弊病，人们可以总结经验教训，使国人不再犯类似的错误，若因此而断言共和不适合中国，那就是因噎废食。对于当时人批评最多的、作为共和之象征的国会，章士钊说：

> 平心论之，国会亦何尝造大孽于天下！叫嚣隳突者，国会之恒态也。英之巴力门，可谓高矣，愚曾观之，而其争不已。日本之帝国议会，亦经训练二十余年矣，今年开会犹几不免于挥拳。吾开第一次国会，相持之急，所传者亦不过拍案掷墨盒而止，则一翻各国议会史，此类之事，岂得云无？一在吾邦，则仿若已犯天下之大不韪，为五洲万国之所无者然。何师心之

① 秋桐：《政治与社会》，《甲寅》第1卷第6号，1915年6月10日。

> 为害一至是也？岁费六千，即议员应受死罪之证，内外攻诘，使无完肤，而今之参政（当时袁世凯政府设有参政院——引者）所受实同，不闻其非，转嫌其少，情实相晉竟乃若斯，不可谓非古今之所希闻也。议员品性之不齐，此宁可讳，然当彼贿赂遍地兵威四逼之时，天坛宪法草案犹能从容就稿，主张不变；总统选举，困议员于一室而饥渴之，刃露于墙，兵噪于外，而自朝至暮，票仅足焉。其事之是非曲直不论，而国会能有此节操以上，决不得谓其绝无存立之价值。①

章士钊的上述评论相当中肯。这对于反击当时否定共和政治的论调，澄清一些人心中的模糊认识，重新树立人们对于共和政治的信心，有着积极的作用。

持开明专制论的吴贯因一度对于国会有很过火的批评。但当袁世凯复辟帝制之意图日渐显露时，他对于国会的态度来了个一百八十度的大转弯。1915 年 8 月 20 日，杨度的《君宪救国论》和古德诺的《共和与君主论》发表之后，吴贯因在《大中华》上发表《追评民国初元国会之程度》一文，指出国会初开，颇遭指摘，今日看来，指摘过当。“当时之国会，所以未能克举其职者，实缘于院外种种之影响，以妨碍其院中之进行。不深究其妨碍之者，而专归罪于其自身，宁得为平？况运用此机关者果不良，应行改选，此为一事，而此机关之本体，是否可以废而不用，又为一事，不能混为一谈”；又说，必须与各国国会初开时之程度进行比较，才能恰当地评价民国初元之国会，也才能看到，各国国会初开均存在种种弊端，世界上不曾有过刚一开张就完美无缺的国会。对于国会最受指责的几件事，比如议决高额的议员俸给等，他也一一给予辩正。他说，英国当 1406 年，其议员俸给就有 5500 多镑，而当时国会所议决之预算案，其给国王政治上之费用不过 6000 镑。相比于英国

① 秋桐：《共和平议》，《甲寅》第 1 卷第 7 号，1915 年 7 月 10 日。

国会议员的岁费，中国的国会“可谓极廉”。经过与各国议会的比较，他说：“中华民国初元之国会，比之不列颠十九世纪中叶以前之国会，政治道德之缺点，犹较为减少焉。”即便比较当今第一流民主国家之国会，民国国会也有可称赞处。比如美国国会经费有按摩费，而中国国会无此费用。《东京之里面》一书记载日本军人、政治家、教育家、实业家及其他各色人等的腐败内幕，也足以让人深思。“国家之机关亦然，有其优点，亦必有其缺点……今世东西各国，其非难立宪政体之书，几于汗牛充栋，然并世诸强国，未有敢废止立宪政体者，诚以今日尚未能发明一种政体焉，较立宪政体为优，而两害相权取其轻，两利相权取其重，故不能不循立宪政治而行也。”[①] 相对于 1913 年夏天以高调的民主观要求国会，此时的吴贯因已经低调得多了，他不认为立宪政体就完美无缺，而只是从两害相权取其轻的角度肯定共和民主制度，也不再要求国会议员有何等高尚的道德品格，对于议员的不当行为也能理解，强调重要的是预防议员腐败与其权力的滥用，而不是因议员个人的不当行为而否定国会制度。这种看法平实而恰当，这虽是国会被解散之后才得到的认识，但若社会多数人能有此认识，也能为重开之后的国会行使权力提供有利的舆论环境。

四　国家观念问题的探究与对干涉主义的批判

（一）问题的起源

国家问题是近代政治学的核心问题。中国传统政治思想里，国家观念不甚明晰。国家观念有对外与对内两个部分。对外，国家为

① 吴贯因：《追评民国初元国会之程度》，《大中华》第 1 卷第 8 号，1915 年 8 月 20 日。

对外之名词，近代国家观念的产生有赖于国际社会中“他者”的存在。传统中国独大于东亚大陆，士大夫有浓厚的以自我文化为中心的天下观念，“常把民族观念消融在人类观念里，也常把国家观念消融在天下或者世界的观念里，他们只把民族或国家当作一个文化有机体，并不存有狭义的民族观与狭义的国家观，民族与国家都只为文化而存在”。① 这使国人于政治之学、国家之义，“皆若不甚分晓”。② 近代以来，在列强的侵逼下，中国与中国文化均面临严重危机，抱持“民胞物与”观念的士大夫发觉，民与物均有国别，国家存亡直接关乎文化兴衰。戊戌时期，康有为提出保国、保教、保种的任务。张之洞认为，此三大任务中，保国为关键：“保种必先保教，保教必先保国。种何以存？有智则存。智者，教之谓也。教何以行？有力则行。力者，兵之谓也。故国不威则教不循，国不盛则种不尊。”保教、保种之道即在保国。③ 自戊戌起，中国思想的一个重要趋势是，国家富强的现实追求取代了卫教的文化关怀，大同理想让位于近代国家构建的政治诉求。

对内，近代国家建构的核心在处理国家与个人关系，其最基本的问题是：国家统治的合法性基于被统治者的同意，个人有参政的渠道，并通过政治参与构建其国家认同；个人享有自由权利，此权利为国家权力的边界；国家之目的与职分，在维持公共秩序，保障个人自由权利，国家权力对个人自由的干预，其正当性须经严格拷问，其行动须依法定的程序。中国传统政治思想，以君权天授为基调，君主统治权来自上天，不需经国民同意；君则行仁政以慈惠其民，民则忠君以卫社稷；个人的概念在中国传统中是不存在的，正统思想“未尝离国、家而认个人之存在”④，人或民往往是整体性概念，而非个体概念，个人在国、家之中，无所谓权利，其立言行

① 钱穆：《中国文化史导论》，商务印书馆1998年版，第19页。

② 严复：《政治学讲义》，《严复集》第5册，第1245页。

③ 张之洞：《同心第一》，《劝学篇》，光绪二十四年菁华报馆监印。

④ 光昇：《中国国民性及其弱点》，《新青年》第2卷第6号，1917年2月1日。

事均当由其在国、家中的职分决定。

近代中国人国家观念的建构是在恶劣的国际环境中进行的。列强争夺世界霸权的剧烈斗争，帝国主义论、社会达尔文主义的强权逻辑，以及国际政治思潮的变化，德国、日本的国家主义及其国家主导现代化的模式，中国传统的重视整体而忽视个人的思想传统，以及思想界对于近代民主政治的若干误解，造成了清末以来浓烈的国家主义思想氛围。这种氛围到民国元年、二年间，更形成了盛行一时的国权主义、强有力政府与干涉主义思潮。

民初的国权主义、强有力政府论的负面作用很快就表现出来，政治思想上的此种倾向，造就了袁世凯专制集权的舆论氛围。敏锐之士发现，民国建立以来，国门布告莫不以“国利民福”为词，人们鼓吹政府万能主义，欲以万能政府谋国利民福。然政局日非，民生憔悴，国家危亡，所得适与国利民福相背；[①] 政府强则强矣，未见其善，保育沦为压制、剥夺。[②] 当局所提倡，举世所风，皆“谓国家神圣，理不可渎”，谓政苟能致国于富强，则人民牺牲利益，忍受暂时之痛苦，亦无所顾惜，然所得不过人民利益受损，不仅国家富强邈不可及，甚且偕亡之叹闻诸道路，有国不优于无国之念潜滋暗长。[③] 为何思想潮流提倡国家主义，举国“环之而走”，结果却“举步愈急，竭蹶愈甚”？[④] 国家究竟为何，国家与个人的正当关系究竟为何，强有力政府与干涉主义是否可行，如此种种，就不能不成为思想界必须严肃思考的问题。

其时，袁世凯及其追随者一面以国权主义为护符肆行专断政治，一面以亡国之祸恐吓国民，要求国人同心一致，支持政府，为国奉献。他们利用一度盛行的国权主义与强有力政府论，认为国家利益至高无上，政治之目的在实现国家富强，而人民程度幼稚，不

① 高一涵：《民福》，《甲寅》第1卷第4号，1914年11月10日。

② 汪馥炎：《社会与舆论》，《甲寅》第1卷第4号，1914年11月10日。

③ 秋桐：《国家与我》，《甲寅》第1卷第8号，1915年8月10日。

④ 秋桐：《国家与我》，《甲寅》第1卷第8号，1915年8月10日。

宜于议会政治，只有实行独裁政治，才能建构强有力政府，以实现国家富强作为其毁弃民主政治、建立个人专制独裁的理据。袁记“约法会议”在肆意毁弃《临时约法》，制造总统独裁的《中华民国约法》时即称，“改造民国根本大法，首在力求实利，而不在徒饰美观；首在为多数人谋幸福，而不在与少数人言感情。救国但出于至诚，毁誉实不敢计及”，以谋求国家富强之“实利”为幌子，以人民程度尚属幼稚为借口，以救国出于至诚为担保，发挥其“毁誉实不敢计及”的不畏鬼神、不惧人间毁誉的“勇气”，对《中华民国临时约法》大加篡改，“凡可以掣行政之肘者……皆予删除。凡可以为行政之助者……悉予增加”。① 袁记约法中甚至有“大总统为国家元首，总揽统治权”的条文，直将大总统等同于国家。当局的这些国家主义话语，与民元、民二年间国权主义者所鼓吹的国权主义、强有力政府论，在理论上如出一辙，这使国权主义者在面对袁世凯的专制之集权理论与专制独裁统治时，只能哑口无言。章士钊即称，当时思想界因受国权主义思想的束缚，眼见“行私者每得托为公名以相号召，抹搬民意以行己奸，毁弃民益以崇己利，动假微言大义以行，事过帝王专制之实，法律上无可抗，舆论亦毫无能为”，② 欲批判袁世凯的专制集权，必须批判民元、民二年间的国权主义理论，探究国家的真意。

对于当局以亡国相威胁，以爱国相号召，希望举国一致应对内外危机的政治话语，愤激之余而不畏亡国的人们指出：以目前政府之残暴，国家有何可爱？“亡国为奴，何事可怖？”陈独秀称，中国之国家，违背国家之目的，“外无以御侮，内无以保民，不独无以保民且适以残民，朝野同科，人民绝望。如此国家，一日不亡，外债一日不止；滥用国家威权，敛钱杀人，杀人敛钱，亦未能一日获已；拥众攘权，民罹锋镝，党同伐异，诛及妇儒

---

① 白蕉：《袁世凯与中华民国》，《近代稗海》第3辑，第94—95页。

② 秋桐：《自觉》，《甲寅》第1卷第3号，1914年8月10日。

（孺），吾民何辜，遭此荼毒。奚我后？后来其苏！海外之师至，吾民必且有垂涕而迎之者……盖保民之国家，爱之宜也；残民之国家，爱之也何居？”又说，“失国之民诚苦矣，然其托庇于法治国主权之下，权利虽不与主人等，视彼乱国之孑遗，尚若天上焉，安在无国家之不若恶国家哉！”在专制政府垄断国家权力，残民以逞的情况下，鼓吹爱国，不过是要保存毫无意义的“恶国家”，其目的“实欲以保存恶政府”。所谓亡国可怖，恶国家胜于无国家之说，不过残暴的当局“故作危言，以耸国民力争自由者之听”而已。①

面对黑暗的时局，追求民主革命者唯谋暴力以推翻政府，他非所计，无暇深入探究国家问题，未能提出“厘然有惬于人心”的“至高之鹄”以号召于人。深流稳健之士认为，这种不深究国家存在之真意的革命，不过“等于政权之易位，于国家前途初未尝有好望”。② 而所谓稳健派，“徒谓无方法无目的之革命，万无可赞成之理”，却提不出任何解决国内政治问题的方法。比如，丁佛言就说，“吾人内察国情，外观大势，知非法之改革，徒以残害人民，耗伤国力，仍不足收效于异日，但使不放弃国民之责任，坚定目的，踏实脚根，不为利诱，不为威屈，即此有条件之和平改革，亦足得国民之同情，而驱使政府于宪政轨道之内”。③ 然“所谓责任作何义？所谓目的属于何范围？所谓和平改革，其道何由？所谓国民同情，其缘安在？尤不可解者，所谓驱政府于轨道之内，作何驱法？”丁佛言对这些疑问却提不出任何实际的方案。④ 这自然不能得革命党之赞同。这样，维持现状，听由当局滥权妄为既不是选择，且现状终不能维持；暴力革命不能得多数之赞同，且前景未可

---

① 独秀：《爱国心与自觉心》，《甲寅》第1卷第4号，1914年11月10日。

② 秋桐：《自觉》，《甲寅》第1卷第3号，1914年8月10日。

③ 丁佛言：《敬告政府及倡第三次革命者》，《中华杂志》（北京）第4号，1914年6月1日。

④ 秋桐：《自觉》，《甲寅》第1卷第3号，1914年8月10日。

预料；推动当局进行和平改革，亦无望，且无方法。“急激者暴起，稳和者盲进，无力者自放，受祸者自伤，如是而已，而真正之国家，直无从见。岂惟不见，且或永绝。”① 现有的国家既不能令人心安，不足令人去爱，开明专制论、暴力革命论、和平改革论均不餍人望，亡国不足为惧的激烈之言亦嫌其自觉之意少而悲观之意多，人心极端苦闷。当此情形，厘清国家观念，打破“国家神圣，理不可渎”的神话；区别政府与国家，重新厘定爱国的含义，探究真正的爱国之道，不使恶劣之政府假借国家之外衣，享国人之爱，探索未来国家建设之途，就成了思想界迫在眉睫的任务。

由此，在袁世凯解散国会、解散各级地方议会，尤其是颁布《中华民国约法》之后，思想界乃着力批评民初的国权主义、强有力政府论与干涉主义，探索国家的真意，拷问国家存在之价值、目的、意义与职分。此种对于国家问题的“自觉”，是民国三、四年间中国思想界颇值得注意的思想潮流，是“五四”个人主义、个性主义思潮的前锋，在中国近代思想史上值得大书一笔。当时的重要政论家如章士钊、张东荪、高一涵、李大钊、陈独秀等，以《甲寅》《青年杂志》《正谊》等刊物为阵地，对国家观念进行了比较深入的探讨。

（二）国家起源及其目的

国家起源与国家目的，本为两个无必然关联的问题，但一般的学者往往把它们联系起来，从国家起源论国家目的。关于国家起源，西方长期存在契约论与自然论的争论，相应地，关于国家性质有机械说与有机体说的争论。契约论以为，国家非自然而成之物，乃人为保障自我权利、建立秩序而创造的“机械”。自然论大体又可以分为强力说与历史说。强力说认为国家起源于人类自然存在的强弱之分，是强者对于弱者的支配权力的发展的结果；历史说认

---

① 秋桐：《自觉》，《甲寅》第1卷第3号，1914年8月10日。

为，国家非起源于人类的理性与意志，也非人所创造，非国民的简单堆积，乃是因着人类的社会本性，在历史发展中自然形成的有机体。社会契约论在清末曾有相当的影响，尤其是革命党人多持社会契约论。由于社会契约论不能为国家的起源与人的自由权利的起源给出令人信服的说明，又不符合国人急切实现国家富强的现实需要，所以暴力革命完成政权更迭之后，社会契约论在民初思想界受到广泛的质疑。随之，天赋人权说也被抛弃，国家有机体论大行其道。自清末起，国家有机体论在中国思想界即很有市场。晚清以来，对中国思想界产生影响的国家有机体论，主要有斯宾塞的社会有机体论，以及伯伦知理及其日本传人加藤弘之的国家有机体论。斯宾塞是在十九世纪末英国自由主义转向修正的自由主义、积极的国家观念日趋流行的时代，仍然坚守个人主义立场的思想家，他将社会与国家比作有机体，但是他强调，国家、社会与自然的生物有机体不一样，生物有机体是一个具体的整体，其意识集中于机体的一定部位，有机体的各组成部分受其主脑器官的控制，服从和服务于统一的有机体；而社会有机体是由单个的有个体意志的人组成的，个体均有意志，知自身之痛苦与幸福，社会有机体的整体是松散的，社会整体之存在是为个体之幸福服务的，而不是相反。斯宾塞极力主张限制国家权力。“斯宾塞的国家理论在很大程度上是一份国家应当放弃其职能的清单”，[①] 他认为社会的发展有赖于其构成之各分子即人民个体的发达，发达国家的途径就是减少国家干涉范围，发达个体之能力。严复之鼓吹开民智、新民德、鼓民力，梁启超之鼓吹新民，皆据斯宾塞的社会有机体论。斯宾塞之意在卫护个人自由权利，而严复、梁启超之目的则在借个体之发达，求国家之发达。伯伦知理的国家有机体论以为，国家是一有自身之利益、目的与意志的生命体，为着实现自己的目的与利益，可以牺牲其构成成员之利益。伯伦知理的国家有机体论在清末民初影响很大，梁

① 〔美〕萨拜因：《政治学说史》下卷，第410页。

启超即依据此种理论，反复鼓吹国家之第一目的在自身之利益，第二目的才是国家构成分子即国民个人之利益；当国家利益与人民冲突时，只能牺牲人民利益，不能牺牲国家利益。民初，此种国家有机体论仍然很有市场。持国家有机体论者强调，国家既为一有机体，就不能逃离优胜劣汰这一有机体竞争图存的法则，因此国家首先要图自身之生存。由此，国家有机体论者强调，国家非因保障人民权利而起，而因对外竞争而起，是群体对外竞争的工具。梁启超说，国家起于人类竞争图存的斗争，国家间的竞争是人类竞争的最高形式。为着对外竞争的需要，国家不能不先求自身之发达。① 梁启超所谓对于一身、对于世界、对于外族而知有国家，康有为所谓当以列国并立之势治国，都强调国家为对外竞争的工具。梁启超强调放眼世界，中国所处为唯大国、强国能图存的帝国主义时代，必须“以国家为本位”，建立所谓“世界的国家”。② 其他诸多主张国家利益优先的人士，也无不从严峻的国际局势立论，认为必先谋国家之自由，方能讲个人之自由。

民初共和宪政试验遭受挫折后，思想界乃批评国家有机体论。一部分人仍然用社会契约论解释国家起源，用天赋人权说为人的自由权利辩护。他们也了解国家成于契约只是想象，天赋说不足以解释人权起源，但为捍卫个人的自由权利，他们常常不自觉地回到契约说。章士钊在民元、民二年间曾批评天赋人权说为“十八世纪不可通之旧说”，主张民权为国家所赋。③ 但到他办《甲寅》杂志时，针对严复否定天赋人权说，他又专门为文捍卫天赋人权说，肯定国家始于人们为保障自己权利而形成的社会契约

① 梁启超：《宪政浅说》，《饮冰室合集·文集之二十三》。关于梁启超的国家有机体论，可以参见雷勇《国家比喻的意义转换与现代国家形象——梁启超国家有机体理论的西方背景及思想渊源》，《政法论坛》2010年第6期。

② 梁启超：《中国立国大方针》，《梁启超全集》第八集，第415—420页。

③ 秋桐：《国权与民权》，《独立周报》第1年第10期，1912年11月24日。

说。① 他认为，国家“组织之起原，必也，一群之人自认其固有之利，而谋所以保之，同时又认保之之法，莫如结为一体，立为规约而共守之”。② 高一涵亦称：“国家者何？自由人民以协意结为政治团体，藉分功通力，鼓舞群伦，使充其本然之能，收所欲祈之果，及以自智自力，谋充各得其所之境者也。”其目的在保护自己的权利，使自己的天赋才能能够尽量发挥。③ 陈独秀亦持此种观点。

高一涵明确否定国家有机体论。他说，国家乃事，非物。他指出，强调国家利益优先的人往往依据国家有机体论，以为国家为生物有机体，“其生长发育，皆因其有自然主体，主体而外，绝无蕲向之可言”。国家既为有机体，则国家自为主体，有自身之目的。但是，所谓物乃是自然生长的，其生其长纯因自然，而国家并非物之自然生长，而是“人类所创造之一物”，其本质不过是“人类所部勒之一制度，用为凭藉，以求人生之归宿者也”。国家的核心是制度，是规则，而制度、规则并不能自然生长、自然发达，而一定是人为着一定的目的设立的。离开人的设计、规划，国家无由产生。“一国之建也，必有能建之人，与夫所建之旨……固非漫无主旨，而自然生成也者。国家为事而非物，一事之起，必有其所以起之因，事客而所以起之因乃为主。”人类创造国家，并非为国家本身，而是为了解决人类自身的问题。④ 他又说，国家之成，“必基于人民之自觉”，当人们对于成立国家有“契合一致之感情意志”时，乃制作典章制度，设立国家机构，因此“国家之设，乃心理之结影而非物理之构形”。由于执行国家权力的机关“常易于攘国家权力据为己有”，人们乃制定宪法以限制国家机关之权力，此近代文明国家之由来。⑤

---

① 秋桐：《读严几道〈民约平议〉》，《甲寅》第1卷第1号，1914年5月10日。

② 秋桐：《自觉》，《甲寅》第1卷第3号，1914年8月10日。

③ 高一涵：《民福》，《甲寅》第1卷第4号，1914年11月10日。

④ 高一涵：《国家非人生之归宿论》，《青年杂志》第1卷第4号，1915年12月15日。

⑤ 高一涵：《民约与邦本》，《青年杂志》第1卷第3号，1915年11月15日。

显然，契约说不能说明国家的起源，而有机体论以国家为有机体，系自然发达而成的说法也立不住。国家是人类历史发展到一定阶段，因为部族控制区域的扩大，部族内部因财富积累而发生贫富分化，社会冲突日趋加剧，为着统治族外人群和维持族内秩序等社会需求而产生的。国家在产生发展过程中，其制度之设计，统治管理方法之改进，离不开人类的谋划。与章士钊、高一涵等在国家起源问题上持契约论不同，张东荪以奥地利社会学家龚普洛维奇的社会冲突理论解释国家的起源。他认为，国家首先起源于暴力征服，统治权就是战胜者支配战败者的权力。暴力征服虽是国家的起源，但暴力统治只是古代国家的特征。古代由暴力征服而来的国家，在其发展过程中，因为社会分工、经济发展、文化进步，合群之需要愈切，原本以暴力结合的团体乃不可复散。“国家之成，虽以统治为导线，然实为文化经济所驱使，心理宗教所养成。”在这一过程中，由于被统治分子的不断发达，利益冲突不断加剧，人们认识到暴力不足以调和国家内部各种利益冲突，近代国家乃逐步形成。①这种理论，较契约论、有机体论要有说服力一些，它是从社会历史进程中寻求国家的起源，寻求国家由古代专制国家发展为近代国家的原因，并且明确地将国家起源问题与国家目的问题分开阐述。

国家目的何在？国家有机体论者鼓吹国家之第一目的在求自身之生存发达，第二目的才是求国民之福利，将国民权利附从于国家。宪政遭遇挫折后，探究国家问题的人士强调，国家唯一之目的在保障人民之自由权利。陈独秀断然否认国家在保障人民自由权利之外，还有别的目的，“国家者，保障人民之权利，谋益人民之幸福者也。不此之务，其国也存之无所荣，亡之无所惜”。② 章士钊称，国家为“公道”（justice）而存，公道不存，国家毫无意义。他说，“国家者，乃自由人民为公益而结为一体，以享其所自有而

① 东荪：《宪法与政治》，《甲寅》第1卷第9号，1915年9月10日。

② 独秀：《爱国心与自觉心》，《甲寅》第1卷第4号，1914年11月10日。

布公道于他人者也。”所谓公道就是“与人以相当之谓也。与人以相当者何？各有其应有之权利也”。“享其所自有，谓权利也；布公道于他人，谓己之权利必以他人之权利为限也”；① 又说，“国为人而设，非人为国而设也。人为权利而造国，非国为人而造权利也。”人民是为权利与幸福而造设国家，“国家者非人生之归宿，乃其方法也。”② 功利主义以为，国家之善，在谋最大多数之最大幸福，而幸福应是个人日常经验能够感受的，是可以计算的，不存在超越人们日常经验之外的幸福，也不存在超越个人幸福之外的幸福。所谓最大多数的幸福，是在各种个人利益与幸福的妥协中达成的最大多数人的个人幸福的累积。高一涵以此论述国家目的：“国家者建筑于人民权利之上”，“非离外人民权利，别能空建一国家于无何有之乡也”。所谓人群幸福，“非以其分子所享权利之程度计之，亦殊不成意味。”“所谓民福，必合一国全体人民享有权利者之总数计之，乃为有当。”③

高一涵又评述西方各家学说关于国家目的论述，称关于国家之目的，西方历来有道德幸福说与保障权利说两大类。柏拉图、黑格尔“皆以道德说为国家之绝对蕲向”；“亚里士多德以幸福为国家之绝对蕲向”。鉴于道德说、幸福说之弊，陆克（今译洛克）、康德、韩鲍德（Humboldt，今译洪堡）、斯宾塞尔（即斯宾塞）等，乃“缩定国家蕲向之范围，以限制国家对于人民之干涉，但以确定小己权利，及以法律维持秩序等事，为国家唯一之蕲向”。比如“陆克谓国家之蕲向，在保护人民之生命财产及自由。康德谓国家以发扬光大人类之权利为主旨。韩鲍德谓人类最高之祈求，即在完全发扬其能力。斯宾塞尔之说，略与韩同。要皆藉国家之力，为一种方法，以发扬鼓舞群伦之权利者也”。高一涵认为道德幸福之

① 秋桐：《国家与责任》，《甲寅》第1卷第2号，1914年6月10日。

② 秋桐：《复辟平议》，《甲寅》第1卷第5号，1915年5月10日。

③ 高一涵：《民福》，《甲寅》第1卷第4号，1914年11月10日。

说，立论虽各有所主，但一旦实行，“则不免侵害小己之自由”。之所以如此，盖因“前者以实行道德之理想为界说，后者以求最大多数之最大幸福为格言”，但究竟何为道德，何为幸福，“皆无至当之畛域”，难有公正合理的范围。“以道德幸福之责托诸国家，则国家权力泛然无所限制。”“古今万国，凡国权过大，而无一定之界限者，未有不侵及民权。”因此，一旦行道德幸福之说，“则凡人民对于国家之行动，举莫逃出道德幸福之范围者，即举莫逃出国家之干涉，势必损人民之自由，以为国家之刍狗。”“国权、人格互相对立之第一要义，即在各有限制，各正其适当运施之封域，相调相剂，而不相侵。”道德幸福说，根本背离这一要义，势必将国家高悬于人民之上，人民势必为国家之刍狗，其自由权利无独立存立之领域，而成为所谓道德幸福的牺牲品。高一涵指出，最能直指道德幸福说弊端，说明国家真正之目的，限定国家行动之范围，保护人民之权利的“厥惟保护权利说”。①

关于国家目的问题的探究，还需要提到朱执信。当时的革命党人很少参与关于国家观念问题的讨论，朱执信是少数就此发表意见的革命党人。他说，“社会上一切善良制度，皆为增加生存价值而生。其目为不良之制度而当排去之者，皆以有损于生存价值故也。”“生命之价值决定元素，最重为现在幸福、将来希望、自由、名誉及家族关系五者”。“国家之制度，为增进生存价值之一手段。”也就是说，国家只是增进人的生存价值的手段。与张东荪类似，他也区分了国家起源与国家目的：国家之起源也许不是出于卢梭所说的社会契约，而更可能是出于一二豪杰之私图，但并不能因此否认国家存立之目的在增进人的生存价值。②

此期国家观念的探讨，去除了国家主义者涂抹在国家身上的油

① 高一涵：《国家非人生之归宿论》，《青年杂志》第1卷第4号，1915年12月15日。

② 朱执信：《生存之价值》，《民国》第1年第2、3号，1914年6、7月，收入《朱执信集》（上），中华书局1979年版，第189—195页。

彩。章士钊说，“国家者，质而言之，乃政治学者所用之符，以诂某种社会者也。其本身价值，殆与图腾番社同科，轮廓仅有，有何足重？是必有物焉相与立之，尤有法焉使立之者各得其所，然后其名不为虚称。兹物者何也？人也。法者何也？权利也。”国家并非天生神物，不过人造出来为保障自由权利的工具，[①] 这有助于打破人们的国家崇拜，有助于人们认清国权主义理论存在的弊病。

（三）个人欲求的意义、自由权利的价值与爱国心问题

民元、民二年间的国权主义反复强调，国家不能生存，则个人之自由权利无从谈起，对于面临严重民族危机的中国来说，没有国家之独立富强，就谈不上个人自由权利，因此中国应当先求国家富强，为此可牺牲国民之利益。他们甚至将个人自由权利与国家富强对立起来，认为在国民程度不足的条件下，自由平等会造成社会秩序的混乱，影响国家富强之实现。因此，对于探究国家问题的人来说，仅仅从国家起源出发阐述国家目的在保障个人自由权利，还不足以服人。他们必须对人的自由权利的价值，尤其是个人自由权利与国家富强之间的关系，给出可信的解释。为捍卫个人自由权利，他们首先为个人的欲求正名。

1. 个人欲求的意义

近代个人主义，最初是从抽象的人性论出发，将人设想为天生的理性的利己主义者，肯定人的自私自利的欲求，并以此为政治学说的基础。霍布斯、洛克都是如此，他们认为支配人的行为的有两大准则：一是自我保存、自私，二是理性。在此基础上，人们构建了社会，以保护个人权益。但人性自私说很快就遭到质疑，批评者提出，决定人的行为的主要因素不是理性而是情感，也不存在抽象的人性，人性在很大程度上由其所处的社会决定。因此，功利主义不再将政治学说的起点放在人性自私的假说上，而放在人有趋乐避

① 秋桐：《复辟平议》，《甲寅》第1卷第5号，1915年5月10日。

苦的天性的假说上。民初探讨国家观念的人士，以人性自私说与人天性趋乐避苦说，为人的欲求正名。他们认为人是自私自利的，人生目的就在追求自身幸福。所谓幸福，即趋乐避苦。这是人的天性，是人奋斗的动机。只有幸福的人生才是有生趣的、值得去过的人生。判断一切制度、行为善恶的标准就看它是否有助人们趋乐避苦。由此，他们为人的欲求正名，批评中国古代以克己、窒欲、奉公为大训，视个人正当的欲望为大戒的道德为“逆性之道德”，主张进行道德革命，建立新道德。

章士钊将探究并顺应国民真实心理与真实欲求看作解决国家根本问题的第一要着。他说：“人生于世，从其大多数言之，所欲率不出于日用饮食之间，宫室之美，妻妾之奉，所识穷乏者得我。”人的真实的心理就是追求这些看似低级的欲求的满足，绝非公而忘私。这种种欲求，是一般人的奋斗动力，“自置妾当别论外，此种自奋之动机，并无不合”。近世国家所以为文明国家，就是承认人的这些欲求，并以“提振人民体质上之欢娱”为其唯一之职志。欧美文明之发达得益于此。中国传统漠视人的真实欲求，倡导克己与公而忘私，历来的学说“皆略心理潜滋之势，而崇伦理矜持之义，举世习焉而不敢以为非。既不敢以为非，而又无法以通其欲，公私不得其平，弛张一无所当，而国家根本问题坐是无由了处，而真正之和平幸福，举冥冥堕坏于名分经制诗书礼义之中”。[①] 欲求国家社会之安宁与人生之乐利，必自承认并顺应个人欲求始。他主张对儒家伦理观念进行根本变革，而以趋乐避苦为道德准则。[②]

高一涵也为个人的欲望正名。他说，“道德之基，既根于天性”，“所谓天性，乃得诸亶降之自然，不杂于威势，不染夫习惯。……忿也，欲也，己也，私也，既为吾性之所涵，即当因势利导，致之于

① 秋桐：《自觉》，《甲寅》第1卷第3号，1914年8月10日；《功利（答朱存粹）》，《甲寅》第1卷第5号“通讯”，1915年5月10日。

② 《功利（答朱存粹）》，《甲寅》第1卷第5号“通讯”，1915年5月10日。

相当之域，俾各得其发泄致用之机，不当惩之、窒之、克之、制之，使无可排泄之余地，而溢而横流也”。切实可行的社会规则，必立足于人趋乐避苦的天性。中国传统道德，以“惩忿窒欲”“克己制私”“守分安命”为道德格言，倡导“牺牲主义”“慈惠主义”，要求小己为他人做出牺牲。此种道德要求，“不得人情之中”，难于久行；且助长一部分人不劳而获的思想，使这部分个体才性不能发挥，无由成就其自我。此种道德，按诸国家原理与世界潮流，“无一不形其抵触”。他倡导“以小己主义为基础”的“自利利他主义”。①

李亦民探究人生之目的，对种种奉献、牺牲、服从说提出批评。他从西方功利主义的理论出发说，“人类之目的，幸福而已，快乐而已。人类之仇敌，痛苦而已。何者为幸福，为快乐，当就之。何者为痛苦，当避之。何者足以致我痛苦，当除之。此与吾国抚我则后、弱我则仇之旨，后先相应”。趋乐避苦的人生目的说，在近代欧美兴起，其势力“浸淫磅薄，至于今日已举一切政治法律、风俗、习惯，而受其支配，社会群众各向所谓幸福快乐之途而奔驰”。个人主义发达，人皆“富于独立自尊之心”，用能发展民族精神，以臻今日之强盛。而中国“讲道德说仁义”，“惩忿窒欲之说，人人最深。凡事涉利己者，皆视为卑卑不足道，必须断绝欲求，济人利物，乃能为世崇仰”。此种道德学与彼西方趋乐避苦之道德学说相见，遂以形见势绌。如何起衰敝而实现人生之真正目的，李亦民张扬杨朱的“为我”之说。“昔者杨朱曾倡为我之说矣，全豹不可见，其义见之列书者，差近于性分之真，不作伪以欺天下。而孟氏斥为无君，詈为禽兽；然则所谓人者，绝不容有为我之念，存于胸中，纯为外物之牺牲，乃足以尽其性分乎！”② 他说，人的自我欲求，是人类一切活动的原动力，“自我欲求，所以资其

---

① 高一涵：《共和国家与青年之自觉》，《青年杂志》第1卷第2号，1915年10月15日。

② 李亦民：《人生唯一之目的》，《青年杂志》第1卷第2号，1915年10月15日。

生也。设无欲求，则一切活动立时灭绝，岂复有生存之必要？”对于人的自我欲求，若“欲以人力禁制之”，大倡于合群、公益，不仅无助于合群、公益，且造成人心的虚诈。因为，人之活动起于其自我欲求，这种欲求人人心中皆存，但又“不可以告人，亦不肯举以自白”。违背人的真实欲求，而倡合群公益，所谓合群公益将“尽变为涂饰耳目之名词”，“而虚挢诈伪之习，乃日益加剧”。总之，人情不可遏抑。若遏抑之，则不能不走于偏宕，若决江河而沛然莫之能御。正确的办法是“顺人性之自然，堂堂正正，以个人主义为前提，以社会之义为利益个人之手段。必明群己之关系，然后可言合群；必明公私之权限，然后可言公益也”。① 对于青年人，他希望青年“其速决汝大方针曰‘为我’，以进于独立自主之途；其速定汝大目的曰‘快乐’，以遂汝欲求意志”。② 只要人们对于“为我”的真实诉求，不讳莫如深，而能堂堂正正地倡导“为我主义”，“各扩其为我主义，至于最大限度，则全国无不适之我，斯无不适之人，所谓黄金世界者，舍此皆为梦想也”。③

西方早期个人主义承认人的欲求，是从彻底的个人主义出发，而民初探讨国家观念的人士，则一面为人的欲求大声疾呼，一面又将顺应个人欲求与国家昌盛联系起来。其原因大概有二：一是国家富强本来是他们心中的诉求，二是他们必须回应社会对于国家富强的热望。

2. 个人自由权利的价值

探究国家问题的人们肯定个人欲求，强调国家只是为个人欲求之实现提供一个和平的环境，提供一个合理秩序，而个人在追求个人欲求实现的过程中，恪守社会秩序，不侵犯他人之权益，实现自我，也就为国家之富强、社会之进步提供了动力。他们也从个人幸

① 李亦民：《人生唯一之目的》，《青年杂志》第1卷第2号，1915年10月15日。
② 李亦民：《人生唯一之目的》，《青年杂志》第1卷第2号，1915年10月15日。
③ 李亦民：《人生唯一之目的》，《青年杂志》第1卷第2号，1915年10月15日。

福之实现的角度，论述个人权利的价值。

关于人的自由权利，早期自由主义以人权天赋论为据。自然法理论崩溃后，自由主义者，从边沁、密尔到格林、霍布豪斯，更多地从自由权利能够带来的好处论述其价值。他们的解释约有两种思路。第一，从利益的角度论，认为社会利益首先是各个个体的利益，一方面个体追求自身利益会落实个体本身的利益，另一方面在理性的指引下，各人追求各自的利益会导致社会利益的和谐，而自由权利则是个人追求私利的前提。不仅如此，个人有自由权利，也能将个人的意见贡献于社会，给社会带来益处。第二，从人格完善、人的自我实现立论，强调自由不仅为个人追求幸福的前提，也是个人人格完善、才能发挥、“自我实现”的条件。个人的自我实现本身就是最大的善，因此自由不仅是私人的善，也是公共的善。

民初探讨国家观念的人士，也主要从个人自由权利的功用阐述自由权利的价值。他们提出，个人自由权利所以有价值，乃因其为个人追求幸福的前提。人们的苦乐之感虽有共通处，但对自身的苦乐，个体的感受最切，其自谋幸福才最可靠，“所谓苦，乃己之所谓苦，非他人所能想像也。所谓乐，乃己之所谓乐，非他人所能代谋也”。个人欲追求幸福，必须享有自由权利，“无权利不足以自行避苦而趋乐”。个人无自由权利，则己之苦乐为何，趋乐避苦之策何在，即不能自定，只能由别人代定。结果极有可能是，此为己之所苦，而人曰此为尔之乐，彼为己之所乐，而人曰彼为尔之所苦，人之施为将与己之欲求相背。“苟无权利，则奴圈而已矣，国家云乎哉！”无权利，个人不过是意志不得自由的奴隶，谈何幸福的人生。“近世国家所以高于中古及太古者，以前者人民之苦乐悬诸一人或少数人之意志，而后者人民自定其苦乐，且自应用之于政事也”。①

个体各自追求私利与社会利益之关系如何，是重视社会利益的

① 秋桐：《国家与责任》，《甲寅》第1卷第2号，1914年6月10日。

人士对个人主义的重要质疑之处。于此，章士钊指出，“求权利正所以尽义务”。① 高一涵说，社会由多数小己构成，“社会利益，乃根基于小己利益之上，积合而成者，欲谋社会之公益，必先使一己私益，著著落实，乃克有当”；“不谋一己之利益，即无由致社会之发达”。个人在“自利心”的驱动下，谋求私利，一方面使个人利益落实，另一方面也在谋私利的过程中，发挥了自己，成就了自我，为他人与社会做出了贡献。真的自利，并非“夺他人之利益，窃为己有”，而是从个人利益与社会利益息息相关的认识出发，一面借社会分工以遂己生，一面尊重他人利益，且通过完成自己在社会分工中的职责，赞助他人和社会利益。只要尊重他人利益，个人“各尽性分，以图事功”，则其所为“果为自利，抑为利他，举莫能辨”，自利即利他，利他即自利。但所谓自利利他应以“小己主义”为基础，以发挥个人才性为最终目的。②

主张建“父母政府”、行“开明专制”的人士，强调中国国民程度低下，不能自谋幸福，需在上者为之代谋。此期探究国家观念的人士指出，此种说辞，不过“以人民为无权利能力者”，将人民看作“发育不完，心神丧失”的未成年、废疾者以及完全被剥夺权利的皂隶。③ 其实，个人不但对自己的欲求感受最真切，且有自谋幸福的能力。张东荪提出，人自谋幸福的能力来自天赋，有适合的条件，此种能力即能自然发达：“人民之知识能力，正如春草，不必播土布种，而后始生，但去覆于上者，则自然而茁，是谓自然发展。一国之人民，皆有自然发展之力，不仅历史所示，抑亦事实所证也。”“民之向上，惟恃自竞，自竞惟恃放任”。国家对于人民，“非若抚难驯之儿童，必束缚其野性。须知国民愈压则愈弛，

① 秋桐：《国家与责任》，《甲寅》第1卷第2号，1914年6月10日。

② 高一涵：《共和国家与青年之自觉》，《青年杂志》第1卷第2号，1915年10月15日。

③ 高一涵：《民福》，《甲寅》第1卷第4号，1914年11月10日。

专制之下，民德日堕，盖以此耳”。① 只要个人有自由权利，就有自谋幸福的能力。若照开明专制论、“父母政府”论所言，由国家、政府代人民谋幸福，则“人莫不自私，而有权者尤莫不欲滥用其权以自恣，以是一国之人较然划为治者被治者两级，其中绝无连环，可以交通情感，互调利害，则以全国之福利供一人或一团体专欲之牺牲，实人类劣根必生之果”。其结果不仅人民权利被侵，且必贪腐泛滥，引发人民反抗，政局因而不宁，革命迭起，致社会公共秩序崩塌，公共利益遭到毁灭性冲击。② 光昇揭示儒家仁政说的专制主义本质，指出儒家倡导仁政，“一方尊君，一方又策君爱民”，“自政治真义言之，民亦何所用其爱哉？人民对于国家，有应尽之义务，有应享之权利。”“夫爱之云者，特恩惠之名词。人而为人所爱，惟立于依赖地位，而必不有其权利之可以主张。康德曰：以仁爱为国，则其政府为专制，而视人民为孩提，为未成年者，遂使其自由权利销归乌有矣，此之谓也。若是，则儒家之爱民，与法家之弱民，虽有仁暴宽狭之不同，而其根本不认有个人之自由则一也。”历朝暴乱之世自不必言，即如开明之治，如成、康、文、景，如贞观、庆历，人民也有安乐，“然不得以此谓奴隶之有自由也”。他批评贤人政治论及国民对圣君贤相的依赖心理不适用于当世。“古代国家，利在消极之维持，故仅藉一人或少数人之力可以有济；近代国家，利在积极之发达，非合全国大多数人之力，不足以图存，于是立宪政治乃代专制政治而兴”。“国人不改其自来梦想圣君贤相之心，欲以争存于今之世界，难矣！”③

3. 爱国心问题

主张国家利益优先的人士，其最重要的理由之一是，国家不存，民且亡国为奴，谈何自由权利，故个人自由权利之有无及其范

---

① 东荪：《制治根本论》，《甲寅》第1卷第5号，1915年5月10日。

② 秋桐：《国家与责任》，《甲寅》第1卷第2号，1914年6月10日。

③ 光昇：《中国国民性及其弱点》，《新青年》第2卷第6号。

围，必先从国家存亡荣衰的角度考虑。中国面临紧迫的民族危亡，当个人自由权利有妨碍国家利益时，就只能牺牲人民之利益以殉国家。此种说法，以国家总体利益为词，在迫切寻求救亡之道的近代国人心中颇得不少人的认可。于此，民初探讨国家观念的人士指出，国家并不能挽救自身面临的危机，并不能实现国利民福，拯救危机、求国利民福，“惟恃全国人士聪明才力各相迸发”。[①] 但这必须以个人自由权利为“梯阶”。没有自由权利，个人只是意志不能自主的奴隶，“欲以剥尽权利之国民（分子）结成一权利张皇之国家（全体），是犹聚群盲以成离娄，集群聋以为师旷也”。[②] 国家利益只有在个人谋求自身利益的过程中，才能实现，“民利不张，国利胡有？民力不坚，国力胡生？民求民利，即以利国，民淬民力，即以卫国”。[③] “总集人民之权利，虽不能即成国家之权利，然建筑国家之权利，必端赖握有权利、富有自治能力之人民，以人民必先能确保一己权利者，乃能高建国家权利也”。[④]

国家主义者称，国家利益高于个人利益，为着国家利益，个人应当做出牺牲，此谓爱国。于此，探究国家问题的人士肯定爱国心的意义，“夫既国于天地，宁有不恃人民之爱国心而能国其国者?”[⑤] 也肯定国家存在的意义，章士钊说，“人为一国之民，不能自立于国家以外”，[⑥] 国家的兴衰存亡，直接影响着个人的生存与发展；面对国内黑暗的政治，个人无处可逃，“吾将效摩西之出埃及，或清教徒之入新大陆矣乎？则人稠而莫举，当今之世亦决无片地以相容也”。而亡国为奴，接受异族的统治，也不是中国人的出

① 东荪：《制治根本论》，《甲寅》第1卷第5号，1915年5月10日。

② 高一涵：《国家非人生之归宿论》，《青年杂志》第1卷第4号，1915年12月15日。

③ 秋桐：《自觉》，《甲寅》第1卷第3号，1914年8月10日。

④ 高一涵：《国家非人生之归宿论》，《青年杂志》第1卷第4号，1915年12月15日。

⑤ 秋桐：《爱国储金》，《甲寅》第1卷第8号，1915年8月10日。

⑥ 秋桐：《爱国储金》，《甲寅》第1卷第8号，1915年8月10日。

路。“吾将翻各色之降幡迎海外之汤、武，远宗邦昌（指宋末的张邦昌——引者），近法容九（指近代朝鲜的李容九——引者）矣乎？则举目旷观，亡国森列，其马牛沟壑之状，息息以前例告余，苟非精神瞀乱之极，或偶发激刺之谈，吾未见有心者果能作此想也。”① 国家灭亡，并非不可恐惧，而是极其令人恐惧。但谈论“爱国”，必须严格区分国家与政府，“重造爱国心之界说”。既不能混淆国家与政府，因“愤政局之不纲”，“发为‘吾何为爱国家，国家于吾有何益？’之奇问”；② 也不能混淆政府与国家，“谓吾应于恶政府而爱之”。既不能以爱国为名，将国家摆在超越国民、国民个人的地位，要求国民无条件地为国家利益做出牺牲；也不能以为国家无关紧要，甚至因为愤恨于政局之黑暗，感叹于国民程度之不足，遂自认中国人无建国于二十世纪之能力，而自甘于亡国。爱国的真正含义是，“人立于一国，公私相与之际，有其相宜之位置焉，能保此相宜之位置，适如其量，即是爱国之道”。③ 章士钊引英国学者鲍桑葵的话指出，“爱国决不在牺牲所有，而在致其所有者于相当之位”。④ 陈独秀说，“爱国者何？爱其为保障吾人权利、谋益吾人幸福之团体也”，不能保障人民自由权利、谋益人民之幸福的国家，不值得爱。⑤ 李大钊说：“我需国家，必有其的，苟中其的，则国家者，方为可爱。”⑥ 高一涵指出，“吾人爱国之行为，在扩张一己之权利，以揞拄国家。牺牲一己之权利，则反损害国家存立之要素，两败俱伤者也。小己人格，与国家资格，在法律上互相平等，逾限妄侵，显违法纪。故国家职务，与小己自由之畛域，必区处条理，各适其宜。互相侵没，皆干惩罚，美其名曰爱国，乃

① 秋桐：《国家与我》，《甲寅》第1卷第8号，1915年8月10日。
② 谷钟秀：《救亡论》，《正谊》第1卷第8号，1915年4月15日。
③ 秋桐：《爱国储金》，《甲寅》第1卷第8号，1915年8月10日。
④ 秋桐：《国家与责任》，《甲寅》第1卷第2号，1914年6月10日。
⑤ 独秀：《爱国心与自觉心》，《甲寅》第1卷第4号，1914年11月10日。
⑥ 李大钊：《厌世心与自觉心》，《李大钊文集》上，第145页。

自剥其人格，自侪于禽兽皂隶之列，不独自污，兼以污国。文明国家，焉用此禽兽皂隶为?”① 他们也指出，对于国家目的的自觉，对于爱国问题的真正理解，是要求人们对国家与个人的关系有切实的自觉，是要人们认识到不能保护自己权利的国家没有存在的价值，目的是要人们造一可爱之国而爱之，并不是要人们不爱国，更不是使人们自甘亡国。如李大钊所指出的，真正的自觉，不仅仅是对国家目的的自觉，真正的爱国不只是爱已有的可爱之国，对中国人来说，自觉与爱国就是要“改进立国之精神，求一可爱之国家而爱之，不宜因其国家之不足爱，遂致断念于国家而不爱。更不宜以吾民从未享有可爱之国家，遂乃自暴自弃，以侪于无国之民，自居为无建可爱之国之能力者也”。②

“在现代伦理哲学中，个人主义有两种不同的陈述方式：一是倾向于利益的伦理学，二是倾向于责任的伦理学。第一种可以以边沁的说法为代表，即‘个人利益乃是惟一真正的利益’；第二种则可以以康德的原则为代表，即对人的尊重（也就是把人当作目的而不是当作手段），乃是道德的实质之所在。”③ 后一种思路，与中国传统的“尽性”的思想有相通处，颇易为中国知识分子接受。章士钊、张东荪、高一涵等，在论述人的自由权利的价值时都提到，自由权利的根本价值在于它是个人充分发挥天赋才性、养成独立人格、成就自我的前提。高一涵说得很彻底：国家非人生之归宿，乃人们为保障自由权利而创造，而自由权利也不是人生的最后归宿，乃是个人发挥其天赋才性、成就自我的条件；成就自我，才是人生的最后归宿。他说，共和国民人生之“蕲向”，乃在以国家为保障个人自由权利之“凭藉”，“俾得以自力发展其天性，进求夫人道之完全”，小己之天赋才性“充发至尽”“完全发展”，即

① 高一涵：《国家非人生之归宿论》，《青年杂志》第 1 卷第 4 号，1915 年 12 月 15 日。

② 李大钊：《厌世心与自觉心》，《李大钊文集》上，第 146 页。

③ 〔美〕萨拜因：《政治学说史》，第431 页。

“社会之一员，完全独立”。有了独立自由的个人，社会、国家即得安固之基。① 李亦民称赞格林的“自我实现说”关于个人社会之关系的阐述“尤为剀切瞭亮”。他引述格林的话称：个人与社会息息相关，故“个人求自己之满足，同时不可不求社会全体之满足。求社会全体之满足，不必有他妙巧，但发挥自我之天才，遂其向上发展，自能达其目的。恰如人身诸部之机关，但能自保健康，即于全身福利，有所贡献，理无二致也”。② 这样，个人才性的发展与社会利益就统一起来了。

主张个人权利的个人主义与主张成就自我的个性主义，在民初探讨国家观念人士心中，几乎具有同等的地位，刻意区分其间的轻重，似不必要。

（四）关于国家之职分与近代国家政治建构

国家职分何在？民初探讨国家观念的人士认为，国家职分不是代人民谋国利民福，而是：第一，承认个人追求幸福的正当性。第二，相信人民有自谋幸福的能力，不干预，不越俎代庖。第三，为个人之追求幸福、成就自我，创造宽松的条件，保障个人自由；当国民利益存在冲突时，保持利益与道德的中立，充当裁判，维持秩序。高一涵说，国家职务不在“代民行其职务”，而在“致民于各得其宜”，“国家对于人民，其活动之正当范围，除国防、公安而外，均立于调护维持之地位，持以大力，鼓起人民之参政能力，引发人民之政治趣味，就其本能所近，区处条理，使各适其宜，并藉此群策群力之动，兴其自觉自励之情，以求夫自利自安之果”。至于“斟酌若者为利，若者为害，若者为吾群所安，若者为吾群所苦之标准”，并“自为趋避之计”，以图个人之幸福与本群之利益，

---

① 高一涵：《国家非人生之归宿论》，《青年杂志》第 1 卷第 4 号，1915 年 12 月 15 日。

② 李亦民：《人生唯一之目的》，《青年杂志》第 1 卷第 2 号，1915 年 10 月 15 日。

则由国民个人自主之。如此，则个人幸福可谋，国家可得长治久安与日趋进步之道。①

张东荪在民元、民二年间也是一个国权主义者，主张强有力政府与干涉主义，然而经历了袁世凯摧残宪政的过程，他深觉个人自由之可贵，干涉主义之不可行，深悔自己附和强有力政府论与干涉主义之过，开始系统地批评干涉主义。张东荪认为，国家行干涉政策的前提是“国家确为众善之源”。然国家并非天生神物，主政者之道德、知识、能力亦非卓越于国民。所谓完备的国家，其基础在国民有优秀之道德，而国民道德、能力之进步，“必赖其自然发展与自然竞争，决不能以一大力者挟之而前驱也”。因为国家未臻完善，近世文明国家“制治之根本”就在严格区分国家与社会，使二者各有界限。他说，近世国家，“必分公善与私善为二。公善之事，国家掌之，私善之事，听国民自为之，不为越俎代庖焉。故近世国家非使国家如教师，国民如生徒，国家对于国民一切行为，皆干涉之、督策之、率领之、惩责之，乃使国家如公司，国民如股东。凡公司之事，国家掌之，其不涉公司而为各股东自身之事，则由国民自为之，无与于国家也。是则国家与国民，其行为之途径，其事业之范围，各有严密之分界，互不相越，国家既不能侵及国民之领域，国民复不越占国家之事务。此非政制，亦非国体，乃制治之根本也”。张东荪将划分国家社会之界限、限制政府权力对社会的干预，看作“近世国家之精髓”“近世文明之根本”。他说，个人自由有两个边界：一是平等之人所不能侵，二是国家不能侵犯。防制个人对于他人权利的侵犯，其责在国家；防制国家对个人自由权利的侵犯，则有赖于制度与人心。缺乏对个人权利的保护，国家不成其为国家。张东荪特别提到，古代人所争为参政之自由，今人所争为国家不得干预之自由，“此盖近世文明之渊源”。② 这种区

① 高一涵：《民福》，《甲寅》第1卷第4号，1914年11月10日。

② 东荪：《制治根本论》，《甲寅》第1卷第5号，1915年5月10日。

分，在民初显得十分珍贵。他对比古代国家与近代国家，说“古代一切道德教化经济之权，皆操之于国家之手，近世国家乃不然，且知道德教化经济等事务，非国权所能启发，必社会上个人能力自然为之开展始可矣”。古代国家欲以国家政治权力挟民进步，其结果是一方面因为人莫不自私，有权者莫不利己害公，国民福利定被为政者置之脑后，另一方面人民之天赋能力，则无由进步，“干涉愈多，民愈委退”。近代国家区隔政治与社会，约束政治权力，任社会自由发展，社会事业发达，而民德、民智进步，人民能力逐步提高。[①] 基于此种认识，张东荪强调指出，中国未来的出路不是干涉主义，而是自由主义：“中国国运之兴也，不在有万能之政府，而在有健全自由之社会。而健全自由之社会，惟由人民之人格优秀以成之。此优秀之人格，苟政府去其压制，使社会得以自由竞争，因而自然淘汰，则可养成之也。易言之，中国之存亡唯在人民人格之充实与健全，而此人格则由撤去干涉而自由竞争即得之矣。于诸自由之中，尤以思想自由及思想竞争为最也。”[②] 具体地说，“凡经济、教化、道德、地方事务、学术、技艺、信仰等，均划出政府管辖之外，政府绝对不与闻，不干涉，而听人民自由处理之是也。更详言之，即政府不唯人民之仰给是求，扑灭一切之民间事业，而专使其依赖于政府。……如祀天，如尊孔，如国有铁路，如矿业条例等，皆为吾人所反对。”国家既无款开矿、筑路，何必限制民间为之，而以此为借款之口实？祀天、尊孔属于信仰，欲以此淳化社会道德，绝无可能。报馆为言论自由，政府不当插足。所谓淫邪小说，在坑满坑，在谷满谷，不能成为干涉出版自由的理由，此等出版物在文明各国亦不能免，文明各国亦未曾干涉之，亦不因国家之干涉而减少。但凡自由，总有被人误解之处，但不能因噎废食，视

① 东荪：《制治根本论》，《甲寅》第1卷第5号，1915年5月10日；张东荪：《中国之将来与近世文明国立国之原则》，《正谊》第1卷第7号，1915年2月15日。

② 张东荪：《中国之将来与近世文明国立国之原则》，《正谊》第1卷第7号，1915年2月15日。

自由为洪水猛兽。① 不过，面对严峻的国际经济环境，张东荪并不反对国家在对外经济交往中发挥积极的作用，“国家主义与保育政策，皆为对于国际而言，对于国内则国家之行为无不有严格之制限。如保育工商，惟在设立关税，使外货不得入而压倒内货，则内货徐徐得自然发展也。反之，以工商不兴，凡工商之事皆操之于国家之手，则工商之发达，又安有望？故保育政策与国家主义，乃国际竞争上之一种方法，而绝非对内而施者也”。②

高一涵的立场与张东荪类似，他认为，国家职务并不在“代民行其职务”，而在“致民于各得其宜”。这就要求减少国家干预的范围，由国民自谋其个体之幸福，若由少数人为民“代谋代斫”，政治必趋向专制，即便是当政者有充分的诚心为民谋福利，也确实为民谋了福利，也不可取。盖此种政治，将一国之人分为治者与被治者，使人民无自谋福利之机会，必使人民之才智能力得不到发扬，国家社会无进步之机。③

探究国家问题的人士持消极的国家观念，强调国家之职分首在保护人民的自由权利，使国民个人“各展才能，无所曲抑”，凡有寸长，即“举而贡献之于社会，无所谦退，亦无所夸张”④。他们提出了新的判断政制良恶的标准。国权主义者认为判断政制良恶的标准首先在其能否达成国家自身之目的，即能否实现国家的富强。而探究国家问题的人士则提出，政制良恶之标准在其能否使人民个人之才智得以发挥，各种社会利益能否和谐共处。张东荪说，所谓良政制，“不外乎能启发民志，使聪明才力皆得自用，情感利害咸

---

①　张东荪：《中国之将来与近世文明国立国之原则》，《正谊》第1卷第7号，1915年2月15日。

②　张东荪：《中国之将来与近世文明国立国之原则》，《正谊》第1卷第7号，1915年2月15日。

③　高一涵：《民福》，《甲寅》第1卷第4号，1914年11月10日。

④　高一涵：《共和国家与青年之觉悟》，《青年杂志》第1年第2号，1915年10月15日。

足自安。更以明晰之言表之，即使全国聪明才力之最高量得以表现于上，全国情感利害之最低度得以相安于下”。“使人民有自然发展之机会，自由运用之作用”。他又说：“近世文明发源于国民之有独立人格，故政治之美恶犹属第二问题，其第一问题惟在使人民独立自强，自求福祉，而不托庇于大力者之下。国民之进步，不由伟人之率导，如牛之曳车，乃由人民之自动，如水之推磨。”也就是说，政治美恶是第二问题，人格发展才是第一问题。[①] 章士钊称，良政应能“尽天下之才，随其偏正高下所宜，无不各如其量以献于国”。[②]

他们将国家看成范围各种不同情感、利益、意见的一种政治组织，认为一国之内，人们情感、利益、意见歧异，“彼之所以为康乐，此或以为冤苦；彼受如斯待遇而以为足，此或受之而不能平”，[③] 乃社会常态，只要是非利害不相凌越，即不妨碍其为国家。对国人种种是非利害的冲突，国家不是直接介入，选边站，以一部分国人之是非利害为是非利害，而罔顾其他国人之利益、情感，亦非在国人是非利害之外，寻求国家自身的所谓善，强挟国人以趋。国家所要做的是，承认社会是非、利害分化的客观现实，在此基础上，使国家成为各种是非、利害互相交流、妥协的平台，使各种意见、情感能够有充分表达的畅通渠道与平和协商的恒常机制，使人能是其所是，非其所非，张其所利，屏其所害。张东荪比较近世国家与古代国家，说近世国家有五大基本特征：第一，国家与社会判分为二，国家超然独立于上，不为社会分子所利用；第二，凡社会分子，其利益以法律为之认定，不致受压既久，有横决迸裂之虞；第三，于国家范围以内，听各分子之竞争，不加抑止；第四，国家为公正不党之物，兼容并包一切党派；第五，此兼容广漠之国家，

① 东荪：《政制论》（上），《甲寅》第1卷第7号，1915年7月10日。
② 秋桐：《政本》，《甲寅》第1卷第1号，1914年5月10日。
③ 秋桐：《政力向背论》，《甲寅》第1卷第3号，1914年7月10日。

即由各分子各势力之相互调和退让而组织之，组成之后，此国家又为彼此共同恪守之范围。总之，他认为近世国家为各种利益、意见调和的平台，当不偏不党，超然于各种社会势力之外，不为某一或某些社会势力所掌握，而以调和利益冲突，保障人民自由，维持社会秩序为职责。①

由此，探究国家问题的人士提出调和立国论与对抗论，以为国家建构的准则。国家既由情感、利益、意见不同的人组成，则为政设制，必循此而行，使一国之利害情感能够相安，人民之聪明才智能够发挥，其自利之心能够有所寄托。要做到这一点，在政治上需要做到以下几点。

第一，需要有一部国内各种利益、意见、感情充分协商之后达成的宪法。张东荪称，“宪法者，一国内各分子各势力之权利书也，其国内必先有相异之分子，独立之势力，分子势力其互相交接，复有界域，由是以确定其权利与义务，此确定之者即宪法也。”“宪法者，一国内各分子各势力之调和互让书。其国内亦必先有肯让之分子，容人之势力。其相互之调和，生于对抗，其相互之退让，生于忍容。故必先有对抗之力与忍容之德，且恐其调和退让之不能巩固而确立焉，则规定之于法律，是为宪法。”② 章士钊称，人处于一群之中，所有意见情感利益希望，断难一致，欲国家成立而不悖乎国家之目的，就需要网罗国内之种种是非利害，“使之相摩相切相和相让，而共觅一途以安之”。为此，有“政治觉念”的人们需要协谋聚议，斤斤计较，相剂相质，相和相缓，让渡自己的部分权益，以作为换取公共和平之代价，达成一个“共约”。此一“共约”即是宪法，是“一国权利之规定书也”。③ 他们强调，宪法的成立必须通过国内各种势力、利益的充分协商才能

① 东荪：《制治根本论》，《甲寅》第1卷第5号，1915年5月10日。

② 东荪：《宪法与政治》，《甲寅》第1卷第9号，1915年9月10日。

③ 秋桐：《自觉》，《甲寅》第1卷第3号，1914年8月10日。

达成，此种宪法以国内各种势力、利益的同意来达成，而不是以力来维持。

第二，要使国家能容纳各种不同的利益、意见、欲求、情感，政治应当是“惟民主义”的。所谓“惟民主义”，并不是如民元、民二年间一些革命党人鼓吹的国民普遍参政，“国家机关皆由民选以组织之”的“民权”政治，也不是将民本传统当作民主的国权主义者、开明专制论者所鼓吹的，国民程度不足，需要“国家以强力率导国民，使国民皆仰给于国家，而始得幸福，正如父母之抚稚子，保育之，训导之，使其一举一动皆惟父母是赖”的民本政治、仁政，而是基于人们“皆有同等之人格，有同等之发展力，有同等之自觉心”的理念，相信人皆有自我实现的意愿与能力，将政治看作人们运用自身能力，以保障自身权利，发挥自身能力，以求自我实现的政治。[①]“惟民主义”的政治，在政制安排上，需要实行人民自治，“启发人民之兴味，导引其理想，开化其欲求”，发达其政治能力，培育社会的对抗力；实行代表政治与舆论政治，使得利益情感理想欲求不同的人民之意见情感都能尽情宣达，表现于政治；建立足以拘束行政而驱之入轨道的强有力之司法。在此基础上，实现政治的“流通性”，即一国之政治机关，不为一党派一势力所永久盘踞，不同政治势力能和平共存并形成健全的对抗，使一国之内，其最大多数之意见、利益能够直接影响政治决策，其持不同利益、意见之最少数之人甚至一个人，能有合法的渠道表达自己的诉求，能对多数之意见产生一定程度的影响。一旦国家机关为“一党派一势力所永久盘踞”，则“不徒反对之势力，相异之党派，对立之意见，为其压倒无余，抑且与彼相抗者，皆得以力征服之，于是国家变公有为私有矣”。[②]

---

① 东荪：《行政与政治》，《甲寅》第1卷第6号，1915年6月10日。

② 秋桐：《调和立国论》，《甲寅》第1卷第4号；东荪：《制治根本论》，《甲寅》第1卷第5号；高一涵：《共和国家与青年之觉悟》，《青年杂志》第1年第1—4号；张东荪：《中国之将来与近世文明国立国之原则》，《正谊》第1卷第7号。

第三，为了保障人民自由权利，实现“惟民主义”的政治，必须以法律调整各种错综复杂的利害情感关系，必须以法律限制国家权力。张东荪将近代政治称为“法治”，将近代国家称为“法治国”，又将晚清以来中国的政治改革称为谋求建立“法治国”的过程。这与清末以来的国家主义者将政治改革称为构建国民国家，建构国民的国家认同，建立国家的动员能力与整合能力，建立国家的竞争能力，以挽救民族危局，实现国家富强，有相当的区别。关于何为“法治国”，张东荪指出，近世所谓法治国，非谓国有法律、有宪法，更非其国法律多多益善，而是说“国家自身等于人民，同受一法之制裁耳”。① “法治国者，一方纳人民于法律范围之内，一方复使国家自身入乎一定之法律制限，俾各得一定之范围，恪守以行，而不相越”。国家所以必须受法律制限，是因为“代表国家者，自然人也。人本具狙与虎之性，则必藉国家之名义以图遂其私欲。是故，枭雄自逞之元首，作威作福之官吏，无国无之，无代无之……故国家必先制法，严定国家自身之权限，以防枭雄恶吏假借名义以自私”。若以为国家不能为恶，不制限国家权力之行使，则国民公私权利无从保障。② 张东荪又借用耶律瑞克的国家法人说，认为国家是一个模拟自然人的法人，作为法人，国家具备人格，可以为权利之主体，但国家既为法人，则其人格与自然人之人格处于同等地位，非具有超越自然人格的权利，与自然人一样，必须受法律之制限。③ 同样是取国家法人说，梁启超等人强调国家超越于国民之上，而张东荪则强调国家与个人在法律面前处于同等地位。张东荪的法治国论，一方面是对袁世凯专制集权政治的警告，一方面也是对此前吴贯因等人以为国家可信赖，欲以强有力政府推动政治革新、社会进步的国权主义理论的批判。

---

① 东荪：《行政与政治》，《甲寅》第1卷第6号，1915年6月10日。
② 张东荪：《法治国论》，《庸言》第1卷第24号，1913年11月16日。
③ 东荪：《行政与政治》，《甲寅》第1卷第6号，1915年6月10日。

探索国家观念的人士，对于国家的目的、职分、个人欲求的意义、个人权利的价值、近代国家政治的建构框架的阐述是很丰富的。然而面对掌握国家机器的特殊势力蹂躏人权、蔑视个人欲求、不容许国民之参政而欲垄断国家机关，弁髦“法治国”的理念而信奉“警察国”的政治理念时，国人究应何去何从，他们却毫无办法。他们既希望避免革命，又断念于开明专制，而他们自身又无力推动当局之改革，无法说服革命党人放弃革命，因此他们的种种鼓吹，种种阐发，只停留于书生论政，停留于纸面。然而人们并不能因此否定此种理论阐述的意义。因为政治与社会的改变，与人们思想观念的变化密切相关，一旦理论的阐述为社会公众所接受，即能带来政治与社会变革。

人有多重身份：个人、家族成员、国民、人类之一员。思想对人的身份的认识，有以个人为本位的个人主义，以家族为本位的家族主义，以国家为本位的国家主义，以世界为本位的世界主义。中国传统以天下主义与家族主义为主，而无个人主义，法家式的国家主义也多重国家富强，注重国家对社会的控制，而不谈国民参政。近代以来，因强烈的外在压力的催逼，传统的天下主义崩解，国人乃对外部世界而知有国家，了解有所谓国家权益，深切感受到国家存亡对于个体、对于文化的意义，乃急求国家之繁荣强大。故自庚子到民元、民二年间，中国思想界有比较明显的国家主义倾向。思想界从国家主义的角度出发，要求打破家族对个人的控制，使个人从家族成员变为国民；又从国家主义的角度，强调国家利益高于个人，强调国家生存高于个人自由权利。然而，以求国权之伸张为目的的政治革新，其结果，国权未得伸张，而个人权利受侵压，国事日非。由此，思想界乃反思国家主义，发生个人权利的自觉。五四新文化人以个人主义为基础，由对国家主义的批判，深入对传统社会、传统道德的批判，从个人主义的角度要求将个人从家族制度中解放出来，要求个人对于社会的权利。一战的爆发及其恶果，又使思想界从世界主义的角度反思国家主义之弊，批评竞争进化论，否

定国家为人类之最高团体，强调人不仅为一国之民，且为世界人类之一员，“无论何国人皆当自觉为全人类一分子而负责任”，[①] 这使“五四”时期的民族主义思想有了明显的世界主义的面相。国人的国家观念从对内、对外两个方面有了比较大的调整，此两方面的努力，在中国人国家观念建构中具有正面意义。民国三年、四年间，中国思想界对于国家观念问题的探讨，主要是受袁世凯专制集权的刺激而反思国家与个人之正当关系，从而批评国家主义，主张个人自由权利，是“五四”时期中国人国家观念调整的一部分。章士钊、高一涵、张东荪等人在批评国家主义理论、主张个人自由权利方面有比较丰富的阐述。这些阐述有其存立的价值，值得学界关注。

五　政治改造与社会改造的争论

若一定的政治制度可视为枝叶，则政治制度所赖以存立的社会可视为本根。若历史自然演进，则政治制度的变革会在社会变动比较充分的条件下展开。近代中国政治制度变革是在资本主义发展与社会结构变动很不充分，资产者与近代产业工人尚未成为社会的重要力量，教育近代化刚刚初步推展，社会的人才准备与思想准备均不充足的条件下启动的。接受西方模式的中国近代精英在强烈危亡感的催促下，为着救亡图存的现实目的而推进变革，存在较为明显的政治改造与社会基础脱节的问题。甲午战争失败后，维新运动兴起，效法西方，进行政治改造，以挽救民族危亡，推动国家现代化成为最具影响的思想潮流。自那以后，尤其是自庚子事变后，优先进行政治改造，以新式的政治体制来推动国家社会的现代化，来挽救民族危亡，实现国家富强，就成了一段时间内中国思想界最核心的议题，政治改造思想成为此时期

① 《发刊词》，《改造》（原《解放与改造》）第3卷第1号，1920年9月15日。

思想界最核心的内容。

戊戌时期，康有为欲借用君权推动变法，而梁启超与严复的变法设计，重在开民智、开官智，似略有政治改造与社会改造路径的分野，但都颇重视由政治权力推动变法。庚子后，革命思潮兴起，革命派主张直接进行政治革命，他们把革命看作“争存争亡过渡时代之要义”，以及“去腐败而存良善”“由野蛮而进文明”“除奴隶而为主人”的必由之路，[①] 将革命看作历史前进的发动机，“革命之于社会，犹轮叶之于汽舟……无革命则社会无进步”。[②] 不少革命党对以暴力革命推翻清政府，抱极大的热情，但较少深入思考革命之后的建设问题。孙中山高出同侪的地方在于，他对此有系统的思考，提出了革命程序论。他主张先革命，然后在新政权的主导下，开展社会改造，尤其是开展地方自治，训练民众，以建立共和民主政治，试图结合政治改造与社会改造。庚子后，梁启超曾一度偏重于“新民”，欲通过新民构建新制度，可以说是以社会改造为先的思路。随着革命思潮的发展，以杨度为代表的部分立宪派人士为对抗革命势力的发展，推动立宪之进行，乃提出请愿国会。随之，国会请愿运动迅速兴起，成为影响清末政局的重要因素。预备立宪也是政治改造优先论指导下的变革活动。对于预备立宪，清政府、立宪派以及立宪派内部，有缓进与急进之别。缓进派主张先完成官制改革、地方自治、法律改革、教育普及等预备工作，然后开国会、颁宪法、行宪政；急进派则主张先开国会，然后种种预备工作才能真正开展。随着形势的发展，急进派越来越有市场。于是，政治改造猛进，社会改造则甚为迟滞。

在先进行政治改造，再进行社会改造这一点上，立宪派与革命派的主张颇为接近。这是清末立宪运动与革命运动迅猛发展的思想原因，也是辛亥革命之后，欲以强大的政治权力推动国家建设的强

① 邹容：《革命军》，《邹容文集》，重庆出版社 1983 年版，第 41 页。

② 民：《普及革命》，《新世纪》第 15 号，1907 年 9 月 28 日。

有力政府论蔚然成为思潮的重要原因。从甲午战败到第一届国会解散，中国思想界对于政治改造颇为迷信，人们“每谓政治具有万能，凡百施为，舍此无可假手”①，几以政治为唯一之奋斗途径。然而，举国精英专注于政治改造几二十年，所得之结果，去理想甚远，于是思想界乃有人对政治改造优先论提出质疑，遂引发民初思想界关于政治改造与社会改造的争论。此一争论，颇能表现民初思想界在政治改造与社会改造之间的困境，也颇能显现新文化运动兴起的思想理路。

（一）政治改造优先论

政治改造优先论在清末民初的出现，有客观原因，也有主观原因。从客观层面看，主要有两个原因。其一，近代中国面临严峻局面，在紧迫的民族危机压力下，国人普遍希望尽快改变国家贫弱的现状，实现国家富强。其二，近代中国属于后发的追求现代化的国家。在资本主义先发国家，现代化进程更多地具有自然发展的性质，政治变革是在经济社会发展过程中逐步推展的；各国虽有竞争，但国际环境比近代中国所面临的环境要宽松。近代中国面临着严重的亡国灭种的危机，资本主义发展与政治的近代改造，都是在外在模式的诱导下开展的，并且受到严峻外在形势的约束，受到国际资本的强大压力。德国、日本所采取的国家主导现代化的路径及其一度取得的成功，对于不少后发的追求现代化的国家，具有示范作用。近代中国也选择了国家主导现代化的模式。在此种模式下，优先改造政治，是颇为自然的选择。

在主观层面，政治改造优先论与当时思想界的几个认识紧密相关。

第一，甲午以后，新思想界几乎形成一种共识，中国贫弱之根

---

① 杜亚泉：《吾人今后之自觉》（原载《东方杂志》第12卷10号，1915年10月），《杜亚泉文选》，华东师范大学出版社1993年版，第196页。

本原因在政治制度。洋务运动时期，个别敏锐之士即发现，西方富强有本有末，船坚炮利、制造工艺为末，而政教为本。到戊戌时期，这几乎是维新派的共识，设议院就成为维新派最主要的政治诉求。维新运动失败后，政治改造的欲求更不可遏止，有识之士坚定地认为，中国贫弱，列强富强，根本原因是中国实行君主专制制度，而列强实行立宪制度。列强行立宪之制，国民可以参政，享受权利，可以建立国民对于国家的认同，能将国民打成一团，以整个的国家与我竞争。而中国行君主专制，君主孤立于上，国民无参政渠道，没有权利，只有义务，不能认同国家，只能以君主及少数官僚与别人之整个国家竞争。梁启超即说，中国之所以在与列强的竞争中处于劣势，为列强竞争之客体，而不能为竞争之主体，最重要的原因是，西方行立宪制度，已经构建了“完全之国家”，而中国行君主专制制度，尚未能构建起“完全之国家”。因此，对于中国来说，改革政治，建构完全之国家，为对外竞争之第一要着。① 这颇能代表当时不少追求政治革新人士的看法。

第二，主张政治改造优先论的人们，相信政治对于国家治乱、社会发展具有决定性的影响。梁启超即说：“政而治也者……实一切人民之共同生命也……政治为一切生命之总源泉，而良与不良之间，即吾侪生死所由系也。”中国进行政治改造具有紧迫性，“苟良政治不发生，则不二十年，全国且为灰烬”。② 重视政治的理念，也与中国的思想传统颇有关系。“中国古代的各家各派，从不同的角度出发，几乎一致认为君主在国家治乱中具有决定性的作用。”于是，“所有的思想家都希望君主成为圣明之主”。③ 古代中国长期行君主专制，且专制统治技术日趋严密，在此种制度下，国家治乱与君主个人确实有密切的关系，君主良则政府良，政府良则社会

---

① 梁启超：《政治与人民》，《饮冰室合集·文集之二十》，第7—14页。

② 梁启超：《政治与人民》，《饮冰室合集·文集之二十》，第7—14页。

③ 刘泽华：《中国传统政治思想反思》，生活·读书·新知三联书店1987年版，第67、250页。

良。因此，传统政治思想往往以君主为“政本”，以君主之昏淫为国家治乱最大之忧，以格君心之非，而引之当道，为致治之要务。[1] 多数士大夫以为圣主当阳，则天下可治，故致君尧舜为谋治之用力方向。士大夫得君行道的政治理想，其背后的思想逻辑就是政治权力决定国家治乱。某种程度上说，这是专制主义思想的影响所致。傅斯年曾批评中国思想过于重视政治的倾向：“我说句鲁莽的话（的），凡相信改造是自上而下的，就是以政治的力量改社会，都不免有几分专制的臭味。”[2] 近代以来，致君尧舜的谋治路径，转化为改造国家权力以救亡图存的政治改造优先论。受此观念驱动，甲午以后，政治革新成为时代大潮，民国建立以后，思想界又出现了“强有力政府论”“父母政府论”，善良的人们希望赋予新政府足够的权力，使之能行“干涉政策”“保育主义”，迅速恢复秩序，推动经济社会发展。与强有力政府论相适应，中央集权论在民国初年亦很流行。

第三，中国思想界不少人认为西方富强，科技固然重要，但政治才是根本；相对于西方科技，西方政治更容易学。在中国被迫卷入西方列强主导的近代世界以后，中国人首先发觉的是器物的不足，乃有以学习西方科技为核心内容的洋务运动。洋务运动开展而成效不著，于是有人提出，西方之强，科技为末，政教为本。更有人提出，西方科技难学而见效迟，政治、教化之类易学而见效速。中国学习西方，当先易后难，从政治入手。早在光绪十九年，邵作舟就提出了这样的见解。[3] 甲午以后，这一看法得到不少人的认同。梁启超就说，中国学习西方，“当以政学为主义，以艺学为附庸。政学之成较易，艺学之成较难，政学之用较广，艺学之用较

---

① 梁启超：《多数政治之试验》，《庸言》第1卷第12号，1913年5月16日。

② 傅斯年：《时代与曙光与危机》（手稿，藏中研院历史语言研究所），见王汎森《傅斯年早期的“造社会”论——从两份未刊残稿谈起》，许纪霖、宋宏编《现代中国思想的核心观念》，上海人民出版社2011年版，第557页。

③ 邵作舟：《译书》，《邵氏危言》卷下，上海商务印书馆光绪二十四年版。

狭。使其国有政才而无艺才也，则以行政之人振兴艺事，直易易耳，即不尔，而借材异地，用客卿而操纵之，无所不可也。使其国有艺才而无政才也，则绝技虽多，执政者不知所以用之，其终也，必为他人所用”。① 受此种认识的驱动，甲午以后西学输入的重点由艺学转向政学。庚子以后，留日盛极一时，而留日学生之专业选择也集中在政法。这一方面是因为留学生多未曾受系统的近代科学教育，无学习艺学之基础，另一方面是因为他们多抱持以政治改造救国之取向。思想界试图在“物质之学”（康有为语，即近代科技与资本主义经济）发展不足的情况下，避难就易，以政治改造推动经济发展。对于思想界舍“艺学”而重“政学”的取向，当时思想界也有人如严复、杜亚泉等提出批评，但他们的批评未能改变思想界群趋于政治改造的潮流。

第四，政治改造易而见效速，社会改造难而见效迟，是政治改造优先论产生的一个认识基础。这种意识存于不少人心中，但对其有清晰阐述的不多，张东荪是其中之一。他在 1913 年 7 月的一篇文章中说，清末时他曾“愤政治改革之无术，乃欲先从事于社会改良，即所谓 social reform 者，以为预备焉”。但他还是选择政治改造，其理由有二。其一，“政治之改革也易，而社会之改革也难”。他说：“社会必持多数人以为进退，而政治则不必持多数人焉，是故政治之改革也易，而社会之改革也难。”也就是说，他认为，政治改革涉及面比较窄，依靠少数政治精英即可推行，而社会改革涉及面广，需依赖较多的社会公众。中国的国民程度普遍不高，但有一定量的政治精英，可推行政治改造，但缺乏进行社会改造的人才。其二，“政治改革，为功也速，社会改革，为功也迟”。他说，政治与社会关系复杂，政治改造优先还是社会改造优先，当据具体情况而定。欧美之发展，“多以社会之力为政治之补助”，是以社会发展推动政治改造，其政治改造是在社会发展的前提下，

---

① 梁启超：《变法通议·学校余论》，《饮冰室合集·文集之一》，第62—64页。

自然而然地提上议事日程的。但中国“非仅政治未进，而社会更为幼稚，是故欲二者同时臻美，必不可得”。若遵循欧美之先例，“迷于自由之梦”，希望经由社会的自然发展而实现国家的现代化，不仅速度慢，而且十分困难。从中国发展面临的内外条件看，内则社会幼稚，国民能力薄弱，外则主权受损，发展受制于国际资本，因此，“非藉国权不能发展社会经济”，必须通过政治改造，建立有效能的政府，才能推动经济社会的发展。① 梁启超在《中国立国大方针》中对于建立强有力政府，实行保育主义，通过国家权力推动社会经济发展，比张东荪此文的阐述要更系统，但梁氏并没有正面阐述政治改造易而见效速、社会改造难而见效迟的看法。

（二）对政治改造优先论的质疑与社会改造论的提出

二次革命之前，曾有人对思想界存在的强烈的政治改造优先论，提出明确的批评。比如杜亚泉就于 1911 年 3 月发文批评当时业已出现的强有力政府论与干涉主义，主张缩小政府权力范围，让社会自由发展。其时在西方，政府权力日趋扩张，干涉主义大行其道，政府万能之声起，不少人“视社会上一切事务，均可包含于政治之内，政府无不可为之，亦无不能为之”。受此刺激，古典自由主义复活，出现所谓“减政主义”思潮。受此影响，又受预备立宪中，政府权力扩大，机构庞杂，政费日繁，以致民怨沸腾的刺激，杜亚泉提出，必须“破除政府万能主义之迷误”，“去人民依赖政府之心”，社会才能健康发展。他在文章中主要表达了以下两层意思。

第一，社会之发展依赖于社会本身之活力，并非政府通过政治权力可以发达的，违背此理，日日图谋扩大政府权力，欲以政治权力发达社会，必无善果。他说：“夫社会之事物，有自然之法则管理之，此为政者之所不可不知者也。社会之活力（才力、财力之

---

① 张东荪：《中国之社会问题》，《庸言》第 1 卷第 16 号，1913 年 7 月 16 日。

结合作用)，有一定之制限，政府决不能创造之。有研究学术之活力，则教育自兴，有生产之活力，则实业自盛矣。社会之发展，有一定之秩序，政府亦不能揠助之。知能之竞争烈，则发展于教育；物质之需要增，则发展于实业矣。一国政府之本分，在保全社会之安宁，维持社会之秩序，养其活力之泉源而勿涸渴（竭）之，顺其发展之进路而勿障碍之，即使社会可以自由发展其活力而已。教育也，殖产业，政府惟司其关于政务者，不必自为教育家，自营农工商之业也。……总言之，则国运之进步，非政府强大之谓。不察此理，贸贸焉扩张政权，增加政费，国民之受干涉也愈多，国民之增担负也愈速。干涉甚则碍社会之发展，担负重则竭社会之活力，社会衰而政府随之。”他指出，欧美各国有繁复之官僚组织，有较充足之政务人才，有监督之方法，吏治较清明，政府亦较有效能，其扩大政府权力，犹且造成诸多问题。中国人才未备，财力不足，吏治不清，政府效能低下，盲目效法欧美国家，扩大政府权能，其结果，或则迫于财政之困难，所谓预备立宪之种种新政只能敷衍了事；或则不顾民力之竭蹶，益益进行现在之政策，则搜刮愈力，民怨累积，最终崩溃。

第二，主张以政治权力改造社会的人士认为，欧美社会有组织之能力，有秩序之观念，崇尚公德，热心公益，政府不为之谋，而社会能自谋，或可行减政主义。中国社会离散如沙，道德堕落，经济困难，若行减政主义，一切顺其自然，恐进化无期，终有陆沉之祸。世界竞争激烈，中国面临严峻形势，政府必须积极有为，若行减政主义，只会为尸位素餐的官员提供碌碌无为的借口，正为宪政之障碍。于此，杜亚泉提出，中国国民有独立之性质，中国社会有自治之基础，有自我发展的能力，事事并不需要由政治权力干涉始能发展。若说社会进步需政府提携，不如说政府之进步需社会之提携。证以近事，立宪之施行，虽出于朝廷之英断，但未始非社会鼓吹之力。减政主义不只是符合西方之自由主义，更符合中国历来推崇的恭己无为的政治传统。杜亚泉特别强调，减政主义并非无所作

为，乃是鉴于今政府之预备立宪，铺张扬厉，然人才消乏，财政困窘，实难以为继，主张缩小政府范围，选择最紧要之事，集中精力去做。①

杜亚泉的主张颇有古典自由主义的特色。其言说直接针对的是清政府之预备立宪铺张扬厉，四面出击，民间骚然，而成效不著，难以为继，也是对思想界欲以政治改造推动社会发展的倾向痛下针砭。但此种主张在政治改造优先论盛行的当时，很难为崇信政治改造的人士所认可，几乎没有引起思想界的回应。

思想界之真正反思政治改造优先论，是在二次革命之后。当二次革命行将失败时，一些曾经热衷于政治改造的国民党人，回顾民初民主政治的试验，深感民主政治缺乏社会力量的支撑。面对民主政治的挫折，他们提出今后当注重社会改造。《民权报》上的一篇文章即表示，今后国民党应一方面坚持以国会为阵地，与袁世凯派官僚势力斗争，另一方面则当在教育与实业两方面下力气。在教育方面，民党之长于教育者，当投身教育事业，阐明共和国民之真谛，使一般青年晓然于保障共和之法，而又益以浅近演说，发行廉价而浅近之报章，以国民常识、共和真诠开导多数之国民，使保障共和之手段得多数国民之赞同。在实业方面，则必须注意联合实业界，并专于民生致力，以为民主政治树立经济的基础。② 但善良的愿望很快就落空了，与二次革命有牵连的国民党人遭到追捕，被迫亡命海外，国民党亦被解散，所谓投身于教育与实业，已经没有合法的途径；国会亦被解散，所谓坚守议会阵地，以与专制势力斗争，也没有了阵地。随着国民党被解散，国会停闭，各级地方议会被解散，总统独裁的局面已经形成，二十余年来国人注全力于政治改造而所得之成果，转瞬间灰飞烟灭。面对此种局面，人心失望之极。陈独秀在致章士钊的信中说："国政剧变，视去年今日不啻相

① 杜亚泉：《减政主义》，《东方杂志》第8卷第1号，1911年3月。

② 匪石：《今后之民党》，《民权报》1913年8月25日。

隔五六世纪。……自国会解散以来，百政俱废，失业者盈天下，又复繁刑苛税，惠及农商，此时全国人民除官吏兵匪侦探之外，无不重足而立，生机断绝，不独党人为然也。国人唯一之希望，外人之分割耳。”[①] 章士钊说陈独秀“寥寥数语，实足写尽今日社会状态”，颇认同陈独秀对于当时人心的把握。杜亚泉称，“吾国今日，几于无人不抱悲观主义矣，委心任运，颓废因循，无贤不肖，殆同一辙”。[②] 黄远庸称，今日中国之大患，在人心之枯窘无聊。晚清时期，国家现象甚惫，但人心勃发，立宪派期望立宪，革命派寄望于革命，都有奋斗方向，对于未来犹抱莫大之希望。到今日，“全国之人，丧心失图，皇皇然不知所归。犹以短筏孤舟驾于绝潢断流之中，粮糈俱绝，风雨四至，惟日待大命之至”。[③] 这是何等痛苦、绝望的人心。当国内政治倒退、时局黑暗、人们灰心失望之时，第一次世界大战爆发了。国际局势大变，欧洲列强忙于战场，无暇东顾，列强在华均势被打破，日本帝国主义乘机加紧对华侵略，其在华势力急剧增加。中国知识界不少人认为，列强在华均势是贫弱的中国能在列强侵压下苟延残喘的重要原因，今均势既破，中国亡国之可能急剧增加。面对此种内外局面，“全国人之心理，几以中国必亡为前提”，几乎人人为“亡国预备”。[④]

国人曾对政治改造抱莫大希望，以为政治改造可以挽救危亡、实现国家富强，然而人们的期望似乎是虚幻的泡影，政治改造的成果很快即为大力者扫除殆尽，现实露出了它冰冷的面目。在此情形下，思想界面对的最现实的思想议题就是，面对此黑暗的政治，出路何在？是继续政治改造，还是在政治改造之外，另谋出路？若进行政治革新，下手之方为何，是继续进行暴力革命，还是先从理论上探究近代政治“制治之本”，进行近代政治基本原理的启蒙，尤

① CC生：《生机》，《甲寅》第1卷第2号，1914年6月10日。
② 杜亚泉：《吾人今后之自觉》，《杜亚泉文选》，第196页。
③ 思农：《论人心之枯窘》，《论衡》第1卷第2号，1913年6月5日。
④ 梁启超：《发刊辞》，《大中华》第1卷第1期，1915年1月20日。

其是使欲从事政治改造的新式政治精英对于近代政治根本原理有所认识，使他们将来从事政治改造时，不致如民初民主政治试验时期那样走入歧路。若在政治改造之外另辟新路，从事社会改造，则此社会改造的内容如何，下手之方为何？在政治黑暗、专制权力笼罩一切的局面下，是否存在社会改造的余地？此种社会改造能否挽救危机？还有，国家面对的局势究竟如何，是否面临亡国之祸？当此时局下，不先改造政治，国家会灭亡吗？是否还有从容从事政治改造的时间？

对于这些问题，思想界分歧巨大。以孙中山为首的中华革命党人认为，欲挽救危亡，唯再举暴力革命以革新政治。孙中山认为，民初民主政治的挫折，根本上是因为辛亥革命没有按照革命程序论来进行，没有经过约法之治，就直接从军法之治进入宪法之治，甚至连军法之治也没有充分展开。因此，革命党没有掌握军政大权，没有经过以革命的武力扫荡旧势力的过程，遂使旧势力在革命之后仍在社会与政治生活中占据很大的势力；又因为缺少约法之治这个阶段，国民缺乏地方自治的训练，缺乏行使民主权利的能力，乃造成了民主政治的挫折。而这又是因为革命党过于松散，缺乏严密的组织，党的领袖不能指挥革命党为一致之行动。基于这种认识，孙中山强调，将来的革命，在组织上必须树立党的领袖的权威，全党必须服从党的领袖的指挥，在策略上，必须按照革命程序论进行。他重新解释革命程序论，强调革命时期不只是暴力革命时期，而是从军政到宪政确立的一个长时段，在整个革命时期，革命的领导权、政权都必须掌握在革命党手中。他提出了以党建国、以党治国的思想。戴季陶等也阐述了孙中山的这些看法，认为民初民主挫折的重要原因是革命党人“共和立宪之思想不坚深”，革命党在发动第一次革命之后，不力争掌握政权，而将国家之重要机关委诸非革命党之手，甚至视政治事业如烂泥；将推翻旧政权看作革命之全部，在推翻旧政权后，“放任建设事业于他人”，结果导致独裁势力复活，酿成二次革命。

此后革命党当吸取辛亥革命之教训，在革命后必须由革命党控制政权，在革命政权的领导下进行建设。①

国民党之温和派以及进步党的激进派，则认为在二次革命失败之后，国民党之势力被摧毁殆尽，缺乏革命的实力；甫经革命，人心思定，一般社会公众颇厌倦革命之再发生，缺乏发动革命的社会基础；袁世凯的统治暂时比较稳固，暴力革命可能会沦为军事冒险，没有多大的成功希望，故对于马上开展暴力革命持保留态度。他们觉得，民主政治挫折的一个重要原因是新式政治精英学识不够，对于近代政治的根本精神何在，缺乏体认，在试验民主政治中存在种种失误，尤其是缺乏调和立国之精神，对于异己力量缺乏有容的态度，结果为丛驱雀，使民主势力分裂，未能做联合的斗争，遂使官僚腐败势力坐收渔翁之利。因此，他们主张新式政治精英尤其是继续政治改造的同志，先修炼自身，提高自身知识与能力，同时向国人阐发近代国家原理、调和立国之理，逐步使民主政治的基本精神、基本游戏规则为社会公众尤其是政治精英所接受，从而能在时机到来之时，顺利地建立民主政治。若不去做这些工作，不提高自身，只顾埋头革命，则将来革命之后，未必有善果。国会解散后，张耀曾在告别国人东渡日本时说，一年多来，民主政治遭遇挫折，一个重要原因是新式政治人物之政治知识与能力有限，而国民对于新式政治之改良政治的活动，“凛然置之若无关痛痒，甚且受人愚弄，反唇相讥，例（倒）戈相向”。以如此之政治家与如此之国民，而欲求政治之改良，“无异初步儿童欲筑崇楼杰阁于浮沙之上，非惟能力所绝不能逮，其基址已先不克自承”。对于未来，他希望致力于政治革新的新式政治精英，尤其是国民党人，提高自身，“勤修厥德，广储才智，必于己确有可信，然后可以出。既出矣，又未可轻于尝试也。应与国民为侣，授以政治常识，鼓其政治趣味，基址既立，然后可以有为。否则，舍本逐末，营营扰扰，为

① 思秋：《中国革命论》，《民国杂志》第1年第2号，1914年6月。

天下后世笑”。他本人决定东渡日本，“谢绝尘缘，养我神明，竟我前修，他日归来更当从事国民教育，以与我同胞切磋砥砺，期共达乎法制国民之域”。① 这颇能代表部分国民党温和派人士的看法，他们办《甲寅》《正谊》，探究近代政治之根本，进行思想启蒙，又办培训学校，培训同志，以储备人才。然而面对袁世凯的专制统治，面对现实的危机，他们不能安心书斋，不能不关注政治改造。他们中的一些人，认为当前不是革命的时候，也希望避免革命，但又不能忘情于政治，希望在革命之外寻求改造政治的手段，于是提出联邦制的主张。他们期望在中央政治改造无望与革命不可行的情形下，通过扩大省自治权，一面依赖省的实力制约中央的专制势力，一面使地方民众尤其是地方新式政治精英有参政渠道，以改良地方政治，发达地方社会，在地方构成“抵抗力”，并渐次培育民主政治的信条，培育国民之参政能力与民主意识。然而，在迷信独裁政治的袁世凯的统治下，所谓制治根本的探索，所谓思想启蒙的努力，似乎都难有实际的效用，联邦制的设想也无从落实，因此，这一派人士很快就转向现实的政治斗争。

以梁启超为首的进步党稳健派，在二次革命失败之后，一度期望袁世凯能实行开明专制，试图维持国会，维持共和虚壳，以为政治革新之基址。随着袁世凯解散国会，解散各级地方议会，眼见开明专制不可期，政治无和平改造的空间，共和虚壳也难以维持，他们不能不另寻出路。回顾近二十年的政治革新及其结果，他们对于继续开展政治改造，不再抱希望，认为缺乏社会条件的政治改造，不可能真正改善政治。他们甚至对于思想界继续谈论政治都害怕，认为在当前形势下，“政谈”无论如何稳健，都没有实现的可能，都不免“略带一种激刺煽动之性质”，其效果不外乎二：一是人们听信政论家的理想之谈，欲求理想之政治之实现而不可得，遂嗒然若丧，颓然自放，结果变成厌世一派；二是听信政论家的理想之

① 《张耀曾东渡之告别书》，《申报》1913 年 11 月 19 日。

谈，欲求其现实而不可得，乃走向激烈的革命之途。① 和平的政治改造无望，暴力革命之路不能走，谈论政治又会使人厌世或者走向革命，出路何在呢？他们将眼光投向社会，希望在政治改造之外，另辟新路，希望能在社会领域有所作为，从而为政治革新、社会现代化创造条件。

1914 年 2 月，也就是在袁世凯解散各级地方议会之后不久，梁启超就明确提出，今后不能再将精力放在制度的试验上，应从事社会改造。“制度者，社会之产物也。制度之为用，虽时或可以匡正社会状态之一部分，然万不能离社会以创制度，更不能责制度以造社会。十年来之中国，日日以离社会创制度为事，其极也，乃取凡与我社会决不相容之制度，无大无小，悉移植之。植而萎焉，则咎制度之不善，而更谋改植”，或谋“尽废移植者而复其旧”，“故凡百制度日日皆在试验中”，而社会腐败如故，政治之无望如故。今后，当从“制度试验”的泥淖中走出来，转而从事社会改造。他深知，在政治不上轨道、社会事业基础薄弱之时，没有开展全面社会改造的可能，但若“先发生规模紧小之社会事业，或可以乘载之而无倾踬，待其体已具，而徐图恢廓也”。② 显然，梁启超已经明确抛弃了优先进行政治改造、造强有力政府、行干涉政策、以政治权力造社会的改造思路。他希望优秀人士从政治脱身而投身于社会改造，同时希望从事社会事业的人士从托庇于政府以图发达社会事业的路径中走出。但所谓“规模紧小之社会事业”究竟是什么，如何开展，他并没有清晰说明。

1914 年 2 月，《庸言》改组，黄远庸代替梁启超成为该杂志负责人。黄氏在该刊第 2 年第 1、2 号合刊上发表了《本报之新生命》一文，可看作改刊宣言。文章表示，《庸言》杂志今后“造言

---

① 梁启超：《政治之基础与言论家之指针》，《大中华》第 1 卷第 2 期，1915 年 2 月 20 日。

② 梁启超：《述归国后一年来所感》，《庸言》第 2 年第 1、2 号合刊，1914 年 2 月 15 日。

纪事，决不偏于政治一方”，不再专谈政治。他说：“造化为物，实合无量时期，以成一大机轴，将以一切社会及人物组织于此大机轴之中。”“一社会之组织美恶，决非一时代一个人一局部之所为”，政治也好，社会也好，都是大历史中一环。也正因为如此，“向者之徒恃政论或政治运动以为改革国家之道者，无往而非迷妄”，今后也不能再就政治谈政治，必须考察社会，必须改造社会。也是在此文中，他提出中国的“文艺复兴”这一历史任务：“夫理论之根据在于事实，而人群之激发实造端于感情。今有一物，最足激厉感情，发抒自然之美者，莫如文学。窃谓今日中国乃文艺复兴时期，拓大汉之天声，振人群之和气，表著民德，鼓舞国魂者，莫不在此。……自今以往，将纂述西洋文学之概要，天才伟著，所以影响于思想文化者何如，冀以筚路蓝缕，开此先路，此在吾曹实为创举，虽自知其驽钝，而不敢丧其驰驱之志也。”① 1915年9月，他又在给章士钊的信中提出，中国未来的改造路向应借鉴西方，以文艺复兴为改革之张本，应从提倡新文学入手，以“浅近文艺”普及新思潮，使普通民众能够“与现代思潮相接触而促其猛省”。② 1916年1月，黄远庸又说，欲解决中国问题，必须改变国民性质，若国民性质未变，则“任取何种新制度新文物以贯输之，而此等新有者，皆随旧质而同化，一一皆发出其固有之形式而后止”。欲改变国民性质，必从科学之分科、社会之分业、个性之解放、人格之独立做起。③ 黄远庸此文所说个性之解放、人格之独立比较好理解，但其中关于科学之分科、社会之分业的阐述不甚清晰。结合此文以及黄氏同期的其他文字，可以大略地说，所谓科学之分科，就是知识的专业化、科学化、逻辑化，破除国人思想笼

---

① 黄远庸：《本报之新生命》，《庸言》第2年第1、2号合刊，1914年2月15日。

② 黄远庸：《释言——致〈甲寅〉杂志记者》其一，《甲寅》第1卷第10号“通讯”，1915年10月10日。

③ 黄远庸：《国人之公毒》，《黄远生遗著》卷一，第152页。

统之弊；所谓社会之分业，大体是社会分工发达，各人皆各有职业，不专以政治为生。

与梁启超、黄远庸同时，陈独秀、胡适等人也有类似的思想。可以说，二次革命之后，由政治改造向社会改造转变，是中国思想界一个相当重要的转变，“向之以改革政治为惟一之希望者，今则以改革社会为最大之鹄的矣”。① 这是在政治改造无望的情况下，思想界另寻出路的必然结果。

（三）政治改造与社会改造之争

在思想界一部分人士转向社会改造的时候，还有一部分人仍继续坚持政治改造优先论，由此有了民初思想界关于政治改造与社会改造的争论。这场争论，范围不大，主张社会改造的人士，几乎只有梁启超对相关问题有正面的系统阐述，其他如黄远庸等，只是提出问题，缺乏系统的阐述，而主张政治改造的人士，主要是国民党之温和派以及进步党之激进派，对于梁启超的主张有所批评。争论涉及面虽不广，对于现实政治也没有发生实质性影响，但争论所及的议题，实为近代中国思想史上一重大问题，颇能表现近代中国思想界在以政治改造促进社会发展与以社会改造推动政治革新之间的困惑，值得关注。兹分述争论内容。

第一，中国是否会亡国？当前的中国是否有迫在眉睫的亡国危险？

戊戌以后政治改造优先论兴起的一个重要原因，是知识界、思想界有一个国亡无日的时局判断。在民初的社会改造与政治改造之争中，双方对于中国是否面临亡国灭种的危险，分歧明显。社会改造论者认为，时局虽凶险，但中国不会亡，尚有从容进行社会改造的时间，不必急匆匆地从事政治改造，宜先进行社会改造，以为政治改造准备条件。梁启超说，中国当前不会亡，也永远不会亡。其

① 伧父：《命运说》，《东方杂志》第12卷第7号，1915年7月。

理由有二。第一，中国有其深厚的“国性”。所谓国性，大体上是指一个国家的文化及其传统，“其具象之约略可指者，则语言、文字、思想、宗教、习俗，以次衍为礼文、法律，有以沟通全国人之德慧术智，使之相喻而相发，有以纲维全国人之情感爱欲，使之相亲而相扶”。“国之成立，恃有国性”。国性是一个国家存在的文化基础，其为物，极不易成，及其既成，则亦不易灭。国性深厚之国，而其国民对于此国性能生自觉心者，国无人得而亡之，即便暂时被人灭亡，亦必能复国，此为历史所证。中国有深厚的国性，“中国国民非轻易能同化于人之国民也”，故“吾敢断言吾国之永远不亡”。同时，受近代民族主义的影响，“所谓‘单一民族组织单一国’之主义，方成为信仰之中坚”，近代民族主义结合深厚的国性，中国永远不会亡。第二，从国际形势看，目前中国不会亡。列强之力足以亡中国，而其不亡中国者，其原因在攫据人之土地而统治其民，其所费之力与财，十分浩大，且会引起殖民地人民的长期反抗，还不如维持其原有之政权，而通过经济竞争，获取其资源，开拓其市场。由此，帝国主义对外扩张之策略已由殖民统治转为经济掠夺。同时，由于列强之间彼此制约，任何一方都不便独吞中国，在此潮流下，列强放弃了瓜分中国的图谋。因此中国不会有被瓜分的危险，“瓜分之万不能见诸实事，在十年前已经成定谳”。目前，欧战正酣，各国无暇侵占中国，战争结束之后，列强之恢复也至少需要十年时间。因此，至少在目前以及欧战结束后的十年内，中国不会被列强瓜分。那么，中国有没有因为列强在华均势被打破而被某国独吞的危险呢？梁启超认为，从国际局势看，有吞并中国之野心者，其吞并之手法，必或饵诱我与之结特种协约而攫取部分之统治权，或希冀我国各地方叛乱割据，全国糜烂，藉作驱难而次第削平之。也就是说，别国必借我内部之权奸与地方之叛乱割据势力，而始能行其吞并手段。此则我先自亡，而后人能亡之。他表示相信，“我贤明之政府”“我忠良之国民”绝不会做出如此愚蠢之举。虽然最近之将来，中国也许会出现扰乱，领土之一部分也

许会丧失，行政权之一部分也许会受掣肘，但中国绝不至于亡。[①]梁启超反复论述中国不至于亡，其意在说明，中国尚有从容开展社会改造的时间，宜从变革的基础性工作做起，不必在亡国无日的急迫感下将全部的精力投入政治改革。

坚持政治改造的人士认为，所谓“国性不能灭，国即不能亡也”的说法，理据薄弱。首先，“国性寄于何所，表示于何点，本无确定不移之观察”。持国性深厚之国不会亡的论者，其理据之一，是历史上汉民族被国内少数民族征服，虽一度“亡国”，终因文化的优势而复兴。但论者忽视了一点，即从来文化之同化，是文化发展程度低的民族同化于文化发展程度高的民族。历史上征服中原的少数民族，其文化程度比中原文化低，故汉民族能以文化同化征服者，而实现复兴。但今日“以吾旧有之文化与现今列强之新文化较，相形见绌，我方有同化于人之虞，岂国性之足恃”。其次，梁启超又“杂引希腊、罗马再兴，希腊、意大利国之事例，以为有国性者不亡之例”，但一些国性深厚的国家如印度、埃及等都已经亡国，而罗马、希腊、意大利也曾亡国。对于中国来说，国性不能作为不会亡国的证据，只能作为亡国之后可以复兴的证据。至于现实情形，今日中国内则政治腐败，道德沦丧，思潮堕落，实力枯亡，亡国之象已露；外则欧战突起，维持中国存立的列强在华均势已破，危机益甚，亡国之祸迫在眉睫。当此“政治上之动作既日与亡国为邻”的时候，欲解救国家危亡，不能仰仗所谓“国性”，也不能依仗政府之“贤明”，甚至不能仰仗国民之“忠良”，而是应当改造政治。[②] 章士钊在批评梁启超的社会改造论时，也提出，若舍政治改造而专从事社会改造，则要确保当人们努力改造社会时，那些可牛可羊的人物，创为非驴非马之国制，行其不东不西之政策，国家不会灭亡。若不能得此保证，则等人们改造好社会

① 梁启超：《发刊辞》，《大中华》第1卷第1期，1915年1月20日。

② 惟一：《最近社会之悲观》，《正谊》第1卷第7号，1915年2月15日。

后，国家早已灭亡，这种社会改造又有何意义？[①] 因为忧虑国家之将亡，因为相信救亡以政治改造见效最捷，相当一部分人士仍坚持政治改造。

第二，民初民主政治挫折之原因何在？在民主政治挫折之后，继续从事政治改造，有出路吗？有从事政治改造的空间吗？谈论政治有意义吗？

因为对暴力革命的恐惧，对多年政治改造结果的失望，以及开明专制期望的落空，思想界一些人士认为，在社会腐败、国民程度不足的条件下，欲直接通过政治改造，而得良善政治，没有成功的可能。一些政治改造论者以具体的制度如国会制、联邦制为政治改造之方，对此，梁启超说，等是国民，等是社会，行甲制度不能为治，而行乙制度能为治，于理不通。“在单一制之下，不能善治之国民，一易为联邦即能善治，此理吾直无从索解。”至于国会政制，其实行需要各方政治势力遵守国会政治的游戏规则，需要国民有运用“合议政治”之能力。而中国存在不遵守国会政治游戏规则的特别势力，且“国家方赖此特别势力以暂维系于一时”，一旦此特别势力崩溃，国家必陷入内乱。中国国民也没有运用国会政治的能力，即便再开“纯正之民选国会”，“究亦不过为多数人开噉饭地而已”，无助于政治之改良。他认为，“制治清浊之原”在社会，在国民能力，而不在政制本身。回顾清末以来政治革新的努力，梁启超认为，最大的失误就是国人对政治改造寄望过高，几乎将全部的救亡希望、全部的热情与精力放在政治改造之上。他说，“中国今日膏肓之疾，乃在举全国聪明才智之士，悉辏集于政治之一途……社会事业一方面虚无人焉”。这种脱离社会条件，欲移植外在模式来改造中国的政治改造，“虽历十年百年，终无根本改革之望”。他又说，“吾侪十年以来，苟非专以政治热鼓动国人，而导之使专从社会上谋立基础，则国中现象，其或有以异于今日，亦

① 秋桐：《政治与社会》，《甲寅》第1卷第6号，1915年6月10日。

未可知。而举国言论家，目光专集注于政治，致使驯愿者惟求仕宦，耗其精力于簿书期会，或且熏染恶俗，日趋堕落，其激烈者则相率为秘密危险之行动，一而流毒害于社会，一而亦自毁其有用之身。”清末以来，国人热衷于政治改造，忽略社会改造，完全走错了路。今后必须改弦更张，从政治改造优先论的迷误中走出来，着力改造社会，提高国民程度。只要国民有运用国会政治之能力，则目前之参政院、立法院，均可提供政治革新的空间，其权能也可逐步扩充为真正的议会，就如英国之枢密院转变为内阁，等级会议转变为巴力门。若国民程度不进，社会不改良，徒从事制度试验，结果必不乐观。[①] 梁启超此论的前提是，共和的虚壳能够保存，一旦共和虚壳不存，则国民运用合议政治之能力也无从培养。

主张政治改造的人士，虽承认社会改造进程落后于政治改造进程是民主政治挫折的重要原因，但不将社会不成熟看作唯一原因，认为在社会不成熟的条件下，政治改造仍有可为的空间。以孙中山为首的中华革命党人认为，民主政治挫折的根本原因是，革命没有按革命程序论进行，今后若按革命程序论进行革命，即可确立宪政。一些温和派人士，虽对立即开展暴力革命持保留态度，但大多认为可以继续政治改造。杨永泰认为，民主政治的挫折是因为革命成功过易，人们不珍惜革命之成果，若人们能从民主政治的挫折吸取教训，则政治改造仍可以有所成就。经过民主政治的挫折，国人会认识到，政治之发展“走曲线，循螺形”，而非直线前进。中国欲易数千年之专制而为共和政治，更非可一蹴而就，必有种种曲折反复。由此，也就能宽容民主政治初建时出现的种种瑕疵，能理解国会、地方议会、政党出现的种种弊病。共和之后又经历不共和的人们，会发现，共和固弗善，而不共和则更觉痛苦，“其希望重返共和之心必日切，希望日切，一旦得之，必信之笃而守之坚”。只

---

① 梁启超：《政治之基础与言论家之指针》，《大中华》第1卷第2期，1915年2月20日。

要吸取教训，而图改善，“则中国其有真共和之一日矣”。[①] 而章士钊等人则以为，民主政治遭遇挫折，最重要的原因是国内各派政治势力，尤其是肩负政治改造重任的新式政治精英，未能了解近代国家的基本原理与调和立国之理，未能实现新式政治势力的联合，以至于为旧势力各个击破，造成民主政治的挫折。若努力鼓吹近代国家原理、调和立国之理，使之深深印入国人脑际，则将来之政治改造仍然大有可为。[②]

主张政治改造的人士认为，人民程度问题不足为放弃政治改造的理由。章士钊提出，实行民主确实需一定的国民程度，但此程度首先是针对社会之优秀分子而言。若如梁启超所说，欲行民主政治，必其一国之人，分任政治之事，“其人民能知政治为何物，能知政治若何为良，若何为恶。其起而负荷政治者，人人皆有为国家求良政治之诚心，人人皆有为国家行良政治之能力”，则今日之欧美亦无此国民程度。民主是逐步发展的，它首先是少数人的民主。在民主起步阶段，只能要求少数优秀分子具备辨别政治善恶之能力，而不能要求多数之国民具备此等能力。所谓优秀分子之程度，也不能要求其皆有为国家求良政治之诚心与能力。就所谓诚心而言，人类为不完全之物，纵有诚心，亦非绝对，谋治者，不能依赖政治人物之诚心，而当谋立法制，使政治成为公开的运动，使政治人物在一定范围内不能不诚。民主政治所要求的社会优秀分子的能力，也并无一定之标准，重要的是建立使政治人物的能力能有所发挥的机制。总之，中国今日的问题，并不是缺乏行民主政治的人才，而是政治不良，诸多的政治人才，无由进入政治领域，发挥其能力。他相信，只要充分利用现有人才，中国完全可以建立初步的民主政治。人民程度之提高，民主范围之扩大，民主水平

---

① 杨永泰：《黑暗政象之前途》，《正谊》第1卷第7号，1915年2月15日。

② 秋桐：《政力向背论》《调和立国论》，《甲寅》第1卷第3、4号，1914年7月10日、11月10日。

之提高，都只能在民主政治的过程中实现。今日中国的当务之急就是建立一套制度，发挥现有人才之作用，而不是在现有人才不能尽其用的情况下，就“遽尔走入范围广漠之民智问题”。[①] 可以看出，梁启超与章士钊各执问题之一端，梁氏以为中国国民程度不足，所以出现民主政治的挫折，章氏以为制度未善，故人才未能尽其用。

那么何种制度能使中国之人才得尽其用呢，不少主张政治改造的人士颇看好联邦制。他们认为，中国的省有特别的历史基础，尤其在经历清末民初的政治变动与政治变革后，各省具备相当的实力，在国家政治生活中具有举足轻重的地位。利用省的实力，实行联邦制，一方面可给予地方政治精英以参政权，培养地方民众的自治能力，养成民主政治的地方基础；另一方面又可利用省的力量对中央的野心家形成制约，使省成为“足供国家之建设与宪政之试行”的地盘。他们将联邦制看作政治改造可行的路向，批评梁启超鼓吹抛弃政治而专从事社会改造，是不察省之特殊性，“惟日张皇无措，望风扑影，非曰社会不良，即曰人治未至。一若我国今日政治上之罪恶与政制全然无关，而建国之前途舍求早生圣人，更多生圣人，别无救济之方术”。[②]

对于梁启超激烈排斥政论，主张政治改造的人甚不以为然。章士钊说，所谓政谈会造成人心趋于消极或者激烈，是倒因为果。造成人心趋于消极或者激烈的，是腐败的现实政治，而非对腐败政治发表意见的政谈。政谈之是否有益，不在当局者是否采纳，而在其能畅通民意，形成舆论。政谈畅通，正可以避免革命，“革命之起不起，在乎民情之平不平。民情之平不平，视乎政谈之畅与不畅。今先生恶革命而绝政谈，是何异畏影恶迹，却背而走。”政谈之是

① 秋桐：《政治与社会》《共和平议》，《甲寅》第 1 卷第 6 号、第 7 号，1915 年 6 月 10 日、7 月 10 日。

② 中州退叟：《吾国省之价值于国家之组织》，《新中华》第 1 卷第 2 号，1915 年 11 月 1 日。

否发表，也不应“刺探政府之意以为张弛，有时正惟政府雅不愿其流行，宜更高其鼓吹之帜，此见理之真，有以迫之使然，非必故与政府为难也”。①张东荪则说，谈论政治，讨论政制，可以使国人知政制之原理与政制良恶之标准，就是思想启蒙，此种讨论对于未来之政治改造具有积极的意义。②

第三，社会改造能不能脱离政治改造进行？脱离政治改造的社会改造能否有效果？

梁启超说，运用现代政治，必须具备种种条件，否则，不可能建立现代政治。这些条件包括，有少数器量、学识、才能、誉望皆优越而为国人矜式之政治领袖；有次少数能任事务官之政务人才；多数国民能对政治有兴趣、能判断政策之善恶；从事政治活动之人物，皆有恒产，不致借政治为衣食之资，有水平线以上之道德，不致掷弃其良心之主张而无所惜；养成一种政治习惯，使卑劣阘冗之人，不能自存于政治社会；特别势力行动逸出常轨外者，政治家之力能抗压矫正之；政治社会以外之人人，各有其相当之实力，既能为政治家之后援，亦能使政治家严惮。在黑暗政治之下，能有社会改造的空间，能培育这些条件吗？梁启超其实并不自信，只是说，在“无意识无根蒂”而徒“斫丧国家元气”的政治活动没有希望的情形下，至少社会改造或有一丝成功的希望，“或遂能树若干之基础，他日虽有意外之变乱，犹足以支”。③

主张政治改造的人士承认，“先有社会而后有国家……社会之根本，不纯在国家，国家之根本，纯在社会”。④他们并不反对社会改造，但反对舍政治改造而专事社会改造，其理由约略如下。其一，政治不能脱离社会而存在，社会也不能脱离政治而存在，政治

---

① 秋桐：《政治与社会》，《甲寅》第1卷第6号，1915年6月10日。

② 东荪：《政制论》（上），《甲寅》第1卷第7号，1915年7月10日。

③ 梁启超：《政治之基础与言论家之指针》，《大中华》第1卷第2期，1915年2月10日。

④ 玄玄：《国家之治乱与社会》，《民国》第1卷第2号，1914年6月10日。

深刻地影响着社会。言改造至少应是政治与社会兼重，“谓政治万能，不复措意于社会，固属迷信；而专注于社会，因放弛其政治之责任，亦未可为觉悟”。① 政治改造与社会改造，重点在何处，当视具体情形而定。中国目前“当社会与世界文明接触之秋”，非迅速吸收世界文明，以改良社会，不能救国家之危亡，但执政者日与世界文明背道而驰，“徒肆其禽兽之行，以与社会战”，腐败的政治正急速腐蚀着中国社会。② 有人以民国三年之出版物为例，说明腐败的政治对于社会之危害：“民国三年出版物，约略统计，不过五百种，而高等专门之书，不及十种，各种图表不过三十种，余则教科书百余种，小说一类占三百余种。小说类中尤以关于男女爱情者为最流行，其数目亦最多，几疑全国思潮尽消遣于此牝牡关系中，士夫相见，亦无有以读书相问询者，极及末流，必至返乎狉狉獉獉之世而后已。”③ 此皆当局愚民政策所成之恶果。当此情形，若脱离政治而谈社会改造，社会将在腐败政治的腐蚀下迅速沦于无底线之域，何谈以社会改造促进政治改造。其二，他们相信，“以政治启导社会，其力易，以社会牖进政治，则事难”。他们认为，政治是社会的枢纽，若社会优秀分子占据政治权力，则改造社会为势最顺，而为效最速；若居朝右者为暴君污吏，则虽有鸿儒哲士主持清议，亦无以对抗政治权力之胡作非为。因此，言社会改造，其当务之急也是使社会之优秀分子居社会上流，能对政治发生实际的影响。④ 若脱离政治改造而言社会改造，即便能有所成就，其所成就也时刻面临着顷刻间为腐败的政府毁坏无余的危险。其三，目前政治权力笼罩一切，只有政治，并无社会，并无所谓社会事业，欲从事社会改造，就必从恶政府控制之下将若干事务划定为政府不能

---

① 竹音：《社会之自觉心》，《甲寅》第 1 卷第 6 号，1915 年 6 月 10 日。

② 玄玄：《国家之治乱与社会》，《民国》第 1 卷第 2 号，1914 年 6 月 10 日。

③ 惟一：《最近社会之悲观》，《正谊》第 1 卷第 7 号，1915 年 2 月 15 日。

④ 竹音：《社会之自觉心》，《甲寅》第 1 卷第 6 号，1915 年 6 月 10 日；杨永泰：《黑暗政象之前途》，《正谊》第 1 卷第 7 号，1915 年 2 月 15 日。

干预的“社会”事业。而这就离不开政治改造。章士钊举例说，禁止鸦片，可算很纯粹的社会问题，然中国人就丧失了不吸鸦片之自由。政府以饷源所在，日日遣委员分途演说，劝人种植，按亩抽捐，禁绝之乡重行补种。不从事政治改造，能推进禁止鸦片之类的社会事业吗？① 其四，政治进化只有在政治改造的过程中，通过反复的试验与纠错，才能逐步实现，“其关键纯在试验，试验一度，即进步一度。易词言之，政治之演进，其机括存于自身，而非由外铄”。政治改造非如筑屋造路，可以先准备建筑材料，然后找工人按图施工即可完成。脱离实际的政治改造，而欲在政治之外，通过社会改造，为理想的政治制度准备社会条件，以期一旦条件具备，即可建造理想的政治制度，实现政治改善的目标，此乃视政治改造为制造机械，与各国政治进化之历史经验不合。梁启超所提出的运用现代政治的种种条件，如政治领袖、政治人才、国民之政治兴味与政治能力、政治习惯、对抗力之养成等，都只能在现实的政治活动中才能养成，纯粹的社会改造，不可能造就这些条件。②

（四）论争双方的困境

主张政治改造的杨永泰说：“夫一国之兴，其术不外两途，非藉政治之力以改良社会，则藉社会之力以改良政治。今者政治现象如此，社会之现象又如彼，如中流泛舟，无论北驶南行，皆成绝港断潢。”③ 这其实是主张政治改造与主张社会改造的两派人士的共同认识，两派人士都清楚政治与社会之间的紧密关系，也都清楚目前无论政治改造还是社会改造，似乎均看不到希望，他们都试图为中国未来探寻出路，但他们对于自己提出的努力方向，又都缺乏信心。

---

① 秋桐：《政治与社会》，《甲寅》第1卷第6号，1915年6月10日。

② 秋桐：《政治与社会》，《甲寅》第1卷第6号，1915年6月10日。

③ 杨永泰：《黑暗政象之前途》，《正谊》第1卷第7号，1915年2月15日。

主张社会改造的人士明白，在大权笼罩下，并无多少独立的社会空间可以供他们施展才华。梁启超提出放弃政治改造而从事社会改造之时，就主张先从事规模紧小之社会事业。但面对现实，他们发现即便所谓规模紧小之社会事业，也难开展。因此，他们又将社会改造缩减为个人自身之改造。1914 年 8 月，一向主张以社会改造为主要方向的杜亚泉，在《东方杂志》上发文，希望人们不要因时局而意志消沉，要努力发挥个人之能力。他说，“今日时局，多所牵掣，多所扞格”，但要看到，在此时局下，“非个人志力所能积极运行者，亦惟国家社会之全体而已”。人们若将眼光从“国家社会之全体”移开，反顾自身，则可发现，“吾人意志，依然存在，时局未尝侵削其毫厘，吾人能力，仍自完全，时局未能减损其微末”，“吾人自身，仍有用吾意志、尽吾能力之余地”。他希望人们“各随其意志，度其能力，痛自刻厉，分途致功，或求效用于及身，或期远果于来叶”。在国家与社会之外的一些领域，比如教育、实业等方面，个人还是可以有所作为的。退一步说，即便社会事业绝非个人所能举，则家庭之间，一身之内，个人也有振刷自我的空间，以间接效用于社会。① 1915 年 11 月，当袁世凯的帝制复辟活动正热闹时，黄远庸发文称，“今日无论何等方面，自以改革为第一要义。夫欲改革国家，必须改造社会，欲改造社会，必须改造个人。社会者国家之根柢也，个人者社会之根柢也。国家吾不必问，社会吾不必问，他人吾亦不必问，且须先问吾自身。吾自身既不能为人，何能责他，更何能责国家与社会。……继自今，提倡个人修养，提倡独立自尊，提倡神圣职业，提倡人格主义，则国家社会虽永远陆沉，而吾之身心固已受用不尽矣”。② 1915 年 1 月，梁启超说到他此后方向时说，他将从不参与政治活动，也不谈论政治，

① 杜亚泉：《策消极》（原载《东方杂志》第 11 卷第 2 号，1914 年 8 月），《杜亚泉文选》，第 134—138 页。

② 黄远庸：《忏悔录》（1915 年 11 月 10 日），《黄远生遗著》卷一，第 134 页。

只讨论学问，“吾将讲求人之所以为人者，而与吾人商榷之。……吾将讲求国民之所以为国民者，而与吾国民商榷之”。①他的社会改造到他本人身上，就缩水成做学问了。提高个人自身修养，养成独立的品格与能力，对于社会改造来说，具有十分重要的意义；严谨的学术研究，理性的思想探索与商榷，对于健全的社会意识的形成，亦极端重要。在黑暗的现实中，尤其需要社会精英的自我振拔。然自我振拔若只限于洁身自好，不能为团体的努力，以效用于当世，亦距遁世不远。个人之振拔，个人能力之发挥，只可期望于社会优秀分子，而不可期望于一般社会人士。主张社会改造的人士，也大体承认这一点，他们希望社会优秀分子能率先垂范，通过自身的努力，改变社会风气。这与传统中国思想所说的君子德风、小人德草，士君子当尽其在我，以转移世风的观念甚为接近，与政治改造论者之主张政治改造之责首先当由社会精英承担的看法接近。

主张政治改造的人士鼓吹联邦制，但元凶专宰，极力谋求权力之集中，各省匍匐于专制权力之下，在此条件下，如何实现联邦制，他们提不出任何可行的方案。以联邦制强聒于当局，当局不会采纳；欲以联邦制之理想，挑动地方反对中央专制，各省大吏虽或有心，而实无此胆量。联邦制的设想，不过限于学理的探讨与舆论鼓吹。一些鼓吹联邦制的人如章士钊说，只要联邦制通过舆论鼓吹可以实现，“舆论朝通，则联邦制夕成”。对于这种看法，当时即有人提出，这不过想当然耳。②在联邦制之外，主张政治改造的人士所做的最重要的工作是探究近代国家原理、制治之本，其思想认识虽颇有值得称道处，对于未来的政治改造也有相当的意义，但毕竟只停留在学理的层面，对于自己的主张能否落实，他们并无自信。章士钊鼓吹调和立国，但他清楚他的主张暂无实现的可能，所以他表示，他只问调和之理是否可通，不问调和之方将于何出，只

---

① 梁启超：《吾今后所以报国者》，《大中华》第1卷第1号，1915年1月20日。

② 储亚心：《致〈甲寅杂志〉记者函》，《章士钊全集》第3卷，第498—499页。

论调和之道于今为宜，并不谓调和之机于今为熟；又说，他只是学者，只探究政理，并非政治家，不负责调和立国之实现。① 张东荪等鼓吹对抗力对于民主政治的意义，其理甚通，但对抗力如何养成，他们提不出切实的方案。所以他们说，自己只是学者，责任只是阐明政理，至于对抗力之养成，只能希望通过自己的鼓吹，使各方力量能明政理，其有力者，不滥用其力，不摧残社会上发生的异派势力，社会各方人士，能认清正义所在，勿受势位利禄权威之驱策，盲目从同于强力者，努力保持自己的对抗力。② 可见，主张政治改造的人士面临的困境，正与主张社会改造的人士相同。

他们的困境在于，当时的现实不容政治改造和平开展，不容有系统的社会改造有序进行，政局日趋黑暗，革命再发生的趋势日益明显，而他们又对通过革命实现政治革新与国家现代化不抱希望。主张社会改造的人士，所以极力鼓吹社会改造，并非真对社会改造抱多大希望，更多是出于对政治改造的失望与对暴力革命的恐惧。章士钊即指出，梁启超鼓吹社会改造，其本质“在于防止革命，故于破坏今日政局之不可三致意焉”。③ 主张社会改造的人士对于脱离政治改造的社会改造，能否有效果，并没有多少信心。相当部分鼓吹政治改造的人士也希望避免革命，对于革命党的革命言论，他们读之而“良心怦怦然动”，而“泪如泉流”，而“感情如潮涌”，曾以“泣血之言”忠告革命党人放弃。④ 他们存在深深的忧虑：缺乏现实社会条件的支撑，暴力革命很难实现其革新政治的目标。社会的近代因素发育不充分，缺乏“对抗力”，人们对于近代国家原理、近代制治之本、调和立国之理缺乏体认条件下的革命，难以建立近代政治，反会带来社会的扰乱。但他们也清楚，所有的

---

① 秋桐：《调和立国论》，《甲寅》第1卷第4号，1914年11月10日。

② 李大钊：《政治对抗力之养成》，《中华》（北京）第1卷第11号，1914年11月1日。

③ 秋桐：《政治与社会》，《甲寅》第1卷第6号，1915年6月10日。

④ 圣心：《泣血之言》，《中华》（北京）第1卷第6号，1914年7月1日。

革命都是“事实上之革命，非理想上之革命，不得已之革命，非故意之革命”。“革命者出于事实上必不可逃避之最后一途，而非吾人意匠所可随意创造者也。彼欢迎革命者，革命不因其欢迎而即来，彼厌恶革命者，革命亦不因其厌恶而即退。”① 故随着形势的发展，当社会“万木无声待雨来”，越来越盼革命党速兴时②，当他们清晰地看到共和虚壳没有维持之望时，他们走向了自己不愿走的暴力革命之路。

从当时的实情看，论争双方都不能提出明确的、可行的、能给予人们信心和希望的解决中国问题的方案。无论论争双方愿不愿意看到革命，第三次革命（护国战争）很快成为现实。此番思想论争，虽不曾对现实政治发生实质性的影响，但社会改造论者提出的意见，尤其是“文艺复兴”的改造思路，人格独立、个性解放的改造内容设计，在“第三次革命”之后，渐为思想界广泛接受。新文化运动的兴起，是人们思想发展与社会现实环境共同作用之下的自然趋势。

① 张东荪：《政治革命与社会革命》，《正谊》第1卷第4号，1914年4月15日。

② 秋桐：《民国本计论》，《甲寅》第1卷第10号，1915年10月10日。

第九章

民初孔教运动及其引发的思想争议

自汉武帝罢黜百家，独尊儒术，儒学逐渐成为中国历代君主专制王朝的官方意识形态和中国传统文化的骨干，孔子成为中国文化的代表。然儒学以社会政治与伦理学说见长，于生死与灵魂问题，缺乏系统的理论阐述，不能餍人心，故佛教输入后，一度对儒学形成很大的挑战。佛教的输入是一种比较自然的文化输入，而非依仗国家力量的文化扩张，因其所解决的主要是灵魂问题以及前世来生问题，对于皇权所主导的政治秩序以及儒家所倡导的伦理秩序并未构成致命的威胁。为应对佛教的挑战，本土的道教兴起，儒者亦援佛入儒，对儒学进行理论化改造，尤其是将原始儒家的心性学说深度系统化，使之至少对于士大夫来说，可以在相当程度上安顿其心性。但是，儒学历来对君子说法，重理性，重人道，于生死与灵魂较少阐述，又缺乏严密的僧团组织，故对于一般社会大众，其主要影响在日常伦理秩序以及世俗的政治秩序，至于灵魂与生死问题，一般社会公众则往往以道教、佛教为归宿，形成所谓儒释道三教并存、互相包容的局面，没有出现西方的宗教战争，信教自由在帝制时代的中国也并未成为实质性问题。

明末天主教东来，但那时西方势力来华主要是为了传教与商业，欧洲殖民者虽在中国周边地区开展殖民活动，但尚未对中国的世俗政权形成实质性挑战，故虽引发了中西文化的冲突，但儒学在

中国的统治地位并未受到威胁。鸦片战争以后，随着西力东侵与西学东渐，中国面临着严重的经济危机、政治危机与文化危机。其中文化危机集中表现为儒学的危机。儒学的危机催生了孔教论与孔教运动。民国建立以后，要求定孔教为国教的孔教运动（国教运动）兴起，并在民初政坛与思想界掀起轩然大波。关于民初的孔教会，以及康有为等人的孔教思想，相关研究已经不少，本章的主要目的在梳理民初孔教运动起落的脉络，探究其复杂的内在理路，以便学界进一步了解这一运动，并理解儒学在近代中国的命运。

一 晚清以来儒学面临的危机

对于晚清以来中国面临的危机，国人首先感受到的是军事上的差距，于是有师夷长技以制夷的呼声。随后，又发现夷狄之长技背后，有其“学”，有其完整的工业体系，于是有所谓采西学、制洋器的主张，洋务运动由此兴起。整个洋务运动时期，中国人在文化上还相当自信，以为相较西洋，中国欠缺的只是富强之术，至于伦常秩序，乃至“文学”，中国都远高于西洋，无待外求，故所事只是练兵养兵之法，以及支撑军事现代化所需要的兵器工业和相应的民用工业。甲午战败，始惊破国人数千年之迷梦，先觉之士乃提出保国、保种、保教的主张，而其方法则为变法维新，遂开启中国政治近代化的序幕。我们观察戊戌时期的思想文献，可以清楚地看到，先觉之士已意识到中国面临的是一个包含经济、政治、文化的整体性危机。也正是基于此种危机意识，才有了此后急迫的政治变革、教育变革与法律变革。

随着变革的进行，儒学面临的危机尖锐地摆在中国思想界面前。政治改革势必冲击君臣大义。学制改革推进，近代学堂建立，儒家经典在教育内容中的垄断地位受到威胁，学生读经问题乃至经学存废问题凸显。在近代化要求的催逼下，科举制度被废除，读书

人与政权之间的紧密联系被割断，士大夫渐成历史名词，而近代知识分子或者知识人因为专业、职业分化，不再以承续道统为志业，而成为近代化的专家，专业色彩日渐突出，其担负的教化功能日渐削弱。法律变革，更从国家主义、个人主义的角度严重地冲击着传统的法律秩序、伦常秩序。至于经济变革所造成的财产关系、权利关系的复杂化，对于传统秩序的冲击就更为根本。近代中国面临的文化危机，本质上是传统与近代的紧张关系，但在形式上却表现为中西文化之间的紧张关系，这其中代表中国文化的儒学与代表西方文化的基督教之间的关系又是中西文化紧张关系的重要侧面。

天主教、基督教在近代中国的扩张，固然有其宗教内在的传播福音以救济天下人的扩张冲动因素，但在相当程度上，也是西方列强帝国主义策略的组成部分，其传教目的在使“中华归主”，其传教手段往往以世俗的国家力量作为支撑。西方宗教与中国传统社会在礼俗、观念上本有种种歧异，易发生文化上的冲突，而教会在传教过程中又存在种种问题，一些差会急于扩大信众数量，吸纳教徒时往往不分良莠，在卷入地方社会的利益冲突时，又往往依仗教会背后的国家力量来维护教会、教徒的利益，严重冲击了地方社会既有的权力生态。由此，就引发了中国传统士绅的强烈反应，引发了一系列的教案，使儒家人士对于天主教、基督教怀有高度的戒备心理。起初，中国官绅颇鄙视其神学说教，不认为西方宗教能对儒学的地位构成什么威胁，相反一些士大夫认为，中西交流门户打开，将是孔孟之道传向西方，真正做到“化被天下”的大好时机。随着西方侵略势力在华日益扩张，在屡次对外战争失败的刺激下，在近代西方文明的冲击下，中国官绅固有的文化自信开始动摇。尤其是，一些西方宗教人士往往将欧美之富强归因于其宗教之美与其宗教之能约束人心，将中国之贫弱归结为作为中国官方意识形态的儒学存在的种种缺陷。比如他们称，人生有三大伦，即神伦、人伦、物伦。神伦探究、规范人与神的关系，人伦探究、规范人与人的关系，物伦探究的是人与自然的关系。基督教三伦皆备，且以神伦为

首伦，故能约束人心，能有发达的科学；而儒学只重人伦，而阙于物伦与神伦，故不能约束人心，不能产生近代科学，且儒学之讲人伦，系服务于专制统治，存在重大缺陷。① 传教士以及一些西方人士又将近代西方政治之美归因于其宗教之美，并鼓吹中国的基督化为中国富强之本，鼓吹以基督教取代儒学。② 此种论调，在西强中弱的格局之下，在西方宗教势力日益扩张的形势下，对一些中国人产生了不小的影响。不少急于摆脱国家贫弱现状的人士，乃将中国贫弱之因归结于儒学，认为欲求富强，必须对儒学进行彻底的改造，甚至有一些“留学外国之学生，见彼国社会之进化，而误听教士之言，一切归功于宗教，遂欲以基督教劝导国人”。③ 基督教、天主教在华势力的扩张，及其引发的民教冲突，欧美教会处心积虑“欲孔教之在中国，失其宰制人心之权藉”，欲以西方宗教取代孔教在中国的位置，④ 不能不使中国的孔教徒对孔教在西方文化、西方宗教冲击下的命运产生深深的忧虑。

晚清以降，儒学面临的另一重危机是其所维护的世俗制度与世俗秩序面临的危机所带来的。依据杨庆堃的说法，宗教可分为“制度性宗教”和“弥漫性宗教”。“制度性宗教”有三个特征：（1）具备独立的神学观或宇宙观以解释世界和人类事物；（2）具备系统的象征（神、灵魂和他们的形象）和仪式组成的信仰体系；（3）具备专门神职人员的组织，帮助阐释神学观念，并主持仪式。儒学不是制度性宗教，但它拥有自己的神学理论、崇拜对象以及信仰者，不过，它与世俗制度深度融合，而成为世俗制度的观念、仪

① 杨代春：《〈万国公报〉与晚清中西文化交流》，湖南人民出版社 2002 年版，第 191—195 页。

② 杨代春：《〈万国公报〉与晚清中西文化交流》，第 194—195 页。

③ 蔡元培：《以美育代宗教说》（1917 年 4 月 8 日），载高平叔编《蔡元培全集》第 3 卷，中华书局 1984 年版，第 30—34 页。

④ 〔英〕约翰斯顿（R. Flement Johnston）（即庄士敦，以下注“庄士敦”）：《中国宗教之前途》，钱智修译，译自《二十世纪及其后》，载《东方杂志》第 10 卷第 9 号，1914 年 3 月 1 日。

式和结构的一部分，没有能够显示为一种独立的、支配性的制度，是一种“弥漫性宗教”。弥漫性宗教依靠世俗制度获得发展，有力地支持现存制度的价值与习俗，也因为这样，它的命运“在很大程度上取决于世俗制度的命运”。“当某项世俗制度有效地满足人们的基本需要时，渗透其中的功能性仪式便因此获得了信众的皈依。但是当世俗制度没能解决长期的危机，不能满足基本的和寻常的需要，人们会很自然地对制度和其功能性仪式都失去信仰和信任。……当世俗制度在面对新的危机始终表现出束手无策时，弥散其中的宗教也就因此失去了民众的支持。”① 儒学有明显的世俗性特征，与世俗政治秩序、世俗政权紧密联系，是维护世俗政治秩序的学说，并借世俗政权的力量而在中国社会具有广泛的影响。因此，当世俗的政权、政治秩序、社会秩序受到怀疑，成为人们急于改造的对象时，作为维系政治秩序、社会秩序的学说，儒学也就成为欲改造社会、改造国家的人们怀疑、批评的对象。陈独秀在讨论孔教问题时，曾区分宗教与一般社会政治学说，认为“宗教属出世法，其根本教义，不易随世间差别相而变迁，故其支配人心也较久。其他世法诸宗，则不得不以社会组织生活状态之变迁为兴废”。孔子之教不是宗教，而是关于“人伦日用之世法”，必随社会之变迁为兴废，不可能超脱现实的社会组织、生活状态而存在。② 也就是说，相对出世的宗教之不易随社会组织与生活的变化而迅即变化，儒学作为世间法，社会组织与生活的变化会迅速引发儒学的变动。晚清以来，中国社会与政治的剧烈变动，给儒学带来的挑战非常直接。

为应对这种挑战，儒学内部也有变化。比如，有人试图将儒家的“格致”与近代科技相勾连，试图在传统文化体系内打开接纳

---

① 杨庆堃：《中国社会中的宗教》，范丽珠译，上海人民出版社 2017 年版，第 229—233 页。

② 陈独秀：《孔子之道与现代生活》，《新青年》第 2 卷第 4 号，1916 年 12 月 1 日。

近代科技的窗口；有人重新解释义利关系，重新探讨王霸问题，试图为发展资本主义工商业以及追求富强正名；也有人以三代之治、公天下等思想资源以及乡官、议郎等传统制度为切入点，去理解近代政治思想与政治制度。但总体而言，晚清儒家在这方面的工作，一方面思想资源有限，其沟通传统与现代的努力还停留在很粗浅的阶段；另一方面，儒学内部还有强大的保守势力，社会整体上的开放度还很有限，使这种沟通工作成效有限。尤其重要的是，甲午以后，随着危机日益严重，国人变革之心日益迫切，政治改革被提上了议事日程，君主专制受到严重的怀疑，与君主专制关系紧密的儒家思想也就受到牵连，欲变革图治者对于孔子与儒学，经历了“由独尊到与诸子平列，由崇仰到批评”的转变，儒学独尊的地位已然受到严重的挑战。① 其中，就有主要由一些接受西方影响，羡慕西方强盛、“文明”的青年学子构成的所谓“欧化过激派”。他们伤心祖国之陵夷，于是“怨六经为迂谈，尤仁义为糟粕。国民教育未普及，孔教文字为之也；八股取士之积弊，孔教传经为之也；人民无自治，财政不充裕，未必非孔教误之也；军国未成立，实业不发达，未必非孔教梗之也。欲促进中国社会，非改良中国文字、中国习惯、中国国民性不可。而中国文字、习惯、国民性以孔教为中心，而孔教根本在祭祀、读经，故欲改革一切，当自改革孔教始”。② 这一派思想在清末已经出现，民国建立后，更渐成思潮。与“欧化过激派”将中国贫弱之根源归咎于孔教相反，另一派人认为，中国的贫弱之根不在孔教的教义，而是孔教缺乏权威，教权从属于政权，未能如欧洲各国的教会那样直接执掌国政，以教权之支配政权；孔教缺乏欧美制度性宗教的严密组织，面向一般社会公众的日常的讲经读经活动以及日常的宗教仪式，造成政教分途，使

---

① 耿云志：《近代中国文化转型研究导论》，第 207 页。

② 台州定伯：《关于国教之批评——我平心为我中国人之自废孔教之心理解剖之》，《宗圣学报》第 17 号附册“孔教问题”上卷，1916 年 11 月。

孔教教义未能真正落实到大众的日常生活。因此，他们试图模仿基督教组织与仪式，将儒学改造为宗教，欲借教权推动改革，并与基督教相抗衡。康有为就是这种思想的代表性人物。戊戌时期，陈宝箴曾分析康有为的孔教论，称“康有为当海禁大开之时，见欧洲各国尊崇教皇，执持国政，以为外国强盛之效，实由于此。而中国自周秦以来，政教分途，虽以贤于尧舜、生民未有之孔子，而道不行于当时，泽不被于后世。君相尊而师儒贱，威力盛而道教衰，是以国异政，家殊俗，士懦民愚，虽以嬴政、杨广之暴戾，可以无道行之，而孔子之教散漫无纪，以视欧洲教皇之权力，其徒所至，皆足以持其国权者，不可同语。是以愤懑郁积，援素王之号，执以元统天之说，推崇孔子，以为教主，欲与天主耶苏（稣），比权量力，以开民智，行其政教”。① 陈宝箴于厘正学术之中寓保全人才之意，故强调康有为主张孔教论的目的在变法，而对康有为从组织、仪式等方面模仿基督教则避而不谈。

天主教、基督教凭借西方列强的现实力量，凭借严密的教会组织，利用中弱西强的现实以及中国人急于摆脱贫弱的心理，冲击儒学。由于近代政治、社会变革对于儒学的冲击，国人对儒学的命运产生了深沉的忧虑，“保教”就与“保国”一样，成为一时重要的思想潮流。

对于保教，中国主流的思想认为，保教的关键在保国。国家富强，儒学自然昌大而无澌灭之忧，张之洞就是这种主张的代表。康有为则强调教争的意义，认为若亟亟于保国，而不及时保教，则不但国无由昌盛，且即便国能昌盛，而教已亡，则中国虽国存而文化上已经亡国，此种保国实无意义。他又强调国家存在的意义在其道德价值，强调道德、文化、宗教为国家之魂，若国丧其魂，则不惟不能存在，且亦无存在的价值。他并且认为，及时建立孔教组织，

① 陈宝箴：《请厘正学术造就人材折》（光绪二十四年五月），《陈宝箴集》上册，中华书局2003年版，第779页。

发挥孔教大义，使孔教大义深入广大国人心田，不但可以挽救孔教之危机，保存中国的国魂，而且可以强化国人的国家认同、文化认同，团聚人心，以共救国家危亡。康有为向往上古君师合一的格局，希望借教权推动改革，以救危亡。他也努力从儒家经典中寻求变法的理论资源，寻求儒家学说与变法、维新、兴民权、开国会等等变革举措之间的关联，欲以儒学为外衣，推动变法。可以说，在康有为那里，保教是保国的最重要手段，是教存而后国存，而不是国存而后教存。基于此种认识，还在戊戌变法之前，康有为即首倡孔教论，以后又提出一系列主张，比如设立教部，比如建立孔教组织，广建孔教教堂并设立讲生、讲师、大讲师、宗师、大宗师等宣讲孔经，打破只有天子可以祭天、只有官府可以主持祀孔的规矩，听民间祭天祀孔等，以与天主教、基督教相抗衡。康有为提出孔教论，从其积极面看，他比较早地意识到儒学面临的系统性危机，后来的事实证明了他的远见。从其消极面看，其以儒学为宗教的理论违背儒学的基本特性，不为多数儒学人士所认可，是戊戌时期维新阵营分化的重要原因。他试图对儒学进行改造，但他的改造主观色彩过浓，在学界难得多数人士的认可。至于其试图将民权、平等之类的近代意识纳入儒学范围，更招致保守派的强烈反对，而用孔子纪年则被反对派攻击为欲篡正朔，否定清廷的合法性。

戊戌政变后，康有为流亡海外，孔教论在思想界虽尚有一些争论，比如戊戌时期持保教论的梁启超在流亡日本后，逐渐放弃保教论，保皇会内部对于保皇维新的政治运动与保教之间关系的处理，也发生过争论。但总体上看，一段时间里，围绕保教问题的争论并没有成为思想界的热点问题。

二　民国初年的“废孔”与儒学危机的加深

迨帝制覆灭而民国肇建，与君主制紧密相连的儒学遭遇的危机

更加严重。危机大体有两个方面。

其一，共和建立后，一些新派人士认为，传统儒学尊君主、明贵贱、别尊卑的政治主张，与以自由、平等、博爱为精神的共和政治相冲突，要建立共和政治，应当废弃儒家的政治学说，由是出台了一系列“废孔”措施。先是南京临时政府教育部以“忠君与共和政体不合，尊孔与信教自由相违”为由，宣布废除清末忠君、尊孔的教育宗旨，而以“军国民主义”“实利主义”“德育主义”“美育主义”“世界观”的教育取代之。随后，教育部又要求各地废止小学读经和跪拜孔子之礼，禁用前清学部颁行的各种教科书，要求“学校教员遇有教科书中不合共和宗旨者，可随时删改”。在变革的过程中，不仅传统学官被裁汰，各种尊崇孔子的典礼停废，不少地方孔庙的地产被地方军政当局收归公有。1913 年 1 月 19 日，内务部甚至还准教育部所请，饬令各省将各地孔庙学田充公，以补助小学办学经费。所有这些，对于“制度性儒教”构成了根本性的毁坏，对于儒学的冲击不亚于科举制度的废除。这引起尊孔人士极大的愤怒。康有为指责教育部令各直省州县将孔庙学田充公，以充小学校经费，“直欲废黜孔子”，将使学生不得为中国人，而为洪水猛兽。[①] 陈焕章指责民国初立，南京临时政府与北京临时政府一利未兴，一弊未除，而唯以废孔教为事：小学不读四书，大学不读五经，是为废孔教之经典。春秋不释奠，朔望不释菜，文庙无奉祀之官，学校撤圣师之位，是为废孔教之祭祀。破坏文庙，烧毁神主，时有所闻，乃至内务、教育两部，亦甘为北京教育会所愚弄，而夺圣庙之学田，是废孔教之庙堂。种种废孔行为，神人共愤，是欲使中国人沦为无教的禽兽。[②] 孔教会称，自教育部呈大总统称，学校非说教之地，学生非信教之人，毋庸设牌祭奠，内务部

---

① 康有为：《覆教育部书》（1913 年 5 月），《康有为全集》第十集，第 115 页。

② 陈焕章：《论废弃孔教与政局之关系》，《孔教会杂志》第 1 卷第 5 号，1913 年 6 月。

据其文，颁二百十四号训令，通行各省以来，“各地方官揣摩意旨，变本加厉，孔教几悬为厉禁。湘省则撤销各学圣牌，禁经焚经；山东行政公署令曲阜支会，谓以教立名，显与部令不符，饬速将孔教会名义取销（消）；聊城知事令孔教不能定为国教，应不许开孔教会；即墨因学校读经，逮捕教员至十余人；桂之岑溪、赣之雩都，并日拆毁圣庙，鄂之郧西知事，勒令孔教会将学宫会址迁出，改扎团练；苏之金坛知事，亦逼孔教会迁出学宫斋所；四川民政长谓孔教会煽惑小学读经，应即严禁；川东视学员洪百川所至学校，见有经书立即扯碎；川南视学员易光墉，禁人家以经教子弟，并不准书肆售经”。[①] 这类文字在民初孔教论者的文电中俯拾即是。他们的指责在相当程度上是事实。

其二，《临时约法》有关信教自由的规定，为在华积极传教的天主教会和基督教会提供了在华发展的契机，教会方面对此欢欣鼓舞。但孔孟之徒则惶恐不安，以为《临时约法》只规定信教自由，而未定孔教为国教，在打开防御外来宗教传播的堤防的同时，没有为孔教提供保护，相反当局却推出种种废孔措施，使孔教遭遇空前的危机。张尔田指责《临时约法》信教自由的规定简直变成了政府与暴民的“毁教自由”，成了他们破坏孔教的护符。对于种种破坏孔教的行径，一般小民无力反抗，议院诸公，褎如充耳，不加质问，各级行政长官中之热心卫教者，又格于法律，莫敢谁何。“若循此不变，反激愈烈，怨毒愈深，吾恐不及数年，必酿成宗教上之大革命，十字军流血之惨祸，寻将见于我国矣。”[②] 这类指责甚多，就不一一征引了。在孔教受到冲击的同时，天主教、基督教却有迅速的发展，1911 年到 1913 年，受餐信徒增加了 16%，教会学校的人数也迅速增加，教徒在政界的势力也有一定的发展。教会方面的

① 《孔教会致倪嗣冲函》（1914 年 5 月），《中华民国史档案资料汇编》第 3 辑·文化，江苏古籍出版社 1991 年版，第 22—23 页。

② 张东荪：《余之孔教观》一文所附张尔田跋语，《孔教会杂志》第 1 卷第 8 号，1913 年 9 月。

材料表明，“中国各界对基督教的态度逐渐好转，到1911年以后则大有改变，1912年广东省官员中基督教徒竟占65%，使基督教影响大为增加”。[①] 这里的“广东省官员”究竟是指广东省政府的官员，还是指广东省的地方官员，不甚明确，但辛亥革命后，基督教徒、天主教徒在政界能够公开自己的身份，其人数有较大的增长，是可以确定的。

革命之后的废孔，以及信教自由的规定，引起不少孔孟之徒的强烈不满，他们认为，循此以往，孔教将彻底消失，中国将丧失“国魂”，其祸甚于亡国灭种。一些不知外情、不明大势的人士也因革命后共和政府一面改正朔，易服色，定官制，设礼节，一面又推出种种“废孔”措施，产生种种疑惧。“乡里愚子，草茅儒生，互为猜疑，私相告语，咸谓民国制度，多仿外国，是以六经废而不用，孔子祀典无闻。甚者，或以为尼山之道，恐将坠地。”[②] 加以共和建立后，因为条件的不成熟，以及内外环境与国内政治格局的限制，新建的共和政治出现了种种问题，比如军队的哗变与难以控制，盗匪横行，地方不服从中央，党争剧烈而常逸出轨道等，都让对共和政治本就怀疑的人士忧心忡忡。同时，社会上的一些时髦青年又误解自由平等，借着自由平等的名义做出些违背传统伦常秩序的事来，这就被守旧的人士看作道德沦丧、道德危机的典型症状。尊孔人士对民初政治与社会现象不满，认为革命之后已出现人心大坏、道德全隳、政治日趋腐败的局面，离亡国不远了。他们把这一切的原因都归结为废除孔教，又将解决这种种问题的方法都归结为恢复孔教和定孔教为国教。陈焕章即说：“人之为物，莫不有争心，爱恶相攻，利害相夺，若水之趋下，

① 乐灵生（Frank Rawlison）：《近二十年来中国基督教运动的改革与进步（1900—1920）》，《1901—1920年中国基督教调查资料》上卷，中国社会科学出版社2007年版，第125页。

② 《王锡蕃、刘宗国致大总统呈》（1912年7月），《中华民国史档案资料汇编》第3辑·文化，第59页。

火之燎原，未尝暂静也。”有圣教约束人们的争竞之心，则人们争其大者远者，而不争其小者近者，使其所以争之故，出于公而不出于私，所为争之道，由乎正而不由乎邪。政府既废孔教，人们乃以争竞相尚，以权利为贵，肆意争权夺利，似脱羁绊而狂奔食人的猛虎，政府中人更敢于为非，敢于为恶，且敢于以非为是，以恶为善矣，更敢于以是为非，以善为恶矣。于是，用人、选举就不是选贤举能，而是为培植势力或是以利相市；不将政治权利看作义务所寄，而看作谋求一己私利的工具，所知所见唯一己之私利，而且是一己目前最短促时间之私利，其他一切不顾。由此，中国的政局，对内外而言，就造谣之局，诟詈之局，斗殴之局，棍骗之局，贿赂之局，暴乱之局，暗杀之局，分裂之局；就国际而言，就是保护国之局，瓜分之局。政治上出现的这些问题，不是政治可以解决的，必须从道德上去解决，必须恢复孔教，确立孔教的国教地位。只要昌明孔教，则人人以诚信相与，耻于造谣，则谣言之局可破；人人知所以自尊自重，不屑出谩骂之言，则诟詈之局可破；人人明礼知让，敬慎威仪，则斗殴之局可破；人人以忠信相尚，耻为棍骗，则棍骗之局可破；人人贱货而贵德，耻于用贿、纳贿，则贿赂之局可破；人人知孝悌，则暴乱之心可已，暴乱之局可破；人人能充无欲害人之心，人人能充无穿窬之心，则奸盗之行尽去，暗杀之局可破；人人知正名之义与大一统之义，则分裂之局可破，统一之局可成。内政既定，及是时明其政刑，虽大国必畏之矣，则国家可摆脱保护国的地位，可免除瓜分之局。① 总之，在他看来，要恢复秩序，改良政治，挽救道德危机，必须昌明孔教，而且只要昌明孔教，则民国政治上的种种问题，均可迎刃而解。这其实也是诸多孔教论者共同的见解。

---

① 陈焕章：《论废弃孔教与政局之关系》，《孔教会杂志》第1卷第5号，1913年6月。

三　民初孔教运动的兴起及其基本脉络

辛亥革命以及革命之后的“废孔”是民初孔教运动兴起的直接原因。民初曾任尚贤堂协理的王振民曾指出，“中国不革命，国教之问题不起。中国即革命，而一部分之偏激分子，对于孔教，不至演出倒行逆施之举，则国教之问题，亦可以不起。国教问题之所以起，起于革命后学校之废止读经，而各省且间有毁弃圣庙之事，有以大拂乎人心而使之不安也”。“是故以国教问题论，以主张废孔者为原动力，以主张尊孔者为被动力，以反对尊孔之出于他教者为被动力之被动力。”[①] 在华外人丁义华则称，孔教论者所以要求定孔教为国教，是要报废孔之仇，堵废孔者之口，一吐胸中恶气。[②] 可以设想，假若没有清末民初的政权鼎革，作为官方意识形态的儒学虽不免遭新派人物的批评，但官方不会主动废除儒学的官方意识形态地位，相反官方会反复从儒家经典中寻求统治的合法性，寻求改革的合法性，祭天祀孔大典不会废除，中小学读经会延续，孔庙以及学官体制也会继续维持，康有为的孔教论也就不会有那么大的市场，就不会掀起那么大的波澜。

民初的“废孔”，引起以康有为为代表的尊孔势力的强烈反弹。他们猛烈抨击议会、政府以及地方社会的“废孔”动作，强烈要求罢黜一切“废孔”措施，恢复祭孔，恢复祭天并以孔子配之，恢复小学读经，保护各地孔庙，停止侵夺孔庙学田，而他们的核心要求则是要求定孔教为国教。为此，他们著书立说，出版

---

① 《纪本堂教务联合会开国教讨论会事·王振民君演说词》，《尚贤堂纪事》第7期第11册，1916年。

② 丁义华：《教祸其将发现于中国乎?》，《大公报》1913年12月1日、2日、3日。

报刊，成立各种尊孔组织，积极活动，联络各方力量，努力推动孔教运动。民初孔教运动的灵魂人物是康有为，而在前台奔走呼号、策动联络的则是陈焕章。陈焕章可以说是民初孔教运动中最重要的理论家与实干家。1912 年 7 月，应李佳白之邀，陈焕章在尚贤堂发表了两次讲演，对于何为宗教，孔教为何是宗教，孔子为何是教主，孔教在历史上对于中国文化的贡献，孔教之适应于今日与将来，以及昌明孔教之必要与昌明孔教之方法等，进行了系统的阐发。随后，他又将这两次讲演汇成《孔教论》一书，由商务印书馆公开发行。陈焕章在《孔教论》中虽未明言采孔教为国教，但他强解素非“里厘近”（religion）之孔教为“里厘近”，以孔子纪年，主张学校皆祀孔子，其要求定孔教为国教的意图已昭然若揭。① 陈焕章将孔教解释为宗教，要求定孔教为国教的主张出来后，立即引起思想界的争论，《独立周报》曾连续发文讨论孔教是不是宗教，以及是否可以定孔教为国教。但此时思想界关于孔教问题的争论，其焦点还在废孔诸措施是否适当，以及是否应当尊孔等方面，思想界对于孔教是否应当定为国教的争论，真正开始热闹起来是在 1913 年 3 月廖道传上书大总统、国会、国务院，公开要求定孔教为国教之后，尤其是在 1913 年 8 月，严复、陈焕章、梁启超等上书国会，要求宪法中明定孔教为国教之后。

1913 年 3 月，第一届国会开幕之前，曾任广西优级师范监督，后来担任广东高等师范学校校长的廖道传上书大总统等，要求定孔教为国教。他主张，在政府层面确定以孔子为教主，祭则配天；将各地文庙改称圣庙，选有学望者主持之，“彝鼎图籍礼乐，岁时陈列，释奠仪节，采用古制”；学校教授，酌存经学，大学本科，仍设经学专科，召集通儒，厘正经义，俾适教授；设圣教会，以京师

---

① 知难：《论国家与宗教宜分不宜合》，《独立周报》第 5 期，1912 年 10 月 20 日。

圣庙为总会，省圣庙为省会，县圣庙为县会，各学校照旧奉圣人为分会，以讲明圣学；由京师及省垣之圣教会选派儒士，往各国传教，以资普化；以旧衍圣公典曲阜圣庙，大总统待以上宾之礼；从祀诸贤，由大总统与国会及大学问家慎重厘定，并铸造铜像，建之圣庙，以志景仰。社会上，则由魁儒硕学广设学会，宏宣圣道。①此后，康有为明确提出，信教自由当与立孔教为国教并行，并提出尊孔的具体办法，比如恢复祭孔，恢复各地文庙，各地文庙听立奉祀生，民无男女均可入庙礼天圣，等等。②

1913 年 8 月 15 日，当国会开始制宪时，陈焕章、严复、梁启超、王式通等以孔教会名义向国会请愿，要求定孔教为国教。③ 在孔教会上书前后，孔道会代表王锡蕃、刘宗国等也向国会两院上请愿书，要求明定孔教为国教，并许信教自由。④ 随后，黎元洪、阎锡山、朱瑞、冯国璋、夏寿康等地方军政长官，纷纷通电，附和孔教会的主张，要求定孔教为国教。各种尊孔组织如孔教会等的分会组织，以及一些民间人士也纷纷发声，要求定孔教为国教。9 月 23 日，宪法起草委员陈铭鉴提议，经起草委员汪荣宝、朱兆莘、王敬芳、王家襄、夏同龢、陈善等六人联署，正式向宪法起草委员会提出于宪法中明定孔教为国教并许信教自由案。自此以后，“国教、国教之声喧腾于士夫之口，纷呈于函电之文。宪法起草会有建议赞成者，参众两院有建议赞成者，各地军政民政各长官有建议赞成者，洋洋乎极一时之盛哉”。⑤

---

① 《廖道传请尊孔教为国教上大总统等书》，《中华民国史档案资料汇编》第 3 辑·文化，第 47—50 页。

② 康有为：《以孔教为国教配天议》（1913 年 4 月），《康有为全集》第十集，第 94—95 页。

③ 《孔教会请愿书》，《孔教会杂志》第 1 卷第 6 号，1913 年 7 月。

④ 《孔道会请定孔教为国教书》，《宗圣汇志》第 1 卷第 4 号，1913 年 8 月。

⑤ 无妄：《述严梁两先生昔日之孔教谈而系之以言》，《大公报》（天津）1913 年 10 月 1 日。

要求定孔教为国教的浪潮勃然兴起，引起天主教、基督教方面的“恐慌”，它们认定宪法确定孔教为教，必将妨碍基督教、天主教之进行[1]。教会方面的媒体如《大公报》、《真光报》、《大同报》以及英文的《北华捷报》等迅速反应，明确反对定孔教为国教。各教会组织也迅速行动起来，联络各差会各教堂，要求一致进行，反对定孔教为国教。在陈焕章等向国会请愿后，信义会、伦敦会、青年会、美以美会、长老会、圣公会、公理会等差会即发起“请愿信教自由不定国教”的活动，并发布通告书，提出四个办法：“（1）举定委办进行；（2）上请愿信教自由不定国教书；（3）唤起他教团体同起反对；（4）通告全国信徒，请求协助。”通告书要求各地教会公开讨论，并将意见电复北京米市福音堂，发动教徒为请愿活动捐款、进行舆论鼓吹。[2] 在教会的组织下，各地教徒、教堂等积极活动，或发电报，或撰文章，或直接上书大总统与国会，反对定孔教为国教。

当时，中国基督教与天主教号称有教徒二百多万，“然所设教堂，其倚赖外国教会者至多，经费既多自外来，尤复受外国政治上之保护”，还远没有达到脱离外国教会独立的程度，其反对定孔教为国教，引发人们的疑虑，就很正常了。庄士敦就指出，“夫以一发源于外国之宗教团体，且犹在求西人之资助，受西人一部分管理之时，而谓对于完全为中国人事之宪法及宗教问题，可加积极之参预，此则吾人所不能无疑者耳”。[3] 因此，教会方面反对定孔教为国教，就被孔教派认为是包藏祸心，图谋灭亡中国之文化。甚至与教会方面同一声音的反对定孔教为国教的人士，也被孔教会定性为“勾结外教”的“二三不肖好乱之徒”[4]。这并不奇怪。同时，受

---

① 庄士敦：《中国宗教之前途》，《东方杂志》第10卷第9号，1914年3月1日。

② 《发起请愿信教自由不定国教通告书》，《大公报》（天津）1913年9月5日。

③ 庄士敦：《中国宗教之前途》，《东方杂志》第10卷第9号，1914年3月1日。

④ 《孔教会致倪嗣冲函》（1914年5月），《中华民国史档案资料汇编》第3辑·文化，第22页。

民族主义的影响，中国的爱国教徒正运动着要脱离外国教会，谋求中国教会的自立。教会方面的有识之士认识到，若专恃外人之力以战胜孔教之同胞，不但会引起一般中国人的反对，也会遭到中国爱国耶教徒的强烈反对。因此，教会方面反对定孔教为国教的人士就颇注重“自中国人之道教徒、佛教徒、回教徒中，挑起恶感，俾得军容壮盛，与孔教相战”。[①] 也正是在天主教会、基督教会的策动下，一些道教、佛教人士也上书反对定国教。伊斯兰教、佛教、道教、基督教、天主教五大宗教还曾开联合会反对定国教，并组织“各教联合请愿团”。该团体以请愿信教自由，不定国教，并防杜一切妨碍各教平等之法律为宗旨，要求各教组织调查委员调查各教信徒的基本情况，各教各立交际委员会以联络本教及各教感情，当选举时劝令教民选举同教人为议员，或经过协调后选举各教公推的候选人为议员；围绕信教自由、反对定国教，组织讲演、分发材料，并发动请愿；若宪法定侵犯信教自由之条文，各教当由各省各县选派代表，公开国民大会，要求大总统交院复议，要求国会修正不合适之宪法条文；若上述要求不能满足，致令有一宗教在宪法上独占优势地位，其余各教当就如下事情一致行动：不选该教人为代议士，不选该教人为大总统副总统，不用该教人为学校教员，不读偏重该教之教科书。若政府偏重一教，违背信教自由原则，比如官立学校偏崇一教之教主，则各教当就以下事项一致行动：不令子弟入官立学校，要求政府津贴各教学款，并给予各教学校学生以同等出身。[②] “各教联合请愿团”表面上是五教联合行动，但其中起关键作用的是天主教会与基督教会，当时在威海卫英国租借地任职的庄士敦就说，“孔教之定为国教，使非耶教徒以破坏信教自由之说，煽动群众，断不至生他教徒之恶感。中国之道士，于政治上及学术上，毫无势力，除迷信之妇女，及不识字之村农外，认道士之

---

① 庄士敦：《中国宗教之前途》，《东方杂志》第 10 卷第 9 号，1914 年 3 月 1 日。

② 《各教联合请愿团简章》，《大公报》1913 年 12 月 13 日。

教权者綦少。孔教失势，彼道教徒亦惟目笑存之而已，何至与耶教徒联合以反对孔教者？至中国之回教徒，尤无进取精神，但使能信仰本宗，不被干涉，此外即无他冀。惟佛教徒，则自诩其教旨足以供给人类精神上之需要，而现在又值希望远大之时，故若有以裁抑孔教徒之要求者，当亦闻而心慰；然谓其能与耶教徒联合，则决无此理。耶教徒之宗旨，惟在以该教代中国其他各教，而从前之仇视佛教，亦以耶教为最烈，固彼等所默识不忘者也。一旦耶教徒与孔教徒酿成剧战，使佛教徒非凭轼以观，必且加入于孔教徒一面。此不特因耶教战胜，则佛教即归消灭也，亦以孔、佛两教，固非居反对之地位，凡善良之佛教徒，且以同时为孔教徒自豪耳。"① 事实上，在反对定孔教为国教的过程中，教会方面得到中国佛教、道教、伊斯兰教的支持其实相当有限。

当社会上各派势力围绕定孔教为国教问题闹得不可开交之时，在宪法会议内部，定孔教为国教问题则与地方制度问题一并成为制宪过程中争论最激烈、最难达成一致的问题，赞成与反对两派，均无法贯彻自己的主张。后因袁世凯干预宪法制定，宪法起草委员会为尽早完成宪法起草，乃将地方制度问题搁置，对于定孔教为国教问题则以"国民教育以孔子之道为修身大本"的折中条文囫囵成案。然而，此一折中条文又不为社会上坚持与反对定孔教为国教的人士所接受。反对国教的人士，尤其是天主教、基督教方面的人士，斥之为变相的国教之规定，坚决反对。天主教会向国会请愿，认为所谓"国民教育以孔子之道为修身大本"，其实就是认定只有孔教足为修身之本，而"他教之道理不足修身，欲受普通教育以尽国民之法定义务者，必须牺牲其宗教教育而受孔道教育"，是变相定孔教为国教，违背了《临时约法》关于信教自由与国民不论种族阶级宗教之区别一律平等的规定，将引发教祸，摇荡国基。②

---

① 庄士敦：《中国宗教之前途》，《东方杂志》第10卷第9号，1914年3月1日。

② 《天主教中华全体公民二次请愿书》，《大公报》1913年11月4日。

孔教派则认为，宪法草案的此项，“取消孔子之教主地位，视为初等小学之修身科教习”，是“欲废中国之人伦”，他们坚持要求定孔教为国教。①

其后，袁世凯解散国会，制宪中断。在其专断统治时期，袁世凯曾下令规复祭孔典礼（1914 年 2 月 7 日），京师文庙的丁祀由大总统主祭，地方文庙则由地方长官主祭。丁祀的礼节服制祭品，与祭天一律。其他开学首日，孔子生日，仍听各从习惯，自由致祭。② 但是，尊孔并不等于主张定孔教为国教。袁世凯并没有定孔教为国教的打算。还在国民党解散之后，国会解散之前，基督教会方面就了解到袁世凯并无国教之主张，其尊孔命令只言孔学、孔道，而不言孔教，“择言详审，非出偶然”。为对政府进一步施加影响，北京基督教请愿团乃向各地教会发函，请各地教会以团体名义一致上书，主张信仰自由，不定国教，并要求各地上书，只反对定孔教为国教，不要反对尊孔，不要攻击个人。③ 由于袁世凯的这种态度，无论是政治会议中，还是约法会议中，有关定孔教为国教的问题，都受到排斥。④ 熊希龄内阁所发布的“大政方针”“国务院呈明孔教不能定为国教及国教不能定于一尊文”“教育部为订定崇经尊孔教育方针致大总统呈”等重要文件，都明确否定孔教为宗教，反对孔教为国教。孔教会策动倪嗣冲出面联络各地军政长官，通电反对教育部所定“崇经尊孔教育方针”，也被山东按察使蔡儒楷认为是“借题发挥，以扰乱政局”，且捏造谣言，诋毁政府，蔑视袁世凯的权威。蔡儒楷还要求教育总长汤化龙请大总统下

---

① 见蒋茂森《驳孔教会力争国教之东电》，《大同报》第 20 卷第 3 册，1914 年 1 月 17 日。

② 《大总统发布规复祭孔令》（1914 年 2 月 7 日），《中华民国史档案资料汇编》第 3 辑 · 文化，第 6 页。

③ 《北京基督教请愿团督请各地教会请愿反对定孔教为国教函》（原题为“来函”，兹据内容拟题），《大公报》1913 年 12 月 7 日。

④ 裘陈江：《宪法、国教与帝制——袁世凯帝制运动前后的孔教入宪问题》，《史林》2015 年第 5 期。

令申斥孔教会。① 事实上，袁世凯当局确曾对孔教会有所限制，收录于《中华民国史档案资料汇编》中的袁世凯与康有为的往来信函可以佐证这一点。②

在此情形下，孔教会等团体要求定孔教为国教的主张自不能实现。而天主教会、基督教会对于袁世凯当局的尊孔仍然不满。比如，熊希龄内阁的大政方针宣言书中称，政府一面尊重人民信教之自由，一面主张以孔教为风化之本，“各教联合请愿团”很快就上书大总统、副总统、政治会议，认为这种主张迹近主张国教，与孔教会请愿明定孔教为国教，并许人信教自由一样，都是欺人之语，应速予纠正，以安人心而维国本。③ 汤化龙主持的教育部为折中废孔、尊孔两派主张，在否定孔教为国教的主张的同时，宣示尊孔要义，发布教育指针，要求嗣后各书坊各学校编纂修身教科书籍，采取经训，务以孔子之言为旨归，如或兼及他家，亦必择其与孔子同源之说，从前业经审定发行之本，如有违背斯义，或漏未列入者，需妥慎改订。对于这个指针，《大公报》认为就是将孔子之道视为修身之唯一正宗，“隐寓强迫尊孔之意思”，是对天主教、基督教修身之道的歧视，侵犯人民之信仰自由与出版自由，将激发教争。④ 而尊孔派则认为，教育部此举，不过“托崇经尊孔之名，行毁孔蔑经之实”，实质上否定孔子为圣人，否定六经为圣经，所谓将经训编入教科书明明是割裂圣经，明明是教育部自认为其智识高于孔子，教育部所编之教科书高出于圣经，实在是居心险毒，狂悖之极。⑤ 综观袁世凯专断统治时期，思想界对定孔教为国教虽有争

---

① 《蔡儒楷致汤继（济）武函》（1914 年 7 月 3 日），《中华民国史档案资料汇编》第 3 辑 · 文化，第 24 页。

② 《王人文、陈焕章等组织孔教会呈请备案的有关文件》，《中华民国史档案资料汇编》第 3 辑 · 文化，第 58—59 页。

③ 《各教联合请愿团上大总统副总统国务院政治会议反对“大政方针”以孔教为风化之本书》，《大公报》1914 年 1 月 19 日。

④ 竹轩：《读教育部教育指针之疑议》，《大公报》1914 年 7 月 10 日。

⑤ 《孔教会致倪嗣冲函》，《中华民国史档案资料汇编》第 3 辑 · 文化，第 23 页。

论，但因为最高当局并无定国教之意，政治会议、约法会议也排斥关于国教的议题，且因为袁世凯的专断统治，思想界的主要议题转向帝制与共和的争论，所以袁世凯称帝前后，国教问题的热度已大大降低。

袁世凯倒台后，1916 年 8 月 1 日，国会在北京重开。9 月 5 日，宪法会议重开，复活“天坛宪草”。9 月 15 日，宪法会议开始审议宪法草案。宪法会议重开之后，孔教会代表陈焕章、张尔田等迅即上书国会，认为宪法草案“国民教育以孔子之道为修身大本”一项，是将孔子等同于初等小学修身科教习，应当改为“国民教育以孔子之教为大本”。请愿书指责国会议员取消国教，“卖己以媚人”，称若不定孔教为国教，将毁弃中国数千年立国之根本，国会议员将成民族之罪人，“岂惟人诛，且遭天谴”。[①] 第二次孔教运动由此开启。为配合孔教会的请愿，1916 年 9 月，康有为先后致函大总统黎元洪与内阁总理段祺瑞，以及国会与教育总长范源廉。其致大总统、总理书要求“以孔子为大教，编入宪法，复祀孔子之拜跪明令，保守府县学宫及祭田，皆置奉祀官，勿得荒废污莱，勿得以他职事假赁侵占。且令议员有司，永不提议。”[②] 其致国会书，指责国会重开，首议废弃袁世凯恢复的祭天祀孔典礼，“既愚且妄”，称“各国议会，只议政法，若夫国教与礼俗，不在提议之例”，国会无权议论国教与礼俗，“若必欲议行，则惟有开四万万人大会议而后可”。[③] 其致范源廉函，则以师长的口气对教育部禁止小学读经大加申斥，要求恢复读经。随后，孔教问题再度成为舆论热点。一时间，各尊孔团体，一些尊孔个人，一些地方军政长

① 《孔教会陈焕章等上参众两院请定国教书》(1916 年 9 月 11 日)，《宗圣学报》第 17 号附册“孔教问题”上卷，1916 年 11 月。

② 康有为：《致黎元洪、段祺瑞书》(1916 年 9 月)，《康有为全集》第十集，第 316—317 页。

③ 康有为：《致国会议员书》(1916 年 9 月)，《康有为全集》第十集，第 318—320 页。

官，纷纷上书或通电，要求定孔教为国教。比如张勋、倪嗣冲、姜桂题、王占元、李纯、曹锐、朱家宝、张作霖等地方军政长官就联名通电大总统黎元洪、内阁总理段祺瑞，要求大总统提议于国会，“照旧定孔教为国教，保存郡县学宫，及其学田祭田，设奉祭生，行拜跪礼，编入宪法，永不得再议”。① 为推动孔教入宪，协调赞同孔教入宪议员的行动，并向各省疏通意见，陈焕章等人还在北京运动100多国会议员成立了“国教维持会”。② 这个“国教维持会”不但是此期推动孔教运动的一个重要组织，而且也一度成为国会内部的一个政团。与此同时，天主教、基督教方面则组织了以“永久保持中华民国人民在宪法上有完全信教自由为宗旨”的“信教自由会”，以对抗“国教维持会”。③ 该组织曾发表约言、宣言书，又派黄瑞祥、诚静怡等四人谒见大总统黎元洪，申述反对定孔教为国教，要求信教自由的主张。天主教、基督教各团体也纷纷上书、通电、著文，反对宪法草案关于“国民教育以孔子之道为修身大本”的规定，认为此种规定是变相的国教规定，侵犯了信仰自由，违背了国民平等的原则。主张国教与反对国教两派争议的焦点在“国民教育以孔子之道为修身大本”，孔教派不满足于此，要求明定孔教为国教，而反对国教的一派则认为，宪法草案的此项规定，是事实上的国教规定，要求废除此项规定，并废除袁世凯规复的祭天祀孔典礼。④

由于分歧严重，宪法会议围绕“国民教育以孔子之道为修身大本”的条文反复争论，都不能照原案通过。宪法起草委员如魏肇文、李文治、李景濂、翟富文、易宗夔等曾提出过多个修正案，

① 《各省督军省长电请以孔教为国教》，《宗圣学报》第17号附册“孔教问题”上卷，1916年11月。

② 《国教维持会成立矣》，《大公报》1916年11月14日。

③ 《信教自由会约言》，《大公报》1916年12月2日。

④ 基督教政教分离请愿团：《政教分离请愿书》，《大公报》1916年10月25、27日。

经过反复争论，皆未能通过。1917 年 5 月 14 日，宪法会议最终通过刘恩格提出的“中华民国人民有尊崇孔子及信仰宗教之自由，非依法律不受制限”的修正案。[①] 当日旁听会议的陈焕章“目击其事，义愤填胸，怒不可遏”，回寓所后即起草《国会宪法会议对于孔教之大革命》一文通告全国。他称，宪法草案的这一条文，不称孔教，而但称孔子，否定了孔教的宗教资格，否定了孔子的教主资格，也就剥夺了孔教徒信仰孔教之自由，将驱迫人民舍弃孔教而信仰外教。此条文仅许人民有尊崇孔子之自由，而不言国家之尊孔典礼须别以法律定之，是欲取消国家之尊孔成法，将使国教之祀孔典礼不能保存，将使各省孔庙尽废，孔庙之产业将被土棍盗卖占夺，并无人过问，而孔子亦将不血食矣。宪法既不认孔教为国教，则全国人民将无学校读经之自由，全国之孔教徒将不能得组织教会之自由，而孔教团体将不得与各宗教团体同受宪法上同等之保障。总之，他认为，宪法会议的这一决定是对孔教之大革命，此宪法实为“亡国绝种之宪法”，号召国民起而救正之。[②] 此后，因为对德宣战问题而发生府院之争，国会再度被解散。其后，西南护法国会的议宪，讨论最多的是地方制度问题，几乎不曾议及孔教问题。1922 年，国会二度恢复，再开宪法会议，讨论的主要问题是省制问题以及增设国权、生计、教育等三章的内容，不曾议及孔教问题。1917 年国会二度被解散后，孔教问题在宪法会议内已不再是热点问题，一般社会人士对此问题的关注度也大为降低，孔教运动也因失去孔教入宪这一直接的目标而趋于衰落。

张勋复辟失败后，随着新文化运动的开展，孔教会虽还有不少活动，但新思想界对于其一系列活动基本持否定态度，孔教的主张在思想主流中已经失去了位置，对于新一代的知识青年失去了吸引

---

① 1923 年公布的宪法，关于孔教问题（该宪法第十二条）用的就是 1917 年 5 月通过的刘恩格的修正案。

② 陈焕章：《国会宪法会议对于孔教之大革命》，《宗圣学报》第 2 卷第 8 册（第 20 号），1917 年 12 月。

力。国民政府建立后，孔教运动因为与国民党的官方意识形态相冲突，活动空间已经十分有限。

四　孔教运动的衰落及其因由

当康有为在民国初年倡导孔教，鼓吹定孔教为国教之初，他还比较乐观，认为革命之后，激进派的废孔措施虽来势凶猛，但必定会引起孔孟之徒的强烈反弹。“方今旧学士夫诸生遍于全国”，人心愤激于孔教之坠废，乘此时机立孔教会，“以勇猛之力，精切之辨，忧大教之废，伦纪之坠，家人之失，启诱大众”，逐步推广，不及半年，就可在各郡县遍建孔教会。路德和加尔文以宗教改革的名义，获得大量群众的拥护的历史，也启发了康有为。他设想可以在组织、发展孔教会的过程中，“因议废孔之事，激导人心”，在不引起其他政治力量猜忌的情形下，获得广泛的群众支持。在孔教会势力已成后，再将孔教会改组为政党，进而获得国会之多数席位，组织政党内阁，掌握国家政权。那时，孔教会既成为第一大政党，有广泛的群众基础，又掌握政权，可以做到教权与政权合一，“以之救国，庶几全权，又谁与我争乎？”① 他的乐观有他的根据。

自汉武帝以后，儒学长期居于官方意识形态的地位，官学、私塾无不读经，儒家学说长期主导着中国世俗社会政治秩序、伦常秩序，在中国社会有广泛而深远的影响。民国建立后的一系列“废孔”措施，也确实引发民间社会强烈的不满。遗老遗少痛彻心扉，愤怒抨击“废孔”，期望振兴孔教，自不待言，一些地方乡民也多有不满。1916 年夏德渥领衔的湖南安化教育界的请愿书就说：“自

① 康有为：《与陈焕章书》（1912 年 7 月 30 日），《康有为全集》第九集，第 337—338 页。这里可以看出，陈宝箴认为，康有为所以持孔教论，是欲借教权以行改革，判断精准。康有为在此处表达的意见，就是以教权掌握政权，进而救国。

学校停止读经之令下，人民惶惑，以为既废经书，必废孔教，既废孔教，必废伦理，而引为切肤之恫。每员绅视学，匪独诗礼之门，即野老田夫村妇亦往往环而诘问，忧慼形于辞色，多不肯遣子弟入校，教育之不能发达，亦职此之由。”① 这在乡村社会不能说是个别现象。民初出现的多个尊孔组织，也表明社会上存在相当的反对“废孔”的力量。陈焕章说：“孔教之在中国也，根深蒂固二千余年，虽彼狂悖之徒妄以蚍蜉撼树之工夫攻击孔教，然而遗老尚存，耆英可会，卫道之热，人有同情，特莫为之招，则隐而未发耳。乘老成尚在之时，谋孔教中兴之事，此千载一时之机会也。”② 他的判断也有一定的事实基础。可以说，康有为等起而组织孔教会，甚至发起请愿，要求孔教入宪，有一定的社会基础。因此，当孔教会发起定孔教为国教的请愿后，就获得了积极的响应，一时间孔教入宪的声浪颇为高涨，一些尊孔人士深受鼓舞，“风声所逮，民情忭舞……莫不举手加额，以为中国之人心终不至于亡，国性终不至于灭，政治风俗终不至于污且坏者，实赖有此一举”。③ 在尊孔派看来，孔教入宪似乎有成功的希望。

但实际上，定孔教为国教面临着非常现实的困境。

其一，中国的天主教徒、基督教徒因为担心定孔教为国教，他们的公权与信仰自由会受到限制，成为二等公民，开展了有组织的反对活动。中国当时的天主教徒、基督教徒，人数虽只有 200 多万，但他们有相当的组织性，其领袖人物对西方学说有较多的接触，其以信教自由、国民平等的原则反对定国教，其说颇能动人。他们以教祸与外国干涉为词，反对定国教，其与外国教会的联系，

---

① 《湖南安化教育界全体请定孔教为国教书》，《宗圣学报》第 17 号附册“孔教问题”上卷，1916 年 11 月。

② 陈焕章：《孔教论》，上海书店出版社 1992 年影印本（民国丛书本，商务印书馆 1913 年版），第54 页。

③ 《湖南安化教育界全体请定孔教为国教书》，《宗圣学报》第 17 号附册“孔教问题”上卷，1916 年 11 月。

又使得恐惧列强的行政当局以及一些对定孔教犹疑不决的国会议员心生疑惧，担心定国教将引发西方势力的干涉，故“稍遇危疑，心胆便碎”，“因恐怖而唯诺，而迎合，而媚人”，① 根本没有定国教的勇气。国务院给袁世凯的呈文就说：“若一旦定孔教为国教，则他教必有藉外力以为护符者，其能免于土耳其之受干涉、巴尔干之酿战争者几希。以身殉教，固教徒所当为，而若以国殉教，则列邦成宪未之见也。”② 陈焕章等以孔教敷教在宽、定国教并不妨碍信教自由、不会引发教争的说辞，“若不幸而或有之（教争——引注），则焕章等自足以了之，而无庸国会之故作危辞以藉口”的拍胸脯式的保证，以及民族主义的高调——定孔教为国教是中国主权内的事务，外国无权干涉，若恐惧外国干涉，而不敢定国教，忍心抛弃中华数千年立国之本，使“吾民不得复为华民，吾国不得复为中国”，那面对当今最剧烈而又无可逃避的“国争”，宪法就不规定“中华民国国土依其固有之疆域”，以免引起国争？③ ——在现实的国际环境之下，在庚子事变所引发的惨祸还历历在目的时代，显得苍白无力，甚至有些可笑。信奉天主教的马相伯就嘲弄陈焕章，称若教祸发生，引发外国干涉，“恐其时陈君虽谙英文，未必敢为大言曰‘则焕章等足以了之’也！”④ 面对这种嘲弄，孔教派嗫嚅不语，无法应答。

其二，儒学本身与典型的宗教有相当的区别，康有为、陈焕章等模仿基督教的宗教组织、宗教仪式建立孔教会，并试图将孔子神秘化的做法，不为多数儒家学者所接受，认为违背了儒学的本质与

---

① 台州定伯：《关于国教之批评——我平心为我中国人之自废孔教之心理解剖之》，《宗圣学报》第17号附册“孔教问题”上卷，1916年11月。

② 《国务院呈明孔教不能定为国教及国教不能定于一尊文》，《大公报》1914年3月10日。

③ 《孔教会陈焕章等上参众两院请定国教书》（1916年9月11日），《宗圣学报》第17号附册“孔教问题”上卷，1916年11月。

④ 马相伯：《约法上信教自由解》（1916年），朱维铮主编《马相伯集》，复旦大学出版社1996年版，第281页。

孔子的本意。梁启超认为，西人所谓的宗教，“专指迷信宗仰而言，其权力范围，乃在躯壳界之外，以灵魂为根据，以礼拜为仪式，以脱离尘世为目的，以涅槃天国为究竟，以来世祸福为法门”。而孔子是哲学家、经世家、教育家，而非宗教家，孔子之教，“专在世界国家之事、伦理道德之原，无迷信，无礼拜，不禁怀疑，不仇外道”，显与宗教有重大的区别。① 章太炎就称，康有为等欲模仿基督教、天主教，建立孔教以相抗衡，“是犹素无创痍，无故灼以成瘢”。② 这使孔教论在知识层所获支持有限。

其三，正因为儒学并非宗教，“不设鬼神，不谈格致，专明人事”，故能规范人伦日常，却不能慰藉人的心魂，中国人并不以儒学为宗教信仰，一般百姓日常信仰为佛教、道教以及民间的多神教。③ 宗教“以起信为本，以伏魔为用”，是禁人怀疑的，是强调排斥外教的，而“孔子则不然，鄙夫可以竭两端，三人可以得我师。盖孔教之精神，非专制的而自由的”。④ 得益于孔子不谈鬼神与儒学相对开放的精神，儒学宰制人心之力虽不如制度性宗教，但也使深受儒学影响的中国人宗教观念比较淡薄，非常务实。一般中国人，其关注重心在此生此世，而非彼岸与来世，少有狂热而坚定不移的宗教信仰。章太炎指出，中国“国民常性，所察在政事日用，所务在工商耕稼，志尽于有生，语绝于无验，人思自尊，而不欲守死事神，以为真宰。此华夏之民，所以为达，视彼佞谀上帝，拜谒法皇，举全国而宗事一尊，且著之典常者，其智愚相去远矣！即有疾疢死亡，祈呼灵保者，祈而不应，则信宿背之，屡转更易，至于十神，譬多张罝罗以待雉兔，尝试为之，无所坚信也。是故智者以达理而洒落，愚者以怀疑而依违，总举夏民，不崇一教”。⑤

① 梁启超：《保教非所以尊孔论》，《新民丛报》第2号，1902年2月23日。

② 章太炎：《驳建立孔教议》，《雅言》第1期，1913年12月25日。

③ 严复：《保教余义》，《严复集》第1册，第83—85页。

④ 梁启超：《保教非所以尊孔论》，《新民丛报》第2号，1902年2月23日。

⑤ 章太炎：《驳建立孔教议》，《雅言》第1期，1913年12月25日。

中国儒生礼敬孔子，并非视其为教主，而只是视之为祖师，“犹匠师之奉鲁班，缝人之奉轩辕，胥吏之奉萧何，各尊其师，思慕反本，本不以神祇灵鬼事之，其魂魄存亡亦不问，又非能遍于兆庶也”。[①] 《大公报》称：中国“国境以内，城有城隍，乡有土地，四民之室，财神菩萨，灶君西佛，求一悬拜孔子之家而不得。虽塾有孔位，城有孔庙，设官兴学，按时致祭，然在科举时代，士林以读书为进身阶级，设官兴学，亦无非一官吏制造局之性质。而学界之祀孔者，亦犹之商贾祭财神耳，非随班唱诺，则有所干冀。至于真怀宗教观念者，纵非绝无，亦属仅有。乡农之间，虽以送子就学为志，大都歆羡利禄，一种功名心之作用，非有修道尊孔之意于其间”。[②] 因此，多数遗老遗少以及多数的传统读书人，虽对“废孔”颇多愤恨，但能以宗教热忱起而为有组织的、长久的奋斗者却寥寥可数，陈焕章等只能算是少数的例外了。当孔教运动兴起时，社会上与政府内就存在担心孔教入宪会牵动政局，引发宗教冲突，造成外交困局，动摇新造之国基的所谓“稳健战兢派”。此一派就判断，孔教运动虽有一定声势，但不足为虑。他们认为，孔教派所寄望的鸿儒硕彦，虽痛道统沦亡，但对孔教运动“亦只闭门太息，袖手其旁”，后生学子对于孔教与中国文化、民族存亡之关系缺乏深切的理解，对孔教运动的支持有限，而那些卫道保教之徒，也大都是一时热诚，难以持久。因此，对孔教运动，可听其自生自灭。[③] 事实也是如此。孔教运动的干将陈焕章原本希望以清朝的遗老遗少作为推动孔教运动的主要力量，然而遗老们却缺乏热情，“饱食终日，无所事事”，“仅以不作民国官吏，遂足尽遗老之能事”；他也曾希望一般传统读书人能够支持孔教运动，但他们却大都以儒学为利禄之途，

① 章太炎：《驳建立孔教议》，《雅言》第1期，1913年12月25日。

② 竹轩：《斥孔教会请愿之非当》，《大公报》（天津）1913年9月1日。

③ 台州定伯：《关于国教之批评——我平心为我中国人之自废孔教之心理解剖之》，《宗圣学报》第17号附册“孔教问题”上卷，1916年11月。

缺乏传教观念与热情，对于孔教运动多袖手旁观。这让他十分失望。[1] 1914 年 4 月，英敛之在一次演讲中说："近日孔教会诸公，请立国教的声势，是何等的热火，是何等的勇猛，大有身可杀志不可夺的样子，没想到不转眼间，看见大总统不十分赞成了，陡然间灭迹销声。"这是因为他们缺乏对于孔子之道的"迷信"，缺乏不从道救人，就如背负芒的救世情怀；且孔孟之道一面讲明哲保身，一面讲舍生取义，宗旨两歧，遂使一般人在行为取向上往往避难就易，舍弃取义，而专取保身。[2] 民初的孔教运动虽有一定的社会基础，但支持者缺乏宗教热情，当孔教运动遇到挫折后，就难以持续。

其四，共和建立后，君主专制乃至君主制丧失了合法性，这给长期以来与君主专制政治联系紧密的儒学造成了巨大的危机。为防止孔子之道随帝制倾覆而沦丧，孔教派曾就儒学与君主专制的关系，以及儒学能否与共和政治相容，做过不少的阐释，以批驳废孔派将儒学与帝制联系起来，中国要巩固共和必须"废孔"的论述。应该说，两派的论述，各有所见，各有偏颇。思想争论中，社会与政治的现实情形，往往能为其中一派献出"神助攻"。孔教派试图撇清儒学与君主专制的关系，撇清尊孔与帝制复辟的关系，但事实的进程却使孔教派的这种努力变成笑谈。

第一次孔教运动时，反对定国教的人士只是说孔子学说与共和政治之精神多有不合，较少将预防帝制复辟作为反对定国教的理由。袁世凯帝制复辟失败后，天主教、基督教方面刻意将尊孔与复辟联系在一起，称"当袁世凯执政时，本欲以孔教为国教，即以尊孔为称帝之阶，后因各教会力争，遂一变其途径而改为教育上修身之制限"。教会方面又以防范帝制复活作为反对宪法规定"国民

① 陈焕章：《行教方针》，《经世报》第 1 卷第 1 号，1922 年 1 月。

② 英敛之：《公教救国演说会之演说》，《大公报》1914 年 4 月 22、23 日。

教育以孔子之道为修身之本”的重要理由。[①] 国会内一些反对“国民教育以孔子之道为修身之本”的人士也持同样的看法。尊孔人士则极力撇清孔教会与袁世凯复辟的关系，称孔教会反对袁世凯称帝，并曾因此遭到袁世凯的打压、中伤；[②] 又称，所谓尊孔易为奸雄利用的说法也靠不住，袁世凯复辟帝制及其失败，“始终皆政治关系，与孔教有何关系？以此为反对国教之资料，可谓深文周纳之至矣”[③]。汪荣宝甚至称，“孔子之大原贞节固在平等共和”，要巩固共和，防止帝制复辟，非定孔教为国教不可。[④] 可见，即便在袁世凯复辟失败之后，关于尊孔与帝制的关系，还有争论。

其实，袁世凯本人并不赞成定孔教为国教。主张定孔教为国教的议员也并非都主张恢复帝制，他们中的一些人深受儒学影响，认为孔子之道为中国文化的灵魂，值得珍视，可以在中国走向现代的过程中发挥作用，不希望孔子之道“与帝制以俱沦”，[⑤] 担心中国在寻求富强的过程中丧失文化上的自我。说他们主张尊孔、主张定国教，都是欲为复辟帝制制造思想氛围，未免过甚其词。第一次孔教运动时，丁义华就说，那种认为孔教会请定孔教为国教，是受欲借孔教复活帝制的野心家指使的说法，是无稽之谈。[⑥] 第二次孔教运动时，一篇反对孔教入宪的文章也说，“国民教育以孔子之道为修身大本”不啻变相地定孔教为国教，“然平心论之，彼力主此项之议员政客言论家，绝非人人怀挟阴谋，预伏专制之导线，亦绝非人人颠倒黑白，误认孔子为中华之教主，与耶、释、穆罕同其分

---

① 《公民宪法请愿团请愿书》，《大公报》1916 年 10 月 21 日。

② 台州定伯：《关于国教之批评——我平心为我中国人之自废孔教之心理解剖之》，《宗圣学报》第 17 号附册“孔教问题”上卷，1916 年 11 月。

③ 此为王敬芳在宪法会议的发言内容，参见吴宗慈《中华民国宪法史》，法律出版社 2013 年版，第 448 页。

④ 参见吴宗慈《中华民国宪法史》，第 457 页。

⑤ 《参政院代行立法院咨大总统请导扬中华民国立国精神请查照施行文》，《政府公报》第 899 号，1914 年 11 月 5 日。

⑥ 丁义华：《教祸其将发现于中国乎》，《大公报》1913 年 12 月 1、2、3 日。

量。盖入主出奴，醉心者既推崇过甚，不知教为何事，盲从者复依附鸣高，更不识道为何物，要之伸己屈人，耻与哙伍之一，遂不惜群起附和，力争长雄，侈然自仔肩道统之概，客气既深，利害斯昧”。然而这种复古的主张，也确实为“阳揭尊孔，阴图专制之真阴谋家”所利用。[①] 这大体是持平之论。

民初帝制复辟发生的原因比较复杂，尊孔与帝制复辟的关系也很值得探讨，但当共和政治确立其正当性后，孔教运动与帝制复辟相继发生，孔教派的灵魂人物康有为又直接参与张勋复辟，就使孔教派关于儒学可以与共和政治相适应的种种说法，变得不值一驳；而陈独秀的断言——“孔教与共和乃绝对两不相容之物，存其一必废其一，……盖以孔子之道治国家，非立君不足以言治……主张尊孔，势必立君；主张立君，势必复辟，理之自然，无足怪者”[②] ——就似乎变得不言自明了。这对于孔教运动的打击是致命的。

其五，本来，一般宗教都起自民间，“创教者都是活动于下层社会，深懔于人民的苦难，社会的危机，了解群众的精神需求，而直接叩击人群的心灵”[③]。国教的发生，往往是某一宗教在民间有相当势力之后，世俗当局为巩固统治，需要利用它，才有可能。循此，孔教运动的着力点应在下层，但孔教会诸公多无为宗教献身的精神，不是深潜民间、广传教义、扩大教徒，而是受传统专制皇权思维的影响，以为一旦由国家权力定孔教为国教，则万事大吉，国魂可以保存，孔教可以昌明。于是，其工作重心就在运动地方军政长官、上层有影响的官僚士绅、国会议员、地方议会议员等，结果声势虽大，而成效不著。

---

① 任虬：《论孔教不应加入宪法》，《宗圣学报》第 17 号附册“孔教问题”上卷，1916 年 11 月。

② 陈独秀：《复辟与尊孔》，《新青年》第 3 卷第 6 号，1917 年 8 月 1 日。

③ 耿云志：《康有为的圣人情结及其以孔教为国教说》，《现代中国》第四辑，湖北教育出版社 2004 年版。

要定孔教为国教，除需孔教在民间社会的势力以及孔教运动的组织性与持续性外，政府当局与国会的态度十分关键。袁世凯虽赞同尊孔，却明确反对定孔教为国教，也不赞成“孔教”之名，而用孔子之道、孔学等名义。其原因，一是袁世凯当局担心定国教牵动政局。反对定孔教为国教的人士所提出的理由，如定孔教为国教将引发教祸，引发列强干涉，将难以统合国内不同宗教信仰的国民而成为一个统一的国家等，对于希望政局平稳的袁世凯来说，是必须认真考量的。二是袁世凯对于孔教会的发展颇为忌惮。自戊戌变法失败后，康有为一派的政治力量与袁世凯之间就结有深仇。丁未政潮以及宣统年间袁世凯归隐后康有为一派的态度，更加深了双方的心结。康有为欲借抨击“废孔”，鼓动孔教入宪，来壮大孔教会的势力，形成一个强大的政治力量。他甚至希望将来能实现以教权支配政权。康有为自谓借孔教运动发展其政治势力的计划，能免其他政治力量的猜忌，但实际上，当时明锐者对此早已洞若观火。奉天民政长许世英提示袁世凯，若定孔教为国教，可能引发教权与政权的冲突：“昔罗马教皇，其势力至于夺政权，摩西教徒，其团体亦自成阶级。有阶级而宪法之运用不灵，侵政权则政府之威信不立，政治学问俱受束缚，收赋免税，要求特甚，人民失自由之精神，国家无统一之能力，政教合一，祸不胜言。即令有预防之法，不使如教皇专横，然有国教则必有教规，有教堂，亦遂不能无教主。信徒之归化既众，教会之势力必伸，妨害安宁，干预政治，患始于社会，终及于国家。履霜坚冰，由来者渐，罗马覆辙，尚忍蹈乎？”他明确表示，创教之论，保教之会，纯粹是多事。[①] 这种说法必能使袁世凯悚然而动。由此，我们也就可以理解袁世凯对于孔教会的态度了。黎元洪在第一次孔教运动兴起时，曾积极表态，要

---

① 许世英：《反对孔教为国教呈》，见《民国经世文编》第三十九册，上海经世文社 1914 年刊行，第 58 页 b—59 页 a。又题名《奉天民政长许世英驳论国教之通电》，见《大公报》1913 年 12 月 12 日。

求定孔教为国教，[①] 但到他担任大总统时，作为一个弱势总统，没有权威，也没有实力，瞻顾时局，他绝无胆量去支持定孔教为国教。故当信教自由会的代表到府谒见，条陈定国教之利弊时，他就表示“予决不主张国教，予亦知此事为无故自生扰乱”。[②]

国会的构成也不利于定孔教为国教。政治鼎革之后，传统政治精英因不了解或者鄙视政党运作，当选的国会议员多为新式政治精英。他们多少接触过近代思想，其信奉儒家学说之程度逊于传统政治精英，又对信教自由、国民平等之类的近代政治原则有些认识，其中不少人认为孔子之道与共和政治有冲突，定国教不利于巩固共和，有违《临时约法》关于信教自由与国民不分种族宗教阶级一律平等的规定。再者，国会内赞成或者反对定孔教为国教者，虽不全以政党分野，将康有为一派视为孔教派，将孙中山一派视反对孔教派，但对于孔教问题，也确实存在所谓的“误会政党派”。国民党一派的国会议员中因政见与康有为一派不同，而反对定国教者也不在少数。也因为这样，孔教派曾劝解国民党一派的议员，不要因政见不同而否定国教，康氏可以扶植孔教，发表其政见，孙氏亦可以昌明孔教，以收人心。[③] 但效果不著。在此情形下，国教问题在国会不能通过，就很正常了。

在经历经近十年后，陈焕章对于依靠政权的力量维持孔教，彻底失去信心，试图转而依靠民间力量来维持孔教。他 1922 年发表的《行教方针》一文就表示，孔教会今后应改变行教路线，不宜再依靠遗老遗少，游说军政长官、国会议员等，通过定孔教为国教来维持孔教，传教的重点应转向一般社会大众：“以年龄言之，当特别加意于少年”；“以职业言之，当特别加意于农工商兵”；“以

① 《黎元洪请颁定孔教为国教电》（1913 年 9 月 9 日），《中华民国史档案资料汇编》第 3 辑 · 文化，第 50 页。

② 《信教自由会代表晋谒大总统》，《大公报》1916 年 12 月 5 日。

③ 台州定伯：《关于国教之批评——我平心为我中国人之自废孔教之心理解剖之》，《宗圣学报》第 17 号附册“孔教问题”上卷，1916 年 11 月。

男女言之，当特别加意于妇女”；“以地方言之，当特别加意于乡村”。他认为，少年思想单纯，易于塑造，且“废经之日尚浅，孔教之威灵犹在”，社会久受儒教熏染，“故家遗俗，流风善教，多有存者”，若注意培育少年，可培育一代人才作为孔教运动的中坚。一般农工商兵虽因无缘入孔庙宫墙礼拜圣人，对圣人敬而不亲，但其人“质直好义”，只要积极向他们传教，他们就可能实心实力崇奉孔教，成为真正的孔教徒。因此，今后要改变儒家“自隘其途于士人”的弊病，扫除一切流品之说，“务使农之田家，工之工厂，商之商店，兵之兵营，随所在皆成一现成之孔教堂”，使孔教在一般社会大众中深深扎根。又说，“妇女之宗教思想，本远强于男子，其地位亦较宜于宗教，且有妇权以牵制其夫，母权以模范其子，实非男子所能及。若使男妇分功，分任政教，则男子性质宜于任政，女子性质宜于任教也，此孔教根本之所寄也”。陈焕章强调，中国的都市“为欧风所鼓荡”，已经败坏，不能作为孔教运动的希望所在，而乡村“尚有古朴之意”，“乡人厚重少文”，各地的祀庙公所又可以作为现成之孔教会堂，因此乡村可以作为孔教复兴的根本所在。① 他设立孔教教职的规划，也不再将希望寄托在政府身上，而是希望通过孔教会的会费以及愿意出资出力的孔教徒的资助来维持孔教会的活动，维持各层级教职的日常讲经、读经活动，以及孔庙的祭祀活动。对于各层级教职的讲经、读经，他特别强调要根据实际情况开展，不必求高深，求新颖，只要能带领信众拜天拜圣，歌咏诗经，诵读经文，粗解经义，而佐以孔教会之书报，为讲演之资料即可。② 相较于此前，他的策略已有明显变化。

实行此种策略，需要孔教徒有宗教热情，愿意出钱出力支持孔教事业，也需要愿意放弃世俗名利，诚心为孔教事业服务的专职教职人员。为此，陈焕章为孔教会定下了五条教规：祀天祀圣祀祖以

① 陈焕章：《行教方针》，《（昌明孔教）经世报》第1卷第1号，1922年1月。

② 陈焕章：《设教职论》，《（昌明孔教）经世报》第1卷第3号，1922年3月。

崇三本；念圣念经以敛五福；致中致和以立一贯；出货出力以行大同；养名养魂以至极寿。他对这五条教规进行了系统的阐释。综其要义，他希望将孔教宗教化，并为信徒提供简单易行的法门，希望通过将“名教”的“名”解释为名声，将人对于永恒与未来的追求放在对于名声的追求上，以安顿人心，解决儒学的超越性问题，并能借此鼓动一般孔教信徒信从孔教，出钱出力，为孔教服务。比如他说，孔教徒常诚心念“大成至圣先师”六字，常诚心念诵孔教经书，就可除奸邪之念，去惰慢邪辟之气，正心修身，增益智能，集福免祸。又称，信奉孔教，为孔教出钱出力，可以养名养魂，“既可以升天堂，又可以享受国家社会及家庭之祭祀，上通于天帝，下依于人群，近归于子孙，魂灵如如，游于太虚，进退绰绰有余裕”。又说，“传布孔教，所以保存中国古往今来之灵魂，其功德实为无量。若捐资以传布孔教，其功德亦为无量，且本身之灵魂，及本宗祖先之灵魂，皆以是而得救，是所谓利人即自利者也”。[①] 这些说辞，对宗教观念本不浓厚的一般国民，对于新式教育日渐普及、科学影响日渐扩大的时代里接受教育的知识青年，难有陈焕章所期待的效果，所谓依靠社会力量维持孔教也希望渺茫。

其六，孔教运动衰落与新文化运动评议孔子、批判儒学也有密不可分的关系。本来，民初的孔教运动系由“废孔”而起，希望儒学不因政治转型而被抛弃。第一次孔教运动时，一般反对定孔教为国教的人士，大多肯定孔子及其学说，也大多自承为尊孔之一分子，少有公开直接批评孔子。他们主要从以下几个方面反对定孔教国教：儒学本非宗教，以儒学为宗教违背儒学的本来属性；中国当共和初建，内外情形复杂，要统合多民族、多信仰的民众而为近代国家，重点当在政治建设与法律建设，不能将统合国家的重任寄托于儒学之上；由于中国是多民族、多信仰的国家，定国教不但不利于国家建构，且易造成内部分裂；信仰自由、学术自由为现代的基

① 陈焕章：《孔教会教规》，《（昌明孔教）经世报》第1卷2号，1922年2月。

本价值，为国家社会发展的必要条件，定孔教为国教，束缚人们的思想，不利于国家社会的现代化。他们当中一些共和主义者认为儒学尊君权、重阶级的等级思想等，与共和政治不相适应，但他们对于孔子之道所倡导的道德秩序及其对于个人修养之作用，大都持基本肯定的态度。但孔教会的系列活动，其对反对定孔教为国教人士的种种肆无忌惮、言语过火的攻击，深深激怒了反对定国教的人士。为着论战的需要，一些反对国教人士的论辩文字就不能不涉及孔子。丁义华说，孔子巍巍荡荡，向来无人不尊，无人不敬，无人说过孔子之短处，然自孔教运动兴起，孔子在天之灵，遂无宁日，天主教、耶稣教、回教、佛教、道教等各种宗教人士因为反对孔教运动的需要，不断搜寻孔子之短处，附会其说以为反对之资料。无形中，人人尊敬之孔子，“转以供各教人之寻疵索瘢”，孔教运动诸人本为尊孔，结果带来渎孔的结果。① 胡适也指出，“孔教的问题，向来不成什么问题；后来东方文化与西方文化接近，孔教的势力渐渐衰微，于是有一班信仰孔教的人妄想要用政府法令的势力来恢复孔教的尊严；却不知道这种高压的手段恰好挑起一种怀疑的反动。因此，民国四年、五年的时候，孔教会的活动最大，反对孔教的人也最多”。② 可以说，正是定孔教为国教的孔教运动，使孔子从一般不加议论的神圣地位变成了广被议论的地位。

两次帝制复辟，给予新派人士强烈的刺激，他们乃直接要求重新评价孔子。新文化运动初起，主要讨论两个问题，一个是国家观念问题，一个是孔教问题。前者因民初的国权主义思潮而起，后者因孔教运动而起。新文化运动对于孔子的评议与对儒学的评议深刻而猛烈。陈独秀宣布，孔子之道不适应现代生活，“吾人倘以为中国之法，孔子之道，足以组织吾之国家，支配吾之社会，使适于今日竞争世界之生存，则不徒共和宪法为可废，凡十余年来之变法维

① 丁义华：《教祸其将发现于中国乎?》，《大公报》1913 年 12 月 1、2、3 日。
② 胡适：《新思潮的意义》，《新青年》第 7 卷第 1 号，1919 年 12 月 1 日。

新，流血革命，设国会，改法律，民国以前所行之大清律，无一条非孔子之道。及一切新政治，新教育，无一非多事，且无一非谬误，应悉废罢，仍守旧法，以免滥费吾人之财力。万一不安本分，妄欲建设西洋式之新国家，组织西洋式之新社会，以求适今世之生存，则根本问题，不可不首先输入西洋式社会国家之基础，所谓平等人权之新信仰，对于与此新社会、新国家、新信仰不可相容之孔教，不可不有彻底之觉悟，猛勇之决心。否则，不塞不流，不止不行！”① 李大钊持自然的伦理观，认为宇宙乃无始无终自然的存在，由宇宙自然之真实本体所生之一切现象，都遵循自然的、因果的、机械的规律以渐次发生进化。道德者，宇宙现象之一，其发生进化亦必自然变迁，断非神秘主宰之惠与物，不存在永恒不变的道。孔子之道亦然。“孔子者，数千年前之残骸枯骨也”，孔子之道是封建时代的产物，已经不适应现代生活，尤与现代法律不相容。② 又说，“盖尝秘窥吾国思想界之销沉，非大声疾呼以扬布自我解放之说，不足以挽积重难返之势。而在欧洲，自我之解放，乃在脱耶教之桎梏；其在吾国，自我之解放，乃在破孔子之束制，故言之不觉其沉痛也”。③ 易白沙称，“孔子尊君权，漫无限制，易演成独夫专制之弊”；“孔子讲学不许问难，易演成思想专制之弊”；“孔子少绝对之主张，易为人所借口”；“孔子但重作官，不重谋食，易入民贼牢笼”。④ 这些言论，都因孔教派的国教论而起。此后，随着新文化运动的深入，非儒评孔渐次展开。新文化人深挖孔子之道与专制主义的关系，猛烈批评儒家伦理，又高扬思想言论自由的

---

① 陈独秀：《宪法与孔教》，《陈独秀文集》第 1 卷，人民出版社 2013 年版，第 183 页。

② 李大钊：《孔子与宪法》（1917 年 1 月 30 日），《李大钊全集》第 1 卷，人民出版社 2013 年版，第 423—424 页；李大钊：《自然的伦理观与孔子》，《李大钊全集》第 1 卷，第 428—429 页。

③ 李大钊：《宪法与思想自由》，《李大钊全集》第 1 卷，第 404 页。

④ 易白沙：《孔子平议》（上），《青年杂志》第 1 卷第 6 号，1916 年 2 月 15 日。

旗帜，强调思想言论良心自由对于文化发展与国家现代化的意义。新文化人认为，欲建立中国的新文化，必须广泛地吸纳古今中西一切有益的思想文化成果，不能独尊孔子；相反，孔子学说中不利于国家社会与文化现代化的内容，必须改造或者清算。受新文化运动影响的一代青年，对于孔子与儒学的观念与他们的前辈已经大大不同，孔教运动由此丧失社会基础，不可避免地走向了没落。

儒学是中国传统文化的灵魂，于中国社会影响极大。晚清以来，儒学面临着整体性的危机。科举制度的废除，近代教育的铺展，已经严重威胁到儒学在教育中的地位。民国建立后，儒学丧失了官方意识形态的地位，一系列的废孔措施，更从制度上抽去了儒学的制度性保障，儒学的危机愈发深沉。而西方宗教以其组织性、传教热情、国家社会之支持，在中国的扩张，使尊孔人士感到孔教有被西洋宗教取代可能。自由、平等学说的传播，政权的更迭所造成的意识形态变化，以及革命之后政治秩序、社会秩序、道德秩序出现的种种问题，使得尊孔人士愤激之极，遂发起要求定孔教为国教的运动。

然而，儒学本身的非宗教性质，国人宗教观念的淡薄，儒生多以儒学作为利禄之途而非视为宗教信仰，孔教运动的上层路线，动荡的政局，错综复杂的政治角力，教祸发生的可能，儒学与共和政治之间的紧张关系，以及孔教运动的灵魂人物康有为参与张勋复辟等，都使孔教运动困难重重。而张勋复辟的闹剧，新文化运动的评孔非儒，则使孔教运动丧失了追随者与社会基础，不可避免地走向了衰落。不但如此，孔教运动本在尊孔，却造成原本神圣、不怎么能评议的孔子变成了舆论的话题，成了被评议的人物。孔教运动中存在的极端化倾向，刺激了新派人物，使孔教问题成为新文化运动的重要论题，激发了此后的非儒评孔潮流。这大概是孔教运动者始料未及的。

五　民初国教问题所引发的主要思想争议

（一）孔教（儒教）是不是宗教

关于孔教是不是宗教，历史上有三次比较大的争论。第一次是明末利玛窦来华之后，第二次是二十世纪初年，第三次争论从1978年底开始，直到现在。到现在为止，儒教是不是宗教的问题，仍然悬而未决。

第一次争论发生在天主教内部，核心问题是儒者的祭祖、尊孔是否有宗教性质。其时，利玛窦为打开在华传教的局面，提出儒者的祭祖祀孔活动，只是“志思慕之情”，只具有纪念的意义，并无宗教意味，可准许华人信徒参与祭祖祀孔等活动。这可减缓中国天主教徒所面对的文化冲突，不至于因信仰天主教，不祭祖祀孔，而成为中国社会中的异类。不过，这只是利玛窦的传教策略，利玛窦其实是认为儒者的祭祖祀孔是尊崇鬼神，具有宗教信仰的意义。天主教内部也多明确认为儒者的祭祖祀孔具有宗教意味，反对中国信徒参与祭祖祀孔。利玛窦离世后，罗马教廷明确禁止中国信徒参与祭祖祀孔，引发清廷的禁教，天主教不得不转入地下。

第二次争论肇端于清末，它因康有为的孔教论而起，并在民初有关国教问题的争议中形成高潮。

所谓孔教，就是儒学（儒教）。章太炎说：“中土素无国教，孔子亦本无教名，表章六经所以传历史，自著《孝经》《论语》所以开儒术，或言名教，或言教育，此皆与宗教不相及也……然仍世相称，皆以儒术为之题署，云儒教者无有也。及佛法被于东方，天师五斗之术起，佛、道以教得名，由是题别士人号以儒教，其名实已不相称，犹未有题名孔教者也。孔教之称，始妄人康有为，实今

文经师流之毒。”① 这是说“孔教”之名，由康有为首创。其实，“孔教”一词，在康有为使用之前，就已出现于载籍之中，如《晋书·阮籍传赞》有“老篇爰植，孔教提衡，各存其趣，道贵无名”。谢灵运《与诸道人辨宗论》有“倚孔教者，所以潜成学圣，学圣不出《六经》”。② 不过，这些文献使用“孔教”一词，大体上指孔子之教，其“教”字并无“宗教”的意思。康有为将孔子定为创教教主，视孔教为宗教，经康有为及其追随者的大力鼓吹，“孔教”一度成为用以指代“儒教”的流行概念。从这个角度看，也可以说“孔教”之称始于康有为。

康有为当晚清末世，对西方宗教在华急剧扩展及其带来的日益严重的民教冲突，对儒学面临的危机以及由此造成的人心涣散、风俗敝坏，均有切肤之痛，以为若不急起整顿，则儒学将亡，人心将散，中国将无以存立于世界大地之上，乃发出“保教”的呼号。康有为以“孔教之马丁路德”自居，欲重建儒学以制造变法的理论根据，并借教权以推动改革。他一方面神化孔子，将孔子塑造为受天命改制，为万世立法的大地教主，使之能“与天主耶稣比权量力”③，另一方面则“事事摹仿佛、耶，惟恐不肖”，④ 欲模仿基督教建立孔教的教会组织，建立专职的孔教传教队伍，立孔教之教规与礼拜仪式，建立儒教的慈善事业，打破天子对于祭天的垄断，打破儒生对于礼敬孔子的垄断，使百姓男女均可祭天祀孔，均可入孔庙礼拜孔子。在“上清帝第二书”中，康有为就提出，要建立道学一科，培养并建立专职的宣教人才队伍，“今宜亟立道学一

---

① 章太炎：《驳建立孔教议》，《雅言》第1期，1913年12月25日。

② 关于古文献中“孔教”一词，李申主编的《儒教资料类编丛书》第一辑《儒教、孔教、圣教、三教名称说》（国家图书馆出版社2009年版，第71—81页）收录了若干篇使用“孔教”“周孔教”的文字。

③ 陈宝箴：《请厘正学术造就人才折》，《陈宝箴集》上册，第779页。

④ 梁启超：《保教非所以尊孔论》（1902年2月22日），《梁启超全集》第二集，第678页。

科，其有讲学大儒，发明孔子之道者，不论资格，并加征礼，量授国子之官，或备学政之选。其举人愿入道学科者，得为州、县教官。其诸生愿入道学科者，为讲学生，皆分到乡落，讲明孔子之道，厚筹经费，且令各善堂助之。并令乡落淫祠，悉改为孔子庙，其各善堂、会馆俱令独祀孔子，庶以化导愚民，扶圣教而塞异端”，并鼓励这些宣教人才往海外传教。① 在1898年3月所上的折子中，他又提出“治教分途”，“令官立教部，而地方立教会”，建立教阶式的教会组织，主张“举国弃罢淫祀，自京师城野省府县乡，皆独立孔子庙，以孔子配天，听人民男女皆祠谒之，释菜奉花，必默颂圣经。所在乡市，皆立孔子教会，公举士人通六经、四书者为讲生，以七日休息，宣讲圣经，男女皆听。讲生兼为奉祀生，掌圣庙之祭祀洒扫。乡千百人必一庙，每庙一生，多者听之。一司数十乡，公举讲师若干，自讲生选焉。一县公举大讲师若干，由讲师选焉，以经明行修者充之，并掌其县司之祀，以教人士。或领学校，教经学之席。一府一省，递公举而益高尊，府位曰宗师，省曰大宗师，其教学校之经学亦同。此则于明经之外，为通才博学者矣。合各省大宗师公举祭酒老师，耆硕明德，为全国教会之长，朝命即以为教部尚书，或曰大长可也”。②

他的这些主张，意在将儒学从政治权力的垄断中解脱出来，使儒学从庙堂、学堂走向孔教的教堂与百姓的祠堂，从政治领域回归百姓的日常生活，从官方意识形态转为百姓的信仰，打破天子对于天的垄断，打破儒生对于儒学的垄断，将儒学从儒生之学真正变成庶民大众信奉的宗教，以整饬人心，挽救风俗。康有为希望，通过将儒学宗教化，建立孔教在民间社会的深厚根基，使其自身具备与天主教、基督教抗衡的能力，能在与西方宗教的竞争中得以存立，

---

① 康有为：《上清帝第二书》（1895年5月2日），《康有为全集》第二集，第43页。

② 康有为：《请尊孔圣为国教立教部教会以孔子纪年而废淫祀折》，《康有为全集》第四集，第98页。（收入《戊戌奏稿》的篡改稿）

以存中国之国魂、国性。同时，他希望以孔教会对西方教会，通过教会之间的协商调解民教冲突。

康有为将儒学改造为宗教的主张，在戊戌时期就遭到士大夫的强烈反对，“除了一小撮康氏最忠诚的拥戴者外，其他人听到此说都表反对”。① 叶德辉批评康有为“隐然以改复原教之路得自命，欲删定六经，而先作《伪经考》，欲扰乱朝政，而又作《改制考》，其貌则孔，其心实夷也”。又指康有为所主张的孔教是“康教”，其以鬼神视孔子，将崇敬孔子混同于祈福于鬼神，尤荒诞不经。他说：“康有为平日慨然以孔教自任，其门下士持论，至欲仿礼拜堂仪注拜孔子庙。此等猥鄙之事，楚鬼越禨则有之，岂可施之于大成至圣之前乎？且中人孩提入塾，无不设一孔子位，朝夕揖拜，至于成人。但求不悖于人伦，以对越孔子在天之灵，处则为孝子，出则为忠臣，虽不祀孔子，孔子亦岂汝咎。若施之于乡愚，则孔庙不能投筊，而乡愚不顾。若以施之于妇人女子，则孔庙不能求子息，而妇女不顾。”② 不过，戊戌时期人们还没有用西方的“宗教”概念去批评康有为的孔教论。

二十世纪初，当人们接受西方的“宗教”概念后，孔教是不是宗教的问题就被提出来了。首先起而否定孔教是宗教的，是早年间追随康有为鼓吹保教并一度以传教为职志的梁启超。他在 1902 年发表的《保教非所以尊孔论》中明确表示，“西人所谓宗教者，专指迷信宗仰而言，其权力范围，乃在躯壳界之外，以灵魂为根据，以礼拜为仪式，以脱离尘世为目的，以涅槃天国为究竟，以来世祸福为法门。诸教虽有精粗大小之不同，而其概则一也。故奉其教者，莫要于起信，（耶教受洗时，必诵所谓十信经者，即信耶稣种种奇迹是也。佛教有起信论。）莫急于伏魔。起信者，禁人之怀疑，窒人思想自由

---

① 萧公权：《康有为思想研究》，中国人民大学出版社 2014 年版，第 74 页。

② 叶德辉：《叶吏部与刘先瑞、黄郁文两生书》，《翼教丛编》卷六，上海书店出版社 2002 年版，第 164—165 页。

也；伏魔者，持门户以排外也。……孔子则不然，其所教者，专在世界国家之事、伦理道德之原，无迷信，无礼拜，不禁怀疑，不仇外道，孔教所以特异于群教者在是。质而言之，孔子者哲学家、经世家、教育家，而非宗教家也。西人常以孔子与梭格拉底并称，而不以之与释迦、耶稣、摩诃末并称，诚得其真也。夫不为宗教家，何损于孔子？孔子曰：'未能事人，焉能事鬼，未知生，焉知死。'子不语怪力乱神。盖孔子立教之根柢，全与西方教主不同”。又说：“孔子未尝如耶稣之自号化身帝子，孔子未尝如佛之自称统属天龙，孔子未尝使人于吾言之外皆不可信，于吾教之外皆不可从。孔子，人也，先圣也，先师也，非天也，非鬼也，非神也。强孔子以学佛、耶，以是云保，则所保者必非孔教矣。无他，误解宗教之界说，而艳羡人以忘我本来也。”① 可见，梁启超认为孔教与宗教的区别在：一个关注现实世界与伦理道德问题，一个关注彼岸世界与来世祸福；一个对鬼神存而不论，无迷信，无礼拜仪式，一个迷信神灵，以礼拜神灵为求来世幸福的法门；一个不禁怀疑，不仇外道，一个禁止怀疑神灵，排斥外道。

梁启超的说法深刻地影响了后来否定孔教为宗教的人士。“宗教言神道，而孔教不言神道，宗教主迷信，而孔教不主迷信，故孔教与宗教性质不同”，② 是民初否定孔教为宗教者最主要的理由。庄士敦也指出，“世人所以不认孔子为宗教家者，大都由孔子于灵魂方面，不置一词”。③ 比如，章太炎以“孔子不语神怪，未能事鬼”，以及“《易》称圣人以神道设教，斯即盥而不荐，禘之说也。禘之说，孔子不知；号曰设教，其实不教也”，作为孔教非宗教的

① 梁启超：《保教非所以尊孔论》，《梁启超全集》第二集，第677—678页。

② 梁士贤：《孔教包有礼教宗教教育教化诸义论》，《宗圣汇志》第1卷第10号，1914年1月。

③ 庄士敦：《中国宗教之前途》，载《东方杂志》第10卷第9号，1914年3月1日。

核心理由。[①] 国务院就国教问题给大总统的呈文也称，宗教注重彼岸世界，关注来生与灵魂，又“附会之以天堂地狱之说，缘饰之以普度众生之词”，故能得信徒之虔诚信奉，而孔子不语怪力乱神，《诗》《书》《易》《礼》等孔教经典“咸载治平之大经”，故“孔子无一有类于宗教家”。[②] 张纯一也以孔教专重人道，罕言天道，于灵魂永生问题付之阙如，而否定孔教为宗教。又比如，有署名“知难”者称，西人之所谓里厘近（Relgion），“乃与神可即不可离者，欲为里厘近中人，必信有最上之神，操纵吾人生命，而定礼节崇拜之”。而孔教虽言上帝、言神，但偏重于人道，而罕谈神；孔教徒之崇拜孔子、祭祀孔子，也是将其视为人，而非视为神；“里厘近言人力可以挽天，孔教则每言天，辄含命运之义，并不言此命运究与人力有关系否。后儒言阴骘，言人定胜天，盖孔教意义外之意义矣”。此外，宗教常排斥他教，不能同时隶属两教，而言孔教者则不妨言他教。所以，“孔教与里厘近，截然两物，不可蒙混”。[③] 他们又称，孔子以及儒家经典中虽偶尔言及神、鬼、天、命等，并非孔教为宗教的证据。章太炎说：“孔氏书亦时称祭典，以纂前志，虽审天鬼之巫，以不欲高世骇俗，则不暇一切粪除，亦犹近世欧洲诸哲，于神教尚有依违。故以德化，则非孔子所专；以宗教，则为孔子所弃。”[④] 蒯晋德说，儒家学说虽“间有杂之以神权者，或取崇德报功之意，或表慎终追远之道，但仅能谓为政治之一种作用而已”。[⑤] 陈独秀说：“敬天明鬼，皆不始于孔氏。孔子言天言鬼，不过假借古说，以隆人治。此正孔子之变古，亦正

---

① 章太炎：《驳建立孔教议》，《雅言》第1期，1913年12月25日。

② 《国务院呈明孔教不能定为国教及国教不能定于一尊文》，《大公报》1914年3月10日。

③ 知难：《孔教是否为一宗教》，《独立周报》第1年第4号，1912年10月13日。

④ 章太炎：《驳建建立孔教议》，《雅言》第1期，1913年12月25日。

⑤ 蒯晋德：《非国教论》，《丁巳》第1卷第2号，1917年4月20日。

孔子之特识。倘缘此以为敬天明鬼之宗教家，侪于阴阳、墨氏之列，恐非孔意。”他又指出陈焕章以《中庸》“天命之谓性，率性之谓道，修道之谓教”证成孔教为宗教，是不能成立的。因为《中庸》所谓天命、性、道，与老子之所谓道法自然，西哲之所谓宇宙大法相类，绝非最高的神秘主宰者，也就不能以孔教有天命与教之名词，遂牵强以为宗教。①

显然地，否定孔教为宗教者基本上是以基督教为模板来定义宗教。这不奇怪，因为宗教之名本来自日本，而日本的宗教概念来自西文的 religion。实际上孔教派也往往以基督教为模板来论证孔教是宗教。陈焕章就是如此。他称孔教有自己的衣冠（儒服）、经典（六经）、信条（《儒行》即孔子为其教徒所立之戒条）、礼义，有其鬼神、灵魂、报应之说，有其传布、统系、庙堂、圣地，具备宗教应具备的一切要素。他又重点对孔教的鬼神、灵魂、报应之说进行阐释，坚称六经皆孔子所作，且引述谶纬家之言，称六经与天密切相关。又针对孔子不言鬼神，缺乏灵魂之学，故孔教非宗教的言论，对儒家经典有关鬼神、灵魂的相关言论进行阐释。关于孔教的鬼神之说，他称，孔子所谓“未能事人，焉能事鬼”，并非说不能事鬼、不必事鬼，而是说必先能事人，然后能事鬼。所谓“未知生，焉知死”，并非不讨论死，而是说“为学有序，先能知生，然后能知死也。且生死无二，既能知生，即能知死也”。又称孔教不但言鬼神，且以“上帝”为最高神。他将《周易》乾卦彖辞的“大哉乾元”的“元”，《系辞》中“太极”，《礼运》中的“大一”都解释为“上帝”；又将“仁”解释为“天心”“上帝”，说孔教里的“上帝”不是有形的、自然的“天”，而是“能统天、御天而造起天”，对人类具有仁爱之心的至高神：“夫道一而已矣！一者何也？曰仁也。仁，天心，故仁即上帝也。以宗教家言之，则名之曰‘上帝’；以哲学家言之，则名之曰‘元’；以伦理家言之，

① 陈独秀：《答俞颂华》，《新青年》第3卷第3号“通信”，1917年5月1日。

则名之曰‘仁’，其实一也。上帝为孔教之主脑，仁亦为孔教之主脑。故《尸子》曰：‘孔子主仁。仁为天心，亦为人心，故欲尽人以合天，则求仁可矣。’然仁之为器重，其为道远，我欲求仁，将何所着手哉？《论语》曰：‘夫仁者，己欲立而立人，己欲达而达人。能近取譬，可谓仁之方也已。’故恕能尽仁之方也，《中庸》曰：‘忠恕违道不远’。《论语》曰：‘夫子之道，忠恕而已矣。’能尽忠恕之道，即能尽仁之道，亦即能尽上帝之道。故孔子曰：‘吾道一以贯之’。此之谓也。”① 显然，他试图在孔子之道与上帝之道之间画上等号，将仁、忠恕之道解释为上帝的最高命令。关于孔教的灵魂之说，他将《大学》的“明德”，《中庸》的“天命之性”“德性”“诚”，《礼运》的“知气”，《系辞》的“精气”，《孟子》的“浩然之气”“良知”“良心”“本心”“心”等，都解释为“灵魂”。他认为孔教所说的灵魂，有生前死后之别，有伦理宗教之别。从伦理一方面而言，“则灵魂者吾心中之一最美善之部分也”，即人在生时所具有之德性、良知、良心；从宗教方面而言，“则灵魂者吾身后之不可磨灭者也”。人在生时对灵魂有善养、不善养的区别，故其死后的灵魂也有区别，“苟能于生前善养之，则精气为物，身虽死而魂不灭；苟不能善养，则身死而魂散，游魂为变矣”。他称，孔教十分重视养魂之学，孔教不认为人死之后，就一了百了，只要生前能善养其德性，则死后就有灵魂存在。关于孔教的报应之说，他称“孔教之说报应，有在于本身者，有在于子孙者。其报应之在本身者，又分世间与出世间两层”。出世间之报应，即灵魂之说，即所谓“为善者得精气，为物之报；不善者得游魂，为变之报”。世间之报应，又分及身与身后两层。及身之报应，指的是“命”，包括行善得善的“受命”，行善得恶的“遭命”，以及行恶得恶的“随命”。身后之报应，就是名以及对于子孙的报应。他称，孔教以名为教，极其重视名对于人的意义，所谓

① 陈焕章：《孔教论》，第20—22页。

“君子疾没世而名不称焉”，所谓“立身行道，扬名于后世，以显父母，孝之终也”，以及“一字之褒，荣于华衮，一字之贬，严于斧钺”的《春秋》之义，都是孔教以名为教的独特之义，其目的在赏善罚恶，并指示人生意义的大道。报应之在子孙，就是《易》所谓“积善之家，必有余庆，积不善之家，必有余殃”，以及《公羊传》所谓“君子之善善也长，恶恶也短，恶恶止其身，善善及子孙”。这既是宗教家上帝赏善罚恶的觉世之言，也有科学的道理，“积善之家，其遗传之善性必深，又加以家庭之善教育，安得不有余庆乎？积不善之家，其遗传之恶性必深，又加以家庭之恶教育，安得不有余殃乎？”① 这种论证方式，在孔教派中相当典型。

孔教重人道，重理性，鬼神、灵魂、报应之说只是偶一言及，孔教派突出鬼神、灵魂、报应之说在孔教教义中的地位，以证孔教为宗教，与孔子本意距离过远，难为一般孔孟之徒接受。有鉴于此，孔教派又提出，宗教只是普通名词，与迷信、神道并无必然联系。他们说，宗教有神道教与人道教之分，神道教为迷信之教，而人道教为文明开化之教。基督教等为神道教，而孔教则为人道教，两者都是宗教。若只以神道教为宗教，而否认人道教为宗教，就如同只认西装、面包为衣、食，而否认长袍、中餐为衣、食，是知二五而不知一十也。康有为、陈焕章等对此有反复论述。他们又指出孔教的范围远比宗教大，它包括教育、教化、伦理、宗教，孔子不但是宗教家，也是政治家、教育家、道德家，强调不能因为孔教包含教育、教化、伦理，就否定孔教为宗教，否定孔子为宗教家。

还有一些孔教人士试图超脱西方学界以基督教定义宗教的窠臼，乃放宽宗教的定义，以证孔教为宗教。张尔田说：“宗教者，一群人心之最高吸力也。一群有一群所奉之教，不必与异群尽同。孔教是否宗教问题，当视一群信仰者之多寡为衡。”照这个定义，

① 陈焕章：《孔教论》，第22—28页。

孔教为多数中国人所宗仰，所以孔教就是宗教。① 柯峄希译述英国学者 Fester 关于宗教的论述，认为宗教的本质在它是“制人类精神上之生命”的“无形之义理”，至于其外在形式并不重要。“徒具形式者，不得即谓之宗教，不具形式者，不得谓之非宗教，形式者，惯习状态之表现耳。”虽不具备形式，而“举凡足以陶铸一民族之道德，维系一民族之风化，范围一民族人民之精神者，即无不足为一民族之教，为一民族人民之宗，虽或教义之深浅不伦，神人殊趣，而其为教则一也”。② 根据这个定义，孔教自然是宗教。

此外，孔教派还有一种近乎情绪化的方式论证孔教为宗教。康有为说，“今万国之人，莫不有教，惟生番野人无教。今中国不拜教主，岂非自认为无教之人乎？则甘忍与生番野人等乎？”③ 这里，康有为将“教”与“宗教”等同，又将有无宗教作为文明野蛮之分以及人禽之分的标准，在逻辑上与事实上均站不住。在逻辑上，无宗教并不等于无教；在事实上，野蛮人并非无宗教，只是其宗教非一神教而已。

大体上，孔教是不是宗教，只是国教派与非国教派的分野，而不是尊孔与反尊孔的分野。一些尊孔之士之所以反对以孔教为宗教，也主要是以基督教来裁度孔教，认为以孔教为宗教的看法忽视孔子重人道、重理性的历史贡献，实非所以尊孔之道。因在孔教是不是宗教的问题上的分歧，民初人士对于孔教的称呼也存在明显的差异。孔教派坚持孔教的名称，认为孔道、孔子之道、儒学之类的称呼本身就否定孔教为宗教；他们也反对儒教的称呼，认为这种称呼掩盖了孔子的教主身份。而非国教派则用儒学、儒教、孔道、孔子之道、孔学

---

① 张尔田：《致〈甲寅〉杂志记者》（《孔教五首》之一），《甲寅杂志》第1卷第3号，1914年8月10日。

② 〔英〕斐斯脱（Fester）：《对于孔教之论调》（柯峄希译），《孔教十年大事》石卷“论议下卷附外国之部”，第6页，太原宗圣会，1923年。

③ 康有为：《致黎元洪、段祺瑞书》（1916年9月），《康有为全集》第十集，第316页。

等名称，而尽量避免孔教的称呼，一般是在与孔教派就孔教是不是宗教或者是否应定孔教为国教发生正面争论时，才使用孔教的称呼。

张东荪说：“自宗教上观察孔教果为宗教与否，其难解之处，不在孔教，而在宗教之定义。”① 其实，民初思想界所以就孔教是不是宗教发生激烈争论，宗教的定义复杂只是原因之一，更主要的原因是人们对孔教的处境以及孔教是否与共和政治、现代生活相适应，有着不同的认识。孔教派认为孔教面临着严重的危机，孔教存废关系民族文化的延续，非以孔教为宗教，非定孔教为国教，不足以存孔教，故对孔教是不是宗教问题高度重视。他们认为，否定孔教为宗教，就否认了孔教徒的信教自由，孔教徒也就将丧失组织教会、宣讲教义以及以宗教名义开展其他社会活动的自由，是对占人口绝大多数的孔教徒信仰自由的粗暴践踏。否定孔教为宗教，则孔教派改孔教为宗教，要求定孔教为国教的所有言论、所有活动，都失去了正当性，其通过建立孔教、定国教而保存国魂，挽救民初政治道德乱局的希望也就失去了落实的路径。因此，孔教派花费了大量的笔墨，发挥孔教教义中关于鬼神、灵魂、报应的种种说法，去论证孔教是宗教，并对孔教非宗教论提出严厉批评。他们称，孔教之徒否定孔教为宗教，那是因为知孔不深，无足怪；非孔教之徒（也就是耶稣教徒）否定孔子为教主，那是想“推翻我国民素所信仰之大人物，以摇动国内之人心”，毁灭中国人固有的宗教信仰，使之靡所适从，进而到达以耶稣教替代孔教之目的，包藏着“祸人家国”的险恶用心，“其肉不足食也”。② 而那些认为孔教与共和政治不合，甚至认为非去除孔教，不能真正确立共和的人们，那些认为孔教自有其生命力，不必改孔教为宗教，不定孔教为国教，孔教亦可自存的人们，以及那些以孔教为学说，认为孔教应当在学说自由竞争中证明其适应现代生活，获得其存续正当性的人们，则认

① 张东荪：《余之孔教观》，《孔教会杂志》第1卷第8号，1913年9月。

② 李文治：《定孔教为国教议》，《孔教会杂志》第1卷第12号，1914年1月。

为孔教是否宗教的问题所关甚微。他们从儒家鄙视神道说教，不论生死灵魂的角度，否定孔教为宗教，认为孔教之所谓教，是教化之教、教育之教、伦理之教，并非“宗教”之教，孔教派以孔教为宗教背离了孔子之道的基本特质。

（二）孔教是否与共和政治相合，是否适应现代生活

民初废孔浪潮兴起，最重要的原因是面对晚清以来的危机，人们认为孔教与专制政治相关，而专制政治又是近代以来中国贫弱的根源。由此，人们就认为孔教不适应时代需要，应予以抛弃。北京大学学生胡哲谋称，自近世东西洋交通以来，中国在与西方列强的竞争中处于劣败的地位，“夫国家既处于劣败之地位矣，则非其文化之咎，而更谁归？”① 这看法在当时一般厌弃孔教的人士中颇有代表性。陈焕章坚决反对这种看法，认为不能将晚清以来的国家贫弱归罪于孔教。他说，国家盛衰，原因复杂，不能以区区百数十年国家之盛衰定宗教之优劣。宗教历史久远，影响区域广大，而国家有兴衰，将国家盛衰归因于宗教，就不能解释为何信奉佛教、犹太教、伊斯兰教、基督教之各国，其历史上皆有兴有衰、有存有亡。孔教历史有两千余年，其对中国社会、文化贡献巨大：“废封建而免割据之分争；废世卿而免贵族之压制；不立巨子，以绝教徒之专横；裁抑君主，以重民权之尊贵；学校遍立，选举普通，则人人可徒步而至卿相；分田制禄，口分世业，则人人可得地以养身家；天地之性人为贵，故人权独尊，而奴隶之制废矣；天下无生而贵者，故平等相尚，而阶级之制破矣；轻徭薄赋，尚德缓刑，虽无成文之宪法，而有孔教经义以代之，举凡人身自由、信教自由、言论自由、出版自由、集会自由之属他国，于近世以流血而得之者，吾中国早于二千年前，以孔子经义安坐而得之。”中国能得小康，“能享有数千年之文明而不坠”，皆孔教之赐。在

① 胡哲谋：《偏激与中庸》，《新青年》第3卷第3号，1917年5月1日。

他看来，近代以来欧美所以富强，是因为其所行所施，暗合于孔子的教诲；而“中国之弱乃不实行孔教之过，而非孔教之无益于中国也”。① 这实际上陷入了逻辑困境。孔教派一方面称孔教久为国教，人们久受孔教陶化，朝廷有大事皆折中于孔子，一方面又称中国没有实行孔教。王人文也称，中国积弱积贫，是“人谋不臧”，而非孔教之不适时用。② 康有为也说，欧美强盛，除其政治、法律的原因之外，还有物质与教化方面的原因。“教化之与政治、物质，如鼎之足峙而并立。教化之与政治，如车之双轮而并驰，缺一不可者也。”③ 他认为，欧美富强既因其政教之美，也因其物质之学（科技）发达，中国之贫弱，根子在物质之学落后，而非孔教有缺陷。因此中国欲图富强，只需学习欧美物质之学就可以，万不可以羡欧美之富强，而摒弃孔教。在他看来，物质之学无国界、无种界，可以移植，而教化则渊源于历史，已成为一定民族的精神传统，非可移植。他忧虑中国人引进欧美之学，抛弃孔教为灵魂的传统教化，则将来物质之学发达后，欧美教化既不能在中国生根，而传统教化又荡然无存，彼时的中国将沦为禽兽的世界。

要解决孔教是否应为中国的贫弱负责的问题，就要解决孔教与专制的关系问题，说清楚孔教是否与共和政治相适应的问题。

经过清末的革命宣传，君主制受到严重怀疑，君主制等同于专制，专制是中国贫弱的政治原因所在，已成为一部分新思想人士普遍接受的看法。民国建立后，君主制与专制同受否定，而忠君与共和政体不合，也似乎变得不言自明，无须赘言。蔡元培在宣布废弃清末忠君、尊孔的教育宗旨时，对于孔教还留有讨论的空间，称“孔子之学术，与后世所谓儒教、孔教当分

---

① 陈焕章：《孔教论》，第29—30页。

② 《王人文等致大总统呈》（1912年12月），王人文、陈焕章等组织孔教会呈请备案的有关文件，《中华民国史档案资料汇编》第3辑·文化，第56—57页。

③ 康有为：《孔教会序》（1912年10月7日），《康有为全集》第九集，第343页。

别论之。嗣后教育界何以处孔子，及何以处孔教，当特别讨论之，兹不赘”。而对忠君与共和政治不合，则是直接宣告，而并未陈述理由。[①]

为求容于共和民国，孔教派以及其他尊孔人士首先对忠君是否与共和相合，孔教尊君、重君权是否与共和政治相合做出回应。他们的意见大致有几层：（1）君臣一伦，在孔子古义，“但指职事之上下言之，非为一帝者言之”，“一切之主伯亚旅，无在不有君臣之义存焉”；君专指帝王，臣专指帝王之僚属，皆后起之义。君臣一伦是人类社会普遍而且必定存在的上下级关系。[②]此种关系，“只有进化，而并无绝灭”，共和成立，君臣关系需要有所进化，但绝不会因此绝灭。（2）孔教中的“君臣之道，并无损于平等自由之理”。陈焕章称，孔教中的君臣关系是相对的，“君使臣以礼，臣事君以忠，何不平等之有？道合则留，不合则去，而且不事王侯，高尚其事，何不自由之有？”又孟子所谓“君之视臣如土芥，则臣视君如寇雠”，也表明孔教主张君臣关系为相对之关系。[③]（3）孔教尊君，乃孔子因时立义，并非主张专制。陈焕章说，孔子之世，周失其纲，列国纷争，互相搂伐，世卿执政，陪臣窃权，人们深受贵族政治与诸侯争战之苦。孔子乃因时立制，“讨大夫，退诸侯，去多君，而留一君，以定天下于一统”，其目的在为民除害，而尊君只是手段。“孔子之治法，千条万绪，皆以重民为主”，尊君只是孔子随时救民之一制。[④]而韩正清更说“孔子为共和学说之初祖”。他称，“孔子之政说，绝对的共和政说”。其“论民也，恒重恒贵，为主体，为要素。其论君

---

① 蔡元培：《对于教育方针之意见》，高平叔编《蔡元培教育文选》，人民教育出版社1980年版，第7页。

② 康有为：《孔教会序》（1912年10月7日），《康有为全集》第九集，第345页。

③ 陈焕章：《孔教论》，第39、38—39页。

④ 陈焕章：《孔教论》，第41—43页。

也，恒轻恒贱，为客体，为附属物”，“其论臣道也，予尽忠于民，而不予尽忠于君……君有不君而危民与国者，臣下匡正之，忠也；面折庭诤之，忠也；不幸而易其位焉，亦忠也；不幸而放流殛窜之，亦忠也。盖所忠者民与国，非所谓忠君之忠也。故武王悬纣于太白之旗，即所以忠商，成汤放桀于南巢，即所以忠夏。”由此种君臣之义，也就产生了革命之说，孔子不但力倡革命，也身行革命。为最终摆脱革命，维持世界的永久和平，孔子又倡大同之说，行共和、平等、人道之政。在他看来，三纲之说将忠民忠国的臣道篡改为忠君，主张君权无限，要求臣子无条件地服从君主，完全背离孔子的本义。[①]（4）相对于贵族政治，王权专制是政治的进化，而非退化；中国较早扫除贵族政治，进入王权专制政治，是孔子对于中国文化的重要贡献。中国长期停滞于专制政治，虽历经政权更迭，而未能进入立宪政治，其原因是“地广民众，全国民智尚未大开，安于所习”，而又缺乏中等社会，以及“后儒不知身行革命，而第以革命事业付诸权臣与奸民”，而不是孔教主张尊君、忠君。[②]

对孔教派关于孔教尊君、忠君教义的解释，非国教派起初没有能够做出有力的回应。随着国教运动的兴起，非国教派乃以孔教明尊卑、别贵贱，而共和政治以自由、独立、平等为原则，两者根本不相容，为孔教与共和不相适应的根本理由。陈独秀指出，三纲之名虽不见于经，但孔子思想的根本教义就是尊君、尊父、尊夫，别尊卑，明贵贱，其根本精神与三纲说一致，这是无可讳言的。而近代政治则以自由、平等、独立为原则，两者“极端相反”，“为绝对不可相容之物，存其一必废其一”。[③] 他甚至说，“全部十三经，不容于民主国家者盖十之九九。此物不遭焚禁，孔庙不毁，共和招

---

① 韩正清：《孔子为共和学说之初祖》，《孔教会杂志》第1卷第4号，1913年5月。

② 陈焕章：《孔教论》，第42—43页。

③ 陈独秀：《吾人最后之觉悟》，《青年杂志》第1卷第6期，1916年2月15日。

牌当然挂不长久”。[1] 吴虞说，欧洲近代民主政治的发生，是基督教自由平等博爱之义广泛传播，影响人心风俗所致，而中国长期停滞于专制制度，则是孔教伦理主张尊卑贵贱之阶级制度所致，“守孔教之义，故专制之威愈衍愈烈。苟非五洲大通，耶教之义输入，恐再二千余年，吾人尚不克享宪法上平等自由之幸福，可断言也。”[2]

孔教派称孔教中有自由平等之义。陈焕章从儒家经典中，寻章摘句，以近代的自由、平等之理附会孔教的伦理学说。他称，《大学》所谓“自天子以至于庶人，壹是皆以修身为本”，《孟子》所谓“天下之本在国，国之本在家，家之本在身”，都是孔教“以个人为单位之证”，表明孔教承认“上帝之前，人人皆平等而独立”。而曾子所谓君子任重道远，就是重个人之责任，陆王学派倡导心性自由，就是倡导个人自由。又力证孔教夫妇、父子、兄弟、朋友四伦中都主张自由平等。比如，关于父子之伦，他说，“夫为子止孝，为父止慈，何不平等之有？且父子之间不责善，责善尚不可，岂复有强权以供其滥用乎？……从父之令，不得为孝，故当不义，则争之，此意志之自由也。小杖则受，大杖则逃，此身体之自由也。《白虎通》曰：‘父煞其子当诛何？以为天地之性，人为贵，人皆天所生也，托父母气而生耳，（王者以养，长而教之）故父不得专也。’此裁抑父权，隶天独立之大义也。”[3] 康有为也称自由、平等、博爱是儒家学说中早就蕴含的道理：“《论语》曰：仁者爱人，泛爱众。韩愈《原道》，犹言博爱之谓仁。《大学》言平天下，曰絜矩之道。《论语》子贡曰：我不欲人之加诸我也，吾亦欲无加诸人。岂非所谓博爱、平等、自由而不侵犯人之自由乎？《论语》《大学》者，吾国贯角之童，负床之孙，所皆共读而共知之。昔日八股之士，发挥其说，鞭辟其义，际极人天，是时欧人学说未出未

---

① 陈独秀：《答钱玄同（世界语）（1917年6月1日）》，《陈独秀文章选编》上，生活·读书·新知三联书店1984年版，第216页。

② 吴虞：《儒家主张阶级制度之害》，《新青年》第3卷第4号，1917年6月1日。

③ 陈焕章：《孔教论》，第37—38页。

发，患国人不力行也。乃今得博爱、平等、自由六字，奉为西来初地之祖诀，以为新道德品，而以为中国所无也，真所谓家有锦衣，而宝人之敝屣也。”① 他甚至称中国社会早就存在自由、平等。又有人称絜矩之道就是平等，从心就是自由，从心所欲而不逾矩就是自由于法律之中。② 不论他们对自由、平等的理解是否准确，他们试图从孔教教义中发掘自由、平等、独立之义，以证明孔教与共和政治相合，就表明经过清末民初的思想变革，经过共和政治的试验，自由、平等、独立等近代原则，在思想界取得了话语优势，成为普遍接受的原则。

不过，孔教派中一些极端守旧派人士仍将自由、平等之说视为洪水猛兽。他们是为着平息此洪水猛兽，才主张昌明孔教，要求定孔教为国教，以定人心，安民志的。即便思想稍稍开明的孔教派人士，也多认为自由、平等只适用于政治与公共领域，而绝不适用于家人父子之间。尘厂就对后生小子“误解”自由平等，“摭拾一二不规则之名词，遂指为天经地义，认平等之说为适用于父子之间，认自由之说为适用于男女之际，至其他之独立自营，视为脱离家族之信条”，极为不满。他称，西人之所谓平等是政治上、法律上的平等，即铲除阶级制度，无贵族、僧侣、平民等之阶级存在，全国之人都受治于同一法律之下。而中国之后生小子则言平等，“不及于政法之间，而先及于家族之内”，鼓吹家庭革命、家族革命，“使父子受同一法律之支配，略无差参歧异于其间”。西人之所谓自由，是在法律范围内有言论、身体、信教、集会、结社等自由，且自由常以他人之自由为界，而中国之后生小子则将以自由为破坏秩序之借口，“男女野合，类假借自由之名词，以自文其奸。西人之结婚自由者，移植中国，则一变为野合自由也”。“西人之所谓

① 康有为：《以孔教为国教配天议》（1913 年 4 月），《康有为全集》第十集，第 92—93 页。

② 王松斋：《与孙少侯论尊孔书》，《大公报》1913 年 7 月 18 日。

独立自营者，谓个人有独立之生活，不具依赖性质也。一入吾国，独立云者，即脱离家庭之羁绊，自此不相闻问，如某国家脱离母国之羁绊，而彼此互为仇敌者。”①

进入1915年，随着袁世凯不断强化专断统治，随着复古逆流的泛滥，新思想界愤激之余，更从根本上整个地否定孔教的现代适用性。1915年1月，蓝公武就断言，礼教否认个人独立、自由、平等的人格，与以个人独立、自由、平等为基础的近世之国家组织、经济组织、法治制度、教育制度、人格观念等，完全不相适应，已不能应对“近世列强之科学智识、国家道德”的挑战，而成为中国发展必须廓清的障碍。他甚至试图从经济生活的变迁来说明政治、法律、道德的变迁，并强调礼教、伦理道德都是与时推移的，今日之经济生活发生了变动，孔教已经与时代不相适应了。②其后，陈独秀、李大钊等更系统地论述孔子之道与现代生活不相适应的原因。陈独秀说，现代的经济生活、政治生活、社会生活，乃至家庭生活，都以个人财产独立、人格独立、意志自由为前提，而孔教与个人独立主义背道而驰，“所提倡之道德，封建时代之道德也；所垂示之礼教，即生活状态，封建时代之礼教，封建时代之生活状态也；所主张之政治，封建时代之政治也。封建时代之道德，礼教，生活，政治，所心营目注，其范围不越少数君主贵族之权利与名誉，于多数国民之幸福无与焉”，已完全不能适应当今民政、民权发张之世的需要。③李大钊则用马克思的经济基础决定上层建筑的理论讨论道德的历史变迁，强调人类的经济生活发生变动必然带来人类精神生活的变动，“一代圣贤的经训格言，断断不是万世不变的法则。什么圣道，什么王法，什么纲常，什么名教，都可以随着生活的变动，社会的要求，而有所变革，且是必然的变革”。

---

① 尘厂：《孔教救亡论》，《孔教会杂志》第1卷第6号，1913年7月。

② 蓝公武：《辟近日复古之谬》，《大中华》第1卷第1号，1915年1月20日。

③ 陈独秀：《孔子之道与现代生活》，《新青年》第2卷第4号，1916年12月1日。

随着晚清以来的经济变动，孔教已经变成了旧道德，必然为新道德所取代。①

面对这种根本否定孔教现代适应性的论述，孔教派依然只是抽象地谈论道德，坚持孔教五伦之道适应于任何时代的论调，未能对经济变动必然淘汰孔教伦理的论述给出有力的回应。1922 年陈焕章作《存伦篇》，力言“五伦之道，万世常存，虽大同亦不能废”。在文中，他强调家庭对于人类存续与人生乐趣的意义，强调家族主义伦理在维系社会秩序与社会教化、规范导引个人行为方面发挥的重要作用，又重申儒家的家族主义一方面以个人为治平之本，许个人自由独立，另一方面又可与社会主义、国家主义相勾连。总之，他承认个人主义、社会主义、国家主义为今世所不可少，又认为这些价值、理念与孔教伦理并不冲突，可以通过对孔教教义进行新阐释，使孔教教义获得新生，适应当今之需要。那种认为必须破除家族主义与孔教伦理，才能树立独立、自由、平等、个人主义、社会主义、国家主义的认识，不但会破除家庭，也将会根本上破坏中国文化，陷中国于禽兽世界。②

孔子生长于封建宗法制度逐渐崩溃的年代，他不满于礼崩乐坏，期望恢复封建宗法制度，重新树立周天子的权威。他所主张的道德是封建宗法的道德，所主张的政治秩序是封建宗法的政治秩序，这是事实。孔子的思想与近代的自由、平等、民权思想有着相当遥远的距离，这并不足为孔子病。王振民称，“天地之大，犹有所憾，及其至也，圣人有所不知。民主共和之制，发现仅逾百稔，当亦非《新旧约》之所能预言，然不闻以是而为基督教病，则又安得以时世之变迁而遂訾孔教为不适于用乎？”③ 孔子学说内容复杂，既有其时代性的内容，也有超越时代的内容。死抱着孔子学说

① 李大钊：《物质变动与道德变动》，《新潮》第 2 卷第 2 号，1919 年 12 月 1 日。

② 陈焕章：《存伦篇》，《（昌明孔教）经世报》第 1 卷第 1 号，1922 年 1 月。

③ 王振民：《孔教论》跋，《孔教论》，上海书店 1992 年“民国丛书本”，第 63 页。

的时代性内容不放，以为天经地义，以古说裁制现实，固属食古不化。对孔子学说中超时代的内容，对孔子学说可以通过现代性阐释获得新生，使其能与现代价值链接的内容，不加鉴别地视同古董，弃之不顾，亦为不智。

陈独秀等认为儒家伦理的核心精神是明贵贱别尊卑，与共和政治绝对不相容，而陈焕章等认为儒家政治学说以重民为基本精神，儒家伦理中有讲平等、自由、独立的因素，可以通过对其重阐释，使其与共和政治相适应。两者都有一面之理，也都有自己的证据。在承认现代生活、现代政治应当遵从自由、平等、独立原则的问题上，陈焕章与陈独秀等并无实质区别。他们的区别在于，陈独秀认为孔子学说“已成完全之系统，未可枝枝节节以图改良，故不得不起而根本排斥之”。① 他认为只有通过彻底的欧化，才能实现中国的现代化。但是，孔教对于中国社会的影响长久而深远，这是中国现代化必须立足的土壤，必须面对的传统，欲完全抛弃儒家学说去建立现代中国文化，并不现实。事实上，仅就辛亥革命与共和的建立来说，儒教的革命之说以及公天下的观念，就对晚清革命思想传播与国人接受共和观念发生过积极作用。陈独秀称儒家伦理的特色与核心是尊君、尊父、尊夫，别尊卑，明贵贱，“若夫温、良、恭、俭、让、信、义、廉、耻诸德，乃为世界道德家所同遵，未可自矜特异，独标一宗者也”。② 以此根本否定儒家伦理，也有片面之处。既然儒家伦理中有“世界道德家所同遵”的内容，那至少这一部分内容就可以继承或者给予新的阐释。而陈焕章立足于现实需要，试图通过对孔教教义给予新的阐释，使之适应今日之世界。对陈焕章的这种努力，“知难”有比较到位的评论。他说，陈焕章“先具一民主、民权、男女平等之主义于胸臆间，而执孔氏之说以

① 陈独秀：《答俞颂华（孔教）》，《新青年》第3卷第3号，1917年5月1日。

② 陈独秀：《宪法与孔教》，《新青年》第2卷第3号，1916年11月1日。

辅吾说，屈曲古人之见解，以就吾心理”，欲使之适应今日之世界，“其心可嘉”。若人们都遵循陈焕章等的解释，其目的似有达成的可能。但孔教经典以及历代注经解经各书俱在，阐释者的观念、立场、学养各不相同，其解释就必相互冲突。若再以宗教看待孔子之道，要求将其中一家之解说立于一尊，则各家互相冲突的解释必转变为争夺独尊地位的教派冲突，引发内乱。因此，他主张“不以宗教限道德之范围”，“不可执学术使入一宗教”，而以学术的态度待孔子之道。[①] 梁启超则称，陈焕章等“以西学缘附中学”，刺取孔子之片词单语之与今世之名理政制相类似者，引申附会，以求实现孔子之学的现代转化，“名为开新，实则保守”，不过“煽思想界之奴性而滋益之”，实不足取，也不能达保教之目的。这种做法，容易发生两大弊端。其一，现代的共和、立宪等制度在西方也只有仅百年的历史，其理念、制度皆非封建宗法时代的孔子能见及，以现代的共和、立宪等观念去解释孔子，容易“导国民以不正确之观念，而缘郢书燕说以滋流弊”。“比附之言，传播既广，则能使多数人之眼光、之思想见局见缚于所比附之文句，以为所谓立宪所谓共和不过如是，而不复追求其真义之所存，则生心害政，所关非细。”其二，以现代制度、观念去解释孔子学说，可以在一定程度上减少实行现代制度、思想学说的阻力，但反复运用此种方法，则容易使人们受先哲思想之禁锢，“于先哲未尝行之制，辄疑其不可行，于先哲未尝治之学，辄疑其不当治。无形之中，恒足以增其故见自满之习，而障其服善择从之明”。[②] 他说，若以为西方之政理、学说可取，可径直采撷、移植，而不必以西学缘附中学。“吾雅不愿采撷隔墙桃李之繁葩，缀结于吾家杉松之老干，而沾沾自鸣得意。吾若爱桃李也，惟当思所以移植之，而何必使与杉松淆

① 知难：《论国家与宗教宜分不宜合》，《独立周报》第1年第5期，1912年10月20日。

② 《孔子教义实际裨益于今日国民者何在？欲昌明之其道何由？》，《大中华》第1卷第2期。1915年2月20日。

其名实哉。”①

孔教是否适应共和、是否适应现代生活的问题，民初思想界虽有很激烈的争论，但问题并没有解决。不过，民初人士的讨论仍然可以为今日关注这一问题的人们提供丰富的思想资料。

（三）法律之治还是德礼之治

本来，革命之后容易出现一定时期的社会动荡与政治混乱，社会的动荡也往往会造成道德的失序。民初的政治革命，缺乏足够的社会条件，革命力量缺乏足够的组织性。伴随共和民主政治而来的自由、平等、独立等近代原则，势必对儒家所倡导的明贵贱、别尊卑的伦理秩序产生巨大的冲击。习惯于传统伦理秩序，以此种秩序为天经地义、不可更改的人们，很难接受这种冲击。在他们看来，民初的政治革命，不但是政治革命，更是对中华文化的革命。

对民初的政治乱局、社会乱象以及道德失序现象，新思想界的主流认为，问题的关键在政治领域，故关注点在如何确立共和政治。有关政制问题的讨论，以及如何建立近代政制的种种主张，是那时思想界最关注的议题。不过，在思想主流之外，还有一些人（主要是孔教派）认为，民初政治乱局、社会乱象的原因是激进分子迷信政治、法律改造，忽视道德教化的作用，脱离甚至废弃中国传统的道德教化，而谋建立共和政治。他们强调，道德、教化在国家、社会治理中占据基础性地位，发挥着政治、法律难以发挥的作用，为政治、法律发挥作用提供基础性支撑，政治、法律变革不能脱离一定社会的道德、教化进行。康有为说：“夫人之一身，一日之中，一生以内，动作云为，饮食居处，其涉于法律之中者几何？盖甚少也。而一举一动，一话一言，一谈一笑，一起一居，一饮一食，一坐一卧，一游一眺，一男一女，无一刻不在道德礼义之中。

① 《孔子教义实际裨益于今日国民者何在？欲昌明之其道何由?》，《大中华》第1卷第2期。1915年2月20日。

盖在法律之中者一，而在道德之中者万也。则试问法律之治要乎，抑德礼之治要乎？以此比之，则法律之治与德礼之治，有万与一之比也。”① 因此，欲图国家、社会之治，必须以道德、教化为基础，“有法制而无道德以为之本，则法律皆伪，政治皆敝，无一可行”。欧洲的政治有欧洲的道德、礼俗作为基础，中国历史上的政治、法律则有孔子教化作为基础。② 他强调，礼俗教化经诸多圣哲呕心沥血、竭尽心智方才创制，经历代先辈生活的选择与熔炼才逐步形成，并融入国人的骨髓，而成为人们立身行事、云为交接中尊信畏敬的法式与判断善恶美丑的准则。对此，后人必须给予足够的敬畏。政治、法律的变革必须立足于现有的礼俗教化，万不可藐视先辈与历史的智慧，无视礼俗教化缓慢演变的特性，脱离礼俗教化传统而谋政治、法律变革，或者以政治权力强行变革礼教风俗。否则，不但政治、法律变革不能带来预期效果，甚至严重破坏传统礼俗教化，毁坏“国魂”“国性”，摇动国家、社会治理的基础。他称，民国初年移植西方代议制政治之所以出现严重问题，就是因为一些新派人士，不了解礼俗教化的意义及其发展规律，不了解孔子之道对中国社会教化与国家治理的意义，误将国家贫弱之因归结于孔教，欲抛弃孔教、毁弃孔教，移植欧美之政治法律，以求国家富强。而又忽视欧美政治法律背后的礼俗教化，进而自恃智巧，以为凭借一代人的智慧，就可以轻易创制新道德、新礼俗。结果，不但未得欧美之能，而先失其故步，丧失国魂，“举国四万万之人，彷徨无所从，行持无所措，怅怅惘惘，不知所之，若惊风骇浪，泛舟于大雾中，迷罔惶惑，不知所往”。③ 尘厂也说：“法律者，国家之外形也。而国家之外形，必根于数十百年

① 康有为：《致教育总长范静生书》（1916 年 9 月），《康有为全集》第十集，第 321 页。

② 康有为：《中国颠危误在全法欧美而尽弃国粹说》（1913 年 7 月），《康有为全集》第十集，第 130 页。

③ 康有为：《覆教育部书》（1913 年 5 月），《康有为全集》第十集，第 116—117 页。

之习惯，及数十百年之信条，辏集而成。所谓习惯信条者，又即一国之教化，而教宗所恃以启导齐民者也。故教化起于法律之先，而亦所以济法律之穷。不参酌本国之教化，漫然采用他国之法律，必枘凿而不相入也；注重法律之适用，而不注重于教化之感通，亦纷扰而莫理也。"① 在他看来，民初共和所以出现种种问题，就是违离中国的礼俗教化而图政治、法律变革。柯明羲则说，道德的范围远较法律广大，道德孕育法律、左右法律，为法律之体，而法律为道德之用。②

孔教派强调，道德是政治的基础，而共和政治尤需以道德为先。他们常引用孟德斯鸠的"共和国家以道德为要素"，③ 以及英

---

① 尘厂：《孔教救亡论》，《孔教会杂志》第1卷第6号，1913年7月。

② 柯明羲：《道德原论（甲寅）》，《孔教十年大事》，金卷"论议上卷中国之部"，第51—58页，太原宗圣会1923年版。

③ 孟德斯鸠在比较专制政体、君主政体、民主政体的原则时曾说："共和政体需要美德，君主政体需要荣宠，专制政体则需要畏惧。"（孟德斯鸠：《论法的精神》，许明龙译，商务印书馆2016年版，第38页。下同）关于民主政体的原则，他说："君主政体或专制政体无需很多道义便可维持或支撑。君主政体中的法律，专制政体中君主高扬的手臂，就能解决和控制一切。平民政体还需要另一种动力，那就是美德。……生活在平民政体中的希腊政治家们很明白，支持这一政体的唯一力量是美德。"民主政治而丧失美德的支撑，则人心就会变得贪婪，过去的准则就会变为戒律，过去的规矩就会称作束缚，过去的审慎就会被视为胆怯，共和政体就会变为强取豪夺的对象（《论法的精神》，第31—32页）。"在君主政体中，法律取代了一切美德，人们完全不需要美德，国家免除了对人们具有美德的要求……荣宠取代了我所说的政治美德，并且处处代表着美德。"（《论法的精神》，第35—36页）而专制政体则需要绝对地服从，需要以强力窒息一切对君主权力的任何野心，因此其原则就是畏惧（《论法的精神》，第38—39页）。由于人们对于此处所说的"美德"有误解，后来孟德斯鸠为此专门做了补充说明，他说"我所说的美德，在共和国家里就是爱国，也就是爱平等。这既不是伦理美德，也不是基督教美德，而是政治美德……伦理美德和基督教美德远未排除于君主制之外，甚至连政治美德也并未被排除在君主制之外。总而言之，政治美德固然是共和制的推动力，荣宠却也存在于共和制之中；荣宠固然是君主制的推动力，政治美德却也存在君主制之中。"（孟德斯鸠：《论法的精神·说明》第1页）民初孔教派常引用孟德斯鸠的说法，来证明道德对共和政治的意义，但他们大都将孟德斯鸠所说的"美德"（即"政治美德"）理解为中国传统意义上的"道德"，强调诚信、廉洁、奉公、自我修养等。高一涵曾明确指出孔教派对孟德斯鸠所说"美德"的误解。

国学者布赖斯所称“共和国以道德物质为尚，尤过于政治”，来说明共和国家当以道德为先的道理。他们的阐释思路大体有两种：其一是将共和政治下的自治解释道德自律。比如，康有为就说：“夫共和之立国也，去其治我者，而令人民之自治也。夫俗（欲）人民之自治，至难矣。所谓自治者，孔子所谓‘克己复礼’，佛所谓而难降伏其心也（原文如此，疑有缺漏——引注）。人人皆隰栝自治，蠢迪检柙（押），进而上之，无险诐之心，无愁苦之意，乃所谓共和也。故共和者，以道德为先，以政治为后者也。”① 显然，康有为混淆了政治自治与道德自律。政治自治是指人民自选举自治机构，自定自治机构的权力与权力运行方式，自供租税并自行监督自治机构，这是共和政治的基础。而道德自律则是人们个人的道德修养，不涉及人们个体与政治机关的关系，它主要关系道德秩序，而非政治秩序。其二是说君主制国家，“有尊无二上之威权，及共同遵守之法律，以制驭全国人民，故民俗不即于慆淫，而秩序不至于紊乱。若共和国家，全国平等，无复有阶级制度，总统为国民之公仆，议员为人民之代表，国民握全国至高无上之主权，而定全国共同遵守之法律。地丑德齐，莫能相尚，使无道德心以维持调济于其间，则国民自举自奉之总统，自定自守之法律，安知不狐埋狐掘（搰），兆全国政治上之纷更。……是故共和国民，无道德心，其俶扰之情，乱亡之祸，固较君主专制君主立宪之末流，为更烈也”。② 这是认为，在人民“平等”的条件下，需以人民的道德心替代君主的威权，以为法律、政治的心理基础。他们认为，民初共和政治所以出现种种问题，就是因为共和派只注重政治、法律上模仿欧美，忽视道德建设对于共和政治的极端重要的意义，结果“法律皆伪，政治皆敝，无一可行”。③

---

① 康有为：《中国颠危误在全法欧美而尽弃国粹说》（1913 年 7 月），《康有为全集》第十集，第 130 页。

② 尘厂：《孔教救亡论》，《孔教会杂志》第 1 卷第 6 号，1913 年 7 月。

③ 康有为：《中国颠危误在全法欧美而尽弃国粹说》（1913 年 7 月），《康有为全集》第十集，第 130 页。

道德与政治、法律的关系，是思想史上的永恒话题。政治与法律有其局限，它们只能治已然，而不能及于未然，不能及于人心，所谓“道之以政，齐之以刑，民免而无耻；道之以德，齐之以礼，有耻且格”是也，故需道德作为辅助。道德属于个人领域，主要依靠个人的自我约束，而不是主要依靠公权力强制推行。道德与政治、法律的分离，是人类由血缘部落进于国家的过程中逐步完成的。但进于国家后，道德与政治、法律不可能彻底分离，道德依然在人类政治行为中扮演着重要角色，而国家也会倡导特定的道德学说。所有的政治都建立在一定的道德教化基础之上，君主制如此，共和制也是如此。孔教派强调社会治理的基础在道德，强调人们日常之云为交接更多地依赖个体之道德修为，而不能事事依赖法律的介入，这属于常识。孔教派突出道德建设对于共和政治的意义，批评一些新派人士仅仅关注欧美政治、法律，以移植欧美政治为求治之极，而忽视其背后的道德教化，并非无的放矢，那时多数追求政治革新的人士对于共和政治所需要的道德革新也确实缺乏足够的关注，眼光局限于政治、法律层面。清末民初的政治革新是在社会经济条件变动不充分的情形下开展的，革命之后的共和政治缺乏与之相适应的道德观念变动作为支撑。经过民初共和政治的挫折后，陈独秀等发现伦理革命对于共和政治的意义，主张彻底抛弃孔教，输入欧美学说，建立近代的以自由、平等、独立、自治为原则的新道德，以作为共和民主政治的道德基础。而孔教派虽强调礼俗教化对于政治的意义，批评新派人士不注重欧美共和政治背后的礼俗教化，但他们并非要引入欧美的礼俗教化，而是希望昌明孔教，在孔教伦理的基础上建立共和政治，甚或希望回复君主制。

但强调道德的作用是一回事，迷信道德之治，而否认法律之治，甚至欲以道德之治取代法律之治，就违背了历史潮流，势必由道德主义走向绝对专制主义。对于孔教派强调德治，轻视甚至否定法治，非国教派最有力的回击来自高一涵与光昇。不过，这不是在民初国教运动初起时，而是新文化运动兴起之后。

高一涵肯定道德的重要性，但他指出，道德深藏于人心，应尊重个体的道德主体性，“道德必须由我们自己修养，以我们自己的良知为标准，国家是不能攒入精神界去干涉我们的”。孔教派的国教论否定个人的道德主体性，是主张国家干预道德的“君师主义”。“君师主义”以道德为国家之绝对目的，将被统治者看作奴隶、俘虏、赤子、没有人格的小人，蔑视其智慧、人格、道德能力，将统治者看作被统治者的君与师。实行“君师主义”，不仅排斥国民政治，走向专制，而且走向思想专制与道德专制，专制权力必定垄断道德的解释权，挥舞道德主义的大旗，全方位干预国民思想、信仰乃至情感，扼杀“特殊的见识，超群出众的思想”。他指出，近世以来，“君师主义”已渐被抛弃，国家与道德分离，元首与道德分离，道德与法律分离，已成为广为接受的政治原理，人们普遍认为国家只能支配人类的外部行为，“绝不可干涉人类的思想感情信仰”。中国要由中世纪走入近代，必须破除“君师主义”。[①] 对于孔教论者反复引用的孟德斯鸠的“道德为共和国之元气”的名言，高一涵指出，孟德斯鸠严格区分了法律与道德，他“既不说法律是性理的表示，又不说是元后的命令，但说是人与人的关系”，当他说“道德为共和之元气”时，他所说的道德，“乃是政治的道德（Political virtue），即是爱国与爱平等是也；绝不是那关于伦理的道德与宗教的道德（not moral or Christian virtue）”。[②]

光昇则有力地揭露德治论与专制主义之间的关系。他指出，从政治理想上看，德治为“太平之极轨”，但从人类政治史看，德治却是“野蛮之陋风”。太古时代，国家与法律尚未发生，人类尚在家族团体时代，社会秩序主要依赖道德与原始宗教来维系。随着团体规模扩大，人口构成渐趋复杂，人智渐进，欲望渐开，道德不足以维持秩序，于是法律离道德而独立。随着社会日趋复杂，法律日

---

① 高一涵：《非“君师主义”》，《新青年》第5卷第6号，1918年12月15日。

② 高一涵：《非“君师主义”》，《新青年》第5卷第6号，1918年12月15日。

益繁密，人类逐渐由道德主治时代进化到法律主治时代，这是人类“由恐怖进于稳固之一大关键”。近代以来，思想界日渐明确，国家之目的在保持社会治安，增进国民之幸福，而非以道德为其根本目的；国家只是一种形式上的强制组织，对于国人“只能为形式上之干涉，而不能为精神上之干涉”。若执道德主义为政，则消极行之，不免空言而无效，积极行之，必沦为专制政治。以德为治，道德标准往往掌握在有力者之手，所谓道德之治，不过是道德为外衣、武力为内里的“力治”，“徒为强者所持以制服弱者之具”。统治者一面“以道德自饰”，一面“以道德戮人”。“虽虐比桀纣幽厉，亦尸神圣文武之号”，“流血漂橹，僵尸百万，以为一家之私产，而曰除暴安民。御下以威，一言之忤，系组伏剑，义无迟回，而曰君臣无狱。东朝西贡，竭天下以奉一人，威福玉食由已，而曰惟辟宜然”；另一面又以道德戮人，将权力由可见的现实世界深入不可见的精神世界，“怨望有诛，腹诽有诛，心怀不轨有诛”，道德为治潜伏着走向绝对专制主义的根苗。他指出，中国必须摒弃德治论，而确立国民之自由思想、法治思想与国民政治思想，才能建立近代的政治与文明。①

（四）定国教是否有碍信教自由、思想自由

孔教派认为，今日国家间的竞争，不只是军事、经济的竞争，更是文化的竞争。在文化竞争中失败，其结果远比亡国可怕。陈焕章说：“今世列国之竞争也，不独竞于武力，亦竞于文明。宗教、道德、言语、文学、政治、艺术均为文明之证据，而为有国者所必争，得之则荣，失之则辱。此关于国家之位置者甚大也。”② 康有为强调，亡国并不可怕，可怕的是代表一国文化的宗教的灭亡。一国的宗教一旦灭亡，则其国“数千年之圣哲豪杰遗训往行”就会

① 光昇：《中国国民性及其弱点》，《新青年》第2卷第6号，1917年2月1日。

② 陈焕章：《孔教论》，第54—56页。

随之彻底消亡，其后裔所接受的文化熏陶，所祖述之“圣哲豪杰，往训遗徽”，都将是征服者之文化，征服者之“圣哲豪杰，往训遗徽”。宗教灭亡，文化灭亡，则其国永无复国希望，其祸较亡国更为深沉。盖国亡而教不灭，则文化认同与民族认同仍在，犹有复国的希望。墨西哥为西班牙所灭，“并其古文字图画灭之”，已是文化上的亡国，已沦于“全灭”之境；而印度、犹太虽然亡国，但宗教尚存，教化未灭，将来还有由教而实现复兴的希望。①

在文化竞争中，保存国魂、国性，相当重要。这个国魂、国性，就是宗教，在中国，就是孔教。柯璜说，宗教是文化的核心，一部世界历史就是各人种、各宗教之间竞争淘汰的历史。孔教是中国文化的核心与精神所在，“孔教之存亡，即中华民族历史绝续之攸关也，此吾国历史上不得不保存扩张孔教也”。② 康有为说，“中国一切文明，皆与孔教相系相因”，孔教若亡，则中国之一切文明，中国之一切种族，都将随之而尽。③

孔教派认识到，单单定孔教为国教，不足以使孔教深入人心。所以，他们又呼吁国人对保持一点大惑大愚的“迷溺”，怀抱一种宗教情怀。郭象升说，“立德之道，在情感，不在智慧”，维系道德的根本在信仰，而非智慧。宗教的功用在安上下、定民志，只要宗教能发挥此功用，人们就不必斤斤以是非相衡，吹索过甚，而应保持一点大惑大愚的“迷溺”。这种“迷溺”为爱国保种所必需。“观于欧罗巴，耶和华者，彼土之所谓圣人，旧新两约，其言之诞妄不法者多矣，以欧人哲理之明澈，科学之警辟，摧陷而廓清之，宜无难者，而其君若相卒不敢出于此焉，毋亦以迷溺之性质，实保种爱国所必资，去其蔽必且并其美而失之耶?”同理，国人对于孔教，对于孔子，应当抱持一份敬仰，存一份温情，而不是以后见之

---

① 康有为:《孔教会序》，《孔教会杂志》第1卷第2号，1913年3月。

② 柯璜、夏德渥等:《宗圣会代表与参众两院请定国教书》（癸丑），《孔教十年大事》木卷，卷之八“书电”，第56页，太原宗圣会1923年版。

③ 康有为:《孔教会序》，《孔教会杂志》第1卷第2号，1913年3月。

明，肆意攻弹。他说："夫宗教者，不以是非为衡者也，上下安而民志定则已矣。借使基督、天方、犹太人舍其教而从我，在我以为出谷迁乔，在彼固有损而无益也。然则我之自亡其教，其效可睹矣。贾马许郑也，周程朱陆也，间世而有，宁以望之编氓？今剖理欲于毫厘之间，考制作于因革之后，谓攻弹不及，流弊且生，斯亦贤智之过计也。马援诫子之言曰，'闻人有过，如闻父母之名，心可得而知，口不可得而言'。窃谓知宗教之义者，当视此矣。（孔教非有过也，按之今日不能行，斯俗士以为有过矣，即如尊君亲上之说，今世有不以为谄者乎？然如此吹索，则孔教亡矣。）"① 也许是察觉此种"迷溺"之性质任其发展，会出现严重的问题，他又声称："夫孔子之书，章章具在，除汉代公羊博士说经之外，神秘琦瑰之言，存者盖寡，率神州有众，而惟孔教是戴，既有培拥民德之用，又无崇拜巫师之污，借曰迷信，其为累则既为轻矣。""迷溺"孔子与孔教，并不会走向极端。② 孔教派对于中国人缺乏对孔教的宗教热忱颇有不满，称宋儒去除了汉代公羊学与谶纬神学的神学迷信，应对中国人宗教心过于淡薄负责。孔教派又强调，应将文明看作一个生命体，要明白欲求文明之改进，必先保存固有文明的道理。陈焕章强调，政教是有生命的，"当循历史之自然以为进化，固不能鲁莽灭裂，先杀其现在之母，以求其未生之子"。求文明之发达与政教之改进，当先图保存，再图建设。若不能保守，而先事破坏，则不但不能进步，而且会丧失固有之本根，使固有之文明丧失其生命。③

在强调对孔教要保持"迷溺"性质，先求其保存，再图改进的同时，孔教派也明白，中国需要采择各国文明，但他们认为只能

---

① 郭象升：《宗圣杂志绪言之二》（壬子），《孔教十年大事》金卷"论议上卷中国之部"，第6—8页。

② 郭象升：《宗圣杂志绪言之一》（癸丑），《宗圣杂志》第1卷第1号，1913年5月。

③ 陈焕章：《孔宅诗序》，《宗圣学报》第2卷第4期，1916年5月。

采择新学新政，而不能伤害孔教。夏德渥说："中国有当输入各国之文明，以补其所不及者，新政新学是已。中国自有其文明，为各国所未有，当保存之，以为治平之基者，孔教是已。今因中国之贫弱，不得不变法，以图自强，此穷则变、变则通之义也。若并中国之大经大法而亦变之，举道德文章之美富，礼乐治术之精详，几欲尽废，以师外国，遂若数千年之文明祖国，更无一可存焉，此不独中国先圣昔贤之所隐痛，抑为外国通才博学之所窃笑矣。"① 民初孔教派的主体在文化理念上基本上持中体西用论，陈焕章以自由、平等、独立之义阐释孔教教义，算是走得比较远的了。

孔教派又强调，国家不是单纯的政治体，它还是一个文化体，没有文化上的认同，国家、民族就会趋于离散，虚有民数，并无宗仰，则一盘散沙而已。孔教派十分看重孔教在维系中国人的国家认同、文化认同中的作用。陈焕章说："所谓爱国者，非谓爱其土地人民已也，犹有文化焉。土地、人民之爱，爱于有形；文化之爱，爱于无形。惟有无形之爱，故能于有形之爱结不解之缘也。"深厚的文化传统使人自豪，可深化国民的爱国之情。孔子、孔教是中国文化的代表，昌明孔教可以激发国民的爱国心。② 康有为也认为，一国之民必有其维系之中心，在激烈的国际文化竞争中，能够担当中国人之维系中心的，只有孔子。

自清末革命思潮兴起，不少急于图强的人普遍将国之贫弱归咎于专制政治，又将专制与孔子联系起来，"怀新思想者，无不疾恶专制君主，每一思及专制君主，辄思及孔子，以为专制之毒实自孔子长之"③。这才有蔡元培的宣布废除尊孔的教育宗旨，以及后来的废孔浪潮。当民初废孔浪潮兴起，人们对孔子、孔教不是爱

① 夏德渥：《尊崇孔教意见》（1914 年），《孔教十年大事》金卷"论议上卷中国之部"，第 81—82 页。

② 陈焕章：《孔教论》，第 55 页。

③ 周春岳：《国教——致〈太平洋〉记者》，《太平洋》第 1 卷第 1 号，1917 年 3 月1 日。

恋、迷溺，而是充满愤激之情，不是热心卫护，而是积极抨击、毁弃，这就让尊孔人士十分愤怒。而与废孔浪潮相伴出现的，是民初政治社会秩序的混乱。在根本性的政治革命之后，出现这样的混乱本是常态，其解决之道，当政治的归政治，社会的归社会，教育的归教育，道德教化的归道德教化，逐步加以解决。而孔教派愤怒于废孔浪潮，深感文化竞争的剧烈，忧虑于孔教的沦丧与中国文化的灭亡，又深受传统德治论的影响，乃将民初政治社会道德出现的一切问题，都归结于废孔，将昌明孔教看作解决所有问题的灵丹妙药。可是，他们提倡孔教，却又对孔教的自我生存能力缺乏信心，乃受传统皇权思维的影响，将昌明孔教的希望寄托于定孔教为国教。

不少孔教徒虽反复声称，“孔教在中国，天造地设，立于国教之地位”，信仰孔子实“占大多数人民的心理”，无知之徒发起的废孔浪潮虽会暂时冲击孔教，但“数十年百年数百年之后，必定大昌圣道，将见风行全球”，宪法上是否定孔教为国教，并非孔教的生命线。① 但实际上，他们大都清楚地看到：基督教等典型宗教，有完整的教会体系，又重起信伏魔，借助天堂地狱鬼神之说约束教徒，排斥异教，从而使其信徒多能有相对坚定的宗教信仰，故可以实现政教分离。在被迫退出政治领域，丧失世俗权力的支撑后，宗教还能凭借教会本身的力量以及教徒的信仰，维系其在社会的影响，发挥其社会功能。而孔教则重人道，不以鬼神灵魂问题约束教徒，不排斥异教，又不存在独立于世俗政权之外的教会系统，不存在专职的宣教士队伍，一旦失去世俗政权的支撑，就会迅速衰微。陈焕章就承认，孔教与世俗政治、世俗生活紧密相关，难以离开政治而独立。又说，“或曰《约法》明定信教自由，所以取一切教而平等保护之也。他教既得保护而自由，则信孔自由可一律而保

---

① 正襟：《说人民对于孔教之观念二》，《宗圣杂志》第1卷第5号，1913年9月。

障，奚必定为国教之独优为？曰孔教之所以异于他教者，以其本为国教之故。他教本非国教，故但有信教自由之明文，即足以资保障。若孔教，则非明白规定（指明白规定为国教——引注），不足以保其固有”。① 张尔田也说“孔教之地位，与各教不同，苟不定为国教，即失其资格，一降而为非教”。② 这是说，他们承认，孔教的国教地位以政治庇护而获得，失去政治庇护，失去国教地位，孔教难以与其他宗教竞争，势必走向衰微。

对于孔教派对孔教的自我生存能力缺乏自信，基督教方面的人士曾一针见血地指出，“彼主张孔教加入宪法者之脑想，一若必强令孔子与耶、释、穆罕争一席之立足地，且必高出于耶、释、穆罕一等，受宪法上特别之保护，始得大行其道，而动国民之信仰也者”。③ 又揶揄道：“岂诸君不自信孔子之道溥博高坚，而必借重法院与政府之大力，始能保护而尊崇之欤？若法院与政府不加以特别保障，则孔道将归于毁弃欤？吾不惜诸君自待太薄，而惜诸君待孔子太薄也！”④ 他们强调，“凡世界之宗教，皆当藉教力以感化人人，不当藉国力以压制人人”。⑤ 宗教的真正生命力在其教义是否能得人之信仰，在其教徒能否真正践履教义，是否有传播教义的热忱。保存孔教，发扬孔教切实可行的办法，是孔教徒尤其是倡言定孔教国教的人士身体力行，率先垂范，积极宣教弘教，“全力注重于普通社会，师泰西之成法，以孔学灌溉一般人群中心，振起国民

① 《孔教会为宪法起草委员会否决国教敬告全国同胞书》，《宗圣汇志》第 1 卷第 5 号，1913 年 9 月。

② 《张尔田君演说词（以来函代演稿）》，《尚贤堂纪事》第 7 期第 11 册，1916 年。

③ 任虬：《论孔教不应加入宪法》，《宗圣学报》第 17 号附册“孔教问题”上卷，1916 年 11 月。

④ 马相伯：《书请定儒教为国教等书后》（1916），《马相伯集》，复旦大学出版社 1996 年版，第 278—282 页。

⑤ 皕海（范皕海）：《国教评》，原载《进步》第 4 卷第 6 号（总第 24 期），1913 年 10 月，见《东方杂志》10 卷第 7 期，1914 年 1 月 1 日。

教育，从根本而施解决”。① 只有脱离政治的支撑，使孔教真正成为社会大众的信仰，其教义为大众真正践履，孔教才能真正具有活力与竞争力。若师法专制统治者之故智，迷信政治权力的威力，以为用政治权力定孔教为国教，“孔教即自能闖入世人之耳，更成无量数化身，宅乎尽人之心，以作其视听言动之主”，也只会“增益信教者之依赖性与藉势幸进心”，而无助于增长孔教的竞争力，无益于世道人心。②

信教自由，是欧洲在“战争数百年，流血数十万”后，“几经讨论，几经迁就”，才逐步确立的一个重要原则。梁启超曾指出，信教自由原则的意义在于：其一，使国民可遵从心灵的召唤，自由信奉其所信仰之宗教，而不必因外在事势而改变信仰，这可保护国民的诚信品德，使国民品性趋于高尚；其二，可统合不同信仰的人群而为一国，避免剧烈的宗教冲突，实现国家的统一；其三，可划定政治与宗教之权限，实现政教分离，一面防止教会干预政治，造成国家的分裂与宗教的不平等，一面防止政府滥用其权干预国民之心魂。③

欧洲人十分看重信教自由，有关信教自由的理论阐述也相当丰富。与欧洲不同，中国历史上，作为官方意识形态的儒学讲究敷教在宽，认同万物并育而不相害、道并行而不相悖的道理，对于儒学之外的学派、宗教大都能容忍涵养，一般中国人也不存在浓烈的宗教排他情绪，往往于尊从孔子之外，兼从佛、老以及其他民间信仰。历代虽不乏如孟子、韩愈等以正人心、息邪说为己任的卫道之士，也曾发生过排拒佛老、禁绝淫祀、打击民间宗教的官方行为，但也只是火其书、人其人、庐其居，而不是火其人，火其居。天主

① 蒋茂森：《驳孔教会力争国教之东电》，《大同报》第20卷第3册，1914年1月17日。

② 张纯一：《以孔教为国教之商榷》，《大同报》第19卷第34册，1913年10月11日。

③ 梁启超：《保教非所以尊孔论》（1902年2月22日），《梁启超全集》第二集，第680页。

教、基督新教输入后，曾发生过不少教案，但未出现欧洲那样长期的教派冲突与宗教战争。因此，在帝制时代的中国，信教自由问题不像欧洲那样严重，一般人对信教自由的追求也不甚迫切，也几乎没有信教自由的理论阐述。所以，孔教派很自信地反复强调，中国是信教自由最古之国，并不存在信教自由问题。他们批评《临时约法》抄袭外国宪法条文，盲目规定信教自由，而又不承认孔教为宗教，结果信教自由成为摧毁孔教之利器，成为废孔浪潮的帮凶。他们主张，宪法中信教自由与定孔教为国教，存则同存，去则同去。鉴于《临时约法》已经规定信教自由，若宪法中去除信教自由的规定，会造成不必要的麻烦，孔教派主张在信教自由之外，再规定孔教为国教。他们又担保，儒教有容纳其他宗教的传统，定孔教为国教并不会损害信教自由，而只是要保存孔教历史上就有的国教地位。为表示孔教的包容性，孔教会也允许佛教徒、穆斯林入会，外国人只要信奉孔教，不论其国籍、宗教为何，皆可入会，没有表现出耶稣教等宗教的强烈的排他性。在孔教会的主事者，这或许不仅是一种姿态，也在一定程度上表示了他们的真实态度。

但是，中国历史上有相对的信教自由，并不能保证孔教定为国教后，不会发生主政者出于政治需要而借宪法的国教条文打压非国教徒的信教自由，更难保证在国教发展后，孔教徒中不会出现狂热的宗教分子借国教条文攻击异教。还在清末，梁启超就指出，保教论者当其以言论提倡保教之时，其言不过空言，倘保教之论日盛，形成强大的社会思潮，而保教论者一旦掌握国家权力，就极有可能在其思想主张以及社会思潮的驱动下，“设立所谓国教以强民使从”。这就必然出现宗教专制主义，必然侵夺非国教徒的信仰自由，造成国教徒与非国教徒的对立，进而造成国家的分裂，甚至使欧洲历史上的宗教战争出现于中国。① 事实上，在民初有关国教的争论中，孔教徒对于废孔的抨击，就有比较多的近乎谩骂的言论。

① 梁启超：《保教非所以尊孔论》，《梁启超全集》第二集，第679—680页。

当宪法起草会讨论“国民教育以孔子之道为修身大本”的提案时，基督教徒陈垣等曾通电反对。作为回应，广东合浦县议会议长宋钧就电大总统以及参众两院，称陈垣等“丧心病狂，惑世误民”，要求将他们“速明正典刑，以谢天下”。这确实表明一些孔教派人士中存在横霸嚣张，不容异教的心态。《大公报》因此说，假若真定孔教为国教，“将来苟我有反对孔教者，吾知必且凌迟赤族矣”。①当然，在耶稣教徒方面，也确实有一些人因为信奉耶稣教而对于孔子、孔教颇多贬低，说孔子与耶稣根本不能相提并论，一个是人，一个是神，是全人类的父，是全世界的救主。1916 年 11 月 15 日，尚贤堂就宪法上之国教问题开特别讨论会，一位金姓教民亦登台演说，“竟骂孔子为卑鄙无耻”，曾引发公愤。② 这虽是个别的情况，但足以表明，一旦定孔教为国教，假借国教打压异教，限制思想自由的情况，恐怕也是难免的。孔教虽强调敷教在宽，能够包容不同学派，但儒家学说也有唯我独真、唯我独尊的一面。易白沙批评“孔子讲学不许问难，易演成思想专制之弊”。③ 傅桂馨批评孔子“崇尚绝对主义”，说“孔教最重门户，论事只求其绝对，说理则偏于一宗，绝不容相异学派有讨论研究之余地。孟轲、荀况，号为得尼山之真传者也，孟之痛诋杨、墨，荀之刚愎自用，语多偏执，颇类嫚骂。其他汉唐以后之自命孔教忠臣者，又多抱此村妪骂邻之口吻，一味排斥他人，指为离经畔道”。④ 作为佐证，孔教会在给袁世凯的呈文中就有“尼山教义，民族精神，道有一遵，学无异说，爰议发起本会”的表述，⑤ 表露出思想独尊、宗教专制的倾向。

---

① 无妄：《闲评一》，《大公报》1913 年 11 月 4 日。

② 《纪本堂教务联合会开国教讨论会事》，《尚贤堂纪事》第 7 期第 11 册，1916 年。

③ 易白沙：《孔子平议》（上），《青年杂志》第 1 卷第 6 号，1916 年 2 月 15 日。

④ 傅桂馨：《致独秀》，《新青年》第 3 卷第 1 号“通信”，1917 年 3 月 1 日。

⑤ 《王人文等致大总统呈》（1912 年 12 月），王人文、陈焕章等组织孔教会呈请备案的有关文件，《中华民国史档案资料汇编》，第 3 辑・文化，第 57 页。

孔教会的主持人而有此种心态，一旦定孔教为国教，若任其发展，未必就不会出现神权政治。章太炎说："古者释奠、释菜，礼本至薄，近世亦直岁时致祭而已。如昔三水徐勤之述其师说也，当大启孔庙，男女罗拜，祷祠求福，而为之宗主者，人人当舐足致礼，则是孔子者乃洪钧老祖、黄莲圣母之变名，而主持孔教者，亦大师兄之异号耳。渎乱风纪，乃至于此，言孔教者亦尝戒心否耶?!"①

不过，在一般的中国人看来，章太炎的说法或许有点危言耸听。中国的佛教徒、道教徒、穆斯林等，长期生息于信教环境相对宽松，不怎么有宗教冲突的中国，又长期受专制统治影响，未闻信教自由之理，故比较容易接受孔教派关于定国教并会妨碍信教自由的说辞。但中国的基督教徒，一方面对欧洲宗教的历史有一些了解，一方面对于基督教入华后所经历的重大"教难"，若顺治时之福建教难，康熙初之北京教难，雍正之驱逐西士，以至于庚子之役，以及中国种种限制基督教在华发展的措施，等等，或多或少有一些了解，对他们因信教而遭受民间社会或明或暗的歧视有切身的感受，且其中一些教职人员还对近代的信教自由理论有一些认识，他们的感受就不一样。他们认为，中国历史上并不存在真正的信仰自由，定国教必定会侵犯信教自由，势必会使非国教信徒的受教育权、参政权等受到不平等的待遇。这势必引起宗教冲突，甚至造成国家分裂。他们反复强调信教自由是心灵自由，信仰是每个人面对神时的自主体认、自主选择，完全属于个人自主的范围，是世俗权力、教会、社会上的多数人都无权干预的。他们的一些论述直接来自西方学界。但他们的论述对于非基督教的中国人来说，却难有亲切的体认，也就难以引起一般中国人的共鸣。陈独秀曾多次以信教自由为理由反对宪法规定国民教育以孔子之道为修身大本，但他明确指出，以信教自由反对定孔教为国教，没有击中要害。因为在中国，确实可以做到一方面定孔教为国教，另一方面他教也有信教自

① 《章太炎痛论国教文》，《大公报》1914年1月4日。

由。“中国文庙遍于郡县，春秋二祀，官厅学校，奉行日久，盖俨然国教也。而信仰他教者，政府亦未尝加以迫害或禁止，即令以孔教为国教，定入宪法，余料各科并行，仍未必有所阻害。”他以为，其他各教的信徒，对于政府所应力争者，“非人民信教自由之权利，乃国家待遇各教平等之权利也”。国家收入，乃全国人民公共之担负，非孔教徒单独之担负。以国费立庙祀孔，亦当以国费建寺院祀佛、道，建教堂祀耶稣、真主；否则一律不立庙，不致祭，国家待遇各教，方无畸重畸轻之罪戾。各教教徒，对于国家担负平等，所享权利，亦应平等。“必如是而后教祸始不酝酿于国中。由斯以谈，非独不能以孔教为国教，定入未来之宪法，且应毁全国已有之孔庙而罢其祀！”①

孔教派要求宪法在定信教自由的同时，规定孔教为国教，其目的是要保存孔教在中国社会的影响。他们强调，一定的社会都存在主流的风俗、习惯与宗教信仰，甚至存在国教，这与信教自由并不冲突。陈焕章说，所谓信教自由，“非铲除原有国教之谓，谓国家虽有国教，而人民于国教之外，信奉异教，可以自由云尔。然则其自由如何？曰人民不因信奉异教而被焚杀，不因信奉异教而不得为官吏，立其所欲立之庙，祀其所欲祀之神，诵其所欲诵之经，行其所欲行之礼，讲其所欲讲之教，皆不加以禁制，如是焉耳矣；然其所谓自由者，仍不得轶乎法律之外也”。信教自由，是法律之下的信教自由，不能以信教自由为借口挑战法律，挑战社会的善良风俗，也不能因为信教自由否定甚至欲以其所奉之教取代历史上形成的主流文化、主流宗教。他以美国为例，说美国没有法定的国教，但耶稣教作为主流宗教在美国社会政治生活中占据着明显的优势地位，重要的国家典礼如总统就任、国会开会等事，“皆用耶稣教之仪式，未闻其用别教也”，其纪年则“以耶稣之降生纪年，未闻其用他教主之纪元也”；其民间普通之礼俗，亦皆以耶稣教为主，比

① 陈独秀：《再论孔教问题》，《新青年》第2卷第5号，1917年1月1日。

如位于其最大都会纽约的哥伦比亚大学，有大量的信奉天主教的市民与教员，而其市府、学校所行之典礼，都是耶稣教的仪礼。① 孔教派强调，孔教在历史上就是中国的国教，在中国社会拥有其他宗教无法比拟的地位，其他宗教以宗教平等为借口要求与孔教享有同等的地位，不合道理；以孔教作为一个宗教在中国享有独特地位，而声言孔教的国教地位违背信教自由，是对信教自由的误解。孔教派又列举各国宪法关于信教自由的规定，来说明即便定国教也无碍于信教自由。

如果说关于信教自由问题，孔教派的论述在一定程度还说得通的话，那么在定国教是否会妨碍思想自由，他们的论述就不太能说得通。作为民初孔教运动中最重要的理论家，陈焕章对于昌明孔教无碍于思想自由的论述是这样的："或曰昌孔教有碍于思想之自由也，亦非也。《大学》八条，格致为先；《洪范》五事，思睿作圣；《系辞》曰'天下同归而殊途，一致而百虑'。天下何思何虑？又曰'仁者见之谓之仁，智者见之谓之智'。《孟子》曰：'夫道若大路然……归而求之，有余师。'故诚能入孔子之教，则海阔从鱼跃，天空任鸟飞，斯亦极思想自由之乐者矣。夫人苟自命不凡，则好自为之，亦孰能限其所至。乃必欲先推倒孔子，而后彼之思想方可自由，是则忘恩负义，狂悖无知之徒，非能有一毫之思想者也。为孔子者，不必推倒文王；为诸葛者，不必推到管乐。若必谓排斥孔子，绝灭孔教，而后中国人方有思想之自由，则是以五千年文明之古国，不如变为生番野蛮之为愈也。有是理乎？夫我国人之所以能顾盼自豪，神思英发，摅怀旧之蓄念，发思古之幽情者，正以有孔教耳。若无孔教而为野人，则思想单简，并常识而无之，何自由之足云！"② 所谓自由，是群己权界，所谓思想自由，也并非孔教自身对别的学说、别宗教的容忍，而更多的是限制

① 陈焕章：《明定原有之国教为国教并不碍于信教自由之新名词》，《孔教会杂志》第1卷第1号，1913年2月。

② 陈焕章：《孔教论》，第58页。

侵犯他人之自由权利。

对于思想自由问题，非国教派的论述要比孔教派更充分，更合理。还在清末，梁启超就指出，居今日世界大通，“诸学日新思潮横溢之时代”，欲求文化的发挥发展，正当办法不是保教，而是发扬孔子力行的思想自由精神，发扬孔子集百家之长的开放精神，破除长期思想专制所造成的思想奴性，开放心胸，运用自己的理性，充分吸纳古今中外的种种文明。“我有耳目，我有心思，生今日文明灿烂之世界，罗列中外古今之学术，坐于堂上而判其曲直，可者取之，否者弃之，斯宁非丈夫第一快意事耶！”① 他又说，思想自由是人类文明进步的“总因”。欧洲近代的发展，起始于文艺复兴时期思想对于教会的解放。中国春秋战国时代思想学术的繁荣，得益于思想自由，秦汉而后，中国文明的停滞，种因于焚书坑儒与独尊儒术。② 民初的非国教派继续阐释这一层道理。他们指出，儒学长期独尊，钳制人们的思想，造成中国文化的停滞。近年来，“自由研究孔学之风渐开，颇有一二之新得，摆脱前人汉宋朱陆之藩篱，而以最近之哲学与科学比类而发明之，颇饶欧洲古学复兴时代气息，不啻如梭氏、柏氏、雅氏之书，由灰烬之余，重放特异之光明于兹世界。其间是是非非，靡所袒护，不诡不随，无偏无党，此盖天良释放之效果”。③ 这种趋势，对于中国文化的革新来说，弥足珍贵。当此时，人们当继续自求解放，打破孔子权威对于人们的钳制，从“奉其自我以贡献于孔子偶像之前，使其自我为孔子之我”，转变为以自我为中心，把孔子思想当作思想的养料，“取孔子之说以助益其自我之修养，俾孔子为我之孔子”。④ 若罔顾历史上思想专制所造成的严重恶果，以宪

① 梁启超：《保教非所以尊孔论》，《梁启超全集》第二集，第684页。

② 梁启超：《保教非所以尊孔论》，《梁启超全集》第二集，第680—681页。

③ 皕海：《国教评》，见《东方杂志》第10卷第7期，1914年1月1日。

④ 李大钊：《宪法与思想自由》（1916年12月10日），《李大钊全集》第1卷，第423—424页。

法定孔教国教，势必使中国重回思想专制时代。不但如此，定孔教为国教，也必将使人们自我阉割、自我设限，又目光如豆，少见多怪，偶闻不同言论，即蛙然怒张，厖然坌起，以卫道者自居，对不同意见口诛笔伐，必欲灭之后快，而官方亦以世道人心之防为名，对异端思想滥施刑罚，从而使宪法层面的思想专制变为社会层面的舆论专制。① 这不但会阻绝中国人自由吸纳世界文明之路，而且也将使中国传统原本丰富的各家学说以及儒家内部的各学术流派丧失发展机会，逐步走向消亡。盖既定孔教为国教，“则依教宗之例，不能不定一说为独尊，凡与其说稍不相合者，即斥为无稽之妄语，而禁人之传习。……则岂惟诸子百家不能复存，而二千年中儒先著述经、传、笺、疏无端而成为禁书者，殆不知几许矣，岂非学术之大厄耶?”② 这将阻碍人们的自我解放，“使其国民自我之权威，日益削弱，国民思想力之活泼日益减少”，不但不能发扬光大孔子固有之精华，也无从浚启新思想，最终为世界进化潮流所淘汰。③

内务部在批复孔教会的呈文时也曾指出，孔子学说本十分丰富，既讲尊卑贵贱，重君主，也有天下为公、博爱平等之义，但历代专制统治者为巩固一己之权势计，皆“专摘其迁就君主之时谈，以为便宜专制之张本，使六经精义，不能出其范围”，遂使孔子学说中民权、民生之理湮没不彰，而尊崇君权则成为孔子学说的独特标签。人们亦习非成是，晏然安之，无敢逾越，造成国民之奴隶根性。“孔子之道，不以数经灾厄而不彰，实以历代尊崇而愈晦”。今政改共和，应改变专制时代凭借威力提倡孔子学说的做法，而“以自由学说待孔子”，听人民自由阐发。这既可避免从前以君兼

① 亚海：《国教评》，见《东方杂志》第10卷第7期，1914年1月1日。

② 蓌兹：《论吾国不可以孔教为国教》，《独立周报》第1年第8号，1912年11月10日。

③ 李大钊：《宪法与思想自由》（1916年12月10日），《李大钊全集》第1卷，第423—424页。

师之嫌，预防将来学术专制之渐，又可以通过人民的自由阐发，彰显孔子的大同、民权、民生之义，以巩固共和国基。若以政治权力尊崇孔子，则政治权力必垄断孔子思想学说的解释权，并以官方的孔学束缚国民思想，使民间社会难以对孔教教义展开现代阐释，以实现孔教教义的现代化转化。①

非国教派反对定国教的言论中，最出彩的是他们对于思想自由问题的论述。面对这些论述，国教派根本做不出像样的回应。

（五）定孔教为国教能否挽救道德危机

民初的道德危机是孔教运动兴起的重要因由。孔教派将民初乱局的最终原因归结为道德问题，归结为人们抛弃孔教，又将解决问题的重点放在恢复道德秩序上。而他们恢复道德秩序的路径，则是改孔教为宗教，立孔教为国教。因此，道德与宗教的关系问题，定国教是否能挽救民初的道德危机，就成为民初孔教问题争议的重大问题之一。

与所有的宗教家一样，孔教派强调宗教为道德提供神圣的起源，为道德的落实提供神圣的保证。“立国之本在人心，人心之本在道德，道德之本在宗教，是则宗教者直接而为人心道德之本，间接而为国家巩固之基也。”② 对于宗教所以为道德之本，陈焕章从宗教为人心提供神灵的监察，为人的行为提供神灵的节制来说明宗教与道德之关系。③ 尘厂也称，人类所以利用神道，是需要以神道管摄人心，“盖由才齐不足以相使，道同不足以相尚，其智周庶物者，不得不假鬼神祸福之说，以震慑群伦”。④ 孔教派反复声言，

---

① 《饶智元、恽毓鼎等组织孔社呈请备案的有关文件》，《中华民国史档案资料汇编》第3辑·文化，第76—77页。

② 《孔教会东京支部请速定孔教为国教致大总统呈》（1913年9月18日），《中华民国史档案资料汇编》第3辑·文化，第51—53页。

③ 陈焕章：《孔教论》，第52—53页。

④ 尘厂：《孔教救亡论》，《孔教会杂志》第1卷第6号，1913年7月。

孔教在历史上久居于国教地位，深入人心，在管摄人心、支撑道德、化民成俗方面发挥着无可替代的作用，而民国以来出现的种种政治、道德、社会问题，都是废弃孔教所致，为救今日世道人心之危，必须昌明孔教，并定孔教为国教。一些孔教人士也认识到，宗教不免有迷信神权之失，但他们反对剥除宗教的神圣性。李文治就说："若惩迷信之谬而矫枉过正，遂以能破除神道教为儒教之真谛，而其流弊乃徒趋于政治、哲学、教育诸科目，以及一切文词、功利、技艺种种徇外遗内之术，而于崇奉先圣笃信景仰之诚意，则日消灭于冥冥之中，则亦不可谓非儒教之流失也。是故破除迷信之过，浸假而不信性命矣，浸假而不信祖宗矣，浸假而不信帝天矣。以慎终追远为迷信，而仁隳于父子；以旌节表义为迷信，而恩衰于夫妇；以崇德报功为迷信，而浮薄中于社会国家。《中庸》明道，而扼重鬼神，《大易》言神，而归根德行，昧者弗察，歧而为二，攻击神道，自失本原。薄禅寂之为宗教而废休养，鄙清真之为宗教而废斋祓，厌祈祷之为宗教而废拜叩，耻教堂之为宗教而废坛庙，薄圣经之为宗教而废典谟，惩羹吹齑，因噎废食，破除宗教之为祸，有胜于迷信宗教之为祸者。"①

对于孔教派将拯救道德的希望寄托于定孔教为国教，非国教派给予了猛烈的反击。张纯一同意孔教派关于政治、法律、国民教育作用有限，人类需要宗教的说法，但他否认孔教为宗教，否认孔教可以发挥"道德之保障"的作用。他认为，孔教缺乏对天道以及灵魂永生问题的论述，只能入世，不能出世，只知现象世界，不知实体世界，只有世务教育，而无灵性教育。因此，人们缺乏对彼岸世界的追求，常为现象世界之声色货利、侍妾狗马等物欲所束缚，而不为来世与灵魂考虑，势必放恣横暴，毫无忌惮；其行为即便有所收束，也往往源于对行为现实后果的考虑，而难以主动格心之

① 李文治、赵鲸：《赞成请定孔教为国教第三次意见书》，《宗圣学报》第18号附册"孔教问题"下卷，1917年1月。

非，真正做到诚心正意，范人心于圣善。秦汉而后，历代尊孔，而天道日晦，人心日偷，群邪盈朝，国是败坏，其原因在此。孔教有此缺陷，定孔教为国教也不能改善道德。①段世垣承认宗教的祸福之说可管摄人心，以济法律、道德之穷，但他认为，“宗教之客体，专为一般下等人说法，以下等社会，既不知尊重法律，而又缺乏道德，不得已怵之以鬼神、祸福之说，以济法律德（道）道（德）之穷。”而中国之信仰孔教者，主要是官僚士大夫等社会上层，一般下等社会的宗教信仰往往是佛、道以及民间的多神教，定孔教为国教并不能发挥管摄人心的作用。②章士钊的态度与此类似，他肯定宗教对于慰藉心灵，规范、支撑道德，有不可替代的作用，对孔教派提倡宗教，欲立孔教以为宗教，以救世道人心的用心表示理解。但他认为，“孔子夙非教主，其言绝无教质，神所不语，鬼不能事，性与天道不可得闻”，且孔子学说的影响仅限于儒生，对于广大庶民的影响有限，欲强以孔教为宗教，而达挽救世道人心之目的，难有实际的成效。③李孟符则指出，国民道德之隆污，其根在政教之良楛，改进国民道德的路径，不在以宗教的种种说教去约束人心，不是定某一宗教为国教，强制人们信奉，而应先建立“平等之政治、适宜之教育，而持以至公之法律”。④此外的反驳意见还有很多。大体而言，非国教派比较多地认为宗教对于道德的作用有限，孔教因为缺乏生死灵魂问题的论述，未得一般庶民的信奉，其约束人心之力更为有限，中国历史上长期崇奉孔教，而人心不古之叹不绝于耳，就是明证。挽救道德的办法，不在定孔教

① 张纯一：《以孔教为国教之商榷》，《大同报》第19卷第35册（第485期），1913年10月18日。

② 段世垣：《再论宪法上不宜定孔教为国教》，《宪法新闻》第21册，1913年10月19日。

③ 秋桐：《孔教》，《甲寅》第1卷第1号“评论之评论”，1914年5月10日。

④ 荄兹：《论吾国不可以孔教为国教》，《独立周报》第1年第8号，1912年11月10日。

为国教，而在政治、法律、社会的改革，在鼓吹孔教的人士率先垂范，践履孔子的道德教诲，以改变社会风气。这种看法也得到一些提倡国教的人士一定程度上的赞同。

在当时的争论中，恽代英对道德与宗教关系的讨论颇值得关注。他认为，信、爱、智为道德之三大动力：信仰“使怯者勇，弱者强，散漫者精进，躁乱者恬静”。爱使道德行为真挚，“爱之情愈深，其道德之行为愈真挚。一切有道德之价值的品性，皆因而产生焉”。智识则使人明了道德的真意义，使人对自身之取舍行藏能确然有主张，有把握。道德的三大动力中，智与爱才是“千古不磨之道德原动力”，而信仰尤其是宗教信仰的作用则比较小，比较无足轻重。在科学昌明，而人们宗教信仰日渐淡薄，宗教已成为过去之物，正丧失其生命力的时代，不将改进道德的希望寄托于智与爱，而是寄托于提倡宗教，“皆多事也，皆有害无利之事也”。①

以上这些意见，还大都在一定程度上承认宗教对于道德的意义，更激进的意见则持宗教必将消亡论，认为随着社会的发展，道德将不需宗教的支持。

民初有关孔教问题的争议，所及范围广泛，影响深远，直接使孔教问题成为新文化运动最初的重要思想话题。有关的争议，直到今日，仍然是学界的重要论题。

---

① 恽代英：《论信仰》，《新青年》第3卷第5号，1917年7月1日。

参考文献

报刊

《中外日报》（1902—1904 年）

《时报》（1904—1913 年）

《申报》（1904—1915 年）

《大公报》（1904—1916 年）

《帝国日报》（1910—1911 年）

《民立报》（1911—1913 年）

《民权报》（1913 年）

《亚细亚日报》（北京，1912—1913 年）

《时事新报》（1912—1914 年）

《中华民报》（1912 年）

《新民丛报》

《译书汇编》

《政法学报》（东京）

《湖北学生界》

《江苏》

《浙江潮》

《大陆》

《东方杂志》（1904—1915 年）
《法政杂志》（东京）
《预备立宪公会报》
《北洋法政学报》
《民报》
《牖报》
《国粹学报》
《大同报》（1907 年）
《中国新报》
《政论》
《河南》
《复报》
《国风报》
《留美学生年报》
《法政杂志》（上海）
《国民月刊》
《民国汇报》
《平论报》（1913 年）
《独立周报》（1912—1913 年）
《民谊》
《宪法新闻》
《震旦》
《谠报》
《庸言》
《雅言》
《论衡》
《正谊》
《甲寅》
《民国》

《中华》（北京）
《大中华》
《新中华》
《宪法公言》
《青年杂志》《新青年》
《太平洋》
《孔教会杂志》
《宗圣学报》
《宗圣汇志》
《大同报》（1913—1914 年）
《尚贤堂纪事》
《（昌明孔教）经世报》
《丁巳》
《新潮》

文集、年谱、日记、资料集

邵作舟：《邵氏危言》，上海商务印书馆光绪二十四年版。

夏东元编《郑观应集》，上海人民出版社 1982 年版。

张之洞：《张之洞全集》，河北人民出版社 1998 年版。

康有为：《康有为全集》（姜义华、张荣华编校），中国人民大学出版社 2007 年版。

梁启超：《梁启超全集》第 2—10 集，中国人民大学出版社 2018 年版。

章士钊：《章士钊全集》，文汇出版社 2000 年版。

孙中山：《孙中山全集》，中华书局 2011 年版。

张謇：《张謇全集》，江苏古籍出版社 1994 年版，上海辞书出版社 2012 年版。

张磊主编《孙中山文粹》，广东人民出版社 2009 年版。

杨度：《杨度集》，湖南人民出版社 2009 年版。

严复：《严复集》（王栻编），中华书局 1986 年版。

严复：《严复全集》，福建教育出版社 2014 年版。

宋教仁：《宋教仁集》（郭汉民编），湖南人民出版社 2008 年版。

汤志钧编《章太炎政论选集》，中华书局 1977 年版。

邹容：《邹容文集》，重庆出版社 1983 年版。

徐辉琪编《李烈钧文集》，江西人民出版社 1988 年版。

朱执信：《朱执信集》，中华书局 1979 年版。

胡汉民："中国近代思想家文库"《胡汉民卷》，中国人民大学出版社 2014 年版。

戴季陶："中国近代思想家文库"《戴季陶卷》（桑兵、朱凤林编），中国人民大学出版社 2014 年版。

曾业英编《蔡松坡集》，上海人民出版社 1984 年版。

田建业等选编：《杜亚泉文选》，华东师范大学出版社 1993 年版。

朱维铮主编《马相伯集》，复旦大学出版社 1996 年版。

任建树等编《陈独秀著作选》，上海人民出版社版 1993 年版。

《陈独秀文章选编》，生活·读书·新知三联书店 1984 年版。

《陈独秀文集》，人民出版社 2013 年版。

《李大钊文集》，人民出版社 1984 年版。

《李大钊全集》，人民出版社 2013 年版

高平叔编《蔡元培全集》，中华书局 1984 年版。

《陈宝箴集》，中华书局 2003 年版。

端方：《端忠敏公奏稿》卷一，近代中国史料丛刊第一编第 14 辑，文海出版社 1973 年版。

唐文治：《茹经堂奏疏》，近代中国史料丛刊第一编第 56 辑，文海出版社 1973 年版。

林绍年：《林文直公奏稿》，宣统丁卯刊于京师，近代中国史料丛刊第一编第31辑，文海出版社1973年版。

劳乃宣：《桐乡劳先生遗稿》，丁卯冬日桐乡卢氏校印。

林伟功主编：《林白水文集》，福建省历史名人研究会林白水分会2006年版。

刘师培：《刘师培全集》，中共中央党校出版社1997年版。

姚昆群、昆田、昆遗编《姚光全集》，社会科学文献出版社2007年版。

黄远庸：《远生遗著》，商务印书馆1924年版。

李妙根编：《刘师培论学论政》，复旦大学出版社1990年版。

陈锡祺主编：《孙中山年谱长编》，中华书局1991年版。

丁文江、赵丰田：《梁启超年谱长编》，上海人民出版社2009年版。

载泽：《考察政治日记》（钟叔河“走向世界丛书”本第1辑9），岳麓书社1986年版。

恽毓鼎：《恽毓鼎日记》，浙江古籍出版社2004年版。

“瞿鸿禨朋僚书牍”（中国社会科学院近代史研究所藏）。

故宫博物院明清档案部：《清末筹备立宪档案史料》，中华书局1979年版。

《光绪朝朱批奏折》第120辑，中华书局1996年版。

朱寿朋编：《光绪朝东华录》，中华书局1958年版。

刘锦藻：《清朝文献通考》《清朝续文献通考》，浙江古籍出版社1988年版。

《宪政初纲·立宪纪闻》，《东方杂志》临时增刊（光绪三十二年十二月）。

《参议院议事录》（南京）；《参议院议决案汇编》（南京）。

《宪法起草委员会会议录》，民国二年十一月出版。

章开沅主编《辛亥革命史资料新编》，湖北人民出版社2006

年版。

《辛亥革命在上海史料选辑》，上海人民出版社 2011 年版。

《辛亥革命回忆录》，文史资料出版社 1981 年版。

冯自由：《革命逸史》，新星出版社 2016 年版。

《胡汉民自传》，丘权政、杜春和选编《辛亥革命史料选辑》上册，湖南人民出版社 1981 年版。

《临时政府公报》，《辛亥革命资料》（“近代史资料专集”，中国科学院近代史研究所编），中华书局 1961 年版。

《康有为与保皇会》，上海人民出版社 1982 年版。

金毓黻：《宣统政纪》，江苏广陵古籍刻印社 1991 年版。

白蕉：《袁世凯与中华民国》，《近代稗海》第 3 辑，四川人民出版社 1985 年版。

山东史学会济南分会编《山东近代史资料》第 2 分册，山东人民出版社 1958 年版。

《中华民国开国五十年文献·各省光复》（中），正中书局 1962 年版。

《贵州辛亥革命资料选编》，贵州人民出版社 1981 年版。

李希泌、曾业英、徐辉琪编《护国运动资料选编》，中华书局 1984 年版。

章伯锋、李宗一主编《北洋军阀》，武汉出版社 1990 年版。

《中华民国史档案资料汇编》第 3 辑，江苏古籍出版社 1991 年版。

《1901—1920 年中国基督教调查资料》上卷，中国社会科学出版社 2007 年版。

《光绪癸卯政艺丛书》，《光绪壬寅政艺丛书》，《光绪甲辰政艺丛书》。

宜今室主人编《皇朝经济文新编》，光绪二十七年上海宜今室石印。

张枬、王忍之编《辛亥革命前十年间时论选集》，生活·读书·新知三联书店 1977 年版。

劳乃宣辑《新刑律修正案汇录》（《桐乡劳先生遗稿》本），丁卯冬日桐乡卢氏校印。

民国经世文社编：《民国经世文编》，1914 年版。

夏新华等整理《近代中国宪政历程：史料荟萃》，中国政法大学出版社 2004 年版。

贺昌盛主编：《中西会通》，浙江教育出版社 2014 年版。

李申主编：《儒教资料类编丛书》第一辑《儒教、孔教、圣教、三教名称说》，国家图书馆出版社 2009 年版。

（清）苏舆编：《翼教丛编》，上海书店出版社 2002 年版。

柯璜编：《孔教十年大事》，太原宗圣会 1923 年版。

著作

戴鸿慈：《欧美政治要义》，广西师范大学出版社 2016 年版。

刘师培：《伦理学教科书》，广陵书社 2016 年版。

笕克彦著，陈时夏笔述：《国法学》，商务印书馆光绪三十三年版。

陈焕章：《孔教论》，民国丛书本，商务印书馆 1913 年版。

谷钟秀：《中华民国开国史》，泰东书局 1914 年版。

鲍明钤：《中国民治论》，商务印书馆 2017 年版。

吴宗慈：《中华民国宪法史》，法律出版社 2013 年版。

杨幼炯：《近代中国立法史》，商务印书馆 1936 年版。

李剑农：《戊戌以后三十年中国政治史》，中华书局 1961 年版。

钱穆：《中国文化史导论》，商务印书馆 1998 年版。

李新主编《中华民国史》第二编第一卷（上、下），中华书局

1987 年版。

金冲及、胡绳武：《辛亥革命史稿》，上海人民出版社 1991 年版。

陈茹玄：《中国宪法史》，世界书局 1947 年增订版。

萧公权：《中国政治思想史》，河北教育出版社 1999 年版。

萧公权：《康有为思想研究》，中国人民大学出版社 2014 年版。

耿云志等：《西方民主在近代中国》，中国青年出版社 2003 年版。

耿云志：《近代中国文化转型研究导论》，四川人民出版社 2008 年版。

张朋园：《梁启超与清季革命》，上海三联书店 2013 年版。

张朋园：《从民权到威权——孙中山的训政思想与转折兼论党人继志述事》，（台北）“中央研究院”近代史研究所 2015 年版。

张玉法：《清季的革命团体》，北京大学出版社 2009 年版。

张玉法：《清季的立宪团体》，北京大学出版社 2011 年版。

张玉法：《民国初年的政党》，岳麓书社 2004 年版。

高放等：《清末立宪史》，中国人民大学出版社 2012 年版。

侯宜杰：《二十世纪初中国政治改革风潮——清末立宪运动史》，辽宁人民出版社 2020 年版。

李细珠：《地方督抚与清末新政》，社会科学文献出版社 2012 年版。

李细珠：《张之洞与清末新政》，上海书店出版社 2003 年版。

桑兵：《学堂学生与社会变迁》，广西师范大学出版社 2007 年版。

迟云飞：《清末预备立宪研究》，中国社会科学出版社 2013 年版。

金观涛、刘青锋：《观念史研究：中国现代重要政治术语的形成》，法律出版社 2009 年版。

蔡枢衡：《中国法理自觉的发展》，清华大学出版社 2005 年版。

王伯琦：《近代法律思潮与中国固有文化》，清华大学出版社 2005 年版。

瞿同祖：《中国法律与中国社会》，商务印书馆 2010 年版。

余新忠：《中国家庭史》第四卷，广东人民出版社 2007 年版。

王汎森：《中国近代思想与学术的系谱》，（台北）联经出版事业公司 2003 年版。

王尔敏：《中国近代思想史论续集》，社会科学文献出版社 2005 年版。

刘泽华：《中国传统政治思想反思》，生活·读书·新知三联书店 1987 年版。

朱日耀、曹德本、孙晓春：《中国传统政治文化的现代思考》，吉林大学出版社 1990 年版。

郑匡民：《梁启超启蒙思想的东学背景》，上海书店出版社 2003 年版。

陈宇翔：《清末民初政党思想研究》，中国社会科学出版社 2013 年版。

胡春惠：《民初的地方主义与联省自治》，正中书局 1983 年版。

杨庆堃著，范丽珠译《中国社会中的宗教》，上海人民出版社 2017 年版。

关晓红：《从幕府到职官：清季外官制的转型与困扰》，生活·读书·新知三联书店 2014 年版。

许纪霖、宋宏编《现代中国思想的核心观念》，上海人民出版社 2011 年版。

杨代春：《〈万国公报〉与晚清中西文化交流》，湖南人民出版社 2002 年版。

论文

张朋园：《议会思想之进入中国》，《思想家与近代中国思想》，社会科学文献出版社 2005 年版。

饶传平：《从设议院到立宪法——晚清“constitution”汉译与立宪思潮形成考论》，《现代法学》2011 年 8 期。

赖骏楠：《清末立宪派的近代国家想象》，《中外法学》2018 年第 4 期。

赵虎：《立宪先声：〈会议政务章程〉的出台与反响》，《广东社会科学》2017 年 1 期。

刘泽华：《为什么说王权主义是中国传统思想文化的主干？——研讨历史的思想自述之四》，《政治思想史》2013 年 3 期。

叶千荣：《明治维新诏书起草过程中的政治智慧》，《南方周末》2018 年 11 月 1 日。

张永：《从“十八星旗”到“五色旗”——辛亥革命时期从汉族国家到五族共和国家的建国模式转变》，《北京大学学报》（哲学社会科学版）2002 年第 2 期。

刘保刚：《试论孙中山政治思想中的理性主义》，《唐都学刊》2006 年第 3 期。

陈键：《留学教育与二十世纪初中国知识分子的宪政体制构想》，南开大学 2013 年博士学位论文。

夏晓虹：《从新发现手稿看梁启超为出洋五大臣做枪手真相》，《燕园学文录》，复旦大学出版社 2011 年版。

夏良才：《亨利·乔治的单税论在中国》，《近代史研究》1980 年 1 期。

王宏斌：《西方土地国有思想的早期输入》，《近代史研究》2000 年 6 期。

陈霄、张松：《单威廉的土地政策述评》，《德国研究》2009年3期。

耿云志：《论辛亥革命时期孙中山的民生主义》，《广东社会科学》1996年5期。

耿云志：《从革命派与立宪派的论战看双方民主思想的准备》，《近代史研究》2001年6期。

耿云志：《康有为的圣人情结及其以孔教为国教说》，《现代中国》第四辑，湖北教育出版社2004年版。

耿云志：《梁启超对清王朝最后统治危机的观察与评论》，《徐州师范大学学报》（哲学社会科学版）2012年第1期。

苏全有：《清末的舆论失控与政府应对》，《东岳论丛》2010年第9期。

罗志田：《天下与世界：清末士人关于人类社会认知的转变——侧重梁启超的观念》，《中国社会科学》2007年第5期。

郭双林：《论辛亥革命时期知识界的平民意识》，《辛亥革命与清末民初思想》，社会科学文献出版社2012年版。

沈松侨：《国权与民权：晚清的“国民”论述，1895—1911》，《中央研究院历史语言研究所集刊》第73本，（台北）“中央研究院”2002年版。

沈晓敏：《论二次革命时期的省议会联合会》，《安徽史学》2004年4期。

沈晓敏：《民初各省议会反对适用〈咨议局章程〉的斗争》，《中山大学学报》（社会科学版）2001年第3期。

李剑鸣：《西奥多·罗斯福的新国家主义》，《美国研究》1992年2期。

张学继：《古德诺与民初宪政问题研究》，《近代史研究》2005年2期。

张学继：《论有贺长雄与民初宪政的演变》，《近代史研究》2006年3期。

邹小站：《田桐〈革命之首领〉文本探源——兼谈勒庞〈乌合之众〉对中华革命党的影响》，《晋阳学刊》2018 年 5 期。

裘陈江：《宪法、国教与帝制——袁世凯帝制运动前后的孔教入宪问题》，《史林》2015 年 5 期。

人名索引

（以姓氏笔画为序）

图书在版编目（CIP）数据

中国近代思想通史. 第四卷 / 邹小站，王波著. --
北京：社会科学文献出版社，2022.7
ISBN 978-7-5201-8489-2

Ⅰ.①中… Ⅱ.①邹… ②王… Ⅲ.①思想史-中国
-近代 Ⅳ.①B25

中国版本图书馆 CIP 数据核字（2021）第 105576 号

中国近代思想通史（第四卷）

主　　编 / 耿云志
著　　者 / 邹小站　王　波

出 版 人 / 王利民
组稿编辑 / 宋月华
责任编辑 / 罗卫平
责任印制 / 王京美

出　　版 / 社会科学文献出版社 · 人文分社（010）59367215
　　　　　地址：北京市北三环中路甲 29 号院华龙大厦　邮编：100029
　　　　　网址：www.ssap.com.cn
发　　行 / 社会科学文献出版社（010）59367028
印　　装 / 三河市东方印刷有限公司

规　　格 / 开 本：787mm × 1092mm　1/16
　　　　　印 张：47　字 数：654 千字
版　　次 / 2022 年 7 月第 1 版　2022 年 7 月第 1 次印刷
书　　号 / ISBN 978-7-5201-8489-2
定　　价 / 1480.00 元（全八卷）

读者服务电话：4008918866

U0617863